JN261452

オリヴァー・ヘヴィサイド

オリヴァー・ヘヴィサイド

ヴィクトリア朝における電気の天才
——その時代と業績と生涯

ポール J. ナーイン

高野善永 訳

海鳴社

Paul J. Nahin
OLIVER HEAVISIDE
The Life, Work, and Times of an
Electrical Genius of the Victorian Age

Copyright © 1988 by The Institute of Electrical and Electoronics Engineers, Inc. New preface copyright © 2002 by The Johns Hopkins University Press

Japanese translation rights arranged with The Johns Hopkins University Press through The Sakai Agency, Tokyo

目次

ジョンズ・ホプキンス版への序文　1
初版への序文　25
数学について　35
参考文献について　37
貨幣価値について　38
謝辞　39
　ジョンズ・ホプキンス版に際しての謝辞　43

第1章　ヘヴィサイドの生い立ち………………………………45
　ヘヴィサイドの人柄　45
　ヘヴィサイドの仕事の特質　46
　ヘヴィサイドの幼年時代の過酷な世界　49
　注および参考文献　56　　訳注　60

第2章　青少年時代……………………………………………62
　幼年時代　62
　幸運な結婚　68
　最初で最後の勤務生活　70
　生涯の決断　74
　技術ノート：ケーブルの損傷はどこにあるか？　76
　注および参考文献　77　　訳注　84

第3章　初期の電信理論………………………………………85
　トムソンとストークス　85
　二乗の法則　89
　大西洋横断ケーブル　91
　電流の速度　92
　位相歪　94

　　　　　　技術ノート：トムソンは，無限長ケーブルへの電気の
　　　　　　　　　　　「浸透」をどのように考えたか　　97
　　　　　　注および参考文献　　99　　　　訳注　　103
第4章　電信に関するヘヴィサイドの初期の研究…………105
　　　　　　フルタイムの学生　　105
　　　　　　電信に関する論文　　106
　　　　　　信号の速度の非対称性の問題　　111
　　　　　　「数学の怪物」　　113
　　　　　　数学的単純作業　　115
　　　　　　技術ノート：なぜ電線は，一方向の伝搬が
　　　　　　　　　　　他の方向よりも遅くなるのか　　117
　　　　　　注および参考文献　　120　　　訳注　　125
第5章　えせ科学者……………………………………………127
　　　　　　ヘヴィサイドの宿敵　　127
　　　　　　電灯の並列接続　　131
　　　　　　「実用人」の時代　　132
　　　　　　公開論争　　134
　　　　　　なぜ，（しばらくの間）プリースは優勢であったか　　135
　　　　　　個性の衝突　　138
　　　　　　プリースの能力　　141
　　　　　　電話事情　　145
　　　　　　拘束を拒絶したヘヴィサイド　　146
　　　　　　技術ノート：電灯についてのプリースの解析　　147
　　　　　　注および参考文献　　150　　　訳注　　158
第6章　マクスウェルの電気学……………………………160
　　　　　　はじめに　　160
　　　　　　マクスウェル以前の研究者たち　　161
　　　　　　遠隔作用　　163
　　　　　　光のエーテル　　164
　　　　　　ファラデーと力線　　166
　　　　　　ウィリアム・トムソン　　167
　　　　　　マクスウェル　　169

　　　　変位電流　172
　　　　後記：ところで，いったい電気って何？　174
　　　　技術ノート1：技巧的にうまく，また，しばしばそのように
　　　　　　　　　　　教えられているが，歴史的には誤っている
　　　　　　　　　　　変位電流の「説明」について　177
　　　　技術ノート2：遠隔作用，場，そしてファラデー
　　　　　　　　　　　の電気緊張状態　179
　　　　注および参考文献　182　　　訳注　190

第7章　ヘヴィサイドの電気力学……………………………191
　　　　無神論者の帰依　192
　　　　雑誌エレクトリシャン　195
　　　　ビッグス氏の重要性　197
　　　　幸先の悪い船出　202
　　　　マクスウェルの方程式の再定式化　206
　　　　ドイツにおける友人　209
　　　　その他のドイツ人たち：フェップル，
　　　　　　　　　　　ボルツマン，そしてプランク　212
　　　　エネルギーとその流れ　217
　　　　運動する電荷　222
　　　　ケンブリッジの友人　225
　　　　超光速　227
　　　　王立フェロー (F.R.S.) ヘヴィサイド博士　232
　　　　技術ノート1：二重方程式　234
　　　　技術ノート2：電磁場のエネルギーの局在　236
　　　　技術ノート3：空間内における電磁気的エネルギーの流れ
　　　　　　　　　　　のベクトルのヘヴィサイドによる
　　　　　　　　　　　導出法　237
　　　　技術ノート4：ポインティングの物理学
　　　　　　　　　　　（および，ヘヴィサイドの反論）　241
　　　　注および参考文献　242　　　訳注　254

第8章　プリースとの闘い………………………………………255
　　　　高度なハードウェアと，低級な理論　256

　　　　初期の数学的解析　　259
　　　　デイヴィッド・ヒューズの奇妙な実験結果　　261
　　　　プリースの「KR-の法則」と，ヘヴィサイドの攻撃　　266
　　　　オリヴァー・ロッジの発振するライデン瓶　　278
　　　　「経験」対「理論」　　282
　　　　ヘヴィサイドの雪辱　　286
　　　　場面の転換──そして名声　　291
　　　　売れなかった論文集　　297
　　　　友人たちの支援　　299
　　　　さらなる闘い　　307
　　　　技術ノート1：表皮効果　　311
　　　　技術ノート2：KR-法則　　313
　　　　技術ノート3：プリースとロッジ間の避雷針に関する
　　　　　　　　　　　論争　　314
　　　　技術ノート4：ヘヴィサイドとS. P. トンプソンの無歪
　　　　　　　　　　　回路　　316
　　　　注および参考文献　　319　　　　訳注　　330

第9章　四元数をめぐる大戦争……………………………………333
　　　　さらなる論争　　334
　　　　ピーター・テート──ヴィクトリア時代の科学の戦士　　335
　　　　ウィリアム・ハミルトンと四元数　　339
　　　　1890年以前──嵐の前の静けさ　　342
　　　　ジョシア・ウィラード・ギッブスのベクトル解析　　343
　　　　テート，一斉射撃を開始　　344
　　　　戦闘開始　　346
　　　　論争の余波　　355
　　　　再び，闘いの終結へ　　359
　　　　技術ノート1：数とベクトル──実数，複素数，
　　　　　　　　　　　四元数　　359
　　　　技術ノート2：ブルーム橋におけるハミルトン
　　　　　　　　　　　の閃き　　363
　　　　技術ノート3：四元数は複素数である！　　366

                注および参考文献　370　　　訳注　379

第10章　奇妙な数学 …………………………………………… 381
            「厳密な数学は狭く，物理的な数学は奔放で広い」　382
            演算子の概念　383
            ヘヴィサイドの演算子　385
            展開定理　388
            王立協会による論文掲載の拒絶　388
            拒絶の余波　392
            ケンブリッジでの新たな友人　396
            技術ノート１：ヘヴィサイドの抵抗演算子　　401
            技術ノート２：p および $1/p$ 演算子の問題　　403
            技術ノート３：ヘヴィサイドの分数次演算子の意味，そし
                          てインパルス　　406
            技術ノート４：ヘヴィサイドと発散級数　　409
            注および参考文献　412　　　訳注　419

第11章　地球の年齢をめぐる論争 ………………………… 420
            論争の歴史的背景　421
            化石の問題　423
            ケルヴィンの理論　425
            ケルヴィンの理論に対するペリーの反論　427
            ケルヴィンの問題に対するヘヴィサイドの解析　429
            ペリーの不連続な拡散係数の理論　430
            ケルヴィンの弁明とペリーの回答　432
            論争の終結　433
            論争の評価　435
            結び　438
            技術ノート１：ケルヴィンのはじめの一次元問題に関する，
                          ヘヴィサイドの演算子による解法　　440
            技術ノート２：拡散係数が不連続であるペリーの問題に
                          関する，ヘヴィサイドの演算子的解法
                                                            451
            注および参考文献　443　　　訳注　449

第12章　隠棲者の晩年……………………………………………450
　　　　年金生活の「紳士」　451
　　　　田舎における生活　459
　　　　「エレクトリシャン」におけるもう一つの変化　465
　　　　新世紀へ──そして，友人や宿敵との別離　469
　　　　世界はヘヴィサイドに追いつき──そして追い越す　476
　　　　ヘヴィサイド，大気の中に名を残す　480
　　　　生活上のトラブルの増加　488
　　　　ホームフィールドでの生活　492
　　　　死は過去を連れ去ってゆく
　　　　　　　　　　　　──そして，現在までも　495
　　　　隠棲者の最後　501
　　　　最後の様子　507
　　　　注および参考文献　513　　　訳注　524

第13章　終　章……………………………………………………525
　　　　伝説の成長　525
　　　　ヘヴィサイド，タイム誌に登場　528
　　　　床下の数式　530
　　　　結び　531
　　　　注および参考文献　534

　訳者あとがき　539
　索引　543

家族にささげる

【凡例】
・《　　》は，著者による注釈
・［　　］は，訳者による注釈
・原書の強調箇所（イタリック体）は、訳文に下線
　をつけた
・訳注は，1*や2*など*を付して原注と区別した

ジョンズ・ホプキンス版への序文

　英国人は変人が好きだ．そう書いたのはスペイン生まれの哲学者詩人サンタヤーナだった．これは彼の１９２２年の『英国人の性格』の中にある[1*]．「英国は個人主義者，変人，異端者……の天国である．」いつの時代でも変人に不足しなかったが，とりわけ19世紀は多かった[2*]．「狂犬と英国人」というくらいだ．ありようはさまざまで，どの職業にも必ず一人は相当な変人がいた．切り裂きジャック[3*]しか知らない人もいるだろうが，オスカー・ワイルド，ハルツームのゴードン将軍，フローレンス・ナイチンゲール，ルイス・キャロル，と並べてみるがよい[4*]．

　無名の人物にも驚かされる．ロンドンのチャンスリー・レーンの貸金庫が1940年代に強制的に開けられたとき，その中には一組のヴィクトリア時代の女性用ニッカーと「人生の破滅のもと」というメモがはいっていた．これはピーター・ブッシェルの『ロンドン秘史』にある．別の箱には6発の実弾の包みがあって，薄れた字で1行，「上役たちに一発ずつ」と書いてあった．この二つで小説が二つ書ける気がするが，オリヴァー・ヘヴィサイド[5*]の物語に比べれば，足元にも及ばない．

　ヘヴィサイドは19世紀後半で最も物理学と電気工学に貢献した人物である．だがその割に評価されなかった．オリヴァーという名前そのものがディッケンズ[6*]の小説の登場人物の雰囲気がある．19世紀の半ばにヘヴィサイドが生まれたとき，その場所は『オリヴァー・ツイスト』や『ハード・タイムズ』の著者が初めてヴィクトリア時代のロンドンで没落の怖さを知った靴墨工場の近くだった．ほとんど独学で高級な電気工学と数学の知識を学んだあと，ヘヴィサイドは執拗な戦いをウィリアム・プリース[7*]に挑んだ．プリースは英国の郵便公社のボスで電気通信技術の発達を司っていた．プリースは強力な官僚で非常に傲慢であり，進歩の障害でもあった．憐れなヘヴィサイドの頼りは頭脳だけだった．それに対してプリースは絶大な権力を持っていた．彼らの戦いは非常に激しい人間と人間のぶつかり合いであり，一篇のメロドラマであった．最終的にはヘヴィサイドの頭脳がプリースの政治力に打ち勝ったが，ヘヴィサイド

の得たものはわずかだった.

　1988年の本書の初版の発行後しばらくして雑誌「タイム」のドナルド・スポートの伝記『天才の暗部：アルフレッド・ヒッチコック[8*]の生涯』の書評が目にとまった．評者は「天才という言葉は本の題名としては不適当だ．ふさわしいのはモーツァルトくらいのものだ」と書いていた．副題に天才と書いたのは間違いだったか．私は後悔しているか？　していない！　天才を天才と言って何が悪い．その事実を隠す理由はない．なぜなら数学者，物理学者，さらに最もくわしいはずの電気工学者の間でも彼は依然として謎の人物だからである．私の長年世話になった編集者で，自身英国人でオックスフォード大学出の物理学者トレバー・リプスコム[9*]は幸いヘヴィサイド物語が好きで応援してくれた．そのリプスコムがジョンズ・ホプキンス大学出版会から再版したいという話だったので当然同意した．

　旧版のあと私は多くの読者から手紙をもらった．それには私の知らないヘヴィサイド伝説のあれこれが散りばめてあった．それらの材料を大事に保存してあったから，リプスコムから本の再版にあたって解説を書けといわれたとき，私のヘヴィサイド物語の宝箱の中身がついに場所を得たと思った．

　まずとりあげたいのは1988年の旧版よりもあとに出たヘヴィサイド伝のことである．実は初版の序文の脚注でふれたように，既に1985年にロシア語の伝記が存在していたが，その内容は何も知らなかった．1988年からしばらくして雑誌「科学哲学研究」[10*]の1987年4月号に，そのボロトフスキーの書いた記事「新知識の誕生と発展：オリヴァー・ヘヴィサイド」があることを知った．これはヘヴィサイドの生涯と作品について手際よくまとめてあったが，私の本に書いてないことは何もなかった．

　1991年に，ボロトフスキーの本には気づかず，私の本にはいささか不満足だったらしくてアーノルド・C．リンチ（英国の郵政公社の技術畑に1930年半ばから1970年代半ばまで勤務した）は「技術の歴史」誌に「オリヴァー・ヘヴィサイド伝資料」という面白い記事を掲載した．リンチは私の本を「現存する最良の伝記であり，これ以上のものは書けないだろう」とした上で注文を述べた[11*]．すなわち彼の感想では私はヘヴィサイドの数学的方法を過小評価しており，時代遅れだと書いていた（第10章参照）．しかし私はヘヴィサイドの方法の歴史的重要性は否定していない．

2

もしそういう印象を与えたとしたら申し訳なく思う．ドイツの歴史家プヒタは最近の論文「アメリカの電気工学者がなぜ，どのようにしてヘヴィサイドの演算子法を発展させたか」（国際科学史文書，1997年6月）の中でリンチに賛成している．彼女は私がヘヴィサイドの演算子法の幕の引き方が早いと感じている．彼女が正しいかもしれない．ラプラス変換の方法が発展したからといってもヘヴィサイドの方法が一夜にして消滅したわけではない．だから，もし第10章を新しく書くのなら私はその問題についての私の立場を和らげるつもりである．

しかしプヒタの結論には反対である．プヒタは演算子法の歴史についての論文がしばしば現れることが，電気工学者がその問題について新しい興味を示している証拠だと言っている．プヒタ以前にも電気工学者，パー・A・カルスタムがプヒタと同じ意見を述べている．私はそうは思わない．カルスタムは数学的な技巧をこらして「ヘヴィサイドの演算子法：オリヴァーの復讐」および「電気回路へのヘヴィサイド演算子法の応用」[12*]を書いている．カルスタムの熟練した数学には敬意を表するが，電気工学の学生が演算子法を学ぶべきだという彼の主張は間違っている．

私の知る限り学部生用の工学の教科書は，すべて線形常微分方程式を解くのにラプラス変換を用いている．標準的な電気工学のカリキュラムで，ラプラス変換を廃止してヘヴィサイドの演算子法に戻す可能性はない．この決定には既に数十年の歴史がある．コーネル大学の数学の教授のラルフ・パーマー・アグニュー教授の名著『微分方程式』が1942年に発行されたとき，彼は古い方法とヘヴィサイドの演算子法を併記していた．ラプラス変換はどこにも見られなかった．アグニューは当時ヘヴィサイドの方法に対して偏見を持っていなかった．しかし1960年の第2版ではラプラスとヘヴィサイドの方法を両方共便利だと紹介した上で，「ラプラス変換の方法の完勝である．この方がより面白く，基本的な例題を解くのが容易で，……しかも応用が広い」と述べている．アグニューが40年前にそう書いてから異論を唱えた人は一人もいない．

カルスタムの論文は電気工学の教育に影響しなかったが，それに刺激されたのかドイツの歴史家ヘンゼルは「エルンスト・ジュリアス・バーグ：ヘヴィサイドの計算法の教育・改善者」[13*]という非常に面白い論文を書いた．バーグとヘヴィサイドについては本書の第12章にもあるが，ヘンゼルの記事には私の知らなかった楽しい逸話が一つ含まれていた．

１９３６年バーグがアルバート・アインシュタインに彼の本『ヘヴィサイドの演算子法』の新版を送ったとき，お礼の手紙の中でアインシュタインは，これでやっとヘヴィサイド独特の数学的手品が理解できたと書いてあった．

　リンチの「資料」にもどると，この本に加えて彼は他に二つのヘヴィサイドの伝記について述べていた．一つは1987年の『オリヴァー・ヘヴィサイド——人となり』であり，ヘヴィサイドの友人G．F．C．サール[14*]の手紙をアイヴァー・カットなる人物が編集している．後にまた触れる．もう一つは故ヘンリー・J・ジョセフス（リンチよりも年配の英国郵政公社職員）の未公刊のタイプ文書である．リンチの見るところ，また私の「参考文献について」にもあるように，サールとカットの本は私の本が印刷される頃に出ており資料として利用できなかった．しかし私はその後に読んだ．それは1924年以後のヘヴィサイドからサールへの手紙で，ときどき個々の手紙の起源についてのサールの注釈がつけてあった．サールとカットの本は，ヘヴィサイドの人生の最後の三十年間の手紙をとりとめなく取り上げたもので，1892年以前のヘヴィサイドの人生については何も記されていない．1950年にＩＥＥから出された『ヘヴィサイド生誕100年記念号』でのサールの記事はこの資料の要約で，前著執筆時に利用できた．

　編集者の序文の中でカットは「ヘヴィサイドの才能に直面した科学業界の既成勢力（エスタブリッシュメント）の行動は猛烈な政治的な妨害を行った．1世紀の後私自身もそのような目にあった．私が電磁気学で大発見をしたとき，ヘヴィサイド同様私の仕事は迫害された」と書いている．この話はおかしい．ヘヴィサイドの仕事が科学者の世界から迫害されたとはいえない（技術者の世界からは長い間無視されたというならわかるが）．雑誌「エレクトリシャン」[15*]と「フィロソフィカル・マガジン」は定期的にヘヴィサイドの論文を掲載したし，その論文は広く読まれてオリヴァー・ロッジやウィリアム・トムソン（ケルヴィン卿）やジョン・ストラット（レイリー卿）に賞賛された．彼らの支援でヘヴィサイドは王立協会のフェローになった[16*]．どうみても科学的な排斥ではない．ヘヴィサイドはマクスウェルの傑作『電気磁気論』で引用されてさえいる（本書第2章注28参照）．

　1888年にプリースがしばらく雑誌「エレクトリシャン」に圧力をかけてヘヴィサイドの出版を妨害したこと，1894年に王立協会が彼の演算子法の論文の発表の継続を拒否したことは事実だが，どちらも迫害とまで

英国の最も偉大な科学者たちの何人かが，ヘヴィサイドが彼らと同等の知性（社会性ではないにせよ）の持ち主であることを保証している[16*]

はいえない．ヘヴィサイドは別の手段で研究を発表できたし，実際発表した．ヘヴィサイドの迫害は現在に及んでもいない．彼の仕事は絶えず引用されている．例えばサー・エドマンド・ホイッタカーの古典的な2巻本『エーテルと電気の歴史』[17*] はヘヴィサイドの文献を多数含んでいる．1938年にアインシュタインと相対性理論に対して論争を挑んだアルフレッド・オライリー[18*]の，今でもときどき引用される『電磁気学』には，ヘヴィサイドの人間と研究について数多くの重要な引用がしてある．しかし俳優や作家の間では，何か言いたければせめて私の名前くらいは正しく綴ってくれという言い草はあるとしても．ニューハンプシャー大学の物理の図書館で私はジュリアス・アダムズ・ストラットンの古典的な1941年発行の『電磁理論』を見つけた．これも何度もヘヴィサイドの研究を引用していた．サー・ジェームズ・ジーンズの1951年の『電磁気の数学的理論』でもヘヴィサイドの誘導電線上の電気通信についての重要な仕事を引用していた．ヘヴィサイドがこれらの技術書を読む人々にとって「消え去った」人物でないことは確かである．

リンチは論文で私がジョセフスの文書を見ていないと想像しているが，実際は1985年3月にロンドンの英国電気工学会IEE[19*]のヘヴィサイド・コレクションを訪問したときに見た．この小論を書く前に私はその訪問のときの研究ノートを参照したが，ジョセフス文書を読むときの批判的な書き込みがたくさんあった．そもそも文献は公刊された文書に限り，資料が正しく引用されなければならない．ジョセフスの主張は今日まで公刊されず誰も見たことのない手紙や論文に基づくものであり，今日まで公刊されていないので，ジョセフス以外の研究者は見ることができない．したがってジョセフスの主張は支持できない．リンチはジョセフスの文書は資料価値があるというが私は反対である．ジョセフスについては第13章に説明した．

リンチの小論に何から何まで反対というわけではない．お陰で一つとても面白い事実を知った．本書第2章に書いたように，ヘヴィサイドの（義理の）伯父は有名な科学者チャールズ・ホイートストーンであり，ヘヴィサイドの伯母と結婚した．私は知らなかったがこれはヴィクトリア時代の堅固な階級社会にしては異例だった．伯母はホイートストーンの料理人だった．

リンチの論文の年の1991年にブルース・J・ハント（テキサス大学オー

スティン校教授）が『マクスウェリアン』[20*]を発表した．これはヘヴィサイドを含む何人かのヴィクトリア時代の研究者についての本だった．この本は素晴らしい．これは1984年のハントのジョンズ・ホプキンス大学の博士論文に基づいている．その写しを購入して本書とその注釈の参考にした．2, 3年後イド・ヤヴェツ（テルアビブ大学のコーン科学史研究所教授）は1995年『無名の人から謎の人——オリヴァー・ヘヴィサイドの仕事, 1872‐1889年』(From Obscurity to Enigma : The work of Oliver Heaviside, 1872-1889 Birkhauser) を書いた．読みやすく技術的に正確な学術的研究だった．これはいくつかの伝記上の情報を含んでいたが，題名からもわかるように，ヘヴィサイドの研究についてはよく書けていたがヘヴィサイドの人生についてはあまり書いていなかった．

　最後にカットについてもう一つだけ戻りたい．1997年2月の録音テープで[21*]カットはリンチと彼の言う「国際的紛争：ジョセフス−ゴシック−IEEの対立」について論じている（このテープの内容は，*www.electromagnetism.demon.co.uk* で見ることができる）．ゴシックとはベン・ロジャー・ゴシックのことで，1997年の逝去の時はケンタッキー大学の物理学・電気工学の教授であった．カットは音楽の教授と述べているが，とんでもない間違いである．晩年ゴシックはヘヴィサイドの伝記を書いていた．本来はヘヴィサイドとホイートストーンの二人についての伝記だったが，ホイートストーンについてはブライアン・ボズワース (Bosworth) の1975年の伝記にかなりの部分が先に書かれてしまっていた．この研究の多くは，ゴシックが英国に出向いてジョセフスと議論した結果を用いていた．この本は発行されなかった．

　ジョセフスは確かに興味ある人物である．歴史的文書の取り扱いが雑だとは思うが，数学的能力を十分持ち合わせていたことは明らかである．例えば1946年，彼はヘヴィサイドの物理と数学について，とても読みやすい本『ヘヴィサイドの電気回路理論』を書いた．これはジョセフスが英国郵政公社の技術スタッフに行った課外講義に基づいていた．後にジョセフスは，1950年のIEEの100周年記念誌にヘヴィサイドの数学について長い寄稿を行っている．ともに学識のあふれた仕事であるが，ヘヴィサイドとジョセフスの仕事の境界は曖昧なことが多い．

　カットの主張によれば，ジョセフスは数学が得意で，ゴシックの本の<u>数学的な部分</u>はすべてジョセフスが書いたという．ゴシックは音楽の教

授に過ぎないというのだからである．しかしゴシックはポモナ・カレッジ（カリフォルニアのクレアモント・カレッジの一つ）の優等生友愛会会員[22*]であってパーデュー大学で1954年に「半導体整流器の過渡現象」という論文で博士号を取得している．彼はミネソタ大学ミネアポリス校，ＲＣＡ，テネシー州オークリッジ国立研究所で電気技術者として勤務し，パーデュー大学，アリゾナ州立大学，ビンガムトンのニューヨーク州立大学ハーパー・カレッジで物理学者として教職についている．彼は半導体の輻射効果，半導体整流器の動力学的振舞い，pn接合の粒子検出器の研究を行い，いくつかの著書がある．うち2冊はアカデミック・プレス社から発行されている（『半導体のポテンシャル障壁』：1964年，『ハミルトンの原理と物理系』：1967年）．彼がヘヴィサイドの回路理論や数学を自力で理解できたことは間違いない．実際，1967年の本でゴシックは，ヘヴィサイドの数学（ラプラス変換に基づく議論を含めて）を用いている．

　ゴシック教授の死後，研究論文は遺族のジーン・ゴシック夫人からアメリカ物理学会物理学史センターのニールス・ボーア・ライブラリーに寄贈された（当時ニューヨーク市，現在メリーランド州のカレッジ・パークにある）．ゴシックの論文を見れば彼の出版できなかった本がゴシックの人生にとってどんなに貴重なものであったかがわかる．私はベン・ゴシックに会ったこともないが，本書が，彼自身の本の代わりに彼を喜ばせることを希望する．

　以下は旧版の補足であるが，それ以上の発展した議論もある．新しい材料の多くは旧版の，見知らぬ読者から寄せられたもので，手紙，個人的回想，ヘヴィサイド関係の文書などさまざまである．これらの現時点での内容を原書の章立てに沿って説明する．

第4章：電信に関するヘヴィサイドの初期の研究

　1994年4月，ピッツバーグのワシントン・アンド・ジェファーソン・カレッジの図書館司書デーヴィッド・W．クローター氏から，一通の手紙を受け取った．それによると，クローター氏は「ピッツバーグ・アンティーク・ラジオ協会」[23*]の活動的な会員で，ヘヴィサイドに大きな関心を持っていた．私はヘヴィサイドの業績について重大な見落としをし

ていた.彼自身の著書『英国のラジオ・テレビの先駆者たち:特許文献』,(スケアクロウ・プレス,1993)の執筆準備過程で彼はヘヴィサイド名義の特許を発見したが,それはそれ以前のヘヴィサイドの歴史的資料の中でどこにも見つかっていなかった.この発見によってイド・ヤヴェツの著書『無名の人から謎の人へ』の中の長年の謎が解けた.クローター氏は親切にも,その特許書類全部のコピーを私に送ってくださった.それはきわめて興味深いもので,1880年4月6日付(ヘヴィサイドがロンドンのオーガスティン・ロードに住んでいた頃[24*])の英国特許1407号「電気導線の改善および導線を電話電信用に使用するための配列と様式の改善」である.この特許の眼目は,別々だが近接した回路間のすべての誘導的な結合を消去する二つの方法を示すことである.この特許で大事なのは,第一の方法である.ヘヴィサイドは,その申請を次のような問題提起から始めている.

> いくつかの電線が互いに平行に張られている場合,一本の電線に流れる電流の変化は,他の電線に対して誘導による電流を生じ,その影響は電話回線動作に深刻な妨害をもたらす.通常の電信回線に対しても,その影響の度合いは少ないが,同様である.

> 接地線の代わりに第二の共通の電線によって回路を構成することは常識的に行われており,それによって誘導による妨害は軽減され,一本の電線に誘起された電気力は,他の電線に誘起された電気力をある程度までは打ち消すことができる.この電線を近づけるほど,誘導性による妨害は減少するが,すべてをこの方法によって軽減することはできない.なぜならば,二本の電線の軸を任意の妨害源から等距離に置くことはできないからである.

次に,ヘヴィサイドの解決法が示される.

> 私の改善策は,すべての外部からの擾乱から,回路を完全に独立させ,防護することを目的としている.そのために私は,回路として二本の絶縁された導体を用い,一方を他方の中に閉じ込める.すなわち,一方の導体を中心導体とし,他方は円筒または外被であって,中心導体を絶縁体で囲み,その上円筒または外被導体で囲み,これもまた絶縁しなければならない.円筒(外被)と内部導体がその端末において通常の装置の場合のように,電気的に短絡されるとすれば,上述の回路は完全に他の回路からは独立となり,このように内部導体と絶縁された円筒状の導体からなる任意数の回路が隣接して置かれた場合でも,通常の動作状態にある回路からの相互の誘導的な影響はなくなるであろう.

すなわち,ヘヴィサイドの特許は,文字通り1年間に何光年分も,世

界中を回って使用されている，どこにでもある同軸ケーブルに他ならない．これは第3章において論ずる大西洋横断ケーブルの形状であったが，明らかに誰も特許を取得していなかった．このケーブルが使用された当時は，信号の伝搬速度は非常に遅くて，誘導の影響は目立たなかった．少なくとも，ウィリアム・トムソンの理論的解析においては，そのような影響は無視されている．19世紀半ばの伝搬速度の遅い海底電線はそれですんだが，19世紀後半の高速な電話回線ではそうはいかない．隣接した電話回線の磁気的結合を避けるための方法として初めて同軸ケーブルに着眼したのはヘヴィサイドであった．ヘヴィサイドの特許に記述されている第二の方法は，第一の回線から第二の回線を遠ざけることであった．そこでは，二つの回線間の誘導結合を打ち消すために，それまで使われていた二対の回線をどう配置すべきかを示している．

　この特許の存在の確認によって，ヘヴィサイドの兄アーサーの1881年6月29日付(特許申請のちょうど1年後にあたる)の手紙の謎が解けた．アーサーはヘヴィサイドに対し，「いまいましいが特許権使用料に同意する署名をして100ポンドの小切手を受け取るべきだ」と助言している[25*]．ヤヴェツはその著書の中(p13)で，アーサーが彼ら（単独または兄弟での共同）のある発明について述べており，その発明が「電線内の擾乱の中和法」であったと推測している．今やこの推測の通りであって，その特許の詳細な内容とともに，ヘヴィサイドが単独の発明者であることは明らかである．

第5章：えせ科学者

　1988年より前にプリースを扱った一編の学術的な論文が発表されたのを私は見落としていた．その論文には，(著者の言葉を借りれば)「度々重大な誤りを引き起こした，プリースの傲慢ともいうべき自信」についていろいろ書いてあり，きわめて興味深い読み物となっている．「彼の自信は電話伝送の仕事において最も顕著に現われた．彼がヘヴィサイドの仕事が理解できず，ヘヴィサイドに反して誤った立場を突き進んだのはこの自信のためだった．」

　1982年3月にD. G. タッカー教授により，ロンドン科学博物館で発表されたその論文は，『ウィリアム・プリース (1834-1913)』[26*]の題で出版されている．

第6章：マクスウェルの電気学

第6章の注18において，ジョージ・グリーンについての詳細な伝記が存在しないと述べた．1998年にはその通りだったが，1993年にD.M.キャネルによる『ジョージ・グリーン，数学者/物理学者，1793－1841：生涯と業績の背景』（アスローン・プレス）という，優れた小著が出版された．工業・応用数学協会が，第二版を発行したばかりである．新しい版には，プリンストン高級研究所のフリーマン・ダイソンと，1965年のノーベル物理学賞受賞者ジュリアン・シュヴィンガーが，グリーンの業績の歴史的，現代的な応用についての魅力的な小論文を寄稿している．

第10章：奇妙な数学

私は既に，カルスタムによる，現代でのヘヴィサイドの数学の擁護について述べた．ここで私は，その数学の政治的側面，特に1894年のヘヴィサイドの連載論文の継続掲載の王立協会による拒否に関するブルース・J・ハントの魅力的な小論文「物理数学における演算子について」を紹介したい．特に『科学論争の文体的構造：歴史研究』，ピーター・ディアー編（ペンシルヴァニア大学出版会，１９９１）所収のハント教授の分析「厳密主義：オリヴァー・ヘヴィサイド対数学者たち」[27*]をお奨めする．

ハントによると，ヘヴィサイドは英国の数学者が物理学および工学への応用数学から，彼らの分野の独自性を確立しようとしだした悪い時代に居合わせたのにすぎない．数学優等試験（トライポス）の性格は，数理物理学の強調という傾向とあいまって，1880年代と1890年代のケンブリッジ大学の数学者たちをますます混乱させていた．第10章で論じたように，ヘヴィサイドは最も過激な応用数学者であった（彼は，1889年のヘルツ宛の手紙で，「物理学は数学よりも上位にあり，奴隷は主人の都合に合わせて働くように訓練されねばなりません」と書いている）．彼の分数表示の演算子[28*]と，厳密でない発散級数の使用法が，論文「演算子について」の中で野放しに行われたとき，新しく育った「数学的厳密主義者」たちは敵対的に反論した．それはヘヴィサイド個人に対してではなく，彼らにとって許せない「だらしない数学」の象徴としてのヘヴィサイドに対す

る反論であった.

このような態度は, G. N. ワトソンの古典的な著書『ベッセル関数論』（ケンブリッジ大学出版会, 1922）の中の表現にも見ることができる. ワトソンは, この本の漸近展開に関する章の中の記述の中で,「記号的方法による興味深いいくつかの公式が, ヘヴィサイドの論文にある（ワトソンは王立協会が掲載した第1部と第2部を問題にしている）が, 現代的な厳密性の基準を適用したとき, それらの公式の価値は決定困難である」と記している. ヘヴィサイドは, この本が出たとき存命であった. ヘヴィサイドがこのワトソンの本を読んだかどうかは知らないが, 読んだら何と言ったかは想像できる.

ハントによると, 最初に異議を唱えたのはアンドリュー・フォーサイス（1858-1942）で, その結果, ヘヴィサイドの原稿は第10章の通り, ウィリアム・バーンサイドの査読を受けた（ハントは言及してはいないが, 1881年の数学最優等賞受賞者（シニア・ラングラー）であり, 技術者の息子でもあったフォーサイスが,「非厳密, かつ超実用的な」ヘヴィサイドを阻止するための行動の連鎖のきっかけを作ったことは, 興味深い歴史の皮肉である）. バーンサイドは, ヘヴィサイドの「直感的天才」を容赦しなかった. バーンサイドは後に, インド人の独学の天才 S. ラマヌジャン[29*] に対しても, 英国で最も純粋な数学者であったG. H. ハーディの庇護の下にあったにもかかわらず, 同じように厳しい態度を示した.

本稿の前半で何度かラプラス変換がでてきたが, 本書の初版の刊行以後になってようやく私が知りえた, ひとつの歴史的な事実がある. 英国の数学者ハリー・ベイトマン（1882-1946）は, 1910年の論文[30*]でラプラス変換を用いている（この年彼は米国に移住し, ブリンマウア・カレッジ, ジョンズ・ホプキンス大学で教鞭をとった後, 1917年以来終世カリフォルニア工科大学に在籍した）. 彼はこの論文の中で逆変換を行う際に, 複素平面上で複素積分を用いており, これは, 後にブロムイッチがヘヴィサイドの演算子法を正当化するために用いた手法と同じであった.

王立協会のフェローであったベイトマンへの追悼記事によると, ベイトマンはラプラス変換に関する自分の先駆的業績を無視されたと感じていた. グスタフ・デッチュの1937年刊行の著書には, ベイトマンについての記述はない. ベイトマンの1945年の書簡によると, 彼自身のラプラス変換についての関心は, 1903年または1904年にケンブリッジ大学で

受講した講義の中で閃き，J. R. カーソン（ヘヴィサイドの演算子法を改善したAT&Tの技術者[31*]）に対し，ラプラス変換を利用して回路の問題が解けることを指摘した．1950年までには他の人たちにもこの方法が伝わった．例えば，ルイス・A．パイプス の「演算子的方法によるフーリエ級数の総和法[32*]」を見よ．この論文にはヘヴィサイドと彼の『電磁気理論』が引用されているが，実際はラプラス変換が使われている．

第12章：隠棲者の晩年

1988年に本書が刊行された後，サイエンティフィック・アメリカン誌の編集者から雑誌掲載のための寄稿の要請があった．それは1990年6月号に掲載されたが，一つの例外を除いて，新しい情報は含まれていなかった．しかし，その例外は，興味深いものである．1988年の12月，私はカナダのオンタリオ州のゲルフ大学物理学教授ジェームス・L・ハントから，一通の興味深い手紙を受け取った．その手紙によると，その15年ほど前に，英国の小説家ビヴァリー・ニコルス[33*]が『父の肖像』という題名のノンフィクションを刊行していた．それは，アルコール中毒のニコルスの父親が家族に対して行った虐待の恐怖を描いた，非常に暗い内容の作品であった．この作品によると，ニコルス一家はトーキーで，ヘヴィサイドの隣に住んでおり，若き日のビヴァリーは，ヘヴィサイドがしばしば悩まされた「不良」少年たちの一人であった．逆にニコルスから見れば，ヘヴィサイドは隣に住む「奇怪な変人」，「何とも不気味な，とびきりの変人」であった．

ヘヴィサイドについてのニコルスの回想はショッキングである．

オリヴァー・ヘヴィサイド教授．彼はわれわれの西側の隣人であった…．私の少年時代，彼はエーテルの波の性質にかかわる難解な研究に取り組んでいた．彼の発見について説明することはできないが，重要なものであったらしい．彼が死んだとき，タイムズ紙は彼についての長い追悼記事を掲載したが，そこには彼の名前がエディソンやマルコーニと並び称されていた．

しかし私は，タイムズ紙に対して，科学者には関心がないだろうが，異常心理学の研究者に対して豊富なデータを提供できるような，ヘヴィサイド教授についての多くの事柄を話すことができたと思う．例えば，タイムズ紙は，彼が正装することは稀であって，普段は淡いピンク色の絹のキモノをまとっていたことには

触れていない．また，タイムズ紙は，ヘヴィサイドが不機嫌なとき，部屋の中の殆どの家具を移動し，それらを大きな大理石に置き換え，それらは何もない部屋の中では，まるで新石器時代の巨人の家具のようであったということについて，触れようともしていない．彼はこのような奇怪な部屋の中を歩き回り，ますます薄汚れ，ますますだらしなくなっていった．一つだけ例外があった．それは，彼の爪はいつもたんねんにマニキュアされていて，きらきらとピンク色に輝いていたことだ．

この一節は，ヘヴィサイドはその晩年において精神的に不安定であったという説に対して，いくらかの信憑性を与えるものである．イド・ヤヴェツは，著書『無名の人から謎の人へ』のp. 281 の注記194において，B．R．ゴシックが1977年の論文（本書の終章の注記17参照）の中でヘヴィサイドは実際に精神を患っていたと主張している，と述べている．ヤヴェツはこの主張は彼の論文の中の欠点であると考えたが，ニコルスの言葉はゴシックを支持していると思われる．彼自身はゴシックほどには厳しい指摘はしていないが，彼の追記部分には，なおも極めて不利なことが書かれている．

> ヘヴィサイド教授は狂っていただろうか？　多分違うと思う——彼の科学上の業績は，彼の頭脳が並外れた拡がりと繊細さを持っていたことを示している；彼は，おそらくアインシュタインと知的な議論が可能な，今世紀の数少ない人物の一人であった．しかし私にとっての彼は，心配の種でしかなかった．彼はぼけ老人特有の恐怖のオーラに包まれていた．私はよく草むらに腹ばいになり，壁の隙間から覗き見をし，彼が茨の生い茂った庭の中をうろつく姿を観察したものだった．汚れた窓を通して，彼の応接室の壁に向かって立っている岩を見ることができた．時折彼は立ち止まり，私の方向を睨みつけた；彼には，突然ピンクのガウンをきつく締め付けたり，きらきら輝く指を頭上ではじいたりする癖があった．

ニコルスと彼の兄弟たちがヘヴィサイドを観察していただけではなかったことは明らかである．彼は次のように続けている．

> 私の父は時折，夏の期間に私や兄弟が不意に彼の庭に打ち込んでしまったテニスボールの件で《ヘヴィサイドから》苦情の手紙を受け取っていた．それらの手紙は，いつも次のように始まっていた．「オリヴァー・ヘヴィサイド（W. O. R. M.）教授は，W.O.R.M. 精神［Wormship：ヘヴィサイドの造語．506頁参照］とジョン・ニコルス氏に対する敬意をもって，あなた様にご注意を喚起していただくため，心からのお許しを乞うものです」．その次に，苦情の内容が書かれる．手紙には，

常に「オリヴァー・ヘヴィサイド，W. O. R. M」と署名されていた．こんな手紙を書いた人物が，無線技術を現在の程度にまで完成させるのに大きな貢献をしたというのは皮肉である．

ニコルスによれば，彼の父親はヘヴィサイドを単に「途方もない，もの笑いの種」と考えていたが，子供たちにとってははるかにこわい存在であった．その臆病な隣人の回想記は次のように結ばれている．

> 子供の私にとって，彼は幽霊，魔法使いであり，恐怖が支配する世界での恐怖の象徴の一つであった．私は，ボールが彼の庭に入ってしまった時でも，それを取りに行くような冒険はしなかった．私は，その塀の中に入ったら二度と外へは出られないだろうと感じていた…もし塀の中に入ったら，変身させられ，目には狂気の光を発し，丘を下り，この世界からさまよい出て，行方知れずになってしまうだろう….

私がニコルスを知ったのは遅きに失し，本書の初版の刊行に間に合わなかった．しかし，サイエンティフィック・アメリカン誌への寄稿には書き加えることができた．

第13章：終章

1988年10月，私はMITの名誉教授で著名な数学史家のダーク・ストルイク教授[34*]から一通の手紙をいただいた．彼は94歳の誕生日に電子技術者の孫から私の著書をもらいMITでの同僚だったノーバート・ウィーナー[35*]との交友について知らせて下さった．彼はまた，ウィーナーの小説『テンプター[36*]』も教えて下さった（この小説では，匿名の英雄として，ヘヴィサイドを主人公にとりあげている）．ストルイクとウィーナーは微分方程式を解くために微分演算子やラプラス変換を用いることの相対的な利点について何度も話し合った．ストルイクはウィーナーがラプラス変換とヘヴィサイドの演算子法の関係に初めて気づいた数学者の一人であると信じていた．事実，ウィーナーの同僚の電気工学者，ヴァネヴァー・ブッシュ[37*]が，1929年に『演算子による回路解析』を刊行したとき，ウィーナーが付録の部分を担当している．それはフーリエ級数，フーリエ積分，微分演算子の漸近展開に関するものであった．ウィーナーがヘヴィサイドに関心を持ったきっかけはこの付録の執筆であった．

『テンプター』に関連してストルイクは，「ウィーナーはこの小説が出版

されたとき非常に興奮し，売れ行きを調べに毎日大学の書店に出かけました．結果が厳しいときは非常に落胆いたしました．私は彼に『アインシュタインとドストエフスキーに同時になるのは無理ですよ』，と言ってやりました」と書いていた．

本書が1988年に出版された後に『テンプター』に関連して私が知った，もう一つの興味深い物語がある．

ウィーナーの死後ほぼ30年を経た1993年，MIT出版会は彼の書いた一冊の本を出版した（準備用の原稿は，1954年にダブルデー社のために書かれたまま放置されていた）．その題目は，『発明：アイディアをいかに育てるか』[38*]であった．ウィーナーは発明そのものについての関心を失い，エネルギーのすべてをその小説に向けていた．スティーブン・J．ハイムズは，MIT出版社版の『発明』の原稿（MIT図書館保管のウィーナーの論文の中にある）の序文に次のように書いている．

> 彼は，…初期の二巻の自伝，あるいは1948年の有名な『サイバネティクスはいかにつくられたか』[39*]よりもさらに文学的な仕事の企画を始めた．彼はある期間，電話通信の理論における先駆者の一人であるオリヴァー・ヘヴィサイドが英雄で，AT&T社[40*]とコロンビア大学の技術者マイケル・ピューピンが悪役であるような，発明の歴史上のドラマチックな筋書きの演劇化，または小説化しようと考え続けていた．1941年，ウィーナーは主な登場人物の概要をオーソン・ウェルズ[41*]に送り，映画化の基礎資料としてもらおうとした．しかし，この申し入れに対する回答は何もなかった．

最後の一節は，1990年に私がニューヨークのブルックリン在住のジョン・W．ヴェリティからいただいた手紙を抜きにしては，まわりくどくてわかりにくいであろう．彼はヘヴィサイドに関するサイエンティフィック・アメリカン誌の記事を読み，私がウィーナーからウェルズに宛てた手紙に関心があると考えて，その手紙を送って下さった．現物はMIT図書館にある．1941年6月28日付けのニューハンプシャーのサウス・タムワースから差し出されたその手紙の中で，ウィーナーは最初にこう書いている（宛名は，住所なしで，カリフォルニア州ハリウッド気付オーソン・ウェルズ様となっていた）．

> オリヴァー・ヘヴィサイドとAT&T
> 幾多の国よりも大きな会社と渡り合い，
> 敢然と闘った 独身で，貧乏で，耳の聞こえない

ジョンズ・ホプキンス版への序文

ひとりの男のスペクタクル
ノーバート・ウィーナーからの映画化の提案

ウィーナーは1941年の映画「市民ケーン」に感動したので，ウェルズが自分の提案を同様にすばらしい作品にしてくれるに違いないと語りかけた．ウィーナーは，その提案の中で，彼自身がピュービンを軽蔑していることを明らかにしている（彼は，1923年度ピューリッツア賞受賞のピュービンの自伝『移民から発明家へ』を「特にヘドが出そうな自画自賛」と呼んだ）．彼はまた，プリースについては，馬鹿者でしかないと考えていた．しかしウィーナーは，特に名前を出すことはしなかったが，AT&Tの技術者ジョージ・キャンベル[42*]を尊敬しており，「仕事上のすべての同僚が知っているように，Mr. C—（彼は健在です）は電気フィルターの本当の発明者であり，現代の装荷コイル技術の詳細についての創案者です．専門分野以外では知られていませんが」と書いた．

ウィーナーは手紙の続きで，ウェルズに対する，とびとびの間隔で装荷する誘導コイルについてのかなり優れた短期集中講座を行っている．彼はまた，なぜAT&Tは，この発明が真空管増幅器の発明前，当時増設されつつあった長距離回線網を維持するために，絶対的に重要であることに気づいたかについて説明している．AT&Tは装荷についての特許権を，取得し管理する必要があった．もしヘヴィサイドが特許に関する見識を持ち合わせていたならば，その権利は当然ヘヴィサイドのものになったはずである，と論じた．ウィーナーによると，「ヘヴィサイドが自分の知性が生んだ子供の父権を示すための文書を書かなかったため，AT&Tは他の父親を探す必要があった．」

ウィーナーの論文によると，AT&Tは「新しい父親」を探すために，並行して二つの方策をとった．第一の方策は，AT&Tの社員であったジョージ・キャンベルに対して，装荷コイルの適切な配置間隔を決定する問題を課すことだった．キャンベルは，その問題を実際に解決した[43*]．ヘヴィサイドはしていなかった．第二の方策は，なぜかこの件に外部の者（ピュービン）を参入させる，ということであった——ウィーナーは，その方法が分らないという——結果としてAT&Tは，ピュービンから特許権を買い取ることができた．ウィーナーは，ウェルズに対して，次のように書いた．

> C…［キャンベル］氏の仕事は特許の価値があります…．一方ピュービンは…特許事務所に異議申し立てを行いました．ヘヴィサイドを当事者とせずにこの件

は，特許権訴訟のため，米国特許省へ送られました．ピューピンはこれに勝訴し，AT&Tは彼の権利に対して支払いを行いました．AT&Tは裁判には負けましたが，その手続きによって有効な権利を得たのです…．ピューピンは，富を得ましたが同時に彼自身が本当にその実績に値することを納得させるという課題をかかえることになりました．

　もちろん，ヘヴィサイドは1銭も得なかった．

　装荷ケーブルの発明は，実際にはウィーナーの説明よりも若干複雑である．装荷ケーブルの最初の特許は，フランスの発明家ラザール・ウェィエ（1858-1928）に対して，1888年に認可されている．本書の初版刊行後，この発明に関するきわめて優れた論文が発表された．ヘヴィサイドはたしかに重要な役割を果たしている．しかし他にも何人か貢献した人たちがいた——ヘルゲ・クラウ，「クララップ・ケーブル：発明と初期の発展」[44*] を見よ——（本書においては，クララップについては，連続装荷ケーブルに関連した第12章の註38の中に，ほんのわずかにふれている）．一つの電気的な発明をめぐる複雑な技術的結末についてのウィーナーの理解は，乱雑な人間の政治的行動に対して明快な論理的法則を適用しようと試みた，一人の純粋数学者の思考の結果なのかもしれない——ウィーナーは，彼の『発明』[45*] において，エディソン効果（ある条件の下では真空中の二つの電極の間に電流が流れるという現象）について二度にわたって完全な歪曲を行なっている．私は，ウィーナーのハードウェアについての説明を，塩の一粒二粒を厳密に扱う，彼本来の流儀のようには受け取るべきではないと思う．

　彼の見方が正しかったかどうかはともかく，ウィーナーがウェルズに手紙を書いたのは彼が正義感から憤慨したからであった．彼はその映画化の提案を，ピューピンに対する可能な限り強烈な言葉で「ヘヴィサイドはピューピンをペテン師である，と軽蔑しました」，と（正しく）書き，また，（間違いと思うが）「《AT&Tは》彼をスパイである，と軽蔑しました」と結んでいる．ウィーナーは，ピューピンの名前は彼の名を冠したコロンビア大学の物理学研究所に祀るべきである，「しかし，ピューピンの本当の記念碑は，彼の同僚の心の中にあって，それは軽蔑によって築かれている」と主張した．それはきわめて厳しい言葉である．このような極端な感情の背後の理由を探すことは興味深いだろうか？——ウィーナーとピューピンは，ある時期に悪い人間関係にあったのだろうか？

　ウィーナーは，彼の『発明』の第6章の末尾で，ほとんど信じがたい

ほどの熱情をもって，ピューピンを悪魔に魂を売ったマーローのフォースタス博士[46*]になぞらえ，彼の怒りをぶちまけている．

　　ヘヴィサイドは，うす汚ない下層中流階級のプロメテウスと言ってよいであろう．しかし彼は，少なくとも人類のための火種を手に入れた．貧困と被害意識が禿鷹のように彼の肝臓をついばんでいるとき，彼はプロメテウスのような功績を成し遂げたという感覚を持つことができた．一方，ピューピンは自分の魂を商業取引の眼目として包み込んでしまった．魂が売りに出されたとき，悪魔が最後の客となる．ピューピンには社会的な懺悔も許されない．彼は沈黙を守りきれず，頼みにせざるを得なかった嘘と空威張りは，彼の魂のある空間に虚しく響きわたったに違いない．

　ウィーナーからウェルズへの手紙について最後にもう一つだけ述べたい．彼は追伸で，「もし私の誠意と前述の挿話の信憑性について確かめたいとお考えでしたら，パサデナのカリフォルニア工科大学のエリック・テンプル・ベル教授にお問い合わせ下さい」と書いていた．ベル（1883–1960）は，非凡でやや謎めいた人格の持ち主であった．彼は数論の重要な発見で実績のある数学者であり，ベストセラーの著者である．1937年刊行の彼の『数学をつくった人びと』[47*]は名著である．彼は空想科学小説の草分けの一人でもあり，1931年刊行の『タイム・ストリーム』は，タイム・トラベルのジャンルでの古典の一つとして定評がある．しかし，なぜベルがヘヴィサイドの話をウェルズに追認させられるだろうか？おそらくベルは，ヘヴィサイドのことを，ラプラス変換への関心からヘヴィサイドの演算子に引き込まれた，カリフォルニア工科大学の数学の同僚，ハリー・ベイトマンから教わったのだろう．なぜウィーナーがベルをウェルズに紹介したのか，も疑問である．因みに，ウィーナーの二巻にわたる自叙伝『神童から俗人へ』[48*]，『サイバネティックスはいかにして生まれたか』[49*]にはベルの名前は見当たらない．また1993年刊行のコンスタンス・リード によるベルの伝記『E. T. ベルを求めて』には一言もウィーナーについての記述はない．この二人が本当に出会ったかどうか，疑問をいだく人もあるであろう．

　しかし上記のウィーナーの追伸から二人が交際したことは確実だと思われる．実際1925年から1926年にかけて，ベルはサバティカルの学期[50*]をMITの近所のハーヴァード大学で過ごしている．それにしてもなぜウィーナーはこの大事な企画について，特にベルを選んでウェルズに

紹介したのだろうか？ 1939年のウェルズの有名なお笑いラジオ番組『火星人襲来』[51*]とベルの科学小説を考え合わせて，単なる学者の言葉よりも，ベルの言葉の方がウェルズに理解されると考えたのだろうか？
正直のところ，私はこれらの疑問にはまったく答えられない．この序文を読まれた歴史学者が，ベルとウィーナーの関係を調査して論文を書いて下さることを期待して，この序文を終ることとする．

ニューハンプシャー州ニューマーケットにて
2001年6月22日

訳注

1*　George Santayana (1863-1952)：アメリカの哲学者・随筆家・小説家・詩人．British Character は著書『英国での独白，その後の独白』(1922) の一つの章である．英国人は何をするにもその心象風景（inner atmosphere）に忠実だという．（要するに頑固なのである．）

2*　特に 19 世紀後半，ヴィクトリア女王の治世 (1837‐1901) は英国の最盛期である．ちなみに明治時代は 1868-1912 年．

3*　Jack the Ripper：1888 年にロンドンで発生した，売春婦の連続バラバラ殺人事件（未解決）の犯人．

4*　Oscar Wilde (1854-1900)：アイルランド出身の小説家，劇作家．戯曲『サロメ』，小説『幸せの王子』，『ドリアングレイの肖像』などの作品がある．
　　General Gordon (1833-1885)：英国の軍人．中国で太平天国の乱を鎮圧．1885 年にスーダンのハルツームで反乱軍に捕えられて戦死した．英国は撤退の方針だったために救援が遅れた．
　　Florence Nightingale (1820-1910)：イタリア生まれの英国の看護師．クリミア戦争に看護師として従軍し「白衣の天使」と呼ばれた．近代看護教育の創始者で，看護に統計学を初めて導入した．
　　Lewis Carroll (1832 － 1898)：イギリスの作家．本職はオクスフォード大学の数学講師．『不思議の国のアリス』，『鏡の国のアリス』などの作品がある．
　　ゴードン将軍とナイティンゲールはストレイチーの『著名なヴィクトリア人』で紹介された．

5*　Oliver Heaviside(1850-1925)：本書の主人公．

6* 　　Charles Dickens(1812-1870)：イギリスの小説家．Oliver Twist は映画でも有名．*Hard Times* はベンサム，J. S. ミルらの功利主義を批判している．他に *Pickwick Papers, David Copperfield, Bleak House, Great Expectations* などの作品がある．

7* 　　　William Preece（1834-1913）：本書最大の敵役．第5章以降に登場する．

8* 　　英国の映画監督．「北北西に進路をとれ」，「鳥」などの名画がある．

9* 　　本書旧版は英国で発行された．リプスコムは1992－2000年にはプリンストン大学出版会にいて著者のいくつかの書物を取り扱った．その後ジョンズ・ホプキンス大学出版会に転じた．

10* 　　*International Studies in the Philosophy of Science*

11* 　　こういう書き方は英米人の常識で，要するに反対なのである．

12* 　　IEEE 教育雑誌1991年5月号および1992年11月号

13* 　　IEEE ポテンシャルズ，1994年8/9月号

14* 　　本書第7章参照

15* 　　ヘヴィサイドの初期の論文は概ねこの実業週刊誌［第7章参照］への投稿だった．

16* 　　ヘヴィサイドをロンドン王立協会のフェロー候補に推薦する，1890年2月10日付けの書類．
　　「称号または役職」の欄には記載がなく，「職業」欄は「なし」となっている．「資質・能力」の欄には，電磁気学におけるマクスウェルの理論の発展への寄与が述べられ，20編ほどのヘヴィサイドの論文が列挙されている．推薦者の署名の中に，支援者で友人のロッジ，フィッツジェラルド，ポインティングをはじめ，当時の物理学の最高権威ウィリアム・トムソン（ケルヴィン卿）と，彼の弟子で，明治初年に「お雇い外国人教師」として日本の工部大学校で教鞭をとったペリーとユーイングの名前がある．この推薦状は1890年5月1日に王立協会で受理され，翌年6月4日付で正式に選出された（第7章，第10章を参照されたい）．

17* 　　初版1910年，再版1950年，2巻は1953年．相対論についてアインシュタインの貢献を無視している．霜田光一，近藤都登訳『エーテルと電気の歴史、上下』講談社，1976．

18* 　　オライリーはアイルランドの物理学者．大陸流の遠隔作用論者で，場の考えにも，したがってアインシュタインの相対論にも馴染めなかった．

19* 　　IEE：Institution for Electrical Engineers の略号．電信技術者協会（1871年創立の STE: Society of Telegraph Engineers）を前身として，1908年にこの名称となった．2006年には IIE：Institution for Incorporated Engineers と合併し，IET: Institution of

Engineering and Technology となった.

20*　Bruce J. Hunt, *The Maxwellianns,* Cornell University Press, マクスウェル理論の発展に寄与したフィッツジェラルド，ロッジ，ヘヴィサイド，ヘルツ他の物理学者について詳述してある.

21*　この資料はロンドンの IEE 資料にはいっており，インターネット *www. electromagnetism. demon. co. uk* で見ることができる.

22*　ファイ・ベータ・カッパ：ギリシャ語で，「哲学が導く人生」の意味．アメリカ大学の優等生で組織する学生友愛会.

23*　ピッツバーグ周辺でのラジオの骨董品の保存などに力をいれているＮＰＯ団体.

24*　ヘヴィサイドは会社をやめた１年後の１８７５年から両親と同居して独学を始めた．１８８２年から雑誌「エレクトリシャン」への寄稿が始まる.

25*　ヤヴェツの著書に引用されているアーサーの手紙によると，ヘヴィサイドが出願した何らかの特許について，Reid なる人物（弁理士または弁護士のような代理人か？）と特許権使用料について合意書を交わすことになっていたが，その手紙からは申請されていた特許の内容は知ることはできなかった.

26*　"William Preece（1834-1913）":*Transactions of the Newcomen Society for the Study of the History of Engineering Technology* 53，1981/82, pp. 119-138.

27*　*The Literary Structure of Scientific Argument: Historical Studies*, ed. Peter Dear, University of Pennsylvania Press, 1991.

28*　微分の２乗ならわかるが，微分の１／２乗と言われたら誰だって驚くだろう.

29*　Slinivasa Ramannjam（1887-1920）：南インド出身の驚異的な数学的インスピレーションの持ち主として有名な数学者．地元の大学を中退し，マドラス（現チェンナイ）の港湾局の事務員をしながら書きためたノートの内容をきっかけにケンブリッジ大学のハーディに見出され，その許で共同研究をするが，健康を害して32歳で死去するまで，多くの重要な数学公式を残した．中にはまだ証明されていないもものも多いという．藤原正彦著『天才の栄光と挫折』, 新潮社，2002 年, pp. 155-180 参照.

30*　放射性変換の理論における微分方程式系の解法, Proceedings of the Cambridge Philosophical Society. 元素が何段階にも崩壊していくときの連立微分方程式を記号的に解く必要がある.

31*　John R. Carson（1886-1940）：アメリカの電気通信技術者．プリンストン大学，MIT で電気工学を学び，1913 年から AT&T において有線，無線電話伝送の理論的研

究に従事し，単側帯波通信方式，通信ケーブルの解析，周波数変調の理論，演算子法の応用，導波管理論などに貢献した．本書の第 10 章に登場する．

32* 　　*Journal of Applied Physics*, April 1950

33* 　　Beverley Nichols: 1899-1983, *Father Figure*, Simon & Schuster, 1972

34* 　　Dirk Struik 1894-2000: 　オランダ出身のアメリカの数学者．ゲッチンゲンでウィーナーと知り合い，のちに MIT に就職した．マッカーシー旋風の時代に迫害され数学史に専念した．

35* 　　Norbert Wiener（1894-1964）：アメリカの数学者．11 歳で大学に入学するなど英才教育を受けた．フィードバックの概念を含む人間と機械の工学サイバネティクスの創始者．

36* 　　誘惑者．悪魔を意味する．

37* 　　Vannevar Bush (1890-1974)： 　アメリカの電気工学者．タフツ，ハーヴァード，MIT を経て，MIT 教授，副学長などを歴任．演算子法の普及，アナログコンピュータの開発，情報検索システムの起源となった「memex」を 1930 年代に提唱したことで有名．1940 年代に軍学共同の中心となり，原子爆弾の開発にも重要な役割を果たしている．本書の第 8 章，第 12 章に登場する．

38* 　　Invention: *The Care and Feeding of Ideas*, MIT Press 1993: 鎮目恭夫訳『発明－アイディアをいかに育てるか』, みすず書房, 1994 年．

39* 　　*Cybernetics,* 1948：池原止戈夫他訳『サイバネティックス』岩波書店, 1962 年．

40* 　　American Telephone and Telegraph Company（アメリカ電信電話会社）：電話の発明者アレキサンダー・グラハム・ベルが 1877 年に創業した「ベル電話会社」を母体にして，1885 年にアメリカ国内の電信電話サービスを業務とする会社となった．その後巨大な独占企業として大発展し，世界の電気通信技術をリードしたが，独占禁止法に抵触して 1984 年に分割された．革命的な発明であるトランジスタと OS の「UNIX」は，AT&T グループ（ベルシステム）の研究開発部門の「ベル電話研究所」で開発された．

41* 　　George Orson Welles（1915-1985）：アメリカの映画監督，俳優．映画「市民ケーン」は新聞王ハーストをモデルとしていたために妨害され興行的には赤字だったが名画とされている．映画「第三の男」でのウェルズの演技には独特の存在感があった．

42* 　　ピューピンとキャンベルは，本書の第 12 章において登場する，アメリカの電気通信工学者である．

43* 　　1 マイルというのがキャンベルの求めた最適の距離である．

44* 　　Helge Kragh, "The Krarup Cable :Invention and Early Development", *Technology* *and Culture*, January 1994.

45*　脚注 37.

46*　Christopher Marlow（1564-1593），英国の劇作家，詩人．フォースタス博士は，ファウスト伝説に基づく．

47*　E. T. Bell, *Men of Mathematics*, Simon & Schuster, 1937, 1986：田中勇，銀林浩訳，『数学をつくった人びと I，II，III』，ハヤカワ文庫，2003 年．

48*　N. Wiener, Ex-prodigy: *My Childhood and Youth*, MIT Press, 1953, 鎮目恭夫訳『神童から俗人へ』，みすず書房，2002 年．

49*　N. Wiener, *I am a Mathematician: The Later Life of a Prodigy*, MIT Press, 1956, 鎮目恭夫訳『サイバネティックスはいかにして生まれたか』，みすず書房，1983 年．

50*　欧米の大学では教員に対し，7 年目には 1 年間の給料は支払われない．支払われない期間は外の機関で研究することが一般的である．7 日目の安息日に由来する．

51*　ニュースのようにして放送したので大騒ぎになったと言われた．

初版への序文

　なぜ私がこの本の著者なのだろうか？
　著者が読者にこのような質問をするのはまったくおかしなことだ．著者はその理由を知っているのが普通である．だが私はとぼけているのではない．私はただの電気技術者であって，数式やコンピュータのプログラムを扱うのは慣れていても，歴史の専門家のように，虫眼鏡を使って一世紀以上も前の手紙を読むようなことは得意ではない．そんな私がなぜこんな本を書いたのだろうか．
　科学史の専門家がヘヴィサイドを評価していないわけではない．他の科学者の伝記や，さまざまな技術革新の歴史の文献の中にヘヴィサイドの名前は何度も現れる．だが彼の生涯と業績についてのまとまった著作は本書が初めてである[1]．その理由はおそらく，ウイリアム・バークソンの名著『力の場』の中の言葉を借りれば，「彼の仕事の大部分は，きわめて技術的で理解困難である．科学的な面と人間的な面をあわせた完全な彼の伝記が書かれることはあるまい」，ということであろう[2]．
　実際に，「技術的な困難」を解消することは容易なことではなかった．コーラでハンバーガーを胃に流し込むくらいのほんの短い時間で読める，リーダーズ・ダイジェスト的な要約のように，すべてが忙しいビジネスマン用に圧縮されていなければならない現代に，誰が苦労してヘヴィサイドを知るために時間を割くであろうか．彼の論文には，些細な部分でも理解するのに非常に時間がかかることがある．しかもそういう部分が多いときている．さらに，解読作業は，単にぎっしりと書かれた読みづらい手書きの文書を読むことだけではない．ヘヴィサイドの論文はあきれるほど長く，技術的な訓練を受けた者にさえ，頭痛を起こさせるに十分なほど数式を含んでいる．歴史家は文献や，対象とする人物の生活の成り立ちを通じた，社会的な脈絡にこだわるように訓練されているのであって，複雑な数学や物理学を見ては，津波にあったような絶望におちいって当然である．彼らはヘヴィサイドを敬遠して，リンカーン，ヒトラー，ファラデー，アインシュタインといったまだしも取扱いやすい人

物の研究へと方向転換したはずである．リットン・ストレイチーは，ヘヴィサイドの生きた19世紀英国の富裕階級の正体を暴露した伝記の傑作，『著名なヴィクトリア人』の中で「良い生涯を描くことは，良い人生を生きるのと同じくらい困難であろう」と書いた[3]．彼は正しい．

　本書を書くためには多くの年月をヘヴィサイドの文献を読むために費やさねばならなかった（1世紀も前の雑誌エレクトリシャンの汚いページのコピーを直接読むことも多かった）．正直のところ，辛い仕事であった．この作業には疲れ果てた．私はヘヴィサイドの論文を読むために，なぜ多くの読者たちが絶望のあまり苦悶したかがよくわかった．私は，同様にヘヴィサイドの伝記を書こうとしてあきらめた歴史家を笑うつもりはない．おそらく彼らは賢明だったのであり，私が本書を完成するために突き進むことを決意したことは，実に私の両親がいつも私に言っていた，「朝，目が覚めたときにひらめいた最初のとんでもない馬鹿げたことをやる」という，頑固でしばしば無分別な私の悪癖によるものである．私の妻は，私のこの悪癖は治らないことを保証している．おそらく，この頑固さと無分別が，この本の著者が私であることの答であろう．

　しかしヘヴィサイドが，演算子法に関する彼の第三論文を王立協会によって拒絶されたあと[1*]に語ったように，「特に必要なのは，同情ではありません」——まさしく私はヘヴィサイドに関するまともな本は，彼の最も技術的で複雑な仕事を取り扱うべきであり，したがってその著者は高度に技術的な素養の持ち主でなければならないという主張を通したいのである——そのような素養を持った歴史家はなかなかいないだろう．だから私はまさに「ヘヴィサイドをする」だけの無謀さを備えた最初の男だったことになる．

　リチャード・アルティック教授は，すばらしい英米文学史『生涯と書簡』[4]の中で，平凡な作家の底の浅い伝記について次のように記している．「……作家の著作について多くを語らなくても，作家の良い伝記を書くことはできるだろう．伝記で大事なのは作家の著作より作家の人柄である．多事多難な人生を送った多彩な人物と見なして……作家の通俗的な伝記が，さほど文学に関心がなく，知識を得ようとも思わない多くの読者たちに喜ばれた．作家バイロンの生き生きとした伝記を読んで『ドン・ファン』も読んでみようかという人もあるが，バイロンの恋愛遍歴だけに興味のある人の方がはるかに多い」．

科学者については，同様の困った伝記ははるかに少ない．数少ない例としてはテスラやアインシュタインの伝記がある．だが本書はそういう伝記ではない．たしかに，ヘヴィサイドは神秘的とも言える多彩な人格の持ち主であり，私はこの本では，彼の生涯のそういう面を特徴づけるべく努力を払った．しかし，本書における主要な関心は，彼の業績である．そして，もちろん，そこが問題である．彼の業績を理解することは，大変な大仕事だからである．

　たとえそうであっても，この仕事は愛すべき仕事であった．それは，私の人生における最も楽しみの多い，満足の行く知的な娯楽であった．実際，この仕事が終わりに近づいたとき，私はこれからどうしたらよいのかという疑問に襲われた．私は何年間も古い本を読み，ほこりっぽく暗い書架の間を這い回り，関係者に手紙を書き，5インチの拡大鏡で1890年のヘヴィサイドの手紙[5]を覗き込み，インクのしみを元の言葉に戻す作業のために費やした（必ずしもうまくはいかなかったが）．そして，私はそのような作業のすべての瞬間を愛しんだ！　それは，私が勇敢なアクションとロマンの英雄，インディー・ジョーンズになれたようにさえ感じた．（古代史の学者が鞭を打ち，射撃し，ナチスを出し抜いて「聖櫃（アーク）」の秘密に達する話[2*]に，誇らしく心をはずませない大学教授がどこにいるだろうか．）確かに，私の実際の経験は，アルティックの『学者の冒険』[6]——「英国の眠ったような小さな村の旧家の，ねずみにかじられた古文書」の発見物語——に書かれていること以上のものであった．私の場合にはまた，さらに大きな発見の可能性が常に存在した．

　そして，それを今成し終えた．私は悲しい．6年以上にわたる私の自由時間のほとんどすべてを占領したこの仕事に別れを告げることは容易なことではない．

　今から1，2年後に私がどう感じるかはもちろん本書がどのように受け入れられるかにかかっている．私は，非専門家による歴史書や，特に技術者による技術史は，「危うい」ものである[7]ことは承知している．「本書は技術者によって書かれた」という不吉な書き出しで始まる，歴史家による技術史の書評を何度読んだことだろう．そういう書き出しが何を意味するかは皆さんご存知だ．ろくなことでないことは保証する．

　それはさておき，技術者，数学者，科学者たちに対し，意味があり面白いヘヴィサイドの物語を提供することが私の主眼であり，そのために

最善を尽くした．歴史家の皆さんもまた，本書に対して多大の関心を寄せていただけることを期待している．快く，また丁重に文通していただいた何人かの歴史家の方々には，大変お世話になった．ウィル・ロジャース[3*]の寸言を言い換えるなら，私は専門家として，また大学人として，礼儀を尽くさないような歴史家とは付き合わないことにしている．皆様が手伝って下さったおかげでお叱りを受けることがなくなっていることを希望している．

　本書を執筆中であることを聞いた人たちから，私がしばしば受ける質問[8]の一つは，「ヘヴィサイド？　何をした人ですか？」というものである．私の子供たちは，もっと率直である：サラリーマンの朝食場所のような空港の文庫本売り場に出ては消える，くだらないホラー小説みたいな本とか，『大学教授の驚異的な二週間ダイエット法』みたいなお金になる本を，なぜ書かないの？　と尋ねられた．私は，少年のようににっこりと微笑んで，足をひきずりながら，うつろなことをぶつぶつと言うだけである．実際のところ，私は金儲けについては全く何もできないし，たくさん売れるホラー小説に対する報酬をもらおうとはこれっぽっちも思っていない．その場限りの浅薄さは嫌いである．結局のところ，私にとっては，明日にも屑屋に売られるようなくだらない小説を作り出すことには何の喜びも感じられない．

　なんとウブでロマンティックな態度であることかと，多くの方々は思うに違いないが，これがまさしく私の立場である．私がヘヴィサイドに限りなく魅かれるのは，彼が19世紀で最も純粋でロマンティックな性格の科学者の一人だからである．例えば，彼は電気の技術を説明するための原稿の中で，大僧正に対して軽蔑の言葉を投げつけたりする．こんな魅力のある人物はなかなかいない（第7章を読まれたい）．

　もう一つヘヴィサイドが私にとってロマンティックに思えるのは，ヘヴィサイドやその友人達がわれわれから近くもあり遠くもあることである．ケロー・チェスニー (Kellow Chesney) は，ヴィクトリア時代の下層社会に関する優れた著書 (*The Anti-Society*, Boston, MA: Gambit, 1970) の中で，同様の指摘をしている．彼の書き出しは「ヴィクトリア時代の魅力の大半は，その奇妙な親近感からくるものだ」であった．現在でもヘヴィサイドの生前の姿を見た人たちが健在である．彼があとわずか15年ほど長生きしたとすれば（90歳になるが，とてつもない年齢ではない），彼は私をひざの上に乗

せることができたであろう．かつて偉大なマクスウェルに会ったことがある彼の親しい友人［サール］は，私が高校生であった1954年まで存命であった．私は，あのクラーク・マクスウェルと握手した人と握手できたかも知れない！　それでもなお，ヘヴィサイドはわれわれから遠い存在でもある．彼が10代の頃は，ライト兄弟がはじめて空中を数百フィートほどふらふらと飛行する40年前であった．これらのことは，読者の背筋をぞくぞくさせるほどのことではないだろうが，私にとっては震えるほどのことである．ところで，読者の皆さんには，私が大学の教授であって，それは脳を変にひねくり回すことが必要とされる職業であることに留意していただきたい．もう一つの例を示そう．

　IEEによって整然と管理されているヘヴィサイド・コレクションを調査するためにロンドンに滞在していたある日，私はひと休みにフリート通りを散歩した．雑誌エレクトリシャンの編集局はずっとフリート通りにあり，100年以上も前にヘヴィサイドは，業務時間中は行くことはなかったが，自分の原稿がどうなったかを知るために，夕方にその通りを歩いたことであろう．彼の足どりを追跡することを想像することは，ともかくも喜びであった．ラジェート・ヒルを上り方向に歩き，荘厳なセントポール寺院まで歩いたとき，ヘヴィサイドの宿敵のプリースの古巣であったサン・マルタン・ルグラン通の古い郵政公社が，ちょうど私の右手の数ブロック先にあることに気づいた．100年前に間違いなくプリースが，私の歩いたこの場所を歩いたのだ．私は戦慄に震えた！

　私はプリースの名前から，でっぷりとした尊大な官僚が，社会的な地位をもたないロンドンの群衆の中を堂々と颯爽と歩く姿を想像していたことを思い起こした．プリースは，本書においてはいい役回りではないが，それはまったく彼自身の罪である．本書は，修正主義[4]の歴史を書いたものではない．私の視点は，半世紀以上も前に次のように書いたサー・エドマンド・ホイッテカー卿と基本的に同じである．「ありうるとすれば，プリースはヘヴィサイドの業績の中で語られることによって，後世の人たちに知られることになるだろう．時間が十分に復讐してくれるだろう」．

　亡くなった人物を足蹴にするようなことは卑怯だと感ずる方もおられよう．このような無邪気な意見に従えば，どんな悪党も死ねば歴史家の非難を免れ，歴史家およびその読者の人生を限りなく退屈にしてしまう．「われわれの時代からではなく，彼自身の時代から人を裁くべきだ」と，

死者を擁護する人があるかもしれないが，私は，いずれの時代の尺度によっても，プリースに弁護の余地はないと断言する．彼はすでに亡くなっており，生きていたらまちがいなく本書に対して怒声と，タイタニック号をも浮上させるほどの大言壮語をもって反論するだろうが，この世にいなければそれはできない．本書においては，私の持ち前の<u>意地悪精神</u>を発揮している．私の立場に賛同しない方々に対しては，私は<u>プリース自身</u>をお読みなさい，と答えるだろう．この人物は，公然と自分の精神状態の実情をさらけ出すので，私は彼の首にかけた紐を引き出すために，ヘヴィサイドではなく，<u>プリース自身</u>のペンを用いた．

　この最後の一節が少し残酷に聞こえるだろうが，私はロマンティックな人間である（このことは，私が看護婦物語[9]を読むことを意味するものでは<u>ない</u>ことをご理解いただきたい）．であるから，私は本書においてロマンティックな香り付けをすべく，懸命に努力した．私は（<u>おそらく私の健康と，何人かの親友が私に対して抱く，言葉では言い表せない愛情を除いて</u>）自分の持つすべてのものを，1887年のヴィクトリア時代のロンドンでの1日体験をするためにさらけ出したつもりである．私がどれほどヘヴィサイドの口から，彼がプリースをどう思っていたのかを聞きたかったことであろうか．私は，彼の発言の要旨は推測できるが，いったい<u>どんな風に</u>それを表現することだろう．それが二度と起こりえないことは本当に残念である．だが私自身の歴史家としての責務として，これに目をつむることはしない．

　私は，ヘヴィサイドの文句なしの崇拝者として，本書を書き始めた．彼は文字通り私のヒーローであった．そうではない理由などない．私は，一方は零落した天才であり，一方は尊大で知ったかぶりの政府の役人ともったいぶった大学の数学者という型通りの設定を受け入れた．善良で年老いたヘヴィサイド！　彼は連中に対し，善良な人間は抑圧できないことを示したのだ．ヘヴィサイドよ，やつらを思い切りやっつけろ！

　悲しいかな，私が知るにつれて，年老いたヘヴィサイドは汚点をさらけだし始めた．それでも私は彼を崇拝する．彼は一生懸命，素晴らしい業績を残した．彼を好きになれたかどうかは自信がない．多分<u>好き</u>にはなれなかったであろう．しかし，先に述べたように，本書は修正主義の伝記ではない．ヘヴィサイドは隠れた切り裂きジャックであったとか，ヴィクトリア時代のポルノグラフィー収集家であったなどということはない．その代わり，私はできる限り真実に近く，歴史的に正確であるこ

とを期した．ヘヴィサイドが死去する直前にＩＥＥの会長[5*]に当てた手紙の中に，「私は，お世辞は欲しくありません．真実と正義が欲しいのです」と言明している．私はこの要望に応えようと努めた．

　ロビン・ウィンクス(Robin Winks)は，彼の学問上の面白い名文集である『探偵としての歴史家』(New York NY: Harper & Row, 1969) の冒頭部分で，「どのような分野の歴史においても，著書は著者そのものである」と書いている．本書にもそれはあてはまっていて，私には一人称のおしゃべりを注釈として挿入する癖がある．純粋な学術的性格は損なわれているだろうが，学術性からくる，乾いた，重苦しい調子に努めることには，実のところ私は，何ら知的な利点を見出せない．学術論文は雑誌に掲載すればよい．

　もちろん伝記の著者が目立ちすぎるのも問題である．大人のパーティーに子供が歓迎されない以上に，現代の伝記作者は，慣習的に，聞こえないように，見えないようにすることが望まれている．ボズウェルが，自らの著書『ジョンソン伝』[6*]の中で，「ひどく脆弱な知性の，卑屈で無礼で，浅はかで知ったかぶりの，偏狭な飲んだくれ男の…，うぬぼれの馬鹿者」のようだった，というヴィクトリア時代初期の歴史家，サー・トーマス・バリントン・マコーレーの断言をよく知っている．もう，読者の皆さんはお分かりであろう．私はまた，1世紀以上後のアルティック教授の，次のような辛辣な観察を思い出す．それは，ボズウェルは自惚れだったが，「事実が見えなくならないように，自分の本の中で自分自身を消す分別を持っていた」というものである．それでもマコーレーがボズウェルを「最初の伝記作者」と呼んだという事実に私は快感を覚える．私のスタイルを好まない読者に対してはお詫びを申し上げたい．しかしこれは私の流儀であって，犬と同様私は，「今さらやり方を変えるには年齢をとり過ぎてしまった」．

　最後に，歴史家が（私も）必ず違和感をもつ，ある種の技術者たちから，度々耳にする一つの疑問を述べておこう．実験用の集積回路基板から目を上げて，この手の技術者は尋ねる．「誰が気にするのですか」，「100年前に何があったかですって？　そんなことは，すべて過ぎ去ったどうでもいいことじゃないですか．先端技術についての話ならおつきあいしますが！」もちろん，このガチガチの「先端技術中毒患者」は，本書を手にすることもあるまい．しかし，自分の職業の源流について知ることが重要であると考えてはいるが（この手の本を読むために時間を費やすことには

罪悪感を覚えるような)，広範なタイプの技術者に対して，私からお慰めしたい．あなた方は孤立しているのではない．例えば，ジョージ・フランシス・フィッツジェラルドは，1898年にヘヴィサイド宛に手紙を書き，彼の写真を撮らせてくれと頼んだことがあった．驚くべきことには，彼は実際に写真を一枚撮影することができ，その返信にヘヴィサイドの有名な世間嫌いのことを書いた．「友人たちの<u>自然で素朴な好奇心</u>《引用者の強調》を満足させて上げなさい」．私は正直に付け加えねばならない．フィッツジェラルドは，敢えて次のような言葉で手紙を結んでいる．「個人の私的なできごとについての情報を知りたがることは，19世紀に蔓延した一種の知的な衝動なのです」．フィッツジェラルドの「衝動」は，20世紀の現在もまだ残っている．私はやはり，かゆい時は掻くことが<u>正しい</u>処置法であると思う．

　他人の人生の中に教訓（と娯楽）を見出そうとする，長くまた誉れ高い伝統が存在する．ボズウェルが『ジョンソン伝』の中で記しているように，1763年にジョンソン博士は熱烈に，「文学における伝記的な部分は，私が最も好きなものである」と述べている．あるいはボズウェルがその12年後に，彼の主宰する雑誌に，シェークスピアのオセロが，彼の妻デスデモーナを殺害する直前のせりふのパロディとして書いたのを模倣すれば，「世の中には何千という人生がある．余の巨大な好奇心は，それらすべてを飲み込む胃をもっておるのだ[7*]」．

　最後に，私が書くことを楽しんだ分のせめて半分でも，読者の皆さんが楽しんで下さればと願っている．そして誰だったか，ある偉い人がこう言っていた．「人生の幸せの秘訣は時々お世辞を言ってくれる友人を持つことである」．

注

1　1985年にロシア語で刊行された著書があるらしい．それは主にヘヴィサイドの演算子法の問題を扱っている．Mathematical Review, 87h, August,1987．(p. 4001) に短い論評 (Review 87h: 01063) がある．

2　William Berkson, *Field of Force* (New York, NY: Wiley, 1974).

3　Lytton Strachy, *Eminent Victorians*, New York, NY: Putman, 1918.

4　Richard Altick, *Lives and Letters*, New York: NY: Knopf, 1965.

5　驚いたことに，ヴィクトリア時代の人たちは，普段お互いに美しい手書きの文字で手紙を書いていたのではなかった．（学生時代の）4 年から 7 年級までの間，何回となく頭に吹き込まれていたこの神話は，ヘヴィサイド文書の書簡の中のいたるところに現れる横棒のない t，点のない i，そのほかのくずれた文字などによって打ち砕かれた．

6　*The Scholar Adventure*, New York, NY: Macmillan, 1950.

7　このことを信じておられない方々に対しては，ウィリアムズ（L.Pearce Williams）教授の「哲学者は歴史を書くことが許されるか？」という驚くべき題名の Should philosophers be allowed to write history? *British Journal for the Philosophy of Science*, vol. 26, pp. 241-253, September 1975. をお奨めする．ウィリアムズは，主として 1965 年刊のファラデーの伝記が評価されているコーネル大学の歴史学者である．彼は，批評した二冊の本（一冊は全編がファラデーについて扱っており，もう一冊は重要部分がそうである）において，彼の言うところの「重大で，実に稚拙な誤りを犯している」と主張している．ウィリアムズはこの二冊に対する怒りに満ちた書評を書いたのであった．攻撃された側の著者たちは，同じ雑誌において（voll. 29, pp. 243-252, September, p.243-252, September, 1978），ウィリアムズの最後のコメントを使い，同じ程度の残忍さを以って反論した．この反論自体には，若干の皮肉が込められていた——数年前に，ウィリアムズが書いたファラデーの伝記が，さる著名な歴史学者によって，袋叩きにあった——というのである．歴史雑誌の書評ページを読むことは，クリント・イーストウッドの映画を観るよりも，はるかにエキサイティングである！

8　私がオリヴァー・ヘヴィサイドについて執筆中であることを，技術関係でないある知人に話したときの面白い話がある．彼はそれを聞くや目を輝かして言った．「それって，昔の映画の喜劇役者じゃないか！」　彼がこの驚くべき結論に到達した理由を私が理解するまでに，数秒間を要した．彼は，（お笑いコンビ）ローレルとハーディの大きい方の役者，オリヴァー・ハーディだと思っていた．彼はもちろん，まさしくヘヴィ・サイド（重たい方）に違いない．

9　私があえてロマンティックであると考える類の本は，Richard Matheson の小説 *Bid Time Return*, New York, NY: Viking,1915，および，Jack Finny, *Time Again*, New York, NY: Simon&Schuster, 1970 のタイムトラベルの中で語られるラブストーリーである．Matheson の傑作は私を強く感動させ，ニューハンプシャーからサンディエゴの海岸のはずれの Coronado ホテルまで，歴史の殿堂に立たんとする巡礼の旅を行わせた．さらに新しい Finny の，Forgotten News, New York, NY: Doubleday, 1983 のすばらしい序文を読まれたい．そこには，私がここで用いているロマンティックであること

の意味がもっとも的確に示されている．

　［看護婦物語はヘレン・ウェルズ他著の英国のシリーズで 1943-1968 年に 27 巻出版されている．］

訳注

1*　　ヘヴィサイドの論文が王立協会から掲載継続を拒否されたことがある．ヘヴィサイドの演算子法が，数学的に問題があると見なされたためであった．本書第１０章参照．

2*　　スティーブン・スピルバーグ監督，ジョージ・ルーカス製作，ハリソン・フォード主演の３本の映画がある．「レイダース・失われた聖櫃」はその第１作．

3*　　Will Rogers（1879-1935）は，1920 年代と 30 年代前半に活躍した，アメリカの人気コメディアンで，いくつかの有名な寸言で知られている．ここで引き合いにしている言葉は，"I never yet not met a man that I did'nt like." であると思われる．

4*　　修正主義；通説に反する説を好んで述べる．

5*　　J．S．ハイフィールド，本書 12 章参照

6*　　サミュエル・ジョンソン：Samuel Johnson（1709-1784）は，18 世紀の英国の文学者，エッセイスト，詩人で，「ジョンソン博士」として親しまれている人物．詩集の編纂，雑誌の編集に携わり，編纂した『英語辞典』はウィットに富み，英語学の発展に寄与したと評価された．ジェームス・ボズウェルは彼の友人で，彼の書いた『ジョンソン伝』は傑作とされている．

7*　　シェークスピア：Had all his hairs been lives, my great revenge had stomach for them all.

　　　ボズウェル：Be there a thousand lives, my great curiosity has stomach for 'em all.

34

数学について

　ヘヴィサイドのような人物の生涯と業績についての伝記を，数学を表に出さずに書くことは読者を欺くことになるであろう．もちろん，数学を正確にどのように示すかということは，対象とする読者によってちがってくる．率直に言って，本書は単なる暇人のための本ではない．大学二年生程度の数学（微分積分学および微分方程式）を理解しており，平方根号を見ても失神しない方々のための本である．高校生でも上級生の優秀な子なら大丈夫と思う．

　本書は，ニコラ・テスラが不幸にも主人公にされた伝記本の類のような，「これはびっくり」型の本ではない．テスラは，まさしく直感的な天才であって，「回転磁界」という偉大な洞察が（彼が行ったような）最終的な形で文字通り「彼の頭脳に」訪れたために，それこそが，数学を得意としない伝記作者たちの注目を引いたと思う．彼は解析的な推論を使わず，またそれを必要としなかった．テスラが数学的解析を用いたり，少しでもマクスウェルの理論を理解していたかどうかについては知らない．このことは，テスラに対する批判を意味するものではない（彼は実際に天才であって，彼が自己拡張的[1]な空想の世界を突き進んだという事実こそが，彼のすべてをより興味深いものにしている）．しかしそれは，回転磁界を静止したフットボール程度にしか理解できない伝記作者に説明できる範囲を超えている．このような書き手にとって，多面的な能力を取り上げることよりも，テスラの言う「地球の周りのリング」とか，「死の光線」，「エンパイヤ・ステート・ビルディングを破壊するための地球力学的振動子」などというおかしな言葉についてだらだらと書くことのほうが，はるかに易しいことであろう．このような書き手が，ヘヴィサイドのしたことに対して目を向けたとするなら，彼らはヘヴィサイドの書いた本を恐怖のあまりパタンと閉じ，ナショナル・インクワイアラーの出版物[1]を読むことで「数学的恐怖」から立ち直ろうとするに違いない．

　ロバート・ハインラインは不死身の登場人物ラザラス・ロング[2]に「数学に対処できないものは一人前の人間ではない．彼はせいぜい靴をはき，

入浴し，室内を散らかさないように訓練された類人猿にすぎない」という，まったくもって辛辣な言葉を言わしめたが，数学についての私の立場は，それほど極端ではない．ハインラインの言葉は確かに強烈で乱暴すぎるが，趣旨だけはわかる．次のケルヴィン卿の有名な格言[2]にも通じる．「話題について測定し，数値として表すことができればそれについての知識が得られる．数値で表せないならば，あなたの知識は乏しく，不十分なものである．それは知識の始まりであるが，あなたの思考の中でそれを科学の段階にまで高められることは稀である」．そうは言っても，数学的な部分が多すぎるのもまずいので，各章の末尾の「技術ノート」をおくという工夫をしてみた．各章そのものは殆ど文章であるが，数式は必要な場合に結果だけ示している．「技術ノート」は，それ以上の文章や考察や歴史的な情報などの詳細を知りたい読者の好奇心を満たすために作成された．どんな道具でもそうだが，数学も常時使用してないとさびついてしまう．したがって説明は個人教授的な形であるが，おしつけるつもりはないスタイルであり，あっさりしすぎているかも知れない．読み飛ばしても結構である．但し数学には深入りしたくない方々にも興味を持っていただけると思っている．

注

1　私がテスラについて厳しすぎるとお感じになる読者は，「センチュリー・マガジン」1900年6月号所収の奇妙な記事「増大する人間のエネルギーの問題」をお読みいただきたい．この非常に長い，また極めて風変わりな記事において，著者は（多くの主張の中でも）ヘルツの研究の中に誤りを発見したので，彼が「かなり昔に，ヘルツの結果がマクスウェルの詩的な概念の実験的な証明である，という尊敬の念で見ることをやめた」と主張している．ヘルツの誤りとはなんとヘルツは自分の回路の発信周波数に対する空気の影響を無視していると言うのである！　テスラはまた同じ雑誌の同じ号において，結晶は「生きた存在である」と主張している．

2　これについての極めて興味深い社会史の一つとしては，R. K. マートン，D. L. シリス，S. M. スティーグラー『ケルヴィンの格言と社会科学：ある着想の歴史をめぐって』*Journal of the History of the Behavioral Sciences*, vol.20, pp. 319-331, October 1984. を見よ．

訳注

1*　アメリカの大衆的週刊誌 *The National Enquirer Newspaper Magazine* で，芸能人など

の著名人（セレブ）に関するニュースや裏話を中心的話題とする．同じ出版社からは，生活，スポーツ，趣味などについての多種多様な雑誌が提供されている．

2*　　ラザラス・ロングは，アメリカの人気SF作家，ロバート・ハインライン(1907-1988)のSF小説に登場する不死身の男(推定年齢213歳)で，ここに示された言葉は，『ラザラス・ロングのノートブック』という作品の中の有名な一節である．

参考文献について

　本書におけるヘヴィサイドの五冊の著書（*Electrical Papers*［電気学論文集］2巻，および *Electromagnetic Theory*, 3巻）からの引用は極めて多いため，それぞれEPとEMTという略記法を適用させていただくこととする．例えば，EP1およびEMT3は，それぞれ *Electrical Papers* 第1巻と *Electromagnetic Theory* 第3巻を表わす．何年にもわたり，これらの著書の復刻版が出版されているが，私の原典は，Chelsea Publishing Company (New York, NY: 1970,1971) による貴重な編集であって，引用をお許しいただいたチェルシー社に感謝する．

　ロンドンのIEEは，ヘヴィサイドの研究ノートや，空欄部に書かれた多くのコメントが残されているネイチャー誌のコピー，個人的な手紙などの多くのコレクションを所蔵している．注釈つきのネイチャー誌を参照する場合には，ANという記号を用いる．すなわち，AN, May 9, 1889, p. 32 は，IEEが所蔵するヘヴィサイドの個人的なコピーを参照することを意味する．IEE文書保管所には，1, 1A, 2, 2A, 3, 3A, 4, 5, …, 18 というように番号がつけられた21冊のノートが現存する．例えば，NB 13: 313 は，ノート13の313ページを参照することを意味するものとする．他に，特に断らない限り，引用されたすべての手紙は，IEEヘヴィサイド・コレクションのものである．

　多数の（すべてではないが）IEEの文書は，ニューヨーク市にある物理学史センターのニールス・ボーア図書館に，マイクロフィルムとして記録されている．Microfilm International Marketing Corporation は，IEEのヘヴィサイド・コレクションのすべてのマイクロフィルムを販売できるということである．

最後に，文字通り本書の「結び」が印刷されようとしていたときに，私の注目を引いたものは，ヘヴィサイドの友人であったケンブリッジ大学のG. F. C. サールによる回想を書いた本であった．私は現存するヘヴィサイドとサールの書簡のすべてに目を通したが，この本 *(Oliver Heaviside, The Man*, I . Catt 編 St. Albans, Herts: CAM, 1987) は，新しい洞察を含んでいる．私はこの本を読んではいないが，A. C. Lynch による興味深い論評が，*Electronics & Power*, vol.33, p.469, July 1987 にある．

貨幣価値について

貨幣価値を理解することは，自国の現在の通貨でもむずかしいことである．しかし，100年前に，また（英国以外の読者にとっては）外貨はどの程度の価値であったであろうか？　例えば，英国を横断して電報を送信する料金は，1885年においては6ペンスであり，1896年初頭にヘヴィサイドが政府から支給を受けた1年分の年金額は120ポンドであったということは<u>何を意味する</u>のであろうか？　このような疑問は，本書においては時折生ずるため，私はそのような場面の適当な文脈の中で，ヴィクトリア時代の貨幣の「価値」についてふれている．しかし，好奇心の強い読者のためには，E. Royston Pike の *Busy Times* (New York, NY: Praeger, 1969) という愉快な本をお奨めする．この本の一章の30ページ全部が，この主題だけに充てられている．つねに留意すべき点は，現在の英国では1ポンド100ペンス（またはペニーズ）の10進法に基づく通貨であるが，ヘヴィサイドの時代においては，1ポンド240シリング（すなわち12ペンスが20シリングに相当する）であった．今では時代遅れだが，ヴィクトリア時代の造幣局の独特の考え方に基づくならば，<u>1ギニー</u>は21シリングであって1ポンド（20シリング）より1シリングだけ価値があった．

謝　辞

　著者としては私の名前のみが表面に現れてはいるが，本書は私とともに多大の才能を分かち合っていただいた，多くの寛容な方々の努力の賜物である．私を助けてくださった何人かの図書館スタッフの皆さんは，教員以上の学問的専門性と学術的好奇心の存在を実証して下さった．

　私が1981年から82年まで客員研究員として過ごしたカリフォルニアのモントレー米国海軍大学院のダッドリー・ノックス図書館の職員の皆さんは，最も親切かつ協力的であった．この図書館の *Journal of the IEE* の完全な蔵書は，計り知れない価値のものであった．同様の援助は，マイケル・コール（クレムソン大学のロバート・マルドロー・クーパー図書館の特別コレクションの責任者），カール・カベラック（ロチェスター大学ラッシュリース図書館の稀少書籍と特別コレクションの司書），エレン・フレージャーとアン・ジーマン（ユニオン・カレッジのシェーファー図書館の文書管理者兼司書），ジョン・オーブリー（ニューヨーク市のアメリカ物理学会にある物理学史センターのニールス・ボーア・ライブラリー）等の皆様からも受けた．

　私に対して，廃刊となった書籍類や長い間忘れ去られた資料，そして現在は廃刊となっている *The Electrician* の完全な蔵書閲覧を可能にして頂いた，わが国の図書館貸借システム（ILL）は，極めて価値の高いものであった．シカゴの The Center for Researches Libraries とダートマス・カレッジの Memorial and Kresge Libraries には特別の援助をして頂いた．本書は，ILL抜きでは考えることはできないし存在しえない．私自身の所属するニューハンプシャー大学（UNH）のダイモンド図書館の司書，ジェーン・ラッセルと参考書図書館の教授，デボラ・ワトソンの両人には，私が執筆を進めている間，高度な専門的学識を提供していただいた．さらに，ワトソン教授にはドイツ語の翻訳，私の綴りのウムラウトの修正，ロシア名の正しい英語綴りなどを正すこと（新米の父親がオムツを代える場合のような，不慣れではあるが必要な作業：喜びは創造の中にあり！），ゲラ刷りの校正全部，索引の作成などをして頂いた．ロバート・モーリン教授は，私のつたないフランス語の克服に力をお貸しいただいた．図書館のアシスタント，カレン・フェージャーバーグ，スーザン・メッカーフ，ダイアン・ウェッ

ブの皆さんは私に特別の援助をしてくれたことを否定されるだろうが，皆さんのおかげで私がどうにかILLのマイクロフィルム，書籍，写真などを規定の時間内にコピーできたと思っている．彼らの大きな奉仕とやさしい励ましは，無視できないだけでなく，評価して余りあるものである．さらに，大学の准司書，ダイアン・テベッツは，私が絶望して投げ出した後のいくつかの不明瞭な19世紀の文献を追跡してくださった．私は未だに彼女がどのようにそれを行ったのかを知らない．「仕事時間中にやったのです」と彼女は言うであろうが，そこには魔術が潜んでいたことは明らかである．

　心地よく行えたダイモンド図書館における「知的探索」において（一本のシェリー酒やレストラン・クリスタル・クエイルでのすばらしい食事と，霧深い不気味なニューハンプシャーのハロウィーンの夜における不思議な会話と同様）友情を分かち合えたことに対し，UNHの司書ドナルド・ヴィンセント博士に心からの感謝を捧げたい．彼の同僚，リーナ・ハート，J．C．カプア，コンスタンス・リーク，フランク・アダモヴィッチ，ナタリー・ウォール，アーサー・リヒテンシュテイン，ロビン・レント，バーバラ・ラーチ，ロバート・リード，ジョアン・グリフィス，ケヴィン・コークリー・ウェルチ，そして，一冊の歴史書を書こうとして少し迷い道に入り込んだ図書の世界の門外漢を「受け入れて」いただき，ご教授いただいた，上述のダイモンド図書館のすべての職員の方々に対して感謝する．

　ロンドンにおいては，IEEのアーカイヴィスト，エレノア・シモンズには，何年にもわたり快く文通を行っていただいき，また1985年のヘヴィサイド・コレクションの調査訪問時には，大変お世話になった．英国人が本当に「午後の紅茶」を厳粛に戴くこと，また，英国の歴史的な文書を読むときには，むしゃむしゃと物を食べることは許されないということを私に教えて下さったのは，エレノアであった．ヘヴィサイドの手紙（少なくとも，私の手紙にではなく）の中に奇妙な不明瞭部分がないことは，将来の歴史家の誤解を防ぐためにも，彼女に感謝せねばならない．彼女の有能なスタッフであるアリソン・ホワイトとジーン・ロバートソンもまた，私のIEEでの滞在を実りあるものとして下さった．大昔の埃にまみれたIEEの保管文書の写真アルバムの中から，長く忘れられたまま未発表になっていたチャールズ・ヘンリー・ウォルカー・ビッグスを発見する手助けをアリソンにしていただいた時の彼女の興奮する

謝　辞

さまはとても楽しかった．私の喜びは，彼女のおかげで増幅された．

　特に，ケンタッキー，レキシントンのジーン・K．ゴシックに対し，彼女の亡くなられた夫君の，ヘヴィサイドからフィツジェラルド宛の手紙の写真のコピーの収集品を，快く調査させていただいたことに感謝する．B．R．ゴシックは，ケンタッキー大学物理学教授であり，1977年に死去したが，彼はそれ以前の研究の中で，この手紙を重要なものとして用いていた．私はベン・ゴシックと知り合う機会を持てなかったことを，大変残念に思っている．これらの手紙の所有権者は，アイルランドの王立ダブリン協会 (RDS) であり，私はゴシックのコピーからの引用をお許しいただいたことに対し，RDSの司書アラン・イーガーに感謝する．ニューヨークのアメリカ物理学会 (AIP) にある，ゴシック教授によるIEEのヘヴィサイドの論文のマイクロフィルム版もまた，ジーン・ゴシックのご好意の賜物である．

　どのような理由によるものか，私は慣習的な歴史研究の基金から，歴史的文書の保有者への訪問のための資金を得ることが不可能であることを知った．しかし，幸いなことには，ニューハンプシャー大学は，電気工学の教授が歴史書を書くことについての違和感を抱かない支援グループを作り，私に必要な資金を用意して下さった．二種類の旅費 (The Faculty Development Program と Central University Research Fund) と1986年夏の Summer Faculty Research Fellowship に対し，特に感謝する．私の前任の学科長，ロナルド・クラーク教授は少ない旅費の予算の中からできる限りの金額を捻出して下さった．

　本書の執筆を開始してから，現在の私の学科長であるジョン・ポコスキー教授は，彼の部屋にいつでもおしかけ，ヘヴィサイドについての私の最新の驚くべき発見を息もつがずに私に語らせることで，私を心から激励し続けてくださった．彼の目はときおり遠くをにらんでいたが，一度として彼は私を外へ投げ出さなかった（私は彼がそうしようと考えていたと確信している）．私はまた，電気工学科の同僚教授たちが，私の講義時間終了後にコピー機の上に残された，ばらばらの「エレクトリシャン」の紙のかすについて，殆ど不平を示さなかったことに対して感謝しなければならない．私は極力清掃に心がけたが，私が見落としてしまった19世紀の薄い埃の層は，常に何かにまとわりついていたように思われる．

41

本書の図版は，重要な役割を持つものであり，私が適切であると感じたものを見つけ出すために，少なからぬエネルギーを費やした．そのうちのいくつかは，まだ公表されていないものである．私は，IEEE[1*]電気工学史センター館長ジョイス・ベディ，アメリカ物理学会物理学史センターのルイーズ・ヒラード・ノーウォーク，そしてコネチカットのバーンディ図書館のドロシー・ネルハイベルの皆さんのお陰で，この捜索を効率的に首尾よく行うことができた．UNHの写真家ドナルド・バージェロンとイヴェット・クロトーは，私が彼らのところに持ち込んだ古いパンチからのものを含む図版を，ページからインクが飛び散らないように息を殺しつつ，完全な写真版の作成をしていただいた．

　歴史学の専門家で，彼らにとっては些細なことでも，私にとっては決してそうではないやり方について，いろいろとご援助いただいた方々は，リチャード・アルティック（オハイオ州立大学），ブルース・ハント（テキサス大学オースチン校），ジェームス・ブリッテン（ジョージア工科大学），リチャード・クレマー（ダートマス大学），エドワード・レイトン（ミネソタ大学ミネアポリス校），スチュワー・ギルモア（ウェズレヤン大学）である．

　過去10年間にわたって，数知れぬ「オリヴァー物語」を聞かなくてはならなかった，すべての私の学生たちに対して，私は何を言うことができるだろうか？　ご清聴ありがとう，そして，ごめんなさいというのが，多分適切であろう．

　IEEE出版局の編集主幹，W. リード・クローンと本書の編集者ランディ・ショルニックのご両人は，本書の企画当初から最終の印刷にいたるまで見守って下さった．ロナルド・クライン博士（IEEE電気工学史センターの前所長で，現在コーネル大学の学部に在籍）は，チャールズ・スタインメッツ，ヘヴィサイド，ユニオン・カレッジのエルンスト・バーグ教授（彼はヘヴィサイドの最晩年に彼と文通を行い，また面会している）の三者間の関係についての彼自身の詳細な研究の成果と，彼のヘヴィサイドの演算子法の発展についての洞察を提供していただいた．彼はまた，ユニオン・カレッジにおけるヘヴィサイドからの，また，バーグからの手紙の入手困難なことを警告し，ご自分の仕事も顧みず，専門的な特別なはからいを超えて時間を割いてくださり，直ちにIEEE保管文書から，私がすぐにでも欲しかった，殆ど忘れ去られた古い雑誌の記事を探し当てて下さった．

謝　辞

　本書の最終稿は，いくつかの場所で書かれたが，特に私は米海軍フォレスタル級航空母艦(CV-59)の輸送機の軍曹のスタッフの方々に対して感謝する．空母ＣＶ‐５９の下士官食堂は，１週間の集中できる時間を，思考する人間用の特別製米海軍コーヒーとともにあつらえて下さった．

　そしてもちろん，少なくとも１０回は完全な原稿をタイプして下さったアリス・グリーンリーフに対して感謝せねばならない．私の大学のワープロセンター長であるナン・コリンズは，アリスに校正の仕事に専念してもらうという賢明な策によって，効率を最大に上げて下さった．その成果として，今やアリスはヘヴィサイドの世界的権威に仲間入りした．私の知る最もすばらしい女性の一人である彼女に対するこの感謝と親愛の表現が，長い間にわたって彼女の机上に私が積み上げた赤インクだらけの原稿に対する償いとなることを望んでいる．

ジョンズ・ホプキンス版に際しての謝辞

　本書におけるすべての写真版は，この新版において組みかえられている．厳しい締め切り期限の下で，過去１４年を経た古いネガフィルムから新たな版を作成する作業は，やや無造作にニューハンプシャー大学(ＵＮＨ)の写真スタッフ，リサ・ヌージェント，ダグラス・プリンス，ビヴァリー・コンウェイへと引き継がれた．彼らがその責任を果たして下さったことに感謝する．ＵＮＨの大学図書館司書であった，私の友人ドナルド・ヴィンセントは，本書の初版本が大好きであった．彼の優れた意見は私にとって大きな意味があった．彼は私が歴史的な著述を続けるように激励して下さった．彼は１９９４年に亡くなったが，今でもあの世でヘヴィサイドとともにあり，この版についても喜んでくれることを望んでいる．

訳注

1*　　The Institute of Electrical and Electronicl Engineers の略号で，「アイ・トリプル・イー」と呼ばれる世界的規模の電気・電子・情報技術の学会．ニューヨークに本部を置く．

第 1 章　ヘヴィサイドの生い立ち

オリヴァー・ヘヴィサイドとは風変わりで人目を引く名前だが，大抵の人にとっては何の意味も持たない．
　　——「ポスト・ヴィクトリアン」所収のリチャード・フィディングトンの随筆
　　　　　　　　　　「オリヴァー・ヘヴィサイド」より

ヘヴィサイドの人生は大いなる悲劇だと言えるが，悲劇の中から途方もない知的な偉人として浮上する…
　　　　　　　　　　——ウィリス・ジャクソン，ネイチャー誌

ヘヴィサイドの全生涯は，美徳が最後には勝つという一種の寓話として読むことができる．
　　　　　　　——D．W．ジョーダン，「アンナルズ・オブ・サイエンス」

ヘヴィサイドの人柄

　オリヴァー・ヘヴィサイドとは何者か？
　この質問に対しては，多くの答えがあるので，それらのいくつかを端的に示そう．彼はヴィクトリア時代中期に下層階級に生まれ，16歳以降は正規の教育を受けなかったにもかかわらず，（結果として）当時における最高の科学的な知的水準に達することのできた男であった．彼は一度だけ就職したが，24歳のときに退職してからは，身内の中で隠棲者として生活した．彼はその後の人生の35年間にわたり，第一級の学術的研究に専心して目覚しい成果をあげ，技術的論文として発表した．彼は，オスカー・ワイルドとローラ・モンテズ[1*]の間に秘密のラブレターの交換があったとしても，それにも負けないくらいきわめて興味深い何通もの書簡を残した．
　彼は社交下手で，散歩の際に近所の住人と顔を合わせることが耐え難いと日記の端に書くほどだった．彼と日常的に顔を合わす女性は母親，

姪，家政婦に限られていたという．彼はお金の有難味を知っており，お金を欲したが，そのために働くことを拒絶し，自分の家族に寄食し，迷惑をかけても友人たちに頼り続けるという道を選んだ．原稿料をもらう場合でさえもしばしば無礼な態度をした．

　要するに，ヘヴィサイドは，粗暴な側面のある，非常に複雑な人格の持ち主である．彼は無作法で，無神経なことが多かったが，それだけの存在ではなかった．彼は才能に恵まれた第一級の数理物理学者であり，驚くほどの解析的，物理的な洞察力をもった技術者であり，科学的著述においては，いくら罵倒されてもへこたれない優秀な競技者であった．彼はまた，数式の行列の中で仲の悪い人物に対して陽気な皮肉を平気でとばすような，きわめて茶目っ気のある人物だった．雑誌ネイチャーの「科学の美徳とは，厳密性，普遍性，そして公平性である」と書いてあるところにはヘヴィサイドの「公平さこそ第一であるべきだ」という書き込みがある[1]．こんな面白い人物はなかなかいないというものだ．

ヘヴィサイドの仕事の特質

　ヘヴィサイドの業績を理解しようとするとき，奇妙な逆説がある．例えば，アインシュタインの特殊相対性理論を理解するためには，代数学以上の高級な数学は必要としない．しかし，ヘヴィサイドの主要な業績を本気で探究しようとすると，もっと複雑な数学的な準備が必要である．すなわち，アインシュタインの理論は，宇宙のほとんどあらゆる場所に適用できる(何が起こっているか誰も知らないブラックホールのような特異点の内部は別だろうが)のに対し，ヘヴィサイドの業績は，はるかに限定された状況，例えば，電話線の内部に適用されるに過ぎない．表面上は，母なる自然のもっとも深遠な秘密を理解するためよりも，電話線の詳細を理解するための方がより複雑な数学が必要なのである．

　もう一つの逆説は，理論物理学者は不満だろうが，電話線を適切に動作させる方法についてのヘヴィサイドの仕事は，アインシュタインの仕事よりもわれわれの日常生活において重要だということである(原子爆弾の背後にある $E=mc^2$ の知識は，それを製造する上において本質的なものではない[2]．すなわち，アインシュタインがいなくとも，広島と長崎は破壊されたであろう)．われわれはみな，ほとんど毎日何回も電話をかけ，電話線の向こう側にい

る人が，受話器から発せられる音を理解できることをあてにしている．しかし，私たちの生活は相対性理論の微妙な違いに頼らずに成り立っているのだ．

多くの人たちにとって電話線の研究は（薄汚れて黒ずみ，汗まみれの褐色の腕，という共通のイメージを伴った）やや退屈で多分に実用的な匂いがする技術であって，アインシュタインの輝かしい業績と比較するに値しないものだと思われるだろう．仮にそれが正しいとしても（後に見るように，無歪回路に関するヘヴィサイドの理論はアインシュタインにも負けないと思うが），その代わり，ヘヴィサイドは，アインシュタインでさえ納得できなかった，量子力学の基礎にかかわる抽象的な研究を行った可能性がある．

確かに，ヘヴィサイドは，マクスウェル（ニュートンと並んで，歴史上もっとも偉大な物理学者であるとされている）やアインシュタインと同列の知性の持ち主だとまでは言えないだろうが，実際はきわめて高いレベルにあったと見ることができる．

第一の基本的事実．加速された電荷はエネルギーを放射する．この命題は，マクスウェルの電磁気方程式から数学的に証明できる（マクスウェル方程式について言えば，ベクトルを用いて現代的な数学的形式を初めて表現した[3]のは，マクスウェルではなく，ヘヴィサイドであったことを強調したい）ことであり，ラジオ，レーダー，電子レンジ等に関する限りは，その基礎である．実際に，電磁的放射の可能性についての方程式による予言は，ハインリッヒ・ヘルツによる実験的発見に先立つ実に20年以上も前[4]のことであった．簡単に言うと，その現象は，夕方のニュース放送のとき，テレビ局のアンテナの金属の内部の電子が前後に振動させられ，電子は連続的に速度が変化する，すなわち加速度をもつことになる．電荷を持つ粒子が加速度を持って運動すると電磁波が発生してエネルギーが放射され，空間へと広がったニュースは，何マイルも離れた家庭のテレビジョン受信機のアンテナによって捉えられる．

一方，もう一つの基本的な事実がある．19世紀末において，物質の性質の理解において重大な進展があり，特に，現在ではおなじみの（正電荷を帯びた）重い原子核と，そのまわりの電子軌道という原子のイメージができた．しかし，このイメージには一つのパラドックスがつきまとっていた．軌道を描いている電子は，たとえそれが一定の速さで動いているとしても，常に方向が変化している（すなわち［ベクトルとしての］速度

が変化している）から，加速された電荷である．したがって，軌道上の電子はエネルギーを放射しなければならず，中心の原子核に向かって回りながら落ち込んでゆかねばならない．つまり，19世紀の理論に従うならば，実際には観測されていない，原子の崩壊という現象が起こることになる！　放射の減衰する速さは非常に大きいと予測され，原子は 10^{-10} 秒以上の時間は存在しえないことになる．実際に物理学者たちは，この（誤った）予測を，目がくらむばかりの一瞬の高い振動数の閃光の中で全宇宙が崩壊することから，「宇宙の紫外の死」[5] と呼んだ．

　ヘヴィサイドは，彼が1902年に発表したもっと一般的な解析の特殊な一例として，1904年にこのとてつもないエネルギー損失率（これは，われわれにとって幸いなことに，観測されないのであるが）をはじめて計算し，古典的な電磁気学は，少なくとも原子に対して適用された場合には何かとんでもないことになる，という事実に注目を引き付けた最初の物理学者の一人であった[6]．彼は無愛想に「エネルギーの放射はきわめて急速である――そのため，《電子の》回転を少しでも持続させる何らかの可能性が，瞬時にさえぎられるように思われる」――と述べている．ヘヴィサイドは，彼の最も愛する電磁気理論の破綻によって，ひどく打ちのめされた．彼は，残した研究ノートの何ページにもわたって，何度試みてもこの問題を解明できなかったことを記している[2*]．この厄介な状況が，マックス・プランク，ニールス・ボーア，エルヴィン・シュレーディンガー，ポール・ディラック，ヴェルナー・ハイゼンベルクらの知的巨人たちにより導入された革命的な新概念によるまったく新しい物理学（量子力学）の発見によって完全に説明されたのは，実に，1920年代になってからであった．

　原子内に閉じ込められた電子は，電子軌道の遷移を行う場合以外には放射は行わないと，量子力学はわれわれに教えている．一方，自由な電子のエネルギーの放射は，ヘヴィサイドの方程式によって見事に説明できる．ヘヴィサイドには想像できなかっただろうが，今では無視できない，風変わりな応用例を示そう．高空で原子爆弾が爆発すると強力なガンマ線が放出され，コンプトン散乱とよばれる物理的なプロセスによって，空気の分子内の電子にエネルギーが移る．そのエネルギーを受けた相対論的に高速な電子は，地球磁場によって軌道を曲げられ，その結果エネルギーを放射する．爆発エネルギーのかなりの部分が，強力な電磁

48

衝撃波EMP（エレクトロマグネティック・パルス）に変換され，それが何マイルも離れた地上局の電子機器や衛星軌道制御システムにダメージを与える．実際にこのEMPの危険性は，1962年7月に行われた太平洋上のジョンストン・サンゴ礁上空数百マイルにおいて，初めて発見された．誰もが驚き，ショックを受けたことには，EMPの一吹きによって，800マイル離れたハワイにおいて，電気的設備がダメージを受けた[7]．

　加速された電荷のエネルギー損失の計算は，今日では大学の物理課程におけるありふれた演習問題の一つである．しかし，それがヘヴィサイドのおかげであることを示す教科書にはお目にかかったことがない．そしてそれは，ほとんどの学生にとって常識の一部にすぎない．忘れ去られた科学知識のかけらに関する最後のコメントとして，この問題についてのヘヴィサイドの結びの言葉をお読みいただきたい．1902年の初期の計算結果を楽に再現する方法を示したあと，彼は現代の科学者であれば無作法なのでめったに行わないが，彼は平気でいつも行う不必要なほど誇張された鋭い皮肉で締めくくっている．「これで満足していただけると希望している．満足できないと言ったって，他に山ほどこれより複雑な計算法があるのだから」．しかし，彼の研究ノートを調べてみると，その意見は喜びと同様に息抜きのためのものであることがわかってくる．最終的にネイチャー誌に掲載された論文の中の概算（初期の計算の苦心を示しているが）に挿入されていた言葉[8]は，次のようなものであった．「やり方さえわかっていれば，簡単に計算できる．すばらしい」．

ヘヴィサイドの幼年時代の過酷な世界 [3*]

　ヘヴィサイドは20世紀のはじめの四半世紀まで生きたが，生まれたのはヴィクトリア時代中期の初めで，彼の性格は，ほぼヴィクトリア時代中期の終りとなる1875年までの間に形成された．彼の頑固さは，それ以後変わることがなかった．明らかに彼は彼の時代と社会的階層の申し子である．彼の性格を理解するためには，彼を形成した（捻じ曲げたという方が適切だろうが）社会について若干述べておかねばならない．

　彼が生まれた1850年，ヴィクトリア女王は在位13年目であった．その時「英国の富は莫大であった．市民たちの貧富の格差は著しく拡大した」[9]．例えば，1872年－1873年に実施された調査によると，人口

の0.025％以下の人たちが国土の50％を所有していた[10]．貧富の格差は極端な階級格差をもたらした．貧しく，不信心な(Godless)集団に属する一人として人生を始めたことは，ヘヴィサイドの不運であった．

　下層階級は，実質的に三つの階層から成り立っていた――「人間のクズ」，「単なる貧困層」，「運がよけりゃ[4*]，いつかは中間階級の下層へ実際に上りうる，経験を積んだ熟練工」の三つである．ヘヴィサイドの両親は，彼が生まれた当時は「単なる貧困層」の一員であった．しかし，何年か後には1〜2段階だけ階層を上げている．ヘヴィサイドの兄弟たちはやがて確固たる中産階級に属した．そしてヘヴィサイドは，彼らに寄生してその幸運を分かち合った．当時，「仕事熱」が流行したと言われたが，ヘヴィサイドの職業意識の欠如は，仕事熱は中流・上流階級の見てくれの「世間体」のためだと気づいたからだと考えてよいであろう．ヘヴィサイドの価値観において，「世間体」の優先順位は低かった．ヘヴィサイドの兄弟たちは結果的に，低い社会的階層から這い上がったが，ヘヴィサイド自身は，ヴィクトリア時代の英国における最下層階級が得ていた定期的収入のための安定的な就業に対しては，成人になってからも一貫して無関心のままであった．このことは，ヘヴィサイドの家族関係において，大きな摩擦と悪感情をもたらした．

　おそらく，ヘヴィサイドの幼年時代の貧困生活の悲惨さは「貧困層の人々の職場と家庭における状態は，その子孫である20世紀半ばの人たちの想像を絶する悲惨さであった」[11]といってかたづけられるような生易しいものではなかったと思われる．当時の生活の条件を理解するには，世界が再び全面的核戦争に襲われたとして，そのあとの生活の条件を想像すればよい．例えば，ヘヴィサイドが生まれた頃は，上流階級でさえも家に水洗便所を備えていなかった．屋外の便所は，汚水溜めの上に開いた（できるならあまり近づきたくない）穴が続く，ぬれた「こやし」の山（人間のむき出しの排泄物の塊によって「衛生上の暴虐のあらゆる形式の最上級」などという胡散臭い栄誉を受けた）の上にあった．19世紀半ばにおける英国の田園生活は，当時はしばしばロマンティックに描かれているが，1845年に（英国の首相を二期務めた）ベンジャミン・ディズレーリが小さな田舎町を見たときの次の言葉に注目されたい．

　「くずれかかった労働者の家のドアの前には，動物や植物のくずが山積みにされ，腐敗し，時には不潔な穴や，よどんだ不完全な排水路をいっ

第1章　ヘヴィサイドの生い立ち

ぱいにしていた．一方では固形の汚物から濃縮された液体が染み出したまま放置され，壁や土間のつなぎの部分に完全に染み込んでいた」[12]．

フランスの作家で旅行家のヒッポリト・テーヌは，1859年に，ほとんど同様のことを述べている．「すべての英国の田園は，家畜の飼料工場のようだ．単なる…屠殺場の控え室にすぎない[13]…」．

都市における生活はもっとひどく，そこはきわめて危険な場所であった．チフス，疱瘡，ジフテリア，猩紅熱（ヘヴィサイドの難聴の原因となった病気）および腸チフスなどは，ごくありふれた病気であった──ロンドンの東部は，1866年から67年にわたって，コレラ[14]の伝染に見舞われた．こんにちのわれわれは，このようなすべての災いの原因は，衛生上の不備であることを知っている．川や運河は公共の下水管として使われ，川の中にはひっきりなしに生々しい排泄物，死んだ動物，屠殺場から廃棄された骨や血などが投棄されていた．それらの汚物はひどく厚みがあるため，川面を歩く鳥たちを見ることは稀な光景ではなかった．例えば1858年の夏には，テムズ川の絶え間のない恐るべき悪臭のために国会の審議が中断されたほどである[5*]．ディッケンズは，その川を，そっけなく下水道と呼び，ファラデーは「発酵中の下水道」[15]と呼んでディッケンズに共鳴した．ロンドンが文字通りの地上の地獄であるとすれば，（このおぞましい時代に「古き良き街」と呼ばれたのであるが）テムズ川はまさしく「三途の川」であった．

地に堕ち，災いの原因となったテムズ川も最悪だったが，公衆の健康に対する唯一の加害者ではなかった．例えば，かつてのヴィクトリア時代の衛生状態に関して書かれた，さらに興味深い著書の中にはこう書いてある[16]．

　ケム川[6*]は，テムズ川同様，長い間遠足には最良の場所ではなかった．グエン・レイヴラット（Gwen Raverat）は，ケンブリッジにおける彼女の少女時代について書いた本『平和な時代』の中で「私が10歳の頃下水道が完成するまでは，川には汚水が流れ込んでいたので，私はその悪臭をよく記憶している．ヴィクトリア女王が学長のフューウェル博士にトリニティー・カレッジを案内してもらった際の話であるが，女王が橋の上から川面を眺められて「川に浮いて流れている紙の切れ端はいったい何か？」と尋ねられた．学長は心を込めて応えた．「あれは，奥様方に水浴が禁止されていることをお知らせしているのでございます」．

51

『暗黒の国』——1886年の工場の光景（スタフォードシャー州，ウォルヴァーハンプトン）

　ヘヴィサイドが生まれた年は，住宅事情に関しては典型的な状況——殆ど不十分——にあった．ロンドンとその郊外は，8万人以上が評判の悪い「換気はなく，不潔で息苦しい悪臭の蒸気の中に，おそらくは40人の息が混ざり合っているような」，「素人下宿（ロッジング・ハウス）」と呼ばれた家に閉じ込められているような居住地[17]であった．ヘヴィサイドが生まれて数ヶ月の頃は，その超過密状態はかなりひどく「人間の病源のかたまり」と呼ばれるほどであった[18]．
　町中の生活騒音（特にヘヴィサイドの若い頃のロンドンでは）は，すさまじかった．蒸気機関のエンジンは，工場内の主要な動力として王様であって，蒸気機関のエンジンとはなにかと問えば，それは静かでない代物である，というのが答えであった．工場ではエンジンを回すために石炭をたき，そのために英国の都市は常に石炭ガラの雨を吐き出す煙突の森のようであった[19]．工場の外は，玉砂利と木レンガの街路を走るカタカタという馬の騒音があった．その騒音はすさまじかったが，それよりもいらだたされるものは，それらの馬が毎日道に残してゆく汚物に違いなかった．この雷鳴轟く地獄にさらに加勢したのは，1850年の時点で既に年間7,000万人の乗客を運んでいた（1875年には4億9,000万人），果

第1章 ヘヴィサイドの生い立ち

FARADAY GIVING HIS CARD TO FATHER THAMES;
And we hope the Dirty Fellow will consult the learned Professor.

　パンチのイラストは「ロンドンタイムズ」にファラデーが書いた手紙に影響を受けたものであった．雑誌にはマンガの補足として「我々はクリミア戦争で勇敢な男たちを失いつつある．しかし，それはテムズ川が下水道の開通をさらに遅らせ，疫病で多くの有能な市民を確実に失うことよりはまだましだ．ファラデーの出版物が前任者のハンフリー・デーヴィー卿の安全灯よりさらにもっと人々の命を救うのに効果があることを望んでいる」と書かれている．

てしなく拡大しつつあった鉄道網であった[20, 7*]．

　ヘヴィサイドの父がそうであったように，家族を抱えた貧しい男であることは，この時代においては憂鬱なことであった．われわれ全員が正当な権利であると考えるようになっている社会福祉は，この時代には空想的な夢物語であった．当時の現実は12時間（ないし，それ以上の）労働であって，経験豊富な，熟練した職人の年収は数百ドルほどであったという．職を失うことは恐ろしいことであって，屈辱的で（不十分な）個人的な慈善救済，または「有資格者」であると申告された場合には，公的な救済のいずれかをあてにする以外に，当面の未来はなかった．長

『ロンドンの上を鉄道が行く』——1872年の凹版画（グスタフ・ドレ作）

い期間仕事がない場合は，貧困と救貧院 (workhouse) 行きという危険を冒すことになった（救貧院はあまりにも不潔なため，多くの人たちは，死んだほうがましだと考えたほどであった）．

　仕事にありついていた場合でさえ，労働条件はしばしば劣悪なものであった．雇用者は，労働者のためには殆ど何もしなかった．例えば，ある労働者が冬に凍えたくなかったなら，会社のストーブで燃やすために毎朝仕事用として，自分の石炭を持ち運ばねばならなかった．この時代は，工場主の態度が「平均的な賃金労働者は，血の通った人間ではない．最も大切な人材ではあっても，人間と見なすことはない[21]」という時代であった．家庭と職場の双方における悲惨な状態のために，ヴィクトリア時代の多くの男たちに地元の酒場で意識不明になるまで飲んだくれることで一時的な救いを求めさせたということは驚くにあたらない．暴力犯罪やそのほかの反社会的行為は，都市部では当たり前であって，ロンドンのスラム街を警察の護衛なしで歩き回ることは，危険極まりない行為であった．ヴィクトリア時代中期の上流階級は，当然，セント・パ

第 1 章 ヘヴィサイドの生い立ち

富める者の家賃 !!
「ところであんた,期限が切れたぜ! 家賃が払えなきゃ
住めねえことぐらい知ってるだろう!」

　この 1883 年のパンチ誌の漫画は,貧しい人たちにとって,あばら家の家賃の支払いさえいかに絶望的なものだったかを描いている.「ロンドンの浮浪者の悲痛な叫び:極貧層の状態の調査」と題された 20 ページの匿名の小冊子に触発されたものである.その言葉遣いは直接的で遠慮のないもので,その一節は次のようなものであった.

　「われわれが教会を建て,宗教によって心の慰めを得,新たな世紀が来つつあるこ とを夢見ている一方で,貧しい人たちはますます貧しくなり,惨めな人たちはますます惨めになり,非道徳な人たちはますます堕落しつつある….これらのページを読まれる人たちの殆どは,病気にかかりそうな貧民層とはどのようなものかを想像できないであろう.その中に入るためには,あなたはあらゆる方向に散らかった下水汚物の集積物と,ごみが発生する有毒な悪臭を放つガスがたちこめる中庭に突入せねばならない….あなたは害虫が充満している暗くて不潔な通路に沿って道を探しながら進まなくてはならない….もしもそのとき,あなたが我慢できないほどの悪臭によって後戻りさせられることがなければ,キリストが命を捧げたあなたと同じような仲間に属する,何千人もの人たちの群れの中に入ることが許されるかもしれない」.

ンクラスの自治都市であったカムデン街のような借家地域を恐れていた(そこはヘヴィサイドが生まれた場所であり,「ぞっとするようなスラム街」[22] と呼ばれていた).

　もしも,不幸にも人が事故のために医学的処置を受けるはめになった

場合でさえ，社会的地位が生命よりも優先されたであろう．典型的な一つの逸話は，コールタール化学の創始者であったチャールズ・マンスフィールドの最後の日々にかかわるものである．1855年の寒さの厳しい2月のある日の午後1時，マンスフィールドとその18歳の助手ジョージ・コッピンは，彼らの働いていたビルを破壊するほどのベンゼンと空気の混合ガスの爆発で吹き飛ばされた．この事故は，セント・パンクラス駅近くのリージェント (Regent) 運河で起きた（ヘヴィサイドの一家は，その爆発音を聞いた可能性がある）．そして，この二人は炎の中を運河に向かって走った．しかし，運河の水は凍結していたため消火に手間取り，この二人は「人間というよりもしわだらけのミイラのようになって」，別々の病院に運ばれた[23]．アイルランド出身の「身分の低い」若者であったコッピンは，近くのロイヤル・フリー病院に運ばれ，一方のマンスフィールドは，もっと高い地位の人たちのためのミドルセクス病院まで遠く長い苦悶の旅に耐えなければならなかった．二人は当時の治療能力をはるかに超えたやけどによって死亡した[24]が，問題点は明白であった．こんな極度の緊急事態においてさえも，社会的階級は厳守されなければならなかった，ということである．

ヘヴィサイドが1850年5月18日に貧しい男の息子として誕生した時代の世界は，このような，悪臭漂う，騒音に満ちた，不衛生[25]かつ身分差別の厳しい世界であった．彼が，貧しい幼年時代から独特のやり方で努力し続け，どのように功績[26]を手にしたかという物語は，人間の精神的な強靱さとヘヴィサイド自身の強烈な個性[27]を示している．

注および参考文献

1 AN. October 8, 1908, p. 585.

2 アインシュタイン以前においても，エネルギーが mc^2 に比例することは，しっかりと信じられていた．例えば，*The Feynman Lectures on Physics*（ファインマン物理学教程），vol. 2, Reading, MA: Addison-Wesley, 1964, pp. 28-1 から 28-4 までを読まれたい．

3 この点については，後に詳しく述べる．ここでは，マクスウェルの著述のどこにも，こんにちわれわれが書いているような電磁場の方程式は見当たらないことを指摘すれば十分である．マクスウェルは，デカルト座標と四元数表示の混合された

第 1 章 ヘヴィサイドの生い立ち

形式を用いたが，はじめて現代的なベクトル形式で電磁場の方程式を書いたのは，ヘヴィサイドであった．

4 マクスウェルの理論の実験的証明がこれほどまでに遅れた理由についての興味深い論文には，以下のものがある．T. K. Simpson, "Maxwell and the direct test of his electromagnetic theory," *Isis*, vol. 57, pp. 411-439, 1966; A. F. Chalmers, "The limitations of Maxwell's electromagnetic theory," *Isis*, vol. 64, pp. 469-483, 1973. ヘルツに先駆けて，どれほど多くの研究者たちが，ほとんど近いところに到達していながら自身の発見の理解に失敗したかについては，C. Susskind の論文 "Observations of electromagnetic-wave radiation before Hertz," *Isis*, voll. 55, pp. 32-42, 1964. を見よ．

5 読者は "violet death"(紫外の死) と同じような響きではあるが，観測された現象を説明する上での 19 世紀古典物理学の，これとは別の明らかな失敗を意味する黒体輻射の "ultraviolet catastrophe"（紫外の危機）とは混同しないようにしていただきたい．また，後者が示す困難は，奇妙なことに，量子力学の発展に対する (主要な) 刺激であり，その解決は，1901 年のプランクによるエネルギー「量子」の概念の発見による．

6 ヘヴィサイドは相対論的（高速の）電子の輻射損失を発見した初めての人物であった．*The Physicist's Conception of Nature*, J. Mehra (編), Dordrecht: D. Reidel, 1973, p. 345 所収の F. Rohrlich の "The electron: Development of the first elementary particle theory" を参照されたい．サー・ジョセフ・ラーマー (Sir Joseph Larmor) は，初期の頃 (1897 年)，遅い電子に対して損失率を計算したが，彼の結果はヘヴィサイドの場合の特別な場合にあたる．さらにラーマーは，輻射損失は電子の崩壊につながるに違いないと気づき，分子内のいくつかの電子の軌道配列が「ゼロのベクトル和」，すなわち彼の言う「放射がないという状態が，系の自然の法則」という結果になることを論ずる試みを行った．一方，ヘヴィサイドは，それには問題があることに気づき，そのことを述べた．1 個の加速された電荷からの放射に関するヘヴィサイドの研究は，広く知られてはいないようである．1950 年にリチャード・ファインマン (1965 年にノーベル物理学賞を共同受賞した) は，独立にヘヴィサイドの 1902 年の研究結果を再発見している．J. J. モーガン (J. J. Morgan) の "The Heaviside-Feynman expression for the fields of an accelerated dipole, "*Journal of Physics,* vol. 1 pp. 112-117, 1968 を見よ．

7 EMP の傑出した，初歩的な（しかし見逃せない）分析的な論考は，H. Hafemeister の論文 "Science and society test VIII: The arms race revisited , " *American Journal of Physics*, vol. 51, pp. 215-225, March 1983 に見ることができる．

8 NB 13:313.

9 G. Best, *Mid-Victorian Britain*, New York, NY: Schocken Books, 1972, p. 3.

57

10　E. C. Black (Ed.), *Victorian Culture and Society*, New York, NY: Walter and Co., 1974, p. 3.

11　J. Roebuck, *The Making of Modern English Society from 1850*, New York, NY: Charles Scribner's Sons, 1973, pp. 27-28.

12　Roebuck (注 11), p. 2 からの引用.

13　テーヌ (Taine) は，生き生きとした光景の実際の嗅覚をもった洞察力のある鋭い観察者であった．例えば彼はトラファルガー広場の雨に曝されてさびていたネルソン (Horatio Nelson) 提督の像を見た後，「あの台座の上に据えられた，ぞっとするようなネルソンは，棒の先に突き刺されたねずみのようであった」と書いている．

14　コレラは，少なからぬ科学者たちの命を奪ったヴィクトリア時代の普遍的な疫病のひとつであった．蒸気機関の研究によって熱力学の基礎を築いたフランスの技術者カルノー (Carnot) は 1832 年に，また，ジェームス・トムソン (James Thomson ; William Thomson, 後の Lord Kelvin の父) は 1849 年に，この病気にかかって死去した．

15　F. S. Schwarzbach, *Dickens and the City,* London: The Athlone Press, 1979, p. 166 および L. P. Williams, *Michael Faraday,* New York, NY: Simon Schuster, 1971, p. 496. 読者は，何年か後に 50,000 トンものマンガン酸ナトリウムと硫酸が毎日ロンドンの下水に使われたと知って，ほっとするであろう (*Nature*, vol. 32, pp. 415-416, September 3, 1885 を見よ).

16　W. Reyburn, *Flushed with Pride: The Story of Thomas Crapper* , Englewood Cliffs, NJ: Prentice-Hall, 1971. pp. 24-25. この本は目立つピンク色の表紙に印象的なトイレットが描かれて出版されたが，あまりものを考えないような男の物語で，彼の名前を，動詞，名詞，形容詞の三つで与えている．それは機知を抑えた傑作で，もちろん完全な作り話である．それでもそれは，ヴィクトリア時代の衛生状態の正確な「香り」を伝えており，今日においても価値がある．しかし，グレン・レイヴラット (Gren Raverat：彼女はチャールズ・ダーウィンの孫娘である) の話は真実であり，この引用は作り話ではない．

17　Best (注 9) p. 28 からの引用

18　Best (注 9) p. 60 からの引用. H. G. ウェルズの少年時代もまた，あらゆる点でヘヴィサイドと同様にひどいものであったが，彼は「... 歴史は，19 世紀におけるロンドンの住宅事情のために，どれほどの災害や，いかに多くの大虐殺，退廃，無力化を被ったかについて認識できていない」と書いた（*Experiment in Autobiography*, London, Macmillan, 1934，p. 225 から）．

19　石炭ガラは，悪名高いロンドンのじめじめした霧と混ざり合ったときは，ま

さに殺人的であった．H. P. Dunn の "What London people die of," *The Nineteen Century*, vol. 34, pp. 875-898, December 1893 を見よ．

20　Best (注 9) p. 72. ロンドンのタイムズは，鉄道の招致はスラム街の一掃という副次的な利益があると見ていた．1861 年 5 月には次のように主張している．「結論として，われわれは鉄道を受け入れる．またわれわれは，それがロンドン市の換気問題を最悪にするとは考えていない ...，あなた方はいくら望んでも，決してこれらのひどい小路を住むのに適するようにはできないだろうが，そこに鉄道を通すことはできるだろう．そうすれば，すべての問題は解決するのだ」(A. Welsh, *The City of Dickens*, London: Clarendon Press, 1971, p. 36 から)．

21　Best (注 9) p. 5 からの引用．同じ語調で次のように書かれている．「病み，不具となったか，または単に疲れ果てた労働者は，顧みられることのない社会機構の中の不慮の犠牲者であり，捨てられた末に病み，そして死ぬのである」．(R. D. Altick, *Victorian People and Ideas*, New Yok, NY: W. W. Norton, 1973, p. 43 からの引用．

22　Best (注 9) p. 31 からの引用．

23　E. Ward, "The Death of Charles Blachford Mansfield (1819-1855)", *Ambix*, vol. 31, pp. 68-69, July 1984.

24　魅惑的な（また，しばしば胃を捻るような）ヘヴィサイドの若い頃の医療の実態の記述については，M. F. Brightfield,"The medical profession in early Victorian England, as depicted in the novels of the period (1840-1870)," *Bulletin of the History of Medicine*, vol. 35, pp. 238-256, May-June 1961 を見よ．

25　ヘヴィサイドの時代のロンドンの多くの人たちは，ロンドンは市長である黄泉の神プルートーが支配する墓のある，まるで死の街と考えていた．チャールズ・ディッケンズは，このロンドンの残忍な側面を大いに蘇らせ，しばしば彼の小説（例えば，*Bleak House* と *Our Mutual Friend*）と，彼の週刊誌 *Household Words* のエッセーの中に，それを描いている．ヘヴィサイドが生まれた 1850 年に，それは，「250 エーカーに満たない首都の地面の下には，30 年間のうちに 150 万人以上の人間が埋葬されていたという．地表からの発散によって，空気中の状態はどのようなものであったのであろうか？」と観察している．

26　IEE は，会員の投票により，ヘヴィサイドを 1900 年以前における電気技術に対する貢献者のトップテンに選出した．1900 年－ 1939 年の期間においても同様であった．"Centennial Hall of Fame ", *IEEE Spectrum*, vol. 21, pp. 64-66, April 1984 を見よ．

27　ヘヴィサイドとケルヴィン卿を比較した小論文の著者は次のように書いている．「ケンブリッジのずばぬけた学生であったトムソン《William Thomson, 後の

Lord Kelvin の『本名』』は，第一級の科学者たちと知り合いになり，研究仲間作りのための方法は，努力なしに学ぶことができた．この人好きのする資質は，ヘヴィサイドにはもともと欠けていた．彼の人格はヤマアラシのごとくとげだらけで，殆ど礼儀をわきまえないものであった」．B. R. Gossick, "Heaviside and Kelvin: A Study in contrasts, *Annals of Science*, Vol 33, pp. 275-287. 1975 を見よ．もう一つのエッセーにおいては，ヘヴィサイドは「粗暴な奇人であり，彼の論文は分かりにくいことで有名であった」，そして彼の仕事については「信頼されていた第一級の科学者であり，彼の論文から学ぶべきことは多かったが，基本的に彼の論文は読まれなかった．彼は奇人としての特徴のすべてを持ち合わせていた ...」，W. Berkson の大いに推奨すべき "*Field of Force: The Development of World View from Faraday to Einstein*," New York, NY: John Wiley & Sons, 1974, p. 198 を見よ．Berkson は，ヘヴィサイドの二巻の古典，*Electrical Papers* (電気学論文集) のロンドン大学所蔵本は，ヘヴィサイドの死後半世紀経過後も，紙がアンカットのままであったと報告している！(p. 351)　Michael J. Crowe は，次のような面白い言い方をしている．「ヘヴィサイドのスタイルは，読む人の観点によって，優れたものと不快なものの中間のどこかに置かれるのである．少なくとも，彼は決して愚鈍ではなかった ...」．Crowe, *A History of Vector Analysis: The Evolution of the Idea of a Vectorial System*, Notre Dame, IN : University of Notre Dame Press, p. 169 からの引用．

訳注

1*　　Lola Montez(1821-1861) は，本名をエリザベス・ロザンナ・ギルバート (Elizabeth Rossanna Gilbert) という英国の俳優，ダンサーで，著名人，資産家，王侯貴族（バイエルン王ルドウィッヒ I 世など）の間を渡り歩いた悪名高い高級娼婦として，多くのスキャンダルを生んだ．オスカー・ワイルドよりも 32 歳年上であり，実際には彼との交流はありえない．

2*　　このことは物理学を学ぶ上で常識だが，ヘヴィサイドが計算したということは，ほとんど知られていない．

3*　　この時代の庶民の生活に関しては，長島伸一著『世紀末までの大英帝国』，法政大学出版局，1987 年参照．

4*　　映画『マイ・フェア・レディ』のイライザのお父さんの歌「運が良けりゃ」が連想される．

5*　　ロンドンの「大臭気」事件と言われている．

6*　　Cam River：ケンブリッジ大学構内を流れる川で，Cambridge の名の由来となっている．

7*　　世界初の鉄道は 1825 年に開通したが，旅客用の鉄道は 1830 年にマンチェスターとリヴァプール間に開通した．

第2章　青少年時代

> 次の話は実話である．小さな子供がいた．父親は，「他の人たちと同じようにしろ．いやな顔はするな」と言った．その子は懸命に努力したができなかった．すると父親は，革の鞭で彼をぶった…
> ——ヘヴィサイドのEMT 3の書き出しの言葉

幼年時代

　ヘヴィサイドが生まれたカムデン街の家はキング・ストリートにある．この通りはリージェンツ・パークの近くのカムデン・ハイとロイヤル・カレッジ・ストリート間にあり，後にプレンダー・ストリートと改名された．それは典型的なロンドンの住宅で，現存する写真によると，大きくて飾り気のない三階の建て物である．唯一の例外は場違いな柱廊つきの玄関であって，これだけは他の建物には見られない．そこは荒涼とした場所である（ヘヴィサイドはそこを，「下劣な隣人と，いやな廃棄物だらけのいまわしい場所」と呼んだ[1])．それを見て，1850年代にそこに住み続けることを考えれば，ぞっとするのは当然のことであろう．建物には正面の壁にいくつかの窓があるが，それらは玄関の周りに配置され，建物の壁面の殆どは塗りこめられていて太陽光線から締め切られている．それぞれの部屋には一つの窓があるが，全く窓のない部屋さえある[2]．

　チャールズ・ブースのロンドンに関する優れた研究[3]の中では，キング・ストリートは「最下層．非道徳かつ半ば犯罪的」として，色分けされている．ブースは，カムデン街の一般的な地域は，「殆どが，上階が借家である商店」と「労働者階級の中の相当数の貧困層」そして「その中心には悪い連中に混じってかなりの数の困窮者たちがいた．多くの家族はたった一部屋にしか住めなかった」と述べている．少年時代にしばらくの間カムデン街にすんでいたチャールズ・ディッケンズは『クリスマス・キャロル』の中の「ちびっ子ティム」がしたように，彼の作品の中でその記憶を用いている．例えば，彼は

第2章　青少年時代

カムデン街キング・ストリート55番地にあるヘヴィサイドの生家．玄関部分以外はまったくベイハム・ストリートの ディッケンズの家やデイヴィッド・カパーフィールドが寄宿したウィルキンス・ミカウバーの家と同じである．A.L. Hayward の *The Dickens Encyclopaedia,* Hamden, CT: Arcon, 1968（1924年初版）所収の Plate VI を見よ．ヘヴィサイドは時折彼の著作の中にディッケンズの作品の登場人物を引用し，面白い偶然の一致として，ディッケンズはうっかり（しかし，全く適切に），それに対して贈り物をした．変ったユーモア感覚の持ち主であったディッケンズは，自分の蔵書用に「ヘヴィサイドの独白」と題した本を装丁して所蔵していたのである．

（ジョージ・ヘイリングの復讐物語の中の）「ピックウィック・クラブの遺書」の中で，カムデン街を，「現在はどうであるかはともかく，当時は原っぱとドブに囲まれたかなり荒廃した場所であった」と書いている．ヘヴィサイドはディッケンズの小説をよく知っていて，この小説家とその作品の中の登場人物を，彼の論文の中で時折引用している．

　ヘヴィサイドは，このキング・ストリートの暗く危険な土牢の中に13歳になるまで住んでいた．そして，この13年という悲惨な年月が，後に彼をして，「永遠に自分の将来の人生をゆがめた」と言わしめた[1]．彼は1897年に書いた手紙[4]の中で，その少年時代について次のような痛烈な言葉で回想している．

> 私は生れてから13年間，酒場，パン屋，乾物屋，喫茶店がちょうど向かいにあり，ごく近所にはぼろぼろの学校がある，非常にみすぼらしいロンドンの街中に住んでいました．そこで生まれ育ったものの，私はひどい難聴であったため，少年たちと友達になれなくて，遊んだり楽しんだりできませんでしたので，そこになじめず，非常に惨めな思いをしました．私は物を売り，ごまかしたりする商人たちのやりかたを全部見てしまったので，彼らが大嫌いになりました．パブでの大酒飲みの姿は，私を生涯禁酒主義者にしてしまいました．室内も同じように最悪でした．生来の短気な性格の男（ヘヴィサイドの父親）は，失望

のあまり（と思われましたが），不機嫌で，いつも私たちをたたきました．同じように母も，学校の経営のことでいつも不機嫌でした．さて，13歳のとき，少しばかり救いが訪れました．私たちは人目のつかない民家に移ったのです．そこは，今までに比べれば天国のようでしたので，直ちにそこで生き返りました．C. ディッケンズは靴墨工場で働いていた頃ちょうどこの通りに下宿していましたので，私は彼がどのように中級の下層階級についての知識を得たかについては正確にわかります．でも，それはもちろん私の頃よりも前のことです．

　ヘヴィサイドの難聴（猩紅熱の後遺症による）は，彼の全生涯を通じて彼を悩ませた．彼は論文の中でさえ，そのことに言及している．例えば，人の耳が電話回線の雑音の中から，声をどのようにして聞き分けられるかを論じた論文[5]の中で，「…（不明瞭な表現を解釈する）著しい例は，（実際にはしっかりと行っているように）人の影が人のように見えることと同様に，人の声を聞き取ることができる軽度の難聴者たちの中に見ることができる」と書いている．彼は個人的な手紙の中では，そのように詩的ではなく，辛辣であった．例えば[6]，「難聴は少しだけ良くなりました…．人生の望みは，みな叶うのが遅すぎます」．

　彼の父トーマスは怒りを四つの標的に向かってぶつけたから，4人兄弟の末[7]であることで大分助かったに違いない．ヘヴィサイドのEMT第3巻の書き出しの言葉，「次の話は実話である．小さな子供がいた．父親は，『他の人たちと同じようにしろ．いやな顔はするな』と言った．その子は懸命にそう努力したが，できなかった．すると父親は革の鞭で彼をぶった：そのあと彼はライオンに食われてしまった」は，疑いなく彼の少年時代とトーマスのかかわりについて，私たちに語りかけている．しかし，奇妙なことには，彼の父親が専制君主のように支配し，暴力の爆発を起こし易く（そのうちの１回は，ヘヴィサイドの長兄ハーバートを，永遠に家から遠ざけさせた），また上に引用したように，厳しい私的な刑罰が適切なしつけの形態であると信じていたにもかかわらず，ヘヴィサイドはトーマスと疎遠になることはなかった．

　トーマスの怒りの背後にある理由を見出すことは難しいことではない．彼はかなり腕の良い木彫版職人であったにが，時代の変化で家族を支えられるだけの収入が得られなかった．それで苛立ち怒りやすくなっていた．彼の仕事は1839年の写真の発明によって，ヘヴィサイドの誕生よりもかなり前に既に打ち鳴らされた木彫版への弔鐘とともに，忘れ

第2章 青少年時代

　この二枚の絵が示すように，ヘヴィサイドは父から美術的な才能を受け継いでいる．上の絵は彼自身の鉛筆によるもので，「荷馬車倉庫　オリヴァー・ヘヴィサイド 11歳」と記されている．下の絵は，「オリヴァー・ヘヴィサイドによる二番目の作品」と伝えられるものである（他のものは残されていない）．

去られる過程にあった．写真に関するやや古い歴史書[8]によれば，写真は「普通の人間に贈られた最大の恩恵」であるが，ヘヴィサイドの父親にとってはそういうものではない．木彫版作業 (wood engraving) は，文字と写真が同時印刷できる網版処理 (halftone process) が発達した1890年代までに完全に廃業というほどでもなかったが，既に1850年代から，トーマス・ヘヴィサイドにとっては厳しい時代となっていた．

　トーマスはしばしば病気にかかり，仕事を仕上げるために，自身の兄

弟たちの世話になった（彼らもまた木彫版職人であった[9]）．これがあまりにも度々であったため，一家の財政は破産の瀬戸際まで落ち込んだ．そこでヘヴィサイドの母レイチェルは，少女のための私立学校を開く決意をした．結婚前の彼女は，住み込みの家庭教師をしていた（彼女の教え子の一人で，後に王立協会の会長となった，ウィリアム・スポッティスウッド の一家に雇われたことがあった）ので，彼女の経験が困窮を救えると信じられた．ヘヴィサイドがはじめての形式的な教育を受けたのは，1855年に発足した母親の学校においてであった．初めてのとき，彼はクスクスと笑う少女たちの中の一人ぼっちの男の子であることを嫌がったが，父親に手を引きずられて，通りの向こうにあった普通学校（regular school：カムデン街の大勢の若き無法者たちに占拠されていた）を見せつけられてからは，反抗をあきらめた．1858年，彼の母は少年向きの「中等教育」を行うために，セント・パンクラス区にあるハイ・ストリート・スクールへ入学させた．

　レイチェルの学校が1862年についに立ち行かなくなったとき，彼女は新しい作戦を試みた．それは，彼らの住居を下宿人に貸すことであった．この作戦ははるかにうまく行き，ヘヴィサイドが「今までに比べれば夢のようだ」と感じた新しい家に移ることができた．彼はそこで，カムデン・ハウス・スクール[10]に通うようになった．担任の教師はF．R．チェシャイアといい，ヘヴィサイドが信頼を寄せた人物であった．ヘヴィサイドは良い生徒であったが，「権威」に基づくものである，という理由だけでは，いかなる事柄も真であるとは認めなかった．特に幾何学は悩みの種であった．幾何学の伝統的な公理的方法は，2000年以上も前にユークリッドによって創始され，当時は単調な「定理－証明」形式によって普通に教えられていた．それは粗雑な推論を避ける手助けとなったが，数学を楽しもうとする者にとっては，非常に退屈なものであった．ユークリッドの厳密な手法は，既に発達しつつあったヘヴィサイドの科学的事項に対する実用主義的研究手法に反していた[11]．しかし，チェシャイアはユークリッド流に幾何を教えたので，ヘヴィサイドがしょっちゅう大声で不満の声を上げたことは，想像に難くない．チェシャイアはかなり失望させられたが，父親が行ったように「ヘヴィサイドを道の向こうまで引きずって」まで無理強いをすることはなかったので，ユークリッドは無視され続けられた．

第2章 青少年時代

何年も後になって，ヘヴィサイドは次のように書いている[12].

> ユークリッドは最悪である．若者が単に論理的難問について，自明な事実の証明を同じように…自明な何かを使って理解しようとして頭脳を腐らせ，また，彼らが幾何学を学習しなければならないために，最も重要な科目である数学に対する極端な嫌悪感を抱くことになるということは，衝撃的なことである….
> 私は，数学は他の科学と同様に経験的科学であるから，観察的，叙述的，かつ実験的に教えるべきものである，という見解をもっている.

彼は，同じエッセイの中で，次のように続けている.

> 学校において幾何学の課程を修了し，他の生徒たちに対するユークリッドの効果を身近に観察した経験から，幾何学の教育上のこの問題について，私は正しいと確信している．それは良心的で勤勉な教師によって演じられてはいるが，茶番劇である.《ヘヴィサイドの級友のうちの》3分の2はこれに従い，うぬぼれの屁理屈屋にさせられ，父母達に反抗するようになった….

このような態度は，1865年の教員大学試験[13]（College of Preceptors examination:英語, ラテン語, フランス語, 物理, 化学, 数学の問題からなる）を受けた際，最低合格点数600をはるかに上回る2,600満点中1,140点を見事に獲得し，538人の生徒のうちの5番目（ヘヴィサイドはこの中で一番年下であった）で，自然科学では一番の成績であったが，ユークリッド幾何では惨めにも15%以下の得点であったことの理由を示している．彼は化学でも明らかに満足な得点を得たにもかかわらず，この問題（教育方法）が，また風刺的な言葉で回想されている[14].

> これまでのところ，化学は明らかに数学的ではない（であるから，数学的才能の乏しい大勢の人たちにとっては，学びやすい科目である…）.

若いヘヴィサイドのアカデミズムに対する軽蔑は，ユークリッドや化学だけに限られるものではなかったことは間違いない．ここに，彼が学習できなかった幾何学よりも，さらに困惑した科目に対して言いたかったことがある[15].

> 私はいつも文法が嫌いであった．文法を子供たちに教えることは野蛮な慣習だから廃止

ヘヴィサイドが1865年に賞として受けた本の扉

67

すべきである．子供たちは，退屈でくだらない，効果のない規則によるのではなく，実例によって正しく話すことを教わるべきである．科学的文法なんてものは凝り性の学者先生の研究課題に残して，学校ではあとまわしにすべきである．私たちの先祖は無学で文法なんて知らなかった．しかし彼らは，学のある文法学者たちよりもはるかに立派な言葉をしゃべった．古い形の書き方練習帳のような短い言葉，A sad lad（悲しい少年），A bad dog のような簡潔さ以上のよい表現はない．これらの言葉を，ラテン語で A lugubrious juvenile（悲しい少年）や A vicious canine（凶暴な犬）などと言い換えたところで，どこが改善されたというのだろうか．

幸運な結婚

苦闘するヘヴィサイドの両親は，彼らの限られた財源の範囲で，息子たちに対してできる限りのことをした．しかし，両親が息子たち，特にヘヴィサイドに対して，ロンドン・スラムから逃げ出す方法を教えたことは，運命のいたずらであった．レイチェルの姉のエンマは，1847年に，既に著名な電気科学者であった発明家チャールズ・ホイートストン（1868年以降は，サー・ホイートストンとなった）と，きわめて幸運な結婚をした．こんにち，電気技術者や物理学者たちの中では，実際にはホイートストンの方が彼の甥よりもよく知られている[16]．このことは，二重に皮肉めいている．なぜならば，第一に，ヘヴィサイドの発見は，ホイートストンのそれに比べれば，はるかに基本的かつ永続的あるということ．第二に，ホイートストンの名前は主に世界中のどの高校や大学の物理学の教室や，電気計測の研究室にどこにでもある計測装置「ホイートストン・ブリッジ」[17]に残されているからである．

チャールズ・ホイートストン：
Sir Charles Wheatstone (1802-1875)

しかし，いつもホイートストン・ブリッジと呼ばれるが，この装置は他の人物（ホイートストンをよく知っていた王立協会の次官），サミュエル・ハンター・クリスティー（1833年に初めてその回路を示した）によって発明された装置である．ホイートストンは，個人的には事業を弁護士や医師と同様に経営し，大きな成功をおさめた科学的な企業家であった（1875年に彼が死去したとき，遺産は70,000ポンドという，現在でも，また将来においても，とてつもない金額であった）．彼はヘヴィサイド家の息子たちにとっては，借金に縛られた彼らの父親とは対極の，非常に魅力的な目に見える見本であった（ヘヴィサイドが十代のころ，ホイートストンはヘヴィサイド家からは近いリージェンツ公園の南端にあるパーク・クレセントの家に住んでおり，二人の姉妹は親しい間柄にあった）．ホイートストンの影響は，疑いなく彼らの人生に対して大きな衝撃を与えた．

ホイートストンは，きわめて多様な興味を持ち，才能に恵まれた人物であった．彼は実際に楽器製造のビジネスに参入するため，初めてロンドンに来た（彼の家族は，楽器製造，音楽出版，音楽教育などに従事していた）．1822年(彼が20歳のとき)，「ホイートストンの音楽館[18]」を開館し，そこに，「魔法の竪琴」や，刻時機構によって30分間の自動演奏が行えたものと想像される「アコークライプトフォン」などを他の品とともに展示した．実は，それはいんちきであって，実際には音楽は隠れた演奏者によって行われていた！

このようなすばらしい伯父の影響で，ヘヴィサイドが間もなく生涯を通じての音楽に対する興味を持ち，ピアノ[19]やエオリアン（手風琴）[20]の演奏法を学ぶようになったことは驚くべきことではない．彼の兄チャールズもホイートストンの勧めで音楽の才能を活かすことになった（チャールズはホイートストンの発明したイングリッシュ・コンサーティナ[21]［六角形の手風琴］の演奏の達人となり，その後音楽事業の共同経営者を経て，独立した経営者となった）．

ホイートストンの影響は，ヘヴィサイドにとってもっとも際立っており，ヘヴィサイド少年は伯父の助言によって，ドイツ語とデンマーク語を学ぶこととなった．デンマーク語は後に，伯父の縁故でヘヴィサイドが電信技士となってしばらくデンマークに駐在した際に役立った[22]．その他の彼の兄たち，ハーバートとアーサーもまた，電信事業に従事するようになった．

最初で最後の勤務生活

　代数と三角法以外は確実に身につけないまま16歳で学校を去ったということの他に彼の若年期について知られていることはない[23]．その後は自らの計画[24]に従って，自宅での学習が二年間続けられた（これにはモールス信号の独習が含まれていた）．ついに1868年，彼は生涯を通じて最初で最後の仕事を得ることに踏み切った．このただ一度の勤務生活は，6年間続いた．

　ヘヴィサイドは，つかの間の会社員生活を，デンマークのフレデリキアにあったデンマーク - ノルウェイ - イギリス電信会社で，年俸150ポンドの電信技士として働くことから始めた．これは駆け出しの青年にとってはかなり良い報酬であった（ホイートストンの甥という信用による支えは，ヘヴィサイドにとって，きわめて心強いものであった．）．これに比べて兄のハーバートが1870年にニューカッスル・オン・タインのユニヴァーサル民間電信会社において電報部門の事務員として働いて得た年俸は，90ポンドであった．すぐ上の兄アーサーもまた電信業界にいて，1861年には同じユニヴァーサル民間電信会社に所属していた（英国のすべての国内電信サービス機能が英国郵政公社に占有されるようになった1870年には，監督の役職にあった）．

　ヘヴィサイドは，デンマークに滞在している間に（1868年に敷設された）英国 - デンマーク間347海里の海底ケーブルに伝送可能な電信信号の速さ(rate)が，伝送される方向によってかなり違うことを知った（1868年において英国からデンマーク方向の伝送速度は，その逆方向の40%であった）．さらに，これらの速さは時間とともに変化し，ヘヴィサイドが観察を行った二年間において徐々に減少して，ほぼ等しくなった．当時は，この時間的な変動のある非対称性の原因は謎（ケーブルの不具合の発生ということで説明できそうだとは予想されていたが）であって，後にヘヴィサイドがその研究過程の中でそ

オリヴァー・ヘヴィサイドの兄であり，時には共同研究者でもあったアーサー (1844-1923).

第2章 青少年時代

れを説明するまでは，謎のままであった（これについては，第4章において述べる）．ヘヴィサイドの解析が示されるまで，電信ケーブルの理論は，1855年にウィリアム・トムソン（後のケルヴィン卿）が示した理論のままになっていた．トムソンの理論は拡散の理論であり，ケーブル内の電荷の流れを，熱の流れ（あるいは，水中へインクの滴が拡がるような）と同様のモデル化にもとづいて数学的に記述しているのに対し，ヘヴィサイドの最終的な理論は，波の伝搬理論であった．トムソンの解析は，インダクタンスよりも静電容量の影響が支配的であるような，非常に長く，信号の（変化する）比率が小さい場合，例えばアイルランドとニューファウンドランド間をつなぐ1866年敷設の2,000マイル［3,200km］に及ぶ大西洋横断ケーブルの場合には適合するが，当時急速に普及していた高速で比較的短く誘導性が支配的な，陸上に設置されるケーブルの場合には適合しない．電信の周波数は低いが，人の音声の周波数は高い．したがってトムソンの理論は電話に対しては適用できない．電信事業を国家による独占に導いた1868年から1869年に至る電信施設工事の実現によって，小規模な民間会社は消滅し，巨大な国際的事業の統合と拡大が行われた．1870年，デンマーク-ノルウェー-イギリス電信会社はグレート・ノーザン電信会社に吸収され，ヘヴィサイドはニューカッスル-オン-タインの部署に配置換えとなった．彼はそこで主任電信技士に任命され，年俸175ポンドに昇給した．彼の同僚の一人は，この経過を次のように回想している[25]．

> ヘヴィサイドはニューカッスルの主任電信技士となった——間違いなく彼の伯父，サー・チャールズ・ホイートストンの縁故 による任命と思われる——通常彼は日勤であった．彼は紳士的な若者で，いつも綺麗な身なりをし，痩せ型で金髪で血色が良かった．

他の記述[6]によれば，ヘヴィサイドは，「…彼は背が低く（164cm），赤毛の独裁者的な性格の卓越した洞察力と直観能力を兼ね備えた英国人であった…」，とある．

この時期における彼の仕事は，単に地方局付の電信技士ではなかった．例えば，1871年9月11日，彼は次のように記している．「何日もの間，"カロライン"(Caroline)［海底ケーブルのメンテナンスなどに使われたケーブル敷設船の名前である］を待ち続けている．それは，いつも翌日立ち去るのだ．一週間の間ケーブルを掴んだり，切ったり，つないだりして過ごした」．

71

ほぼ同じ時期に書かれた他のノートには，自由時間に彼が行ったさまざまな電気的実験を検討しており，広い関心を示している．彼は，人の視覚，地震，あるいは天候などの性質に対して，かなりの思索と観察を行っている（例えば，1871年4月9日には，前の月に起きた3回の地震が，非常に大量のほこりを大気中に放ったので，空の様子が「破滅の日がついに訪れた」と彼に思わせるほどであったと記している）．

　われわれは，この時期の彼の技術的な素養の高さを彼の死去に近い1922年10月8日付の彼の手紙から知ることができる．この手紙は，1916年に20歳のときにフランスで死亡した，きわめて将来性があった若い理論家，ゴードン・ブラウン[26]の両親に宛てたものである．彼の両親は，1922年にエディンバラ王立協会会報に発表された息子の論文，「電磁気のファラデー管の理論について」をヘヴィサイドに送り，彼の意見を求めた．ヘヴィサイドは両親への返信において，「20歳の若さにしては彼は驚くほどの高度な知識を持っています．なぜかと申しますと，彼の年齢のとき，私は数学や電気学については全く知識がありませんでした．とはいえ，私はその時期に（電信技術上の）いくつかの発明をし，そして，自分の道を見つけ出そうとしておりましたが」と書いた．

　1872年7月，ヘヴィサイドは雑誌 English Mechanic に，初めての技術論文「起電力の比較法」を発表し，「すばらしい能力」を社会に対して証明した．この論文では代数以上の高級な数学は使われていないが，フィロソフィカル・マガジン誌に1873年に発表された二番目の論文では，微分法が使われている．この論文は，ホイートストン・ブリッジの最適な配置法を論じており，ヘヴィサイドのノートのうちの一冊[27]には，ウィリアム・トムソンがニューカッスルを訪問した際に彼とこの件について討論した，と書いている．同じノートには，「マクスウェルにこの論文のコピーを送ったところ，マクスウェルは，彼の著書の第二版にそのことを記述した」と書かれているが，これはその通り，事実である[28]．ヘヴィサイドが，暖炉の脇でパイプをくわえながら時間を浪費することなく夜の時間を過ごしていたということは，明らかである．彼は実際に，アイザック・トドハンターの「微分積分学」や，ジョージ・ブールのヘヴィサイドが「いまいましい」と呼んでいた「微分方程式」，ダンカン・グレゴリーやウィリアム・ウォルトンの「立体幾何学」などを，独力でマスターしていた．その後1874年には，技術的蔵書の中にジョージ・エ

第2章 青少年時代

アリーの偏微分方程式の著書が加えられた．しかし，これらの数学書がいかに有用なものであったにしても，そのいずれも1873年に出版されたジェームス・クラーク・マクスウェルの著書 "A Treatise on Electricity and Magnetism"［以下，『電気磁気論』と表示する］の衝撃には及ばなかった．天才マクスウェルによるこの傑作は，疑いなくヘヴィサイドの天才に啓示と方向性を与え，ヘヴィサイドは文字通りそのパワーに圧倒された．

1874年5月31日，ニューカッスルの主任電信技士の職を辞めた．彼がそうしたのは，単に彼の専門的な能力を伸ばすためという論理的なステップとして電信技術者協会[29]に加入した後，わずか数ヶ月後のことであった[30]．彼の難聴の進行による困難がその決意の動機だという推測もあるが，もっと可能性のある動機は，感情を傷つけられたことと仕事の退屈さであった．彼が辞表を提出したとき理由を示さなかった（そこには，「私には，どこでも働き場所がある」とだけ書かれていた）が，彼の二人の上司は，次のような暴露的なコメントを書き残している[31]．一人は，

> ヘヴィサイドは賢明な社員であったが，時折手に負えないところがあり，昇給されないことを知らせられた場合は特にそうであった．だから，彼の辞表提出は何の損害も及ぼさないだけでなく，むしろ救いを意味していた．

さらに，もう一人は，次のように書いている．

> …非常に賢明で信頼できた彼の行動は模範的であったが，彼の年頃にしては高給で良い資格の所有者であったので，日常の仕事に対して，もっと関心を持って欲しかった．

ヘヴィサイドのホイートストン・ブリッジの論文についてマクスウェルが書いたメモ．このメモは，彼の死後マクスウェルの論文の中から発見され，A. M. Bork, "Physics just before Einstein," Science, vol.152, pp.597-603, April 29, 1961 において初めて示された．

生涯の決断

　なぜヘヴィサイドが大学における学習を選ばなかったのだろうか．さほどの困難もなく残り数年の学問上の修行を受けられたし，学位を受ければ「公式の」権威を得て論文発表もしやすくなったはずなのに，なぜそうしなかっただろうか．金がないことはその答えにはならない．というのは彼は全く職に就こうとしなかったからである．彼の両親と兄弟たちは，彼がきちんとした収入がなくても，学校にさえ通っていれば，一日中数式を書きなぐっていたとしても，彼を援助しようとしたであろう．学校にもいかず，何をしているかわからなければ，近所の人たちは怠け者の身内をかかえていると思うだけではないか．

　1世紀以上も昔の話であるし，ヘヴィサイド自身は自伝を書こうとしなかったので，彼の退職の理由はすべて推測になってしまう．しかし，私はその答えは全く謎めいたものではなく，率直なものであると考えている．ヘヴィサイドは，単に彼流の実用主義的かつ頑固な流儀によって，自分にとって大学で学ぶことは意味がないと結論づけたに違いない．1870年初頭におけるヘヴィサイドの経験と関心は，一人の実務的な技術者のものであった．ある著者は世紀の替わり目において，次のように書いている[32]．

　　　技術的な訓練が，ともかくも学問的な側面をもっていることを技術者たちが意識するようになったのは，さほど昔のことではない．

　当時，電気技術は庶民的かつ肉体労働者の仕事であって，大学で行われる科学的な教育の雰囲気からは明確に区別されていた．当時の歌には次のように唄われている．

　　　　　　　ビールや樽を計るのに，少しはミリメーターで，
　　　　　　　少しはキログラムで，少しはデシリットルで話したりはするが，
　　　　　　　でも俺は，学校へ行くには年を取りすぎた大英帝国の労働者だぜ
　　　　　　　だから，俺はポンドで飯を食い，クォートで酒を飲み，
　　　　　　　3フィート定規で仕事をするのさ
　　　　　　　　［1クォートは，英国で約1.136リットル］

　ヘヴィサイドが，大学，例えばケンブリッジに入学する決意をしたと仮定しよう．そうであれば，卒業に際しては，英国国教会の活動的なメ

ンバーとなることを宣誓する証書を書かねばならないであろう．しかし，私は，ヘヴィサイドは（神をも恐れぬ男であったから）それを拒否しただろうと信じている．だが，われわれはそのことを無視するとしよう．私は彼がかなりの長期間にわたって学生生活を続けたとは思わない．彼は当時の学会におけるスターであったアイザック・トドハンターの教育理念に反対したであろう．教師に対して盲目的に信頼せずに，実際の実験結果を信頼するような学生に対する姿勢を，トドハンターは，次のように書いている[33]．

> 彼が，完璧な知識，認められた能力，非の打ち所のない人格などを兼ね備えた英国国教会の牧師である担当教師（チューター）の言うことを信じようとしないならば，彼の抱く疑惑は理に反するものであり，真実を認識する能力の欠如，すなわち，彼が修養するはずの科学の分野における成功にとって致命的な欠如を証明している．

大英帝国の電気に関する業績の誇り高い後継者を気取る男であったヘヴィサイドは，この教授の講義室においてこのようなことを言われたとしたら，疑いなく何らかの拒絶反応を示したことだろう．おそらくヘヴィサイドにとっても，そう宣告することになるかもしれない教授にとっても，また彼の論文の独立精神のためにも，ケンブリッジに行かないことが最良の選択であったであろう[34]．

仕事を辞めた後，彼の心の中には何をしようかという迷いは全くなかったことは明らかである．彼がしようとしたことは，誰にも導かれることなく，独学によって誰よりも先駆けてマクスウェルの『電気磁気論』をマスターし，彼の残りの人生のすべてをマクスウェルの電磁場の理論に隠された意味を探求するために捧げることであった．

彼の晩年に書かれた手紙（1918年2月24日付）[35]には，彼がある図書館で，どのようにマクスウェルの著書を学習したかについて，次のように回想している．

> 私は，若かりし頃にマクスウェルの偉大な『電気磁気論』を初めて見たときのことを思い出します．その頃まではいくつかの断片的な著作ばかりで，一冊にまとめられた包括的な理論は存在しませんでした．（1873年に）出版されたばかりのその書物を図書館の机の上で見たとき，それを拾い読みしてびっくりしました！　私は序文と最終章，それから幾つかの部分を，あちこち拾い読みしたのでした．それは，その中に大きな力を秘めた，偉大であり，すごく偉大で

あり，最も偉大な (geart,greater and greatest) 書物でした．私は，この書物をマスターすることを決意し，それを開始しました．私は全くの無知でした．私は数学的解析の知識を持ち合わせていなかった（学校で代数と三角法程度は学んではいましたが，殆ど忘れてしまっておりました）ので，それが，私が計画すべき残された仕事でした．私が可能な限りそれを理解できるようになるまでに数年かかりました．その後はマクスウェルから離れ，自分自身の道を進みました．それからは，以前よりもはるかに速く前進することができました．

実際に自らの努力によって，彼は期待した以上に成功を収めた．だが，はじめに電信の問題が存在した．

技術ノート：ケーブルの損傷はどこにあるか？

ヘヴィサイドが若き日に行った解析は，定常状態にある電信用ケーブルに対する単純な電気理論の典型的な応用であった．例えば，1871年1月16日付のノート（NB 1A：94）の見出しには，ニュービッギン・バイ・ザ・シーとゾンダービック間の海底ケーブルにおける損傷（ケーブルの外被の欠損によって生じたアースへの漏洩）の位置の計算法を示している．彼は，（損傷が存在しないと仮定したときの）一端から他端までのケーブルの抵抗値を a と表し，英国側の端末からから損傷点までのケーブルの抵抗値を x，損傷そのものによる抵抗値を y と表した．これらについての彼のスケッチを，図2.1に示した．

ヘヴィサイドは，「ケーブルは約360ノットである《ここでは1ノットは1海里である．速さの単位ではないことに注意》。1ノットあたり6Ωであるから，$a = 2160\,\Omega$ である」と，簡単に計算している．次に，彼はケーブルの右端を開放して左端に既知の電圧の電池を接続し，電流を測定することによって測定される抵抗値を $x + y = b$ と定義した．<u>彼は右端を</u>

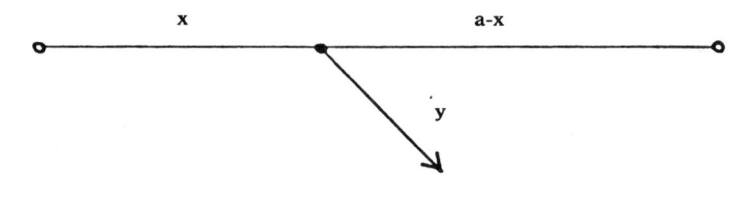

図2.1

アースに短絡したときに左端から計測される抵抗値を c と定義した．これは，b を用いても同じ方法で計測可能であろう．ヘヴィサイドは，オームの法則を適用し（損傷による抵抗と，$a - x$ に相当するケーブルの部分が並列であることに注目して），

$$c = x + \frac{y(a-x)}{y+a-x}$$

を求めた．彼は上式から x を求め（読者にはちょうどよい練習問題であろう［x についての二次方程式が得られる］），次式を得た．

$$x = c - \sqrt{(a-c)(b-c)}$$

一方の端のみから損傷個所の位置を求めるこの方法は，ヘヴィサイドの発案ではなく，ブラヴィエの方法として知られているものである．この方法は，通常「試験中にケーブルの遠方の端をアースに落とし，また他の試験中には開放とする，などの条件が，一定電流を保つことをきわめて困難にし，また手に負えない損傷を発生するため，信頼できる技術とは考えられない」——*The Electrician*, vol. 47, pp. 953-954, May 3, 1901 からの引用—— ヘヴィサイドは，彼の考察した特別なケーブルに対して $b = 1040$，$c = 970$ が与えられたとして $x = 680\,\Omega$ という値を得た．1ノットあたり6Ωであるので，損傷は英国側から113と2/3ノットの位置にあるものと結論づけられる．この解析の中には，幸せな言葉「クラレット［ボルドー産の赤ワイン］とローストビーフ，アップルタルト，ラビットパイを食べ，実に楽しかった」と書かれている．ヘヴィサイドにとってケーブルの損傷個所の位置を求めたことが喜びに満ちた瞬間であったに違いない．

注および参考文献

1　Sir Edmund Whittaker, "Oliver Heaviside," *The Bulletin of the Calcutta Mathematical Society*, vol. 20, pp. 199-200, 1928-29. これは，D. H. Moor, *Heaviside Operational Calculus: Elementary Foundation*, New York, NY: American Elsevier, 1971 の序文として，複写の形で再掲載された．

2　これは全く普通のことであって，確固たる経済的な根拠があった．17世紀末に

制定され，1851年に廃止されたある法律は，(特定数以上の) 住居の窓を，課税の対象としていた．

3　　C. Booth, *Life and Labour of the People in London*, vol. 5 (First series: Poverty), London, Macmillan, 1902. 特に "Descriptive Map of London Poverty 1889 " North Western Sheet (block E-3) を見よ．

4　　1897年6月2日付のこの手紙は，ヘヴィサイドが彼の親友であったアイルランドの物理学者G. F. フィッツジェラルドに宛てたものである．ヘヴィサイドは20年間にわたってフィッツジェラルドと文通を行った．文通は二人が互いに尊重しあいながら，フィッツジェラルドの死去する1901年まで続けられた．それでもヘヴィサイドの都合のため，二人はたったの二回，全部で8時間しか会っていない．

　　　F. E. Hackett, "FitzGerald as revealed by his letters to Heaviside," *Scientific Proceedings of the Royal Dublin Society*, vol. 26, no. 1, pp. 3-7, 1952/54 を見よ．

5　　EP2, p. 348

6　　R. Appleyard, *Pioneers of Electrical Communication*, London: Macmillan, 1930, p. 217.

7　　ヘヴィサイドの長兄ハーバートは1842年生まれであり，次兄アーサーとチャールズはそれぞれ1844年と1846年の生まれである．ヘヴィサイドは，後にアーサーと専門分野において協力しあい，チャールズと彼の家族と同居した．ヘヴィサイドが幼い頃にハーバートが父親と口論の上キング・ストリートの家を去ってからは，彼との表向きの付き合いはなかった[1*]．

8　　R. Taft, *Photography and the American Scene: A Social History*, New York, NY: Dover, 1964 (初版は1938年刊).

9　　[トーマスの] 兄の一人，ジョン (John) は，*Bryan's Dictionary of Painters and Engravers*, vol. III (H-M), London: Bell, 1927, p. 25 に作品が載るほどの才能のある画家になった．

10　　*The Heaviside Centenary Volume*, London: The Institute of Electrical Engineers, 1950, p. 11 所収の Sir George Lee, "Oliver Heaviside—The man," を見よ．

11　　若い頃に科学に興味を持ったことの証拠となる，ヘヴィサイドによる少なくとも一つの記録が残されている．1918年の手紙の中に，彼の電信における先駆的業績(誘導装荷) について，彼は「... 結び目のある布のひもについての実験を，私は12歳か13歳の頃に裏庭で行ったことがある．その結果はよく理解できたので，そのときはそれ以上のことをする考えはなかった」と書いている．おそらく彼が観察したことは，直線状のひもに等間隔でつけられた結び目 (集中質量) が，ひもの一端を揺

第2章 青少年時代

り動かしたときに振動の伝搬にどのように影響するかということであろう．これは，電信用ケーブルを電気的に駆動した場合の，機械的な類推に相当する．この時期は，ヘヴィサイドがまだキング・ストリートにいた頃のことであろう．Maynard, "Oliver Heaviside as seen in his books and letters," *Technology Review*, vol. 35, no. 6, p. 214 およびp. 234, March 1933 を見よ．

12　"The Teaching Mathematics ," *Nature*, vol. 62, pp. 548-549, October 4, 1900. 英国科学振興協会（British Association for the Advancement of Science：しばしば B. A. と略記され，マクスウェルがヘヴィサイドよりも前に行ったように，今度もまたヘヴィサイドが "British Asses [英国馬鹿者協会]" という厳しい「新解釈」を行った組織である）の会議の1年後に書かれた同じ題名の小論文において，ヘヴィサイドは次のように的をついたのであった．「通常，少年は集中的な推論を要する事柄はうまくできない．彼らの未熟な脳は，ユークリッド幾何や，そのような理屈を注意深く積み重ねる作業に親しむことには向いていない」．

13　教員養成のための大学，教師の専門的資格を得るための機関（この大学は1850年に枢密院に対し，卒業生が英国の大学の教授職に就くことができるように要請を行った）．これは，公務員や軍事専門学校への就職や入学における縁故や情実の比重を減らすという19世紀半ばにおける改革の一環であった．

14　EMT 1, p. 12.

15　EMT 1, pp. 404-405.

16　決定的なホイートストンの伝記としては，B. Bowers, *Sir Charles Wheatstone, London, Science Museum, 1975* がある．本書はおそらく，非常に長い間ホイートストンの伝記の標準となっていたものと考えられ，この多産な発明家の発明品（装置類）の図やわかり易い説明がたくさん記載されている．ホイートストンの最初の子供が結婚後3ヵ月後に誕生したという奇妙な事実を発見したのは，バワースであった．このことは，ホイートストンが（世間体にこだわらない）確固たる感覚と信条の持ち主であったことを示している．同じことが彼の妻エンマについても言えるであろう．

17　この記述における一つの例外は，立体鏡(stereoscope)の原理の発見である．彼は，写真の発明よりも前の1838年に，王立協会において公開をしていたのである（彼はその時までに6年間,立体鏡に取り組んでいた）．もちろんホイートストンは（クック：William Fothergill Cooke と共に）通常の電信機の発明の栄誉も与えられている．しかし，この発明は明らかに他の人物の業績でもあった．ホイートストンは自励式発電機(auto dynamo)の開発にもかかわったが，この場合にも他の人たちがいた．し

79

かし，立体鏡はホイートストン一人の発明である．

18　R. D. Altick, *The Shows of London: A Panoramic History of Exhibitions, 1600-1862*, Cambridge, MA: Belknap Press, 1978, p. 360. ホイートストンの音楽への関心は，彼のよき友人マイケル・ファラデーと共有していた．

19　O. Heaviside, "Pianoforte touch," *Nature*, vol. 91, p. 397, June 19, 1913. ヘヴィサイドはあるとき，友人に対して控えめに次のように語った．「私は（音楽についての）専門的な知識はないし，ピアニストでもないけれども，Bの作品90番[2*]を独習したことがあります．私は，他のものよりもこれが好きです」．

20　Sir George Lee, *Oliver Heaviside and the Mathematical Theory of Electrical Communications*, New York, NY: Longmans, Green and Co., 1947, p. 1.

21　G. F. C. Searle, "Oliver Heaviside: A personal sketch," *The Heaviside Centenary Volume*, London: The Institute of Electrical Engineers, 1950, p. 93 所収．

22　ヘヴィサイドは，外国語に対する彼の感覚を次のように記している (EMT 3, p. 52). 「語学力のある英国人は少ない．それは怠慢によるものではなく，主に一つの言語だけで十分であるという感覚と結びついた，精神的無気力によるものだ」．ヘヴィサイドのこの苦言は，ローレンツ (Lorentz) の著作を原語のドイツ語で読まなければならなかったことのいらだちから来ていた（不平を言いつつも，彼は読むことができた）．

23　ヘヴィサイドは手紙や研究ノート（これは当時も現在も，彼の日記としての二重の役目を果たすものである）の中に存在する寸言を除き，極端に生活面の個人的な側面について書くことがなかった．彼は一度自伝を書くことについてほのめかしたことがあった．「私が本書《Electromagnetic Theory 第3巻》を書き始めたとき，第4巻についても考えていた…, 諸般の事情がそれを許さなかった．それらをここには書かないが，私の自伝の中の，「私が知っているひどい人たち」というタイトルの章において書くつもりである」．この自伝は仮に執筆済みであったとしてもどこにも見当たらない．B. R. Gossick の論文，"Where is Heaviside's manuscript for volume 4 of his *Electromagnetic Theory?*," *Annals of Science*, vol. 34, pp. 601-606, 1977 を読まれたい．

24　時折ヘヴィサイドがする傾向であるのだが，彼の著書の一つにおける譬え話が，確実に彼の若かりし頃の何かを物語っている．「3分の1世紀以上も昔，一人の若者が，それがどれほど大好きであるかを確かめるために，ある古い町の図書館に知識の甘美さを味わいに行く姿があった．彼はやや人好きのしない風貌の持ち主で，彼の表情は『殆ど阿呆な』連中から見れば，悪党に見えるようないやな顔つきをしていた．彼の父親の家には本がなかったので，それは本を味わうための未知の地へ

の旅行のようなものだった．いくつかの本，特に神学や形而上学は害毒であったため，それらは大きな音を立てて閉じられた．しかし，科学的な本は良かった．そこには観測と実験，そしてそれらに基づく推論によって神の法を探求するという感覚があった．ニュートン，ラプラスなどなどの偉大な名前がつけられたいくつかの大著も，彼を引き付けた．調査の結果，もしも彼がそれらに挑戦したならばそれを理解できるであろうが，彼の頭の容量が限られているため，それを学習することは望ましくないと結論づけた」．この一節は EMT 3, p. 135 からのもので，1902 年 3 月 21 日の日付となっている．書き出しの部分はヘヴィサイドの独学期間である二年間を指していると思われる．

25　この記述は，オリヴァー・ロッジ (Sir Oliver Lodge) によって *The Journal of the IEE* (Institution of Electrical Engineers, vol. 63, pp. 1152-1155, 1925) に書かれた追悼記事からのものである．

26　もちろん，若いブラウンの悲劇的な死は，「(第一次) 大戦」における多くの同じ様な場合の一つにすぎなかったのである．もっとも顕著な例は 1915 年にガリポリ (Gallipoli：ブラウンが赤痢にかかって傷病兵となった場所である) において戦死した，原子構造の研究に X 線を用いたことで知られるヘンリー・モーズリー (Henry Gwyn-Jeffreys Moseley：原子番号の概念は，彼によるものである) の場合である．ヘヴィサイドがブラウンの父母宛の手紙の中で，「私は，軍当局が彼を戦闘用兵士として受け入れたとは思っていません．それには，ごろつき (ruffian) が必要だったのです．そして私は，軍当局がブラウンの《危険な任務は受け入れないという》拒絶を塹壕の中ではなく，高等数学が必要とされるような多くの科学的な部署に強制的に配属させるという単純な処理によって克服できなかったことは，間違いであったと思います」と書いたとき，彼はこのことを指していた．

27　NB 3A:4.

28　J. C. Maxwell, *A Treatise on Electricity and Magnetism*, vol. 1, New York, NY: Dover, 1954, p. 482（350 項）．

29　ヘヴィサイドはもはや活発な専門家ではなく，決して協会の会議に出席することはなかったように思われるが，技術的な論文を書き続けていた．このことの証として (彼が技術論文の真っただ中で，関係のない事柄について，ぶっきらぼうに自らの心情を吐露する必然性の一例と同様の)，1886 年 2 月 12 日号の *The Electrician*, vol. 16, p. 271 掲載の投稿 (letter) がある．この投稿は，ヘヴィサイドにとって大切な問題である技術的事項についての命名法の話題から始まったが，乱暴にも突然迂回したのである．技術的な個所は EP2, p. 28 に再掲載されているが，以下の言葉は，私

が当然であると考える理由によって削除された.「このようなことを書くことが許されると思うのであるが，命名法に関して少し前に，S. T. E and E《Society of Telegraph Engineers and Electricians》が自らの組織の命名についてどうすべきかについていくつかの問題のために行き詰まり，投げかけた難題があった．その名称は3度も変更されたので，それは "The Society of Variable Nomenclature and of Redundant Conjunction"（名称がころころ変わる，余分な接続詞つきの協会）と呼ぶのがふさわしいと思われた．私は，他の多くの協会が簡単で包括的な名称で満足していることに倣って，単純に "The Electrical Society（電気協会）" と呼ぶのがよいと思った．例えば Physical Society は，自身のことを Society of Physicists and of Natural Philosophers（物理学者および自然哲学者の協会）とは呼んでいないし，Mathematical Society は，Society of Mathematicians and Arithmeticians and Geometricians（数学者，代数学者および幾何学者の協会）とは呼んでいない．しかし私が言いたいことはそのことではなく，S. T. E. and E. には，それに縫いつけ，縛り付けられた雑誌があるが，真の問題はその内容の取り上げ方にある，ということである．一つは，それが開かれていないということで，これは《一冊の》本の許しがたい罪というべきものである．したがって，それは開かれねばならない．それ以上に，曲がっていることを理由にして隠されているので，紐の近くの言葉が読めるようになる前に強力に引っ張らなくてはならない．それはきつい長靴のように腹立たしいものだ」．

30　ヘヴィサイドが，どのようにして電信技術者協会(Society of Telegraph Engineers)に入会するに至ったかということの背後に，好奇心を誘う一つの物語が存在する．それは，1922年にヘヴィサイド自身によって，IEE会長宛の手紙に書かれている．「私は約50年前にそれに入会いたしましたが，以来ずっとトラブル続きです．当時私は科学に熱狂しており，私の知識を他の人たちに伝え，彼らを援助するという強い使命感と自覚に満ちておりました．しかし，普段は彼らが非常に愚かであることを知りました．彼らは，古い慣習から抜け出そうとしておりませんでした．A. W. H.《彼の兄アーサーのこと．Wは母親の旧姓Westを表わす》は，私に新しい社会に参加すべきであると言いました．しかし，その頃は，上流階級気取りの連中がおりました．今ではさほど多くはないと思います．調べてみると，彼《アーサー》は，電報会社の社員などは不要であると言われたのです！ エディソンが今ここに居たら，何と言ったでしょうか．私は怒りました．そこで私はW. トムソン《William Thomson：彼は当時 S. T. E. の会長をしていた》のところへ行き，私を推薦して頂けるように頼みました．彼は本当の紳士でしたので，直ちに了承して下さいました．私は俗物であるにもかかわらず，入会できたのです」．明らかに若い頃のヘ

第2章 青少年時代

ヴィサイドは，ウィリアム・トムソン卿（この教授は，1866年にナイト [knight] の称号を受けた）のような，著名な科学者に対して，彼自身のための頼みごとをするために近づく程に大胆であった．そのことはもちろん，トムソンがヘヴィサイドの叔父のホイートストン卿と懇意であったことに支障をきたすものではなかった――彼らは，例えば1865年の大西洋ケーブルの敷設に先駆けて，大西洋電信会社 (Atlantic Telegraph Company) の技術顧問委員会に参加していた．いずれにしてもヘヴィサイドは，1885年までに会員としての義務を果たさなかったため，会員名簿から除外された．しかし，1908年に S. T. E. が IEE に編入されたため，彼はそれまでの業績が認められて，IEE の名誉会員に推薦された．R. Appleyard による面白い *The History of the Institution of Electrical Engineers* (1871-1931), London: IEE, 1939, p. 94 を読まれたい．

31　R. Appleyard, "A link with Oliver Heaviside ," *Electrical Communication,* vol. 10, pp. 53-59, October 1931.　Appleyard はさらに，ヘヴィサイドは共同研究者たちから「孤独で無口ではあるが，常に［電信の］装置の解説ができる」人物として記憶されていた，と記している．「手に負えない (unruly)」性格であったことについては，おそらく次のことがその様子を示しているだろう．「ニューカッスルでのある日のこと，彼は書類の貼り付け作業 (pasting-down clerk) を，『私は製本屋ではありません』と言って拒絶した」．

32　科学部門の名誉教授であった A. B. W. Kennedy 博士のユニヴァーシティー・カレッジ・ロンドンにおける演説, "The academic side of technical training," *The Electrician*, vol. 55, pp. 435-437, June 30, 1905. ケネディは，元の役職にあった当時（1874年），「厳然たる事実は，当時技術系の教授の職を得ることのできる人を見つけることは，きわめて困難であったことである」と見ていた．この理由の一つは，疑いなく予算が不足していたことであった．ケネディの年下の同僚（J. A. Fleming）が言っているように，「《1884年に》私が電気工学の教授に任命されたとき，はじめにしてもらえたことと言えば，一本のチョークと黒板が用意されていたことくらいであった」．*Memories of a Scientific Life*, London, Marshall, Morgan and Scott, 1934, p. 99 を見よ．

33　*The Conflict of Studies,* London: Macmillan, 1873, p. 17.

34　ヘヴィサイドは表向きはケンブリッジの教育を賞賛している（EMT 2, pp. 10-12）が，私はそれに反してこのように断言する．彼がケンブリッジを賞賛したのは，彼がケンブリッジの数学者たちに対しての皮肉である．なぜ彼がケンブリッジの数学に対して反感を持ったかは第10章の主題であるが，ヘヴィサイドはケンブリッジの数学者の何人かの仕事を「悲惨で死ぬほど退屈だ」と決めつけ，彼らを「不公平」

83

である，と非難した．しかしながらヘヴィサイドが実際に「私は，人生のうちの数年間を単調でつらい仕事などに従事するのではなく，ケンブリッジの教育を受けることができなかったことを非常に残念に思っている」と書いたのは，一方でヘヴィサイド自身による自分の若い時代の評価を示していると思われる．

35　　J. ベセノー (Bethenode) による追悼記事 "Oliver Heaviside," *Annales des Postes Telegraphs*, vol. 14, pp. 521-538, 1925 からの引用．この手紙はヘヴィサイドが英語で書いたものであるが，ベセノーがフランス語に翻訳したものを，ここに示す目的で，再度英語に翻訳したものである．この往復の過程の中で，間違いが生じないように，ベセノーは，はじめの翻訳を行った際に「意味を変えてしまわないようにできる限り文章に忠実に」行ったと，脚注に書いている．二度目の翻訳もまた，同じ精神で行っている．

訳注

1*　　ヘヴィサイドの長兄ハーバートは，その後ニューカッスルで電信会社に勤め，家庭を持ったが、その後一度も両親とは会わなかった．ホイートストンが彼の就職の世話をした可能性があるという．B. Mahon, "Oliver Heaviside," IET, 2009, p. 9 参照．

2*　　「B」はベートーヴェン, Opus 90 (作品 90 番) は「ピアノソナタ第 27 番, ホ短調」である．

第3章　初期の電信理論

……難破船が，その不運な乗客と乗員とともに，永遠に暗黒の深淵に沈んだ場合でなければ決して通り抜けることのできなかった大西洋の底知れぬ深海にか細い銅線が走り，情報が2,000マイルも運ばれるなんて，とても信じられないことだと思いませんか？　何世紀も前に果てしない深淵が彼らを閉じ込め，彼らの上で轟音を発したように，……今，生きている人々の想いが……かつてはわれわれと同じように心臓が暖かかった男女の冷たい死骸の上で燃えさかり，爆発するなんて，まるで奇跡のようだと思いませんか？
　　　　　　　──いささか物凄い，19世紀の大西洋横断ケーブルへの献辞

ウィリアム・トムソン卿の海底ケーブルの理論はすばらしい．
　　　　　　　　　　　　　──オリヴァー・ヘヴィサイド，1887年

オリヴァー・ヘヴィサイドの業績を別にすれば，海底ケーブルの理論は，ウイリアム・トムソン卿が1855年に残した理論が，最高のものである．
　　　　　　　　　　　　　──「エレクトリシャン」，1912年

トムソンとストークス

　ヘヴィサイドが研究し始めた頃には，電信ケーブルの理論はケルヴィン卿の理論だけであった．それは，彼がグラスゴー大学教授に就任して間もない，まだウィリアム・トムソンであった頃，2,000マイルに及ぶ大西洋横断海底ケーブル事業の終結を契機とした，ジョージ・ガブリエル・ストークス[1]との文通の結果として，1854年の暮に発表した理論である．そのような大規模な海底ケーブルを設置することは，多くの人たちには暴挙と考えられ，王立天文台のジョージ・ビッデル・エアリー教授(George Biddell Airy)は，それは数学的に解明不可能なもの以上のものではない，と断定した．19世紀の技術上の

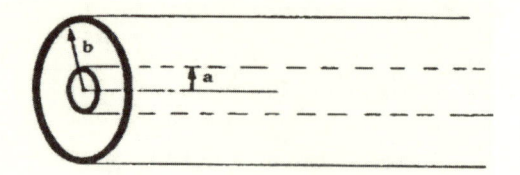

図 3.1 トムソンの海底ケーブルの幾何学的形状

もっとも卓越した偉業の一つであるこの努力への彼の寄与に対して，トムソンは1866年にナイトに叙せられた（少くとも，部分的にはチャールズ・ホイートストンの推薦によるものであった）．トムソンの解析[2]は，20年後のヘヴィサイドによる拡張の出発点であるから，それについて見ておこう．これはまた，（ヘヴィサイドの人生に対して多大の個人的影響を与えた人物である）トムソンの駆け出し教授時代の様子を，われわれに示してくれる．

トムソンは，海底の電信回線を，電気的に完全な絶縁体に囲まれた円筒の中心軸に沿った，非常に長い導体としてモデル化することから始めた．このような構造は，こんにちでは<u>同軸ケーブル</u>と呼ばれるもので，図 3.1 に示すように，完全な絶縁体（導電率が 0）によって分離されている共通の軸を持つ二つの導体によって構成されている．内側の導体は明らかに電信回路であり，外側の導体は，絶縁体と海水の境界部分［鋼鉄線（外被）：94, 95 頁の下部の図参照］で構成される．

次にトムソンは，ε を絶縁体の誘電率として，<u>単位長さあたりの「静電容量」</u>を導入した．現代的な表記法では，

$$C = \frac{2\pi\varepsilon}{\ln(b/a)} \quad \varepsilon = n\varepsilon_0 \quad n = 比誘電率 \quad \varepsilon_0 = \frac{1}{36\pi} \times 10^{-9} \quad (ファラッド/m)$$

この写真には，1892 年 11 月 23 日付のケルヴィン自らの筆により「W. Thomson, 多分 1859 年 3 月の海底ケーブルについてのフリーミング・ジェンキン (Fleeming Jenkin) からの手紙を読んでいるところ」という書き込みがある．この写真は，トムソンの一番上の姉エリザベスと結婚した牧師デイヴィッド・キング博士により撮影された．

である.(トムソンによって初めて求められたこの基本的な結果[3]は,現在では大学の物理,電気工学課程では古典的な教科書の例題となっている).ガッタ・パーチャ(gutta percha:ゴムよりも絶縁性に優れたアジア産の植物性のゴム)を絶縁に用いると,その比誘電率 n=3.1 であるから,b/a の比が10であるようなケーブルは,1マイル当たり0.12マイクロファラッドの静電容量を持つ.この値は,陸上に懸架された電信回線のそれと比べると,かなり大きい[4].

次にトムソンは,導線の単位長さあたりの抵抗値を導入し,それを K と名づけた.このケーブルの数学的な記述は,キルヒホッフの電流則(電荷の保存則)を適用し,ケーブルの微小部分に対してオームの法則を適用することにより求められる.

ケーブルの一端からの距離 x における時刻 t のときの電圧を $v(x, t)$ とすれば,その結果は,偏微分方程式(距離と時間という二つの独立変数があるときの微分を偏微分という):

$$\frac{\partial^2 v}{\partial x^2} = KC \frac{\partial v}{\partial t}$$

となる.トムソンは,この結果を「…完全に絶縁された海底電信導線における,電気的な励起の方程式」と呼んだ.彼は次にこれがよく知られた式である,と読者に告げた[5].「この方程式は,よく知られている,熱伝導体の棒内の熱の一様な運動の方程式と一致している」.トムソンが,ジャン・バプチステ・ジョセフ・フーリエの仕事をよく知っていたことは,驚くにはあたらない.彼はケンブリッジの学生であった時に,フーリエの仕事を徹底して学習し,フーリエの示唆に富み,先駆的かつ先見性のある1822年刊行の著書『熱の解析的理論』を「数学的な詩」[6]と呼んだほどであった.トムソンは,1862年に地球の年齢を計算するために,同じ方程式を使うことになる.彼の導いた結果は,地質学者と進化論者たちを混乱に陥れた[7].本書では,後にヘヴィサイドが,トムソンの先駆的業績(この場合は「理論」地質学)を変革する後継者の役割をどのように果たしたかを知ることになるであろう.

トムソンは,このようにして確立されたケーブルの方程式を用いて(ストークスの1854年10月の手紙によれば),多くの興味深い特殊な場合に挑戦し,それを解くことができた.しかし,後に(11月のトムソン宛の手紙の中で)二人が考察した最も一般的な場合を形式的に解いたのは,実はストークス教授であった.ストークスは次のように書いている[2].

ジョージ・ガブリエル・ストークス
George Gabriel Stokes (1819-1903)

ストークスは，ウィリアム・トムソンの最も親しく，生涯にわたる友人の一人であった．トムソンは熱心にストークスをグラスゴー大学に招聘しようとしたが，それはスコットランド教会の活動的なメンバーになる誓約を行わなければならなかったため，ストークスは断った．彼は死ぬまでイングランドに留まった．このケンブリッジの教授が死去したとき（1848年以後，ストークスはペンブローク・カレッジのルーカス教授職を務めていた），グラスゴー大学教授は墓前にたたずみ，「殆ど感情を抑え，低い声で『ストークスが亡くなったので，私が再びケンブリッジに戻ることはないだろう』と言った」と伝えられる (A. Schuster, *Biographical Fragments,* London: Macmillan, 1932, p. 242 からの引用．図は，*The Popular Science Monthly* の 1875 年のスケッチ).

自力で，方程式 $dv/dt=d^2v/dx^2$ の $x=0$ から $x=\infty$ までの範囲でのさまざまな解を，$t=0$ のとき $v=0$ という条件の下で解くことを試みました《ストークスは，始めにおいては帯電していない $KC=1$ である無限長のケーブルを仮定している》．$x=0$ のとき，$t=0$ から $t=\infty$ まで $v=f(t)$ であるものとすれば《ストークスは，任意の入力信号 $f(t)$ を考慮している》，私はその解が次式となることを見出しました．

$$v(x,t) = \frac{x}{2\sqrt{\pi}} \int_0^t (t-t')^{-3/2} e^{-x^2/(4(t-t'))} f(t') dt'$$

ストークスのこの結果は，トムソンの最も重要な業績を理解するために，きわめて有用なものである．例えば $f(t)$ によって振幅が 1 である一定電圧を突然加えることを表わす（この特別な $f(t)$ は，ヘヴィサイドが彼の論文において頻繁に使ったことから，20世紀初頭の10年間において，ヘヴィサイドのステップ関数（階段関数）という名称を与えられた）こととすれば，（任意の k と c に対して一般化された）ストークスの積分は，次式に変形される．

$$v(x,t) = \frac{2}{\sqrt{\pi}} \int_{x(1/2)(KC/t)^{1/2}}^{\infty} e^{-u^2} du, \quad t \geq 0 \quad x \geq 0$$

ケーブルに流れる電流は次式で与えられることを示すことができる [8]．

$$i(x,t) = \left(\frac{C}{\pi Kt}\right)^{\frac{1}{2}} e^{-x^2 KC/4t} \qquad t \geq 0 \qquad x \geq 0$$

図3.2は，ステップ電圧を加えてから任意時間後の，ケーブルに沿った任意点における電圧および電流の挙動を示している（これらは初期の電気工学者たちが呼んだように，「universal arrival」[普遍的な到着波形，「着流曲線」]であること，また横軸は独立変数 x と t が組み合わされ $4t/x^2RC$ であることに注目されたい）．この曲線は，トムソンの解析からもたらされる，最も重要で驚くべき結論を図示したものである．

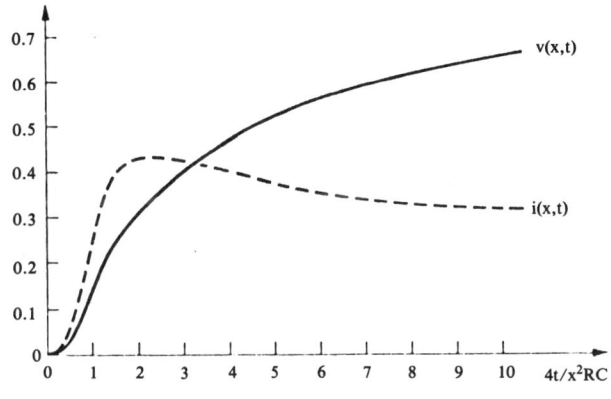

図3.2　ヘヴィサイドの「ステップ」入力によるトムソンのケーブル上の電圧と電流の挙動

二乗の法則

図3.2の二本の曲線によって示されるように，ケーブルに沿った任意点における電圧（または電流）は，ある時間経過後に与えられた振幅の大きさまで，直感的に予測されるよう x に比例した直線状にではなく x の二乗に比例して増加している．ケーブルが帯電してゆくにつれて，電圧は一定値に向かって単調に増加するが，電流に関してはやや複雑である．電流の場合は，どのような x を指定されたとしても，オーバーシュート，すなわち定常値よりも大きな最大電流が流れる．従って，電流に応答するような（電流計などのような）電気磁気的な機器をケーブルに接続すれば，その機器が最大値を示すような瞬間 t_{max} が存在するであろう．

89

この時間は電流の微係数を0とすれば求めることができ，この場合には，

$$t_{max} = \frac{1}{2}KCx^2$$

を得る．最大の電流値の遅れ時間が x^2 に依存するということは驚くべき結果[9]であって，実際に誰もがそのことを信じなかった．この特異な結果は，ヘヴィサイドのステップ入力という特別な場合に対する固有のものではない（ステップ入力は，電鍵を閉じ，そのまま永遠に保つことを示している）．もっと現実的な電信信号は，ステップ状ではなく，むしろもっと速い電圧のパルス（これは，短い時間の間だけ電鍵を閉じ，次にそれを開放にするようなモデル）である．トムソンは，この特別な入力信号についてかなり詳細に考察したが，彼の行った解析は，現在の標準から見れば極めて複雑なものであった．しかし，これは科学論文を原著で読むということの価値を示す最適の一例である．なぜならば，われわれがそれを読んだとき，現在知られている，より強力な数学的手段がない状況をトムソンの才能がいかにして克服したかということに，われわれが驚嘆させられるからである．

　トムソンはまず，有限の持続時間 T のパルス入力信号に対するケーブル方程式を解くところから始め，次に T が0に近づくときのこの解の極限値を計算した（一定の電荷 Q が，ケーブルの一端 $x=0$ に注入されるものとしている）．

　トムソンの結果へ手っ取り早く到達するために，ストークスの積分解における $f(t)$ を，単位インパルス関数（これは，ある意味ではヘヴィサイドのステップ関数の時間微分である[10]）であるものとしよう．このようにする代わりに，われわれはステップ入力に対するシステムの応答が知られれば，その微分した入力に対する応答は，もともとの応答の微分に等しい，という線形システム理論からの強力な定理を適用することもできる．いずれの方法によっても，直ちにトムソンのケーブルの単位インパルスに対する電圧応答が求められる．これこそがまさしくトムソンが導き出したもので，これから直ちに彼の結果，「…ある瞬間に電池を接続したことによる，最大の電気力学的な影響を生ずる時間…」として，

$$t_{max} = \frac{1}{6}KCx^2$$

を求めている．これには定数係数のささいな違いはあるが，二乗距離の

関係式である[1*]．しかし，この簡単な結果は誤解され，その結果19世紀末の20年間における遠距離通信事業に多大な遅れをもたらした．このことは，第8章において取り上げることにしよう．

大西洋横断ケーブル

この基本的な結果は，非常に長かった大西洋横断ケーブルと密接なかかわりがあった．2,000マイルの長さのケーブルにおける受信の遅れ時間は，100マイルの長さのケーブルのそれの20倍ではなく，400倍になるのだ！ しかし，すべての人たちがトムソンのこの理論的成果を受け入れたわけではなかった．その反対者の一人が，大西洋電信会社（アトランティック・テレグラフ・カンパニー）の主任技術者であったホワイトハウス (Edward Widman Whitehouse) であった．彼は1856年の英国科学振興協会（BA）の会議において，激しくドラマティックにトムソンの「二乗則」を非難した[11]．

> 正直に言って，私には自然というものがそのような法則を適用されることを知らないと信ずる，と答える義務がある．だから，それは学者先生の虚構であって，他の場合には正しいとしてもこの場合は間違っており，物理学の原理の強制的かつ暴力的な適用である，としか私はみなすことができない．

「学者先生の虚構」というホワイトハウス博士（彼は電気の専門家を自称する前は医者であった）のこの言明は，当時の「実用人」の中においては特別な信念ではなかった．この哲学は，ある重要な電気産業関連雑誌によって発表された社説[12]の中に無愛想に述べられている．

> 最近，われわれは電気的現象に関する明確なアイディアを得るための（実験用）装置が，著しく増加していることに注目することができる．一般的に言って科学は，ある分野は難解なものに細分化されてゆくことがあるが，その進歩につれて単純化されるものである．電気学においては，数学あるいはその他の抽象化の必要性は殆どないし，また数式の使用は，時には便利ではあるとはいえ，すべての実用的目的のためには不要である．

さらに後の1887年になって，重要な週刊誌「エレクトリシャン」は，次のような実務的電気技術者からの投稿を掲載した．

> …すべてのことに対して数学を持ち込む傾向に対して異議を申し立てるため… 私は誰よりも数学に対する賞賛を惜しまないが，私はそれを，主人としてではな

91

く，召使として好むのである．また，私は自分の目的に対して最短で最も簡単で，かつ最も確かな道を選びたいのであり，私の心の中には数学が常駐してはいない．数学や理論は，危険な道具である．あなたは，実践することによって明白に証明するまでは，それらを正しく用いたことを決して確かめることはできないのだ．

　しかし，ホワイトハウスは，1858年にはじめて敷設に成功した大西洋横断ケーブルを不通状態にしてしまったとき，「実用家」たちの大儀を守ることができなかった．（おそらく実際の経験によって）高い電圧だけが，何千マイルもの長さのケーブルを通して信号を送りうるであろうと確信していた彼は，約2,000ボルトの電圧を発生する，5フィートの長さのとてつもない誘導コイルを作成した．この馬鹿げた高電圧は，たちまちケーブルの絶縁材を破壊し，わずか数週間後にはケーブルはだめになってしまった．かなり後になってからある著者が書いている[13]ように，「彼（ホワイトハウス）はケーブルに雷の一撃を加えたが，それはスパークを発生しただけだった．この大失敗の後（また，トムソンがみごとに技術的な文献からホワイトハウスを駆逐した後），ホワイトハウスは大西洋電信会社から解雇された」．

　二乗則は全く有効ではない，と否定したホワイトハウスが去ったことによって，電気技術者の中にはトムソンの結果が実際に自然の一般的な法則である，という広範な確信の高まりが生まれ——振り子が一端から，その対極へと振れたのである——ものごとが落ち着くまでには多少の時間が必要であって，やがてヘヴィサイドがその出来事の中で重要な役割を果たすことになる．

電流の速度

　ヘヴィサイドは，トムソンの二乗則を「かなり適切である (rather neat)」[14]と言ったが，この言葉には，その導出過程において致命的な制約（ケーブル内の誘導「インダクタンス」と漏洩がないものとしている）がある限りにおいて，という含みがある．しかし，他の人たちはそのことを忘れ（あるいはどうすべきかについて全く知らず），彼らがケーブルの長さに依存する「電気の速度」を議論する場合などにおいて，この法則をあまりにも深読みしようとした．このことは，ヘヴィサイドが探りを入れる機

会を与えた．彼は1887年に，いつもの非社交的な手法で，速度が変化するということを擁護することは誤りであることを「証明した」．彼は読者に対して，「最近の研究」が電流の速度が「長さの二乗に比例して速くはならない」のみならず，「長さの二乗に反比例して遅くなることもない」ことを「証明した」，と告げた[15]あと，次のように続けた．

> 例えば，初めにエディンバラまで行くようにということで電流が入力されたとき，それがどこまで行きつつあるか，どれくらいの距離を動き，どこで止まるべきかを知っており，また，電流がそれに応じて速度を調節できるなどと想像することができるだろうか？　もちろん，否，である．電流はこの件について選択の余地は全くなく，太古からあらかじめ運命付けられた自然の法則に従った速度で動くことこそが，限りなくありうることである．そして，有効な諸条件が一定であるようにこの回路が制限されているとするならば，線が長いか短いかに関係なく速度が一定であることを期待すべき，あらゆる理由が存在する．QED.［証明終］

これより前の1885年においては，彼はこれらについてはやや確信が乏しかったらしく，次のように書いている[16]．「われわれは，電気の速度については何も知らない．それは1年間に1インチの速さかも知れないし，1秒間に100マイルの速さかも知れない．これを追跡しても，何もないであろう」．四半世紀ほどさかのぼるが，トムソン自身がこの問題についてのエッセイ[17]「電気の速度」を書いている．彼は，多くの人たちによって求められた変動幅の大きい実測値を集計し（1834年にホイートストンが得た，秒速288,000マイル［46万km］も含まれる）「今や，引用した諸結果から，電気信号の伝搬の「速度」は，有限な一定値ではないと推測できることは明らかである」と考察している．さらに彼は，そのエッセイの末尾において，ヘヴィサイドが後に冷笑することになる「遅れ (retardation) は，インパルスが伝搬する距離の二乗に比例する…言い換えるならば，『伝搬の速度』は伝搬の距離の二乗に比例するであろう」という信念の種を蒔いた．

　遅れという言葉を用いたということは，トムソンはその意味するところを知っていたが，他の人たちが，この言明を電気そのものについてのことであるものと安易に解釈していたことを示している．

位相歪

二乗則を別にして、トムソンの解析から導き出される二番目の基本的な結果は、ケーブルによって生ずる<u>位相歪</u> (phase distortion) に関するものである（これは現代の用語であって、トムソンが用いたものではない）。ストー

1865年のケーブル（長さ2,233マイル、重さ5,000トン）のグレート・イースタン号（当時の船舶の5倍以上も大きかった）への積み込み作業の様子.

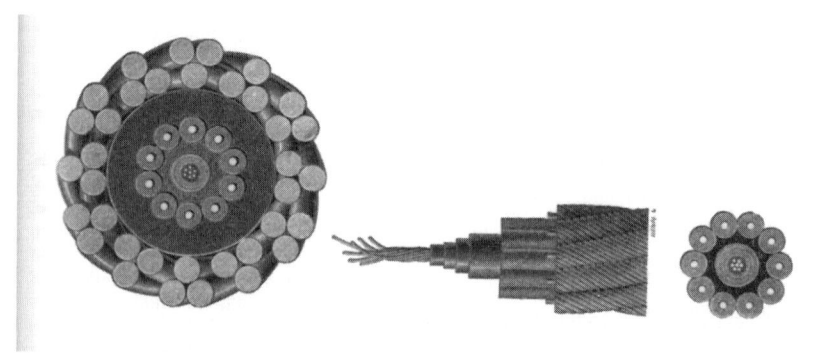

1865年、1866年のケーブル. 左端は上陸の端末用の、特別に強化されたケーブル断面で、真ん中と右端は深海の主要区間用のケーブルの側面および断面. 7本に撚られた銅の芯線はガッタ・パーチャで四層に包まれ、さらにタールのついた麻を巻き、含浸された麻が巻かれた10本の鋼鉄線で保護されていた.

第 3 章　初期の電信理論

クスが用いた任意の入力信号 $f(t)$ は，和（高調波として関係付けられた無限個の正弦波からなるフーリエ級数）または積分（やはり正弦波を含み，この場合は連続的に存在するすべての周波数にわたるフーリエ積分）のいずれかによって表される．トムソンは，これらの周波数成分のそれぞれが異なった速度でケーブル内に拡散するであろうということを示した．これは信号のぼやけとなり，短く，歯切れのよい電鍵から発せられた電信の信号は，微弱で不鮮明な脈動として目的地に届くことになるのである．その旅の始まりにおいては，分離されて独立していた二つのパルス ($x=0, t=0$：か $x=0, t=T$) は，受信機側においては互いに重なり合ってしまうであろう．T を十分に大きくしない限り，移動速度の速い二番目のパルスが，移動速度の遅いはじめのパルスの周波数に追いついてしまうのである．このような混乱（ヘヴィサイドは，これを「信号の混合」と呼んだ——こんにちでは，これは「符号間干渉」と呼ばれている）を避けるため，新たに入力されるそれぞれのパルスは，その前に入力されたパルスがいわば「鮮明になってから」打鍵されなければならない．最終結果は，より短い陸上の柱上懸架ケーブルのシステムに比べて，信号のオン・オフの比率を極端に下げなければならないことになる．

　この重要な結果を，トムソンの解析結果から導くことは容易にできる．その詳細を本章末の技術ノートに示した．

　解析によれば，まず第一に，$x=0$ における入力信号はケーブル内に拡散すると指数関数的に減衰すること，そして第二に，角周波数が w であるような信号成分の拡散速度は $(2w/KC)^{1/2}$ で与えられ，これは明らかに周波数に依存する．そのようなケーブルは入力信号を引き離す（pulls apart,

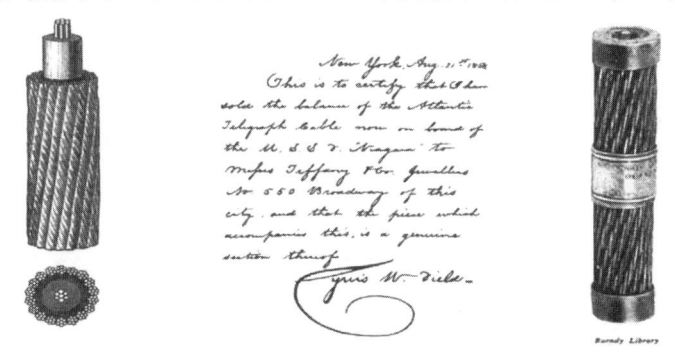

文字通りの資本家であった C.W. フィールドは，残されたケーブルまでも金に換えた．

あるいは分散する)ので，トムソンのケーブルは分散的な (dispersive) システムの一例である．これはきわめて重要な結論である．なぜかと言えば，このことは，減衰を克服するためには（ホワイトハウスが行ったように）高電圧をかけるということだけでは満足な解決策にはならないことをわれわれに示しているからである．ケーブルはまた，元の信号を文字通り「引き裂く (tear apart)」ことによってそれを歪める．これは以前にステップ入力に対する「着流曲線 (arrival curve)」で示した効果である．これらの困難の大きさを知るためには，若干の計算を行うとわかり易い．レイリー[18]から，大西洋ケーブルの典型的な KC の値は，c. g. s. 単位で 5×10^{-17} であることを知る．従って，信号が e だけ分散するケーブルの距離は，

レイリー卿 (Lord Rayleigh 1842-1919) は，1884年に引退するまで，マクスウェル後の二代目のケンブリッジ大学キャヴェンディッシュ研究所の物理学教授であった．かつて「学生たちの面倒を見ることがなければ，教授職は悪くはないのだが」と述べている．（1893年のエレクトリシャン誌の鋼版画から）

$$x = \left(\frac{2}{wKC}\right)^{1/2} = \frac{497}{\sqrt{f}} \quad \text{マイル}$$

でなければならない．従って，100Hzの周波数成分は49.7マイル毎に $1/e$ 倍に減衰する．2,000マイルのケーブルにおいては，40倍の効果があるから，1Vの正弦波は受信端においては 3.34×10^{-18} V になってしまう！しかし，10Hzの周波数成分は（ e の倍数で）157マイルに相当し，1Vの正弦波は，受信端において 2.97×10^{-6} V （10^{12} 倍も大きい！）となる．これは微少な量ではあるが計測可能である（信号は，通常の電鍵から大西洋ケーブルに入力されるが，トムソンの極めて感度の良い，[実際にはメータの針として光線を用いる] 鏡付きのガルバノメータ [検流計] によって受信される）．（これらの数値から明らかなように）非常に長いケーブルの場合には，低い周波数成分だけが妨害の影響を無視できる[19]．

第3章 初期の電信理論

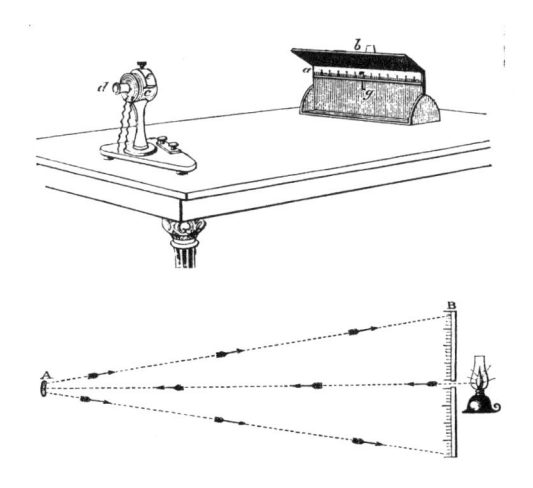

大西洋ケーブルを伝わってきた電信信号受信用のトムソンの
高高度マリン・ガルバノメーター

拡散速度は $(2w/KC)^{1/2}$ で与えられ，それは

$$3107\sqrt{f} \qquad マイル/秒$$

である．従って，100Hzの周波数成分は31,000マイル／秒，10Hzの周波数成分は「たったの」9,800マイル／秒[20]で，のろのろと伝搬するが，これは元の信号を引き伸ばすことによる影響である．

分散的な位相歪の問題は，1880年代のヘヴィサイドの理論的研究までの間は，高速通信（および電話回線による長距離の音声伝送）に対する根本的な障害であった．

技術ノート：トムソンは，無限長ケーブルへの電気の 「浸透」をどのように考えたか

われわれは入力信号を，次のように，複素正弦波の実数部[22]であるとみなすことから出発[21]する．

$$v(0,t) = \mathrm{Re}\{e^{jwt}\} = \cos(wt), \quad j = \sqrt{-1}$$

ここに，w は，ある特定信号成分の角周波数である．（w はヘルツ：Hz

97

という単位によって表わされ，周波数；f——しばしば1秒あたりの振動回数と呼ばれる——とは$w=2\pi f$で関係付けられる）．ケーブルに沿った$v(x, t)$の時間変化は，至るところe^{jwt}の形であり，空間的な変化は，定数分離されているものと仮定する．すなわち，

$$v(x, t) = \text{Re}\{A(x)e^{jwt}\}, \quad A(0) = 1$$

である．この式を直接ケーブルの方程式に代入すると，次式を得る．

$$\frac{d^2A}{dx^2} = jw\,KCA, \quad A(0) = 1$$

これは，解を$A(x)=e^{px}$の形であると仮定することによって解くことができる．ここにpは時間と距離には無関係であって，これを代入すると，

$$p = \pm(jwKC)^{1/2} = \pm[(\frac{1}{2}wKC)^{1/2} + j(\frac{1}{2}wKC)^{1/2}]$$

を得る．<u>無限長のケーブル</u>の場合には，負の根のみが物理的な意味を持つ（正の実数部を持つ根は，$v(x,t)$を無限大にしてしまうから）．$v(x,t)$は，

$$e^{-((1/2)wKC)^{1/2}x}\,e^{j[wt-((1/2)wKC)^{1/2}x]}$$

の実数部，あるいはトムソンが結論としたように，

$$v(x, t) = e^{-((1/2)wKC)^{1/2}x}\cos[wt - (\frac{1}{2}wKC)^{1/2}x], \quad t \geq 0 \quad x \geq 0$$

となる．

この式から，ケーブル内の電圧は，時間に対して正弦波的な変化をするが，その振幅は，入力の端末からの距離に対し指数関数的に減衰することがわかる．周波数が高いほど，急速に減衰するのである．

拡散の速度ということの意味するところを理解するために，「ケーブルに流入する正弦波的な変動ではなく，指数関数的に減衰することだけがわかるような速度で信号の上に乗っている」一人のサーファーをイメージしてみよう．これは，実際のサーファーが波の頂点に乗って波の形の変化ではなく，水の傾斜のみを見ながら観察するという条件である．この条件はcosの変数の値が一定値であること，あるいは，その位相の値が一定値を保つような条件である．これは，拡散の速度を，

$$\frac{dx}{dt} = \left(\frac{2w}{KC}\right)^{1/2}$$

で定義するものである．周波数が高くなるほど拡散速度は大きくなる．従って，一般に高い周波数の信号は，「生き急ぎ，そして早死にする」──疑いなく，ここには，われわれの誰もが思い当たる道徳的教訓が存在する──この分散的な媒質を通過して信号を送ることの二重の効果は，非常に低い周波数以外の無線（音声）通信を完全に拒むような，化け物 (Bugaboo) であった [23]．

注および参考文献

1　ケルヴィン卿は，1889年のIEE会長の就任演説において，ストークスとかかわり合うことになったいきさつ（ストークスは聴衆の中にいた）について，次のように回想している．「ダブリンのウィリアム・ハミルトン卿のご子息が，電気に関する質問を携えて私に紹介されたとき，私はあわただしく英国科学振興協会 (B.A.) の会議（1854年にリヴァプールで開催）を抜け出そうとしておりました．私はグラスゴー行きの汽車に乗るため，そこを立ち去ることを余儀なくされていたのです．そこで私は，科学上の問題が提出されたときには，計り知れない能力をもってその主題を処理できるストークス教授を，彼に紹介しました」．*Journal of the IEE*, vol. 18, p. 10, 1889 を見よ．

2　W. Thomson,"On the theory of the electric telegraph," *Proceedings of the Royal Society*, May 1855 及び論文集，*Mathematical and Physical Papers*, vol. 2, Cambridge: Cambridge University Press, 1884, pp. 61-76.

3　1855年に *Philosophical Magazine* に発表された "On the electro-statical capacity of a Leyden phial and of a telegraph wire insulated in the axis of a cylindrical conducting sheath," および *Reprints of Papers on Electrostatics and Magnetism*, London: Macmillan, 1884, pp. 38-41.

4　例えば，ヘヴィサイドの1880年の論文 "On the Electrostatic capacity of suspended wires," (EP1, pp. 42-46) 参照．これには，高さ h に懸架された，直径が d の電線の単位長さ当たりの静電容量（大地を完全導体であるとしているが，それは良い近似である）が $2\pi\varepsilon_0 / \ln(4h/d)$ であることが示されている．彼はこの結果はトムソン (NB 1:148) に負うものであるとし，「トムソンがこの結果を初めて示したが，私はその証明をどこにも見出せずにいる」と書いている．ヘヴィサイドの論文の動機が，その証明を行うことであったことは疑いないが，この結果自体は，既に発表済みであった．

(ヘヴィサイド自身は，Fleeming Jenkin 教授の *Electricity and Magnetism* を引用しているが，そこには証明や出典などは示されていない). *The Electrician* (vol. 15, p. 375, September 25, 1885) 所収の投稿 (letter) において，ジェンキンが理論値と実測値が 2 倍食い違うと指摘したことを理由として解析を行ったと述べている．(ジェンキンの著書からとった) ヘヴィサイドの数値例，$h = 3\text{m}$, $d = 4\text{mm}$ を用いると，1 マイル当たり $0.01\mu\text{F}$ という静電容量が求まるが，これは大西洋ケーブルのそれよりもはるかに小さい．

5 現代の技術者たちは，トムソンのケーブルのモデルを，(完全な絶縁であるから) 無漏洩，無誘導性通信線路と言っている．トムソンは最終的に漏洩なしという制限は緩めたが，無誘導性という束縛を 1876 年に取り払ったのはヘヴィサイドであった (のみならず，漏洩とインダクタンスを共に取り入れて深い考察を行ったのも彼であった)．キルヒホッフ (Gustav Robert Kirchhoff) はそれよりも早く，1857 年の研究において誘導性の効果を取り入れているが，彼の仕事はマクスウェル以前の遠隔作用 (action-at-a distance) の概念にもとづいていた．キルヒホッフの論文は，英文に翻訳され，*Philosophical Magazine* 誌に発表された ("On the motion of electricity in wires," series 4, vol.13, pp. 395-412, June 1857)．この先見性に満ちた論文の中で，キルヒホッフは波動方程式を導き，電気的波動と有限長の電線における (終端条件の関数としての) 反射波の可能性を論じ，さらに伝搬する波頭 (traveling wave front) という，きわめて現代的な形式の描像までも含めていた！ヘヴィサイドを殆ど考慮に入れなかったオライリー (Alfred O'Rahilly) は，彼の短絡的な著書 *Electromagnetics* (New York, NY: Longmans, Green and Co., 1938, p. 533) において，キルヒホッフの論文が「冒険的な簡略化」にもとづくものであると断定したフランスの科学者ブリュアン (Marcel Brilloin) を引用している．ヘヴィサイドは 1886 年 (EP 2, pp. 81-82)，1876 年の彼の論文 (次章において論ずる) は，「キルヒホッフの論文を知らないままで」書かれたもので，また彼がそれを学習したとき，彼は「何が何だか分からなかった (make neither head nor tale of it)」．トムソンが導き出したケーブル方程式は，こんにちでは「拡散方程式」と呼ばれ，現在でも電気物理学において極めて重要なものである．

6 S. P. Thompson, *The Life of William Thomson, Baron Kelvin of Largs*, London: Macmillan, 1910, p. 1139. フーリエはトムソンに多大の衝撃を与えた．ある著者によれば，「全体として見れば，フーリエの仕事はトムソンの数理物理学者としての経歴に主要な影響を与えたという明らかな兆候がある」．J. Herival, "The influence of Fourier on British mathematics," *Centaurus*, vol. 17, pp. 40-57, 1972 を見よ．ヘヴィサイドは，トムソンの高い評価である「私ほどフーリエを賞賛した者は他にはいな

い．それは私がかつて見た唯一の面白い (entertaining) 仕事であった．その明晰さは，常に賞賛に値するものである．しかし，それは明晰以上のものであり，輝かしい (luminous) ものである．その光は後継者たちに対して，新たな物理的問題という山への道を照らし出してくれた」という言葉に共感した．EMT 2, p. 32 を見よ．

7　すべての人たちが，このような強い言葉を使ったのではない．例えば S. G. Bush,"Nineteenth-century debates about the inside of the Earth: Solid, liquid, or gas ?", *Annals of Science*, vol. 36, pp. 225-254, May 1979, および，特に p. 226 における脚注を見よ．

8　　D. K.Cheng, *Analysis of Linear Systems*, Reading, M.A.Addison-Wesley, 1961, p. 368. チェン (Cheng) はこの問題を，変換変数についてラプラス逆変換を使って解いているが，この方法はトムソンの時代にはなく，彼が知らない方法であった（信じられないことに，それは半世紀後にヘヴィサイドの業績の一つである演算子法の派生物の一つとして出現することが，運命付けられていた）．しかし，それでもトムソンは正しい結果に到達し，このことは，明晰な精神は既知の方法がない場合であっても決して途方にくれることがない，ということを教訓的に示している．ヘヴィサイド（注 6）は，トムソンの解法は「巧妙かつ輝かしい」ものである，と正当に評価している．

9　遅れそのものは現実のケーブルにおいて既に観測されており，驚くべきことではなかった．驚くべきことは，その遅れが x^2 に依存する，ということであった．

10　「しかし，ヘヴィサイドの創造的な想像能力の特質は，関数

$$f(t) = 1 \quad t \geq 0 \text{ のとき}$$
$$= 0 \quad t < 0 \text{ のとき}$$

を微分したとき，$t > 0$ または $t < 0$ のときに 0 であって，$t = 0$ のときに無限大であるようなインパルス関数 $\delta(t)$ が得られるという，静かな確信にあった」．G. Temple, *100 Years of Mathematics, A Personal Viwpoint*, Berlin: Springer Verlag, 1981, p. 159 からの引用．インパルス関数は，ヘヴィサイドの演算子法の章において，さらに詳しく論ずる．

11　H. Sharlin, *Lord Kelvin: The Dynamic Victorian,* University Park, PA: The Pennsylvania State University Press, 1979, p. 133. *Electrical World* (vol. 19, p. 36, January 16, 1892) 所収のケルヴィンについての記事に，「... 大西洋ケーブルの見事な成功は，現場の技術者たちを仰天させた経験である，トムソンによる（信号の）遅れの予測をもたらした．彼らはこの数学的新参者を信用しようとしなかった ...」と述べられている．

12　*The Heaviside Centenary Volume*, London: IEE, 1950, p. 53 からの引用．

13　P. B. McDonald, *Saga of the Seas, The Story of Cyrus W. Field and Laying of the First*

Atlantic Cable, New York, NY: Wilson-Erickson, 1937, p. 83. マクドナルドはまた，巨大誘導コイルにこだわったホワイトハウスが，どれほど目標から遠かったかについても語っている.「...1866 年のケーブル敷設後，小さな銅製の雷管 (percussion cap) と小さな亜鉛片と一滴の酸性の液体（実に，超小型の電池である）を用いて，ニューファウンドランドとアイルランド間に信号を送る実験が行われ，成功を収めた」.

14　　EMT 1. p. 415.

15　　EP 2, pp. 128-129.

16　　EP 1, p. 435. 彼は 1888 年に，「秒速 100 万マイル」から「非常に大きい」に変更している (EP 2, p. 394).

17　　*Mathematical and Physical Papers,*(Note 2), pp. 131-137.

18　　レイリー卿：Lord Rayleigh (Prof. John William Strutt), *The Theory of Sound,* vol. 1, London: Macmillan, 1894, p.466. ストラット (Strutt) は，ヴィクトリア時代の天才の一人であり（1904 年のノーベル物理学賞を受賞している），友人のトムソン同様，あらゆる点で才能に恵まれていたが，ヘヴィサイドの才能をよく認識しており，折に触れてヘヴィサイドについて，自らの論文の中で好意的に述べている.

19　　トムソンの研究ノートの一つ（1852 年 7 月 2 日付）に，トムソンが当初は誘導性を考慮していたが，長い海底ケーブルの解析においてはそれが重要なものではないものと結論付けたことを示すメモが残されている．同じノートには，他の（状況）において誘導性は重要な役割を果たすであろうことを，彼が実際に気づいていたことを示している．D. W. Jordan, "The Adoption of self-induction by telephony, 1886-1889," *Annals of Science,* vol. 39, pp. 433-461, September 1982 を見よ.

20　　拡散の速度の式は $f > 3590Hz$ のとき，その速度が光の速度以上になることを示している．これはもちろんあり得ないことであって，単に拡散の偏微分方程式が，実際には正しくないことを示しているにすぎない．ヘヴィサイドはこのことに気づいており，(EMT 2. P.73 において)「(熱伝導におけるような) すべての拡散方程式は，ほんの無限小の距離であっても無限遠の信号源への瞬時の作用であることを示している．それは一般的な数学的性質であるが，現実の物理現象へ応用する場合には，塩加減が必要である．熱の拡散理論を構築することは，純理論的であると同時に実用的なことであって，瞬時性を除去するためのいくつかの変形を必要とする（その誘導については，次章で行うこととする）．しかし，それによる量的な違いは一般に小さいものである」と書いている．ヘヴィサイドは 1875 年，実際にこれを知っていると述べている．彼の言葉（1897 年に書かれた：EMT 2, p. 396）によれば，通信線に沿った電磁波の伝搬に関連した解析の一部として，「私は，22 年前に上記の問題

第 3 章　初期の電信理論

を自らに課したのであるが，W. トムソンの電信の理論をマクスウェルの自己誘導と結合したときに，擾乱は有限の速度で伝搬することに初めて気づいた …」と述べている．光速よりも速いこと (Faster-Than-Light : FTL)，または超光速の問題については，19 世紀の終わりまでは誰も悩んでいなかった．その理由は，その当時において，光の速度があらゆるものの速度の上限値であることを，誰も信じていなかったからである．実際にヘヴィサイドは，彼が考えた超光速の電気磁気的な効果が可能であろうということを，しばしば書いている．それについては，第 7 章において論ずることとする．

21　微分方程式において三角関数を扱う場合には，指数関数は微分が容易であるため，殆どの場合に複素変数の指数関数の形式でそれを扱うと便利である．我々はすべての解析を複素指数関数で行い，観測される物理変数（例えば電圧，電流など）は虚数部を持ってはならないから，得られた複素数の答えの実数部を求めるのである．着想のすべてはオイラー (Euler) の関係式 $e^{jx} = \cos x + j \sin x$（ここに $j = \sqrt{-1}$ ）にもとづいている．

22　ここに示した方法は，トムソンが用いたものではなく，レイリーが発展させた，はるかに直接的（かつ現代的）なものである．注 18 を参照のこと．

23　例えば，*IEEE Transaction on Communication,* vol. 22, April 1974 の極長波 (Extremely low Frequency: ELF) の特集号を参照されたい．

訳注

1*　インパルス電圧入力に対するケーブルの電圧の応答は，ステップ電圧入力に対する電圧の応答波形

$$v(x,t) = \frac{2}{\sqrt{\pi}} \int_{x(1/2)(KC/t)^{1/2}}^{\infty} e^{-u^2} du = 1 - \frac{2}{\sqrt{\pi}} \int_{0}^{x(1/2)(KC/t)^{1/2}} e^{-u^2} du$$

を時間について微分したものと考えられるから，上式を

$$v(t) = 1 - \frac{2}{\sqrt{\pi}} \int_{0}^{at^{-1/2}} e^{-u^2} du \qquad \text{ここに,} \quad a = \frac{(KC)^{1/2} x}{2}$$

と書き換えてから t で微分すると

$$\frac{dv(t)}{dt} = \frac{a}{\sqrt{\pi}} t^{-3/2} e^{-z^2} \qquad (z = at^{-1/2})$$

と求められる．この波形のピークを与える時間 t_{max} は，その極大値を与える条件，

$$\frac{d^2v(t)}{dt^2} = 0 \quad \text{から} \quad 2a^2 t_{max}^{-1} - 3 = 0$$

が導かれるので，これに上記 a の値を代入することにより

$$t_{max} = \frac{2a^2}{3} = \frac{2}{3}\left[\frac{x\sqrt{KC}}{2}\right]^2 = \frac{1}{6} KCx^2$$

という二乗則を得る．

第4章　電信に関するヘヴィサイドの初期の研究

> 彼は，ある時は数学者であり，ある時は物理学者であったが，終始一貫していつも電信技士であった．
> ——W.E.サンプナー，1932年のIEEケルヴィン講演，
> 「オリヴァー・ヘヴィサイドの業績」

フルタイムの学生

　1874年，ヘヴィサイドはニューカッスルの電信技士の仕事を辞めた後，ロンドンに戻ってカムデン街117番地の両親と同居した．その後間もなく，フィロソフィカル・マガジン誌は，電線の一端をステップ状の入力信号で駆動し，他端を（短絡ではなく）コンデンサで終端したときの電線の過渡的な挙動を解析した彼の論文，「コンデンサで終端した場合の電信信号伝送について」(On telegraphic signaling with condensers)を発表した．この解析方法は，すべてトムソンの精神で貫かれている（ヘヴィサイドはトムソンの電信方程式を扱っているが，不完全な絶縁，すなわち，現実的な電線の絶縁性を考慮した漏洩の項を付け加えている）．実際には，ほぼ20年前のトムソンの論文の単なる拡張であるにもかかわらず（序文において彼は，「（問題を解くための）唯一の方法は，1855年のウィリアム・トムソン卿の方法に従うことである…」と認めていた[1]），この論文は数学的に極めて巧妙であり，フーリエ級数，偏微分方程式，および境界条件の扱い方などの熟達した知識を示したものであった．発表の日付から見て，ヘヴィサイドがまだニューカッスルに勤務していたときにその論文を書いたことは間違いない．この論文は理論的な性格のものではあるが，その背後にある動機は実用的なものであり，ヘヴィサイドは，現実の電信システムへの応用に関連付けて，この論文を結んでいる．

　1876年，彼の両親はオーガスティンズ・ロード3番街へ移住した．ヘヴィサイドはここで熱心に研究を開始した．彼の作業の仕方は一風変わっていた[2]．

彼の日課は，だいたい夜の10時に自分の部屋に引きこもり，そこで早朝まで仕事をすることであった．彼はドアや窓を締め切り，油のランプを灯し，室内の空気は暑く，息苦しいままにしていた．彼は隠遁生活をしながら，昼間もまた仕事を続けた．仕事を妨げられないようにするため，食事はドアの外に置かれ，彼が食べるまでは置いてあった．現代からみるとこの習慣は健康にはよくない．その一方で，彼は散歩を楽しんだりし，結構な運動家だった．

　このような，ヘヴィサイドの奇妙な研究条件の好みは，外の騒音とかかわりがあった[3]．ヘヴィサイドは，「地獄よりも暑い」部屋の中で仕事をすることを好み，外からの煤煙を避けるため，窓を閉め切っていた．ヘヴィサイドはパイプ煙草を吸う習慣があった．机にかがみこみ，ペンや紙，電気の実験装置などを散らかして仕事をする彼の姿を容易に想像できるであろう（彼の早期退職後の，少なくとも1887年までの間は，彼は部屋の中の装置を使って実験を行っていた．また，少なくとも一度は，家中を電池の酸の悪臭で充満[4]させ，父親のひんしゅくをかった）．

電信に関する論文

　退職後のはじめの数年間は，彼の生涯で最も多産な時期であった．この時期に彼は電信の理論に関する三編の注目すべき論文を書いている．この三部作は，数学的な能力とともに，現実の通信システムについての著者の豊かな実務上の知識を，強く印象づけるものである．それらは，当

1876年から1889年までヘヴィサイドが住んだオーガスティン・ロード3番街の家．ここで彼は主要な研究を行った．この写真は1950年に撮影された．アップルヤード (Rollo Appleyard) の「電気通信のパイオニアたち」(Pionerrs of Electrical Communication) には，ほぼ1920年代後半に異なった角度から撮影された，この家の状態がもっと良好であった頃の写真が掲載されている[1*]．

時急速な発展を遂げつつあった電信事業にとって，ただちに役立つ実用上重要な結果が詰め込まれたものであった．ヘヴィサイドは，これらの論文によって郵政公社の幹部たちに着実に知られ始めたが，彼は何の反応も受けていなかった．その理由こそが，陰謀，復讐，無知などが織りなす，一つの物語となる．それはさておき，まずは理論について始めよう．

1876年8月，ウィリアム・トムソンの海底電線の理論をはるかに凌ぐ，電信の数学的理解を拡張した三部作[5]のうちの第一論文がフィロソフィカル・マガジン誌に発表された．「エクストラ電流について[2*]」(On the extra current) という謎めいた題名の第一論文は，ケンブリッジの権威ある教授が書いたといってよいくらいの印象的な論文であって，これを詳細に読めば（26歳の無職の若者であった）ヘヴィサイドは，既に輝かしい才能の持ち主であったことがわかる．

ヘヴィサイドはこの論文において，誘導の影響を含めた<u>有限長</u>の電線の<u>充電</u>および<u>放電現象</u>を扱っている．彼はおそらく，何の苦労もせずに，たちどころに電線に沿った電圧 $v(x, t)$ に対する微分方程式を得た（それ以前の誰も行わなかったことが不思議なくらいである）．彼は，単位長さ当たりの抵抗，容量，インダクタンスが，それぞれ一定の値 k, c, s であると仮定して，次の方程式にたどり着いた[6]．

$$\frac{\partial^2 v}{\partial x^2} = kc\frac{\partial v}{\partial t} + sc\frac{\partial^2 v}{\partial t^2}$$

この方程式は，トムソンの海底電線の拡散方程式を含み（$s = 0$ とすればよい），それよりはるかに一般的な方程式である．その解は，有限速度の波動の伝搬を可能としている（しかし，ヘヴィサイドは，この方程式の意味するところを理解するまでに，さらに数年を要したと思われる）．これこそが，電話の需要の拡大の障害となっていた，位相歪の問題の解決のための鍵であった．

しかし，ヘヴィサイドは，初めに容易な方の放電の問題を数学的に解き（同次の境界条件を伴うので解きやすい），次に，<u>視察により</u>，充電の問題に対する解に対してその解を用いることによって，この二つの問題の相互依存関係の解釈を行った．特に，電圧が V である電池を長さ l の電線に対して長時間加えたものとすれば，定常状態における電流および電圧は，

$$電流 = \frac{v}{kl}, \qquad 電圧 = \left(1 - \frac{x}{l}\right), \qquad 0 \leq x \leq l$$

となる［直流の場合，電線の全抵抗はklであり，電圧は長さに比例して低下するので，このように簡単な形となる］．

　ヘヴィサイドは次に電線の両端末を短絡し（彼は，完全な接地をイメージしていた），放電中に電圧が減少してゆく過程において，電信方程式における誘導項の効果は，電圧の振動を発生することであることに気づいた．彼は，電流$i(x,l)$および電圧$v(x,l)$に対して，フーリエ級数による表示を行った．

　次に彼は，放電された電線から始めて（終端$x = l$を接地したまま）入力端$x = 0$に突然電圧Vを加えた場合について，放電の場合とは逆に，電圧と電流が充電された電線の定常値に向って変化するであろうと論じた．すなわち$v'(x,t)$および$i'(x,t)$をそれぞれ充電電圧と充電電流であるとするとき，

$$v'(x,t) = V\left(1 - \frac{x}{l}\right) - v(x,t), \quad i'(x,t) = \frac{V}{kl} - i(x,t)$$

である．この式から，ヘヴィサイドがその謎めいた題名によって，何を意味づけようとしたのかを知る——彼は，充電時において減衰しながら振動する項$i(x,t)$を，「エクストラ電流」と呼んだ[7]——従って$v'(x,t)$および$i'(x,t)$もまた振動することは明らかである．ヘヴィサイドは，次のように記している[8]．

> …ある程度の自己インダクタンスを有する回路内において，任意の大きさの電流または電荷の急激な変化が生じた場合には，マクスウェル教授が名づけた，「電磁気的運動量 (electromagnetic momentum)［第6章参照］」によって，ある状況の下では，注目に値する振動の連鎖《引用者の強調》を通じて新たな平衡段階に達することを，われわれは確信することができる…．

さらに彼は，そのような振動のいくつかの例を示し，それ以前のわけのわからない観測事実，すなわち電信受信機や巻かれた（誘導性の大きい）海底電線の変則的な挙動[9]の説明を行った．この誘導性回路の振動的挙動への関心は，この論文の執筆の動機であって，彼は（この論文の始めの部分で論じた分布回路定数 (distributed-line parameters) との対比で）集中定数回路 (lumped parameter circuit) に対する興味深い式を導出することにより決着をつけた．L, R, Cを，それぞれ直列回路の全インダクタンス，抵抗，静電容量とし，Cに対して充電および放電を行うものとすれば，放電は，

第4章 電信に関するヘヴィサイドの初期の研究

$$L > \frac{R^2 C}{4}$$

のときに振動し，さらに電流の振動が1秒当たり n 回ゼロレベルを交叉する（ヘヴィサイドは「電流反転 (current reversing) なる用語を用いた[10]」）とき，

$$L = (2C\pi^2 n^2)^{-1} [1 + (1 - \pi^2 R^2 C^2 n^2)^{1/2}]$$

を得ている．

　この結果の最も興味深い点は，観測された周波数（n の値）によって L の値を表す，という着想にある．これは，こんにちでは10MHzまたはそれ以上の信号を観測するための安価なオシロスコープ（10代の若者がキットで組み立て，高校で普通に見ることができる）を用いれば，ごく自然に行うことができることである．1876年においては，この概念は時代をはるかに超えたものであった（オシロスコープは1897年に至って発明された[11]）．

　「エクストラ電流について」は技術的に価値の高い論文であるが，それはマクスウェルやトムソン級の学識の持ち主にとってであって，電気関係の仕事に従事していた人たちの大半は，殆ど理解不能であった（事実，郵政公社のお役人たちは理解しようとしたとしても，誰一人としてできなかったであろう）．そのようになった責任の殆どは，ヘヴィサイド自身にあった．彼はこの論文とその続編の記述を，彼の発見を実用化しようとする人たちに対して，正確を期し，読みやすくする努力のために時間を費やそうとしなかった．この点において，彼は愚かしく，かつ強情であって，彼の論文が理解しがたいことについての苦情[12]は，ヘヴィサイドによって，無情にも却下されてしまった．彼はその生涯の殆どにわたりそのことの大きな代償を支払わねばならなかった．

　実際に，彼は *Electromagnetic Theory* 第1巻［EMT1］の序文で，読者への配慮の欠如について尊大とも受け取れる言葉で次のように弁解をしている：「これらの文献には，読みづらいという欠陥がある．易しく書くことはおそらくそれ以上に困難であった」．このことは，疑う余地のない事実であるが，天賦の才能がより乏しいものを嘲笑すると思われる点については，明らかに弁解の余地はない．ヘヴィサイドは，その後の著書[13]においても，これに関してさらに厳しく不満を述べている：「…私は，他の誰も理解できないような極めて複雑な式で表される多くの着想があったので，その結論において，いくつかの独断

109

的，かつ逆説的な記述をした」．ヘヴィサイドは，ページ数に制限のある雑誌への発表のために，簡潔な記述を行う必要から，説明的な部分を割愛しなければならなかった，と主張することによって，彼の立場を正当化しようとした．このことは，初めて発表された論文に関しては，おそらくある程度までは正当であろうが，著書の刊行の場合は，そうではなかった．彼の5冊の著書 *Electrical Papers* ［以降もこのままで表示する］および *Electromagnetic Theory* は，殆ど彼の雑誌掲載論文そのものが含まれている．

　落ち着いて新規に著書を書けば直接的なわかりやすい表現ができたはずなのに，ヘヴィサイドはそうしなかった．例えば，1894年2月24日付のフィッツジェラルドのヘヴィサイド宛の手紙には，「ペリー (John Perry) はある時，あなたが分かりやすく本を書いてくださるなら，お金を支払ってもよいと提案しておりました」と書いている．ここに引き合いにされているペリーは，当時ロンドンのフィンスバリー工科大学 (Finsbury Technical College) の機械工学の教授であって，ヘヴィサイドの強力な支持者の一人であった［ペリーについては，第8章，第10章注59および第11章を参照されたい］．われわれは後に，論争の的になった彼の数学にからんだ地球の年齢をめぐるケルヴィン卿との論争の中で，再びペリーと巡り会うことになるであろう．2月26日には（当時の郵便サービス業務は極めて迅速であった）ヘヴィサイドはフィッツジェラルド宛

フィッツジェラルド:
George Francis FitzGerald
(1851-1901)
　彼はヘヴィサイドに対して，世間の社会的現実のいくつかを説明しようと努力した――が，果たせなかった．彼はしばしば自分の考えを述べるために驚くほどさわやかな表現を見つけることができた．例えば，1892年のネイチャー誌宛の手紙において，アカデミズムを擁護し，「大学が役に立たないことを研究しなければ，誰がやるのか？」と書いている．

に，2,500語以上に及ぶとりとめのない返信を書いている．彼の言葉は単なる拒絶であった．「…私は，一般大衆向けに書いているのではありません…（大衆向けに書くことは），読み易くしようとしたり，人間関係を拡げるなどの，煩わしいことだらけです…実際に私が最も好む仕事は，書くことではなく研究することです…．私の著書が理解困難であると嘆いても，ペリー氏や他のすべての人たちにとって何の慰めにもならないでしょう．彼は私のためにできる最大の事をしてくれたに違いありません．私は，ペリー氏との共著についてのご意見には賛成できません．もしも彼が啓蒙性を目的にしているのであれば，ご自身でおできになるものと信じます」．喉から手が出るほど欲しかった金の魅惑でさえも，ヘヴィサイドを動揺させることはできなかった．

信号の速度の非対称性の問題

三部作のうちの第二論文[14]「不均一な電信回路を経由する信号の伝送速度について」(On the speed of signaling through heterogeneous telegraph circuits) は，1877年3月にフィロソフィカル・マガジン誌に発表された．1868年の英国-デンマーク間海底電線（第2章参照）において通信可能な情報伝達の信号の最大伝送速度の方向による依存性についての彼の観察が，この論文の執筆の動機であった．この奇妙な効果について，彼はきわめて簡潔に説明している．

ヘヴィサイドはまず，この非対称性は海底電線あるいはそれに付随する陸上の通信線 (land-lines) に起因することはありえない，と述べている．これは直感に全く反するように思われるため，驚くべき主張であった．海底電線が全回線の電気的な中点にある（すなわち両端の陸上通信線の抵抗が等しい）場合には最大伝送速度が両方向に対して等しいことがしばしば観測されていた．しかし，終端側にある陸上通信線が異なった抵抗を持つ場合には，「電気的に短い」側の陸上通信線に接続された受信局は，反対側の局よりも速い速度で信号を送ることができた．従って，海底電線と陸上通信線の結合上の配置が，伝送速度の非対称性の原因に違いないと考えられた．

ヘヴィサイドはあっさりとこれは真実ではないと断定し，次のように書いた．「…理論の光をこの問題の視点に当てるならば，それは直ちに

擁護できないものとなる」．彼は今日では相反定理 (reciprocity theorem) と呼ばれる定理によりこのことを示した．彼は言う．

>コンデンサが伝送路に沿って任意の形に配置され，両端でアースに短絡されていて，それらが任意の抵抗を持つ区間に分割されているものとし，各々のコンデンサ全てが初めに放電されているものとすれば，第一の区間に加えられた起電力は最終区間に電流を生ずるが，それは，最終区間に起電力を加えたときに第一区間に生ずる電流と等しいであろうということは，容易に示すことができる《しかし，彼はそれを示していない》．さらに，任意の場所に漏洩があるとしても，同じ性質が保たれる[15]ことを示すことができる《しかし，彼はここでもそれを示していない》．…一方，抵抗，静電容量，絶縁等がどのように不均一であるにしても，あらゆる通信線は無限の数の静電容量や漏洩からなるシステムであるものとみなすことができる．よって，あらゆる伝送路《引用者の強調》において，いずれの方向に対しても遅延の差はないという結論が導き出される…．ゆえに，反論の余地のないこの事実を考慮すれば，われわれは伝送路の外側《引用者の強調》に着目し，送信および受信装置に着目しなければならない．

ヘヴィサイドは，陸上に設置された送/受信局を有する海底電線を，抵抗がそれぞれ a，b の陸上の電線と全静電容量 S の電線としてモデル化した．本章末の技術ノートに示すように，受信装置は抵抗 f を持ち，一方の送信装置（電池および電鍵）は抵抗 g を持つものとしている．その解析上，ヘヴィサイドは誘導を無視している．

T および T' によって，信号の遅れ時間を表わすことにすると，ヘヴィサイドの結果は，

$$T = \frac{S}{R}\left(\frac{c}{2}+a+f\right)\left(\frac{c}{2}+b+g\right) \quad :左から右への送信の場合$$

$$T' = \frac{S}{R}\left(\frac{c}{2}+a+g\right)\left(\frac{c}{2}+b+f\right) \quad :右から左への送信の場合$$

となる．遅れ時間についてのこれらの式から，ヘヴィサイドは，

>…$a=b$ ならば，$T=T'$；同様に $f=g$ ならば $T=T'$；しかし $a<b$ なら…$f<g$ であれば $T<T'$，あるいは $f>g$ であれば，$T>T'$ である．平易な英語で言うならば，電池と受信機の抵抗がいくらであっても，陸上の電線が同じ抵抗値であれば，いずれの方向に対しても遅れ時間は等しい．しかし，陸上の電線の抵抗が等しくない場合で，かつ電池の抵抗が受信端の抵抗よりも小さい場合には，電線に最も近い局が受信しているときに遅れが最大となり，逆の場合に最小となる．

と書き，驚くほど簡単に，前述の「すべての」海底電信回線における謎めいた伝送速度の効果を説明した．

「数学の怪物」

1879年の夏にフィロソフィカル・マガジン誌に発表された三部作の最後の論文「損傷の理論について」(On the theory of faults) を，「驚くほど簡単」と表現する人はいないであろう．この論文は数学的に極めて高度であるとともに，（私の意見であるが）殆ど読解不能である．もしも時間を戻すことができたとして，その購読者たちが予備的な解析が全くないままでこの論文を読んだ様子を，壁の上にとまったハエのように観察できたら面白いに違いない（次式はこの論文に現れる最初の式である）[3*]．

受信される電流波の最大の強度は，

$$\Gamma = \frac{E}{Kl} \frac{8n\sqrt{2}}{\pi} (e^n + e^{-n} - 2\cos n)^{-1/2} \{ e^n + e^{-n} - 2\cos n + \frac{1}{2nz}(e^n - e^{-n} + 2\sin n) + \frac{1}{8n^2 z^2}(e^n + e^{-n} - 2\cos n) \}^{-1/2}$$

となる．

ヒエログリフの文章を読むくらいに意味不明と感じたであろう当時の読者（おそらく全ての読者）には，同情を禁じえない．ある評者はこれを，「わけの分からないおしゃべりの最たる形式」[16] であると断定した．事実，ロンドンのIEEは，自分のことを「数学の怪物」と思っている人のいることを認めたヘヴィサイドの手紙を所有している．このことは，彼の論文には重要なことは何もないということではない——そこには，ヘヴィサイドがあいまいで威嚇的な方法で彼の発見を示すという選択をしたことによる二度にわたる不運があった．何が彼の責任であったか，ということのヒントを得るための次の一節は，彼が得たものと同様に殆ど明白である．

> 自然に生じた欠陥あるいは絶縁における欠陥が，電線内部に拡大するとき，それはさらに悪化する傾向がある——この現象は，電線の漏洩であるとは確認できないような形で観測される．電流の働きによって欠陥の大きさは拡大し，抵抗値は減少する——もしも早期にこれが除去されない場合は，通信システムを完全に停止してしまうような羽目になる．そのため，海底電線管理会社の幹部

や担当者たちは漏洩を好ましいものとはみなしておらず[17]，漏洩の検出担当者によるその検出のための監視と，引き続くその除去作業が行われてきた．しかし，<u>人工的な漏洩</u>《引用者の強調》あるいは導体と外被の間に細い線でできたコイルを接続することは，自然発生的な漏洩のもつ不快な (objectionable) 性質を持たないであろう．

次に，ヘヴィサイドは理論を用いてそれまでの無意味な技術を改善する方法を提案した．この論文の（歴史的に）最も興味深い部分が続く．

> もしも，適切に《人工的な漏洩を》作れば，それは…《情報の伝送の》速度を著しく加速するであろう．一個所のみの人工的な漏洩の最良の位置は，伝送路の中点である．そうすると，おそらく伝送路全体の 1/32 の抵抗分は，この漏洩に対して低すぎることはないであろう．

この提案は，時代よりも何十年か先に進んでいた．20年後に，トンプソン (Silvanus Thompson) が独自に同じことを提案し，やっと人々はヘヴィサイドの解析を思い出した．しかし，過度に込み入った彼の解析の表現法がこのような遅れをもたらしたことはもちろんである．

ヘヴィサイドが，数学の高峰を越えるかのようないくつかの内的な困難を持ち込んだのは違いないとしても，彼がその論文において，読者たちが（登れるものならば）その高峰に登れるように配慮していたことは，次の二つの記述から明らかであろう．

> すべての物理的な問題についての数学的な考察は，近似的なものである．従って，極端な場合にはありえない結果も生ずる[18]．

そして，

> …その解が存在するという証明よりも，一つの解が求まることの方が，はるかに重要なことである．

この最後の主張は，ヘヴィサイドが生涯にわたって貫いた態度を簡潔に述べている．このような態度でなければ多くの数学者は彼の仕事をもっと好意的に見てくれただろうが，この態度のために彼は何度も苦境に陥った．

ヘヴィサイドは，電信に関する三部作の発表の一年前に，きわめて実用的で（また，彼にとっては啓蒙的な）論文[19]，「電磁石について，他」(On electromagnets, etc.) を *Journal of the Society of Telegraph Engineers* に発表していた．この論文も，彼の初期の業績の中で重要なものの一つである．というのは，この論文では現在ではすべての電気技術者たちによって日

常的に使われている抵抗，インダクター，静電容量から成る交流のインピーダンス (Impedance) の表現が導入されているからである．もちろん，このことだけでもこの論文の歴史的価値は十分だが，この論文にはまた，いくつかの興味深い考察の基礎となった一つの過程を見ることができる．抵抗とインダクターの直列回路（例えば受話器[20]）における高周波の誘導性のインピーダンスの卓越性について論じた後，彼は興味深い記述を行っている．

> …電話は，1秒間に1,000回以上の非常に速い反転 (reversal) に対して感知可能であるから，短い（電話）電線上では，かなりの高速性を想定できる．この動作を十分に増幅，記録できるならば，耳の代わりに目に対して訴えることが可能になるであろう．

なんとすばらしい（1878年における！）ケーブルテレビの記述[21]であろうか．

これら四編の論文は，彼が基本的な物理量であるとした電圧と電流を用いて考えていることを示している．後になって，彼が同じ問題とその他の問題に対してマクスウェルの理論を適用したときには，電場と磁場のベクトルが主役を演じた．ヘヴィサイド自身は，この変遷について，彼の初期の論文を引用した他の論文の脚注[22]において，次のように書いている．「この論文は，伝搬に関する初期の論文と，マクスウェルの誘電体としてのエーテルの理論にもとづいて論じられている後年の論文とを繋ぐ失われた環 (missing link) のようなものであることが分かるであろう」．

数学的単純作業

ヘヴィサイドの仕事の特質は，これらの初期の論文において明らかである．彼の求めた解は，殆ど複雑な数式，あるいは無限級数の形であるのが常であった．グラフ表示のため，あるいは関心のある特殊な場合のために数値計算を行うことは，実に難儀で気の滅入る作業であったに違いない．現代の研究者は，1秒以内に10桁の精度で，逆三角関数や任意の底に対する対数や，任意の数の任意のベキ乗を計算できる安価な電卓を使えることは当然のことと思っている．さらに込み入ったことについては，プログラム可能なデスクトップ型のパーソナル・コンピュー

115

タが，殆ど瞬時に（紙の上に直接グラフを描くと共に）すべてを噛み砕いてくれる．もちろん，ヘヴィサイドはこのようなものは持っていなかったが，ペンと紙，そして<u>大量のインク</u>，対数表，さらに（現在では翼手竜のような絶滅機種である）計算尺 [23] だけを使った．彼は級数の使用について次のように記している [24]．「簡単な代数的な形式で問題の解が求まらない場合，正統的な数学者たちは定積分に逃避し，それを解と呼ぶ傾向がある」．

発展しつつある技術が「良い」数学的な解とは何かということについてのわれわれの感覚をいかに変化させているか，ということに注目することは興味深い．前述のように，ヘヴィサイドは定積分を問題の終点とはみなしていなかった．「…定積分は，それが数値的に評価されない限り役に立たない [25]」．「概して，定積分は避けた方がよい [26]」．さらに，「私の普段の習慣は，定積分を用いないことである [27]…」．しかし，級数展開の形で表わされた解は，数値計算が行えるような適切なものであって，容易にコンピュータ・コードに変換することができる．

ヘヴィサイドが無限個のベッセル関数の和の形で一つの解を導いた後に [28]，「この結果は装飾的 (ornamental) なものである．これを級数の形にすることによってその意味を明らかにすることができ，また容易に計算できる」と書いている．さらに，ＡＴ＆Ｔのカーソン（ヘヴィサイドの熱烈なファンの一人）は，1926年に次のように書いた [29]．「（ベキ級数の）主な欠点，しかも致命的な欠点は，ベキ級数の和が存在して和が求められる場合を除き，通常は実用上数値計算には使えないことである….この欠点は，すべての級数展開に付きまとう特有のものである．この理由から，私はヘヴィサイドがベキ級数の価値を過大評価していると思う…」．カーソンは，「定積分を評価するために，プラニメーター［planimeter: 求積計とも言い，複雑な図形の面積を実測するための機器］…あるいは数値積分を用いる」ことを示唆している．

カーソンが彼の意見を述べたとき，（彼の時代においては，完全に理にかなったものであった）彼は，その半世紀あまり後の（ヘヴィサイドさえも，かつてある級数を「恐ろしい」と呼ばざるを得なかった [30] にもかかわらず）ヘヴィサイドの数値解を自然なものとするコンピュータ革命の気配を感じることはできなかったのであろう．

ヘヴィサイドが数値計算に骨を折ったとき，如何にして絶望に陥らないようにしていることができたか [31] ということは，私にとっては一つ

のミステリーである（彼のノートは小数以下7桁までの計算で満たされており，小数以下1桁分を求めるために<u>16桁</u>の計算を行っている！）．しかし，彼はそれを淡々と行い，彼は論文の中の1個所に次のように記しており[32]，彼の研究上のこの側面を全く楽しむことはなかった．

> 今，上式から何かを掘り出すものとしよう．数値的にそれを掘り出す作業は，非常に遅しい知識人たちだけに適した，恐ろしい仕事である．

1898年，あまりにも多くの分数の計算に明らかに疲れたヘヴィサイドは，波動の伝搬についての彼の方法を<u>言葉によって</u>論じた後，再び数値計算の煩雑さについて，次のように記している[33]．

> おそらく，困難な作業に耐えられるだけの能力を持っている電気学の研究者は，時折，古臭い男らしさとは，彼の時間を波動の計算とその数値結果の表とさまざまな場合におけるいくつかの曲線を求めることである，と知ったのである．もちろんそれは愛すべき労働であったに違いない．

しかし，ヘヴィサイドの行く手を阻んだのは，数値計算以上のものであった．彼が生涯の敵を作ったのは，その経歴における初期のこの頃においてであった．敵として彼が立ち向かった相手は，手ごわい相手ではあったが，電気に関してはヘヴィサイドほどには賢くはなく，あらゆる方法を使って，「ロンドンの貧民街出身の奇人」の周りにまとわりついた．ヘヴィサイドの後半生は，この人物との「ダビデとゴリアテ」まがいの対決の形をとることとなり，それは，その人物の死後までも続いたのである．これは神話に忠実なものであったであろうか？　ヘヴィサイドは，最終的に勝利はしたが，それは彼にとっては血塗られた悲惨な犠牲を払っても引き合わない勝利であった．

技術ノート：なぜ電線は，一方向の伝搬が他の方向よりも遅くなるのか

図4.1の左側の送信用電鍵が閉じられる前は，受信電流 $i(t)$ は0である．ヘヴィサイドは，いったん（$t=0$ において）電鍵が閉じられたとき，漸近的に定常値に至るまでの電流を，指数関数で表わした．これは，抵抗と静電容量のみからなるすべての回路の一般的な挙動であることは，既に知られていた．定常電流（S が充電されて，それ以上の変化がない状態）は，明らかに E/R である．ここに R は，電鍵側から見たときの全抵抗値で

117

ある．よって，視察により，

$$i(t) = \frac{E}{R}[1 - e^{-t/T}] \qquad t \geq 0$$

$$R = f + a + c + b + g$$

が成立する．このようなすべての抵抗／静電容量回路においては，T の値は抵抗と静電容量の積で表わされる．ヘヴィサイドの曲芸的な貢献は，T の値は左から右への伝搬と，右から左への伝搬においては<u>等しくない</u>ということを見抜いたことにある．ヘヴィサイドは T を<u>遅延</u>と呼んだ（間もなく電気科学者たちの間で，<u>時定数</u> (time constant) なる用語が，一般的に用いられるようになった）．明らかに，T が大きいほど $i(t)$ がゆっくりと増加するから，可能な最大伝送速度が遅くなるであろう．不幸なことに，ヘヴィサイドは T をどのように求めたかという手がかりを示さなかった（もちろん，それらは正しい）が，これこそが，数行の記述の追加が彼を理解することができる事柄の数を増やすために，どれほど重要なことであるかということを示す一例である．彼が読者の目的のために行うべきことが如何に少なかったかということを理解するために，図 4.1 の回路を図 4.2 のように書き替えよう．ここに，$K_1 = c/2 + a + f$, $K_2 = c/2 + b + g$, $R = K_1 + K_2$ である．

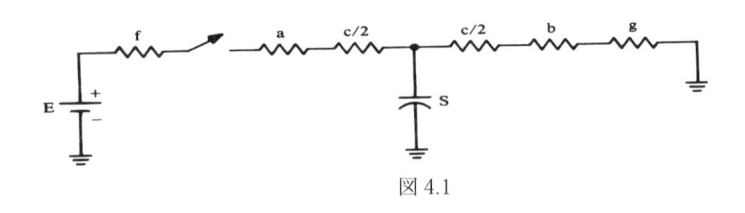

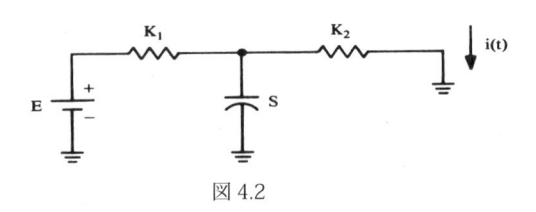

図 4.1

図 4.2

S が充電中の場合の受信電流 $i(t)$ の時定数は，電池が等価な抵抗（電池が理想的なものであれば 0 または短絡である）と置き換えられるときには，放電時のそ

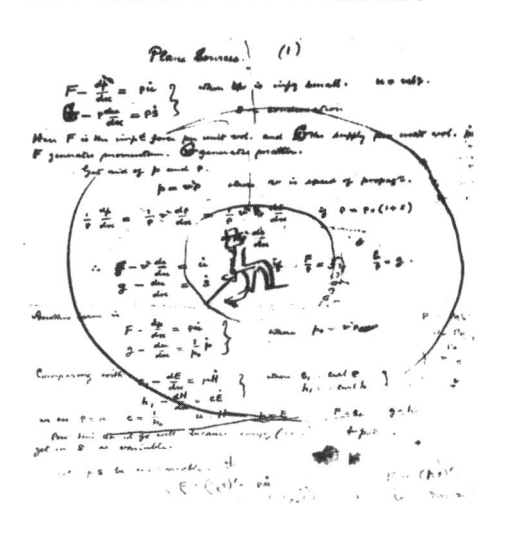

第4章　電信に関するヘヴィサイドの初期の研究

　ヘヴィサイドの茶目っ気を示すノートの一部［上部にニュートンの運動方程式，下部にマクスウェルの方程式らしいものが書かれ，それらを対応づけようとしているように見える．さらに「うまくいかない」と書かれていて，マンガを上に書きなぐっていることから，この検討は中断されたようである］

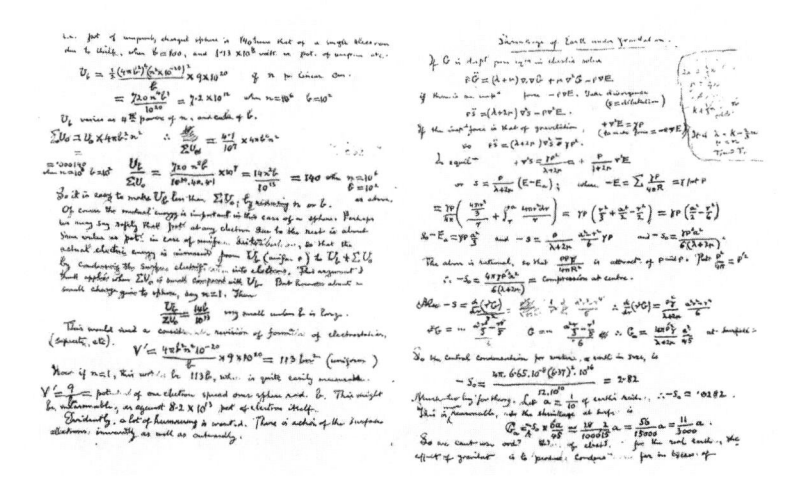

　現存するヘヴィサイドの研究ノートの1冊の典型的なページ［左には，"electron"の文字が数個所見られ，数値計算を行って矛盾を指摘している．右は，弾性理論を使って，重力による地球の収縮を数値計算している．ヘヴィサイドはさまざまなことに関心を示し，細かい数値的な検討をしていたことがうかがえる］

119

れと同じである．Sが放電する場合には，K_1とK_2が並列になる．すなわち，放電抵抗は，$K_1 K_2/(K_1 + K_2) = (c/2 + a + f)(c/2 + b + g)/R$に等しい．ヘヴィサイドの$T$の数式表現は，この実効抵抗の$S$倍である．右から左への伝搬の場合（すなわち，$f$と$g$が入れ替えられた場合）は$K_1 = c/2 + a + g$，$K_2 = c/2 + b + f$となり，$T'$に対する式を得る．これが，ヘヴィサイドが書くべきであったすべてである．不幸にも，彼はこれを書かなかったために，多くの読者たちを煙に巻いたままにしてしまったことは疑う余地がない．

注および参考文献

1　EP1, p. 48.

2　R. Appleyard, *Pioneers of Electrical Communicaton*, London: Macmillan, 1930, pp. 215-216.

3　*Heaviside Centenary Volume*, London: IEE, 1950, p.14 における Dr. Ludwik Silberstein (1872-1948) の話．*Electromagnetic Theory* 第一巻 (p. 5) に，ヘヴィサイドが深夜に仕事を行うことを好んだことが示されている．「救世軍の楽隊が外で演奏している時に自然哲学者でいることができようか：楽しそうではあるが，殆ど音楽的であるとは言えないのではないだろうか？」

4　アップルヤード（Appleyard：注2）．p. 222．ヘヴィサイドの初期の論文においては，炭素マイクロフォン，電話（音声表示装置として使用していることから，難聴は必ずしも問題にはならなかったようである）などを用いた彼の実験についての詳細な記述がある．例えば，EP 1, pp. 181-190 および p. 314 を見よ．彼のハードウェアに関する関心には，電信以外の応用も含まれていた．例えば，ヘヴィサイドのノートのうちの一冊には，人体に打ち込まれた銃弾の位置を検出するための金属探知機の実験的な設計について関心があったことを示している．もちろん，これは X 線の発見よりも前のことであって，重大な関心事の一つであった（例えば，A. G. Bell, "Probing by electricity", *Nature*, vol. 25, p. 40, November 10, 1881 を見よ．これには, "On the occasion of sad attempt upon the life of President Garfield " に触発されたと想像される装置について示されている）．

5　EP 1, pp. 53-61.

6　ヘヴィサイドは，どのようにして彼の式にたどり着いたかについて，簡潔に記している．もっと形式的には，それは前章に示したトムソンの海底電線の方程式の

第4章 電信に関するヘヴィサイドの初期の研究

方法を，わずかに拡張することによって導くことができる．しかし，さらに拡張された方程式（こんにち, 電信方程式として知られている）の意味するところは, ヘヴィサイドが示したとおり，そのような些細なものではなく，はるかに進んだものであった．

7 　ヘヴィサイドの「エクストラ電流」なる用語は，彼のいくつかの論文の中で変化している．例えば, 1878 年の論文 "On electromagnets, etc. (EP1, p. 96) においては，それは「はじめに電流を生じた起電力が除去された後に流れる電流」(the《current》that flows in the circuit after the electromotive force that produced the current in the first place is removed...) と書いている．ヘヴィサイドのエクストラ電流は一般的には，こんにちの回路の，自然な，弛緩した (relaxed) 応答すなわち内部に蓄積されたエネルギーの消費による過渡的な応答である．

8 　EP 1, p. 59.

9 　ヘヴィサイドは，10 年後に書いた論文 (EP 2, p. 83) において，この問題への彼の関心の背景を，少しだけ述べている．彼は，兄アーサーが「電気的振動《引用者の強調》による，静電的および電磁的誘導の合成された作用によって説明可能な電話線において観測されるある効果が，私の目を引きつけた」と言っている．しかし，私はヘヴィサイドの回路の発振の研究については，過大に評価しないように注意すべきであると考える．事実，1853 年に静電容量から抵抗とインダクタンスを介しての直列の放電をはじめて解析したのは，ウィリアム・トムソンであった．彼の "On transient electric currents," *Mathematical and Physical Papers*, vol. 1, Cambridge, Cambridge University Press, 1882, pp. 534-553 を見よ．また，同様の抵抗，容量，インダクタンスと交流電圧源からなる直列回路の解析と共振現象の数学的解析を初めて発表したのは，マクスウェルであった．

10 　ヘヴィサイドは，初めに R, L, C 直列回路の C を充電した場合の詳細な解析の終りの部分で，この式を導いている．それを現代的な手法で手短に導くため，一般化された回路インピーダンス（ところで，これはヘヴィサイドによる造語である） $Z(s) = R + sL + 1/s\,C$ を 0 に等しいとする（なぜなら $E = 0$ のとき $I = E / Z$ が存在するならばまた $Z = 0$ である）．[s の二次方程式 $Z(s) = 0$ の根から］C が放電するときの電流の自然な応答の時定数（二つ存在する）を求める．振動的になるこのような電流に対しては，これらの定数は複素数でなければならない（第 3 章の注 22 を見よ）．すなわち，求めるべき平方根内の値は負でなければならない．この条件は，存在すべき振動に対する R, L, C の相互関係を与えるもので，ヘヴィサイドの式［109 頁の $L > R^2 C/4$］そのものである．この点において，私は「実用人」の意見を引用

121

しないわけにはいかない.「...－1の平方根からは,電気を発生することはできない」.しかし,このことこそが,問題の因って来るところであると思われる! H. J. Ettlinger "Four sparkling personalities," *Scripta Mathematica*, vol. 8, pp. 237-250, 1941 を見よ.ヘヴィサイド以外の「輝ける個性」は,チャールズ・スタインメッツ (Charles Steinmetz: General Electric 社の天才で,ヘヴィサイドが絶賛した人物),マイケル・ピューピン (Michel Pupin: 後にヘヴィサイドの物語に登場する),ウラジミール・カラペトフ (Vladimir Karapetoff 彼に対しては,「実用人」が誤解したコメントを書いた) たちである.カラペトフは,コーネル大学の電気工学の教授で,ヘヴィサイドの熱烈な支持者であった.特に彼は,機械仕掛けによって長い伝送路の微分方程式を解くための巧妙な仕掛け (ヘヴィサイディオン Heavisidion と呼ばれた) を発明した (*Transaction of American Institute of Electrical Engineers*, vol. 42, pp. 42-53, February 1923 所収の詳細な構成に関する彼の論文と,ヘヴィサイディオンの写真を見よ).ヘヴィサイドはカラペトフを知っており, 1922 年 7 月 23 日付の (当時 IEE の会長であったハイフィールド John S. Highfield 宛の) 手紙において,この件についての彼の反応を示している.「昨年の冬,米国のカラペトフなる人物が,装荷された通信電線を模擬するために作りつつあった機械に対して,"The Heavisider" という名前をつけることを申し出ました!Heavicide と名づけることに対して,私は怒ったりはしません」).

11 　それは,ドイツ人のブラウン (Ferdinand Braun) によって発明された.彼は後に 1909 年のノーベル物理学賞を,イタリア人のマルコーニ (Guglielmo Marconi) とともに受賞した (この二人は,無線電信における業績に対して授与されたのであった). 1902 年になってから,ブラウンの博士課程の学生であったロシア人マンデルスタム (Leonid Isacovich Mandelstam) は,彼の研究において出会った高周波については,彼の師による新型陰極線オシロスコープは使い物にならないことを知った.彼の博士論文 "Determination of oscillation of an oscillatory condenser discharging" は,ヘヴィサイドの解析の精神に近いと感じられるものである.F. Kurylo と C. Susskind の *Ferdinand Braun*, Cambridge, MA: MIT Press, 1981, pp. 145-146 を見よ.

12 　ケルヴィン卿は (1888 年の電子の発見者である J. J. Thomson 宛の) 手紙の中で,まさしくこの点を突いている.「O. H. (オリヴァー・ヘヴィサイド) は,... 彼のすべての論文を読んだ経験がない者にとっては分かりにくく,また,それらのすべてが,読んだ経験のある者にとっても分かりにくいと私は思います.いまいち知恵が足りないようです」.レイリー卿の *The Life of Sir J. J. Thomson,* Cambridge : Cambridge University Press, 1943, p. 33 を見よ.もっと個人的なコメントは,サール (George Frederik Charles Searle) によって, 1950 年の IEE のヘヴィサイド生誕 100 年

第4章　電信に関するヘヴィサイドの初期の研究

記念式典において述べられた.「あるとき ... 彼は私に, *Electromagnetic Theory* の第3巻の535項 (p. 499) における, 帯電した直線状電線のその長さに対する任意方向への運動に関する記述の証明を依頼されました. 少しばかり努力をした結果, 私は証明することができました. 私は彼に『ハンドルを切るように, 労力を省けるような』手引きの一言を挿入するようにお願いしたのですが, 彼がしたことは, 『実行することにより (by work)』を, 元の文章, 『以下が導かれる』の後に置いただけでした」. *Heaviside Centenary Volume* (Note3), p. 9 を見よ.

13　EMT 1, p. 417.

14　EP 1, pp. 61-70.

15　ヘヴィサイドは, 次のように書くことによって, 相反性が妥当である理由のこの点の更なる手がかりを示している.「線形であって, 容量 (コンデンサ) の数と同じ次数である電流についての微分方程式は, 初めと最後の節において示したものと同じである. また, 任意定数を決定するための条件は同じである」. ヘヴィサイドは1909年になって, 相反定理に関してサールと手紙のやり取りを行っている (注12参照).

16　D. W. Jordan, "The Adaption of self-induction to telephony, 1886-1889," *Annals of Science*, vol. 39, pp. 443-461, September 1982.

17　きわめて奇妙な電線の損傷の原因の一つは, 電線が魚に齧られることであった！ *The Electrician*, vol. 7, pp. 186-187. 1881年7月号における報告によれば, 1874年に敷設された電線は, 間もなく「少なくとも4個所, 明らかに魚によって齧られた損傷を受けたことが分かった. ... 鉄の外被は力づくで破砕され, 何らかの海洋生物の強力な顎によるかのごとく, 芯から歪められていた」. この報告の筆者は, その犯人として, *plagyodus ferox*(「最も恐ろしい深海魚の一種」) であるとする, 確たる証拠を示している.

18　ヘヴィサイドは, しばしば彼の結果を, 何が起こるかを知るために極限移行させることを好んだ. 例えば, 彼は時折負の抵抗をからみこます (get involved with) ことがあった (電子化時代よりも前においては, 受け入れがたい概念であった). 1882年に彼はこれが「物理的に不可能である」と断言した (EP 1, p. 148). こんにち, 電気技術者たちは, それがエネルギーの吸収先 (消散) ではなく, 逆にエネルギーの供給源であることを考えれば, 先人の轍を踏むことはないであろう (例えば, 発振器とは, 実数部が負のインピーダンスを持つ増幅器のことである). 実際に, そのことは (EMT 2, pp. 163-170) ヘヴィサイドが最終的に (1895年に)「もちろん, エネルギー源が一つ含まれている…」と述べるに至ったことと, まさしく一致する.

やや後になってからも，彼の極端な条件への関心は継続された．「この単純で異常な場合について詳細に調べてみると，同様な性質を持つ他の場合を，きわめて簡潔に扱うことができる．なぜそのような場合を詳しく調べたのかについては，エリオットソン博士 (Dr. Elliotson) についての逸話が役に立つ．彼の学生の一人が，彼が病理生理学 (morbid physiology) の研究成果の応用例を見たことがない：それは非常に不自然である，と言った．博士は彼を阿呆者 (blockhead) と呼び，『健康ということの真の条件をつきとめることは，病理学を研究することによってのみ可能なのだ』，と付け加えたのである」．この引用は，ロンドンの外科医で，評判の高かったジョン・エリオットソン John Elliotson(1791-1868) についてのものである．後に，彼は催眠術や骨相学を取り入れ，それが医学の権威筋との間のトラブルのもとになった．結局彼は仕事を失い，貧困の中で死んだ．経歴が似ていたことが，ヘヴィサイドをして彼に同情させたものに違いない．

19　　EP 1, pp. 95-112.

20　　ヘヴィサイドはベル (Bell) 電話会社について，「この，最もすばらしい電気学の応用 …」と言った．

21　　お断りしておくが，確かに他の誰もが考え付かなかった時期であったにせよ，ヘヴィサイドがこれを書いた時，電話回線に画像を伝送することについて考えていたとは，私は全く信じていない——J. D. Ryder and D. G. Fink, *Engineers & Electrons*, New York, NY: IEEE PRESS, 1984, pp. 149-151. さらに，社説 "Seeing by electricity" *The Electrician*, vol. 24, pp. 448-450, March 7, 1890 においては，「諺に言う『レンガの壁を通して物を見る』ことのほうが，銅線を通して物を見るよりも，まだ望みがある」と結論付けている．もっと楽観的なものは，人間を「液体人間」に溶かしてからロンドンからニューヨークまで電信で送ることを提案した寄稿者のことである．*The Electrician*, vol. 6, p. 263, April 9 1881（および Mr. B. A. M. Booze の署名のある，May 7, p. 328 の，ユーモアのある返信）を見よ．

22　　EP 1. p. 141.

23　　1901 年，B. A. (British Association) は，グラスゴーで定例会議を開催した．この間にジョン・ペリーは，数学教育についての討論の先導役を果たした．この討論は，非参加者（ヘヴィサイドを含む）たちからの書面による意見とともに，後日単行本 *Teaching Mathematics,* London, Macmillan, 1901 として刊行された．ペリーは，彼自身の発表の内容として (p. 25)，「計算尺の共通の使用法とその原理」と「計算に計算尺を用いること」を学生に教えることの意義を強調している．これに対してヘヴィサイドは，「私は，あなたほどには計算尺を重視していません」と答えている．

24   EMT 2, p. 11.

25   EMT 2, p. 314.

26   EMT 2, p. 383.

27   EMT 3, p. 234.

28   EMT 3, p. 301.

29   *Electric Circuit Theory and the Operational Calculus*, New York, NY: McGraw-Hill, 1926, pp. 31-32 および 95.

30   EMT 2, p. 416.

31   何年か前に，私は，一人のタイムトラベラーが，しんどい数値計算作業用として，最新の電卓をニュートンにプレゼントしたときの彼の反応を，私なりに想定して書いた短編科学小説，"Newton's gift", *Omni*, August 1980 を書いた．私は，深い信仰心の持ち主であったニュートンは，そのような不可思議な道具を，悪魔の仕業であると考えたに違いないと想像した．一方，ヘヴィサイドならば，その素性が疑わしいものであっても，我を忘れて喜んだであろう，と私は思う！

32   EP 2, p. 73.

33   EMT 2, p. 433.

訳注

1*　大変印象深い著書，太田浩一著『ほかほかのパン』（東京大学出版会, 2008）では，本書の主人公ヘヴィサイドをはじめ，フィッツジェラルド，マクスウェル，ケルヴィン，ヘンリー，ハミルトン，ファラデー等本書において何回も登場する著名な物理学者，数学者たちの旧跡を著者自らが訪れ，鮮明で美しい写真とユーモア溢れる訪問記とともに，それぞれの生涯，業績が分かり易く書かれている．セント・オーガスティンロード（本書の第 4 章），ペイントン旧居（第 8 章），ニュートン・アボットのブラッドリー・ビュー（第 8 章），ホーム・フィールド（第 12 章）の最近の様子を知ることができる．これらの写真を見ることによって，本書の物語に現実味が増すと思う．

2*　ケーブルの電圧・電流の伝搬を，インダクタンスを考慮した電信方程式で表わし，ケーブルにステップ状の電圧を加えたときの電流の解をフーリエ級数の形で求めたとき，振動しつつ減衰してゆくような電流が現れるが，これはケルヴィンの方程式の解には存在しなかったことから，命名好きのヘヴィサイドは，それを "extra current" と称している（EP 1, p. 57）．これは一般的な用語ではないため，ここではヘ

125

ヴィサイドに従って,「エクストラ電流」とした。注 7 を参照されたい.

3*　この式（EP 1, p. 75）は，電線の中間に抵抗値 zkl の欠陥（漏洩）（k は電線の単位長さあたりの抵抗，l は電線の全長，z は欠陥の程度を示すパラメータ）がある場合，受信側の端末をアースに短絡し，電線の入力側に $+E/-E$ の直流電圧を交互に急速に加えた時に，受信側で測定される電流のピーク値として示された式で，$n = (ckl^2\pi/\tau)^{1/2}$（$c$ は電線の単位長さあたりの静電容量，τ は直流電圧の極性の切換わる頻度）である。ヘヴィサイドの流儀に従って，何の説明も引用もなく，唐突に示されている.

第5章　えせ科学者 [1*]

　　　　　　この挨拶でさえ，偉大なるヴィクトリア時代の無知の一例として，引用されることになるかも知れません．
　　　　　　　　　　——W. H. プリース，1893年のIEE新会長就任時の演説から

　　　　　　真の理論は，問題を明確にし，理解しやすくするために，数学の難解な言葉を必要としません…．科学において，信頼でき，価値があり，実用上有効に応用されることはすべて，数学的記号を適切な場所——研究——へ追放することによって明らかにされてきました．
　　　　　　　　　　——W. H. プリースの1893年の演説.
　　　　　　　　　　　先の引用が予言的であることを示している

　　　　　　妄想というべきだが，一部の人たちは数学と形而上学を混同し，数学を軽蔑している．
　　　　　　　　　　——オリヴァー・ヘヴィサイド

ヘヴィサイドの宿敵

　ウィリアム・ヘンリー・プリースは，1834年，ウェールズのカーナヴォンに生まれた[1]．彼の父はウィリアムが10歳のとき，カーナヴォンの市長になった．彼は1913年に同じカーナヴォンにおいて死去するまで，社会的栄誉と金銭的な報酬に恵まれ，ヨットや狩猟を日常のリクリエーションとして，生活を享受していた．彼は19歳で就職して以来，ヘヴィサイドの電信技士の仕事に比べれば，超特急で新しい通信事業の階段を着実に登りつめ，最終的には1892年に英国郵政公社の主任技師となった．
　プリースは，実地で苦労して仕事を学んだため，電気の性質に解析的な洞察を持ち込むことはなかった．電気産業の創成期にあった当時は，金属内の電気伝導が負の電荷を持った運搬装置（電子）の「海」が，加えられた電場の影響で移動することによって生ずるという，今では当たり前の概念が，まだ浸透していなかった[2]．プリースの電気についての考えは，パイプの中の非圧縮性流体の挙動みたいなものだった（オリヴァー・ロッジは，これを「下水管理論」と嘲った[3]）．マクスウェルの数学的

ウィリアム・ヘンリー・プリース：
William Henry Preece (1834-1913)
彼は英国郵政公社の主任技師で，ヘヴィサイドの最初で最強の宿敵であった．

に複雑な電磁場の理論はもちろん，交流回路理論でさえも，<u>常に</u>彼には遠い存在であった．もちろん，そういう人物は彼だけではなかったが，プリースは<u>常に</u>，彼の若い頃からの単純な概念がもはや正しくないことを認めなかった．自分が誤りであることが完全に明らかになった1890年代においてさえも認めず，彼の理論は嘲笑の的であった．

したがって，オリヴァー・ロッジが公的に次のように言明[4]したときの状況は，こんにちわれわれが理解しているよりは，もっと挑発的なものであった．「交流電流にかかわる現象は，奇妙かつ驚くべきものであって，オリヴァー・ヘヴィサイド氏ほどの域に達している人は，現在活躍中の人たちの中にはいないと，私は信じている」．高度に数学的な論文を書いていたヘヴィサイドは，すべての電気的な事柄における指導的権威[5]としてのプリースの地位に敢然と挑戦する成り上がりの理論家として，プリースの怒りの自然な標的となった．

プリースは実に影響の大きい人物であった．1881年，プリースは王立協会の会員に推薦され，1899年にはナイトに叙せられ，サー・ウィリアムとなった．その前年，彼は土木学会の会長を務めた．それより前の1880年にはプリースは電信技術者協会の会長であった．さらに，この協会がIEEとなった後の1893年には，プリースは再び会長となった．1893年の就任式では，前任者（W. E. エアトン教授[2*]）から，「疑いなく，すべての電気技術専門家たちの間で，最も有名な人物[6]」と紹介された．

それでもプリースは，オリヴァー・ヘヴィサイドからの支持は受けられなかった．ヘヴィサイドをひどい困難に陥れたのは，この威厳ある人物であった．10年にわたる彼らの「誰が電信・電話回線における誘導の役割についての真の洞察の持ち主であるか」ということについての論争[7]は，始めは一方的な形勢にあった．ヘヴィサイドは，プリースの指

揮下の「実用人の組織」のすべての権力と闘うためには，辛辣な舌以外の何も持ち合わせていなかった．

　ヘヴィサイドが生まれて数ヶ月の赤ん坊であった1850年，17歳のプリースは軍務に就くことを目標として，ロンドンのキングス・カレッジに入学した．しかし，家族の経済的な困難のため，1852年には中途退学し，再入学することはなかった[8]．その後しばらくして，彼は電気・国際電信会社の技術要員の一人となり，この仕事が彼の全生涯に影響を与えることになった（エドウィン・クラーク Edwin Clark は技術者で，彼の弟のジョサイア・ラティマー・クラーク Josiah Latimer Clark [9]は，彼の助手であった——プリースは彼の妹のエリザベスと1854年に結婚し，ジョサイアはプリースの義兄となった）．

　プリースが（王室の天文台のG. B. エアリー[10]と，マイケル・ファラデーとの共同で）電線に信号を送るいくつかの実験にかかわったのは，この会社に勤務していた期間においてであった．1853年に行われたこの仕事は，信号の遅延の実験的な発見となった（第3章において論じたように，1854年の暮れになるまで，トムソンとストークスが理論的な研究を行っていなかったことを思い起こしていただきたい）．ファラデーとのこの早い出会いは，若きプリースに対して，まるで殴られたと感じるほどの大きな衝撃を与え，彼は生涯にわたり，何度も，この話を聞いた人たちに，彼がどれほどファラデーを「崇拝していた」[11]かを語っている．

　静電容量が極めて大きい長い電線によるこれらの実験と，一年後のトムソンの「二乗の法則」は，疑いもなくプリースの心を捉え，後の悪名高い彼の「$K\text{-}R$ の法則」への頑固な執着へとつながる．1887年にプリースによって発表されたこの「法則」は，音声が電話線の電気定数の関数として，十分に伝わることができる距離を表わすものと考えられた．このことは，本書の中では一貫して述べられている（第8章で論ずる）が，ヘヴィサイドとプリースは1887年の時点で，既に10年近くにもわたって火花を散らしていたのであったが，実際に，その後も何年にもわたって論争を続けた．

　実はファラデーと行った電線の実験は，プリースがこの偉大な人物との初めての付き合いではなかった．プリースは電信会社に就職する前から，王立協会（ファラデーは，ここの会長を務めていた）の公開講座の手伝いをしていた．プリースが初めてウィリアム・トムソン（ケルヴィン卿）

1896年当時のサン・マルタン・ルグラン (St. Martin's-le-Grand) の GPO の光景. ギリシャ様式のビルは 1824-1829 年の間に建設され, 1910 年に取り壊された.

と会ったのも, この時期であった. 彼はトムソンと非常に親しくなった[12]. プリースが, 生涯を通じて理論的な解析に対する否定的な態度の兆しを示したのは, 彼の人生のまだはじめの時期であった. 王立協会において（ファラデーに面会に来ていた）トムソンと会ったとき（彼は新しい数学の著書を推敲中であった), この教授は次のように言った.「これは, 技術者の唯一の適切な言語である」. これに対してプリースは, 若者らしく自信たっぷりに応えた.「私は週給30シリングでその仕事ができるなら悩むことはありません」. このような類の軽率な言い方は, 数学の達人であるトムソンに対しては, 猫の背中にテレピン油を塗るようなものであったに違いなく, 教授は, 即座に背筋を伸ばした. プリースは後に, それなりに啓発されたと告白している[13]が, 後に明らかになるように, この教訓は明らかに持続しなかった. プリースは, ヘヴィサイドがその一員であった率直な物言いをする新種の数理電気技術者一派に対抗した「電気技術者の実用学派」の指導者の一人となった.

プリースの電気学についての視野は狭く, オームの法則以上のものではなかったのに対し, ヘヴィサイドは明らかに, はるかに広範な視野で物事を見ていた.「輪の中にはさらに輪がある. オームの法則は, 単にパイのひとかけらにすぎない[14]」. ヘヴィサイドは, 数学に相当秀でた人間として, 車輪の回転の仕方がどのようになっているかを知ることを

望むことができたのに対し，プリースと彼の「実用主義者」の仲間たちを待ち受けていた宿命は，車輪の中で，地面を逆さに見ることくらいであった．

電灯の並列接続 (subdiving)

次のできごとは，電気技術の歴史の中の一挿話として，プリースの流儀の格好の例となっている．

1870年代後半には，ろうそくと石油以外の唯一の光源は，電気のアーク灯であった．アーク灯は低抵抗／大電流の照明装置で，(多量の有害な煙と共に) 明るく，強い光を発生する．それは一般に家庭用の照明には適さないが，19世紀に街灯として主に使われた．今日でも，夜間の空襲飛行機撃退用サーチライトや，ハリウッド式の映画の照明用として生き延びている．しかし，白色電灯は大きな社会的変化をもたらし，実際にガス会社の株価は，エディソンの電灯の発明が公表されると急落した．ガス事業に投資し，あわてた資本家や未亡人や孤児を鎮めようとしたのは，他ならぬプリースであった．これを実行するために，彼は若干の印象的な計算を行って，中心のエネルギー源から多くの白熱電球を光らすことは不可能であることを「証明した」と主張し，あるいは彼は，「電球を数多く並列接続することは，永久機関や円を正方形に変換する問題や，錬金術のように原理的に不可能である」と断言

GPO のオフィスにおけるプリース
この写真は Lightning 誌 (のちに Electrical Times となった) の 1892 年 12 月 1 日号のエッセーに対するインタビュー時のものである．

した[15]のである．彼は資本家たちを元気づけるかのように，「電気は，家庭用としてガスに代わることはできない」と宣言した．

もちろん，こんにち，月々電気料を支払っているすべての人にとってみれば，プリースが彼の数学のどこかで間違えたことは明らかである（本章の末尾の「技術ノート」のプリースの解析の検討を見よ）．しかしプリースは，一時，電灯の有効性について同様な否定的な意見を持っていたケルヴィン卿と同罪であった．

「実用人」の時代

数学者でなかったことは，もちろんプリースの罪ではない（あるいは，少なくとも致命的ではない）．天才ファラデー[16]でさえも，簡単な代数計算以上の数学は使わなかったからである．しかしプリースはファラデーとは違い，非数学的な「実用人」としてのプライドを公言することに公的な喜びを感じ，表面上は解析上の無知を得意がっていた．次のような典型的な発言を読んだ後に，なんと結論できるであろうか．

> 電気技術のこの発展分野におけるわれわれの知識の進歩は，われわれの技術的な論文の欄を独占し，学生たちの心を誤った結論で満たしている非現実的な数学者たちの幻想によって，著しく遅らされ続けている．私は，実用主義者を軽蔑し，彼の実践をあざ笑い，寝椅子にふんぞり返ってこの世界に指図し，自分の道楽に合うように法則を発明するような数学者にはくみしない[17]．

そして，
> …純粋な理論から私が利益を得るというような例は，一つとして考えたくない[18]．

さらに，理論に対するプリースの姿勢を最も的確に表しているのは，自分は，
> …数学を，奴隷として扱っている…

という発言であり，さらに
> …数学者の中には，確実に数学の奴隷となっている者がいる…

という発言である[19]．

この，数学に対する猛攻撃は，1888年の英国科学振興協会のバース(Bath)会議における演説の一部である．数学者は一般に，実用人が警戒すべき，信用できない人種であるという彼の断言を裏付けるため，彼は誤った予測の歴史的実例を列挙した（そのうちの一つは，エアリーの，大西洋電線が不可能であるという意見であった）．そのような見解は，当然若干の

物議をかもし，同じ会議においてレイリー卿は，「プリース氏の演説において，『数学者』は殆ど悪口に使われていると聴衆は感じた」ことを見せ付けられた[20]．ウィリアム・トムソン卿は直ちにレイリーの意見に同調した．

レイリーは，「技術者は数学者よりも優位にある」というプリースの逸話のような「証明」に対して逆襲するため，記憶をたどり，「プリースの考えは，スマイルズの有名な『スティーブンソン伝』の中の，当時のある権威が，もしも蒸気機関車が時速12マイルの速度に達したなら，朝食に蒸気機関車の車輪を食べてやろうと言ったという逸話を思い出させる．彼《レイリー》は，その権威は，偉大な技術者のことで，数学者ではなかったと信じている」と述べた[21]．

プリースは，レイリーとトムソンの批判に対して，想像できる限りの追従的な態度で，「数学の巨匠たちの結論に対して疑いを挟むことは，愚かで馬鹿げたことです」と応対した．彼は続けて，彼らは「…すべて，ガマリエル《Gamariel: 使徒パウロの師——使徒行伝22:3を見よ》，すなわち，部屋の隅のレイリー卿の足元に伏す生徒です．レイリー卿の書かれたすべてのもの，彼の言われたすべてのこと，そして彼がなさったすべてのことは，最大の心遣いをもって学び取られたのです…」．さらに，彼は「…もしも誰かが部屋を去り，レイリー卿やウィリアム・トムソン卿のような巨匠がかつて言われたことに対して疑いを抱くなら，非常な悲しみにくれるでありましょう」と言った．プリースはまた，実際の彼の関心は，「数学を生かじりした《技術系大学の》若い卒業生たちにあります．彼らは技術雑誌に論文を書き，電気的な世界の諸条件や結論を押しつけます…ぞっとするような冷静さと厚かましさだけを持って…」と述べている．

（今や文明の開けたヴィクトリア時代の陳腐で典型的な紳士にふさわしい，礼儀正しく紳士的な「エレクトリシャン」の報道を通じて伝えられた）このような面白いやりとりは，氷山の一角にすぎない．旧世代と新世代の争いは一気に広がり，煮えたぎった．例えば，バース会議の一件よりも何年か前の，ある書評の中[22]においてさえ，この闘いの証拠が見られる．「…技術雑誌には，過去も現在でも，実用人たちの側には，彼らが応用している科学の歴史についての明らかな無知ぶりや，彼らの理論的同業者たちの貢献を過度に見くびる傾向が見られる」．

公開論争

プリースと，ロッジやヘヴィサイドのような人たちの間の実用 対 理論に関する大々的な論争は，ついに沸騰状態となり，それは重要な業界誌エレクトリシャン（この雑誌は，「あらゆる英語の論文誌の中で最大の発行部数を持ち，世界中に販売されていた」，とその発行人は第三者に対して控えめに告げていた）上の何ページかに渡って続けられた．バースの英国科学振興協会の会議が終了する前に，事態は十分に熱くなっており，ロッジは次のような下手な詩の中の一点に押し込められてしまった[23]．

アイザック・ニュートン，オイラーとクレロー，
ケプラーや，コペルニクスや，老いたるガリレオが言うことにゃ，
どんな数学者といえども
英国の技術者たちのやかましい口げんかに
かなう者はいないとさ

そのときロッジは，当時発行されていた最も古い雑誌 (Engineer) の最新の論説から引用を続けた．それには淡々と，「…世界は次に，純粋科学者に依存するものはなにもない」，そして「…技術者，そして技術者だけが偉大なる文明人である．科学者は，彼の列の後ろに続くのだ」と述べられていた．明らかに，当時においてはプリースが例外的に理論嫌いの変人ではなく，（現在の基準からしても）彼の驚くべき地位は100年前には異常なものではなかった．

この知的対立が，単なる個人的な流儀にかかわる難癖以上のものであることは，次のエピソードによって明らかである．ロッジは，「対立する陣営は，実用派対《ロッジの強調》理論派と名づけることができる」と書き，この議論にレッテルを貼った[24]．さらにロッジは，各「派」がとった技術的な立場を要約することを試み，そうする中で，「電荷は，《稲妻 (lightning) によって》叩かれた金属の塊の中で跳ね飛ぶ (sprash about)…」と主張した．この主張はちょうど一週間後，プリースから，「ロッジ教授が『電荷は，叩かれた金属の塊の中で，地震のときの海や，山頂が海に落下するときのように跳ね飛ぶのである』と主張されたとき，私は，彼が『理論家が，冷たい実用の風呂の中に頭から飛び込んだときにするように』と付け加えて欲しいものである」という，すばやい反応を受けた[25]．

第5章　えせ科学者

今や,事態は明らかに険悪な方向へと向かい始めていた.「エレクトリシャン」の編集者たちは,それぞれの「陣営」の賛否両論の筋の通った[26]バランスが取れるように,彼らの望むところを公表することによって,穏やかで円滑な役割を果たそうとした.しかし,それはうまく機能しなかった.この雑誌は,ちょうどその次の週に,ヘヴィサイドからの返信を掲載した.その内容は[27],「…実務を担当する技術者が時代遅れでわき道にそれているとき,彼らを正しい方向に向けるのが理論家の使命である…」というものであった.まずありえないことだが,プリースがこのことに気づかないほど鈍感だったとしても,ヘヴィサイドは続く5行の中に8回以上名指しで攻撃の矢を放った「…プリース氏は最近何人かの著名な数学者の前で,数学を彼の奴隷にしている,と自慢した.しかし彼はまだ反論でぺしゃんこにされていないようだ」.電気的な争点に関する非難(すべて事実にもとづいていた)がこれに続き,プリースは間違いなく恥をかかされていた.

公的な批評ばかりでなく,私的な日記においてもヘヴィサイドは怒りの言葉を書き付けた.書き出しは,「プリースは,彼自身を賛美することで数理物理学者たちへの暴力的な攻撃を行っている…,また,特に名指しはしていないが,私を攻撃している」とあった.

プリースがまだヘヴィサイドの公的な書簡について,疑いなく憤慨しつづけていたとき,ネイチャー誌に無署名論文の形で,さらなる攻撃が寄せられた[28].それもまた,明らかにプリースを狙い打ちにしたもので,馬鹿げた(あるいはそれと同義の)という言葉が,その文章の中におびただしく振りまかれていた.この時期は,プリースにとっては幸せな時期ではありえなかった.振り返ってみるならば,この時期は,実際に反理論家たちに対する時流の向きが変わるときに当たっていた.

なぜ,(しばらくの間)プリースは優勢であったか

しかし,この時流は一夜にして向きを変えはしなかった.実際にはこの時流は,永い間力強くプリースに有利に流れた.彼と仲間たちは,バースにおける会議よりも前から,ヘヴィサイドやロッジたちの単なる言葉上の悪口の一斉攻撃も容易に突き崩せないように,彼ら自身の地位を安定した確固たるものとするために,何十年も費やしていた.実際に,バー

ス会議よりも二年ほど後に，ヘヴィサイドとロッジはシルヴァナス・P.トンプソンとともに今度はエレクトリシャン誌上において，ジョン・T.スプラーグ (John T. Sprague) と論争を行った．スプラーグは電気学の知識に関しては明らかにプリースよりも知的に優れた人物であったが，「実用派」の陣営のメンバーの一人であり，実際に彼はまだ，「オームの法則は，実際の自然の真の姿を表わしているという信念を…放棄したことがない」，「中程度の教育を受けた電気技術者」の等級に属するとみなされていた[29]．このような見解は，回路の抵抗が一般に周波数に依存する，という着想を含む交流現象を理解できない，旧世代の電気工学者たちの勢いによって刺激されたのであった．おそらく，スプラーグの立場は，エレクトリシャン誌からの次の二つの引用によって，もっとも良く例示できるであろう．「$(1/2)VD(L_1N^2) + \sqrt{\mu} - R^2$ 等々に精神的な糧を得ていると自慢するような人たちがいる．彼らにとっては，スカラーやベクトルポテンシャルは…シャンペンのようなものだ．私は自然において実際に生じていることについて私が感じていることを，具体的な絵で描くことの方を好む…」，そして「私には，私が《ヘヴィサイドの》抽象的理論の方がより価値がある，という意見に同意しないことを言う必要はない．われわれが真実に到達するための方法は，自然が行っていることを発見することであり，自然の行いについて虚構の描像を発明することではない」．

　プリースはホレーショ・アルガー (Horatio Alger) の人脈によって，彼の信頼を得て昇進し，成功をおさめたのだが，彼の雇用主に対して完全に非生産的な服務を行ったわけではなかった．ヴィクトリア時代においては，特に価値の高い幾つかの功績があった（私が敢えて付け加えたいことは，ヘヴィサイドの経歴には，著しくそれが不足しているということである）．多くの場合において，「新しい電気学」の数学的に微妙で抽象的な難解さに熟達するためのプリースの能力の欠如は，ヘヴィサイドが信じていたようなひどい悪事ではなかった．

　1855年，彼は初めて独立した技術的な業績を上げ，多重電信システムに関する特許を取得した．多重化は，既設の電線で増加する一方の，信号の輻輳の経済的な解決を模索する人たちが関心を持つ一つの方式であって，同時に両方向の伝送を行うことができる着想が注目された．電信会社 (ETC) は，プリースの技術を実際にシステムに採用しようとはしなかったが，1856年に彼がサザンプトンにある本社所属の南部地区

の責任者に昇進したことは、彼にとっては大抜擢であった．この地位を得て数年後，プリースの経歴はまた，初めて敷設された英国鉄道に関係することになる．

当然のことながら，鉄道の運用のための電信の役割はどこまでも増大することが明らかだった（例えば，前を行く列車と，後続の列車が物理的に衝突しないように連絡を取り合わねばならない）．1860年，ETCのシステムは，ロンドンと南西鉄道の日増しの活性化によって極めて重要なものとなったので，ETCの幹部はプリースに対し，これらの鉄道会社の専用システムの設計を依頼した．ETCはその最良の顧客に対して好意を示すため，プリースにこの仕事を任せた．プリースの仕事は順調に進み，1863年には結婚する．1866年には年収350ポンドとなり，その後年収は確実に増え続け，1892年にはサン・マルタン・ルグランにあるGPO本社の主任技術者として，年収1,000ポンドを受けるまでになった（1877年には，彼はGPOの電気技術者に任命された）．彼は最終的に，一軒はウィンブルドン，もう一軒はクイーン・アンズ・ゲートの高級住宅街という二軒の豪邸の誇り高き所有者となった．ヘヴィサイドはもちろん，殆ど寄生を続けており（ヘヴィサイドが独立したのは，両親が死去した1896年になってからであった）常にプリースよりもはるかに年収が低かった[30]．

列車の照明や走行中のメッセージの送信を含む，電気学の鉄道への応用におけるプリースの関心は強かった．例えば彼は，1862年から1882年までの間に，鉄道への直接的応用に関連した全部で7件の特許を取得している．プリースは，1900年にそれまでの人生を振り返って，「いつも私は，自分の絶頂期は鉄道の業務に従事していた頃であると思っている」と感慨深く述べている[31]．おそらく彼は，個人的なレベルで，この時期が比較的争いごとのない時期であったためにこう思ったのであろう．しかし，1870年の郵政公社による民間の（旧ETCのような）電信会社の買収によって，プリースの人生は，われわれが既に見たような公的で，時折粗暴で辛辣な論争に彼を巻き込むような新たな方向に向かった．彼の論敵は常に，人の好い教授（ロッジ）と，辛辣な奇人論客（ヘヴィサイド）に限られていた．例えば1877年，プリースは，彼がロンドン郵便本局GPOの電気技術者になった年に，（前年に発表された）ベル電話会社の設立にかかわる紛争[3*]の実情視察に，公式にアメリカに派遣された．彼はベルと面会し，ベルは電話機を一式彼に贈呈した（これに

ついては,後で述べる).さらに彼は,ニュージャージー研究所のあるメンロ・パークにエディソンを訪問した.感度のよい音声－電気変換器(マイクロフォン)の開発に向けたエディソンの仕事を知ったのは,この訪問時である.

翌年,英国へ戻ってからかなり経った頃,彼の親友であり,非常に成功した発明家であったデイヴィッド・ヒューズ[32]が,王立協会に論文を発表した.題目は,彼の最新の発明品——マイクロフォン——であった.たちまち,エディソンとの間に国際的な紛争が持ち上がった(ヘヴィサイドもまた10年後にヒューズとの間の度重なる不愉快な論争に巻き込まれることになる).エディソンは,「プリースが,友情を装って得た信頼を,すべて裏切る行為を犯した」と主張した.エディソンは非難の強さをエスカレートし,プリースを「海賊行為」,「剽窃行為」,および「信頼の悪用」で告発した.

プリースとヒューズは,いかなる道徳違反をも否定し[33],この事件も次第に沈静化した.こんにち,歴史学者たちは,一般的にヒューズをマイクロフォンの真の発明者であるものと信用し,エディソンの賞賛すべき業績にしばしば泥を塗るような多くの無分別なエピソード同様,この事件を却下している.プリースにとってこれで厄介な時代の終わりとしたかっただろうが,もっと厄介な時代が待っていた.

個性の衝突

プリースは,1870年に新しく西部地区担当の技術者の地位を得た.ヘヴィサイドの兄(アーサー)は,その役職は特別監督(Distinct Superintendent)であると,ヘヴィサイドに告げている.プリースが,ヘヴィサイドという人物の存在に初めて気づいたのは疑いなくこの時期である.そうでなかったとしても,早晩気づいたであろうが.1873年6月,ヘヴィサイドはフィロソフィカル・マガジン誌に二重電信送信回路に関する論文を発表[34]したが,その冒頭部はこの主題の短い歴史が述べられていた.1855年のプリースの仕事は,どこにも述べられていなかった.このことはプリースをがっかりさせた.ヘヴィサイドの論文が発表されて間もなく,プリースは怒りを込めて「オリヴァー・ヘヴィサイドは,極めて独善的で恥知らずな論文を6月号のフィロソフィカル・マガ

第5章 えせ科学者

ジンに書いた．彼はすべてのことを自分がしたと言っている…．彼とは何としてでも対決せねばならぬ」と宣言した[35]．これに対して応援が寄せられた[36]．「ヘヴィサイドは，何をすべきであるかを，厚かましくも示している…．われわれは，何としてでも，彼をやっつけなければならない.」

プリースは，明らかにヘヴィサイドの主張が，（実際には何も作らずに）二重から四重電信まで拡張するところまで進んでいた[37]ことに対して狼狽していた．しかし数年後には，プリースでさえも1873年のヘヴィサイドの四重電信の提案の正しさを認めた[38]．それでもなお歴史家たちは，（ヘヴィサイドの主張が紛れもなく正当であるにもかかわらず）四重通信の発明がエディソンの功績であると伝統的に信じており，それを覆す何らの理由も存在しないとみなしている[39]．一つの明白な事実がある──1873年にはプリースはヘヴィサイドを知っていただけでなく，彼が偏見を持ってヘヴィサイドを嫌っていたということである．

それに対し，結果的にヘヴィサイドがプリースの能力を公に貶める行為は，確実に1870年代を通じて，急速に増加した．1876年のプリースの電信に関する共著の書物（彼が筆頭著者であった）では，彼の記述は意味もよくわからず，技術的な無能さを示すことが多かった．この著書の書評[40]はネイチャー誌に掲載されたが，それは酷評であった．その冒頭部分は，やがて来る，さらに悪い事態への警告を発するものであった．「この本が電信に関する最新の著書であると断言することには，大いなる失望を感じる」．評者は続けて，「実際には，科学的事項はすべて無視されている」と述べている．プリースと共著者が_すべて_を論ずることは望み得なかったにせよ，電柱用の立木の保存法を述べることには十分な紙数を費やしたにもかかわらず，オームの法則を述べるだけの紙数すら費やさなかった！　評者は最後に，この本に満ち溢れていた技術的な不条理を皮肉らないわけにはいかなかった．

> 興味深い情報は，労働の対価である．それらのうちのいくつかは，極めて良い経験的な結果である．例えば，経験を積んだオペレータは，通常1分間で45語をパンチすることを知ることができる[41]．一方，一語は4,5文字から成るものとすると，文字間を識別するためのスペースとドット4個を含め，一通の手紙には，この比率で行うものとすれば，平均1秒当たり13.5ドットをパンチする勘定となる．一秒当たりさらに3ドットが追加されるとすれば，そのストロークは殆ど聞き取れない

ことになるであろう…. それは, ピアノのミドルCの4オクターブ下の低音に相当する. このようなことができるかどうかということも, オペレータが文章を暗記して, 何回かにわたってパンチできるかどうかということも, 疑わしい.

　ヘヴィサイドは, 当時, いくつかのメッセージを送ることができた経験を積んだ電信技士として, これを（せいぜい一人の馬鹿者としてプリースを片付けて）声で笑い飛ばしたに違いない. 実際, 彼は間もなく, プリースについて書くときには, 軽蔑の言葉を用いるようになった. ヘヴィサイドは, 迷うことなくプリースの名前の代わりに「鉄面皮男」とか, 「気取り屋」などと軽蔑的に呼ぶようになった[42]. 彼がなぜこのような特別な言葉を使ったのかということは全く不明であるが, 一つには, 彼がディッケンズの小説の中の好ましからざる登場人物に詳しいことが, 散見される. 例えば, 『マーチン・チュゼルウィット』(Martin Chuzzlewit)の中のベッツィー・プリッグ (Betsey Prig) は,「男のような」声を持つ, 気性の悪い, ひげのある看護婦である.「鉄面皮男 (the man of brass)」は, 英国の「金 (money)」の俗語と,（理由は不明だが）見え透いた自負心についての慣例的な用法と, 個人的な表現を, 遊び心で使ったものではあるまいか. しかし, ヘヴィサイドは『骨董屋』(The Old Curiosity Shop) から,「評判の良くない弁護士 (attorney) であり, しばしばいかがわしいビジネスに関っていた」ブラス (Sampton Brass) なる人物を引用し, 最大三重の遊び心で, これを使うことを好んだのかもしれない.

　ヘヴィサイドがプリースを呼ぶもっともはっきりと侮辱的な呼び名は, 1887年に「エレクトリシャン」の何ページかにわたって登場した「輝かしき『えせ科学者 (scienticulist)』」であった. それは, 海底電線における信号の遅れに関するプリースの初期の論文についての彼の自慢がきっかけとなって書かれた.「プリース氏は（彼が述べている通り）, ウィリアム・トムソン卿の理論にもとづいた実験に支えられており, 極めて恵まれているというべきである. 従って, 彼は並々ならぬ完全な知識を持ち得た筈である. しかし, 優れた科学者の理論は, 輝かしき『えせ科学者』のそれとは, 似ても似つかないものである」. 後の Electrical Papers に再掲載された版[43]では,「えせ科学者」は,「実用人」という表現に和らげられている. ヘヴィサイドでさえも, この場合は中傷を避けた. もう一つの機会においては, プリースは「匿名の人物」とされている.

　ヘヴィサイドは実際に, エレクトリシャン誌上で何年かにわたってプ

第5章　えせ科学者

リースをからかっている．例えば，プリースは4年前の1883年12月，（ロンドンの）タイムス紙に，最近のドラマティックな夕焼け現象の原因が電気的なものであると信ずる彼の理由付けを提唱する私信を寄稿した．その数ヶ月前の8月末，ジャワ島とスマトラ島の間のスンダ海峡にあるクラカトア島の火山が爆発し，5立方マイルの容積の火山灰と溶岩を大気中に噴出した．その上，人類史上最大の爆発音とともに高さ100フィートの津波が発生し，36,000人もの人々が死亡した．プリースは，空中に吹き飛ばされた物質が負に帯電して[44]，いったん空中に浮上し，同じように帯電した破片の粒子が互いに反発して，全世界中に拡散するものと信じていた（高度上空気流 high-altitude winds というのが，現代の理論的説明である）．この私信の発表の1ヶ月後，ヘヴィサイドはエレクトリシャン誌の記事[45]で，実際にはプリースの名前を出さずにプリースの考えをからかった．彼が「空想が暴走した」として「非科学的空論家」をからかったとき，ヘヴィサイドが誰を念頭においていたのか，読者もプリースもすぐにわかったはずである．

プリースの能力

確かに，プリースについての好奇心をそそる疑問の一つは，あのように技術に弱い人物が，どのようにしてGPOの主任技師という，極めて高い地位にまで登りつめられたのか，ということである．時折，権威筋からの批判を頭上に浴びるような重大な失敗があったにもかかわらずそうなったのは，彼は（ただの変人として多くの人たちから無視された）ヘヴィサイドに比べれば，信頼できる人物であったということである．一つの答えは，彼の欠点は彼特有のものではなく，殆ど毎日といってよいほどに成された新発見を消化できない，他の多くのヴィクトリア時代の電気技術者たちと共通の欠点だったことである．この考察を「実用者陣営」に所属する人たちに限定したとしても，おそらくプリースは最も遅れた部類に属するであろう．しかし，彼はまたそれ以外の何者かであった．事実，彼は構築済みの複雑な階級の中で管理を行う，大事業家的，かつ一流の官僚的行政官として当時は先行していた．

こんにち，ストレスが大きく，困難を伴う科学に対する協同的な研究体制の中で機能することができないようなヘヴィサイド的な人間は，（靴

141

を履かせられた醜いアヒルの子と同じように）全く見込みがないであろう．ヘヴィサイドは，学術的な組織の一員となるための十分な訓練を受けておらず，また，権威に対する度々の激論によって，「狂気の男」として簡単に片付けられてしまっていた．ヘヴィサイドの知的能力を賞賛し，また信頼を寄せる人たちでさえも，彼のだらだらとした愚痴話と無遠慮な書き方にはいらいらさせられていた．例えば，1891年のエレクトリシャン誌上のスプラーグとのやり取りの中で，ヘヴィサイドはいつものように非数学的な技術者に皮肉を述べている．当然，スプラーグは反論した．オリヴァー・ロッジは，（ヘヴィサイドへの支援をこめた）返信において，次のように記している[46]．「…彼（スプラーグ）がヘヴィサイド氏の『反数学者たち』に対する攻撃をかわし，われわれに確固たる研究成果やあざやかな説明などを示すことができるならば，彼は良い貢献をすることになるであろう」．

　ヘヴィサイドの欠点は別にして，彼の才能を評価しない人たちからの反応は，ロッジの穏やかな非難に比べれば，はるかに不愉快なものであった．例えば，1887年のエレクトリシャン誌上からの，次のようなやり取りを見てみよう．　ヘヴィサイドは6月24日に，インダクタンスの単位の名前として，Mac を提案した．「…自己誘導が何かを知っており，またそれに関する着想が，未だ十分に評価されていない人物《マクスウェル》に敬意を表して…．それは，彼自身の重大な責任であった」[4*]．マクスウェルの『電気磁気論』の難解さについてのこの指摘（それを読もうとしたものは誰も，ヘヴィサイドが急所をついていたことを否定できないのである）は，一人の読者を大いに怒らせ，彼は7月1日に次のような怒りの返信を書いた．

> ヘヴィサイド氏は…（私はかなり無作法であると思うが），もしも，マクスウェルが，「未だ十分に評価されていないとすれば，それは彼自身の重大な責任であった」と主張している．これは，「未だ十分に理解されていない」ということを示すヘヴィサイド流の英語である．ともあれ，マクスウェルの説明によってヘヴィサイドが理解にいたらなかったというのであれば，何の不思議もない．

この筆者（自身を"アミカス Amicus"と自署していた）は，その結論のところで逆上し，まさしくショート（短絡）状態になった．

> ヘヴィサイド氏は，"Mac" という用語は，響きもよく，当たり障りがないものであるという．仮にそれを認めたとしても舌打ち(smack)すべきことである．

また，読者と不当に慣れ合い，個人的感情を公共の刊行物に持ち込むようなすべての科学者に対しては，舌打ちすべき，というのが唯一絶対の表現である．

ヘヴィサイドは7月8日付で返信を書き，えせ科学者度（scienticulometer）なる用語を適用することを宣言した．

…全く新しい現象の考察に対しては…，学識ある「えせ文法学者（grammaticulist）」である．しかし，現時点までは，無作法な"舌打ち"とともに，そらごと（froth）を引き出しそこなった．そらごとは，このような場合にずばりの言葉であるが，どちらかといえば非現実的である．他（の言い方）に比べれば，特に，政治的な，洗練されたスタイルを真似ようと努力する，教養ある批評家が使うには適さない．

この手の道化役者の類とは対照的に，洗練されたプリースは，仮にこんにちまで生きていたとするならば，フォーチュン誌が選ぶ500社のうちの一社の技術開発担当副社長となっていたに違いない．

彼は，紛れもなく活動的な人格と高い志を持った一人の男として，そのような地位にふさわしかった．プリースは実際に科学者でも技術者でもなく，どちらかといえば，熟練労働者の管理者としての役割を果たしていた．ヘヴィサイドが対戦した相手の中で，彼ほど手強い敵はなかった．

プリースは，次のように彼の能力と関心を実際に何に集中したかについて述べている．

郵政公社の独占事業は…単なる民間事業ではなく，投機として資本を危険にさらす人たちの利益を維持する．

次に，印象的な電信における技術の進歩が1870年の民間電信事業から州への移管へとつながったことを引き合いに出した後（また，何人かの責任者の名前を示した後），彼は次のように述べている．

これらのことは，特許局への依頼なしで行われた．多くの改善は，特許申請，公開，および報酬の受領という，通常の商業取引の中で実施されてきた．

1893年のIEE演説[6]から伺えるこれらの意見は，一時的な衝動的発言ではなかった．彼は何年にもわたって，この観点を宣伝し続けてきた．例えば，ずっとさかのぼった1878年の英国科学技術振興協会での挨拶において，彼は次のように述べている[47]．

電信事業の国家への移管以来，その技術の発明が，英国の海岸を去ってアメリカへ飛んだということが，極めて高い地位にある権威者たちによって公的に述べられている．さらに，電信事業における国家による独占が，発展を阻害したことが示唆されてきた．そのような指摘は，事実を無視している．事実，英国

143

においては，電信における進歩は，政府が事業を管理しなければ，それ以降活発にはなりえなかった．

1882年に英国科学技術振興協会に対して電信事業の現状（当時，電信事業はいくつかの民間企業間の自由競争に突入することになった）を説明した際，彼は次のように述べた[48]．

しかし，特許の自由取引は，買収(jobbery)と最悪な形の投機を引き起こした．社会は投機的な創立者たちの財布を膨らまし，発明者たちの関心をそれに向けさせ，この新しい科学を人類の要求にかなうような利益をもたらす応用へ進歩させることを遅らせた未成熟な様相に荒々しく突入した．電信技術における郵政省の独占に反対して多くのことが語られているが，ともかくもそれには，電気技術の実用分野における創業者や，特許を売る商人たちによる強奪を抑制するという利点があるのに対し，誰もそれが電信事業の発展を阻害しているとは断言できない．

1887年（電信事業50周年記念の年），彼は英国科学技術振興協会における別の演説[49]においても，社会的道徳と特許法の衝突について攻撃を行い，冒頭において1870年以降の技術的進展についていくつか列挙した後，次のように述べている．

これらの偉大な進展が注目を引かなかった理由は二つある．それらは特許申請して

「ねえ，ハロルド，あのいやなロビンソン夫妻が，私たちに今度の火曜日，あのいやな夕食会に来ないかって言うの．電話の口を塞いでいる間に断り方を教えてちょうだい」

1922年のこのパンチ誌に掲載された漫画が示しているように，大多数の人たちにとって，その発明から半世紀も経過した頃でさえ，電話は奇妙できわどい仕掛け(gadget)であった．

おらず，政府の公共事業を通じて広まった．ある特許は，極めて有用なものであり，その期日が明らかであって，発明内容が定義されているとすれば，それはまた，その目新しさと進歩への注目を喚起するとともに，その特許が儲かるならば更なる進展につながるにもかかわらず，訴訟に至ることがある．同様のことを違った方法で行ったり，試みたりするような非道徳《!》を煽る．営利企業のみが発明の能力を刺激することに適するという，実に馬鹿げた考えが広まり，また流布している．

さらに，
> 電信サービスが民間企業の厳しい競争のもとで行われたとすれば，送信機，受信機，高速の中継装置，挿入コンデンサなどの他のあらゆる改良が特許化され，それらは莫大な報酬となるであろう．

換言するならば，プリースは，公共的なイメージを目的としてリップサービスを行い，一方の彼の実際の感覚は，発明の均質化，知的財産，創造力の総合管理，さらに独占組織の下における個人企業の強制的支配を最終目標とする，高級官僚のそれであった．

電話事情

1901年，J. A. フレミング (Fleming) は，電気通信事業における国家の独占の悪影響についての歴史的な小論文を発表した[50]．彼の立場は，「電気技術の進歩の国家的な阻害」というタイトルをつけられていることからも明らかであろう．そしてプリースは，名指しされた数少ない個人のうちの一人であった．フレミングは読者たちに向かって，次のように指摘している．

> 1877年に電話が出現し，また，電話交換が1897年に考案されだしたとき，電話とは，法令上の意味での電信のことではないか《電信事業の国家への移譲を，議会が決定していた》という疑問が生じた．政府の電信官僚たちは，独占が脅威にさらされることを恐れ，王室弁護士たちの援助を受けて電信法の解釈を得るために大々的な主張を行い，古い電信会社の買収を適法とした．それはそれまで知られていた戦術とは異なり，郵政公社が料金を徴収して，電気的な方法によって情報を伝えるすべての権利を保有するという権威ある声明と同等であった．

民間の電話サービス提供者たちは最終的にGPOに対し，彼らの全収入の10%を税金として支払わねばならなかった．（これに対してGPOは，何

もしなかった). 1900年末には, 新技術に課せられた税金は総額100万ポンドにも達した. これは法外なものであった. なぜならば, フレミングが言うようにGPOの技術専門家たち《特にプリース[51]》は, 「電話が初めて出現したときにそれを『おもちゃのようだ』と笑い飛ばした」からである.

フレミングが独占の結末を考察したとき, 彼は次のように結論づけた.

> 発明者にとって, 幾日も幾晩も, 電信上の発明とその特許への投資, さらに特許が取得できた場合に, 特許権の市場を開拓するために時間を消費することは, 完全な時間の浪費である. 一般的に, 発明者は博愛主義者ではないが, 報酬を期待すると労働意欲が刺激されるものである. しかし, 電信技術においては, 彼らは何も試みることができず, また市場も国家の電信部門の常任官僚を説得し, 満足させない限り何もできない. 発明者たちは, 彼らの重い腰や反対意見を克服しなければならないが, 彼らが電信機器の試験を試みることができなければうまくいかないであろう. 最終的に彼らが重要な発明の成果を検証する場合にも, それが適用されるか否かについて, また仮にそれが適用されるとして, その発明についていくら受け取れるかに関しては, 完全に官僚たちの判断に委ねられている.

拘束を拒絶したヘヴィサイド

プリースが極めて早い時期に, ヘヴィサイドに対して締め付けと規制を行おうとしていたことを示すいくつかの証拠が実際に存在する. 1881年に, アーサー（彼はいつもプリースを自分の職務上の味方であるとみなしていた）は, ヘヴィサイド宛に「プリースは, アメリカのウエスタン・ユニオン社がホイートストン（彼らの伯父が発明した電信機器）を24台発注したので, 彼は約250ポンドの賃金でそれらの装置を扱う技術者6名を募集したい, と言っていた. その際, <u>彼は君がどうしているかと聞いたので, 僕は, まだ学生のままでいます</u>《引用者の強調》, と答えておいた——明らかに——彼は君を指名していると僕は確信しているのだが, 志願してみてはどうだろうか」と書いた[52].

ヘヴィサイドは志願を断ったため, 彼の家族（家族は, ヘヴィサイドが賃金を得て, 大人の責任を負う実社会に末永く戻ってくれることについては, 殆ど絶望したに違いない）と, プリース（彼はこのような段取りによって, ヘヴィサイドを型にはめることはたやすいことだと考えていた）を失望させた. もちろん,

第5章 えせ科学者

ヘヴィサイドの立場からいえば，彼は家族の金銭的な事情や，プリースの目的のためには手段を選ばない陰謀には無関心であった．

彼は，マクスウェルの電磁場の新理論によって輪郭を付けられた道筋に沿って，やがて発見されるべく待ち受けている光である感動的な発見に向かって，すべてを賭けて追跡することに熱くなっていた．彼は，彼の能力を最大限に発揮できないような単なる電信技士として再び仕事をすることを絶対に望まなかった．

ヘヴィサイドは，彼を虜にしたクラーク・マクスウェルの着想を胸に秘め，自らの道を突き進んだ．

技術ノート：電灯についてのプリースの解析

はじめに，プリースの「電灯の並列接続」が，何を意味しているかについて，少し述べよう．既知の内部抵抗値を持つエネルギー源を想定しよう．プリースやその他の著者たちは，殆ど常に，はじめに消費電力を最大にするような外部の負荷抵抗（すなわちランプのフィラメント）を決めることから解析を始めている．その結果は，外部の負荷抵抗が内部抵抗に等しい場合であることが知られている[53]．次に，これらの著者たちは，多くのフィラメントに最大可能な電力を分配，あるいは<u>分割</u>する方法について頭を悩ませた．しかし，実用的な，どのようなランプの配列による実際の消費電力も，この最大値よりも<u>はるかに少なかった</u>．

プリースは，内部抵抗が ρ で，電圧が E である直流電源を，それぞれの抵抗が l である n 個のランプを直列と並列に接続した場合の両方について考察した[54]（彼はそれを，多重アーク灯：multiple arc と呼んだ）．接続用の電線は，抵抗 r を持つものとしている．図 5.1 と図 5.2 に示す．

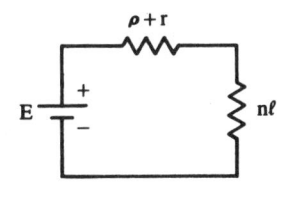

図 5.1　直列のランプの場合　　　図 5.2　並列のランプの場合

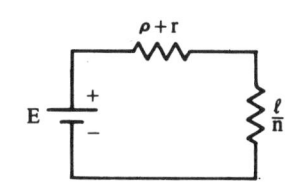

147

次に彼は，ランプ内で単位時間内に消費される全熱エネルギーを計算した．この量を H としたとき，彼は次の正しい結果にたどり着いた．

$$H_s = E^2 \frac{nl}{(\rho + r + nl)^2} \qquad H_p = E^2 \frac{l/n}{(\rho + r + l/n)^2}$$

プリースはここで，n を $\rho + r \ll nl$, $\rho + r \gg l/n$ となる程度に大きいと仮定した．n が大きいものと仮定すると，

$$H_s = E^2 \frac{1}{nl} \qquad H_p = E^2 \frac{1}{n(\rho+r)^2}$$

となる．いずれの場合においても n 個のランプによって消費されるエネルギーは，n とともに減少するから，個々のランプ内の熱エネルギーは，n^2 で減少する．このことからプリースは，ランプの光はその数の増加とともに，さらに急速に薄暗くなると結論づけ，電灯の分割は，「この実験は絶望的であるという可能性」の一つとして取り下げた．プリースが間違った理由は何であったのであろうか．

並列の場合について考えてみよう．これは屋内において実際にランプが配線されている方法である．プリースは，彼の仮定 $\rho + r \gg l/n$ を，誤って用いたのである．エディソンのもともとの直流電源（ニューヨーク市パール街の街灯設備）においては，$\rho + r$ は1オームの何分の1の大きさであるのに対し，エディソンのランプの l は，200オームのオーダーであった．プリースの不等式が成立するとすれば，n は1,000個以上のランプの数のオーダーでなければならないであろう．実際に適切な仮定は，まさしくプリースの仮定の逆，すなわち $l/n \gg \rho + r$ でなければならなかった．その場合には，

$$H_p = E^2 \frac{n}{l}$$

となる．これこそが，全部のランプのエネルギーが n に比例し，個々のランプのエネルギーは E^2/l という一定値にとどまるという，求めるべき結果である．

これから3年も経たないうちに，プリースは嘆かわしい誤りを犯したことを認めた．1881年にパリにおいて開催された国際電気展(International Exhibition of Electricity)への最近の訪問を記述した芸術協会 (Society of Arts) に

寄せた談話[55]の中で，
> 起電力が一定に保たれ，ランプの抵抗値が一様であるように保たれているならば，システムは自己安定化されている．回路の一端には発電機が接続され，他端にはランプが一個接続されている．回路は完全なものである：接続のための電線の抵抗が無視できるほど太ければ，ランプのみの抵抗で決まるわずかな電流が流れる．

彼は次に，エディソンのシステムの成功の鍵は，彼の以前の解析とは逆に，
> …ランプの高い抵抗値と発電機の回転子の低い抵抗値

であるものと断定した．

彼は最後に，次のように述べている．
> エディソン氏と彼の契約に関して，多くの厳しいことが言われている；おそらくこれについて，私以上に厳しい者はいないであろう．彼が自身に解決することを課した問題《電灯の並列接続》を，最終的に彼が解決したと私が信ずることを表明できることが，私にとってのいくらかの喜びである．

「電灯の並列接続」がわずか1世紀前においては，それほどまでに理解困難であった理由を，こんにちにおいて認識することは殆ど不可能である．おそらく今から1世紀後には，誰かがタイムトラベルについてのわれわれの現在の困惑について，同じことを書くであろう．それでもなお，19世紀の電気技術者たちが電灯で困惑していたとすれば，それは技術的に訓練を受けていない人たちの状態と比較して，なんら違うものはなかった．例えば，プリースの談話の最後で，聴衆の中にいたエディソンの代理人の一人が，当時進行中の「訓練を受けていないか，非科学的な人たちによって使用され」そして「相当無知であるにせよ普通である家事使用人たちによって扱われ，持ち運ばれる」ような電灯の開発計画について発言している．

いずれにしてもこの時代は，「普通の人たち」にとって，電線は「液体の火」の導管であると考えられていた時代であった[56]．

注および参考文献

1　プリースの生涯に関する決定的な原典としては，興味深い（が，若干美化されて書かれている）．E. C. Baker による伝記，*Sir William Preece, F. R. S. : Victorian*

149

Engineer Extraordinary, London: Hutchinson, 1976 がある．他の情報源としては，いくつかの長い追悼記事がある (例えば，*Engineering*, vol. 96, pp. 661-663, November 14, 1913, *The Electrician*, vol. 72, pp. 253-255, November 14, 1913, *Nature*, vol. 92, pp. 322-324, November 13, 1913).

2 　これは，しばしば「金属の自由電子論」と呼ばれるが，半導体については観測できる挙動として説明できない．そこで，電荷の担い手（キャリヤ）の環境（半導体結晶のしっかりとした原子格子）を考察することと，量子力学の導入が必要となる．これによって，量子論の真に印象的な成功の一つである固体における電気伝導のエネルギーバンド理論が導かれる．

3 　"Mr. Preece on lightning protection," *Nature*, vol. 47, p. 536, April 6, 1893．ヘヴィサイドの電気的流体についての感覚は，時とともに変化した．1884 年 (EP1, p. 338) において，彼は「導体中の電気は，非圧縮性流体と同じ連続の法則に従う」，と書いている（しかし，そのちょうど 2 ページ前には，その流体は実際には実在しないと考えていたことを明らかに示している）．1886 年にヘヴィサイドは，未だにヘヴィサイド自身が誘導的な効果の研究のために「水パイプの類推」を用いた以前の論文 (EP 1, pp. 378-384) を用いている．しかし，雷に関するロッジの仕事について書いた際に，彼は，「流体は行き詰っている；それらは急速に蒸発して消える．静電気のあらゆる場は，真実の適切かつ包括的な概念を得るために，電磁気的な観点から研究されるべきである…」と述べて，この概念を全面的に棄却した．

4 　*The Electrician*, vol. 21, p. 303, June 13, 1888．ロッジは本書において，プリースとヘヴィサイドが交叉しながら，その専門分野に関係してしばしば登場するであろう．ヘヴィサイドは後年，ロッジを「もう一人のオリヴァー」と呼んでいる．

5 　プリースに対して公平を期するために，交流回路の解析は，レイリー卿ほどの天才にとってさえ，いくらかの興味深い驚きをもたらしたことを，私は認めざるを得ない．例えば，彼の *Theory of Sound*, vol. 1 (London: Macmillan, 1894, pp. 442-443) において，主回路を二つの並列の分岐回路に分割したとき，その交流の奇妙な性質，すなわち個々の分岐回路における電流の方が主回路の電流よりも数値的に大きいということを論じているのだ！

6 　*Journal of the IEE*, vol. 22, p. 35, 1893．皮肉なことに，プリースは，任務に着く前に IEE の賞を受けるため（プリースの下働きをしていた）ヘヴィサイドの兄アーサーを数分間待たねばならなかった．

7 　ヘヴィサイドはプリースの頭を叩いた唯一の人物ではなかった．プリースはまた，避雷針の問題をめぐって，オリヴァー・ロッジと歴史的な論争を行った（そこ

第5章 えせ科学者

ではヘヴィサイドの着想も一役買っている).この論争もまた,個人攻撃的な性格の激しいものであって,プリースは後に,初期の無線電信にかかわるマルコーニとの間のできごとにおいて,ロッジの無礼な行為に対し,高価な代償を払わせた(このことは,本書の後の章において述べる).

8 プリースの学歴についての文献には,「彼はキングス・カレッジの課程を修了した」とか,「彼はキングス・カレッジを通過した (pass through)」というように書かれているが,彼は実際には卒業はしていない.しかし,彼の世界的な成功とその影響が考慮され,彼は1885年にキングス・カレッジの特別研究員 (Fellow) に推薦された.彼は最後に祝福されることなく墓に入り,ウェールズ大学から名誉科学博士の称号を受けた.

9 3章の注3で述べた「ピグミー・バッテリー」による大西洋電線の実験を思いついたのは,ラティマー・クラーク (Latimer Clark) であった.

10 エアリーは,遠く離れた天体観測装置間の「瞬時の」時間信号の通信手段として,電信に関心を持っていた.プリースは,彼とラティマー・クラークとファラデーと共に行った信号の遅れの実験(これは,エアリーの時間信号伝達の目的にとっては致命的であった)を,かなり詳細に示している.*The Electrician*, vol. 22, pp. 101-102, Nov. 30 1888.

11 例えば,プリースは1893年のIEE会長の演説において1888年の会長演説を回想し,「... 私は《それから》ファラデーのもとで獲得した電気の理論的な視点を数式化する機会を得た」と述べた.この,偉大なファラデーの声望の威を借る言明は,明らかにヘヴィサイドを怒らせたが,その回答は1893年3月10日付で,EMT1, p. 337 の次のような一節に見ることができる(プリースは,上の演説を1893年1月26日の夜に行っている).「もしもあなたが何か新しいことをしたとするとき... ファラデーと共に座ったことのある人物といえども,それを妨害させてはならない.多分甲虫だけしか,それをできないだろう[甲虫 beetle は,ブンブンという羽音で邪魔をするという意味か?].しかし,新しい見方が流行するようになったときには,多分彼は怒号を交えずにやや卑劣なやり方でそれらに追従した方がよいことを知るだろう.そして,彼が少年時代にそれを知っていた,と信じさせるのだ!」

12 1907年のケルヴィン卿の死後,彼の夫人はIEEに彼の大理石の胸像を置くことを依頼した.彼女はプリースに対して,その披露を行うように頼み,それは1912年2月に行われた.しかし,この厳粛な行事がまたもプリースを侮辱する機会をヘヴィサイドに与えた.プリースはその演説の中で,ケルヴィンの胸像と釣り合うように,IEEにファラデーの胸像を贈呈したいという彼の意向を表明した(これは,最終的に

151

プリースの息子によって，1914年に実現した）．ヘヴィサイドは（1912年8月に），この約束を辛辣に皮肉って，EMTの最終巻である第三巻の序文に，次のように書いた．「私の生活に余裕があるなら，語る価値のあるあらゆる物を発明した著名な電気技術者の胸像を，かつて支配した協会のファラデーの胸像の下に贈呈したいものだ」．ヘヴィサイドは死ぬ日まで，プリースに対する悪感情から1インチたりとも動くことはなかった．彼がファラデーの足元の床に置かれたプリースの胸像に通りがかりの犬が用を足すという，口では言えないようなことを考えてほくそ笑む姿は容易に想像できる．こんにちではファラデーとケルヴィンの胸像は，IEEの大理石のロビーの両側に互いに見つめあうように置かれているが，プリースの胸像（どころか肖像）さえも見当たらない．しかし，IEEにはオリヴァー・ヘヴィサイドのカラーの肖像が掛けられた「ヘヴィサイドの部屋」は存在する．

13　Baker（注1），p.54．この小さなエピソードは，おそらくその事実から何年も経てからプリースが回想したものであるが，私の意見としては，少なくともトムソンに対するプリースの応答に関する限り，全く出所があいまいな感が強い．誰にも雇われたことのない一人の若者が，「私にはそれができます」と言うことは，少し早熟に過ぎるものと思われるのである．私は，理論解析についての彼の本当の感情を述べ，もちろんそれでも彼が俗物ではないというイメージを保持することが，まさしく彼のやり方である，と感じている．

14　EMT 1, p. 41.

15　*The Electrician*, vol. 2, p. 167, Feb. 22, 1879. 彼はまた，同じ論文において，「電灯の並列接続は，全くの『旅人を惑わす狐火（ignis fatuus）』である」という有名な所見を述べている．プリースの小論文 "Gas versus electricity," *Nature*, vol. 19, pp. 261-262, January, 16 1879 を見よ．彼はその中で，「照明のために電気を用いることは，製造上の経費同様，極めて不経済であることは疑いない…」と書いている．プリースもその仲間だったことを強調しておかねばならない――その数ヶ月前，*Nature* の編集者たちは，次のように書いている (vol 18, pp. 609-610, October, 10, 1878)．「ガス会社の経営者たちには，彼らのガスを改良するすべてのことをしていただこうではないか．多量の電流の分割が不可能である以上，彼らはガスの需要がなくなることは決してありえないと確信しているであろう…」．

16　ファラデーが数学的解析を行っていないことについてのヘヴィサイドの見解は，彼の著作のところどころに散見する．例えば，EP 1 (p. 415) において，「私は，この関連《海底電線の遅れについて正しい考えを持っていたこと》におけるファラデーについては，何も触れない．なぜなら，この天才は，正しいことも間違ったことも，

すべての類の独創的な概念を持ち合わせており，数学者ではなく，また特にあまりにも電線についての実際的な経験が少なかったため，それを有効に識別できなかったからである」と書いている．また，EMT 3 (p. 437) においては「... 私は，数学なしで真の結果を得る方法を知らない．ファラデーの場合においてさえ然りである」．さらに，ヘヴィサイドはやや逆説的に次のように書いている．(EP1, p195)「しかし，まじめな学生たちは，もしも数学的方法を学ぶ意思がないか，あるいはできないか，いずれであるとしても失望する必要はない．なぜならば，ファラデーの名前は希望の灯台と彼らに対する激励として永遠に輝き続けるからである．彼は数学者ではなかった．それでも彼は，明らかに数学的な方法によってのみ得ることができる成果を達成したのである」．

17　プリースの 1893 年の演説 p. 67（注 6）から．

18　B. J. Hunt, "'Practice vs theory': The British electrical debate, 1888-1891," *Isis*, vol. 74, pp. 341-355, September, 1983 に引用されているオリヴァー・ロッジの手紙から．ハントが見ているように，これは間違いなく事実である．

19　*The Electrician*, vol. 21, p. 645, September 21, 1888.

20　*The Electrician*, vol. 21, p. 674, September 28, 1888.

21　前出．レイリーは，S. スマイルズ (Smiles) による鉄道事業の先駆者ジョージ・スティーブンソンの伝記 (*George Stephenson*, Boston, MA: Ticknor and Fields, 1858, p. 254) を引用していた．レイリーの記憶は，この「偉大なる権威」が，1 時間に 12 マイルではなく，わずかに 10 マイル走ることが途方もないことであると考えていた，という点で，僅かながら違っていた．さらにスマイルズは，「蒸気」機関車ではなく「トロ火」機関車であったと報告している．

22　*Nature*, vol. 25, p. 238, January 12, 1882.

23　*The Electrician*, vol. 21, p. 622, September 21, 1888. ここに書かれているすべての数学者たちは，読者にとってはお馴染みであると思う．例外があるとすれば，クレロー (Alexis Claude Clairaut, 1713-1765) であろう．彼は，今日においては，彼の微分方程式の業績で知られている幾何学者である．

24　*The Electrician*, vol. 21, p. 663, September 28, 1888. ロッジは，何年か前の別の論争において，彼が後に「実用者集団」と呼んだ人たちに対して「電気技術者の非学術的派閥 non-scholastic school of electricians」という新語を適用した (*The Electrician*, vol. 2, pp. 296-297, May 10, 1879).

25　*The Electrician*, vol. 21, p. 712, October 5, 1888.

26　"Practice versus theory," *The Electrician*, vol. 21, p. 730, October 12, 1888. この論

争についての雑誌側の最終的な見解は,「やや見苦しい,そして全く得るものがない口論」というものだった (vol. 22, p. 654, April 12, 1889).

27　*The Electrician*, vol. 21, p. 772, October 19, 1888.

28　"Empiricism versus science," *Nature*, vol. 18, pp. 609-611, October 25, 1888. この極めて厳しい調子で書かれた小論文がロッジによって書かれたという証拠が,本文の詳細部分以外にも存在する——ハント(注16), p. 352 を見よ.ヘヴィサイドは,彼の研究ノートの一つ (NB 3A:48) において,このことに触れている.「L(ロッジ)もまた *Nature* に辛辣な論説を書いている」.*The Electrician* の 10 月 19 日号 (p. 749) に,ハントがやはりロッジによるものであると信じた匿名の覚書が掲載された(この裏づけについては,ヘヴィサイドのノートの一つが引用されている).この覚書の筆者は,雑誌側からは単に「重要な寄稿者の一人」であると言及されただけで,(他の事柄の中で)「...『実用的』世代の治療法は,死に絶える以外にない ...」と書いた.ロッジが本当にこの謎の筆者であったかどうかは全く不明であるが,10 月 26 日号 (p. 800) においてロッジ自身が回答として,「この寄稿者は ... あまりにひどい誇張表現という罪を犯している ...」と書いた.ロッジもまた,「隠れる」という罪を犯したのではあるまいか.

29　*The Electrician*, vol. 26, p. 340, January 16, 1891. スプラーグはただ一人取り残されたわけではなかった.(トムソンはスプラーグに対して彼が「『開拓者から悲観論者の地位に脱落しかかって』おり,『化石』になってしまう危険性がある」と警告した——*The Electrician,* vol. 26, p. 375, January 23, 1891 を見よ).実際に多くの「実用人」たちが同じ危険にさらされており,*The Electrician* は,社説 ("Alternating currents and mathematics," vol. 26, pp. 298-299, January 9, 1891) を載せ,技術の進展は古い考え方の変更を要求していることを明らかにしようとした.スプラーグの意見は,*The Electrician*, vol. 26, p. 543 および pp. 671-672, 1891 に示されている.

30　ヘヴィサイドの収入源は,彼の技術的著作(年間 40 ポンド程度——ハント,注 18 参照)と,1896 年から受給が開始された Civil List 年金(下賜年金:年間 120 ポンド:1914 年に 220 ポンドに増額された)などであった.プリースは 1896 年において 1154 ポンドの収入があり,アーサーでさえ,GPO における賃金が年間 600 ポンドであった.ヘヴィサイドの手紙には,彼が友人たちからしばしば借金をしていたことが示されている.

31　Baker(注 1)p. 82. プリースの仕事の詳細は "Electric inter-communication in railway trains," *The Electrician*, vol. 42, pp. 540-542, February 10, 1899 を見よ.

32　J. O. Marsh and R. G. Roberts, "David Edward Hughes: Inventor, engineer, and scientist," *Proceedings of the IEE*, vol. 126, pp. 929-935, September 1979. ヒューズの発明品の一つは，ベルの銃弾検出器に用いられたインダクション・バランスであった（第4章の注4）．プリースは，このバランスの使用法についての情報のため，ヒューズとベルの連絡役を果たしたと述べ（T*he Electrician*, vol. 7, p. 299, September 24, 1881），また1886年に，彼はバーミンガムにおけるB. A. 会議において，ヒューズが，プリースの娘の手に残った折れた縫い針の位置を知るためにこのバランスをどのように使ったかを述べた論文(*The Electrician*, vol. 17, p. 363, September 10, 1886)を発表した．

33 ヒューズは，*Nature* (vol. 18, pp. 277-278, July 11, 1878) 宛の書簡の中で，彼の仕事を「誰かが特許として所有を正当化するには，発見はあまりに重要で広範囲に過ぎる《実に奇妙な立場ではないか！》」と主張して，自己弁護を行った．その後間もなくウィリアム・トムソンは (*Nature*, vol. 18. pp. 355-356, August 1, 1878)，プリースとヒューズを熱烈に支持するレターを書き，「私はエディソン氏が性急に不法行為であると判断したため，誤った信念による告訴の撤回を公の場で十分な形で行わない限り，安らぐことはないと思う」と，締めくくった．

34 EP1, pp. 18-24．2番目の数学的論文は，1876年，pp. 24-34に発表された．ヘヴィサイドの1873年の二重電信の論文は注目されずに終ることはなかった．その着想は，インド政府の電信省によって利用されたからである（特にヘヴィサイドを信頼していた，その省庁にかつて「勤務していた電気技術者」からの *The Electrician* 宛のレター，*The Electrician*, vol. 2, p. 262, April 19, 1879 を見よ）．ヘヴィサイドのユーモアの火種は，その論文の中においても堂々と生きていた．例えば，彼は次のように書いている．「1853年以前は，一本の電線上の反対方向に同時に二つの信号を送ることは不可能なことであるということが，最高の判断資格を有する人たちの現在の確信事項であった．なぜなら，これらの二つの信号がぶつかることにより，それらが混合して互いに少し中和され，わずかなドットやスペースのかけらだけが残されるからである（互いにしっぽだけを残して食い合った猫のように《ヘヴィサイドは，ここでは「マザーグースの詩」を引用している》）．しかし，ギントル(Gintl)博士は，この強力な議論を，実験することによって効果的に鎮めたのである」．ここで引用されている人物は，1853年に行った先駆的な二重電信の実験に基づく著書を出版したViennese Wilhelm Gintlである．

35 Baker（注1），p. 109.

36 Baker（注1），p. 110.

37 EP1, p. 24「... 私が行った実験から，同時に四通の手紙を書くことは全く不可能ではないことがわかった ...」．1874年12月にはエディソンが四重通信の動作実験

を行っている.

38　*The Electrician*, vol. 1, p. 165, August 24, 1878.

39　アップルヤードは (*Pioneers of Electrical Communication*, London; Macmillan, 1930, p. 221) 次の言葉で始まる研究ノートの一つを報告している.「私はアメリカにおいて,はじめて四重通信が示されたか,示唆されたことを認知された」.しかし,事実として残されていることは,初めて四重通信装置を作ったのはエディソンであった,ということである (R. W. Clark, *Edison*, New York, NY: G. P. Putnam's Sons, 1977, pp. 50-55).しかし,ヘヴィサイドは発明の才能において,エディソンにひけをとらなかった.1875 年,ヘヴィサイドは *Telegraph Journal* に,「エディソン氏の電気的問題に関するノート」と題した,極めて叡智に富んだ論文を発表した (EP1, pp. 34-38).それは,(その数ヶ月前の同じ雑誌への)電信回路におけるある困難な挑戦についてのエディソンの発表に対する回答であった.ヘヴィサイドは,皮肉たっぷりに次のように書いた.「本誌の読者は,未だに何らの解決方法を得て前進できていない.それはなぜか … ? 私は,過度の謙遜が,本書の読者の多くを解決策の公表から遠ざけているとしか想像できない」.ヘヴィサイドは次に,エディソンの問題を才気溢れるやりかたで解析し,解決した.われわれは,特に最後の一節を読めば,エディソンがヘヴィサイドの存在に気づいたことを確信することができる.「エディソン氏の解法もまた,極めて満足すべきものである」.エディソンからの(解決策を含む)回答の記録は,何も存在していない.

40　"Preece's Telegraphy", *Nature*, vol. 13. pp. 441-442, April 6, 1876. この評論は無署名であるが,雑誌の編集記録によると,それはウィリアム・トムソンの甥であり,また同僚で共同研究者でもあった,グラスゴー大学の物理学教授ボトムリー (James Thomson Bottomley) によって書かれたものであることが示されている.

41　この数は,通常の操作からは信用できない.現代の無線「ハム」で,最高レベルの資格 (Amateur Extra Class) の保持者は,20 語／分の受信速度の試験を受けている――また,試験に使われている送信方法は,あらかじめ穿孔されたテープをコード変換器にかけて行われるのである.プリースの高速電信に対する熱中は,特にアメリカでは多くの人たちと共有されるものであった.馬鹿げたことの一例については,次の文献を読まれたい."The American Telegraphers' fast-sending tournament", *The Electrical Engineer* (New York), vol. 9, pp. 266-267, April 23, 1890.

42　明らかに絶望の淵に立たされたある人は,*The Electrician* (vol. 26, p. 554, March 6, 1891) に書簡を寄せ,「オリヴァー・ヘヴィサイド氏のあまりにも多産な新語の発明を,何とか阻止していただけないものでしょうか」と嘆願した.

43　EP 2, p. 119.

44　プリースは，*Nature* の編集者であって，以前 *The Times* に「電気とは（特に明記されていない）何かに関係したものではないか」と推測するレターを寄稿したノーマン・ロッキャー (Norman Lockyer) を支持する意見を書いている．

45　EP1, p. 332.

46　*The Electrician*, vol. 26, p. 375, January 23, 1891.

47　*The Electrician*, vol. 1, p. 164, August 24, 1878. ここに言う「最高権威 high authority」とは，プリースの見解に反対した人たちで，電信技術者協会会長とアレクサンダー・グラハム・ベルを含んでいる．

48　*The Electrician*, vol. 9, p. 389, September 9, 1882. "jobbery" とは英国のスラングで，目的の達成のために，不公正な手段あるいは政治的買収手段を用いることを言う．

49　*The Electrician*, vol. 19, pp. 423-426, September 23, 1887. プリースは，この演説の中のところどころで，電気的事項についての混乱した誤解をあらわにしている．例えば，彼は「抵抗値が R となるように巻かれた電磁石が，電流が増加または減少する比率を決定する自己誘導係数 L を持つとすると，時定数は L/R で表わされる．これは，電流が0から最大値《引用者の強調》まで達する時間である」と述べた．最大値までの到達時間は無限大である（電流は，減衰する指数関数の形で増加するからである）．この場合の時定数は，$(1 - e^{-1})$ 倍の値に到達するまでの時間（約63%）のことである．

50　*The Nineteenth Century and After*, vol. 49, pp. 348-363, February 1901.

51　プリースは，ベルの発明の確認を行うためにアメリカに行く前に，それがインチキであることを暴露すると宣言していた．シルヴァナス・トンプソンは，1877年にそのことについて次のように述べている．「われわれは，プリース氏が意見を述べたり，声明を行う場合には，どれほどの確信を持って――実際に信じきって――いるかを知っている．彼は電話の初期の形は，単なるおもちゃにすぎないと思い込んでいた．彼はアメリカに行って，グラハム・ベルの仮面を15分で剥がせるだろうと確信していた」(R. Appleyard, *The History of the Institution of Electrical Engineers* (1871-1931), London; IEE, 1939, p. 102. からの引用)．プリースは，アメリカから戻ってからも1879年には次のように言って，電話が何らかの実用的価値があることを否定し続けていた．「私はオフィスにそれを一つ持っているが，私はそれを必要としないので使うことがないため，ただの見せ物以外のものではない．私が他の部屋に伝言をしたい場合は，音響器 (sounder) を使うか，伝言を運んでくれる給仕を雇う」．(J. K. Kingsbury, *The Telephone and Telephone Exchanges,* New York, NY: Longmans, Green and

157

Co., 1915, p. 209. からの引用). プリースは 1893 年には明らかに自分の言った言葉とトンプソンの皮肉を忘れ去り, 次のように書いた.「私は 1887 年に幸運にも英国に最初の電話機を一組持ち帰った. それらはニューヨークにおいて, グラハム・ベル本人から私に贈られたものであった.... 当時は誰が, その頃ただのおもちゃであったこの装置が, 16 年の間に, 商業用および殆どの家庭用として必要になると想像できたであろうか?」(GPO's house organ, St. Martin's –le-Grand, vol. 3, p. 140, 1893 からの引用).

52　Appleyard (注 39) p. 222.

53　これは, 最大電力伝達定理の特殊な一例である. もっと一般的に言うならば, エネルギー源のインピーダンスを $R + jx$ とするとき, 負荷に最大の消費電力をもたらす負荷のインピーダンスは $R - jx$, すなわち, 複素共役数となるようなインピーダンスであるということである. これは, 例えば一つの電力増幅器のある段から次の段への電波エネルギーのような, 小さなエネルギーの伝達に対しては適切な基準であるが, 公益事業による高いエネルギーの伝達においては適さない. 公益事業は, 伝達の効率を最大化することを必要とするので, 最大電力伝達条件は, ちょうど効率 50% という結果になる. すなわちエネルギー源は負荷と同じ大きさのエネルギーを消費することになり, その結果は発電所が熱くなる, ということになる!

54　The Electrician, vol. 2, p. 84, January 4, 1879; および pp. 94-95, January 11, 1879.

55　Journal of Society of Arts, vol. 30, pp. 98-107, December 16, 1881.

56　この点において「普通の人たち」は, 科学者たちのはるか後ろにいたわけではなかった. 18 世紀末においては通常, 電気と火は科学者にかかわるものだった. プリース自身は,「普通の人たち」に対していくらか寛大な視点で表現することを好んだ. 例えば 1885 年のアバーディーン (Aberdeen) における B. A. 会議において, 彼はウィンブルドンの自宅の照明について語っている (電灯は, ガスエンジンによって充電されたバッテリーから給電されていた). Nature (vol. 32, p. 537, October 1, 1885) は, 彼の意見について次のように報告している.「彼は一人の専門家として, 普通の職人ではうまく行かないことを行うことができたと言われている; しかし彼は, 御者, 執事, 庭師, 馬丁などだって同じくらい万能だと述べている」.

訳注

1*　scienticulist の意訳. 通常の辞書にはないので, インピーダンス (impedance) 同様, ヘヴィサイドが得意とする造語であると思われる. scientist を分断して, cul を

第 5 章　えせ科学者

割り込ませているが，これは狂信的な意味を持つ cult に通ずるので，盲目的なという意味であろうと解釈し，最大の軽蔑を込めた「えせ科学者」と訳した．

2*　　エアトン (Eyrton) は，ウィリアム・トムソンの学生の一人で，ジョン・ペリーとほぼ同じ時期に，明治政府が招聘した，いわゆる「お雇い外国人教師」として，1973 － 1978 年まで工部大学校において「電信および理学」を教え，日本の科学技術に大きな影響を与えた一人である．湯浅光朝著『日本の科学技術 100 年史（下）』，中央公論自然選書，1984 年，p. 293　および梅渓昇著『お雇い外国人：明治日本の脇役たち』，講談社学術文庫，2007 年，p. 142-145 等を参照せよ．また，本書第 8 章の注 41 も参照されたい．

3*　　グラハム・ベル (1847-1922) は，1876 年に電話機の特許出願を行い，翌 1877 年にベル電話会社を設立したが，その間には発明家イライシャ・グレイ (Elisha Gray, 1835-1901) とエディソンがからんだ特許をめぐる争いがあった．最近，ベルがグレイのアイデアを盗んだという疑惑を追ったノンフィクションの邦訳『グラハム・ベル　空白の 12 日間の謎』（セス・シュルマン著，吉田三知世訳，日経 B P 社、2010 年）が刊行された．

4*　　この引用部は，原著には出典が示されていないが，第 6 章注 5 に示されている論文の続編として 1887 年 6 月 24 日付の *The Electrician* に掲載された *"Note on nomenclature"* の *"Note 4"* の一部で，EP2, p.167 にある．該当する部分は，以下のとおりである（アンダーライン部分は本文に引用された部分）：

　　Mac.――これについては，確かな根拠がある．自己誘導が何かを知っており，また，それに関する着想が未だに完全に理解されていない人物に敬意を表して，これがインダクタンスの実用的な単位に対する正しい名称であることについて，なんらの問題もありえないと私は考えている．これは，重大な彼自身の責任であった．彼はいたるところに，最高にすばらしく，完璧な電磁気についての哲学的な考えを持っていたが，それらをあまりにも目立たないものにしすぎた．マクスウェルの『電気磁気論』は，彼が言わんとした内なる意味が正しく理解できるまでは研究 (study) されるべきもので，読む (read) べきものではない．彼が存命であったならば，おそらく彼は将来の版においてはじめから彼の見解を明確に示し，もっぱらそれにもとづいて『電気磁気論』のすべてを詳細に示したことだろう．

第6章　マクスウェルの電気学

今から1万年後には，19世紀における最も重大な事件がマクスウェルによる電気力学の法則の発見になるだろうということはほとんど疑う余地はない．これに比べれば，アメリカの南北戦争は，一地方のささいな出来事として，霞んでしまうであろう．　——リチャード・P．ファインマン，*Lectures on Physics*

この本のここから後は，絶対的に理解不能である．
　　　　——マクスウェルの *Treatise on Electricity and Magnetism* の行間に
　　　　　書かれた，19世紀のある無名の大学数理物理学講師の意見

それは偉大であり，すごく偉大であり，最も偉大であった (It was great, greater, and greatest.).
　　　　——『電気磁気論』についてのオリヴァー・ヘヴィサイドの意見

彼は天才である，だが，彼の計算はチェックが必要だ…
　　　　　　　　——キルヒホッフ，マクスウェルについて

実用性を超えて，あらゆることに関心をもつ者にとって，マクスウェルの方程式の理解は，魂の幸せのためだけにでも価値がある．
　　　　　　——ジョン・R．ピアース，*Electrons and Waves*

私が学生のときに最も魅惑的だったのは，マクスウェルの理論であった．
　　　　　——アルバート・アインシュタイン，『自伝的ノート』

はじめに

　1880年以降の電気物理学におけるヘヴィサイドの業績の科学的内容を理解するためには，（享年48歳で）ガンによる悲劇的な早逝をした1879年に，マクスウェルが残した電気学に関する仕事の状態を理解し

ておく必要がある．これはただ彼の有名な方程式を書き並べることによって，最も速やかに行うことができる．さすがにヘルツ[1]は，こう書いた．

> 「マクスウェルの理論とは何か？」という問いに対しては，私は次のような答え以上に短くて絶対的なものは知らない——マクスウェルの理論とは，マクスウェルの方程式の体系である．

実際にこれは，与えられた一連の原理（すなわちマクスウェルの方程式）から，論理的推論としてすべてのことを導き出そうとする，理論的に最も過激な数学者たちの得意とする手法である．しかし，そのような手法は本質的に不毛であり，暗黙のうちに，人間の労力という要素を否定している．それは，マクスウェルの方程式の出自についての本質的な論点からはずれている．結局のところ，マクスウェルは，ある朝起きて一杯のコーヒーを飲んだ後，彼の方程式を書き下ろしたのではなかった．

ケンブリッジにおけるヘヴィサイドの友人であったG. F. C. サールは，ヘヴィサイドの著書 *Electromagnetic Theory* の第二巻［EMT2］の書評[2]でこの点を正しく指摘している．「これらの数式は，盲目的に何らかの数学的機械を操作するような単なる数学者の仕事ではなく，電磁波の伝搬に関する物理的な過程に対して特異な洞察力を持った一人の人物の仕事である」．

マクスウェル以前の研究者たち

もちろんマクスウェルは孤立して仕事をしたのではなかった．彼の時代よりも一世紀ほどさかのぼる間に存在していた電気についての知識は，フランクリン，クーロン，プリーストリー (Priestly)，キャヴェンディッシュ，ヴォルタ，ポアッソン，エールステッド，エコール・ポリテクニクの数学教授のアンドレ・マリー・アンペール (Andre Marie Ampere, 1775-1836) のような人たちによって，ゆっくりと，苦労を重ねながら一つずつ明らかにされてきた．磁気が円形の電流による効果である，というすばらしい洞察は，アンペールによるものである．電流が流れている二本の平行な電線の磁気的相互作用を数学的に定式化したのは，アンペールであった．

アンペールとマクスウェルの絆は，ファラデーのすばらしく輝かしい場 (field) という概念であった．アンペールによる磁気力の相互作用につ

161

いての特別な定式化は長い間放棄されていたが，彼の電気科学上の影響ははかりしれないものであった．彼は，マクスウェルに対して確実に深い感銘を与えた．マクスウェルは，次のように記している[3]．

> アンペールが電流の間の力学的作用の法則を確立した実験的な研究は，科学における最も輝かしい業績の一つである．この理論と実験のすべては「電気学のニュートン」［アンペールは電流相互の遠隔作用を定式化し，自分をニュートンになぞらえていた］の頭脳から完全に成熟し，完全武装して飛び出したかのようである．それは形式において完全であり，正確さにおいて疑う余地がなく，さらにそれはすべての現象が演繹可能であり，かつ常に電気力学の基本式でなければならない形式に統合されたものである．

これはまことに絶大なる賛美であるが，「基本式 (cardinal formula)」という言葉にゆだねられて忘れ去られた事柄を考慮すると，少し理解に戸惑う．何年か後の1888年，ヘヴィサイドはいつもの力強い口調で持論を語っている[4]．

> 偉大なるマクスウェルに劣らぬほどの権威によっても，一対の電流素片の間に働く力についてのアンペールの法則は，電気力学における基本式であると述べられている．そうであるとすれば，われわれはそれを常に使い続けるべきであろうか？ われわれは永遠にそれを使うだろうか？ マクスウェルは彼の『電気磁気論』において，そうしただろうか？ 明らかにそれには誤りがある．私はいかなる意味においても，アンペールから電気力学の父という名誉を奪うつもりはない．私は基本式の名前を，真に貢献した他の人に与えたいだけである．

ヘヴィサイドはかつてかなり早い時期に，彼独特のやり方で，アンペールに賛辞を送ったことがある．1886年に彼は多くのいろいろな電気的単位の命名について（おそらく年配の電気技術者たちを怒らせたであろう）浮かれたレターを，「エレクトリシャン」宛に書いている[5]．ある行において，彼は次のように主張している．

> ohm と volt は適切である；farad も，まあまあである（しかし，それは100万倍ほども大きい量であるから実用的ではない——現在の micro farad を farad とすべきである）；erg と dyne は私にとっては喜ばしい．watt はあまりよくないが我慢できる．パリ会議での注目すべき結果である ampere と coulomb はどうだろう？ 私見を述べさせていただけるならば，それらは全く実用的ではない．coulomb は coul に変更した方がよく，そうすれば容認できる．だが，この単位は殆ど使われていない．しかし ampere を am や amp と短縮するのは，言語道断であ

る．pere とすればもっとよい．そうすれば，われわれを力づけてくれる，ちょっとした情緒がつけ加わる．Ampere は，電気力学の父［ペールはフランス語で父の意味がある］ではなかったか？

ヘヴィサイドはこのレターの中で，「mac, tom, bob, dick はすべて単位としては良い命名である．tom と mac（複数形は Max）は適切であるという感情的な理由がある《明らかにウイリアム・トムソンとクラーク・マクスウェルを引き合いにしている》．bob と dick は，将来的にはよいのではないだろうか」とも書いている．ヘヴィサイドの不遜な行為は，次のようにメロドラマ的にエレクトリシャン誌に対して反対意見を宣言した一人の寄稿者[5]の注目を引き付けないわけにはいかなかった．「電気的な事項の命名法の改善に多大の貢献をしてきたオリヴァー・

ジェームズ・クラーク・マクスウェル
James Clerk Maxwell (1831-1879)

歴史上もっとも偉大な理論物理学者の一人であり，ヘヴィサイドの「ヒーロー」であった．(ヘヴィサイドは，彼を「天が授けし人 (heaven-sent)」と呼んだ．この写真は，マクスウェルの死後に，*Telegraph Journal & Electrical Review* に，初めて掲載された．

ヘヴィサイド氏が，*Macs* などというものについて語るとは，誠に遺憾である！ 何と言おうと，*Mac* はマクスウェルの名前にかかわるもの以外の何物でもない．もしも使われるとしたら，*Am* と同様，全くの野蛮な行為としか言いようがない．偉大な人たちの名前を，電気，磁気の単位に関連付けることによって記念すべきであるという配慮を全く欠いた，恐ろしく奇怪で通俗的なニックネームに短縮しなければならないほど，人生は短くはない．もしもそうであるとすれば，われわれの知的な人生は，生きるに値しないものになってしまう」．

遠隔作用 (Action-at-a-Distance)

アンペールは事実天才であったが，彼の仕事の後にさえも取り掛からねばならない大きな，また明白な難問が存在した．主な困難とは，電流（または帯電体）間の相互作用の<u>本性</u> (nature) である．この相互作用は，明ら

163

かに物体へ働く力を含んでいるが，それらの力は直接的に物体を押したり引いたりすることによって生じるものではなかった．それは，<u>遠隔作用</u> (Action-at-a-Distance) であった．アンペールの時代においては，遠隔作用は物理学において目新しいものではなかった．ニュートン自身が，万有引力によって広漠たる宇宙空間をよぎって相互作用する質量の理論において，同じ関心事に直面していたからである．ニュートンは，遠隔作用については満足していなかった．実際に，彼の万有引力の理論は，オカルト的な力に頼ることによって自然を「説明する」ことは逆行である，と異議を唱える多くの人たちによって攻撃された．彼はこれに代わることを何も提唱することができず，次の有名な一節[6]によって自己満足した．

> 万有引力は，物質にとって天から授かった固有の本質的なものであるべきで，一つの物体が他方の物体に対し，他の仲介物なしに<u>真空中</u>に距離を隔てて力を作用させるということは，私にとってはあまりに大きな不合理であるから，私は，哲学的なことについて適切な思考能力を持つ人は，絶対にそのような考えに陥ることはないものと信じている．万有引力は，一定の法則に従って，常に一つの要因によって生じなければならない；しかし，この要因が物質的なものか，そうでないかについては，読者諸賢の課題として残すこととする．

光のエーテル (The Luminiferous Ether)

直接的な地上における体験によって，ニュートンと彼の同時代の人たちに知られていたすべての力の性質は，常に接触によるもの，すなわち一つの物体（ロープあるいは棒，または人の手など）と他の物体との接触による機械的な相互作用による押し，または引きによるように思われていた．万有引力の遠隔作用（瞬時的であるかどうかにかかわらず）は，全く何もない真空を通じて機械的に作用するとすれば，極めて神秘的である．しかし，真空といえども，力を伝搬する物質，空気のような，もっと希薄で浸透性のある物質，すべての重さのある物質を貫いて宇宙の中のすべての窪みや溝を満たせるような物質で満たされていると仮定してはどうだろうか．この霧の大海を<u>エーテル</u>[7]と呼ぶ．

相互作用する物体は，何もない真空によって<u>見かけ上</u>は隔離されていても，実際にはエーテル内に誘起される歪と応力による機械的な霊的交渉 (communion) の中にあると想像される．このような考えは実際に極め

第6章 マクスウェルの電気学

て魅惑的であって，エーテルの概念は，はるか昔の古代のアリストテレスにまでさかのぼることができる．しかし，この想像上の考えに対して支払われた代償は大きかった．あらゆる種類の見かけ上の遠隔作用は，マクスウェルが「エーテルは，惑星が泳ぐために，また電気的大気 (electric atmosphere) や磁気素 (magnetic effluvium) 等々を構成するために，そしてわれわれの体の一部から他の部分へ興奮を伝える等々のために，すべての空間がエーテルによって三重ないし四重に満たされるところまで考え出された」と嘆くまで[8]は，それに対応したエーテルを前提とする必要があった．これらの多様なエーテルのすべては，驚異と疑惑の混合体に見えるが，最も永く生き残ったものは，光が空間を伝搬できることを説明するために想定された光のエーテルであった．これは最も興味深いもので，全く不思議な物質であることが要求された．

このエーテルは，気体が音波を伝えるのと殆ど同じ様に，波動（トーマス・ヤングの干渉実験以後の1801年には，光は波動現象であることが一般的に知られていた）を伝えることができると考えられていた．しかし，音波は媒質を波の伝搬の方向に沿って前後に「波打つ」ような縦波である．第一に困ったことには，光が偏極するという事実は，縦波，すなわち前後方向の圧縮性の波とは相容れないということである．その後の1817-1818年に，ヤングとオーギュスタン・フレネルは，どのように媒質内の波動が波の伝搬方向と垂直な方向に，横波として偏極を説明できるかを示した．このことは，気体状のエーテルは考えられないことを示すものである．なぜならば，気体は横波が必要とするせん断応力を維持することは不可能なはずだからである．光のエーテルは気体ではありえないが，弾性のあるゼリー状の固体でなければならない，というのがウィリアム・トムソンの旧知の友であった G. G. ストークス[9]の考えであった．そのようなエーテルに要求される力学的な性質は，控えめに言っても，奇妙なものであった．

このゼリーは，ニュートンの運動法則からの遅れやずれがないためには，「惑星がその中を泳ぐ」ために十分なだけ希薄であって，かつ秒速186,000マイル〔約30万km〕の光の速度で波動が伝搬するに十分なほどの硬さがなければならない．そのような物質を想像することは，容易なことではない．1854年当時，ウィリアム・トムソンは次のように書いている[10]．

165

> 最も遠くにある可視物体までの全空間に渡って，連続的な物質的伝達(communication)を形成する媒質が存在しなければならないということは，光の波動論における基本的な仮定である．この媒質が，われわれを取り巻く大気の延長であるかどうか（これは，私には最も可能性が高いと思われるが）はともかく，その存在は疑う余地がない．《引用者の強調》

アインシュタインの仕事によってエーテルの存在が最終的に否定されるまでは，エーテルについての絶対的な信念を抱いていたのは，トムソンだけではなかった．ヘヴィサイドでさえ，エーテルについての信仰について動揺することはなかったし，ヴィクトリア時代の電気力学者[11]のほとんど全員が同様であった．彼らの立場は，1893年に書かれたヘヴィサイドの言葉[12]によって，おそらく最もよく代弁されているであろう．

> エーテルについては，こんにちにおいてそれを冷笑することは，無益なことである．それに代わるべきものがあるだろうか？　エーテルの根本的な欠陥は，それが不可思議なもの(mysterious)である，ということにある．それはわれわれがそれについて殆ど知らないという理由である．われわれは間もなく，もっと多くのことを発見するであろう．その発見は，エーテルを無視することによっては成し遂げられない．それが知られるまでは，現在知られている限りの大気の諸性質を明らかにしなければならない．

1885年のはじめに書かれた次の一節[13]は，ヘヴィサイドの楽観と絶望がともに増大していることを示している．

> エーテルは，極めてすばらしいものである．それは賢者の想像の中にのみ存在し，彼らの仮説に合うような性質を賦与されて考え出された；だが，エーテルがなければどうにもならない……．しかし，引力が瞬時に伝わるような性質をエーテルに対して認めるならば，われわれが知っているすべての事柄とは異なった，すばらしい諸性質を知ることになるに違いない．

さらに，その数ヶ月後には次のように書いている[14]．

> エーテルの実際の成り立ち(constitution)は未知である．それは，永遠に知ることはできない．

ファラデーと力線

ファラデーと，彼の場の概念が現れる直前のすべての電気力学の根底にある考え方は，相互作用する二つの物体間に働くすべての力は瞬時に

伝わり，そしてそれらすべては中心力である，という遠隔作用論であった（光が有限の速度をもつという事実は知られていたが，光の性質が電気力学的であることは，マクスウェルに至るまでは知られていなかった）．相互作用をする物体の間に介在する空間（媒体）は，ヘヴィサイドの言う「不思議な」エーテルであるとされた．その後の1831年8月29日，マイケル・ファラデー (1791-1867) は，長い間探し続けてきた電気と磁気の間の第二の絆 (link) である電磁誘導を，しばしば「科学史上の，真に偉大な，数少ない実験の一つ[15]」と称される実験において発見した．ファラデーはこの発見によって，純粋に力学的な（化学的にではない）過程によって電気を発生する方法を示し，それはただちに初の直流発電機（その翌年には，フランスの装置製造会社，イッポリト・ピシィが，初の交流発電機を作った）として実現した．

ファラデーの場という着想がマクスウェルに与えた影響については，本章末の技術ノート2において論じている．

ウィリアム・トムソン

ある著者が述べている[16]ように「ヴィクトリア時代は古典科学の黄金期であって，科学的探究が行われて以来，おそらく最も独創的な時代であった」．このような賞賛が寄せられる理由の一つは，ウィリアム・トムソンの業績である．彼は多方面における19世紀の科学・技術の「鉄人」であった．彼はあらゆることができ，かつ，殆ど常に他の誰よりも優れていた．1907年に（ケルヴィン卿として）彼が死去する前でさえも，彼は実用面における神話的な巨人であった（しかし，アインシュタインの運命の何十年間がそうであったように，若手たちは，彼の肉体が彼の精神の科学上の機敏さを保ち続けたと信じるようになった）．彼は，ウエストミンスター寺院でハクスリーとダーウィン（彼については本書の第11章で述べる，地球の年齢に関する論争を行った）と並んで，最高に偉大な英雄に対してだけ英国によって与えられる栄誉として，ニュートンの隣に永遠に埋葬された．仮にこれ以上の栄誉が授けられ得るとしても，それが彼に授与されることについてはほとんど疑う余地はないであろう．追悼記事のページ数を数えることに意味があるとすれば，トムソンは間違いなくすべての王立協会会員の中でトップである．彼の追悼記事は，王立協会の「会報」(*Proceedings*) の中に，殆ど本1冊分に相当する76ページ（3枚の写真を含む）

に及んでいた.ヘヴィサイドの追悼記事は2ページ(写真なし)であり,ウィリアム・ヘンリー・プリースのそれは短い覚書(ノート)のみで,王立協会会報においては無視された.

トムソンの才能は若いときから注目され,弱冠22歳(1846年)でグラスゴー大学の教授となった.彼はその大学に半世紀以上も留まり,二度にわたって(マクスウェルとレイリーのために)ケンブリッジ大学のキャヴェンディッシュ研究所の教授職の地位を辞退した.彼の仕事は,文字通り彼の時代の物理科学,すなわち,弾性学,光学,流体力学,熱力学,電気力学,技術(海底電線の電気的解析の他,長くて重い海底電線の深海への敷設のための力学的問題も研究した),さらには太陽や地球の年齢を計算する際の神秘的で不思議な問題への数学の応用などのあらゆる分野にわたっている.彼は,星雲の構造から原子の本質に至るありとあらゆることを研究したように思われる.

トムソンの天才はまず電気学において発揮された.十代を僅かに過ぎた頃(1845年),こんにちではあらゆる学部の物理学課程電気学の大黒柱となっている,巧妙な鏡像法[1*]を発案した.もっと前の1840年春,彼がまだグラスゴー大学の学生であったとき,彼はフーリエの *Theorie analytique de la chaleur*(『熱の解析的理論』)を読み(「私は二週間の間に,それをマスターしてしまった——私はその本にまっしぐらに入って行った[17]」),熱伝導方程式による熱の「数学化」に,強烈に印象付けられた(第3章から,トムソンがこの14年後に,彼の海底電線の解析に対してどのようにそれを応用したかを思い出していただきたい).その後,ケンブリッジに向けてグラスゴーを去った後に,彼はガウスのポテンシャル論における数学的業績とジョージ・グリーンの静電気学の理論の応用に習熟した.

トムソンはグリーンの業績に大きな刺激[18]を受け,静電スカラー・ポテンシャル関数の概念を,分布した電荷による力を計算するために用いた.通常,このポテンシャル関数は,積分によって計算される数学的技巧として導入される.そうすることにより,任意点にある単位電荷に働く力は,このポテンシャルを微分することによって求められる.数学的には,第一の手順は,

$$V(x,y,z) = \int_{全空間} \frac{\rho}{r} dv$$

を計算することである.ここに,ρ は電荷の空間的な分布であり,r は

微小体積素片 dv からポテンシャルを求めようとする点までの距離である．そうすると，単位電荷に働く力[19]は，成分

$$F_x = -\frac{\partial V}{\partial x} \qquad F_y = -\frac{\partial V}{\partial y} \qquad F_z = -\frac{\partial V}{\partial z}$$

を持つベクトル $\vec{F}$，あるいは現代的なベクトル‐微分表現[20]，

$$\vec{F} = -\operatorname{gradient} V = -\vec{\nabla} V$$

として求められる．記号 $\vec{\nabla}$（現代的な用語では，ベクトル‐微分演算子〈a vector-differential operator〉）は，間もなくお目にかかるはずのマクスウェルの方程式で中心的な役割を演じる．

しかし，これらの式とやがて来たるべき他の成果の重要性は，一世紀後のあと知恵をもってすると，おそらくファラデーの「場」がエネルギーを蓄えるということにトムソンが気づいたという，彼の最も重大な着想であるというのが公平な見方である．事実，1853年に初めてインダクタ L に電流 I を流したときに蓄積されるエネルギーを $\frac{1}{2}LI^2$ という表現（現在ではオームの法則同様，陳腐なものとして知られている）によって計算した[21]のは，トムソンであった．このエネルギーに対する彼の表現は，三次元の全空間にわたる体積積分であって，これはエネルギーが空間の至る所に分布していることを示すものであった（しかしトムソンの論文を注意深く読むと，彼は決してこの最後のステップを踏んでいなかったことがわかる）．「場」の中に分布したエネルギーという考えを電気力学における中心的な概念とすることは，トムソンの友人であるクラーク・マクスウェルに残された．

マクスウェル

ジェームズ・クラーク・マクスウェル (James Clerk Maxwell 1831-1879) は，間違いなく19世紀における最も影響力の大きな物理学者であり，ニュートンとアインシュタインとともに歴史上最も重要な三人の物理学者の一人である（これは，将来にわたって真実として認められるであろう）．ヘヴィサイドの著述からマクスウェルが彼の英雄であったことは明らかである．電磁場についてのマクスウェルの方程式は，100年以上も昔のものである

にもかかわらず，その後の進展による腐食を耐え抜いた稀有な理論の一つである．特殊相対性はこれらの方程式に影響を与えない（事実，磁気現象は相対論的な効果であり，相対性は実際に方程式の中に「組み込まれて」いる!）．さらにそれらは，量子力学[22]の到来によっても，全く動揺させられなかった．

電磁気学に対するマクスウェルの不滅の貢献は，彼の有名な一組の方程式であり，科学史家たちは当然，彼の思想の革命的転換を再構築すべく，多大の努力を払ってきた[23]．$\vec{E}$ と $\vec{B}$ によって，それぞれ電気的，磁気的なベクトル場を表わすこととすると，マクスウェルの直前における電磁気の知識の状態は，（現代的な表記法によって）極めて容易に表わすことができる．ここでは，マクスウェルの貢献とは何であったのかということ以外にこれらの式について実際にこれ以上述べることはしない（本章末の「技術ノート」を参照されたい）．もちろん，極めて簡潔に電気学，磁気学，および光学のすべての対象を説明しきるという明白な能力に対して，それらの方程式を賞賛することは自由である（また，このことを理解するために，いくらかの数学的知識を得たり，数学を思い出す必要はない）．

ということで，マクスウェルの前夜においては ρ と $\vec{J}$ をそれぞれ全電荷と電流ベクトル（いずれも密度），ε と μ［ε は誘電率，μ は透磁率という］を，電気的，磁気的性質を表わす定数とするとき，人々は次式が成立することを知っていた．

$\vec{\nabla} \cdot \vec{E} = \rho / \varepsilon$ → 電気的な場（電場）は正電荷から<u>出て</u>，負電荷に<u>入る</u>．
——これはガウスの法則と呼ばれている．

$\vec{\nabla} \cdot \vec{B} = 0$ → 磁気的な場（磁場）は，至るところ発散が 0 である（すなわち，「磁荷」は存在しない）．したがって始めも終りもない，閉じた輪（ループ）を形成する．これには特別な名前はない[24]．

$\vec{\nabla} \times \vec{E} = \mu \vec{J}$ →電流は磁場を発生する[25]——これは，アンペールの法則と呼ばれている．

$\vec{\nabla} \times \vec{E} = -\dfrac{\partial \vec{B}}{\partial t}$ → 時間的な変化をする磁場は，電場を発生する——これは，ファラデーの誘導の法則である．

$\vec{\nabla} \cdot \vec{J} = -\dfrac{\partial \rho}{\partial t}$ →空間のある点における全電荷密度量の時間的な<u>変化</u>は導電電流を生ずる．（負の記号は電荷の<u>減少</u>を意味し，それはその点からの電流の流出を示唆している）——これは電荷の連続の法則（または<u>局所</u>的な電荷の保存則といった方がよい）である．

第6章 マクスウェルの電気学

　これらの関係式のすべては，本質的に（マクスウェルと同様に）ウィリアム・トムソンの視野の範囲にあった．彼もまた，電気と磁気の内なる作用の理解を懸命に模索していた．実際に，マクスウェルがまさにその研究計画に沿って探求を開始しようとしていたとき，彼は，トムソンが縄張り荒し（poacher: 彼自身がこの言葉を使っていた）と考えていないことを確認するために，先輩に宛てて一通の手紙（1855年9月13日付）を書かねばならないと感じていた[26]．

> 私は，あなたの電気に関する多くの文献を直接，または印刷物，出版社，そのほかの資料などを通じて読ませていただいております．また，ファラデーの三巻の研究成果も読ませていただきました．私の目的はもちろん，電気科学においてどのような成果が得られているかを学び，…私が首を突っ込めるような何らかのご意見の助けをお借りして，道理のある方法で同じ理解を得ようとすることです…

その後間もなくして，おそらくトムソンがその主題からかなり遠いところにいるという情報に希望を持ったのではないだろうか．

> あなたは，疑いなく，この理論の数学的な部分を，机上に置いておられるのではないかと存じますので…

　こんにちわれわれが知っているように，1855年においては，トムソンはその種の論文を机上に置いておらず，実際にその種の論文を書く意思がなかった．マクスウェルの死後も，トムソンは実際に，彼自身の死に至るまでの間，新しい理論が何であるかについて全く把握しようとしていなかった[27]．マクスウェルの方法は，電気的現象の力学的な理論を演繹するために力学的モデルを用いるという，トムソンの方法の雛型の中にあったにもかかわらず，である[28]．マクスウェルは，トムソンによる電気と熱の類推に大きな感銘を受け，彼自身の類推を極めて創造的に考案した．ある著者[29]から引用しよう．

> マクスウェルの論文は，溢れる理想流体，ギア，遊び車およびその類のハードウェアに満ちている．あるフランスの解説者は，マクスウェルのいかめしい『電気磁気論』の読後の感想として，彼は電磁気理論の静かな木立の中に入ったつもりがなんと工場の中を歩いていたことに気づいた，と言った！

　しかし，おそらく多少逆説的ではあるが，彼はそれらの物理的模型にとらわれることはしなかった．それらは，彼の思考の革命的な転換のための単なる手段にすぎなかった．事実，彼は根底にある（他の学者たちが使い，彼が批判した[30]方法である，何が原子の正確な構造であるかという仮説

171

とか，物質の深層における力の相互作用を説明することなどのような）物理学の細部について，仮説を設けることなく物理理論をうちたてるために奮闘した．マクスウェルは早い時期にこの哲学に到達し，ストークス宛の手紙（1864年10月15日付）に，次のように書いている．

> 私は現在，実験的証拠にもとづいた，媒質の構造に関する何らかの仮説や，電気，磁気の何らかの力学的な説明抜きで《引用者の強調》，大気中の磁気的な擾乱の伝搬速度を計算するための資料を入手しております．

ヘヴィサイドはこの観点を極めて明快に取り入れ，1885年に次のように記している[31]．

> 私は想像力を駆使することに反対はしない．それは不条理なことであろう．なぜなら，殆どの科学的な進歩は想像力を自由に駆使することによって達成されたからである（科学的な疑問に触れたとき，職業的詩人たちや芸術家たちがするようなやり方によるものではないが）．しかし，ある人が想像力によってある特定の結果を求め，その後同じ結果を得るためのもっと精密な方法を見つけた場合，それは多分，はしごを蹴り落とすほどではないにせよ，はしごをずらすようなものである．なぜなら，私は実際に，空想的な議論が多々用いられている科学論文を読む際に，空想を排除して真の議論を読み取ることには，大変な苦労を強いられるからである．単なる仮定と確かな知識をはっきりと分離することほど有用なことはない．

さらにその10年後に彼のネイチャー誌のボルツマンの論文のコピーの脇にヘルツの「ベールに包まれた自然の姿」というフレーズを使って鉛筆で書かれた書き付け[31]には，

> 違う言い方をする方がよい；われわれが認識すべきものは，われわれが自然の唯一の真実であると仮定している骨組みではなく，自然の明るい色の衣装である，と．

変位電流

このつつましい哲学が，どこへ最終的にマクスウェルを導くことになったのであろうか．何年かにわたって熟考し，また力学的な類推をいじりまわしたあと，彼はアンペールの法則を除く前述の5つの式が成立することを受け入れることにした．彼は，電気の流れ（それがどのようなものであるにせよ）を表す導電電流 $\vec{J}$ を含むアンペールの法則の右辺に，奇妙な項を付け加えた．彼はこれを変位電流と呼んだ（なぜなら，彼はしばらくの間，

それが誘電体内部の電荷の極性，すなわち電気変位から生ずると考えたからである）．そしてそれは，二つの理由により，途方もないことであると言える．

　第一に，この新たな変位電流は導体内部の電流とは関係ないが，電流と同じ作用をする．第二に，当時，アンペールの法則をそのような形に変形することを正当化できる絶対的な実験的確証は何もなかった．科学史家たちは，これを説明するために学問的な分析を行ってきた[32]が，私は直接的で単純な説明（簡単に割り切りすぎていることは認めよう）を好む——マクスウェルは天才であり，彼が何をどのように行ったかについて説明を行うことは，望み得ないことである．このことは，結局のところ天才とは何であるか，意外で表面上は不合理なステップを経て，それでもなお正しいステップに至る才能とは何か，ということである．もちろん，あと知恵によって，凡人でもマクスウェルの洞察の飛躍を部分的には説明できるようにはなった（本章末の「技術ノート1」を見よ）．ヘヴィサイドは，「電磁理論のゴルディアス王の結び目［アレキサンダー大王が剣を抜いて切り離したと言われる結び目で，難問の意］を大胆に解いたのは」，（直列のキャパシタのような，見かけは開放状態であるように見える場合でも，すべての電気回路を閉じた回路であるとした）マクスウェルの変位電流の発明 (invention) である，と言っている[33]．

　新たな方程式は，当時よく知られていたように電気的および磁気的な場の伝搬の存在を予言した．その上，この方程式はこの伝搬速度が光の速度に等しいことを示した．マクスウェルはこの一致が偶然の一致とは信じなかった．これこそ，彼が「光はその本質において，電磁気的なものである」と宣言させた一致であった．実際にある歴史家[34]は，これらの二つの出来事が逆の順序で起こったという，興味深い考えを提出している．

> マクスウェルは，どのようにしてこの変位電流を…思いついたのだろうか？
> その答えとして私が示唆することができる最良のことは，こうである：あるときマクスウェルは，磁気的かつ光学的な，エーテルの可能な本性を偶然に発見した…彼の主要な目標は，あらゆる力学的モデルから独立した，真の光の電磁理論を演繹することであった．その後彼は，波動方程式を導くことができるような変位電流の形式を発見するまで，彼の理論をいじくり回した．《引用者の強調》

われわれはこんにち光の電磁波的な性質を示すための極めてドラマティックな手段を手に入れている．現在では，レーザーは空気の絶縁破

壊電位を超えてわれわれも目前でスパークを発生できるほどの電場の強さ(1億V/cm以上)にまで, ビームを収束させることができる. マクスウェルが生きていたらどれほど喜んだことだろうか！

それでもなおそれは理論のために予測すべきことであり, 証明されるべき予測のためのもう一つのことである. ヘルツがついに, 無視できないほどの強力な実験的な確証を提示したのは, マクスウェルの死後10年ほども経った1888年になってからであった. しかし, それ以前には, マクスウェルの理論以外にも, カール・フリードリッヒ・ガウス (Karl Friedrich Gauss) によって初めて提唱され, 後の1846年にウィルヘルム・ウェーバー (Wilhelm Weber) によって継承され, 速度と加速度に依存する力を組み入れた最も注目すべき遠隔作用論的な電気力学的理論が存在した[35]. この競合は, 歯車やラチェットや混乱した機械が鈍い音を発するマクスウェルの難解な表現と同じように, はっきりとした選択を困難にしていた.

しかし, もちろんマクスウェルは勝利した. そして, 科学界のすべての人たちは, 一人の知的巨人が彼らの中にいて仕事をしていたことを知った. ヘヴィサイドは, 彼が死去する直前に, 彼のマクスウェルに対する限りない賞賛と感動を興奮した表現で書き残している[36].

> われわれの一部が生き残り, すべての人類の中に浸透してゆく——少しだけ, そしてすべての自然の中に. これが, 魂の不滅性である. 大きな魂と小さな魂が存在する. 「えせ科学者」の魂はとるに足らず, 殆ど見えない. 事実, その存在は疑わしいものだった. シェークスピアやニュートンの魂は, 途方もなく大きい. そのような人たちは, その死後も彼らの生涯の最高の部分を生き続ける. マクスウェルは, そのような人たちの一人である. 彼の魂は生き続け, これからも末永く成長し続け, これから何百年後も, その光がわれわれに届くまでに何年もかかるような過去の明るい星の一つのように輝き続けるだろう.

後記：ところで, いったい電気って何？

ここまで, マクスウェルの生涯の終りまでの出来事をたどってきたが, ここで, この根本的な問いに答えておくことが適切であると思われる. 不幸なことに, マクスウェル以後においてさえも, 電気の本性についての理解は人類の知識を超えたままであった.

第6章 マクスウェルの電気学

　フランスの偉大な科学者アンリ・ポアンカレは正直に憂鬱な心情を次のように述べている[37].

　　マクスウェルの仕事を厳密に調べていたあるフランスの科学者が，ある日，私に向って，実に深刻に言った．「私には，この本に書かれたことは，帯電した球なるものが意味すること以外はすべて理解できるのだが…」

オリヴァー・ロッジもまた，同じように無愛想に述べている[38].

　　まず，われわれは問う．電気とは何か？　その簡単な答えは，われわれがそれを知らない，ということであることは間違いない．

　しかし，もちろん誰もが疑いを抱いていたわけではない．その1年前の1880年に，ウィリアム・ヘンリー・プリースは，この疑問に対して確信を持って答えている．まず，電気とは，物質か力のいずれかでなければならないと断言した後[39]，彼は彼流の方法で結論を述べた．

　　従って，電気は物質の一形態ではない．ゆえにわれわれの推論によれば，力の一形態である．

プリースは実際にこれよりも僅か前に，熱と光はいずれも力であるべきだ，と断言している．後の1900年には，（土木技術者協会における講義において）次のように断言[40]するに至っている．

　　マクスウェルは，<u>電気と光の同等性</u>《引用者の強調》を，それらがエーテルの中を同じ速度，秒速186,400マイルで移動するということを示すことにより——また同様の波動的な方法で——証明した．

　実際に，プリースは，この講義において驚くべき事柄について述べたが，<u>最も驚くべき</u>は，彼の電気分解についての説明であった．

　　液体状の導体の内部においては，《分子》運動《プリースはこれを電流と呼んだ》が回転状態となる．その結果，遠心力の働きが化学的親和力を上回ることによって分解する《！》．原子は，定められた線上を飛び去り，反対の極の上に集まる．

　こういうたわごとを信じていたのはプリースだけではなかった．同じ年に，著名な電気技術者であったレジナード・フェッセンデン（Reginard Fessenden: ラジオ放送技術における業績で有名になった）は，重力（万有引力）は単に「二次的な電気的効果」であり，「電気および磁気の本質は，いまや明確になったものと考えられる」ことを示した，と宣言した[41].

　この強烈な<u>科学的珍説</u>は，事柄が不可思議であればあるほど，より大きな関心を持たれたということを除いて，一般社会に，殆どロマンティックな情熱をもって反映された．電気は人々の家を照らすこともできたが，

175

同時にそれらを焼き払うこともできた．電気のイメージは，その暗い側面に偏っていた．次の文章は，さらに生き生きとしたヴィクトリア時代のエッセー[42]からのものである．

> 毎日のように電気による死亡記事を読むが，その死亡記事を瞬時に世界中に知らせるのも同じ電気である．電信ケーブルの作業中に避雷用の電線に触れた作業員が，一瞬にして恐れおののいて泣き叫ぶ群衆の上で黒焦げになってぶらさがる（それを見た女性一人が死亡したそうだ）．数日後，金属製の商品陳列棚を移動していた一人の店員が危うく死にそうになった．彼の靴の中では，伸びた足の爪が靴下を突き刺していたが，これが彼の運命を分けたのだった．

電気は，まるで銃弾のように心臓を突き抜けて人を殺すことができた．ただし，銃弾なら親指とその他の指につまんで持って自由に確かめることができるが，電気は一瞬で通り過ぎ，犠牲者以外に何も残さない．そこで，街中の普通の男でさえも，「要するに，電気っていうやつは何なんだ？」といぶかしがる．ウィリアム・トムソンは，その答えのもたら

FUN. [May 3, 1862

UNFORTUNATE FOR BODGER.

W. S. ギルバート（後に，オペラ「ギルバートとサリヴァン」で有名になった）によるこの漫画は，1862年5月3日の *Fun* 誌に掲載されたものである．この漫画の説明として，「新しい鉄製のカラーと腕輪は，なかなかの優れものであるが，ボジャー氏の運命が警告しているように，雷雨の下では絶対に身に付けてはならない」とある．19世紀半ばにおいては，電気はすばらしい（が，同時に少し恐ろしい）ものであって，人はファッションにおいてさえ，その威力を念頭に置かねばならなかったことは，疑うべくもなかった．

す報いを知っていた——彼は1862年に，友人のピーター・テート (Peter Tait) に対して，次のように言っている．「僕に対して電気とは何か説明してくれたら，僕はそれ以外のあらゆることを答えてあげよう」——というわけであるから，マクスウェルから1世紀以上も後の現在のわれわれは，「要するに，電気とは悪魔のことか？」と問うであろう．オリヴァー・ロッジの答えは未だに生きている．誰も答えを知らないのである．おそらくわれわれは永遠に知ることはないであろう．しかし，われわれにはマクスウェルの方程式がある．ヘヴィサイドがかつて言った[43]ように，「古きよきマクスウェル」があるではないか！

技術ノート1：技巧的にはうまく，また，しばしばそのように教えられているが，歴史的には誤っている変位電流の「説明」について

任意のベクトル場（電場，あるいは磁場そのものではない）に対して，回転 (curl) ［原著では回転演算子を "curl" と表わしているが，本訳書では，本章の注25および歴史にかかわる場合以外は，"rot" で統一する］の発散 (diverdence) が恒等的に 0 となることは，数学的には自明な事実である．すなわち，$\vec{F}$ を任意のベクトル場とするとき

$$\vec{\nabla} \cdot (\vec{\nabla} \times \vec{F}) = 0$$

が成立する．多くの電気工学や物理学の教授諸氏は，学生たちに対して，この美しい式を後述する変位電流の「導出」のために使うことに抵抗は感じないであろう（おそらく，教授諸氏の一部でさえ，これが歴史的に正しいと信じておられるであろうが，われわれは，そのような方々は少数であることを望んでいる）．（この誤った物語に従うと），マクスウェルは，アンペールの法則と電荷の保存則は両立できないということに着目した．即ち，アンペールの法則に従うならば，

$$\vec{\nabla} \cdot (\vec{\nabla} \times \vec{B}) = 0 = \vec{\nabla} \cdot (\mu \vec{J}) = \mu \vec{\nabla} \cdot \vec{J}$$

または，常に $\vec{\nabla} \cdot \vec{J} = 0$ が成立する．しかし，電荷の保存則により，

$$\vec{\nabla} \cdot \vec{J} = -\frac{\partial \rho}{\partial t}$$

が成立せねばならない．閉じた回路における定常的な電流（マクスウェルの時代までに研究されていた，唯一の実験的方法）に対しては，ρは一定であるから $\vec{\nabla} \cdot \vec{J}$ は，いずれの場合も 0 に等しい．しかし，定常的でない場合には ρ は変化可能であるから，明らかに何かが正しくない．マクスウェルは天才であったがために，アンペールの法則に対し $\vec{\nabla} \cdot \vec{J}$ が電荷の連続性の要請を満たすように，つぎ足しを行う必要があることに気づいた（この話は作り話であることを思い起こしてほしい）．そこで彼は，第二の項（それを $\vec{D}$ としよう）を付け加えた．すなわち，

$$\vec{\nabla} \times \vec{B} = \mu (\vec{J} + \vec{D})$$

そうすると，

$$\vec{\nabla} \cdot (\vec{\nabla} \times \vec{B}) = 0 = \vec{\nabla} \cdot \mu (\vec{J} + \vec{D}) = \mu (\vec{\nabla} \cdot \vec{J} + \vec{\nabla} \cdot \vec{D})$$

または，

$$\vec{\nabla} \cdot \vec{J} = -\vec{\nabla} \cdot \vec{D}$$

あるいは，電荷の連続性とこれが一致するように，

$$\vec{\nabla} \cdot \vec{D} = \frac{\partial \rho}{\partial t}$$

一方，ガウスの定理から（電気技術者たちが殆どいつも行っているように，時間と空間の微分演算子が交換可能であるものと仮定すると），

$$\frac{\partial \rho}{\partial t} = \varepsilon \frac{\partial}{\partial t}(\vec{\nabla} \cdot \vec{E}) = \vec{\nabla} \cdot \left[\varepsilon \frac{\partial \vec{E}}{\partial t} \right]$$

であるから，

$$\vec{\nabla} \cdot \vec{D} = \vec{\nabla} \cdot \left[\varepsilon \frac{\partial \vec{E}}{\partial t} \right]$$

を得る．これは，必要とされる「つぎ足し項」がまさしくマクスウェルの変位電流

$$\vec{D} = \varepsilon \frac{\partial \vec{E}}{\partial t}$$

に行き着いたことを「示唆」している．

　これは，すべてが実に見事であり，マクスウェルは疑いなくこれを喜

ぶであろう．しかし，私は敢えて繰り返すが，これは彼が実際に変位電流に行き着いた道のりではないのである．さらに，このすべてが歴史的に完全であると述べられ，また，完全であるとされているとすれば，あまりにもまずいことである．なぜなら，この説明は極めて見事である（美しい）からである．経験豊富な歴史家でさえ，この特別な「擬似歴史(quasi-history)」の罠[44]に陥る可能性がある．

技術ノート2：遠隔作用，場，そしてファラデーの電気的緊張状態

マクスウェルは，瞬間的な遠隔作用を受け入れなかった．有限な速度で伝搬する力を伴う遠隔作用（1845年にガウスによって模索された着想である）でさえ，マクスウェルはエネルギーの保存則の侵害となると信じていたため，拒絶した．マクスウェルは，小学校からの旧友ピーター・ガスリー・テート（Peter Gathrie Tait: 彼は本書において，無法者ヘヴィサイドのもう一人の敵として登場するであろう）宛の手紙[45]（1868年3月12日付）において，有限速度の遠隔作用があるとするとき，「君に取り付けられた蒸気機関車のエンジンが，君を空間内に，連続的に速度を増加させて運ぶことができる」ことについて概説を行っている．マクスウェルが説明したように，この機構は何のエネルギー源もなしで，永久に前進し続けるというものである！　彼は，これを不条理であるとして排除し，代わりにファラデーの発案である場の理論の概念を，本章において前述したような数学的な方程式（彼は異なった表記法を用いているが）として展開した．場の理論の基礎となっている基本的な考えは，「何らかの実体(something real)」（しかし，力ではない）が有限な速度で空間を伝わり，かつ，この「何らかの実体」は，偏微分方程式によって表わすことができる，というものである．今日においては，この「何らかの実体」は，（電気的および磁気的な）場である，と一般的に教えられている．アインシュタイン自身これはマクスウェル独自の貢献であると述べている[46]:「特異点を持たない一組の偏微分方程式を満足する場による，物理的な実体の表現」．

しかし実際には，場はマクスウェルにとっては全く主要な実体ではなかった（それはマクスウェルの死後に展開された考えであって，ヘルツとヘヴィサイドによるものである）が，彼が実体であると考えたものはファラデーの

179

「電気的緊張状態」であった．マクスウェルはファラデーと同じように，電磁気的効果は，エーテルの変化した状態の観測可能な結果であるものと信じていた．マクスウェルにとって，この電気的緊張状態の数学的定式化は，われわれ（彼も同様）がこんにち，ベクトルポテンシャルと呼んでいるものである．これは，こんにちにおいては，（ヘルツとヘヴィサイドによる，もう一つの着想である）何らかの物理的な実体ではない，場の計算を行うための単なる数学的手段として，学生たちに普通に使われている．しかし，マクスウェルにとっては，ベクトルポテンシャル[47]は，もっと明確な物理的な意味を持っていた．

ベクトルポテンシャルの働きを知るため，磁荷 (magnetic charge) に相当するものは存在しない，というマクスウェルの方程式を思い起こそう．

$$\vec{\nabla} \cdot \vec{B} = 0$$

そうすると，「技術ノート1」から，任意のベクトル場 $\vec{A}$ に対して，

$$\vec{\nabla} \cdot (\vec{\nabla} \times \vec{A}) = 0$$

が，常に存在する．これは，与えられた磁場 $\vec{B}$ に対して，

$$\vec{B} = \vec{\nabla} \times \vec{A}$$

を満たすような $\vec{A}$ が存在することを意味している．$\vec{A}$ はベクトルポテンシャルと呼ばれる．これは数学以外の何ものでもないが，マクスウェルは $\vec{A}$ が深い物理的な意味を持つことを示した．このことを知るために，ファラデーの誘導法則を表わすもう一つのマクスウェル方程式，

$$\vec{\nabla} \times \vec{E} = -\frac{\partial \vec{B}}{\partial t}$$

をここで呼び戻そう．ベクトルポテンシャルを代入すると，

$$\vec{\nabla} \times \vec{E} = -\frac{\partial}{\partial t}(\vec{\nabla} \times \vec{A}) = \vec{\nabla} \times \left[-\frac{\partial \vec{A}}{\partial t}\right]$$

となり，これは

$$\vec{E} = -\frac{\partial \vec{A}}{\partial t}$$

であることを示唆している．これでわれわれは，マクスウェルが喜ぶ何

か——類推——を行ったのだ．ニュートン力学から，一個の質点の運動量ベクトルを $\vec{P}$ とすれば，質点に作用する力のベクトル $\vec{F}$ は，

$$\vec{F} = \frac{\partial \vec{P}}{\partial t}$$

で与えられる．

電気力学においては，力の法則は，伝搬する $\vec{E}$ 波が電荷 q の粒子の上を吹きぬけるとき，この粒子は力

$$\vec{F} = q\vec{E} = -q\frac{\partial \vec{A}}{\partial t}$$

を受ける．そうすると，類推によって，$\vec{A}$ が運動量に密接に関係しているという結論に，否応なく到達する．何の運動量であろうか？ もちろん伝搬する波動の運動量である！ $\vec{E}$ が伝搬するとき，$\vec{A}$ も伝搬する．よってわれわれは，電磁波は運動量を運ぶと結論できる（このことは，光はそれに当たったものを押す，ということを意味している．これは，太陽からの輻射の圧力を用いて，風を使った帆船のように「太陽光帆走 (solar sailing) によって宇宙空間を旅行するという空想上の概念[48]の背後にある仕掛けである）．伝搬する波動はエネルギーを運ぶ．しかし，マクスウェルは，これらの着想を追求する前に死去してしまったため，それらを発展させる仕事は，ジョン・ヘンリー・ポインティング (John Henry Poynting) とヘヴィサイドに残された．

マクスウェルは $\vec{A}$ を「電気力学的運動量」と呼び[49]，「それは電気理論における基本的な量とさえ呼ぶことができる」，と明確に言った．実際に，現代的な考え方は，場が実体であるというヘルツやヘヴィサイドの観点から顔をそむけて，この着想に回帰しているように思われる[50]．

マクスウェルという人物は，これほどまでにこれらのすべてのことを明晰に見通しており，1世紀後の今日に至るも，われわれは未だに彼から学んでいるというのであろうか！ 私は，テート教授が彼の友人の才能を表現した次の言葉[51]を思い起こさずにはおれない．

> 逆らうことのできない力によって，彼の目標に向って騒がず急がず突き進む，実力のある《一人の》男というものは，（表面上は）それを全く自覚していないものだ——音を立てない，巨大な「ワニ」を，連想させる．

181

「科学の進歩：二階の同居人が，レントゲン線を用いて彼の居間のドアの写真を撮ったときの面白い結果」

ヘヴィサイドやその仲間の科学者たちがX線に関する技術的な問題について討論をしている間の，もっと大衆的な関心は，殆どこの1896年の Punch 誌に掲載されたイラストに示されるようなものであった．もう一つの同じような重要課題は，おそらく婦人の下着を，鉛を使って量産する方法を開発するという必要に関係したものだった！そして，雑誌 The Electrician は「人類の一人一人が，互いの体に銃弾を打ち込むことを専門的に行い続ける限り，これは，打ち込まれた鉛の位置を検査するための簡単な方法として提供するほうがいいだろう...」と見ていた．

注および参考文献

1　H. Hertz, *Electric Waves*, New York, NY: Dover, 1962, p. 21 (原著は1893年刊). ヘヴィサイドは，同じ1893年にEMT 1 (pp. vi-vii) の序文において，同じことを言うために同じ言葉を使っている．

2　*Physical Review*, vol. 11, pp. 60-64. 1900.

3　J. C. Maxwell, *A Treatise on Electricity and Magnetism*, vol. 2, New York, NY: Dover, 1954, p. 175.

4　EP 2, p. 501.

5　*The Electrician*, vol. 16, pp. 227-228, January 29, 1886. EP 2, pp. 25-27 に再掲載．ヘヴィサイドの批判は，vol. 29, p. 433, August 19, 1892 に掲載された．

6　Worcester の大司教，Dr. Richard Bentley に宛てた1693年2月25日付の手紙．I. B. Cohen, *Issac Newton's Papers & letters on Natural Philosophy*, Cambridge, MA: Harvard University Press, 1978, pp. 302-303 に再録されている．

7　「自然は真空を嫌う」という古めかしい形而上学的な主張は，人にエーテルを信じさせるには十分なものであった．言い換えるならば，エーテルによって，真空 (vacuum) という概念は無意味なもの (vacuous) となった（駄じゃれではなく）．オリ

ヴァー・ロッジは，他者の感覚を次のように述べている．「何もない空間は，殆ど存在できないであろう．何らかの物質によって膨らまされない限り，膀胱に針を刺せば，縮んで何もなくなってしまうように」．"The ether and its functions," *Nature*, vol. 27, pp. 304-306, January 25, 1883 および pp. 328-330, February 1, 1883 および S. T. プレストン (Preston) からロッジへの知的な返信 vol. 27, p. 579, April 19, 1883 を見よ．

8 W. D. Niven (Ed.), *The Scientific Papers of James Clerk Maxwell*, vol. 2, Cambridge: Cambridge University Press, 1890, p. 763.

9 D. B. Wilson, "George Gabriel Stokes on stellar aberration and luminiferous ether," *The British Journal for the History of Science*, vol. 6, pp. 57-72, June 1972. 固体状のエーテルは，観測された横波の光を説明するために必要であったが，同様に縦波でエーテルを説明することには妨げとなった．このような波が観測されることによる欠陥は，長い間謎であって，多くの人たちがはじめに考えていたことは，1895 年にレントゲンが極めて波長の短い X 線を発見した時に解決した．レントゲン自身ははじめ，長い間観測されていなかったエーテルの縦波をつきとめたと信じており，また，シルヴァナス・トンプソンは，それを先走って「紫外音波 (ultraviolet sound)」と呼んだ．他の人たちは，「新しい放射線」は，重力を理解するための鍵かもしれないとさえ考えていたし，トーマス・エディソンは，X 線を盲目の人たちの目を再び見えるようにするために応用できると考えていた．マクスウェルの方程式は，横波のみを予測するが，オリヴァー・ロッジは，縦波は「それらの方程式のいくらかの一般化あるいは変形を必要とするような擾乱」ではないか，と推測した (*The Electrician*, vol. 36, pp. 471-473, February 7, 1896)．この変形の仕方について示した一人は，ドイツのプラーグ大学のヤウマン (Gustav Jaumann) 教授であった――彼の数学論文 "Longitudinal light," *The Electrician*, vol. 36, pp. 629-631, March 6, 1896 および pp. 656-657, March13, 1896, pp. 685-688, March 20, 1896 等を見よ．ケルヴィン卿の想像力は，特に「新型の放射線」によって触発され，彼はそれについての奇妙な論文を書いた．(*Mathematical and Physical Papers*, vol. 6, J. Larmor (Ed.), Cambridge: Cambridge University Press, 1911, pp. 54-57 所収の "On the generation of longitudinal waves in ether" を見よ)．注 43 および次章におけるこの論争に対するヘヴィサイドの反応を見よ．

10 W. Thomson, *Mathematical and Physical Papers*, vol. 2, J. Larmor (Ed.), Cambridge: Cambridge University Press, 1884, pp. 28-33 所収の "Note on the possible density of the lumiferous medium and on the mechanical value of a cubic mile of sunlight".

11 S. Goldberg, *Historical Studies in Physical Sciences*, Philadelphia, PA: University of Pennsylvania Press, 1970, pp. 89-125 所収の "In defense of ether: The British response to

Einstein's special theory of relativity, 1905-1911." 英国における最もエネルギッシュなエーテル信者はオリヴァー・ロッジで，彼はそれを実験的に検出しようとしていた．ロッジは彼の自叙伝 (*Past Years*, New York, NY: Charles Scriber's Sons, 1932) の中で，それらの実験は彼の生涯において「最も重要なもの」であったと書き (p. 195)，さらに彼の「エーテル回転装置」の写真を示している（p. 200 の反対側）．これは，かなり大型の装置で，ロッジがその中に座れるほどのものであった．この写真を見たときの衝撃は，H. G. ウエルズのタイムトラベラーが 802701 年へのタイムトラベルの旅に飛び出すのを見る時に似ている．もちろん，彼の実験は間違ったものであった．J. J. トムソンは，1896 年のリヴァプールにおける B. A. 会議において，「あなた方は，おそらくエーテルを運動している状態に置こうとしたロッジ教授による英雄的な試みと，それに対してエーテルがどれほど抵抗したかということについて，よくご存知と思う」と述べた——*The Electrician*, vol. 37, pp. 672-675, September 18, 1896 を見よ．もちろん，ヘヴィサイドはロッジの努力に対して同情を示し，1893 年 10 月 30 日にロッジに宛てて，彼が未だに「科学における難解な問題」に関心を持っている「精力的な人たちの時代」にいることを喜んでいることを表明する手紙を書いている——B. Hunt, "Experimenting on the ether: Oliver J. Lodge and the great whirling machine," *Historical Studies in the Physical and Biological Sciences*, vol. 16, part 1, pp. 111-134, 1986.

12 　EMT 1, p. 321.

13 　EP 1, p. 433. この一節は，*The Electrician*, vol. 14, p.150, January 3, 1885 に，初めて示されたものである．*Electrical Papers* に再録されたとき，ヘヴィサイドの次のきわどい言葉は削除された．「光の横波の伝搬におけると同様に，エーテルが弾性のある固体のような挙動をすると考えることは容易である．われわれは，いつかは知ることができるであろう．しかし，そうでないとすれば，それが何だというのだろうか？ われわれが，それがどうであるかを知っているかどうかにかかわらず，物事は全く同じように進んで行くものである．哲学者たちが奮闘していることが，何と空しいことであろうか．背後に知ることができない無限の空白がある場合は，それは『科学ではなく，いわゆる間違い』なのではないのか？ さらに，空白について言うならば，空間にはいつかわれわれが到着し，すべての理論が混乱するような，大きな空白は存在しないのだろうか？」．こんにちの天文学者たちが，明確にヘヴィサイドと同じ精神状態にあり，すべての理論が崩壊する，空間の中の大きな空白——現在彼らが「ブラックホール」と呼んでいる——について，未だに疑いを持っているということは，奇妙なことである！

14 　EP 1, p. 420.

15　L. P. Williams, "Faraday's discovery of electromagnetic induction," *Contemporary Physics*, vol. 5, pp. 28-37, October 1963. 磁気がどのようにして電気を生成することができるかということの発見（エールステッドの発見の逆）は，そのような効果を1822年まで探索し続けていた，かの偉大なアンペールでさえ見失っていたことであった．この期間のすべてにわたって，アンペールとファラデーは極めて友好的な関係にあり，定期的な文通を行っていた．K. R. Gardiner and D. L. Gardiner, "Andre-Marie Ampere and his English acquaintances," *The British Journal for the History of Science*, vol. 2, pp. 235-245, June 1965 を見よ．

16　これは L. P. Williams の実に面白い小論文，"The historiography of Victorian science," *Victorian Studies*, vol. 9, pp. 197-204, March 1966 の書き出しの一節である．

17　H. T. Sharlin, *Lord Kelvin*, University Park, PA: The Pennsylvania State University Press, 1979, p. 16. 興味深い個人的な洞察は A. Kent, "Lord Kelvin, The young professor," *Philosophical Journal*, vol. 5, pp. 47-53, 1968 に見られる．

18　ジョージ・グリーン：George Green (1793-1841) は，ノッティンガムのパン焼き職人の息子として生まれ，数理物理学においてグリーンの定理やグリーンの関数などのいろいろな形で，彼の名前が付けられた業績を残した．しかし，それにもかかわらず，現在においてグリーン自身のことについて，読者に対して何かを語っている教科書の著者はいないといっても過言ではあるまい．公に讃えられることがないこの天才についての唯一の詳しい伝記的な描写は，H. G. Green による *Studies in Essays in the History of Science and Learning in Honor of George Sarton*, New York, NY: Henry Schuman, 1944. pp. 545-594 所収の "Biography of George Green" に見ることができる．グリーンの業績の偉大さの評価は，Sharlin（注17）pp. 54-57 にある．

19　*Historicai Studies in the Physical Sciences*, vol. 10, Baltimore, MD: The Johns Hopkins University Press, 1979, pp. 49-83 所収の M. N. Wise, "William Thomson's mathematical route to energy conservation: A case study of the role of mathematics in concept formation." ラグランジュは，万有引力の計算の初期において，スカラーポテンシャルの同じ使い方をしていた．以後の Wise の論文，"The flow analogy to electricity and magnetism, Part I: William Thomson's reformation of action at a distance," *Archive for History of Exact Sciences*, vol. 25, pp. 19-70, 1981 には，電気の流れと熱流の類推についての研究が含まれているが，これも参照されたい．

20　ベクトル微分演算子 $\vec{\nabla}$ は，ナブラ (Nabra) と呼ばれ，マクスウェルによって名づけられたものである（同じ形の古代エジプトの竪琴に因んでいる）．ヘヴィサイドは一度，「怒りの (vex) 演算子」と呼ぶことを示唆したことがある！　教科書に示さ

れているように，Vを三次元の関数であるポテンシャルであるとするとき，$\vec{\nabla} V$は
ベクトルである．$\vec{\nabla} V$に対して$\vec{\nabla}$を二度作用させると，<u>Vのスカラー・ラプラシア
ン</u>と呼ばれる，新たなスカラー関数$\vec{\nabla}^2 V$が導かれる（それはVの二次偏微分の代数
和に等しい）．それは，数理物理学と電気工学において数えきれないほど出現する演
算操作である．ヘヴィサイドが書いているように (EP 2, p. 531)，「物理的な数学の大
部分は，$\vec{\nabla}$の数学である」．マクスウェル自身は，$\vec{\nabla}^2 V$にマイナス符号をつけたも
のを，Vの「集中：concentration」と呼んだ．極めてすばらしい歴史的な記述が，J. E.
McDonald, "Maxwellian interpretation of the Laplacian," *American Journal of Physics*, vol. 33, pp.
706-711, September 1965 にある．

21　*Mathematical and Physical Papers*, vol. 1, J. Larmor (Ed.), Cambridge, Cambridge
University Press, 1882, pp. 521-533 所収の "On the mechanical values of distributions of
electricity, magnetism, and galvanism."

22　しかし，マクスウェルによる電気についての独創的で特殊な物理的可視化
は，大半が捨て去られて<u>しまった</u>．これは，エーテル概念の破棄と電子の発見，す
なわち電荷は微小な離散的量に由来するという発見によるものである．この概念上の
変遷について巧妙に書かれた報告，J. Z. Buchwald, *From Maxwell to Microphysics*, Chicago, IL:
University of Chicago Press, 1985 を見よ．

23　例えば，A. F. Chalmers, " Maxwell's methodology and his application of it to electro-
magnetism," *Studies in History and Philosophy of Science,* vol. 4, pp. 107-164, August 1973
および P. M. Heimann, Maxwell and the modes of consistent representation," *Archiv for
History of Exact Sciences*, vol. 6, pp. 171-213, 1970 を見よ．Chalmers の記述は非常に
数学的であるのに対し，Heimann は，ほんのわずかな数式を用いて，極めて巧妙に
扱っている（脚注においても同様）．この二編の非常に長い論文は，一気に読める
ような類のものではない．私は，「急いで読みたい」読者のためには，A. M. Bork,
"Maxwell and the electromagnetic equation," *American Journal of Physics,* vol. 35, pp. 844-
849, September, 1967 をお奨めする．この論文は，われわれの用いている現代的な記
号の使用法と，マクスウェルが実際に使った記号の対比を行っている．

24　私が「磁荷が存在しない」という場合に意味していることは，それがまだ観測
されていない，ということである．もしも「磁荷」（モノポール monopole と呼ばれる）
が存在するとした場合にわれわれがすべき全てのことは，$\vec{\nabla} \cdot \vec{B}=0$の右辺を変更する
ことである．実は，ヘヴィサイドがまさしく行った通りにマクスウェルの方程式を
書いたときは，「マグネトン magneton」と彼が呼んだ磁荷が存在すると想定しつつ，
解析の結末においてこの磁荷の値を 0 と置いた（彼は，対称的に見える式を好んだ

ために，このようにしたのである）──彼はこれを，方程式の「二重 duplex」表示と呼んだ(EP 1, p. viii および EMT 3, pp. 57-58 を見よ）．このような研究手法は，ポール・ディラック (Paul Dirac) のモノポール理論に，重要な影響を与えた可能性がある（ディラック ── 量子力学における業績により，1933年度のノーベル物理学賞を受賞した ── は，電気工学を学士課程で学び，ヘヴィサイドの著作に親しみ，その大いなるファンでもあった）．J. Hendry, "Monopoles before Dirac," (*Studies in History of Science*, vol. 14, pp. 81-87, March 1983) は, H. Kragh, " The concept of monopole. A historical and analytical study" (*Studies in History and Philosophy of Science,* vol. 12, pp. 141-172, June 1981) に対する回答として書かれたものである．ディラックにとってのモノポールへの魅惑は，<u>全宇宙のどこかに存在するたった1個のモノポールの存在が</u>，なぜ電気は離散的な塊(電子の電荷)の形で存在するのかということを説明する，彼の証明からくるものであった──例えば，J. Schwinger, "A magnetic model of matter," *Science*, vol. 165, pp. 757-761, August 22, 1969 を見よ．

25　　$\vec{\nabla}$はベクトル演算子(注20)であるから，場のベクトルとドット積（スカラー積）をとる（そうすると，$\vec{E}$ と $\vec{B}$ に対する二つの発散表示を与える）ことも，乗算（ベクトル積）をとる（そうすると，二つの curl 方程式，アンペールとファラデーの法則を与える）こともできる．curl なる言葉は，マクスウェルによる．発散の方程式は，ベクトルの方向に沿う場のベクトルの空間的な変化率を表わし，一方，curl 方程式は，ベクトルの方向に<u>垂直な</u>方向の空間的な変化率を表わしている．これは，電流が磁場を発生することを意味していることを説明している── 0 でない $\vec{J}$ は, 0 でない $\vec{B}$ の curl を（従って，拡張することによって，0 でない $\vec{B}$ も）意味している．

26　　Sir Joseph Larmor (Ed.), *Origins of Clerk Maxwell's Electric Ideas,* Cambridge: Cambridge University Press, 1937, pp. 17-19.

27　　例えばオリヴァー・ロッジは,議論百出の1888年のB. A. 会議(そこではプリースは目立っていた）がどんな様子であったかについて回想している．そこではマクスウェルの理論によって予測された電磁波のヘルツによる発見が公表され,「それまでマクスウェルの理論に敵意をもっていたケルヴィン卿が，それに反対して動揺を与えようとし始め,《マクスウェルの『電気磁気論』の》第二巻を腕に抱えて歩き回り，時折フィッツジェラルドに，その一節についての説明を促した．その理論は彼自身の認識と全く相容れなかったので，マクスウェルが彼よりも若く，その先輩から多くの知識を吸収していたことを認めるとしても，彼は決してマクスウェルの熱烈な支持者ではない，と私は言わざるを得ない」．*Advancing Science,* New York, NY: Harcourt, Brace, 1932, p. 98 からの引用．フィッツジェラルドは，その前に "Sir Wm.

Thomson and Maxwell's electromagnetic theory of light," *Nature*, vol. 32, pp. 4-5, May 7, 1885 という批判的な評価を書いていたので，その場における助言者としての役は適任であった.

28   D. F. Moyer, "Continuum mechanics and field theory: Thomson and Maxwell," *Studies in History and Philosophy of Science*, vol. 9, pp. 35-50, March 1978.

29   L. P. Williams, *The Origins of Field Theory*, New York, NY: Random House, 1966, p. 122. この論点に対する三編の優れた論文は, J. Turner, "A Note on Maxwell's interpretation of some attempts at dynamical explanation," *Annals of Science*, vol. 11, pp. 238-245, 1956; M. J. Klein, "Mechanical explanation at the end of the nineteenth century," *Centaurus*, vol. 17, pp. 58-82, 1972 ; D. R. Topper, "Commitment to mechanism: J. J. Thomson, the early years," *Archiv for History of Exact Sciences*, vol. 7, pp. 393-410, 1971 である.

30   R. Kargon, " Model and analogy in Victorian science: Maxwell's critique of French scientists," *Journal of the History of Ideas*, vol. 30, pp. 423-426, July-September 1969.

31   J. Larmor (Ed.), *Memoir and Scientific Correspondence by the late Sir George Gabriel Stokes*, vol. 2, Cambridge: Cambridge University Press, 1907, pp. 25-26. ヘヴィサイドの言葉は，EP 1, p. 423 および AN, February 28, 1895, p. 413 に見ることができる.

32   J. Bromberg, "Maxwell's displacement current and his theory of light," *Archiv for History of Exact Sciences*, vol. 4, pp. 218-234, 1967 ; A. M. Bork, "Maxwell, displacement current, and symmetry," *American Journal of Physics,* vol. 31, pp. 854-859, November, 1963; および D. M. Siegal, "Completeness as a goal in Maxwell's electromagnetic theory," *Isis*, vol. 66, pp.361-368, September 1975.

33   EMT 1, p. 29.

34   A. F. Chalmers, "Maxwell and the displacement current," *Physics Education,* vol. 10, pp. 45-49, January 1975.

35   A. E. Woodruff, "Action at a distance in nineteenth century electrodynamics," *Isis,* vol. 53, pp. 439-459, 1962 および彼の後の論文 "The contributions of Hermann von Helmholtz to electrodynamics," *Isis*, vol. 59, pp. 300-311, 1968.

36   E. J. Berg, "Oliver Heaviside, a sketch of his work and some reminiscences of his later years," *Journal of the Maryland Academy of Sciences,* vol. 1, pp. 105-114, 1930.

37   J. Bromberg, "Maxwell's electrostatics," *American Journal of Physics*, vol. 36, pp. 142-151, February 1968 からの引用. 電気学に対するマクスウェルのモデルについての分析と，それらのしばしば混乱させられる側面については, P. M. Heimann, "Maxwell,

Hertz, and the nature of electricity," *Isis,* vol. 62, pp.149-157, 1971 にある.

38   "The relation between electricity and light," *Nature*, vol. 23, pp. 302-304, January 27, 1881.

39   "The nature of electricity," *Nature*, vol. 21, pp. 334-338, February 5, 1880.

40   *The Electrician*, vol. 45, pp. 18-20, April 27, 1900. 科学史家は,過去における無知を笑う者達を軽蔑することを当然であるとするが,プリースのこのコメントは,この犯罪の現場に立ち会った人たちにとっても馬鹿げたものであると見られたし,4月27日の *The Electrician* の社説も,プリースのこの言明をからかうことで占められていた.

41   "An explanation of gravitation," *Electrical World and Engineer*, vol. 36, pp. 478-479, September 29, 1900.

42   C. W. Vincent, "The dangers of electric lighting," *The Nineteenth Century,* vol. 27, pp. 145-149, January 1890.

43   "On compressional electric or magnetic waves," *The Electrician*, vol. 40, pp. 93-96, November 12, 1897 : EMT 2, pp. 493-506 に再録.冒頭の部分は,X線論争(注9)に対する彼の反応である.「マクスウェルの理論においては,音波に類似した縦波は存在しない」.

44   H. G. J. Aitken, *Syntony and Spark : The Origins of Radio*, Princeton, NJ: Princeton University Press, 1985, p. 2.

45   A. Koslow (Ed.), *The Changeless Order*, New York, NY: George Braziller, 1967, pp. 245-246.

46   *James Clerk Maxwell, a Commemoration Volume 1831-1931*, New York, NY: Macmillan, 1931, pp. 67-73. ファラデーからアインシュタインに至る「電磁場」の概念の進展についての極めて興味深く非常に詳細な分析は,N. J. Nersessian, "Aether/or: The creation of scientific concepts," *Studies in History and Philosophy of Science*, vol. 15, pp. 175-212, September 1984 にある.

47   A. M. Bork, "Maxwell and the vector potential," *Isis*, vol. 58, pp. 210-222, 1967, および P. F. Cranefield, "Clerk Maxwell's corrections to the page proofs of 'Dynamical theory of the electromagnetic field'," *Annals of Science*, vol. 10, pp. 359-362, 1954.

48   光は「薄っぺらなもの」のように思われるため,それが物を押すということや,少なくとも非常に強く押すことを想像することは,おそらく困難であろう.さらに太陽による地球への放射の力は,約 100,000 トンという驚くほどの大きさである.これを例えるならば,荷物を満載した航空母艦と同程度である!

189

49　J. C. Maxwell, *A Treatise on Electricity and Magnetism*, vol. 2, New York, NY: Dover, 1954, p. 187 & p. 232.

50　例えば，ファインマンは次のように書いている．「量子電気力学の一般的理論においては，ベクトルおよびスカラー・ポテンシャルが，基本的な量である．$\vec{E}$ および $\vec{B}$ は，物理法則の現代的な表現からはゆっくりと消えつつある」── *Lectures on Physics*, vol. 2, Reading MA: Addison-Wesley, 1964, p. 15-14 を見よ．ヘヴィサイドは $\vec{A}$ を強く拒絶し，1888 年に書かれたオリヴァー・ロッジ宛の手紙において，「マクスウェルの怪物を殺したい」と書いている．B. J. Hunt, *The Maxwellians* (Ph. D. dissertation), Baltimore, MD: The Johns Hopkins University, 1984, pp. 116-117 を見よ．

51　これは，*Nature* (vol. 7, pp. 478-480, April 24, 1873) 所収の，マクスウェルの『電気磁気論』の無署名書評からのものである．しかし，マクスウェルの死の数年後，テートは友人のライフワークについて，別の *Nature* 誌への評論を書いた (vol. 21, pp. 317-321, February 5, 1880)．テートは彼の感情的苦痛を感動的に表現して，この評論を次のように結んだ．「彼の早逝が，単に彼と親しかった友人やケンブリッジ大学，そしてすべての科学界に対してだけでなく，特に近年における無益なおしゃべり，擬似科学，そして唯物論の真っ只中にある，特に良識と真の科学，そして宗教そのものの大目的にとって如何に大きな損失であるかということを，私は言葉では適切に表現できない：しかし，彼のような人たちは，決して無益な生き方をしていなかった．そして，少なくとも一つの意味において，彼らは死滅することはない．クラーク・マクスウェルの精神は，今も彼の著作の中でわれわれとともに生きており，彼の教えや事例から霊感を受けた人たちの口から，次の世代へ語り継がれる」．

訳注

1*　鏡像法 (The method of images) は，静電気学において，電荷がいくつか存在して零電位面が存在する場合に，この零電位面を光学の鏡面に対応させて，それぞれの電荷の影像に相当する位置に反対符号の電荷を置くことによって，もとの電荷が作る電位分布が求められるという原理にもとづく計算方法である．金属外皮で覆われた多芯電話ケーブル内の電線の単位長あたりの静電容量は，金属外皮を零電位面とみなし，この方法にもとづいて計算される．

第7章　ヘヴィサイドの電気力学

私がマクスウェルについての私の解釈に従って，福音の伝道を行っていることが理解されるだろう．　　——オリヴァー・ヘヴィサイド，EP2，1888年

私は，ヘルツはマクスウェリアン[1*]の一員になろうとして学んでいたにもかかわらず，マクスウェリアンではないと思っています．私の言うマクスウェリアンとは，私が解釈したようにしてマクスウェルに続く者のことです．
　　——オリヴァー・ヘヴィサイド，1888年のG.F.フィッツジェラルド宛の手紙

太陽には黒点がある．マクスウェルの電気磁気論に多くの欠陥があっても不思議はない．　　——オリヴァー・ヘヴィサイド，EMT1，1891年

この著者は，どのような現役の研究者たちよりも電磁気理論に対する明晰な把握と洞察を持っている．
　　——*The Electrical Engineer* (New York)，1894年に掲載されたEMT1の書評

「思考の奇怪な海（strange sea of thought）」へのオリヴァー・ヘヴィサイド氏の孤独な航海を追跡する能力は，僅かな人たちにしか与えられていない．しかし，われわれの大半は，彼がさらなる理論的研究の遂行のために必要な，新たな実用上の準備のために共通理解という港に立ち寄ったとき，彼に追いつくものの彼をちらりとしか見ることができない．目的が果たせたならば，彼は再びすばやく海に出る．われわれのうちの何人かは，僅かな距離を保とうとして彼の後を非力ながらも猛然と櫂をこぐが，たちまち置き去りにされてへとへとになり，われわれ自身の労力が発生した霧の中を通り，やっとの思いで陸地に戻る道を探す．　　——「エレクトリシャン」，1903年

今や，全てが一つの理論の中にまとまっており，主要な方程式は，手帳の1ページに書き込める．これが得られたのは，第一にマクスウェル，次にヘヴィサイドとヘルツのおかげである．

———H．A．ローレンツ，カリフォルニア工科大学での講義，1922年

1891年，ヘヴィサイドはマクスウェルの理論に関する彼の研究を，一編の論文にまとめた．それは1892年に王立協会によって発表された．これこそ，ヘヴィサイドが著した論文中，最も重要で最も野心的なものであった．かつてこの世に生まれた誰も，それを完全には理解できたものはいない．

———W．E．サンプナー（Sumpner），ヘヴィサイド神話を
ひろめる手助けとなった1932年のケルヴィン講演

無神論者の帰依

ヘヴィサイドは，「福音の伝道」，と感じていたようだが，マクスウェルの死後しばらく経つと，伝道集会の規模は極めて限られたものとなった．マクスウェルの理論が科学界で雷鳴のように轟いたというわけにはいかなかった．大陸のドイツとフランスの科学者たちは，電気力学の理論的取扱いについての独自の着想を持っていた[1]．ウィリアム・トムソンは，（前章において述べたように）マクスウェルの着想をまるで信じていなかったし，（プリースのような）数学的才能のほとんど無いような者たちは，どうあがいてもマクスウェルを理解できるはずがなかった．

しかし，懐疑的に検討した上でマクスウェルの新理論の威力を最終的に理解できただけの，解析的能力を持ち合わせた人物もいた．この興味深く重要な飛躍の一例は，ヘヴィサイドの友人でもあった，ダブリンのトリニティー・カレッジのフランシス・フィッツジェラルド教授によるものである．フィッツジェラルドは，1879年11月には変位電流に関連して，次のように述べている[2]．

>…しかし，それら《変位電流》は，どのような方法であれ，充電された固定あるいは可動の導体から成る任意の系において互いに放電しながら発生するであろうが，系の外側に空間を通って伝搬されるような波動の擾乱を引き起こすことはありえないだろう．

二年後のほとんど同じ日，相変わらずの悲観論者であった彼は，次のように表明した[3]．

>光以外のどんな現象でも，マクスウェルが仮定したような変位電流が観測できるか否かについて注目することは意義深いかもしれない…．変位電流のそのよ

第7章 ヘヴィサイドの電気力学

うな効果が観測されるまで,理論全体は未解決であろう.

しかし,数ヵ月後(1882年5月),彼はほとんど完全に180度の転向をした(フィッツジェラルドは1889年のヘヴィサイド宛の手紙の中で,彼の昔の着想を呼び戻し,それらを「少し馬鹿げた考え!」と呼んで,次のように述べている[4]).

> …マクスウェル理論の方程式は確かに…エネルギーが徐々に媒質の中に移動するという…結論が導かれます….

彼はまさに,「十分に速い交流電流を得るために,低い抵抗の回路を通してコンデンサを放電すること…」と記して,マクスウェルの「伝搬する擾乱(電磁波)」を発生するための実験的手がかりを示唆していた.フィッツジェラルドのマクスウェリアンへの転向は,1883年に完了した.その年,彼はおそらくもっとも短く,重要な技術論文の中で,波長が10mの電波を発生するためにライデン瓶の放電を利用できるであろうと予言した.さらに彼は計算を行い[5],小さな円形のアンテナからの放射は,周波数の4乗で増加することを示した.10年後にヘヴィサイドが述べた[6]ように,フィッツジェラルドがヘルツの実験以後最終的に納得した他のすべての人たちのもとに来た後に,本当の「電気のブーム」が起こった.しかし,ヘヴィサイドはまた,そのような実験的確証は重要であるが(私自身は,「決定的である」と思うが),「他の確証が,論理的精神にとっては納得できるものである」と言っている.その意味は,マクスウェルの理論の数学的な美しさの根底にある説得力こそが,ヘヴィサイドを納得させるに十分だということである.彼は1891年に,次のように書いている[7].

> …マクスウェルの理論の本質を注意深く考察してその結論を注視し,それによって如何に合理的に《ヘヴィサイドの強調》ほとんどの電気磁気の現象が説明できるか,また,それがどのようにして,既知の光の現象を(紙の上の)近似的に満足いくよう説明できるかを知った者にとって,ヘルツの実験は——いくらか意表をつかれはしたが——起こるべくして起こったと考えられた.

さらに,これとほぼ同じ時期には[8],

> マクスウェルの理論は,もはや証明前の可能性だけの紙上の理論ではない.電磁波が実在することが,実験によって完全に証明された….

と書いている.それよりも前,ヘルツ宛の手紙(1889年7月13日付)においてさえ,彼は次のように書いている.

> 私は,マクスウェルの理論が全く正しくて,われわれはそれを立証しようとす

るべきではなく，逆にそれを他の分野へ応用すべきであるとみなしているほどです！ すなわち，マクスウェル理論が真実であるとみなし，そこから理論も実験も，また物理定数も得るのです．

しかし，ヘヴィサイドが，はじめにマクスウェルの理論の強力さを認識することにおいてフィッツジェラルドに先んじていたにせよ，フィッツジェラルドは，その欠陥を認識することにおいて彼の友人よりももっと柔軟性を示していた．ヘヴィサイドは，終始マクスウェリアンであった．しかし，フィッツジェラルドは，事物がどう働くかという彼の構想を検討し尽くした後，世紀の替り目になってから，ジョセフ・ラーマーが導入した電子の概念に到達した（彼は電子が一種のエーテルの特異点である

フリート・ストリートに沿ってラジェート・ヒル (Ludgate Hill) に向うて見た光景（セントポール大聖堂のドームがはっきりと見える）．「エレクトリシャン」のオフィスから外を見たときの光景が，殆どこのようであったに違いない．この地域は，毎日，毎週，毎月，2000 部もの出版物（劣悪な 1 ペニーの扇情的小説 (Penny Dreadful) や，キワモノ小説 (Shilling Shocker)，ヴィクトリア時代の中流階級が好んだホラー雑誌などを含む）の拠点であったが，ロンドン大空襲［1940 年 7 月から翌年 5 月まで続いた，ナチスによる空爆］とその後も最も激しい爆撃を受けた地域である．（1872 年のドレ Dore 作の木版から）

第7章　ヘヴィサイドの電気力学

と考えたのに対し，帯電した粒子であるという現代的な考えは，J. J. トムソンとヘンドリック・ローレンツ 1853-1928 によるものである）．一方，ヘヴィサイドは，われわれがこれから見るように，このヴィクトリア時代の着想，すなわちマクスウェリアンを超えた巨人の一歩を進めることができなかった．例えば，フィッツジェラルドは，ヘヴィサイド宛の手紙（1893年12月27日付）において，原子は「人間の発明である」というヘヴィサイドの言葉を引用して，彼に返している．ヘヴィサイドは，ある意味では知性的な面で19世紀というわなに陥っていたといえよう．

雑誌エレクトリシャン

　ヘヴィサイドは，二重の気まぐれなタイミング（ヘヴィサイドの出発[2*]とマクスウェルの早逝の日付）によって，マクスウエルによって投げられた手綱を掴むことができた初めての一人となった．既に見たように，ヘヴィサイドは1879年に何度か論文を発表し，さらに1882年には，雑誌エレクトリシャンとの長い期間にわたる，驚くほど実り多い協力関係を開始した．実際にヘヴィサイドは，雑誌がはじめにつまずいた後に復刊され始めた直後の1878年のエレクトリシャン誌上に初めて登場した[9]．初めての論文は，「フィロソフィカル・マガジン」に発表されたものの再掲載であった．これに続く20年以上にわたり，彼は独創的な研究を携えて，はるかに多くの回数，その誌上に現われた．同じ雑誌において電気理論とその実用問題についての発展に重要な役割を果たした多くの偉大な人物としては，ロッジ，フィッツジェラルド，S. P. トンプソンらがおり，一度はあの偉大なマクスウェル自身も寄稿している[10]．

　「エレクトリシャン」は，週刊の実業雑誌で，「ネイチャー」や「フィロソフィカル・マガジン」のような純粋な科学雑誌ではなかった．その主な読者層は，電気機器製造会社，現役の技術者，そして関心を持つ門外漢（と，にわか評論家）などであって，専門的科学者や学術的研究者は含まれていなかった．但し読者ではあったかもしれない．その記事は普通，電気的な事項に関係した日常活動（最新の感電事故，倒産，破産を扱った法廷活動など）や，電気技術者たちが関心を持つ業務を行う会社の決算報告などであった．また，最新の外国における電気事業従事者の殺人事件の報告（最新の報告は東アフリカのモンバサで殺人事件に遭遇した電信技術者ト

ム・ロンドン氏の報告で，1907-8年にかけて，5人の殺人者たちが短刀で刺殺した現場で絞首刑になるまで，連続ドラマさながらに連載された），読者からの質問欄[11]，「学生」向けの個人指導，評論，そして社説などだった．通常，これらの社説はその時点で関心の高い実用的な事柄について書かれていたが，国家主義的で，男性優位の文化に偏向していたヴィクトリア時代の英国を反映していたことは，驚くべきことではなかった．

　オリヴァー・ヘヴィサイドがこれらすべてをどのように考えていたかということは，よく分かっていない．重要なことは，雑誌社が彼の原稿料としていくら支払っていたか，ということである．明らかにこのことは，勤め先のなかったヘヴィサイドにとって，重要な報酬であった．しかし，彼の友人の何人かは，彼の高度に技術的な論文を，そのような商業志向の雑誌に掲載するという「英断」に対して，まだ疑念を抱いていた．例えばオリヴァー・ロッジは，1888年にヘヴィサイドに宛てて，「そこは，それら（論文）を発表するのには適しているとは，とても思えません」と書き，さらにロッジ自身が，「エレクトリシャン」に寄稿することは「ほとんど紙の浪費です」と書いている．これについてのヘヴィサイドの論法[12]は，極めて単純なものであった．「私は，できる限り多くの論文を発表しようとしただけのことです」．さらにヘヴィサイドがEMT1をフィッツジェラルドに送った後，フィッツジェラルドは次のように返信した（1894年1月4日付）．

　　ご親切にもあなたの著書のコピーをお送りいただき，誠にありがとうございました．あなたの論文の集成を，このような形で入手できたことは，大変喜ばしいことです．これは，燃焼のための酸素を得るようなものです．一般的に言って，「エレクトリシャン」の窒素で薄められた場合よりも，はるかに活気に満ちたものとなります．

　しかし，後に明らかになるように，「エレクトリシャン」なくしては，この書物（EMT）の存在は絶対にありえなかった．

　1881年3月，この雑誌のオーナーであったイースタン電信会社の会長のジョン・ペンダーは，大衆的なクライテリオン (Criterion) レストラン[13]に，スタッフと寄稿者たちを夕食会に招いた．その後数多く開催されたこの夕食会の第一回目に出席したのは，オリヴァー・ロッジ，デズモンド・フィッツジェラルド，ジョン・ペリー，デイヴィッド・ヒューズ，ラティマー・クラーク，ウィリアム・プリースらであった．これらの全員は，ヘヴィサイドの業績に大きな関心を持ち，もしも彼に会えたならば，

第7章　ヘヴィサイドの電気力学

援助したに違いなかった（プリースでさえ，はじめの頃はそうであった）．もちろんヘヴィサイドは，彼の家族の集まり以外のどのような公的な集まり[14]にも決して出席しなかったが，そのことは，彼自身にとって大きな損失であった．ピカデリー・サーカスにおけるかなり昔の夕食会には，ヘヴィサイドの生涯にとって極めて重要な役割を果たすことになる「エレクトリシャン」の編集者，チャールズ・ヘンリー・ウォルカー・ビッグスが参加していた．ビッグスは，1884年にヘヴィサイドに顔を見せるように個人的に懇願したが，無駄に終った．彼は1884年4月22日付の手紙の中で，「昨年，あなたはお越しくださいませんでした．今年こそはぜひ来られて，個人的にお会いできないでしょうか．私は，多大の好意を以ってあなたを尊敬し，…」と書いた．しかし雑誌側は，その年の夕食会にもまたヘヴィサイドが出席しなかったことを失望する記事を載せることしかできなかった．

　ビッグスは「ダイナミカブルズ (Dynamicables)」（はじめは，エレクトリック‐アーク・エンジェルス The Electric-Arc Angeles と呼ばれた！）において積極的な役割を果たした．これは1883年から始まった電気技術者たちの小さな集まりで，そのメンバーはビッグスの他に，デイヴィッド・ヒューズ，ラティマー・クラーク，フリーミング・ジェンキン，プリース，アンブローズ・フレミングらがおり，その主な目的は，「集まって一杯やる」ことであった．1884年の会長はサー・ウィリアム・トムソンで，彼は死ぬまで活発な会員であった．会則には，年会費1/2ギニー（1880年代においては，さほどの金額ではなかった）を支払うことが義務付けられており，例会においては，喜んで自前で晩餐の代金を支払うことになっていた．ビッグスはおそらく，ヘヴィサイドをその会に参加するように勧めても，ほとんど無駄であることを知っていたことであろう．少なくともそのような招待の記録は残されていないし，ヘヴィサイドは間違いなくそれを無視したであろう．

ビッグス氏の重要性

　科学者の仕事の発表における専門的な編集者の役割は裏方であって，出版という行為において意味を持つ．編集者による提案は重要ではあるが，一般的には，100年を経ればそれは歴史的な関心事ではなくなる．しかし，C. W. ビッグスは，一般的にはヘヴィサイドの公平な擁護者で

あると同時に，おそらくは批判的編集者であるという，ヘヴィサイドにとって，単なる編集者以上の存在であった．強力な既成権力はヘヴィサイドを沈黙させようとしつづけており（この件については，次章で詳しく論ずる），ビッグスの仲裁なくして，この両者は自らの要求を叶えられなかったに違いない．事実，これはビッグスにとっては彼の仕事を犠牲にするものであった．ビッグスが深刻な対立をものともせずにヘヴィサイドの支持者となったその理由は明らかではない．彼は，明らかに表面的にはフリート・ストリート (Fleet Street) にあった彼の事務局に届いた，ロンドンのみすぼらしい一角に住む，正体不明の会ったこともない（ヘヴィサイドが「エレクトリシャン」のいかなる関係者とも会おうとしなかった強い理由が存在する）寄稿者の原稿に潜む天才を認知できそうには見えなかった．

ビッグスは，1878年に「エレクトリシャン」に携わるようになる前は，家庭教師として働き，子供向けの文法書の執筆を行っていたが，電気的なことに関わったことはなかった．おそらく彼は，毎週定期的に雑誌を刊行するために必要な文章作成能力と，管理手腕を買われて採用されたのであろう．何年か後には，おそらく編集者としての在職中に学んだことにもとづいて，電気学に関する何冊かの教科書の編纂と執筆を行っている（そのいずれも，賞賛を以って受け入れられたものはなかった）．

1895年から1897年まで編集長を務め，ビッグスが解任された後にこの雑誌に参入したW. G. ボンド (Bond) の回想[15]から，われわれは「エレクトリシャン」における仕事には何が必要であったかについて知ることができる．ボンドは，ビッグスとW. H. スネル (Snell) を更迭した（また，次章で見るように，ヘヴィサイドの生涯に重大な否定的役割を果たした）発行人によって採用された．

> 私の記憶によれば，1888年に「エレクトリシャン」の編集員となり，1897年の秋に辞表を提出した．この雑誌とのなれそめは広告媒体としての価値であったので，失業時の合間に，つなぎとして自分の多様な資格を宣伝するために編集の道を見つけたのである．編集者をとりこにする誘惑は，控えめな科学の知識を持ちフランス語とドイツ語に堪能であること，そして1分間——わずか1分間に90語という速さで音声を速記できる能力を併せ持たなければならないということであった．

ボンドはまた，彼が編集長に昇進したとき，「騒々しい，悪臭のする奥まった部屋に案内された」と，この雑誌における労働環境の一端を語っ

第7章 ヘヴィサイドの電気力学

ている.「エレクトリシャン」を少し読んだだけでも,それがよく出来た雑誌であって,出版のために多くの注意が払われていることがわかる.ヘヴィサイド自身は,このことをよく理解していた.1890年初頭に編集長であったA. P. トロッター (Trotter) の（IEEの保存文書にある）未発表論文が残されており,その中のヘヴィサイドの手紙には,次のように書かれていた.「植字工たちは,極めて知的であり,すばやく数式を読み取り,執筆者のすべての指示を実行している」.

ヘヴィサイドが最初に「エレクトリシャン」に関わりを持った正確ないきさつは知られていないが,ヘヴィサイドが死去したときに流布された次の話[16]が事実に相違することはほぼ確実である.

> …何年も前に《彼は》ロンドン「エレクトリシャン」の編集長であったサー・ジョン・ペンダー (Sir John Pender) 宛てに,手紙で意見を述べたが,ペンダーは,それが極めて重大な価値があることに,すぐに気づいた.ヘヴィサイドは,ロンドン「エレクトリシャン」への論文を書く中で,彼が指定する額の報酬を送るように指示していた.当時彼は,明らかにひどい困窮状態にあった.彼は次々と「エレクトリシャン」に論文を送り,同じように報酬を受け取ったが,彼の住所を曝け出すことになる返信を送ることを頑強に拒否した.

この一節はよく作られているが,多くの点で辻褄があわない.ヘヴィサイドは,何通かある「エレクトリシャン」宛の初期の頃の手紙において,セント・オーガスティンズ・ロードを記しており,決して住所を秘匿することはしなかった.ペンダーは予算,投資問題に通じた,かなり有能な財政家であって,編集長席に座ってヘヴィサイドの原稿を読み,その才能に感嘆する様は滑稽でさえある――いずれにしてもビッグスは,第1巻以来の編集長であった.ヘヴィサイドにとって,手紙への返信を書かないことは,飛ぶことを拒否した鳥のようなものであった.

1882年9月1日に,ビッグスがヘヴィサイドに宛てて次のように書いていることが知られている.

> 私はあなたに対し,「エレクトリシャン」のために一,二編の論文を寄稿してくださることを,切に希望いたします.是非とも早めにお送りくださいますようお願いいたします.

ビッグスが,どのようにしてヘヴィサイドを知るに至ったかを推測することは,興味深いことである――それは,おそらく第一回目のクライテリオンでの晩餐会の折のプリースとの会話を通じてであったのであろう.仮にそう

C. H. W. ビッグス
(C. H. W. Biggs ?-1923)
1887年まで，エレクトリシャン誌におけるヘヴィサイドの担当編集者であり，ヘヴィサイドの最も先端をゆく理論的著作のいくつかを出版した．ビッグス自身は「実用人」を自認していたことからすると，このことは，さらに並はずれたことであった．1889年に彼は他の雑誌の社説において，「電気技術者たちは，自分の理論が紙くずの山 (dump) になっても気にしない（この表現が不適切というなら改めてもよい）．彼らはパンとチーズを手に入れたいだけなのだ」と書いている．

であったとすれば，プリースはあの日に編集者の耳にヘヴィサイドの名前を伝えたことを後悔したことであろう．いずれにしてもこの要望は受け入れられ，ビッグスは1882年12月5日付で再び次のように書いた．

> 私がお願いした通りにご連絡を頂き，厚く御礼申し上げます…．あなたが良い論文をお書きになる限り，私は原稿を喜んで受け取り掲載するでしょう…．私はこれからも末永くこれが続くことを望んでやみません．

それ以後の5年間にわたって，ビッグスはヘヴィサイドの論文のための十分な紙数を確保し続けた．それらは10年後に2巻からなる500ページ以上に及ぶ *Electrical Papers* [17] の一部として再録されるに十分な量であった．ビッグスはこの手紙をヘヴィサイドの啓蒙的な論文「帰路導体としての大地 (The earth as a return conductor)」が発表されたちょうど三週間後に書いた．この論文の序言[18]において，ビッグスに対して，自分の流儀についての率直な警告を行っている．

> よく知られているように，日刊紙にはいつも，もっと緊急な話題に取って代われるような秋の記事や，指導者の素晴らしい話題などが載っている．海へび (sea-serpent) などは，これらの話題の一つである．

もちろん，それはまさしくビッグスの注目を引き付けた，ヘヴィサイドのユーモアのセンスであった．ビッグスが，この，どちらかと言えば奇妙な寄稿者（明らかに帰路導体としての大地について寄稿する者で，彼らの論文に「海へび」などというものを持ち込む者は誰もいなかった！）の魅力的な側面を発見した，と容易に確信することができる．以前は文法書の著者で，

第7章 ヘヴィサイドの電気力学

その後雑誌編集者となったビッグスは,特に,数年後(1885,1886,1887年に)5部に分けて発表された,"Note on Nomenclature(命名についての覚書)"における電気科学の術語へのヘヴィサイドの貢献を楽しんだに違いない(例えば,インダクタンス inductance やリアクタンス reactance は,ヘヴィサイドによる造語である).彼はそこでは固有抵抗,導電率および透磁率などのようなさまざまな用語についての賛否を論じ[19],さらに「これらすべては,時節を待てばおそらく権利を得るであろう.科学上は着想が第一に重要である.次に有用なものは適切な言葉である」と結論づけている.ビッグスがあまりにも真面目であったと感じたためか,この件についてのヘヴィサイドの次の言葉は,実に皮肉たっぷりに書かれている.

> はじめに言葉があった.この世の始まりにおいて,命名法の重要性は認識されていた.庭の管理者と動物学上のコレクションの保存者として任命されたアダムに課せられた初めの任務の一つは,動物の命名であった.民族(the race)の歴史は,個人の歴史の中で繰り返される.この壮大な現代的一般化は,科学的手法によって,その名称の呼び方の好みが小さな子供の名前の呼び方で表わされることを示している.元老院時代,バベルの塔の崩壊と,その命名についての重要な影響,エジプト滞在,砂漠の奇跡,バビロニア王の幽閉,預言者の時代,原始キリスト教の時代,宗教革命の逆行による修道院の無知,無学の中世暗黒時代,エリザベス女王の再興の時代を経て,たちまち19世紀中葉に至り,ガンプ夫人(Mrs. Gamp)[20] が命名の重要性について大いに感銘を受けた,ということを知る.「名前をちょうだい,セイリー(Sairey),お願い,それに名前を付けて!」と,この高貴な夫人は叫んだ.

ビッグスはおそらくヘヴィサイドと同じように,英国こそがこの重要な仕事を行うにふさわしいと信じていたために,この特集にヘヴィサイドの好きな表現による自由裁量を与えたものと考えられる.ヘヴィサイドは,彼の努力が必ずしも評価されないことを知っていた(1889年4月1日付のヘルツ宛の手紙の中で,彼が「永遠の命名家」と呼ばれていることを認めていた)が,そのように感じていたとしても,彼はそれを成し遂げる使命を担っていた.ヘヴィサイドは言う.「電気単位がドイツ人に命名されたなら,どれほど恐ろしい名前になるか,考えてみてください[21]」.

幸先の悪い船出

ヘヴィサイドは，エレクトリシャン誌と関わりを持った期間において，最も重要な仕事をなしとげた．彼自身，少し大げさに言っている[22]．「私は実際に，ほとんどの自分の独自の仕事を1887年以前に行い，私の *Electrical Papers* に掲載している」．彼は「フィロソフィカル・マガジン」や（1891年に王立協会の会員に推薦されてからは），その会報 (Proceedings) や哲学会報 (Philosophical Transaction) などにも発表を行っているが，マクスウェルの理論の現代的形式の再構築と，電磁場におけるエネルギーの流れについての理論の展開，導体内部の交流電流の表皮効果，光速よりも速く動く荷電粒子についての考察，そして誘導装荷回路という概念の表明に沿った無歪伝送の理論の発見などを見ることができるのは，このエレクトリシャン誌においてである．

どれをとっても彼の知性が極めて優れていることを示すのに十分なこれらの傑出した技術的業績は，ロンドンのセント・オーガスティンズ・ロードの家で両親とともに暮らしていた間に，彼のペンから湧き出したものである．彼は，自分の部屋に閉じこもり，好奇心の強い隣人から稀に窓越しに見られるような意味での世捨て人ではなかった．実際には，彼は肉体的には活動的な人物で，かつては自身の体の状態に関心を持つ[23]，スポーツマンであった．彼は日常的に家を抜け出してロンドンの街を歩き，まわりの人達を観察することを日課とした（そして時々，「エレクトリシャン」宛の私信に，彼の見たことについての感想を挿入した）．さらに，後の世紀の替り目には，彼でさえも（プリースもそうであったが［夏目漱石もそうだった］），英国中に蔓延した自転車の大流行のとりこになった．

しかし，それらのことを別にすると，彼は社会的な意味において，すべての技術関係者たちから実質的に自身を切り離した．技術者たちは，発表された彼の論文と，彼のお気に入りの手紙による文通を通じてのみ，ヘヴィサイドのことを知った（知るしかなかった）．彼の兄のアーサーは，1880年代には自らの努力によって，既に名の知られた信頼厚い電気技師になっていた．アーサーは，電気技術の実世界における日常的活動との間の唯一の仲介者であった．この孤立は，ヘヴィサイドの側に知識の不足をもたらし，また，彼のいくつかの執筆活動上の不作法な表現を助

第 7 章 ヘヴィサイドの電気力学

長したようである．例えば，サー・ウィリアム・トムソンを含む多くの人達の宗教的な感情を傷つけてしまった，次のエピソードについて考えてみよう．彼は，「電流のエネルギー」という，高度に技術的な何回かに分かれた論文を書いた際，ある回の分を次のような言葉で締めくくった（この部分は，彼の *Electrical Papers* の第一巻からは削除されている）．その言葉[24]というのは，創造主を信仰する人たちをからかうものであった．

> オームの法則の話題を終わるに当たって…私は心の中に永らくこだわりがあり，そして確信するに至ったことについて，打ち明けないわけにはいかない．奇妙なことに，オームの法則は，それがはじめに認められたのは徐々にであった（その理由は，恥ずかしがりで内気な隠棲者であったオームは，冷たくあしらわれ，凍てつく鉄格子付の暗い屋根裏部屋に押しやられていたと言われているからである）．にもかかわらず，電気の応用という商業的な価値ゆえに，かなり昔から実用的に極めて重要なものとなった．しかし，この数年間で，電灯などへの応用を通じてその使用頻度は著しく増加した．実際に，それが電信技術者によって一回使われる間に，電灯技術者によって 20 回以上は使われるくらい著しい頻度である．電線の抵抗が実際には一定ではないとしたとき，若い電灯技術者が，与えられた条件下において，与えられた電線に，与えられた起電力に対応して，どれだけの電流が流れるかを確認するために，1 ステップずつ，分厚い数表や複雑な数式を参照するさまを想像してほしい．例えば，仮にそれが，電流がどれだけの時間流れたか，あるいは起電力や，その他の数え切れないほどの要因によって大きく変化するものとすれば，何がどうなるかなどと，誰が言えようか．電気技術者は，1 日は短くなるは 1 日の仕事は増えるは，で永遠に嫌がらせから解放されることがないであろう．オームの法則の適応性は，意図的に有利にする強力な諭法ではないだろうか？ R が一定であるということが，幸運にも人間の要求に合うように脚色されたということはできないだろうか？ 私が考えるに，これは，月刊誌上にひどい記事を書く俗悪な著者たちだけによって競って行われうるもので，そのひどい記事は故意にわれわれの受け継いだ信仰を損なう意図で現れ，世界に創造主［神］の居場所を無くそうと謀っているように見える．ともかく，天啓を支持するこの議論はペイリーの証明 (Paley's evidence)[25] の次の版の付録に加えるべきものであろう．安泰を嘲笑者たちに破壊され，夜眠れなくなったすべての人々に対して，それを熟読することを心からお勧めする．私について言うならば，そのようなものは，決して新しくなかったインゴルズビーのシャツ[26] (Ingoldsby's shirt) のように，神経

203

が慰められ，鎮静化させられる，と付け加えておこう．しばしばそれは，始められることはあるが決して終ることはなかったのだ．

悪いことには，まさにその次の週に，クーパーズヒルにあるロイヤル・インディアン・エンジニアリング・カレッジ (Royal Indian Engineering College) のジョージ・ミンチン教授 (George Minchin) が返答を書き，それがヘヴィサイドに罪を犯し続ける機会を与えたのであった．ミンチンのレター[27]は，はじめに電流のエネルギーに関するヘヴィサイドの技術的な問題に触れてから，神学上の問題に向った．ミンチンはヘヴィサイドの絶大な支持者であって，明らかに彼の悪ふざけが深刻な意味を持たなかったことを理解していた．ミンチンの言葉には，同じような不敬な精神が感じられる．

> ヘヴィサイド氏はさらに，数式からは推論できないが，少なくとも私にとっては強い関心事である事柄に踏み込んでいる．意図的という議論は広範に拡張され，ヘヴィサイド氏（彼には神学者たちが恩恵を受けている）が，それはオームの法則とそれが成立しないことによる恐ろしい結果の考察の中にもありうることを示したように，純粋数学においてさえも例を示すことができる．ヘヴィサイド氏は言う．「そこで，若い電灯技術者なら…考えてくれ」．私は，彼を想像してみる．しかし，私は今，一人の大司教を引き合いに出したいと思う．彼は，2，3年前に聖職者の資格を与えられ，それは，教会の中央部が科学的思考と足並みをそろえ，最高の権威にもとづいて，彼が聖職者や社会に対し科学の批判者であることを保証することを意味している．しかし，説教の電気的部門における実績はあまりにも貧しい；なぜなら，雄弁と科学的知識の頂点にいる大司教が，次のように叫ぶ．「私は君たちの検電器を，科学的な驚異として賞賛しよう．だが，その背後には何かが存在するのだ」．司教や大司教がヘヴィサイドのヒントを受け入れたなら，より少ない科学の法則や事実——例えば，円錐屈折とレンツの法則——を知ることによって，ヘヴィサイド氏が指摘した方法で，少ないトラブルで彼らの義務を果たすことができる．検電器は疑いなく科学上の強力な道具であるが，今ではさほど印象的なものではない．なぜなら，その効果を実演で示されたとき，女子中学生の何人かでさえ，その名前を知っているくらいだからである．

これを発端として，ヘヴィサイドは技術的な論点からはるか遠くまで脱線し，次のようなことを書くまで先走ってしまった[28]．

> 大司教についてのミンチン教授の指摘について言えば，私は彼らが全く信用できないと言わざるを得ない．私は実際に信用していない．大司教たちは特権を与え

第7章 ヘヴィサイドの電気力学

られている．彼らは極めて信頼できる国家にあって，信頼の頂点にいるのである．彼らの力は，湿った気候を乾燥した気候に変えることができるほどのものである．私は大司教がキリスト教の信仰を守るために検電器やライデン瓶を投げ捨てたとしても，彼を批判するつもりはない．この夏，本物の新任の大司教が，私には胡散臭く感じる様子のよい大司教とともにウエストミンスター寺院の礼拝堂に入る姿を見るという光栄に浴することができた．彼は間違いなく，死亡した妻の姉妹との結婚を禁止するという，議会向けの任務に赴く途中であったらしい．彼は惚れ惚れするようなズボンをはき，ふくらはぎまでボタンをきっちりと留めており，衣装に対する私の信頼はそれによってさらに強まった．ドアにおける彼の様子，そして勿体ぶったその入場のさまは，にわかには忘れられないだろう．

結局この生意気な指摘に対する「エレクトリシャン」宛の応答は何もないか，少なくとも印刷されたものは存在しない．ビッグスが，このヘヴィサイドの奇妙なコメントを印刷したことは，奇異なことである：おそらくビッグスは，この時点では編集者としてヘヴィサイドに助力することはできなかったであろう．後に見るように，ビッグスは，ヘヴィサイドが彼宛に送ったすべてのものを印刷することについて用心深くなった．ヘヴィサイドは，自らの未熟さからくる過失に対する代償を支払わねばならなかった．その代償は，彼の判断に対して異議を唱えるものであり，多くの人たちはそれを決して忘れなかった．この事実のあった何年か後，ヘヴィサイドの研究ノートの一冊[29]には，その代償がいかに高いものについたか（また，それから彼が学んだことが如何に少なかったか）を示す記述がある．

> O. J. L.《オリヴァー・ジョセフ・ロッジ》から1889年に聞いたところによれば，W. T. 卿《ウィリアム・トムソン卿》が，私の大司教についての意見に，大いに愛想をつかしたということであった．しかし，実際には愛想をつかされるようなことは，何も無かった．あれはちょっと愉快なことだった．

少なくとも，ヘヴィサイドは，ビッグスが彼のためにしてくれたことを理解し，感謝していたことを知れば，喜ばしい．1892年4月のオリヴァー・ロッジ宛の手紙[30]の中で，彼は次のように書いている．「この紳士は，自身が納得できないことを彼の雑誌に掲載することを許可しないという，一般的に行われている迷信には全く囚われないのです」．もちろん，ヘヴィサイドが発表したもののほとんどは大司教に関するものではなく，電気科学に関するものであって，総じてビッグスは，後年編

205

集者としての時代を振り返ったとき，十分に誇るべきことを成し遂げたといえる．ヘヴィサイドがほのめかしたように，ビッグスはヘヴィサイドが何をしようとしたのかについて実際には全く知らなかったが，彼に対する大きな信頼にもとづいて，それを刊行した．

マクスウェルの方程式の再定式化

1879年にマクスウェルが死去したときに彼が残した理論は，われわれが前章の終りに論じたような（二つの rot と二つの div で表わされる）式ではなく，20個の変数と，20個の等式から成るものであった！　A. M. ボーク教授（A. M. Bork: 現在カリフォルニア大学アーヴィン校）は，科学史専攻の学生用の実際の教材の中で，これらの式がマクスウェルの著述の中においてどのように展開され，それが前章で示した現代的な公式とどのように対応するかを，三種類の図によって示した[31]．これらの原型の式は，第6章で示したような，現代的なベクトル演算子表示を用いているものとはほとんど類似性はない．マクスウェルは，デカルト座標の成分の形で彼の方程式を書き，彼の『電気磁気論』においては，四元数の概念を混合している（これについてのヘヴィサイドの批判は第9章で取り上げる）．

マクスウェルが示した式は，現代的な物理理論において重要な役割を果たしている明白な形式的対称性を示してはいない．マクスウェルにとっては，磁気的ベクトルポテンシャルが，電気力学において中心的役割を果たすものであった（これは，当時復活した着想であった）．これらのどの着想も，ヘヴィサイド（とヘルツ）によって却下された．ヘヴィサイドは，特にポテンシャルによって闘争心をかき立てられ，次のように書いている[32]．

> …電流のベクトルポテンシャルと呼ばれる関数と，もう一つの静電ポテンシャルは共に，最も調和した形で理解できるようには《機能して》いない——平易な英語で言うなら，ごちゃごちゃになっている (muddle)．このことは，マクスウェル自身でさえ，それらがどのように機能しているかを全く理解できていないという事実そのものであると私は信じている．

ヘヴィサイドは $\vec{E}$ および $\vec{B}$ を電磁波の伝搬する物理的状態を表わす第一義的なものとして考察した．一方のポテンシャルは（彼の意見によれば）物理的なものではなく，むしろ形而上学的[33]である．静電ポテンシャルは「物理的虚構 (physical inanity)」と呼ばれた[34]．

第7章　ヘヴィサイドの電気力学

　ヘヴィサイドは，数学的な観点から，すべての物理学的考察においてベクトル解析の方法[35]の使用を強く主張した（これは，第9章において詳細に扱うこととする）．さらに，一つのベクトル場は，その回転 (rot) と発散 (divergence) を知ることによって完全に定まるから（もしも十分に急速に──少なくとも常に満たされる条件である，$1/r^2$ のような急速な減衰をするとすれば），ヘヴィサイドにとっては，二種類の場を表わすために（20個ではなく），最大でちょうど<u>4個</u>の方程式が必要であるということは明らかであった．彼にとって，ポテンシャルは何も付け加えてくれなかった．彼は次のように書いている[36]．

> …二つのポテンシャル《ベクトルポテンシャルおよび静電ポテンシャル》が至るところ与えられたとしても，電磁場の状態を決定するには<u>不十分である</u>．それを試みてみたらよい：そうすれば失敗する．

彼は，マクスウェルのポテンシャルについての自分の見解を，誤解のないような言葉で，それは「すべての代物 (whole lot) を抹殺するには最良」である，とまとめた[37]が，Electrical Papers のある評者は，このコメントに対して，「何という荒々しいことか！」と感じた[38]のであった．

　マクスウェルの20個の方程式を（ポテンシャルを追放して）第6章における4個の方程式に簡略化することは，ヘヴィサイドとドイツのヘルツによって，別々になされた．こんにち，われわれはヘルツを，主としてマクスウェルが予言した電磁波の実験的な発見者として記憶しているが，彼は優れた理論家でもあった．この二人の人物は，全く異なった二つの道筋をたどって，同じ終点にたどり着いた．ヘヴィサイドにとって，（遠隔作用に対抗した）マクスウェルの場の基本的着想が第一義的なものであり，彼にとっては，それら（ポテンシャルを除去したもの）の対称的な表現とベクトルによる表現が，第一に重要なものであった．彼がこれをどのように行ったかについては，本章の終りの「技術ノート1」に概説する：最終的な結果は，簡潔な一組の方程式，

$$\vec{J} = \vec{\nabla} \times \vec{H}$$
$$\vec{M} = -\vec{\nabla} \times \vec{E}$$

であった．これらは，二つのベクトル場（電気的な場 $\vec{E}$ と $\vec{B}$ に比例する磁気的な場 $\vec{H}$）を，二つのベクトルの流れの密度，$\vec{J}$ と $\vec{M}$ に関係付けるものである．ここに $\vec{J}$ と $\vec{M}$ もまた互いに結合されている．$\vec{M}$ はヘヴィサ

207

イドによる特殊項 $\vec{m}_c$ を含んでおり，これは自由な磁気的粒子の流れを表わしている（当時も100年後の現在においても観測されていない）．これら二つの式はヘヴィサイドの「周回法則 (circuital law)」[39] であって，彼はこれをマクスウェル理論の二重形式 (duplex form) と呼んだ．これはマクスウェルの20個の方程式の，とてつもない圧縮である！　ヘヴィサイドは，方程式を対称形にするために $\vec{m}_c$ を含め，彼の計算すべてにおいてそのまま使った．彼は，それぞれの解析の最終部分においてのみ，磁気的な粒子の存在がそれまでは実験的に観測されていないという実験的事実に対する弁護のために，$\vec{m}_c = 0$ と置いた．

　ヘヴィサイドは，この定式化を彼の基本的な貢献の一つであると考え，それに対する名誉を強く主張した．彼はEMT1の序文を書く際，その著書は「ファラデー - マクスウェルの視点にもとづく電気理論の基礎」を記述したものであることを概説した後，次のように述べている．

> それは，1885年に私が導入した二重形式[40]において行われている．そこでは，電気磁気の電気的，ならびに磁気的な側面が対称的に表わされ，結合されている．一方，「力」および「磁束」は，ポテンシャル関数の代わりに，直接的な関心の対象である．ポテンシャル関数は問題をあいまいで複雑にし，有用で時には重要な関係式を視界から隠すためには強力な手段である．

　ヘヴィサイドの再定式化に対する反応は，さまざまであった．「グラスゴー・ヘラルド」[35] はこれについて，「著者は，彼が二重法 (duplex method) と呼ぶ新たな方法を主題に対して導入している．しかしそれは，『重い方法 (heavy method)』と名づけるほうが適切であろう」と論評した．しかし，フィッツジェラルドやミンチンのような人たちは，ヘヴィサイドの仕事の真価を認め，彼の著書の書評の中でそのことを述べている．フィッツジェラルドは，*Electrical Papers* について書いた中で次のように言っている[41]．

> 自分が開拓した土地を探索するまで生きられなかったすべての他の開拓者たちと同じように，マクスウェルはその土地に接近するための直接的な手段のみならず，それを探索するための系統的な方法を検討する時間を持てなかった．それを行うことは，オリヴァー・ヘヴィサイドに残された．マクスウェルの『電気磁気論』は，塹壕で囲まれた彼の野営地や彼の戦闘における輝かしい襲撃の跡や残骸で塞がれていた．オリヴァー・ヘヴィサイドはこの道を整備し，まっすぐな道を開拓し，広い道を作り，この土地の広大な地域を探索した．電気お

および磁気ポテンシャル，ベクトルポテンシャル，電気力，電流，変位，磁気力および磁気誘導などの記号の迷宮は，事実上電気力と磁気力の二つに減らされた．その他の量は，導入することによって計算上は便利であるが，電気磁気学の機構 (mechanism) については，何も語ってはくれない．電気と磁気の双対性 (duality) は，古くまたよく知られた事実であった．逆二乗の法則は，どちらにも適用でき，一方の問題を他方へと，一括して適用できる．ヘヴィサイドは，これを電気磁気学全体へと拡張した．磁気的な伝導の可能性という仮定によって，彼はすべての方程式を対称的なものとした．すべての数学者たちは，この美しさと価値を認めた．《引用者の強調》

ミンチンは *Electromagnetic Theory* の第一巻について，簡略に，「ヘヴィサイド氏は，英国物理学のウォルト・ホイットマン (Walt Whitman)[42]である[3*]と書き，ジェームス・スウィンバーン (James Swinburne)[43] は，それに付け加えて，「その流儀は，ホイットマンのものである．ヘヴィサイドには気取ったところがなく，一言多いという点を除けば」と書いた．

ドイツにおける友人

ヘヴィサイドの着想が展開されつつあったほとんど同じ時期に，ドイツではハインリッヒ・ヘルツが同じ道を進んでいた．ヘルツは，大陸の遠隔作用論に忠実に従い，1884年（マクスウェルの伝搬する波動の予言を実証した1887年‐1888年にわたる実験の3年前）に，近距離（または近傍）の場合のための，無限項からなる補正項を付け加えることによって，マクスウェルの方程式の再定式化に行き着いた．これを行ったヘルツの方法の詳細[44] は，ヘヴィサイドの方法とは（あるいは，電気磁気理論の発展の主流からさえも）異っていた．しかし，重要なことは，彼の最終結果はポテンシャルを棄却することをはじめとして，ヘヴィサイドのそれと同じであった，ということである．

ヘヴィサイドとヘルツは，実際にはデッドヒートの競争をしていたわけであるが，慇懃なヘルツは，次のように記している[45]．

> … 私は，過去のある期間，マクスウェルの方程式をふるい分け，それらが初めて出現したときの特殊な形から本質的な重要性を分離することに努力を注いできた．私が到達した結果は本論文において示されている．ヘヴィサイド氏は，1885 年以来，一貫して同じ方向で研究を進めておられる．彼はマクスウェル

の方程式から，私と同様に同じ記号《ポテンシャル》を除去していた．それによって到達したそれらの方程式の最も簡略なものは，私が得たものと本質的に同等である．従って，この点においてヘヴィサイド氏には先取権がある….

　この再定式化された方程式は，しばらくの間「ヘルツ－ヘヴィサイド方程式」と呼ばれていた．その後，若きアインシュタインは，それらを「マクスウェル－ヘヴィサイド方程式」として引用した．もちろん，こんにちにおいては，それらは「マクスウェルの方程式」であるが，この歴史的な革命を注意深く研究した二人の数学者の言葉を引用しよう．

　　ヘヴィサイドが科学に対して行った最大の奉仕は….彼の言う「二重方程式」にもとづく理論の基礎を築くことであった….現在の研究者たちは，一般的にそれらを「マクスウェルの方程式」と呼んでいるのである——それらはマクスウェルの『電気磁気論』には書かれておらず，また現在の研究者たちは，実際にはそれらをヘヴィサイドの論文からコピーしたにもかかわらず[46]….

さらに，

　　ヘヴィサイドは，多くの個々の問題に対してマクスウェルの電磁気理論を用いて成功した初めての物理学者の一人として物理学者たちに認められている．ヘヴィサイドの著述の中には，彼だけによる明確な形で，また，初めて書かれた（マクスウェルの名前を付けられた）電磁場の微分方程式が見られる[47]．

　ヘヴィサイドとヘルツは長期にわたる文通を通じて親友となったが，一度も面会したことはなかった．彼らが会わなかったことは，ヘヴィサイドの選択であった．１８９０年にヘルツが王立協会のラムフォード・メダル (Rumford Medal) を受賞し，授賞式に参列するためにロンドンを訪れたとき，彼はデイヴィッド・ヒューズ，ウィリアム・トムソン，ストークス，レイリーのような人たちと会っている（ヘルツは，このちょうど3年後，37歳の誕生日の数週間前の１８９４年１月に，顎のガンの手術後の敗血症のため，苦悶の末に死去した[48]）．ある夕刻，彼はランガム・ホテルにおいて，ロッジとフィッツジェラルドと共にプライベートな夕食をとった．ヘヴィサイドは何マイルかを歩いて，彼と同じ関心を分かち合い，また彼の才能を評価しているこの3人に会うべきであった，と誰もが考えるであろう（彼がそこに来たなら，ロッジもフィッツジェラルドも，驚きと喜びでほとんど言葉を失ったに違いない）．しかし，彼がそこへ来ることはなかった．

　このヘヴィサイドの奇妙な内気さとこのように（文字通りいかなる不快感を伴わない環境の下でも）同じ見解を持っていたことを知っていた人たち

第7章 ヘヴィサイドの電気力学

と公的に快く会おうとしないことは，彼にとって新奇なことではなかった．例えば彼は，ヘルツの英国訪問のちょうど1年前の1889年1月に，優秀な電気技術者であったシルヴァナス・P. トンプソンからの夕食への招待の手紙を受け取ったことがある．それは（少なくとも，私の過度にロマンチックな想像によれば）現在の誰もが，ウエルズの小説の中の「タイム・トラベラー」と彼の晩さん会の招待客たちの間で交わされた，自然についてのわくわくするようなヴィクトリア人の会話を思い起こすような，暖かく丁重な招待であった．

> …私は，あなたが大変静かな生活を送っておられることを存じております．しかし，一度だけでもちょっとした科学的な興奮を味わっていただけないものでしょうか．3月7日には，オリヴァー・ロッジ氏が私の家に滞在する予定になっております．私たちは大変静かに過ごしておりますし，私の家庭は穏やかなものです．どうぞ当日の夕刻に私のところにお越し下さり，三人で電気のことについてのおしゃべりをいたしませんか．

ヘヴィサイドは，この招待をどのようにして断ったのであろうか．第一には，彼はその予定日があまりに先のことなので，すぐには受け入れ難いこと，熟慮してからトンプソン宛に知らせたい旨の返信を行い，断らなかったと考えられる．しかし，3月5日の時点では，ヘヴィサイドが夕食に来るかどうかをトンプソンはまだ知らなかった．彼は再び手紙

ハインリッヒ・ルドルフ・ヘルツ
(Heinrich Rudolf Hertz : 1857-1894)

電気磁気的なエネルギーが空間を伝搬するという彼の発見は，マクスウェルの理論の正しさを証明した．ヘヴィサイドはヘルツに宛てた手紙(1889年7月13日付)の中で，マクスウェル以前の理論について，「私は，マクスウェルの理論の存在のもとでは，それらの理論はどこにもないこと，そして，彼こそは天から授けられた天才であったと認識しています．しかし，《マクスウェルの理論の》厳密な実験が望まれている限り，そのような馬鹿げた空論は生き続けるでしょう．あなたはそれらに死の一撃を加えたのです」，と書いている．

211

を書き，ジョン・ペリー教授もまた参加する予定であると誘惑するとともに，再び，「その夕べには，電気について沢山の楽しいおしゃべりをしましょう」と約束した．しかし彼は，このように多くのことができる（少なくとも，多くのことをしてくれた）人たちとの交流がどれほど自身の目的にとって間違いなく最も重要で，楽しむことができるものであるかということを見落とし，これを見過ごした．1907年にトンプソンからヘヴィサイドに宛てた，訪問して「あなたに個人的にお会いする」許可を求めたことが書かれたノートには，1889年のあの夕べには，トンプソン，ロッジ，ペリーのみで夕食をとったことは明らかであったことが示されている．おそらくそのとき，奇怪な姿をしたヘヴィサイドは，ロンドンの片隅のセント・オーガスティンズ・ロードの家でパイプ煙草の煙が充満した部屋に座り，彼自身の思考と感情を集中させ，夜を徹して孤独な仕事に努力を傾けていたに違いない．

その他のドイツ人たち：フェップル (Föppl), ボルツマン，そしてプランク

ヘヴィサイドとヘルツの共通の理論的業績の「もや (blurring)」は，かなり急速に発生し，1897年6月30日には，ミュンヘン工科大学の工業力学の教授であったアウグスト・フェップル (August Föppl) は，二重方程式の発表の優先権を明確にする試みの中で，ヘヴィサイド宛に手紙を書いた．フェップルは，1894年にマクスウェルの理論についての好評を博した著書を著していた（アインシュタインが電気力学をフェップルの著書から詳しく学んだ，という強力な証拠が存在する[49]）ので，彼の手紙と一緒にその著書を同封していた．フェップルは，ヘヴィサイドの業績が正しいと考えており（「あなたがお気づきのように，私はあなたの心からの支持者で，あなたの論文を頻繁に引用しております」），その序文において，次のように書いている．

> 一般的に《ヘヴィサイドの》業績は，マクスウェルその人の業績を除いて，その他の物理学者たちのもの以上に私の著書への影響が大である．その理論的な進展に関しては，ヘヴィサイドこそがマクスウェルの輝かしい後継者であると私は考えている….

おそらくこの賛辞が，ヘヴィサイドがドイツの悲劇的な天才ルートヴィッヒ・ボルツマン (Ludwig Boltzmann：彼は1906年に自殺をはかった［ボ

第7章 ヘヴィサイドの電気力学

ルツマンはオーストリア人である]）との論争に巻き込まれるというエピソードの一部になっていたと思われる．ヘヴィサイドの返信は失われてしまったが，フェップルの二番目の手紙（1897年7月22日付）から彼が主張していた考えを知ることができる．

> 私は，ヘルツとそれ以前のドイツの研究者たちの相対的な価値についてのあなたの意見には，残念ながら全く同意できません．ヘルムホルツはこの科学的分野《電気力学》においては，ほとんど成功を収めることはできませんでした──これは事実です．しかし，ウェーバーとキルヒホッフは，極めて価値の高い仕事を成し遂げたと私は考えております．私の意見では，すべての電気磁気現象は遠隔作用の法則に集約することが不可能であること，そしてこの不可能性は，この理論が完全に発展した後にのみ理解されるであろうということを示すことが，科学の進歩のために必要な一歩であるということです．ヘルツに関して言えば《彼の仕事は》，あなたの二重方程式体系の極めて近くにまで来ています…．あなたが二重方程式のことをはるかに適切に言っておられることは，疑う余地がありません；それ以後，彼はこれらの方程式の著しい重要性について主張をしておりませんし，この点についてはあなたの優先権を認めております…．また，電磁波を実験的に発見したことは，<u>単なる幸運 lucky ではなかった</u>《引用者の強調》と，私は信じております…．

フェップルの手紙の数ヵ月後，ヘヴィサイドはチャールズ・エマーソン・カリーの著書『電磁気理論』の書評[50]を書いた．この著書には，ボルツマンによる序文があった[51]．ヘヴィサイドは，カリーのこの著書には感銘を受けなかった．彼が感じたのは，カリーがマクスウェルに忠実ではなく，むしろ古い遠隔作用論を維持しようとしていることであった．（「マクスウェルが一般的にこのように（ヨーロッパ）大陸で教えられているのが本当だとすれば，それは実に遺憾なことである」）．ヘヴィサイドは，ヘルツについて，「彼は，彼の<u>偉大な発見 great hit</u> 以後，本当のマクスウェリアンとなった」と書いた（<u>幸運な lucky</u> が<u>偉大な great</u> に置き換っていることは，フェップルの手紙がヘヴィサイドに影響を与えた結果だろう）．ヘヴィサイドは次に，明らかにフェップルが彼に送った本を読んだ後に書かれた，フェップルの著書への巧妙な一撃を付け加えている．

> ところで，A.フェップル博士という人物がいる．彼の優れた『マクスウェルの電気理論入門』は，理解できるすべての人に読まれるべき著書である．その著書は，私が知る限りドイツ人の業績の中で最も学術的でない書物だが最も明快

213

で最も進んだ書物である．フェップル博士は，電気および磁気の関係を表わす最良の方法《すなわち，ヘヴィサイドの方法》は，ポテンシャルではなく，電場と磁場によるものであることを完全に理解している．

　ヘヴィサイドは，これとは反対に，カリーの著書は，マクスウェルによって予測された横波のほかに縦波を予測していて，競争相手のヘルムホルツの電気力学の理論[52]を擁護しているとみなしていた．多くの人たちは，これらの縦波は，最近発見されたX線であろうと考えた．実際，ボルツマンはそう考えた（ヘルムホルツの学生であったヘルツもまた，そう考えていたといういくつかの証拠がある）．ヘヴィサイドは，マクスウェルの理論に余計な縦波を付け加えることを「ごまかし以外の何物でもない」とし，さらに，彼らは「マクスウェルの誤った表現と解釈をしている」と，強力に異議申し立てを行った（「何人といえども，マクスウェルの方程式をこのようにもてあそぶ権利はない」）．彼は，次の約束をして書評を締めくくった．「…この問題は，この書評において適切に扱うことができないので，これに関する別の論文を著す予定である」．

　その論文が発表される前に，ボルツマンが返信した[53]．それは，「カリー博士の著書に対する価値のある批判という優れた科学的業績は，特に，彼がまさしく創始者の精神にのっとって，マクスウェルの理論をさらに発展させたという理由により，常に私の最高の評価に値するものです」，という心のこもった返信であった．ボルツマンは，実際にマクスウェルにどれほど心酔しているかということを示すために，「彼は私の回りを自然の力で包み，私の心を喜びで満たした」という，ゲーテの『ファウスト』からの一節を引用した．しかし，専門的分野に関する論争に関して妥協はなく，ボルツマンは，マクスウェルの理論に対してヘルムホルツが付け加えた縦波振動，およびその一般化が重要であるか否かについては，「科学の現在の発展段階においては，決定不可能な問題である」と書いた．

　ヘヴィサイドは同意せず，彼が約束した「別の論文」によって回答した[54]．それは，単調な応答で始まっていた．「マクスウェルの理論においては，『縦』波は存在しない…」，そして次に，そのような縦波は，「彼《マクスウェル》の仕事を損なうものである」と，付け加えた．

　これで，ヘヴィサイドとボルツマンの関わりは終りを告げた[55]が，間もなく，ヘヴィサイドはやがて有名になるドイツ人のマックス・プラ

第7章 ヘヴィサイドの電気力学

ンクを攻撃した．ヘヴィサイドの電気力学がボルツマンを凌駕したことは明らかだったが，ヘヴィサイドが専門知識以外の領域に踏み込んだときはそうはいかなかった．それは，（エントロピーの概念に関する）ジェームス・スウィンバーンとジョン・ペリーの間の険悪な論争の周辺に関わったときに起きた．当時（1902年），スウィンバーンはIEEの会長を務めており，ペリーは，その期間にはちょうど同じ事務所で執務していた．この二人の優れた人物は，共にヘヴィサイドの強力な擁護者であったが，お互いには，無作法にならない程度のおざなりな礼儀しか尽くしていなかった．（私の意見では）スウィンバーンの方がエレクトリシャン誌とは良い関係にあり，しばしば誌上でペリーに対して不平を述べていた．

スウィンバーンは会長演説の中で，通常の教科書におけるエントロピーの定義を「根本的な間違い」と呼び，著者らが可逆的な熱力学過程の概念を適用領域外にまで拡張している，として叱責した．このことはペリーを刺激し，彼は次のような反論を書いた[56]．「…スウィンバーン氏は大衆に対して，2＋3は5にはならないとガラガラ声で告げているが，ほとんどの人たちは，彼は冗談を言っていると思っている．しかし，彼がそれ以外のいくつかの確立された科学的原理を覆そうとして大きな害悪を撒き散らしている」．スウィンバーンは，さらにその後，「彼が何を言っているのかわからない」と述べた．これ以後，事態はさらに悪化し，スウィンバーンの意見に同じように刺激を受けたもう一人の論客は，深遠なる真実を表わす「$\int_0^\infty JSdt = 0$ である！[57]」と示唆するに至った．

エレクトリシャン誌の編集者たちは，この論争を鎮静化させる努力を行う中で，オリヴァー・ロッジに対してエントロピーについての解説を書くように依頼した[58]．彼の論文は誰も傷つけるものではなかったため，誰も満足させるものではなかった．ついにはスウィンバーン自身が外部の権威者に直接訴えかけることとなり，エレクトリシャン誌は，アンリ・ポアンカレやマックス・プランクの意見を掲載した（プランクが，「私がこの科学分野における研究を開始して以来奮闘してきた熱力学の着想を見事に進展させた，著名で，《洞察力において》驚くべき，サー・オリヴァー・ロッジほどの人物」と書いたとき[59]，ロッジは当惑したに違いなかった）．

プランクはスウィンバーンのエントロピーに関する著述を「すばらしい」と言い，次のように述べた．「…彼は，特に，エントロピーの増加によっ

215

て自然の利益にならない限り，自然が変化することはないということを指摘したことはこれまでで，最良かつ最も明晰な記述であった…」．この形而上学的な響きのある指摘はヘヴィサイドの目を引き，彼の熱力学とエネルギーについての考え方を示唆している私信[60]を書いた（これは，次節に見事につながるであろう）；

> 私はマックス・プランク教授に問いたい．彼は「エントロピーの増加によって自然の利益が増すように自然が変化する」というが，それには何か留保があるのか，あるいは自然の利益には何か特別な解釈があるのか．私の熱力学的な考えは，どちらかと言えば旧式なものである——すなわち，自然の変化の不可逆性によりエネルギーの損失または有効なエネルギーの損失が必ず生じるということである．このことは，実質的に「エントロピー」の増大による事物の説明と一致する．しかし，エントロピーは明らかに漠然としてとらえがたい量であって，標準的な物理学的状態によって定義されるとは考えられない．問題は，自然の利益がどのように増大するかである．プランク教授の言葉は，自然があらゆる選択権を持っていて，エントロピーの増大を決めると示唆している．ゲーテは，神ご自身は自然の振舞いを変えることはできないと言った．これこそが，真に科学的である．もう一度問いたいが，自然の利益とは何か．事物を見たとおりに正確に捉えれば自然の利益が定義できるのか．あるいは，自然の適切な過程からの任意の変動がエントロピーの増加率を減少させるような，最大エントロピーの理論が存在するのであろうか？

プランクは即座にヘヴィサイドに反論した[61]．まず「漠然とした」という問題に応えた（「エントロピーが，『漠然とした』性格のものであるか否かについては，私が答えられる問題ではない．しかし，現在のところ，私は曖昧さなしに計測可能な量であることを知って，非常に満足している」）あとで，プランクは「私は，エネルギーがつねに消散するというヘヴィサイド氏が例証として挙げた主張には強く反対し，常に闘うものである」と続けた．プランクは次に彼の立場を説明しているが，ヘヴィサイドの反論の記録は存在していない．

このヘヴィサイドのエネルギーとエネルギーの変化についての関心は，もちろん哲学的な空論ではなく，彼の電気力学に深く根ざしたものであった．しかし，何ヶ月かの後には実際にマクスウェルの理論から導かれる初めての重要な結果に対して，他の人ではなくヘヴィサイドの名前がつけられたであろう．それは，ポインティング(Poynting)のエネ

ギーの流れの理論である.

エネルギーとその流れ

1884年にはエネルギー保存の原理は確立していたが，エネルギーの概念自体が新しく，さほど前でない時代には奇妙なものであった．例えば力の概念は，1850年代には確立されており，考察される系が機械的か電気的かに関わらず，力学の要となる「実体 (thing)」であったと考えられる．しかし19世紀初頭および中期における熱力学の発展は，エネルギーとエネルギーの変化が，こんにちわれわれと同様に重要な概念であることが理解された．ヘヴィサイドは1887年に，これを「物質とエネルギーというただ二つの実体しか存在しない．それ以外はまったくなにもない．残りのすべては[ありはしないのだが]物のように考えられているが，たわごと (Moonshine) にすぎない」，と表現した[62].

1881年にカミュ・フォーレ (Camille Faure) が新たに完成した鉛－酸電池の中に，驚くほどのエネルギー量と考えられるものを蓄積する能力は，一般市民の中にさえも特別な物議をかもした．（電池は実際には化学物質の容器なのであるが）それには，電気的なエネルギーを蓄積し，かつ移動することについての特別なまたヴィクトリア人たちの心に訴える何かが存在した．石炭は大地から出た，ただの汚れた岩であるが，電気は最新のものであった！

電気的エネルギーについてのこのような関心をもってすれば，人々がエネルギーの変換や，その移動について注目したことは驚くにあたらない．しかし，エネルギーの保存については，一見して明白なこと以上のことがある．1891年にヘヴィサイドは，次のように述べている[63].

> エネルギーの連続性の原理は，保存の原理の一つの特別な形式である．保存の原理についての通常の理解によれば，保存されるものはエネルギーの積分された《総》量であって，その分布あるいはその運動については何も言っていない．これには時間における存在の連続性が含まれるが，空間においては必ずしもそうではない．しかし，エネルギーが空間内に有限な値として局在できるならば，《引用者の強調：これはわれわれが関心を持って追求すべき，最も重要な着想である》われわれはエネルギーがどのように場所を変えるのかを問わねばならない．仮にそれが時間についてのみ連続性を有するものとすれば，ある場所において消滅し，

同時に他の場所に出現するということがあり得る[64]．エネルギーの保存に関しては，これで十分である．しかし，この観点自体は推奨できない．代替の着想は，空間におけるその連続性もまた付け加えることである．この原理を述べると，次のようになる：エネルギーが位置を変えるとき，それはその中間の空間を横切る．同じ段落の少し後の部分に電磁気的エネルギーがどのようにして「中間の空間を横切るか」ということを厳密に規定する数学的結果を記述した後，次のように述べた．

> この注目すべき式は，ポインティング教授によって最初に発見され，解釈されたものであり，その僅か後に私自身により独立に見出されたものである．エネルギーの連続性の原理を明るみに出したのは，この発見である．

もちろんヘヴィサイドは，ジョン・ヘンリー・ポインティング (John Henry Poynting, 1852-1914) 教授を引き合いに出したのである．バーミンガム大学の物理学の教授であったポインティングは，彼の優れた物理学上の才能を，経験豊富な数学者としての才能（彼は1876年の数学優等試験：*Mathematical Tripos* [65] において三等賞を獲得している）に結びつけた．また，彼の能力の両面は，オリヴァー・ロッジが「強力な通信手段 (sledge-hammer communication)」と呼んだ[66] ほどの多くの論文を書かせた．これは違わず，1884年に王立協会の「哲学会報 *Philosophical Transaction*」に発表された[67] 強力な論文「電磁場におけるエネルギーの伝達について」(On the transfer of energy in the electromagnetic field) として結実した．ポインティングは，マクスウェル的な着想である局所的な場のエネルギー（注2参照）から出発し，空間を貫く電磁エネルギーの流れに対し，現在ポインティング・ベクトルと呼ばれる美しいまでに単純な表現，$\vec{E} \times \vec{H}$ を導くことができた（注3参照）．

ポインティングの論文は，その結果としてのいくつかの奇妙な含蓄とともに，かなりの注目を引き付けた．オリヴァー・ロッジはそれに感銘を受け，それに応えて一編の (きわめて長い題名の！)[68] 奇異な論文を書いた．ロッジは，特に個々の「エネルギーのかけら (bit)」を追跡できるという着想に触発され，「…エネルギーの《かけらの》経路は，その存在が，例えば遠くの駅で捨てられた旅行かばんが，どんなに壊されていて条件が変えられていたとしても，その実在がその移動経路を論じようとする場合に感じるのと同じような，連続的な何らかの確かさで論ずることができる」と書いた．この半ば形而上学的な論文は，さほど衝撃的なものではなかったようであるが，ポインティングの論文について述べている冒頭の言葉

第7章 ヘヴィサイドの電気力学

は予言的なものであって,その論文を「電流を扱う将来のすべての論文に対して,明白な影響を与えずにはいられない論文」と呼んだ.

最も顕著な影響の一つは,電流を運ぶ電線内を流れるエネルギーについての人々の考え方が,完全に覆ったことである.事実,$\vec{E} \times \vec{H}$ に従って電線内には電磁気的エネルギーは流れず,電線を囲む場から,<u>内側に</u>向かって<u>横方向に</u>流れるのである!この表面的には「とんでもない」理論は,多くの「旧世代の」電気技術者たちによって受け入れられなかった.例えば1891年には,シルヴァナス・トンプソンとジョン・スプラーグ(第5章を参照せよ)は,電気回路内のエネルギーの流れの本質についての論争に巻き込まれた.スプラーグは,電線内を貫くエネルギーの旧式な観点を貫いたのに対し,トンプソンは革新的な新しい観点について論じた.この論争はかなりの長期間にわたってエレクトリシャン誌の「通信(Correspondense)」欄において行われたが,ついには雑誌側が発表の打ち切りを決め,次のような社説を発表した[69].

> …われわれは,疑いなくトンプソン教授の観点にくみしているが,一見して電気,磁気的な力および誘導という路線で練り上げられ,最近になって発見されたエネルギーの流れという路線による高度に人為的な,未だかなり込み入ったように思われる多くの事柄が存在するということは,疑う余地がない…エネルギーが局在し,その位置を変化するとき,それは特定の経路に沿って動かねばならない,という考えは全く新しいものである.エネルギーの保存則は,エネルギーは同じ量を以って他の場所に現れるということ以外に,ある場所から消滅することはないということを暗示している.しかし,この事実は長い間受け入れられてきたにもかかわらず,エネルギーの移動という考えが展開され,あるいはエネルギーがある場所から他の場所へと動くときにエネルギーが流れる実際の経路を誰もが追跡することを試みるようになったのは,最近の数年間においてである.エネルギーの流れという考えは,電気磁気理論よりもさらに最近のものであって,マクスウェルの著作のどこにも明確な形では見当たらない.われわれは,それが電気理論に初めて適用されたのはヘヴィサイド氏が「エレクトリシャン」に発表した論文であると信じている.マクスウェルの理論の拡張の多くは彼によるものである.その着想もまた独立に展開され,ポインティング教授の論文において王立協会の注目を引いた.

事実,ヘヴィサイドの先取権についての「エレクトリシャン」のこの誇らしい主張は,完全に正しかった.ポインティングの論文は,間違い

219

なく1884年6月19日より僅か後[67]までは印刷されていなかったにもかかわらず、ヘヴィサイドは、1884年6月21日発行の「エレクトリシャン」における、「導電線の中心へのエネルギーの伝達」(Transmission of Energy into a Conducting Core) と題した論文で次のように書いていた[70]。

> よって、《エネルギーの》最大移動の方向は、磁気力と電流の方向を含む平面に対して垂直である。また、1秒当たりのその量は、それらの強さの積と、それらの方向が作る角度の sin（正弦）に比例する。

これらの言葉は、こんにちでは忘れられており、ヘヴィサイドがポインティングの論文にあるものと同じ結果を発表した[71]のは、1885年1月10日になってからであった（このことが、こんにちの歴史家たちが、常にヘヴィサイドの発見が「ポインティングの発表の翌年である」、と書く理由である）。しかし、ヘヴィサイドは、歴史家とはやや異なった観点を取り、ポインティングの栄誉に疑義をはさむことはせずに、6月21日の論文の読者たちを念頭において、次のように書いている[72]（1885年3月）。

> （一様な）導体内部のエネルギーの移動は、導体の方向ではなく、私が1884年6月21日付の「エレクトリシャン」において示したように、それに対して垂直方向に行われる。よって、外部の誘電体から導体内部に移動するのである。

ヘヴィサイドが、いつポインティングの論文を初めて読んだのかということは明らかではないが、フィッツジェラルドによって考案された、エーテルのいくつかの性質を「説明するための」（車輪とゴムバンドから成る）機械的モデルに関する報告によって触発された「ネイチャー」[73]（1885年3月2日号）のコピーの一つに残された興味深い書き込みが存在する。特に、このモデルは「ポインティング教授が最近, すべての電流《引用者の強調》の場合に成立することを示したように」、長さ方向に沿ってではなく、どのように媒質のエネルギーが電線内に「運び込まれるか」を示している。ヘヴィサイドの書き込みは、そのとき彼はポインティングの論文を最もよく理解し、自らの考えがより包括的であると考えていたことを示している。

> しかし、それは導電電流に対してのみ正しく、すべての電流に対して成立するものではない。《変位電流が無視できないような》誘電体内部においては正しくない。エネルギーの流れに対する一般的な式は、私が1884年夏に、導体に対して誘電率、導電率および透磁率を考慮した、一様でない媒質に対して拡張を行って証明された。

第7章 ヘヴィサイドの電気力学

ジョン・ヘンリー・ポインティング：
John Henry Poynting (1852-1914)

物理学者であったポインティングは多才な人物で統計経済学の研究者でもあった．電磁場におけるエネルギーの流れに関する有名な論文を発表した同じ年に，彼はまたあまり有名ではない「小麦と大英帝国へ輸入される綿花および絹の価格における変動の比較」という論文を発表しているが，どちらの論文も1884年夏のヴィクトリア人たちにはほとんど読まれなかった．それよりもはるかに関心を集めたのは，エジプト領スーダンでの些細な戦争についての新聞記事とかカーツーム (Khartoum) のチャールス・ゴードン将軍に迫りつつあった危機（彼は6ヵ月後，スーダンの狂信者によって文字通り首をはねられた）などであった．

　ポインティングはヘヴィサイドにその件の論文を認めさせ，またポインティングの数学には欠点がなかったにもかかわらず，彼の物理学には当時注目されていなかった，あるいは少なくとも過去100年間はヘヴィサイド自身のそれに関する意見（注4参照）を除いて，注目されることがなかった一つの欠陥があったということは奇異なことである．しかし，欠陥のない数学を用いたとしても，多くの人たちには，ポインティング（と，ヘヴィサイド）のエネルギーの移動という考えは信じ難いものであった．また，懐疑論者たちの全てが，ジョン・スプラーグのような「旧時代人」ではなかった．J. J. トムソン教授は，ポインティングの論文の二年後に，次のように書いている[74]．

> エネルギーの変化に対する表現についてのこの解釈《ポインティング・ベクトル》は，未解決問題であるように思われる．第一に，電気磁気的な場において生ずる現象からの発生機構の知識を持つことなしに，エネルギーに対する一般的表現を，単純に時間について微分することによって場の一部分から他の部分への移動経路を事前に決定すること《技術ノート3参照》は，不可能であるように思われる…．

これらの言葉は，当時英国物理学の輝けるアカデミック・スターであったトムソン教授は，まだ力学的モデルの構築というマクスウェルの終着点にこだわっていたことを示している．しかし，結局はトムソンでさえも方向を転換し，1893年にはポインティングの結果を，「非常に重

要な定理」であり,「価値の高いもの」であると呼んだ[75]. トムソンは, エネルギーの流れの定理 (energy flux theorem) へのヘヴィサイドの寄与については何も述べていないが, 私にはこのことが特に皮肉に感じられる. なぜなら, トムソンによるこのような軽視は, その他のヘヴィサイドによる重要な結果とともに彼の宿命であったからである. さらに二重に皮肉なことには, ヘヴィサイドもまたこれに絡んでいたということである (ヘヴィサイドの役割は, トムソンの役割とともに再び忘れ去られた).

運動する電荷

こんにち, われわれは, 電気現象が電子[76]と呼ばれる極めて小さな塊から発生する, と考える習慣がついているので, ほんの100年足らずの昔にはそのような概念が存在しなかったことに気づくことは難しい (われわれが努力をすれば, 話は別であるが). われわれにとって電子とは電気であり, 銅線内部の電子は, 放電して空間を隔ててジャンプする電子と同じものである. ヘヴィサイドが電気磁気の研究を開始した1880年代初頭には, 誰も頭の中にこのような電流の描像を描いてはいなかった.

電気が, ある種の非圧縮性流体の流れであると考えることは, まだ一般的なことであって, パイプ内の水の流れが, 開いた下水溝に放出された後の状態と非常に違うように, そのような流れが, 導体内部と外部 (すなわち放電) とで同じ振舞いをするものと信ずる明白な理由は存在しなかった. 実際1879年のエドウィン・H. ホール (Edwin H. Hall) の有名な実験, すなわち電流が流れている導体 (ホールは金箔を用いた) が磁場の中にさらされたとき, 電流に対して垂直な方向に電位差を生ずるという現象であるが, その背後には「電気的流体」の非圧縮性が仮定されていた. 皮肉にも流体モデルに対して致命的な打撃を与えたのはこのホール効果であった.

ホール (1855-1938) はジョンズ・ホプキンス大学のヘンリー・A. ローランド (Henry A. Rowland: 1848-1901) 教授の学生であった. 彼の有名な実験はローランドが永年電流の本質について思索し続けたことの極致[77]というべきものであった. ローランドは土木工学者としての訓練を受け, こんにちにおいては彼の驚くほど精密な (1インチあたり約15,000本の平行線!) 回折格子の構成によって知られている. しかし, 彼はその後の電流について

第7章 ヘヴィサイドの電気力学

の考えに重要な役割を果たすことになる繊細で美しい実験を実施した.

マクスウェル自身は,『電気磁気論』の７７０項において「運動する帯電した物体が電流と等価であるという仮説」について書いている. 実際にこの着想は, すべての道をファラデーまで容易にさかのぼることができる. ファラデーは, 次のように書いている[78].

> …一個のボールが部屋の真ん中で正に帯電し, その後任意の方向に移動するとすれば, その効果は, それと同じ方向に電流が存在するかのように生ずるであろう. あるいは, そのボールが負に帯電しているとすれば, その効果はその運動と逆方向に電流が発生したかのように生ずるであろう.

ローランドは, １８７５年の夏にマクスウェルを訪問した後にベルリンに旅立ち, そこで, (毎分3,660回転する円盤上の) 運動する電荷が, 実際に「通常の」電線内の電流と同じように磁場を発生することを実験的に示した. これはケンブリッジ大学のJ. J. トムソンに引き継がれ, 彼は, 運動する電荷の磁気的効果についての最初の理論的研究[79]を行った. トムソンは大きな関心を持って真空中の放電を含む最新の実験を行い, 彼の論文を次のように書き出した.

> …十分に帯電し, 高速で運動する物質粒子は, 発光現象を示す…従って電気的作用に関する何らかの理論を選択《トムソンはマクスウェル理論を「選択」した》し, それに従って, 二つの運動する帯電物体間に存在する力はどのようなものであるか, そしてそのような運動体によって生ずる磁気力はどのようなものかを見出すことは, 興味深いことである….

トムソンは, この論文において, 磁場 $\vec{B}$ の中を速度 $\vec{v}$ で動く電荷 q に作用する力を表わす式, すなわち, こんにちわれわれが「ローレンツの力」[80]と呼んでいる $(1/2)\, q\vec{v} \times \vec{B}$ を導いた. この係数 1/2 は誤りである (これは, 1889年にヘヴィサイドによって, この係数が 1 であることが示され[81], 修正された). しかし, トムソンの解析の本当に刺激的な成果は, その質量の説明という初めの約束であった！

しかし, トムソンは (極めて込み入った数学を駆使する前に, 淡々と), マクスウェルに従うならば, はじめに一様な表面電荷を持つ運動する球体は磁場を生じ, それはすでに見たように空間内のエネルギーを示唆するものであることを論じた. このエネルギーはどこからか来なければならない——すなわち, 球体の力学的運動からである. このことは次に運動する球体は運動エネルギーが電磁エネルギーに変換されるために, 誘電性

223

ジョセフ・ジョン・トムソン：
Joseph John Thomson (1856-1940)

第三代目のキャヴェンディッシュの実験物理学の教授で，原子より小さい粒子（電子）の最初の「発見者」である．ロッジやヘヴィサイド同様にトムソンのエーテルに対する信念は，新世紀になってからも揺ぐことはなかった．1909 年に開催されたウィニペッグにおける英国科学振興協会 (B.A.) の会議においてさえも，彼は「すべてを満たしているこの実体 (substance) の研究はおそらく，物理学者たちの，最も魅惑的で重要な使命である」と宣言している．（「エレクトリシャン」により 1896 年に刊行された鋼版画から）

の媒質内を通過するときに抵抗を受けることを意味する．しかし，球体が導電性のない誘電性の媒質内（例えば真空の空間）を通過するとすれば，この抵抗は単なる摩擦による抵抗にはなりえない．そうではなくトムソンが書いたように，それは，

> …完全流体内を通過する固体によって理論的に説明できる抵抗に対応しなければならない——言い換えるならば，それは帯電した運動する球体の質量の増加と同等でなければならない．

質量増加についてのトムソンの解析は，ゆっくりと動く電荷に限定され，彼の得た結果は，速度には無関係となる．トムソンは，透磁率 μ の誘電体内を通過する電荷 q を帯びた半径 a の球体に対して，質量の増加量は

$$\frac{4}{15}\mu\frac{q^2}{a}$$

となることを見出した．

1885 年，ヘヴィサイドは，係数を 4/15 の代わりに 2/3 としているが，再びトムソンの結果と関数形が一致する結果を得た[82]．トムソンは続いて球体を地球そのものとし，地球表面の電場が大気を帯電させる限界まで帯電させたものとした．彼の結果は「地球の質量と比べれば全く僅かな，650 トン」という質量であった．おそらく，比較的些細なこの値のために，トムソンは彼の論文においてこの問題にこだわらなかった[83]．しかしヘヴィサイドはそうではなかった．

第7章 ヘヴィサイドの電気力学

　ヘヴィサイドは1889年「フィロソフィカル・マガジン」[84]に,「誘電体中を通る荷電体の運動による電磁気的効果について」(On the electromagnetic effects due to the motion of electrification through a dielectric) という論文を書いた.彼はこの論文においてトムソンの1881年の論文[85]における誤りを訂正した.ヘヴィサイドは,速度に無関係な遅い電荷についての解析を任意の速度uで動く点電荷の場合に拡張し,さらに光の速度(彼はそれをvで表わした)まで,さらにはそれ以上の速度にまで拡張した！ 彼の結果は,速度に依存する項を含んでおり,光速度以下の速度に対してはアインシュタインの結果と極めて似ている $1-(u/v)^2$ の形であった.もちろん,アインシュタインの業績は,ヘヴィサイドのそれと比べるとはるかに一般的な性格のものである(ヘヴィサイドは,運動する荷電物体から始め,次に複雑な数学とマクスウェルの電気力学を適用したのに対し,アインシュタインは代数と二つの相対性原理以外に何も用いなかった——アインシュタインは森全体を見ていたのに対し,ヘヴィサイドとトムソンは一本の木の樹皮に生えた草を通して見ていた).

　ヘヴィサイドが彼の解析を点電荷からトムソンの球面に拡張しようとしたとき,彼は電気力線が球の表面に垂直になるだろうと仮定してつまずいた.しかし,これはある程度までは思いがけない誤りであった.というのは,ケンブリッジ大学のキャヴェンディッシュ研究所の実験物理学の若き実験助手であったG. F. サール(1864-1954)が,それについて手紙(1892年8月19日付)を書いていたからである.サールは(彼は1888年以来,ケンブリッジにおいてトムソンと共に研究していた)その手紙の中で,「私は帯電した点の運動についてのあなたの解法については全く同意できますが,それを球に適用する方法については理解できません」と書いた.サールは続いて,ヘヴィサイドに「u^2/v^2 が完全に無視できる限りにおいては」ヘヴィサイドの仮定が許されるが,「u^2/v^2 が無視できないならば」そうではないことを示そうとして,ヘヴィサイドに正しい解法を示すために,ヘヴィサイド自身が以前に発表した論文のいくつかを用いた[86]！

ケンブリッジの友人

　この手紙は33年後のヘヴィサイドの死に至るまで続けられた個人的

な親交[87]の始まりであった．サールは誠実に文通を行い，訪問をし，金を貸し，さらに重要なことは，<u>ヘヴィサイドが間違っていたり愚かな振舞いをしたときには，それを指摘するような</u>，おそらくフィッツジェラルド以外の唯一の<u>真の</u>友人であった（1904年にサールが結婚した後，彼の妻は彼と同伴し，彼女とヘヴィサイドは互いに大変親しくなった）．彼らは表面上は明らかに親交を結んだようには見えないような風変わりな間柄であった．一方は，聖職者用の住宅で生まれ育った信仰深い牧師の息子であり，他方は大司教をからかうことを喜びとするような無神論者であったので，彼らは紛れもなく「奇妙なカップル」であった．しかしサールは，数学的な才能に関してはヘヴィサイドに何目も置いた．彼の1887年の<u>数学優等試験</u>の順位は「たったの」28位であった（彼の父[88]，W. G. サール牧師もまた優等合格者［First Wrangler］であった）が，数学的に二流というわけではなかった．サールはその後の人生において学生たちに強い印象を与えている．その学生の一人は，「サールは教授のように見えた（『教授になる見込みが全くない』教授志願者）」と，コナン・ドイルの『失われた世界 (The Lost World)』において回想している[89]．

　サールは学生たちに対しては厳格であって，ユーモアのある人物ではなかった．彼の無味乾燥な機知は，多くのヘヴィサイド宛の手紙の中の一つの次のような一節に現れているように私には思える．「…私は学生に対して，回転する電子の輪に対して数学を適用することを指示しました．彼は20,000項を含む式を計算すれば成功するはずでした．彼はそれを巻いた紙に書きました」．

　サールとヘヴィサイドは，何年にもわたって親密に付き合い，実際に彼らの現在の健康状態について手紙でやりとりすることを快く感じていた．例えば，ある手紙には，最近サールが「大腸の不具合」に悩まされている，という奇妙な一節があり，応急処置として彼が「1/2 パイント（0.57 リットル）のオイルと，午後には 2-1/2 パイントの石鹸水を浣腸しました」と書いた．彼はその後「尾篭な手紙で恐縮ですが，オイルは，言葉ではうまく表わせないほどごろごろと音を立てて私の体の中で利きました」と書いている．

　ヘヴィサイドがサールに対して特別に友好的で親しい感情を抱いた理由の一つは，おそらく潜在意識のレベルで自分よりも若いこの男が，ヘヴィサイドのヒーローであるマクスウェルに実際に一度会った経験があ

るということだった．キャヴェンディッシュ研究所においてサールの指導者であったJ.J.トムソンでさえ，マクスウェルが死去する前にケンブリッジにいたが，一度もこの偉大な人物に会ったことがなかった．サールの父親は，誕生日（12歳か13歳か，あるいは14歳であったか定かではないが）のプレゼントとして，マクスウェルを案内役とした一時間限定の旅行として彼をキャヴェンディッシュ研究所に連れて行ったことがあった．このことは，この少年に強烈な印象を与えたため，1887年にカレッジを卒業した後「本能的に」キャヴェンディッシュ研究所に戻り，J.J.トムソン教授は1888年10月に，彼に対して下級の役職を与えた．サールが，運動する電荷に対して関心を持つようになったのはこの時であって，この関心は，1892年のヘヴィサイド宛の運命の手紙の中で閃いた．ヘヴィサイドはサールから多くのことを学んだ（そしてサールは，ヘヴィサイドの友人であったことで有名になった）．

　ヘヴィサイドがサールから学んだ一つのことは，点電荷から拡張された電荷へ進むための正しい方法であった．発表された論文[90]にサールが書いた言葉によれば，

　　…点電荷による場と同じ場を生ずるような表面は，一つの回転楕円体であって，その短軸は，図の軸と同じであるが，運動方向に沿っており，それらの軸は，$1:1:(1-u^2/v^2)^{1/2}$ である．ここにuはこの点の速度，vは誘電体内部における光速度である．電荷は，楕円体が静止して帯電しているかのように分布している…この面のことを，私は「ヘヴィサイドの楕円体」と呼んでいる．

この結果は，きわめて「アインシュタイン的」であり，サールとヘヴィサイドが，もちろんそれには気づかずにしたこのことは，相対論的電気力学の片鱗を探り当てていた．そのうちのいくつかは，結果的にノーベル賞へ（但し，他人へ［アインシュタイン自身のノーベル賞の受賞理由は，相対性理論ではなく，光量子仮説に関する貢献である］）と導いた．

超光速

　ヘヴィサイドの（運動する電荷の電磁場への影響に関する）速度に依存する解は，質量が速度に依存することを予言している点で1881年のトムソンによる電磁気的質量増加という結果よりも一歩先を行くものであった．少なくとも帯電体の一部が，その運動の電気力学的な効果に寄与し

ヘヴィサイド

古いボール紙の箱の中にあった何枚かのネガのうちの一枚からの写真（1893年の日付あり）．それにはヘヴィサイドの筆跡で，「ポケットに手を入れている一枚が，多分一番いい．母親は笑顔のほうがいいと言うだろうが」と書かれたメモがある．

うるという可能性は，<u>おそらくそのすべて</u>が寄与しうるという刺激的な可能性を期待させた．仮にそうであってもすべての物質が「単なる」荷電体（すなわち電子）の複雑な星座である「単なる」多くの原子から成るものとすれば，究極的な自然の解釈は，ケルヴィン，さらにはマクスウェルのガタガタ音を発する (clunking) 力学的なものというよりも<u>電磁気的なもの</u>になるであろう．マクスウェリアンの哲学の真の信者たちの考えることは何というものなのだろう！ しかし，結局この希望は欠陥があることが証明され[91]，ヘヴィサイドは，彼のノートの一冊[92]にそれには決して惑わされないことを宣言している．

> 私は，現在人気のある「質量」は電磁気的な慣性に起因するものである，という見方が単に人をだますものである，とは言わない．しかしそれが発する光は，か弱く不確かなものであり，局限的にのみ成立する，といっておこう．電磁気的な慣性が「質量」の説明となる<u>であろう</u>，という単純な<u>考え</u>は，運動する電荷に関する私の初期の論文に述べられているが，それはあまりにも漠然としており，また，実験的な確証の裏づけがないため，私はそれを保留した．それは，あまりにも多くのことを説明するが，満足な説明をしていない．

予言された，速度による質量の変化の一つの奇妙な性質は，速度が光の速度に等しくなったとき，それが無限大となることである．このことは，こんにちわれわれが，質量を持つものは光の速度で（真空中を）進行できないことを意味するものと解釈している結果である．光は明らかに光速度で進むことが<u>できる</u>．なぜなら，光子 (photon) には質量がないからである．サールは何十年もの間，運動する電荷の電磁気的効果を研究し，その結論を受け入れたが，ヘヴィサイドはそうではなかった[93]．

第7章 ヘヴィサイドの電気力学

実際に，彼の著述すべてには，<u>光よりも速く動く電荷</u>についての解析が散在している（最も初期のものは，1888年からの日付となっている[94]）．これは，サールに大きないらだちをもたらした．例えば，彼は1896年の論文に次のようにある書き込みを記している．

> ヘヴィサイド氏は u が v《光速》よりも大きい場合の結果を<u>述べている</u>[95]が，今までのところ，この場合の解を求めた形で公表していない．私はこの論文を，u が v よりも大きくない場合に限定している．

次の年，サールは1896年の論文の続きを発表した[96]．彼はそこでは運動する楕円体に関係するエネルギーを求めている．彼の締めくくりの言葉は次のようなものであった．

> これらの場合のすべてにおいて，$u = v$ の場合にはエネルギーは無限大になる．
> よって，帯電体を光速度以上にすることは不可能であると考えられる．

ヘヴィサイドは，サールの警告を受け入れようとしなかった．1898年，彼はサールの見解を拒否しようとした返信[97]を書いた．私には，ヘヴィサイドの長たらしい議論（そこには数学は一行も書かれていない）が，実際に大きな説得力があるようには見えない——ここに，サールが誤りであるという，彼の冒頭の「証明」がある．

> この議論は…光速度では…帯電体のエネルギーの計算値は無限大となり，また，このエネルギーは，外部のエネルギー源から引き出さなければならないので，無限大の仕事を行わなければならない，すなわち無限大の抵抗を受ける，ということになると思われる．ここには，誤った考えがある．この議論の反証を挙げるための一つの簡単な方法は…一つではなく，一つは正に，もう一つは負に同じ程度に帯電した二つの物体を用いるものである．そうすると，無限大は消滅し，光の速度で運動している場合でも有限のエネルギーになることがわかる．

ヘヴィサイドが描いたことは（私が<u>考えるに</u>！），彼が求めたエネルギーの増加分における q^2 を $[q+(-q)]^2$ に

実験室におけるサール：
G. F. C. Searle (1864-1954)

229

置き換えれば0になる，ということであった．彼は，もう一つの見方である $[q^2+(-q)^2] = 2q^2$ を無視した．もちろん，これはすべてアインシュタイン以前の出来事であって，ヘヴィサイドは，この無限大が物体が全電荷を担うか否かということよりもはるかに深遠な考察からくるものであることを知らなかった．

彼の論文の中の無限大の出現，すなわちそのほとんどの解析がその思考を停止するような結果は，それを心配する必要はないという理由を書くためにヘヴィサイドに更にインクを消費させる方向へと向かわせた．このことは第10章において十分に示そう．例えば，彼は一度（運動する電荷とは異なる問題について書く中で）次のように言っている[98]．「数学者たちが無限大に行き当たったとき，彼らは途方にくれ，その周りに囲いを作る…われわれは無限大を恐れてはならない」．そして，彼の光速度での運動についてのサールへの返信の締めくくりの言葉は同じものだった．「教訓は，無限大を恐れるな！　ということです」．

ヘヴィサイドは自らの助言を守り，光の速度およびそれを超える速度で運動する電荷について考えながら何年かを過ごした．1903年に彼は，そのような速度で運動する電荷について彼が持った視覚的な描像について次のように書いた[99]．

> 何年か前にボイス (Boys) 教授によって撮影された，飛んでいる小銃弾の写真は，銃弾の前に押し出された空気の塊が存在することを示している．これに類似した何かが一個の電子の電磁気学の中に存在するであろうか？　例えば，一個の電子が，原子から光速度を超える速度で突き出されるものと仮定しよう…その速度が光速度よりも大きい場合に限り，その動きには円錐波を伴う．

しかしボイスの写真[100]に現れた円錐形の衝撃波というのは，ヘヴィサイドの想像として，最初にひらめいたものではなかった．というのは光速よりも速い荷電粒子のこの効果について，ヘヴィサイドは1888年に初めて論文を書いた[94]が，これらの写真は1893年になって公表されたからである．衝撃波は媒質中をその媒質内の擾乱の伝搬速度よりも速く運動する物体によって発生する．空気中の銃弾に対しては決定的な速度は音の速度であり，よく知られている音響的な衝撃波は，ジェット機が「音速の壁を破るとき」に生ずる「衝撃音 (sonic boom)」である．水中の波の速度よりも速く動く高速ボートは，円錐形の船首の航跡を発生する．帯電した原子の粒子に対しては，決定的な速度は，媒質内の光の速

第7章　ヘヴィサイドの電気力学

度である．

　驚くべきことには，もしも媒質が真空以外の何か，例えば水であるならば，ある種の物理的意味において，光速度以上の運動についての彼の主張に関しては，ヘヴィサイドは完全に正しかった．この場合には，光の速度は真空中におけるそれよりも遅いので，帯電粒子は「やや遅い」光の速度よりも速く動くことができる．実際に，ヘヴィサイドの円錐形の衝撃波は観測される！　こんにちでは，われわれはこれをロシアの物理学者パヴェル・A．チェレンコフ (Pavel A. Cherenkov) が１９３０年代にそれを実験的に徹底して研究したことに因んでチェレンコフ放射[101]と呼んでいる．キュリー夫人が１９１０年に，明らかに初めてこの放射効果をラジウム放射の中に注目した（彼女は，その本当の原因を理解できなかった）のであるが，チェレンコフは理論面の共同研究者であったI. M. フランク (Frank) とI. E. タム (Tam) と共に，１９５８年のノーベル物理学賞を受賞した．ヘヴィサイドが何十年も前に彼らに先駆け，また彼の著書は，光速よりも速い荷電粒子による円錐形の電磁的衝撃波の数学的扱いで満たされているにもかかわらず，この三人のロシア人の誰もノーベル賞受賞講演[102]の中でヘヴィサイドについて言及する者はなかった[103]．

　ヘヴィサイドは，超光速運動の問題をサール以外の（ヘルツを含む）人たちと議論したが，彼らは全く関心を示さなかった．例えば，フィッツジェラルドは日付なしの（多分１８８９年の初めの頃の）手紙の中で，次のように書いている．

> あなたは，「光よりも速い速度が有るとすれば何であるか？」と問うておられます．私は自身に対してそれを問いかけておりますが，満足な答えは得られておりません．答えとして明確に問うべきことは，「そんなことは有りうるだろうか？」ということです．

さらに彼は，何年か後に葉書（１８９７年７月４日付）で次のように問いかけた．

> あなたは，光速度で動く帯電した球体のエネルギー《球が帯電していることについて，フィッツジェラルドが重要であると考えていたことに注意していただきたい》が無限大になるというサールの意見について賛成できますか？　私は賛成できません．

　もちろん，現代の考え方に従えば，ヘヴィサイドが真空中での超光速度が可能であると信じていたのは誤っていたのであるが，この考えは最近になって，タキオン (tachyons) に関する多くの論文として復活している．

231

そのような超光速の粒子に対する現代的な反論の一つは，それが明らかに心を寒くさせるような逆説に満ちた奇怪な概念である，過去へのタイムトラベルの可能性を暗示しているように思われるということである．

ヘヴィサイドはタイムトラベルの類については何も書いていないようであるが，それについて述べたことは，疑いなく読んで興味深いものである．われわれは，彼がネイチャー誌の論文に走り書きした僅かな言葉から，彼のしそうな振舞いをおぼろげながら知ることができるだろう．タイムトラベルという空想は，しばしば「四次元」という言葉で表わされるが，ヘヴィサイドはそのような着想を全く好まなかった．「われわれはいつか，空間的に三次元以上であることが仮定されるような，新たな経験をすることになるかも知れない」というウィザースの言葉が引用された，J. W. ウィザース (Withers) 博士の著書『ユークリッドの平行線の公理』の書評の後に書かれた書き込み[104]には，ヘヴィサイドはきっぱりと「そんなことはあり得ないし，できるはずがない」と答えている．ヘヴィサイドが時間を逆行して真空中の超高速について考える機会を持てたならば，おそらく彼は自らの立場を考え直したに違いない．

王立協会フェロー（F. R. S.）ヘヴィサイド博士

サールは，彼の1896年の論文[90]を次のような謝辞によって結んでいる．
> 私は，王立協会会員である友人オリヴァー・ヘヴィサイド氏に対して最大の謝意を表明することはうれしいかぎりである．氏は何回となく電磁理論についてのいくつかの個人的な助言をして下さっただけでなく，本研究を進める過程において，絶えず私を激励して下さった．

実際に，ヘヴィサイドは1881年においては無名であったが，1891年には，当時はとてつもなく大きな名誉であった王立協会の会員［Fellow of Royal Society, 略して F.R.S.］に成り上がった．重要な科学上の団体組織や賞がきわめて増加しているこんにちにおいてさえ，あなた方の名前の後ろに「F. R. S.」を書くことができるということは，大変なことである．ヘヴィサイドの「エレクトリシャン」やその他の雑誌における長大な論文は（少なくとも一部の，僅かな第一級の科学者たちを除けば）注目されないままであったが，ヘヴィサイドのための公式の「推挙のための候補者の認

第7章 ヘヴィサイドの電気力学

定書」には，オリヴァー・ロッジ，ウィリアム・トムソン，ジョン・ペリー，チャールス・ボイス，ジョージ・フランシス・フィッツジェラルドなどの，英国科学界の巨星たちの署名が連ねられている．これらの重要人物たちは，ヘヴィサイドの貢献に対する次のような証明書の真下に署名を行っている．「電磁気科学において高い学識を持ち，特異なる才能を以って高度な数学を駆使し，電磁波の伝搬のマクスウェルの理論の進展に成功を収め，いくつかの方面における事実及び原理についてのわれわれの知見を詳細にわたって拡大した」．

　しかし，ヘヴィサイドのような奇人は，1891年6月の会員への推挙を上品な態度で受け入れることができず，むしろ事実以上に見せかけることを強制されているように感じたのである．王立協会からの定款のコピーを受け取ったとき，彼は直ちにオリヴァー・ロッジ宛に「王立協会の事務官が，私宛に人身保護令状まがいのものを送ってきました」と書いた．さらに，彼のノートの一つには，王立協会の入会の儀式を笑い飛ばす，次のような奇妙な詩が書かれている．

Yet one thing More	
Before	かつて，いくつかのことを
Thou perfect Be	汝はなしとげたり
Pay us three Poun'	われらに3ポンドを支払い
Come up to Town	町に来たれ
And then admitted Be	さすれば認められん
But if you Won't	されど汝，フェローにあらざれば，
Be Fellow, then Don't	認められまい

もちろん，彼は入会式には出席せず（ヘヴィサイドが，明らかに彼らはそうするであろうことを知っていた通り），王立協会側は依然として彼を会員に推薦し続けた．しかし，何年か後には，彼のユーモアは，彼が家族や隣人からの信頼を失ったと感ずるような，少なからぬ苦しみに陥れることになった．1918年に彼は，アメリカのある文通相手宛に「…F. R. S. は，われわれの信頼すべきガーデニング仲間が1ギニーを支払って所属するF. R. H. S.《王立園芸協会会員》以下の全くたいした意味のないものです」と書いている[105]．1905年にゲッチンゲン大学[106]が再び電気力学における彼の業績を評価して，その当時彼を最も喜ばせた名誉博士号を彼に贈呈したとき，その証書には次のように書かれていた（ラテン語の原

233

文からの翻訳).

> この卓越した人物である
> オリヴァー・ヘヴィサイド
> 国籍は英国，住所はニュートン・アボット，
> 解析手法の深い学識を持ち，
> 電子と呼ばれる微粒子の研究者であり，
> 孤独な生活を送りながらも幸せであって，
> 辛抱強く，想像力に富み，
> それでも，マクスウェル流の科学の伝道者の中にあって，
> やはり，第一人者である．

しかし，彼は結局これも無視した．彼は1924年にアメリカ人の文通相手宛[107]に，彼がかつてフランス在住の友人に「ゲッチンゲン大学から来た私の証書を科学院のドアの上の方に貼り付けてほしい」と頼んだことがある，と書いた．

> …私は，それを黒く塗りつぶしたいくらいです．なぜかと言いますと，私は，いかなる余分な肩書きも受ける考えは捨て去っておりますし，いくつかの古い肩書は返上したいくらいです．

しかし，これはすべて後になってからのことであって，ヘヴィサイドにとって，これらの栄誉はすべて初めは大きな喜びをもたらした．

従って55歳の時には，彼はもはや勤務先のない[108]，家で独学中の元電信技士などではなかった．今では，彼はついに信用証明書を獲得し，王立協会会員・オリヴァー・ヘヴィサイド博士となった．だが，1881年から1891年までの10年間は，彼の論文についての技術的な議論が示しているほどには容易なものではなかった．その十年間は彼の生涯における最悪の期間であった．

ウィリアム・ヘンリー・プリースとの闘いは，すべての中で最悪であり，栄光は別として，ヘヴィサイドが決して忘れることのなかった，耐え難い時間と華々しい弁明の両方に長い時間を費やすことになった．

技術ノート1：二重方程式

前章から，電気および磁気的場を結合する方程式を思い出していただ

第7章 ヘヴィサイドの電気力学

きたい.

$$\vec{\nabla} \times \vec{B} = \mu \left(\vec{J}_e + \varepsilon \frac{\partial \vec{E}}{\partial t} \right) \qquad \vec{\nabla} \cdot \vec{B} = 0$$

$$\vec{\nabla} \times \vec{E} = -\frac{\partial \vec{B}}{\partial t} \qquad \vec{\nabla} \cdot \vec{E} = \rho_e / \varepsilon$$

ここに,μ および ε は,媒質の磁気的および電気的なパラメータであり(これらの積の平方根の逆数は,媒質内の光の速度に等しい),$\vec{J}_e$ は(電荷の運動による)導電電流密度,ρ_e は全電荷密度(ヘヴィサイドの時代には,「帯電」electri-fication と呼ばれていた),そして,$\vec{E}$ および $\vec{B}$ は場を表わす.σ_e を媒質の導電率とすれば,$\vec{J}_e = \sigma_e \vec{E}$ であるから,密度 ρ_m の<u>自由な磁荷</u>と媒質の<u>導磁率</u> σ_m が存在するものと仮定しよう.そうすると<u>全電流密度</u>は,

$$\vec{J} = \vec{J}_e + \varepsilon \frac{\partial \vec{E}}{\partial t}$$

であるから,<u>全磁流密度</u> (total magnetic current density) は

$$\vec{M} = \frac{\partial \vec{B}}{\partial t} + \vec{m}_c$$

と書くことができる.ここに $\vec{m}_c$ は,仮想的な磁荷の運動による磁気的な流れである.$\vec{B}$ に比例するような新たな付加的な場 $\vec{H}$ を定義すると,数学的に好都合である.すなわち $\vec{B} = \mu \vec{H}$ であって,$\vec{m}_c = \sigma_m \vec{H}$ と書くことができる.そうすると,

$$\vec{\nabla} \times \vec{B} = \vec{\nabla} \times \mu \vec{H} = \mu \vec{J}$$

となるから,μ という係数が消去されて,

$$\vec{J} = \vec{\nabla} \times \vec{H}$$

という,きれいな形になる.これらは,第二の rot 方程式と結合されて,きれいな形,

$$\vec{M} = -\vec{\nabla} \times \vec{E}$$

となる.これらの二重方程式についてヘヴィサイドは,EP2の序文の中で,「二重方程式の形は,マクスウェルの理論を表現するために極め

235

て適しており，それまではベクトルポテンシャルとその寄生虫の干渉によって視界から隠されていた多くの有用な関係式に光を当てるものである」と記している．また，フィッツジェラルド宛の手紙（1889年1月30日付）には，「私は，すべてのポテンシャルを船外に捨て，$\vec{E}$と$\vec{H}$を注目の対象としない限り，先に進むことはできません…」と書いた．フィッツジェラルドはいくらか遠慮があったにもかかわらず，ヘヴィサイドの「先に進む」，に納得はしていなかった．ちょうど一週間後（2月8日），彼はヘルツ宛にヘヴィサイドについて次のように書いている．「彼の考察は大変興味深いのですが，彼は記号の［発明の］名人ですので，ついてゆくのが難しく，また彼は実在しない現象を研究するためにそれらを使い，夢中になる傾向があるのです．それにもかかわらず，彼はこの主題についてのわれわれの知識を大きく前進させ，古典的な理論に対抗する運動におけるリーダーの一人です…」．

技術ノート2：電磁場のエネルギーの局在 (localization)

電気的，あるいは磁気的な場の存在によって，エネルギーが「空(から)」であると考えられる空間内に蓄えられる，という考えは，大きな，また永続的な（そして，私にとっては神秘的な），電磁気学上の論争の的であった．ヘヴィサイドを含むマクスウェリアンたちは，このエネルギーを,曲がった小枝や引っ張られたゴムバンドに蓄えられたエネルギーに非常によく似た，エーテルが力学的に歪んで応力を生じた状態のようなものとして考えていた．熱素（フロギストン）を棄て去った同じ屑かごの中にエーテルを棄て去ったこんにち，われわれは，このように目に見えない場のエネルギーの貯蔵庫を「目に見える」ようにできるものを持ちあわせていない．この意味において,こんにちのわれわれにとって,場のエネルギーは，ヴィクトリア人たちにとってよりも，はるかに大きな謎である．もちろん私は，どこに，そしてどのようにエネルギーが蓄えられるか，という疑問に注目し続けている．蓄えられたエネルギーの値（それがどのような値であれ）の計算には，議論の余地はないのであるが．

場におけるエネルギーという着想の解析的な定式化は，マクスウェルによるもので，彼は（『電気磁気論』の631項において），

よって，場全体の静電エネルギー《電荷によって生ずる》は，自由な電荷が見

第7章　ヘヴィサイドの電気力学

> 出される場所に限定されるものとする代りに，電気力《われわれの $\vec{E}$》と，電気変位《われわれの $\varepsilon\vec{E}$》を生ずる場のあらゆる部分において存在するものと仮定すれば，均一になるであろう．単位体積におけるエネルギーは，《ここで，マクスウェルは，$(1/2)\varepsilon\vec{E}\cdot\vec{E}$ と同等な四元数表示を用いている》．

と書き，その後［636項において］，磁気エネルギーについて，

> われわれの仮説に従って，《マクスウェルは磁気エネルギーをエーテル内で回転する渦の運動エネルギーであると考えていた》一般的に運動エネルギーが，場のあらゆる場所に存在するものと仮定する．単位体積あたりのこのエネルギーの量は，《マクスウェルは再び $(1/2)\mu\vec{H}\cdot\vec{H}$ と同等な四元数表示を用いた》となり，このエネルギーは空間のあらゆる部分において，物質の運動の類の形で存在する．

と書いた．

　ヘヴィサイドは，１８８３年３月の「エレクトリシャン」に発表された論文（EP1, p.249）において，この結果（空間における磁気的エネルギー密度が B^2 に比例する）を示し，「われわれは異なった場所に存在するエネルギーの量的な表現を得た，という結論を否定できない」と書いた．ヘヴィサイドは局在的なエネルギーにおけるあいまいさの可能性（EP2, p.570）を許容したが，$(1/2)\vec{H}\cdot\vec{B}$ と表わすことについての注意を，それが「おそらくマクスウェルの図式の最も確かさが乏しい部分である…今のところ，この方法によってのみ完全に矛盾の無い結果が得られる」と書いて認めている．

　従って，マクスウェルに従うと，場の全エネルギー密度は，

$$W = \frac{1}{2}\mu\vec{H}\cdot\vec{H} + \frac{1}{2}\varepsilon\vec{E}\cdot\vec{E}$$

となり，この密度が，空間におけるエネルギーを局在化しているのである．

技術ノート３：空間内における電磁気的エネルギーの流れのベクトルにおけるヘヴィサイドの導出法

　$\vec{E}$ および $\vec{H}$ という場が存在する空間のある領域における単位体積あたりの場の全エネルギーは，「技術ノート２」に示したように，次式で与えられる．

$$W = \frac{1}{2}\mu\vec{H}\cdot\vec{H} + \frac{1}{2}\varepsilon\vec{E}\cdot\vec{E}$$

この領域から外側へ流出するエネルギーの割合は，W の時間変化に負の符号を付けたものであり，一方それは電力ベクトル $\vec{P}$ の発散（単位時間当たりのエネルギー減少分）に等しい．従って，

$$\vec{\nabla} \cdot \vec{P} = -\frac{\partial W}{\partial t} = -\mu \vec{H} \cdot \frac{\partial \vec{H}}{\partial t} - \varepsilon \vec{E} \cdot \frac{\partial \vec{E}}{\partial t}$$

である．一方，「技術ノート1」から，ヘヴィサイドの二重方程式は，

$$\vec{J} = \vec{\nabla} \times \vec{H}$$
$$\vec{M} = -\vec{\nabla} \times \vec{E}$$

である．電荷および磁荷が存在しない場合は，電流および磁流は0であるから，二重方程式は次式のように簡略化される．

$$\varepsilon \frac{\partial \vec{E}}{\partial t} = \vec{\nabla} \times \vec{H}$$

$$\frac{\partial \vec{B}}{\partial t} = -\vec{\nabla} \times \vec{E} = \mu \frac{\partial \vec{H}}{\partial t}$$

これらの式を $\vec{\nabla} \cdot \vec{P}$ の式に代入すると，次式を得る．

$$\vec{\nabla} \cdot \vec{P} = \vec{H} \cdot (\vec{\nabla} \times \vec{E}) - \vec{E} \cdot (\vec{\nabla} \times \vec{H})$$

ヘヴィサイドは次に，<u>任意の</u>二つのベクトル $\vec{A}$ および $\vec{C}$ に対して成立するベクトル数学の基本定理

$$\vec{\nabla} \cdot (\vec{A} \times \vec{C}) = \vec{C} \cdot (\vec{\nabla} \times \vec{A}) - \vec{A} \cdot (\vec{\nabla} \times \vec{C})$$

を用いた．$\vec{A}$ を $\vec{E}$ に，$\vec{C}$ を $\vec{H}$ に対応させると，

$$\vec{\nabla} \cdot (\vec{E} \times \vec{H}) = \vec{H} \cdot (\vec{\nabla} \times \vec{E}) - \vec{E} \cdot (\vec{\nabla} \times \vec{H})$$

となり，これは厳密に $\vec{\nabla} \cdot \vec{P}$ に一致する！ すなわち，

$$\vec{\nabla} \cdot \vec{P} = \vec{\nabla} \cdot (\vec{E} \times \vec{H})$$

である．従って $\vec{P}$ は $\vec{E} \times \vec{H}$ に発散が0であるような任意ベクトル，すなわち<u>閉じたループ</u>となるようなあるベクトル場 $\vec{G}$ を<u>加えたもの</u>に等しい．よって最終的に，

$$\vec{P} = \vec{E} \times \vec{H} + \vec{G}$$

を得る．この簡単なベクトル表現は，ヘヴィサイドが行ったものと同じ
である（彼の解析は，電流，磁流が存在する領域を含んでいて，はるかに一般的な
のであるが，私はそれを単純化している）．それは，実際に現代の教科書に示
されている方法である．しかしそれは，ポインティングがヘヴィサイド
に先駆けて発表したために，ポインティングの定理と呼ばれているが，
彼の導出方法は，（三重積分で満たされていて）はるかに美しさに欠けたも
のであった．ヘヴィサイドの導出方法は，１８８５年２月２１日に「エレク
トリシャン」に発表された（EP1, pp.449-450）．しかし，私は常日頃から，
パワーとポインティングは，ともにＰの文字で始まるので，Poynting
Vector よりももっと適切な名称は，エネルギーの流れの方向を示す意味
で，pointing がよいのではないかと考えているのだが？ ヘヴィサイド
さえ，しばしば公言した信念を以って，そのような「一致」の背後にあ
る神聖なひらめきに対して間違いなく同意するであろう！

　ポインティングとヘヴィサイドとの本質的な違いは，発散の無いエネ
ルギーの流れの項 $\vec{G}$ を付け加えた点にある．ポインティングは $\vec{G}$ の可
能性について何も言っていないが，この意味において，彼の論文はヘヴィ
サイドのそれと比較して一般性に欠けている．ヘヴィサイドは $\vec{G}$ につ
いて多くのことを語っているが，次のようにしてそれを無視している（E
MT1, pp.247-248）．

> …演繹の目的で使われたエネルギーの流れという考えを，実際の問題において
> 使うことはほとんどない．われわれは，それが役立つような何らかの有用な目
> 的がある場合に《限って》，補助的な円形の流れを導入すべきである．

一方，オリヴァー・ロッジはこれに同意せず，反論の中で次のように書
いた[109]．

> ヘヴィサイド氏は … エネルギーの円形の閉じた流れを，奇妙で無用な現象で
> あるとみなしたと考えられる．しかし，私はこれには全く理由を見出せない．
> 物質の回転——例えばメトロポリタン鉄道の内側の円形軌道——は，私が思う
> に，有用なものである．商業において必需品の流通は必須なものである．よっ
> て，エネルギーの循環 (circulation) は，物質という宇宙の活力を構成している．
> 有益なものは，移動という動作である（逆もまた真である）．保存性のある量
> に何が起こるかということは，重要なことではない．それはどこかへ動かねば
> ならず，うまく行けば移動した後にそのスタート地点に戻るであろう．

ロッジはこの論文の結論として，ヘヴィサイドが公式に反論することを

望んでいるが，ヘヴィサイドが実際に反論したという証拠は何もない．

　表面上は任意である $\vec{G}$ の存在は，過去100年間にわたり，その論文を読んだすべての物理学者や電気技術者たちを少なくともしばらくの間は混乱させ，悩ませた．エネルギーの流れが閉じたループのまわりで際限なく回り続けることを示す発散の無いそのような項は，実際のエネルギーの流れにあいまいさを導入するように思われる．しかし，明らかに，エネルギーの流れに関しては，あいまいさは存在しないのである！　事実，実際には初期において $\vec{G}=0$ とするべきであって，そうすることによって，まさしく $\vec{P}=\vec{E}\times\vec{H}$ と表わすことができる．すべての可能な $\vec{G}$ の選択肢のうちで最も単純なものが，完全に矛盾のない物理的な結果に導く．しかし，皮肉なことにこの $\vec{P}$ が，それでもなおほとんどの人たちの直感に反する発散のない閉じたループの経路を含む見かけ上は奇妙なエネルギーの流れの経路を与えることができるのである．

　例えば，電気力線が放射状に表面に向っている地球の場合を考えてみよう．ポテンシャルは，清浄な大気内では，標高が1m増加するごとに約100Vずつ増加する．磁場もまた大気中を北極から南極に向って貫いている．これらの二種類の場は，$\vec{E}\times\vec{H}$ という表現により地球の磁気の極の軸の周りを東から西に向って閉じたループの永続的なエネルギーを発生する．よってここに，まさに $\vec{G}=0$ という発散の無いエネルギーが存在する．そのような流れは，現実のものであろうか？　言い換えれば，何らかの物理的な意味をもつのであろうか？　あるいは，そのすべての着想はある著者[110]が呼んだように，「馬鹿げた」ものだったのであろうか？　リチャード・ファインマン教授は，典型的な才気あふれる解説[111]の中で，そのようなネルギーが，実際に世界の中で角運動量を保存するために必要とされることを示す思考実験を示している．実際には，発散の無いエネルギーの流れに関しては，虚偽でも気まま勝手でも不条理でもなく，われわれの直感がポインティング・ベクトルによって衝撃を受けるということは，われわれの直感が，しばしば完全には正しくないことを意味しているのである．極めて興味深いある論文[112]においては，帯電した磁気的流体（例えば地球）の場の角運動量の量的な計算が行われており，その著者たちは，ファインマンの思考実験は実際に，数値においても厳密に成立することを示している．

　ヘヴィサイドは，次のように述べている (EMT1, p.381)．「どれほど神

秘的なエネルギー（とその流れ）が理論的な側面において存在するとしても，それが根本的な価値尺度であるドルに変換できるという理由により,そこには何かが存在せねばならない」．また，フィッツジェラルドは，ヘヴィサイド宛の手紙（1892年9月26日付）において，「それは，物理学者を，古い考えに固執する老いたトーリー党員と区別するもののように私には思えるのです」と書いている．

技術ノート４：ポインティングの物理学
（および，ヘヴィサイドの反論）

電流が流れている電線に，横方向からエネルギーが入り込むことについて書いた際，ポインティングは，電場は常に電線に平行であると信じていたかのように思われる．それは，電線の内部においては正しい．なぜなら，電流と電場のベクトルは，平行だからである（オームの法則は，$\vec{J}=\sigma\vec{E}$であることを示しているが，ここでは電線の導電率は正であるから明らかに電流ベクトルは，電線に平行である！）．しかし，電線の外側においては，実際に電場はほとんど電線に対して垂直である．このことは，人々を，しばしば電気技術者たちでさえも驚かせた．その理由はおそらく教科書において，この問題はほとんど取り上げられていなかったからである．一つの例外は，スキリング (Skilling) による古典的な著書[110]であって，これは外部の電場の性質について，極めて見事な説明をしたものであった．

ポインティングの誤った外部電場 $\vec{E}$ の概念を前提とし，ポインティングに従ってそれを電線の周りの円形の $\vec{H}$ と結びつけると $\vec{E}\times\vec{H}$ の全エネルギー・ベクトルは，電線の内側方向に向う．もちろん完全なポインティング・ベクトルの考え方は，電線に入り込む横向きのエネルギーの流れが実際に存在する，ということになるが，ヘヴィサイドの指摘によれば，外部の $\vec{E}\times\vec{H}$ のほんの少しだけが内側を向く，というのである．残りの $\vec{E}\times\vec{H}$ は，電線に平行である．しかし，ヘヴィサイド自身に語らせよう．1887年に書かれた彼の言葉（EP2, p.94）によると，

> それ《エネルギーの移動》は，電線の近くで電線に向って僅かな傾斜を保って，それにほとんど平行に行われる…一方，ポインティング教授は《ここでヘヴィサイドは，1885年に発表されたポインティングの二番目の王立協会会報に掲載された論文[113]を引用している》，その移動は電線に対してほとんど垂直方向

である，すなわち，わずかに垂直からずれるものとして表現し，異なった観点を保持している．この象限(quadrant)の違いは，電流を維持している電線の近傍における電場の性質についての彼の誤解からきていると思われる．<u>電気力線は，ほとんど電線に対して垂直である</u>《引用者の強調》．私がその僅かなずれの物理的に重要な意味について気づく前には，この垂直方向からのずれは，通常極めて小さく，実際にそうであったので，私はしばしば，垂直であると言ってきた．それは，電線に向うエネルギーの収斂を引き起こす．

電線の<u>内部</u>では$\vec{E} \times \vec{H}$は完全に内側へ向い，ジュール熱，すなわち「I^2R損失」の原因であるエネルギーの消散を表わす．従って，電線に<u>沿う</u>方向のすべてのエネルギーの伝搬は，電線の<u>外側</u>で行われる．これはおそらく狂気に聞こえるであろうが，真実である（少なくともこんにち，実際に誰もが真実であると信じていることである！）．

注および参考文献

1　Henri Poincaré: 当時における最高の数学者であって，1901年の*Electricité et Optique*の中で，「フランスの読者がマクスウェルの著書を初めて開いたとき，感嘆とともに困惑と挑戦的感覚を受ける」と書いている．

2　*The Scientific Writings of Late George Francis FitzGerald,* London: Longmans, Green and Co., 1902, p.92 所収の論文，"On the possibility of originating wave disturbances in the ether by means of electric forces."

3　前掲，"Note on Mr. J. J. Thomson's investigation of the electromagnetic action of a moving electrified sphere," pp.102-107．トムソンの考察（本章の後半部において論じている）については，注79を参照せよ．

4　前掲 pp.99-101．フィッツジェラルドは，彼の初期の立場について，驚くほど率直で正直な評価を行って，結びとしている．「最後に私は，本論文にあるような深刻な修正を要する誤りを既に犯したことに気づかずにいたときに，これらの問題を考察するという危険を冒してしまったことを陳謝せねばならない」．

5　前掲，"On the energy lost by radiation from alternating electric currents," pp.128-129.

6　EP 1, 序文

7　EMT 1, p.6.

8　EP 2, p.524.

第7章　ヘヴィサイドの電気力学

9　*The Electrician* は 1861 年 11 月に発刊されたが，固定読者が獲得できず，1864 年 5 月に休刊となった．その後 1878 年 5 月に復刊され，永年にわたって刊行が続けられた．1952 年に *Electrical Review* 誌に吸収され，こんにちまで続いている．P. Strange による有益な評論がある．"Two Electrical periodicals: *The Electrician* and *The Electrical Review* 1880-1890," *Proceedings of the IEE*, vol.132 (part A), pp.574-581, December 1985.

10　電気ポテンシャルの概念に関する誌上の熱い論争への回答として書かれた，長い Letter-to-the-Editor (vol.2, pp.271-272, April 26, 1879) 所収．ロッジはこの論争の関係者の一人であって，彼のレターは若き情熱が満ちているという点で，特に興味深い（ヘヴィサイドとは違って，後年のロッジは，節度ある言葉を使うことによる見返りをしっかりと学んだようである）．

11　この記事は，読者に直接的，個別的な編集者への質問を許し，雑誌の誌上に答を掲載するものであった．それは技術的な "Dear Abby" 欄のようなものであった．["Dear Abby" は，アメリカで人気の，1956 年から今日まで継続されている「アビーおばさん」のよろず相談のコラムである．]

12　ヘヴィサイドとロッジのコメントは，D. W. Jordan,"The adoption of self induction by telephony, 1886-1889," *Annals of Science*, vol. 39, pp.433-461, September 1982 からの引用である．

13　ドクター・ワトソンが，間もなくシャーロック・ホームズに自分を紹介することになる「若きスタンフォード」とばったり出会ったのは，この同じ年の「クライテリオン・バー」においてであった．

14　R. Appleyard, *Pioneers of Electrical Communication*, London: Macmillan, 1930, p.254 に，ヘヴィサイドの「内気さ」には例外があったと思われる隠されたヒントがある．アップルヤードは，「ばらばらになったリプリントの欄外の鉛筆による書き込みに，ヘヴィサイドが物理学会の<u>会合</u>に《引用者の強調》参加することをほのめかした …」と，記録している．しかしヘヴィサイドは，会合に対して<u>書面</u>でコメントを送るのが常であった．

15　*The Electrician*, vol.87, pp.603-604. November 11, 1921. 芸術家であることもまた価値のあることであったので，オリヴァー・ロッジによる 2 通の手紙から判断すると，彼はビッグスの直後の後継者（W. H. スネル Snell と A.P. トロッター Trotter）の作図能力について嘆いていた――O. Lodge, *Talks about Radio*, New York, NY: G. H. Doran, 1925, p. 51 および，J. A. Hill, *Letters from Sir Oliver Lodge*, London: Cassell, 1932, p.47. を見よ．

16　*Electrical World*, vol.85, p.364, February 14, 1925.

17   *Electrical Papers* の総ページ数は，1100 ページを超えるが，*The Electrician* に初めて発表された論文以外のものも含まれている．これらの二巻の著書は，1892 年に（Macmillan and Co. から）出版された．それらは，その後間もなく出版された *Electromagnetic Theory* (Electrician Publishing Co.) のための基礎文献として，ヘヴィサイドの論文をまとめるべきである，と考えられたからであった．

18   EP 1, pp.190-195.

19   EP 2, pp.23-28.

20   セイリー・ガンプ (Sairey Gamp) 夫人は，ディッケンズの小説『マーティン・チャズルウィット』(*Martin Chuzzelwit*; 1843-44)" の中の登場人物の一人である．

21   ヘヴィサイドは，この点についてはかなり真面目であった．例えば，「電話はどのように呼ばれるべきか」というタイトルの，サイエンティフィック・アメリカン誌の社説 (vol.38, p.68, February 2, 1878) では，ドイツ人は，Fernsprecher（電話）という言葉を，たった の 54 種類の名前を検討しただけで決めてしまっている，と報告している．この社説は，「ある発明家は，一つの壮大な労作のために彼のエネルギーを集中し，勝ち誇ったように，*Doppelsahlstahlblechzungen-sprecher*[4*] なる名称を生んだ．あごは，筋肉代わりに下あごを親指を用いて押し上げれば代用できる」．

22   1922 年 3 月 5 日付の IEE 会長 J. S. ハイフィールド (Highfield) 宛の手紙にある．

23   ヘヴィサイドは，1878 年に自分の体を注意深く測定し，(例えば) ウェスト 28 インチ [71.1cm]，首回り 13 インチ [[33cm]，身長 5 フィート 4 1/2 [163.8cm] と記録している．アップルヤード（注 14）p.217 を見よ．

24   この一節は，*The Electrician*, vol.11, p.199, July 14, 1883 にある．EP 1, pp.286-291 に掲載された時には削除された．

25   ヘヴィサイドは，カーリッスル（Carlistle）の大執事 (archdeacon) であった William Paley, D. D. (1743-1805) のことを指している．彼は "Evidence for Christianity" についての分厚い著書を書いている．

26   この文学的な引用は，ヘヴィサイドが楽しんだ「気晴らしのための読書」がどのようなものであったかを知ることができるので興味深い．ここで彼が引用しているのは，牧師バーハン Richard Harris Barhan(1788-1845) のペンネームの一つであった Thomas Ingoldsby である（もう一つは，Tim Twaddle であった！）．Barhan は，非常に多くの滑稽な詩を書いたが，1857 年に *The Ingoldsby Legend* 三巻としてまとめられ，ヴィクトリア時代におけるベストセラーの一つになった．特にヘヴィサイドが引用しているのは，"Aunt Fanny, a Legend of Shirt" である．

27   *The Electrician*, Vol.11, p.230, July 21, 1883.

第7章　ヘヴィサイドの電気力学

28　*The Electrician,* Vol.11, p.253, July 28, 1883.

29　NB 3A: 50. 1889年は，トムソンがIEE会長に就任した年であり，この期間に彼が公的にヘヴィサイドを賞賛したということで，興味深い年である．これは第8章で述べるように，ヘヴィサイドの生涯における中心軸となる出来事であった．ロッジは，その夜のトムソンとの個人的な会話の中で，永く記憶されていた彼の「愛想づかし」を聞いた可能性がある．

30　Jordan（注12）からの引用．

31　A. M. Bork, "Maxwell and the electromagnetic wave equation," *American Journal of Physics*, vol.35, pp.844-849, September 1967.

32　EMT1, p.69.

33　EP 2, pp. 483-485.

34　EP 2, p.511.

35　ニュートンがベクトルを使用したと思っている現代の学生たちにとっては「明白な」ことであるが，この先駆的な数学上の労作は，はじめの頃には普遍的な喝采を受けなかった．ヘヴィサイドの個人用の*Electrical Papers*に貼り付けられた，日付のない「グラスゴー・ヘラルド」の書評には，新しい表記法を「奇怪である」と称し，「使用されているこの表記法や術語が普通の読者にとってあまりにもなじめないことは，完全にこの論文集の価値を失うものであり，実に惜しいことである」と言い立てている．しかし，（もう一枚貼り付けられていた「マンチェスター・ガーディアン」の書評には）「極めて独創的である」と書かれている．

36　EP 2, p.173.

37　EP 2, p.482. ヘヴィサイドは，オリヴァー・ロッジに宛てた1893年の手紙では，自らの仕事について，それは，マクスウェルが行ったように，彼のベクトル・ポテンシャルとスカラー・ポテンシャルによってごまかしたのではなく，実際の，そして真実のマクスウェルを表現したものである，と書いている──B. J. Hunt, *The Maxwellians*, （Ph.D. 論文）, Baltimore, MD: The Johns Hopkins University, 1984, p.317.

38　*Nature*, vol.47, pp.505-506, March 30, 1893.

39　こんにち，これらの方程式にヘヴィサイドの名前を付ける人はいないが，つい最近私は，すべて物理学者や電気工学者（と，その教授たち！）が読むべき小冊子の中で，そのように名づけられていたのを発見した．──L. V. Bewley, *Flux Leakages and Electromagnetic Induction*, New York, NY: Macmillan, 1952 を見よ．

40　EP 1, pp.447-448.

41　*The Electrician*, Vol.31, pp.389-390, August 11, 1893.

42 *Philosophical Magazine*, Series 5, vol.38, pp.145-156, July 1894.

43 *Nature,* vol.51, pp.171-173, December 20, 1894.

44 H. Zatzkis, "Hertz's derivation of Maxwell's equations," *American Journal of Physics,* vol.33, pp.898-904, November 1965. ザツキス (Zatzkis) は，ヘルツの数学上の誤りを論じている．翌年の vol.34, pp.667-669, August 1966 所収の Peter Havas による応答も参照されたい．この中で，ヘルツの数学は実際には正しいが，彼の物理学が誤りである，と論じている．ヘルツの日誌（英文による抄録；D. E. Jones and G. A. Schott, *Miscellaneous Papers*, London: Macmillan, 1896) は，彼がその解に行き着いたのは 1884 年 5 月 19 日であることを示している (p.xxv)：「今朝，電磁気問題の解法を思いついた」．ヘルツとヘヴィサイド間の書簡は，J. D. O'Hara and W. Pricha, *Hertz and Maxwellians*, London: Peter Peregrinus Ltd. 1987 にある．

45 *Electric Waves*, New York, NY: Dover, 1962, pp.196-197．この本は，1893 年に初めて英語版として出版され，*The Electrician,* vol. 32, p.657, April 13, 1894 に紹介された．この書評は，マクスウェルのもともとの数学が，ほとんどの読者に対して，どれほど衝撃を与えたかを示している点で興味深い．「ロゼッタストーンの発見だけでは，エジプトの石に刻まれたヒエログリフの象形文字の意味が完全に解明できなかったのである...マクスウェルの式の物理的な意味を解明した，故ヘルツ博士の電磁波の伝搬の研究成果を得るまでは，その物理的な意味が欠けている限り単なる記号であった．多くの人たちはその真の意味に驚き，その代数記号を凝視した」．

46 E. T. Whittaker, "Oliver Heaviside," Note 1, Chapter 2.

47 F. クライン (Klein),（こんにちでは，「クラインの瓶」の提唱者として知られている．これは，トポロジー的に不思議なボトルで，内側がないような形に四次元において捻られたものである）．*Vorlesungen über die Entwicklung der Mathematik im 19 Jahrhundert*, part2, New York, NY: Chelsea, 1956, p.47. [日本語訳は，『クライン：19 世紀の数学』，弥永・足立・浪川・石井・渡辺共訳，共立出版，1995 年].

48 ロッジは，*The Electrician* 向けにヘルツの追悼記事を書いている (vol.32, p.273, January 12, 1894)．この記事において彼は，ヘルツが心霊研究学会の客員会員であった，と読者に告げている．このことはロッジの思い込みであって，まさしく彼は，それに結び付けてヘルツの死を利用しようとしていた．

49 G. Holton, *Thematic Origin of Scientific Thought*, Cambridge, MA: Harvard University Press, 1973, pp.205-212. ヘヴィサイドはフィッツジェラルドに宛てて，優先権に関するフェップルの疑惑について書いている（1897 年 6 月 19 日付）．「あんなことをするとは，ひどすぎます．1888 年までの私の仕事と同じ路線にあったヘルツの仕事を比

第7章　ヘヴィサイドの電気力学

較して，何か問題があるというのですから驚いております」．

50　*The Electrician*, vol. 39, p.643-644, September 10, 1897. EMT 3, pp.503-507 に再録されている．

51　こんにち，ボルツマンは，電気力学に関してではなく，熱力学に関して記憶されている．事実，ウィーンの共同墓地にある彼の墓石に彫られた文字は，エントロピーの基本式，$S=k\log W$ である．ここに k は，ボルツマンの定数とよばれる普遍的な定数である．フィッツジェラルドは，ヘヴィサイド宛の手紙（1893年12月22日付）の中で，ボルツマンの電気力学を，「美しい数学的構造を持った，ありえない蜘蛛の巣を編み上げる作業」と呼んだ．

52　ヘルムホルツによるマクスウェルの理論の一般化についての詳論と，そこに縦波の解がどのように出現するかについては，A. E. Woodruff, "The contributions of Hermann von Helmholtz to electrodynamics," *Isis*, vol.59, pp.300-311, Fall 1968 を見よ．Woodruff は，遠隔作用の考えがいかに強固であったかを示すために，ボルツマンの次の言葉を引用している．「われわれは，多かれ少なかれ，直接遠隔作用する磁気的，電気的流体というわれわれの母乳を吸収してきた」．

53　*The Electrician*, vol. 40, p.55, November 5, 1897.

54　*The Electrician,* vol. 40, p.93, November 12, 1897. EMT 2, pp.493-504 に再録．

55　しかし，数年後，ヘヴィサイドはベクトル解析に関する書評を書いた (EMT 3, pp.135-143) とき，彼は，次のように締めくくった．「ハインリッヒ・ヘルツが，それ《ヘヴィサイドの線形に対するベクトル表示》を用いたならば，彼の議論は著しく簡単なものになったに違いない．だが，私はボルツマン教授が他の物語を語るかもしれないので，彼がそれを見ないことを望む」．ボルツマンがカリー（Curry）の書評の中でヘルツの扱い方にどれほど異論を唱えていたかについて，ヘヴィサイドはその脚注で，奇妙な注釈を述べている．「私は，マクスウェルの電磁波に関するヘルツの実験的な業績を『偉大なるヒット』である，と言った．これに対してボルツマン教授は，それを『幸運なヒット』と変えて，私を攻撃した」．ヘヴィサイドは，フェップル宛の手紙において<u>幸運</u>という言葉を使って<u>いた</u>ことを忘れていたように思われる．また，おそらくボルツマンは，ヘヴィサイドの弁解がましい意見をフェップルから聞いていたのであろう．ヘヴィサイドはもちろん，ヘルツの仕事を確実に評価していた．この何年か前の1889年に彼はそれ（ヘルツの仕事）を，「あの一連の輝かしい実験」と，表現している．EP 2, p.503. を見よ．

56　*The Electrician,* vol. 50, p.398, December 26, 1902.

57　*The Electrician,* vol. 50, p.478, January 9, 1903.

58　*The Electrician,* vol. 50, pp.560-563, January 23, 1903.

59　*The Electrician,* vol. 50, p.694, February 13, 1903.

60　*The Electrician,* vol. 50, p.735, December 20, 1903. ヘヴィサイドがエントロピーを「ぼんやりとした」と表現した2ヶ月後，ペリーは *Nature* 誌に掲載された奇妙な書評の中で，その表現を用いた (vol.67, pp.602-603, April 30, 1903). この「評論」は，実際には評論と言えるものではなく，ペリーの技術者向けの熱力学教育における経験を述べたものであった．それは，極めて風変わりなもの（「われわれは，計算尺を可愛がり，愛撫する人たちを知っている …」と言うような文章で満ちていた）であって，スウィンバーンとの論争への感情の放出であったように思われる．

61　*The Electrician,* vol. 50, p.821, March 6, 1903.

62　EP 2, pp.91-92.

63　EMT 1, pp.73-74.

64　アインシュタインが同時性の相対性を示したことは，単なる全体的な (global) エネルギーの保存則についてのこの議論さえも打ち壊した．

65　*Mathematical Tripos* は，ケンブリッジ大学における数学の優等課程 (honors program) の最後に来る厳しい試験である．競争者は「ラングラー」(Wrangler) と呼ばれ，3rd Wrangler は，3番目の優等生と言う意味である．最優等生は Senior Wrangler である．最下位は Wooden Spoon（木のスプーン）である．例えばマクスウェルは1854年の数学優等試験における第二位 (Second Wrangler) であった．P.M. Harman, *Wranglers and Physicists,* Manchester: Manchester University Press, 1985 を見よ．

66　*The Electrician,* vol. 21, p.829, November 2, 1888.

67　この論文は，ポインティングの *Collected Scientific Papers,* Cambridge, Cambridge University Press, 1920, pp.175-193 に再録されている．この論文は1883年12月17日に受理され，1884年1月10日に口述で発表されたが，1884年6月19日付のポインティングによる脚注が追加されていることから，その日付よりも前には印刷されてはいなかったことを示している．

68　"On the identity of energy: in connection with Mr. Poynting's paper on the transfer of energy in an electromagnetic field; and on the two fundamental forms of energy," *Philosophical Magazine,* Series 5, vol.19, pp. 482-487, June 1885.

69　"The transfer of energy," *The Electrician,* vol.27, pp. 270-272, July 10, 1891.

70　EP 1, p.378.

71　EP 1, p.438. この論文は，*The Electrician,* vol.14, p.178, January 10, 1885 に発表された．その書き出しは「… 電線を通過するエネルギーの伝達について考察しよう」

第7章 ヘヴィサイドの電気力学

であった．次に，EP 1 から引用した理由づけによる警告的な言葉が続く．「それはどのように行われるか？『叩け，さらば開かれん』であろうか？ 答は否，であるが，われわれは『鎖の掛けられた』ドアを通して覗き見をすることができる」．ヘヴィサイドは続いて，何の数学的記号を使うことなく，愉快で長たらしいエネルギーの移動の説明を続けている．

72　EP 1, p.420.

73　AN, March 26, 1885, pp. 498-499.

74　*The Electrician*, vol. 17, p.263, August 6, 1886.

75　*Notes on Recent Research in Electricity and Magnetism*, Oxford University Press, 1893, p.308, および p.313.

76　George Johnstone Stoney (1826-1911). フィッツジェラルドの伯父であった彼は，電気の離散的性質を初めて提唱した人物である．すなわち 1874 年に彼は電子の電荷の値を初めて計算した．1891 年にはエレクトロン (electron) という名称を創り出した．

77　J. D. Miller, "Rolland and the nature of electric currents," *Isis*, vol.63, pp.5-27, March 1972.

78　*Experimental Researches*, vol.1, London: Taylor and Francis, 1839, p.524.（1644 項）

79　"On the electric and magnetic effects produced by the motion of electrified bodies," *Philosophical Magazine*, Series 5, vol.11, pp.229-249, April 1881.

80　例えばこの力は，帯電した粒子のビーム (すなわち電子) を，地球を回る軌道内の宇宙兵器のように無力化する力である．粒子間の相互反発によるビームの拡散に加え，そのようなビームは地球の磁場を通って動くときに曲げられて遠方に向い，事実上，高速で動くような目標物はあり得ない．もちろん，ホール効果の説明の背後にあるものもまたローレンツ力である．

81　EP 2, p.506. トムソンが初めて $q\vec{v}\times\vec{B}$ の形を導き，ヘヴィサイドが初めてその係数を正しく求めたのに，なぜ「トムソン - ヘヴィサイドの力」と言わずに「ローレンツの力」と言うのか？（と，あなたは問うであろう）．ローレンツはこの結果を 1892 年まで発表しなかったが，彼が電場 $\vec{E}$ と磁場 $\vec{H}$ が共に存在する場合にそれを貫いて運動する電荷に働くすべての力を $\vec{F} = q\,(\,\vec{E} + v \times \vec{B}\,)$ と表現して発表したことこそが，多くの研究者たちがローレンツ力と呼ぶ，トータルな力であった．

82　EP 1, p.446.

83　1925 年にトムソンは，IEE によって毎年授与されるファラデー・メダルの 4 番目の受賞者となった（ヘヴィサイドは，1922 年の最初の受賞者であった）．授賞

249

式の間に W. H. エックルス (Eccles) 博士（彼は本書においてこの後すぐにヘヴィサイドの人生にある役割を果たすことが示されるであろう）は，次のように言った．「もしも彼が，トムソンの偉大な発見の 2 つか 3 つについて名前を付けることを頼まれたなら，第一の命名として，電磁気的質量の概念，運動する電荷の電磁気的慣性，と言うに違いない．これは，アインシュタインの仕事を頂点とする電気に関する思考における革命の出発点であった」．The Electrician, vol.94, p.370, March 27, 1925.

84　　EP 2, pp.504-518.

85　　トムソンは，1881 年の論文において，証明抜きで二つの重要な仮定を示した．第一の仮定は，導電性のある球体上の表面電荷の分布は球体の運動によって変化しない，というものである．第二の仮定は，この電荷による電場は運動によって変形しない，というものである．この第一の仮定はウィリアム・ブレアー・モートン (William Blair Morton:1868-1949) により，彼の論文 "Notes on the electro-magnetic theory of moving charges," Philosophical Magazine, Series 5, vol.41, pp.488-494, June 1896 においてヘヴィサイドの論文を引用し，それが真実であることが示された．第二の仮定は誤りであることは，ヘヴィサイドによって示された（EMT 1, pp.271-272. を見よ）．彼は，電場が運動の方向に沿って弱められ，運動に垂直な方向には強められることを示した．しかし，場は常にヘヴィサイドが当然「確かに注目すべきことである (EP 2, p.495)」と言った，放射形である．

86　　ヘヴィサイドはこの手紙を，ちょうどこの論文が Electrical Papers に採録された際に，訂正用の脚注を書いていたときに受け取った．彼はその脚注の中でサールについて丁重に言及し，自らのわなにかかってしまったことについて，苛立ちを表明していない．彼はまた，このエピソードについて，EMT 1, pp.269-274 に書いた．私は，ヘヴィサイドは心底から真実だけにしか関心を持っていなかったと信じている．彼が EP1 の序文に書いているように「それがどれほど馬鹿げたものであったとしても，私は大真面目に，私は主に博愛主義的動機によって動かされているのだ，と宣言する．私は人間同士にとって，たとえ何のためであれ，よかれと願っている」．

87　　これは，実際にサールがヘヴィサイド宛に書いた二番目の手紙である．最初の 1891 年 9 月 14 日付の手紙は，「どうでもよいもの」と，後にサールが言っているが，実はそれはサールが「導磁気性 (magnetic conductivity) を研究するために」どのように企図したか，ということについての興味深い説明となっており，ヘヴィサイド宛に「私が見る限り，あなたの論文は，この量が記述されている唯一のものです」と書いた．ヘヴィサイドがどのような返事を書いたとしても，彼ははじめの考えに

第7章 ヘヴィサイドの電気力学

基づいて追究することはなかった.

88 　サールに関する伝記的な情報は, *Nature* に公表された追悼記事 (vol. 175, pp.282-283, February 12, 1955) と, 王立協会による, Biographical Memoirs of the Royal Society, vol.1, pp.247-252, 1955 (これには, 彼の論文と著書の完全な文献リストがある) がある. また, A. J. Woodall and A.C. Hawkins," Laboratory physics and its debt to G.F.C. Searle," *Physics Education*, vol. 4, pp.283-285, 1969 という興味深い小論文がある.

89 　J. Henry(編), *Cambridge Physics in the Thirties*, Bristol, Adam Hilger, 1984, p.82. 学生たちにとってのサールは, 厳しく, むしろこわい感じのする人物と見られていることについては, 彼の *Experimental Elasticity*," Cambridge: Cambridge University Press, 1908, pp.178-183 所収の "Hints on practical work in physics" を見よ. これらの文献は現代の学生たちにも十分に役立つであろうが, それらからは, 彼らの教授が教育的であっただけでなく, 滑稽であった理由は見当たらないであろう.

90 　"Problems in electric conduction," *Philosophical Transactions of the Royal Society*, vol.187, pp.675-713, 1896.

91 　この歴史については, R. McCormmach, "H.A. Lorentz and the electric view of nature," *Isis*, vol. 61, pp.459-497, 1970; T. Hiroshige, "Electrodynamics before the Theory of Relativity, 1895-1905," *Japanese Studies in the History of Science*, vol.5, pp.1-49, 1966; さらに, 19世紀末の電子論の議論については, J. T. Cushing, "Electromagnetic mass, relativity, and Kaufmann experiments," *American Journal of Physics*, vol.49, pp.1133-1149, December 1981 などを見よ. オリヴァー・ロッジは,「速度とともに増加する質量」という着想を, 放射能を「説明する」ために用いることを試みた. この考えは, 軌道を回る電子はその経路が曲線であるために加速されている, というものである. 従ってそれらはエネルギーを輻射し, 原子の中心に向って動く (そうすることによって速度が増加し, 従ってその質量が増加する). そしてロッジは, これは「系における構成物を互いに保持している力のバランスを乱すであろう」と想像した. それによって原子は飛散し, (放射性の) 崩壊となる. このような現象の過程は, それが答えた以上の疑問を呼び起こした. しかし, 全体として, これにはロッジの燃えるような表現が見られ, 興味深い読み物である. "A note the probable occasional instability of all matter," *Nature*, vol. 68, pp. 128-129, June 11, 1903. ロッジは, ヘヴィサイドが何ヶ月か前に, 原子核のまわりの電子軌道からの輻射について「ネイチャー」に書いた論文 (EMT 3, pp.158-164) に影響を受けたと考えられる. 彼は, これに続いて 1904 年に 2 編の論文を発表した. (EMT 3, pp.169-175) ヘヴィサイドは, これらの 3 編のうちの二番目を,「輻射に対する完全な公式は, 現在原子についての推測に没頭している

251

人たちの一部にとっては役立つであろう」と，書き出している．

92　NB 18: 326.

93　サールは，この主題について，何年かにわたってばらばらと発表しているが，そのような論文の最後のものは，1942年に発表された．("The force required to give a small acceleration to a slowly-moving sphere carrying a surface charge of electricity," *Philosophical Magazine*, Series 7, vol.33, pp.889-899, December,1942.) サールは，電荷に関するその最後の論文において，ヘヴィサイドとの長い間の交流と，時折の超光速についての議論について回想し，死去して久しい友人について「はるか昔のあの頃，ヘヴィサイドと私は何回も友好的なけんかをしたものだった」と書いている．

94　EP 2, p.494.

95　サールは，EP 2. p.516 にあるヘヴィサイドの隠れたコメントを引き合いにしている．そこでは彼は $u > v$ に対する結果を簡潔に示し，「少ない言葉では表わせない数学的考察のために紙数を割くことができないのが残念である ...」と書いている．まるで本の欄外に書かれた，フェルマーの最終定理のようではないか！

96　"On the steady motion of an electrified ellipsoid," *Philosophical Magazine*, Series 5, vol.44, pp.329-341, October, 1897.

97　この小論文は 1898 年 1 月 14 日付であるが，EMT 2, pp.533-53. の付録に発表されるまでの間は公表されなかった．

98　EMT 2, pp.112-113.

99　EMT 3, pp.164-169.

100　Charles Vernon Boys (1855-1944). ボイス・カメラの発明者．これは 60,000rpm で回転する鋼板ミラーを用いて，持続時間が μsec の電気放電の光で写真を撮影するものである．*Nature*, vol.47, pp.415-421, March 2,1893 および pp.440-446, March 9, 1893 所収のボイスの記事を見よ．この記事には，1400mph（時速 2254km）で動く銃弾によって生ずる，円錐形の衝撃波の数枚の写真がある．

101　水中の核反応によって発生する，水中の超光速電子から放射される青白い特徴的な光の，美しい写真付きの優れた技術的資料としては，J.V. Jelly, *Cherenkov Radiation*, Elmsford, NY: Pergamon Press, 1958 がある．

102　*Nobel Lectures (Physics) 1942-1962*, Amsterdam: Elsevier, 1964, pp.421-483.

103　もちろんヘヴィサイドは，すべてを一人で成し遂げたわけではない．しかし，チェレンコフ，フランク，タムらの誰も，基本的な論点においてさえ，やはり主題を完全な形にまとめる場合に一人だけで行ったのではない．事実，超光速の電荷の円錐形の波動上と内部における電場のいくつかの奇妙な性質が最終的に説明された

第7章 ヘヴィサイドの電気力学

のは，1963年になってからであった．例えば，この仕事に至るまでは，超光速においてはガウスの定理は成立しないと思われていた．すなわち，電場（光速以下では外向きになっている電場が，超光速の正の電荷の方向に向うことがわかる）を閉じた表面に渡って積分した値は，閉じ込められた電荷に等しくはならず，発散してしまうと思われるのだ！　この，場の方向の「混乱」は特にヘヴィサイドを悩ませ，彼はそれを（EP 2, p.499において）「ありえない電気的問題」と呼んだ．これらの問題の解決法については，G. M. Volkoffによる，極めて読み応えのある論文，"Electric field of a charge moving in a medium," *American Journal of Physics,* vol.31, pp.601-605, August 1963 を見よ．

104　AN, July 4, 1907, pp.220-221.

105　バーナード・アーサー・ベーレント (Bernard Arthur Behrend) 宛．彼は，ボストン在住のコンサルティング・エンジニアでヘヴィサイドの死後にヘヴィサイドの個人的な蔵書の一部を取得したほどのヘヴィサイドの熱烈なファンであった．ベーレントの妻は，著書，書簡，および *Nature* の記事などの記念品を1932年の夫の自殺（やや風変わりな境遇下での）以後IEEに寄贈した．

106　おそらくこの賞とは無関係と思われる，ゲッチンゲン大学の世界的なレベルの数学部門の長は，ヘヴィサイドの熱烈なファンであったフェリックス・クライン (Felix Klein : 注47参照) であった．

107　ニューヨークのシェネクタディ (Schenectady) のユニオン・カレッジ (Union College) の Ernst Berg 教授（この手紙は，1924年6月27日付）．私は，ユニオン・カレッジのシャッファー図書館 (Schaffer Library) に対し，この手紙および所蔵されているその他のベルクーヘヴィサイド書簡を引用する許諾をいただいたことに対して感謝する．

108　ヘヴィサイドは，彼の経歴のこの部分からは脱却できなかった．それは彼の現在（かつ未来）でもあった．王立協会の会員への推薦状の，「専門または職業」の行には，無愛想に「なし (none)」と書かれている．

109　*Nature*, vol.47. p.293, January 26, 1893.

110　H.H. Skilling, *Fundamentals of Electric Waves*, New York, NY: John Wiley, 1948, p.132.

111　*Lectures on Physics*, vol. 2, Reading, MA: Addison-Wesley, 1964, pp.17-5 to 17-6, and p.27-11.

112　E.M. Pugh and G.E. Pugh,"Physical significance of the Poynting vector in static fields," *American Journal of Physics*, vol.35, pp.153-156, February 1967.

253

113 "On the connection between electric current and the electric and magnetic inductions in the surrounding field," *Collected Scientific Papers*（注 67），pp.194-223.

訳注
1* 　ヘルツこそがマクスウェルの正統的な後継者と考えておられる方にとっては，この指摘は意外に感ずるかもしれない．ヘヴィサイドは，「マクスウェルは，1/2 だけのマクスウェリアンであった」とまで言っている．ヘヴィサイドの言う「マクスウェリアン」は，ファラデー・マクスウェルの「場」の本質を理解し，マクスウェルが明確にしきれなかったその定式化を完成しようとした物理学者たちを指している．ヘルツは大陸流の遠隔作用論の影響を受けており，マクスウェルは簡略な形式で定式化しなかったという意味で，ヘヴィサイドがこのように述べたと思われる．ハントは，「マクスウェリアン」に属する物理学者として，ヘヴィサイド，フィッツジェラルド，ロッジ，ポインティング，ヘルツ，ラーマーを挙げている（B. J. Hunt, *The Maxwellians*, Cornell University Press, 1991）．

2* 　ヘヴィサイドは 1850 年 5 月 18 日生まれだが，研究の独立を果たしたのが 1879 年ころである．マクスウェルは 1879 年 11 月 5 日没．

3* 　ホイットマン (Walter Whitman, 1819-1892) は，有名なアメリカの詩人，エッセイストで，1855 年に自費出版した詩集「草の葉」が代表作である．ヘヴィサイドとの類似性は，貧困家庭で生まれ育ち，独学であったこと（11 歳で正規の教育をやめ，印刷工をしながら図書館などで学習した），斬新な表現をしたこと（「自由詩の父」と呼ばれる斬新な形式の詩を書いた）であると思われる．

4* 　「Doppelstahlbrechgungensprecher」を直訳すると「二枚の鋼板の舌を持つ会話装置」となる．

第8章　プリースとの闘い

通信技術は，ガウス，ホイートストン，および初期の電信技術者たちとともに始まった．それは，前世紀半ばにおける最初の大西洋電線の失敗以後，初めてケルヴィン卿によって合理的，科学的に取り扱われた；さらに以後８０年を経て現在の形に発展させたのは，ヘヴィサイドといってよかろう．
　　　　　──ノーバート・ウィーナー，『サイバネティックス』，1948年

電信にとってあまり好ましくない，電線上に音声を送ることの利益については，私は理解できない．音声よりも速さが重要であり，電信はわれわれが話す以上にはるかに速く送ることができる．英国においては，スピードが全てである．
　　　　　──1882年に，電話の価値についての彼の立場を表明した，
　　　　　　　ウィリアム・ヘンリー・プリースの言葉

われわれは時折，「自然の甘美な (sweet) 単純さ」について耳にするが，科学者にとっての甘美な単純さとは，彼らの頭脳の単純さを示しているように思われる．
　　　　　──信号が電話線によってどのように伝送されるかというウィリアム・
　　　　　　　ヘンリー・プリースの考えについての「エレクトリシャン」編集
　　　　　　　部のコメント（1888年10月12日）

…全くめちゃくちゃなたわごとだ．山師のたぐいだ．
　　　　　──1888年のオリヴァー・ロッジ宛の手紙に表現された，銅線のインダ
　　　　　　　クタンスに関するプリースの考えについてのヘヴィサイドの意見

世界を回しているのが愛であるとするなら，電磁波を世界中にめぐらせているのは，自己誘導 (self-induction) である．
　　　　　──オリヴァー・ヘヴィサイド，1904年

…ＡＷＨ［ヘヴィサイドの兄，アーサー (Arthur West Heaviside)］は，私の理論は全て理論上のたわごとであって，実際の条件とは無関係である，と彼を

説得し納得させた P［プリース］を恐れて，P の側に宗旨替えをした．それは，彼の人生における最大の失策である．残りの人生をすべてだめにしてしまった．
——オリヴァー・ヘヴィサイド，1922年

高度なハードウェアと，低級な理論

1870年代が終り1880年代がスタートしたとき，英国における電気通信事業の状態は，印象に残る可能性を秘めたものであった．しかし，奇妙なことには，通信技術が高度に発達した一方で，この技術の理論的な理解は，ひどく不完全だった．実用とハードウェアへ向う偉大な進歩は，熟達した手腕と独創的な洞察能力に恵まれた一人の賢者によって，霊感的な直観に導かれてもたらされた．事実，理論的な考察は，1870年代と1880年代の間の事業の形成に対してはほとんど寄与しておらず，唯一の実用的な数学理論といえば，（第3章で論じたような）30年も昔のウィリアム・トムソンによる，非常に長くて静電容量が支配的であるような電線の解析だけであった．しかし，実は通信技術は実際には高度な技術である．

1895年までには，世界規模の電信網が地球全体を網目のように覆い，プリースによれば，人は文字通りこの惑星をめぐって[1]メッセージを送ることができた．いつでもメッセージは電気とともに運ばれ，これに代わる通信配達人はいなかった．その手段によって，情報は英国，アメリカ，オランダ，ロシア，日本，スウェーデンなどの国の電信システムを通じて伝わった．プリースの計算によれば，一語あたり約56時間，費用として18ドルかかり，時間，経費ともに高価なものであったが，それでも極めて印象に残る技術的可能性を秘めていた．

1851年の，初めての（ドーバーとカレー間の）海底電線敷設工事の出発時から，大英帝国は電信のあらゆる形式において秀でていた．それらの電線は，グレート・ノーザン電信会社（ヘヴィサイドの最初で最後の勤務先）によって所有されてはいなかった（ニュービッギン - ゾンダービック間の335海里 [620km] 分は，そこの所有であった）が，それらはほとんど間違いなく英国人によって製造され[2]，敷設され，保守（それは，デンマーク滞在時のヘヴィサイドの仕事であった）されていた．海底電線通信網は極めて急速に成長したため，1896年までには160,000海里 [約30万 km] の長さに

第8章 プリースとの闘い

なった(敷設の平均的な経費は，1マイルあたり$1,200である[3])．これらのヴィクトリア時代の電線の多くは，時には何千マイルにも及ぶ遠方の政治的，財政的，軍事的利害に英国を一体化させるために英国によって敷設され，第二次大戦後も使われ続けた．それらはロンドンを中心とする巨大なくもの巣のように，地球上に拡がった．

陸上における通信もまた，印象的であった．比較的短い（最大でイングランドとスコットランド間を結ぶ400マイル［644km］程度）柱上懸架の鉄線は，長い海底電線における主要な問題である非常に大きな静電容量を避けることができた．海底電線は，1分間あたり数十語程度しか送信できなかったのに対して，地上での電信は，1分間あたり数百語程度までは送信できた[4]．したがって結果的に多くのメッセージを送ることができた．そのような簡便なシステムの保守の容易さと相俟って，低コストの個人用，業務用の，極めて大衆的な通信手段[5]が実現した．

続いて，1876年の電話の発明（プリースの言う「科学おもちゃ」）がやってきた．これは，当時の技術者によって普通に用いられた理論の能力をはるかに超える装置であった．誘導的な効果は，まだ地上の通信回路では無視できていたが，人の音声には（ON/OFFによる電信の打鍵と比較すると）はるかに高い周波数成分が存在したので，トムソンの低周波理論は，この転換点から過去の遺物となった．長い海底電線の，この周波数に大きく依存する振幅の減衰と伝搬速度の特性は，それらを相当な長距離の電話サービスには使用不能とするものであって，実質的に，大陸間の電話による会話は考えられないと思われた[6]．

陸上の電信さえも，全体として誘導の問題から逃れることはできなかった．その普及こそが根本的な原因であって，絶えず増加し続ける通話量のために，何百本もの電線が電柱上の腕木の迷路上を乱雑に張り巡らされる光景がよく見かけられた（この醜い光景は1880年代の末頃までアメリカに残っていた．英国ではそれよりもかなり前に地下電線と腕木のない屋根付の電柱に代わっていった）．詰め込まれた電線の密度の度合いは，電線間の会話の誘導的な相互結合（すなわち「漏話 cross-talk」）が厳しい状況になるまで，増加し続けることができた．間もなく，電話回線と電信回線を混在させることは，漏話のために，耐え難いものとなった．この事実の10年後，プリースは，「1884年において，電話回線と電信回線が80フィート離れていても電磁的な妨害が発生することがわかった…」と回想した[7]が，

1887年までには事態は明らかに相当悪化したため，彼は次のように述べている[8]．

> もしも［電話］線が，中央電信局まで電信装置が接続されている［同じ配線ダクトの］中を通っているなら，［ノイズがひどくて］私は，郵政公社本省(GPO)の最上階［プリースのオフィス］から下の階に向って誰とも会話はできない．百ヤードもの街路脇の輻輳した電線を通して話をすることは不可能である…その理由は極めて簡単である．ホイートストン送信機で用いられる大きな電力からの相互誘導電流は，おそらく電話の送信機を動作させるために要する電流の100,000倍も大きいのである．

1884年の観測結果は，ニューカッスルのタウン・ムーアにおいて，電信からの誘導範囲がどの程度であるかを決定するための誘導実験をプリースと共に指揮したヘヴィサイドの兄，アーサーを混乱させるには十分であった．プリースは，1886年にバーミンガムで開催された英国科学振興協会の会議に提出されたこれらの実験報告[9]において，実際には数年前にさかのぼる無線電信への関心について述べ，さらに彼は大きな金属板を海中に浸してワイト(Wight)島とサザンプトン間の水中に信号を送信した彼の実験[10]について，聴衆に思い出を語った．この場合のメカニズムは，もちろん放射でも誘導でもなく，水中における導電電流であった．バーミンガムにおける報告は，われわれが知っているマルコーニではなく，プリースが真の「無線の父」である，という主張の根拠であった．プリースは，誘導（近傍における場）と放射（遠方における場）効果について，20世紀以後にその違いがよく知られるようになり，彼に対してもこの二つが違うことを教えられるようになっても，そのことが理解できなかった．

漏話問題を除いても，良質な陸上の電話による通話は，干渉なしに最大100マイルの距離まで届くようになった．歴史的に興味深く，また唯一の例外は，ファン・ライセルベルガ (Francois van Rysselberghe, 1848-1893) の仕事である．彼は，自身が設計した特殊な電話機を用いて，ニューヨーク — シカゴ間の電信回線を通して電話による見事な通信を達成した．電信信号と同様に会話を伝送するために，既存の長距離電信回線に革新的な静電容量結合と絶縁用インターフェースを用いた彼のシステムは，驚異的な技術的実演であった．現代の歴史家の一人の言葉を借りるならば[11]，

> 彼がこれによって刺激を受け，大陸横断電話通信が今や実現可能であると楽観

的に予想したことは驚くにあたらない．しかし，それが実現できたのは30年も後になってからのことであった．ヘヴィサイドの電話伝送の理論は，まだ発表されておらず，ファン・ライセルベルガは，彼の《実験》結果から正しい《理論的な》外挿推定延長を行うすべを持たなかった．

この初期的で重要な仕事は，独占的締め付けによって実際に革新を行う経済的な動機がなく，また彼らの現状に満足していた英国郵政公社当局によって無視された．実際，プリースはファン・ライセルベルガのシステムが英国では失敗するであろうという，彼なりの理由を示した．それは，ファン・ライセルベルガの絶縁回路は，低速の電信回線においては機能するであろうが，英国の高速回線においては確実に失敗するであろうということであった（この点に関しては，おそらく彼は正しかった）．

　磁場からエネルギーが出入りする流れを表わす誘導は，そのような通信を困難にする原因であり，プリースにとってはすべてが明らかであった——誘導とは，「邪悪な」効果を伴った「化け物」[12]とみなされた．したがって，プリースによれば，その解決法は，誘導を消すことであった[13]．消せなければ，単に彼は無視した！　この一見して簡単そうに思える方法は，彼の全生涯を誤った方向へ導いてしまった．プリース自身は，電線に病原菌を運ばせることによって病気を伝染させるものと考えていた（当時は普通に信じられていた）無知な人々を嘲笑したことであろう．しかし，彼自身の誤解はそれよりはるかに重大で笑えないものだった．これらの誤解は（ヘヴィサイドの言葉を借りるならば），19世紀末の20年間にわたる技術的進歩への「妨害的効果」の中で最も主要なものであった．

初期の数学的解析

　電線内の電流が，一定ではなく変化する場合に奇妙なことが起きることは，（少なくとも理論的には）1850年代半ば頃から知られていた．マクスウェルよりもはるかに先んじて，キルヒホッフは理論上導体の断面における電流分布は不均一でなければならないことを発見した[14]．マクスウェルもまた，彼の『電気磁気論』（689項および690項）において，この事実の特別な記述を行っている．交流の周波数が高くなるにつれて，電流は導体の表面に限りなく近いところを流れる傾向がある．後にこれは「表皮効果」と呼ばれた——本章末の「技術ノート1」を参照された

い．十分に高い周波数に対しては，実質的に導体の中心部には電流が流れないので，実際には導体は中空であるのと同等である．

　交流電流の場合に「何が起こるか」についての，マクスウェル以後の初めての徹底した考察は，ホレース・ラム (Horace Lamb, 1849-1934) によって行われた．ラムは，ケンブリッジにおいてマクスウェルとストークスのもとで学び（彼は１８７２年の数学優等賞第二位であった），こんにちでは，流体力学における先駆的な業績によって記憶されているが，彼の能力は極めて広範囲であって，彼は傑出した第一級の世界的な応用数学者の一人であった．マクスウェルの理論は，彼の技量を試すための試金石であった．彼は１８８３年に発表された優れた論文[15]の冒頭部分において，次のように書いている．

> 本論文は，その外部における電気的，あるいは磁気的作用によって球形の導体内に生ずる電荷の運動を扱っている．この研究は，何年か前に《引用者の強調：ラムによって示された脚注によれば，彼の結果は 1881 年 11 月よりも前に求められていた》マクスウェルの電気理論の例証として行われたものである．この理論は極めて注目に値するので…電気的な物理的過程の全ての詳細部分が計算結果に従いうるようないくつかの問題に挑戦する価値があると考えられる….

　続いてラムは，広範な事項についての計算を進めた[16]．特に，変化する場の中に浸された金属球に対して，次のような発見をした．

> …球の内側の擾乱は，急速に減衰する表面から内側に伝わる波の列から成っており，従って，一波長分の深さ（例えばν）においては，その大きさは，表面におけるそれのわずかに 1/535 にすぎない．よって，電流はほとんど波長νと同程度の厚さの表面に集中している．

　そのすぐ後の１８８５年１月，ヘヴィサイドはラムの球形に対する結果を任意の形状の導体に対して一般化した[17]．これは，電流が流れている電線の外部の場のエネルギーの流れについて単調な説明を展開した「エレクトリシャン」の同じ号において示された．最終的に「表皮効果」と呼ばれるようになったこの現象の説明のために，はじめに（前章で述べたように）彼は次のように書いている．

> エネルギーの大部分は，電線に沿った伝搬方向にわずかに斜めに《引用者の強調：第７章の「技術ノート４」参照》ほとんど電線と平行に運ばれる…ここで，電線の内側に目を転じよう．電線の表面に到達したエネルギーの管は直ちに向きを変え，軸方向へまっすぐに進む．電池から誘電体《すなわち空間》を通っ

て電線に入るとき，エネルギー流は連続である…しかし，導電性媒質に到達して消散し，軸に到達したときには0となる．

そして，最終的に「表皮効果」は，

> エネルギーは，電流を発生するときに外側の媒質から電線に到達するから，電線内の電流は外側の部分に発生し内側に到達するまでに時間を要する．私は特別な場合を考察することによりこれを証明した．電線の導電率は極めて大きいが有限であるとする．例えば，軸においては電流を生成するために時間を要するものとしよう．そうすると，「電線を通る」通常の高速な信号の伝達は，<u>わずかな深さまでしか浸透しない</u>《引用者の強調》ため，表面の電流のみで行われることになる．

ラムとヘヴィサイドの論文の発表によって誘導と表皮効果現象の<u>数学的理論</u>は，彼らがマクスウェルの電気力学に従ったために，しっかりと確立された．しかし，雑誌のページから理論を除き去って活発な議論へ導き，最終的に電信および電話への実用的な応用へと導いたのは，二年後の二人の<u>実験家</u>の仕事であった．いずれも騒々しい公開討論となったこれら二つの実験的な努力の間に挟まれた期間は，ヘヴィサイドの生涯における最悪の年というべき年だった．彼の最も重要な仕事が抑圧され，しばらくの間は事実上技術的な著述から排斥されたかのようだった1887年という年は彼の生涯における最低の期間となった．

デイヴィッド・ヒューズの奇妙な実験結果

1886年1月，デイヴィッド・ヒューズ(David Hughes：プリースの友人であり，マイクロフォンの発明をめぐる論争においてベテラン技術者として協力した)は，電信および電気技術者協会（その後間もなく現在のIEEとなった）の会長を引き受けた．そのような高い地位に推薦される人物として想像されるように，ヒューズは大きな名声を得ていた．彼の発言は注意深く受け取られ，それらには重みがあった．彼はその前年に王立協会のロイヤル・メダルを受賞し（彼は1880年に王立協会フェローに推挙されていた），また，当然実験家としては神聖化されていた．歴史の気まぐれさえなければ，彼は<u>約10年もヘルツに先んじて</u>（マクスウェルが死去する前年に）電磁気的放射の実験的な発見をしていたはずだった[18]．

ヒューズは，会長就任挨拶として，インダクション・バランス[1][*]を用いて，（形状を変化させた場合の）高速で変化する正弦波でない電流が流

れる導体の挙動に関して実施したいくつかの実験結果を披露した.これらの実験の詳細[19]は,ヒューズの話を聞いた全ての人たち,中でもヒューズ本人をひどく混乱させたという事実を除いては,ここでは重要なことではない.数学的な人間でなかった彼は,彼の観測したことの本質に見当がつかなかったばかりでなく,自分が偶然発見したことが表皮効果であることを(一度以上そのことを教えられた後も)決して理解しなかった.ヘヴィサイドは,数年後の1888年にロッジ宛に次のように書いている[20].

> ヒューズ教授(彼は,まことに偉大な業績をもった人物ですが)は,電流がどこから発生するか《すなわち電線の表面》についての概念は,ポンプ以外にお持ち合わせではありません.

ヘヴィサイドはヒューズに対して,常にこのように寛大ではなかった.1870年代末,ヒューズはベルの電話と彼自身のマイクロフォンという二つのすばらしい電気的な新発明に,ほとんどとり憑かれるようになった.特に,マイクロフォンについては,その感度を想像を絶する程度まで向上させた.蝿の足音が木造の橋を渡る馬の足音のように聞こえる,とプリースに言わせたくらい印象的であった.しかし,マイクロフォンがどのように動作するのかということについての詳細は,全くの非生産的空想であるとされた.ヒューズの言によると,彼は,「…それを独自に理解することが,私ができる限りのことである」ので,他の人たちの失敗を理解できた[21].彼は,1878年のヘヴィサイドの論文「電磁石等について」[22]を読んで,多くのことを学ぶことができた.この論文は,(他の多くの話題の中で)電磁石における《電流の正弦波の》反転から,最大の磁力を得る方法」を扱っていた.ヘヴィサイドは,「これはベルの電話に応用できる」,とはっきり述べている.この論文は高度に数学的な論文であるが,回路に関する論文であって,場の理論に関するものではなく,実用的な技術上の例が数多く示されていた.

数年後の1883年,この論文は実験的な「マイクロフォンとカーボン・コンタクトの抵抗の理論」[23]につながった.ヒューズは,1878年の論文をほとんど理解できていなかったが,この論文には数式は一つもなかった.ヒューズは実際に,ヘヴィサイドが Journal of the Society of Telegraph Engineers に論文を提出したときにその原稿を読んでいた.ヒューズは査読の担当であったが,1881年9月22日に,「この論文は

含まれている独創的内容の量に比べるとあまりに長すぎる」,「実に正確ではあるが，関心を呼ぶにはあまりにも既知の内容である」,「よく書かれている」が,「夕方の暇つぶしとして論文が必要な場合に，抽象的な読み物としてならば適当である」という注釈つきで，協会の書記であったF. H. ウェッブ (Webb：彼はプリースの義弟であった) に原稿を戻した. 拒絶された論文は，結局「エレクトリシャン」に掲載された.

ヘヴィサイドにとって，これは極めて不公平なことであった——ヒューズは，無知であることが周知であっても著名人であり，ヘヴィサイドは個人的には聡明であっても，無名であった．このことは，１８８３年7月に，彼が研究ノートの一冊の冒頭部分に辛辣な一言を書いた[24] 理由であろうと思われる.

> ここに，Gt. P. St.《ヒューズが住んでいたGreat Portland Streetのこと》の哲学者の,「絶対的なゼロ」を示すソノメータ (sonometer)《ソノメータとは，1879年に聴覚テスト用に発明され，ヒューズによって名づけられた聴力計である》なるものがある．ゼロについては，絶対的などというものはない…. Gt. P. St. の哲学者は，その時代にふさわしい人たち以上の信頼を勝ち取った人物の一人である.

ヒューズは１８８６年にもう一度，ヘヴィサイドが「彼のもの」であると感じていた領域において，話題を作った．ヘヴィサイドはそれを見逃さず，再び何につまづいたかということをヒューズが「理解できたすべてであった」というコメントを発した．ヘヴィサイドは，誰が何を知っていたのかを公的に知られることを望んでいた.

ヒューズが試みた（しかし，間違っていた）表現から噴出した論争は，重要なものであった．なぜならば，導体内部の高速な電流とともに何が起きているかを解析することができる理論家は，「実用家たち」にとってさえも，結局は何らかの価値がなければならないことを，劇的に明らかにさせたからである．ウィリアム・トムソンは，ちょうど３年後の，彼の会長就任演説[25]（電信技術者協会：the S. T. E. & E. は，その年にＩＥＥとなり，トムソンは新組織名の下での初代会長であった）において，次のようにおだやかに述べている.

> 記念すべきヒューズ教授の会長就任演説において…電磁誘導は，現在ではわれわれにはよく知られている実験によって極めて見事に示されているが，それは数学者や実験担当者にとって，極めて示唆に富み，かつ刺激的な性質を持っている．いくつかの実験とヒューズ教授の記述法についての数学者《即ち，ヘヴィ

サイド!》による批判は,…きわめて多くの電気的,電磁気学的知見を与えるものであり,また,そのような刺激や手がかりとなるべき数学的,実験的な綿密な検証なくしては,それらの知見を得るために長い年月がかかるに相違ない.

トムソンからの幾分愛想のよいお褒めの言葉は,ヒューズに配慮したものであったと思われる——しかしヒューズは,「数学者」ヘヴィサイドからのどちらかと言えば人を傷つけるようないくつかの検証を耐え抜くまでは,その賞賛を受け入れることにはならなかった.ヘヴィサイドは,1886年4月23日の「エレクトリシャン」において次のように書き出している [26].

> ヒューズ教授ほど広範に自分だけの文法を持つ人はいない.よって彼は,異常なまでに誤解されやすい [27].明らかに最高に革命的な類の諸発見についての言及のため,私はヒューズ教授の言葉を私自身の言葉に翻訳するために多大の労力をかけた…ほとんど薄い空気の中に消えてしまった,その発見を捜し求めたのである.それらは,共通の言葉に置き換えると,既に知られている事実となった….私は,電磁気学の既知の法則から離れることはできなかった.

彼は,次の週には込み入った数学的解析の中で理由を示す [28] ことによって,ヒューズの仕事に対する攻撃を続けた.

> ヒューズ教授のバランスは,ある場合にはほぼ正しいが,ある場合は全く間違っている.そのようなバランスは,科学上の目的に対しては馬鹿げた (damned)《この言葉はもともと「エレクトリシャン」で使われていたが,EP 2 における再録版においては,「救いがたい (condemned)」に置き換えられている》ものである.

ヒューズは,自己防衛を試みた.「エレクトリシャン」のレター [29] において,彼は次のように書いた.

> …もしも,われわれが,ヘヴィサイド氏と共に,私の得た結果が私の気づいていないいくつかの数学的関係式を含むものと仮定するならば,数学者たち《ヘヴィサイドのことである!》は,私が提供した実験的な証明に対して,多大なる感謝の念を抱くべきである….

ヘヴィサイドは,これを全く受け入れず,最初にヒューズのこの記述を無視することによって迅速に回答 [30] し,次に読者に対して表皮効果の問題における彼の先取権について読者に思い起こさせ,最後に,彼の知識の方がヒューズの仕事よりも優位にあり,いまやヘヴィサイドはヒューズを清算した,という彼の評価を提示することによって締めくくった!

第8章 プリースとの闘い

…私は，私の意見の中で…数学者についてはただの一言も言っていない．ヒューズ教授の研究の重要な部分は，太い電線の効果［thick wire effect］[31] である…．私が知る限りでは，まず電線への電流の流入のしかたを正確に，すなわち，境界からの拡散として示すことによって，結果的にある条件の下では単なる表面の導電性で近似できる；<u>私の見解</u>《引用者の強調》の実験的な証明を提供されたヒューズ教授の研究を信用するならば，私がこの効果に特に関心を持っていることは容易に理解できるであろう；そして私は，［当然そうなることを予測していた］私の理論と比較できるような，理性的な形で示された［ヒューズの報告へのあてつけ］正確な同じ測定結果に対して，（あらかじめ）ヒューズ教授に対して感謝の気持ちをお返しできる…．

ヒューズのような紳士でさえ，これを読んだ後に血圧の上昇を感じたに違いない．

数ヵ月後，ヘヴィサイドは「フィロソフィカル・マガジン」において，極めて無遠慮な言葉遣いで，ヒューズへの攻撃を続けた．ヘヴィサイドは，空間におけるエネルギーについての以前の論文の読者たちに，その内容と，導体内の電流がはじめに表面において発生し，その後内部に浸入することを思い出させることから始めて，さらにヒューズのコートの襟を掴み，激しくゆすった[32]．

ヒューズ教授の1886年1月の電信技術者協会会長就任演説によって，電線内

デイヴィッド・E. ヒューズ：
David E. Hughes (1831-1900)

ヒューズは，彼の独創的な実験的研究がいつもタイミングを逸するという実に星回りの悪い人物であった．彼は，ロッジと同じように，空間内における電磁波の発見を見逃しただけでなく，1883年には，受話器と送話器を突き合わせることにより，電話の「ハウリング」を発生することによって，「正の」フィードバックの発見の目前にいたにもかかわらず，それも見逃してしまった．しかし，数学が不得手であったヒューズができなかったこの現象の数学的な説明は，ベル研究所のハーヴェイ・フレッチャー HarveyFletcher が（彼の同僚，ハロルド・ブラック Harold Black がネガティブ・フィードバックを発見した前年の1926年に）最終的に行うまで待つこととなった．

の電流の内側への移動の…現象に，最近になって，いやおうなく関心が向けられるようになった．この演説は多くの理由により極めて注目すべきものである．それは，既に《ヘヴィサイドによって！》完全に解明されているよく知られた事実とともに，誘導と抵抗に起因する効果の混在を無視していること，それらを分離できず，あるいは彼の得た結果の真の意味を見ることができない論者の明らかな無能力，などの点で注目すべきものである．誰もが，誘導についての新しい科学は，全く未熟な段階にあったと推測してしまったに違いない．論者の偉大な実験経験が一般的に真の抵抗バランスであるか，真のインダクション・バランスであるか，のいずれも示すことができないような，それ自体が不満足な方法を採用させてしまったであろうことは，注目すべきことである….

さらに，次から次へと，「電磁気方程式を扱う新しい方法（二重方程式）」という題名のもとに，全てがマクスウェルの理論形式による，解析的な内容のページが続く．ヒューズは，その中の一言も理解できなかった．しかし，他の人たちは理解できた．そして，ヒューズにとっては奇妙で特別なものであると思われていたことは，一般的な電磁気的現象（特に誘導現象）には，単なるオームの法則以上のものが要求されるということを理解していた（ヘヴィサイドのような）人たちによって説明され，予言されたとさえ言えることが明らかになりつつあった．

プリースの「KR-の法則」と，ヘヴィサイドの攻撃

ヒューズの会長就任演説と同じ時期，ヘヴィサイドは「エレクトリシャン」向けの電磁気理論に関する長い連載「電磁気的誘導とその伝搬」に関わっていた．ヒューズの実験結果の発表は，ヘヴィサイドにこの連載を一時的に中断させ[33]，電信および電話の伝送用の自己インダクタンスの実用に関する新たな連載の発表へと切り替えさせるきっかけとなった．この仕事は結果として，おそらく彼の最も重要な発見——分布定数的な伝送路への信号の無歪伝送——のための判定条件であって，誘導が信号の伝送を助けるという，一見逆説的な結論へと導いた．彼は1887年12月に，四つのパラメータ，抵抗，漏洩，静電容量，そしてインダクタンス全ての影響を含む，一様な伝送線路の理論[34]を，初めて展開した．著書の形で再刊行したとき[35]，その解析は約300ページにも及んだ！　しかしこの仕事は，はじめは賞賛をもって迎えられな

第8章 プリースとの闘い

かった．プリースは間違いなく歓迎していなかった．

プリースは1886年に，次のように主張している[36]．

> …さまざまな形の自己誘導は，それを征服するためのみならず，理解するためにわれわれのあらゆる知識と熟練を要する<u>大変な嫌われ者</u>である．なぜならば，<u>自己誘導の影響は，常に悪いものである．</u>《引用者の強調》

プリースは，ヘヴィサイドに真っ向から反対して，この見解に固執した．それは彼が行った実験がそのことを支持するように思われたためであった．例えば彼は，1885年のアバディーンにおける英国科学振興協会の会議に提出された論文[37]において，銅の方が速い伝送が可能であるということから，電信用には銅の方が鉄よりも優れていることを確認しており，すべてのものの中で銅が最も誘導が少ないと仮定していた．

> おそらく，鉄の透磁率がこの原因である．鉄の磁化は，電流を引きずる類の力として働く．電話は常に鉄線よりも銅線の方がよく聞こえることが知られているが，疑いなく同じ理由によるものである．

銅が，鉄よりもよく信号を伝えることから，プリースは，銅線は鉄線よりも邪悪なインダクタンスが<u>少なく</u>なければならないと結論づけた．このことは事実であるが，プリースは先に行き過ぎてしまい，銅には誘導性が<u>ない</u>，と主張した．実際に1887年に彼は銅線のインダクタンスは100分の1あるいはそれ以下であると主張[38]し，さらに1889年には自ら窮地に陥り，理論が間違っているはずだと断言[39]した！

> マクスウェルの追従者たちは，実際にははるかに大きい自己誘導係数を与える彼の式に，あまりにも大きな信頼を置きすぎている．さらに，マクスウェルの式が誤った仮定にもとづいている疑いがある．

プリースは部分的には正しかった．鉄の自己インダクタンスは，銅の何千倍というオーダーだからである．しかし，高い周波数の伝送路としての鉄線に関わる問題は，<u>表皮効果</u>，すなわち（銅に比べて）大きい透磁率のために，導電性の表皮が薄くなり，（銅に比べて）インピーダンスが大きくなることであった．

1887年2月，プリースはついに，信号伝送についての彼の考えを数式で表わした[40]．それは，「*KR*- 法則」として知られるようになった；それは（漏洩と同様），誘導を完全に無視し，回路の全抵抗と全静電容量のみが重要であるとするものである．この「法則」は，ウィリアム・トムソンの「2乗則」（第3章を参照せよ）の間違った応用に過ぎなかった．

267

しかしプリースは，それが，すべての条件のもとで適用できると断言した．彼は，この「法則」を，

$$x^2 = \frac{A}{kr}$$

と，表わした（技術ノート2を参照せよ）．ここに x は，単位長さあたりの抵抗と静電容量がそれぞれ r および k である回路に会話が伝送できる，最大の距離である．プリースは，伝送路の性質に依存する A の値としていろいろな値を選び，この方法で「KR-法則」の導出において彼が無視した誘導性と漏洩の影響を調節しようとした．

すべての人が，プリースの単純な物の見方を受け入れたわけではなかった．非常に信頼されていた二人の人物，シルヴァナス・トンプソンとW. E. エアトン (Ayrton)[41] が異議を唱えた．トンプソンは一時，電話伝送の改善は，伝送回路の特性を変えることによってではなく，送受信装置の改良によって可能になるものと（誤って）信じていたが，この点をプリースに攻撃された．しかし，トンプソンは誰に対しても従順でなかったので，ただちにプリースに対して切り返した[42]．

> 私はプリース氏に対し，将来のために数学的な議論を避けることをお勧めしなければならない．彼のあまりにも異常な数学的理論についての主張に応戦することについての私の唯一の理由は，電信・電気技術者協会の他の会員が，この問題に対するプリース氏の考えを権威あるもの，あるいは理性的なものである，と考えることを恐れるがゆえに，見逃せないということである．

指を打ち鳴らすことで簡単に退散させることができないような人物からのこのようなあからさまな嘲笑と，（ヘヴィサイドがしたような）冷笑は，プリースの心底まで突き刺した．1887年の春，彼は，誘導に関する彼の立場について（ヘヴィサイドが日付のない手紙の断片において「やや怒りぎみに」と書いたように）弁明を行なったが，それはヘヴィサイドにとって，プリースへの挑戦のためには最悪のタイミングであった．だがヘヴィサイドは挑戦した．

プリースが，彼の「KR-法則」の執筆をしていたちょうど同じとき，ヘヴィサイドと彼の兄アーサーは，ニューカッスルにおけるアーサーの実験結果に基づく「電話のブリッジシステム」という題の長い論文を準備中であった[43]．この論文は，アーサーの職務上の立場のため，GPO（すなわちプリース）による掲載前の事前承認を必要とした．ヘヴィサイドは，（1880

第8章 プリースとの闘い

年7月24日付の）オリヴァー・ロッジ宛の手紙において，当初彼の兄がヘヴィサイドに理論的な支援を受けて論文を書くことに，どれほど「いやいやながら」同意したかということについて，詳しく述べている．この論文は長く（60ページ），歪のない伝送のための条件を初めて記述した，ヘヴィサイドによる三編の付録が付加されている．プリースは，彼の見解とは完全に相容れないこの論文を読み，発表の許可を拒否した．彼はそのうえ，その論文を返却しなかった．当時は写真による複写機が無かったため，ヘヴィサイド兄弟は，他人に示すことのできるバックアップ用の原稿を失ってしまった．この抑圧行為は，ヘヴィサイドにとっては何も驚くべきことではなかった．彼はこうなるものと予想し，プリースに対して付録を送ら<u>なかった</u>（主要部分には，ヘヴィサイドの理論的な解析がほとんど含まれていたが，それらは明らかにプリースを怒らせるには十分なものであった）．

半ば予想はしていたものの，発表の拒否はヘヴィサイドを怒らせた．若干変更された彼の付録が最終的に *Electrical Papers* に発表されたとき[44]，彼はプリースを「検閲官 (official censor)」とののしる脚注を加えた．

> 私は，協会《S.T.E.& E.》が自己誘導で飽和しており，当然それについての全ての功績を認めるべきであることを知っていたため，検閲官［プリース］が《ヘヴィサイドの貢献を》全て無視することを命じたものと理解せざるを得ない．

しかし，ヘヴィサイドは間髪を入れず，6月3日には無歪回路[6*]の条件を，「エレクトリシャン」に発表した[45]．

> $R/L = K/S$ とすれば，歪はなくすことができる…．

R, L, S および K は，それぞれ伝送回路の単位長あたりに分布する抵抗，インダクタンス，容量，および漏洩コンダクタンスである．この結果のもっと賢明な（ヘヴィサイドによる演算子数学を用いた）導出法[46]は，第10章の「技術ノート1」に示されている．ヘヴィサイドはこの論文において，一般に「通常の」R, L, K および S の場合，R/L は K/S よりも大きいので，インダクタンス (L) を増加させることによってこの条件を実現する方法について実用的な技術的示唆を与えている．彼は，銅で覆われた鉄線を用いた，長距離電話の良好な実験結果を引用して，次のように書いた：

> この場合，銅の被覆は実際上，電線の最大抵抗値《R》を決定する．《表皮の深さ (skin depth) 以下の》鉄に浸透する電流は，抵抗を減らし，インダクタンスを増加させる…．

さらに彼は，次のような示唆を続けた．

> …私は，将来大きな進歩を期待できるものと考えている．…一つの方法は，非導電性の鉄というアイデアである…．鉄の粉末が注入された絶縁体である．これを用いて導体を覆うのである．これによって大幅にインダクタンスを増加できるであろう…．

　この技術論文を出版することに加えて，彼はまたプリースに公的な検閲行為をさせることを試みた．ここでも彼はうまく行かなかった．彼が「エレクトリシャン」のビッグス宛に何を送ったかについては，誰もが知りたいところであるが，5月30日付でビッグスが怒り狂った寄稿者に書いた返信は，用心深くむしろ怯えたものであった．

> できるものならば，あなたのお手紙を利用したいと思いますが，現在の法律の下ではそれは危険です．なぜならば，それが如何に正しくまた必要であるとしても，中傷的であるからです…．今，われわれ6人が中傷に対する2組の訴訟を受けるか——全部で12人に囲まれているとしましょう．私は，われわれが首尾よく自らを防衛できたとしても，その代償は計り知れないものになると予想いたします．

ビッグスは続いてヘヴィサイドに対し，「エレクトリシャン」の和解調停担当者たちはこのような訴訟を恐れ，彼らが，

> …彼らの訴訟に係わり合いをもつわずらわしさや心配事から逃れようとして，彼らの役割を私に引き継いでほしいと，何度も私に頼みました．私は今のところ，これについてはどうしてよいかわかりません——ですから私は，少しでも中傷的な内容が挿入されないように，二重に用心深く心がけているのです．

と書いた．これに続くビッグスの言葉は，そっけないものであった．

> しかし，あなたの手紙はそのようには見えません．それは真直ぐに核心をついたものです．その意図するところはP.の正体を暴露することであり，いかにそれが正当と認められるとしても中傷なのです．ですから，率直に言って私はそれを使うことについては，個人的にではなく，サー・ジェームス・アンダーソン《「エレクトリシャン」の経営者で，1866年の大西洋横断電線敷設に際してのグレート・イースタン号の船長としての功績に対して，ナイトの称号を授与された》のために一時的な懸念を与えたくないのです…．なぜなら，私は彼の友情を尊重しているからです．

ビッグスは，ヘヴィサイドが今は彼の立場に同意してくれるものと確信している，という考えを述べて，締めくくった．しかし，ヘヴィサイドは明らかに同意してはいなかった．ビッグスは6月1日に再び次のように書いた．

第 8 章　プリースとの闘い

> あなたが，文書誹毀法 (law of libel) の特殊な状況についても，またそれに関係する全ての者への処罰についても，全く理解しておられないことを，私は案じております…．その内容がどれほど事実であったにせよ，また，暴露がどれほど必要であったにせよ，それは著作者のみならず，罰せられる多くの人たちに関わる問題なのです．

しかし，ビッグスが恐れたのは，ヘヴィサイドのプリースに対する技術的ではなく個人的な攻撃であったので，彼はヘヴィサイドに対して忠告を続けた．

> あなたは，えせ科学者の行為によってそのように左右されることが，科学者の品性にかかわるとはお考えにならないのですか？（これは尊大な言い方ですが，ともかくわれわれが忘れずにいなければならないことです——これは多くのことを示唆するものです）．私は，個人的な表現を抜きにした厳しい批判に執着すべきであると，心から思っています．あなたは彼の人格を攻撃することなく，プリース氏の意見を批判的に検証した方が，得るところが大きいのではないでしょうか…．私は，あなたの論文の中のいくつかの個人的な記述と，この種の論文の中には記述すべきではないと私が考えるいくつかの言葉遣いを線で消しました．冷静にお考えいただけたならば，私が行ったことが最善であるとあなたに同意いただけるものと信じます．

最終的に出版されたもの[47]は，はじめのものよりも，はるかに穏やかなものになっていたが，まだかなりの皮肉が残っていた．

> ウィリアム・トムソン卿の海底電線の理論は，すばらしいものである．これに関する彼の論文《およそ 1855 年ごろ》は，電気理論の発展において，著しい一歩を印したものである．ウィリアム・トムソン卿の理論の基礎となった《ファラデーと行った》実験にプリース氏が助力された（と彼は言われた）ことは，大いに祝福されるべきことである．従って，彼はそれに関する並々ならぬ完璧な知識を持ち合わせていたはずである．しかし，優れた科学者の理論は，優れた実用家たちのそれとは似ても似つかないものである．

そのとき，ビッグスは，ヘヴィサイドに対して理を説くことに努めており，ヘヴィサイドは，他の編集者たちが心配したとおりであることを知った．例えば，彼は *The Electrical Review* 誌上にもプリースを「さらし者」にしようとしたが，その結果，単に次のような用心深い回答を受け取ったにすぎなかった．

> あなたのお手紙《6 月 2 日付の》から生じた疑問は，非常に重要なものではあ

りますが，この件について何かを判断する前に，あなたが引用されている論文を読む機会がわれわれに与えられるべきであるものと考えます．

ヘヴィサイドは，この手紙が投函された同じ6月3日にこれを受け取り，まさに（無歪回路がエレクトリシャン誌上で世界中に明らかにされた）その日に返信として，次のように書いた．

　本日，あなたは「生じた疑問」と書かれましたが，私は何も疑問を投げかけてはおりません．しかし，私は同時にあなたが論文をもみ消す (burk) という，凶悪な行為のことを言っておられるものと推察いたします[48]．．．．はじめに書かれた論文は，プリース氏の手元にありますので，私はそれをあなたにお送りすることができません．また，そのコピーも持ち合わせておりません．私は，自分自身への関わりにとどめ，私の兄を引き込むことは望んでいないことを，あなたにご理解いただきたいのです．兄は従属的立場にあることを理解[49]しておりますので，公然と不平を訴えることはしないでしょう．また，この状況の下で私が大変ひどい扱いを受けたことをほのめかしてはおりますが，私が形式的な不満を申し立てているのではないことをご理解ください．論文以外にも，プリース氏の書き付けのある，プリース氏から私の兄に宛てた，残忍な内容の長たらしい文書[50]があります．詳しいことは別として，その文書の中で，私の兄はひどい扱いをされている（私の苦情の種は，それに比べれば小さなものですが），と私は考えております．しかし，私はこのことについては全く介入する権利もなく，また介入はできません．私はプリース氏の科学的な理解力を暴露したいのです．．．．

　　追伸：私の付録は，プリース氏には渡しておりません．それは，プリース氏が汚らわしいと思うものです．もちろん，彼は私の兄も汚らわしいと感じていますが，それは私にはかかわりのないことです．

しかし，*The Electrical Review* 誌は，6月8日，ヘヴィサイドの「暴露」記事の掲載を断ってきた．

　その一日前には，プリースに対する「苦情の種」に明らかに同情的であった人物，シルヴァナス・トンプソン宛に手紙を書いていたので，ヘヴィサイドはその決定をただ待っていたのではなかった．6月9日，トンプソンは，若干メロドラマじみた内容の手紙を返信した．

　　お手紙によりますと，たまたまプリース氏の見解とは異なるいくつかの数式が記載されたS. T. E.《& E.》へ提出された科学論文が，プリース氏の介入によって拒絶されたということは，信じがたいことですが，本当なのですか？　それが事実である

第 8 章　プリースとの闘い

Brothers, contractors for the electric lighting of a part of Turin, did not give the results that were expected in the public service.

"For the illumination of private parties, the contractors, instead of Gaulard transformers, installed the dynamos and transformers of Messrs. Zipernowsky and Déri.

"We have been informed that a large number of Gaulard transformers were found burned out and unfit for use, and Messrs. Bellani have decided to discontinue their employment for the public lighting. At the present moment the public service is secured by the Zipernowsky-Déri system.

"The public illumination includes 80 incandescent lamps of 50 candle-power, and 3 arc lamps, all of which are run by the Zipernowsky-Déri system."

In addition, I have in my possession the results of tests made upon the Siemens cables before, during, and after the trials, which show that the failure masked be ascribed to some other cause, considering, too, the fact that both systems used alternate currents, not differing greatly in electromotive force.

As the note in question contained no reference as to cause, but confined itself to facts, which Mr. Pickering has not shown to be untrue, I think he has no grounds for complaint.—Yours, &c.,

J. W. LIEB.

THE FIRE AT THE OPERA COMIQUE.

TO THE EDITOR OF THE ELECTRICIAN.

SIR: I was an eye witness of the catastrophe that occurred last night at the "Théâtre National de l'Opera Comique." It was about the end of the first act in "Mignon" when one of the gas jets in the cross light sputtered owing to a shock which that particular cross light received, due to some stage manipulation. The moment the light reached a sort of net decoration, in close proximity to the cross light, the net caught fire like ignited gun cotton. The decorations being so near the gas lights are always very warm and dry, so that they burn like tinder when lighted. The following is a little sketch in cross section, which shows how the fire originated :—

A is the iron frame of the cross light suspended by ropes G. B is the main gas tube, which has at regular intervals jets C, D is a sort of wire gauze, and F shows the decoration in front of the cross lights, E represents the sputter which ignited the decoration F, and caused the loss of so many lives and damage to property.

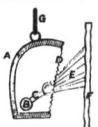

In a few moments the fire spread over the whole stage, and to-day the Opera Comique of Paris comes within the long list of such calamities which have occurred within the last few years, and reminds one of the Ring Theatre, Stadt Theatre in Vienna, the Arad Theatre and Szegedin Theatre in Hungary, the Nice Theatre, Rouen Theatre in France, and Alhambra in London. These are only a few of the principal ravages that our contemporary the gas light has been the cause of.

Had not the Cie. Continentale Edison been hindered from commencing their work last September, the disaster of yesterday would not have happened; but instead of receiving their contract last year they only received it a few weeks ago. They have been actively pushing their installations, and expected to commence electric lighting in July.—Yours, &c.,

FRANCIS JEHL.

25, Rue Jacob, Paris, May 26th, 1887.

SECONDARY BATTERY QUESTIONS IN BELGIUM.

TO THE EDITOR OF THE ELECTRICIAN.

SIR: The statement which I have made as to the use of minium in the construction of accumulators rests upon the authority of the late Comte Du Moncel. When Du Moncel wrote the following paragraph there can be no doubt that his information came from a reliable source. He says :—

"J'ai planté avait bien pensé, dès ses premières recherches, à abréger le travail de la formation, en déposant sur les lames de plomb positives du minium et en réduisant cette couche par le courant polarisateur. . . . mais l'adhérence de celle-ci était mauvaise et la couche déposée s'écaillait et finis sait par disparaître.

"Quand en 1881, on pensa à employer les accumulateurs pour l'éclairage électrique et les moteurs, M. Faure reprit l'idée de l'application de la couche de minium sur les lames de plomb, et pour maintenir l'adhérence, il enveloppa les lames recouvertes de minium dans des sacs de feutre." "Eclairage Electrique," Du Moncel, 1883, Vol. I., pages 56 and 57.

The problem which remained to be solved after M. Planté was merely to discover a satisfactory method of attaching the minium to the lead plate, and this problem, it is very certain, every one has a right to solve in his own fashion.—Yours, &c.,

YOUR CORRESPONDENT.

ELECTROMAGNETIC INDUCTION AND ITS PROPAGATION.—XL.

BY OLIVER HEAVISIDE.

(Continued from page 51.)

Preliminary to Investigations concerning Long-distance Telephony and Connected Matters.

Although there is more to be said on the subject of induction balances, I put the matter on the shelf now, on account of the pressure of a load of matter that has come back to me under rather curious circumstances. In the present article I shall take a brief survey of the question of long-distance telephony and its prospects, and of signalling in general. In a sense, it is an account of some of the investigations to follow. Sir W. Thomson's theory of the submarine cable is a splendid thing. His paper on the subject marks a distinct step in the development of electrical theory. Mr. Preece is much to be congratulated upon having assisted at the experiments upon which (so he tells us) Sir W. Thomson based his theory; he should therefore have an unusually complete knowledge of it. But the theory of the eminent scientist does not resemble that of the eminent scientificulist, save remotely.

But all telegraph circuits are not submarine cables, for one thing; and, even if they were, they would behave very differently according to the way they were worked, and especially as regards the rapidity with which electrical waves were sent into them. It is, however, a generally admitted fact that the laws of Nature are immutable, and everywhere the same. A consequence of this fact, if it be granted, is that all circuits whatsoever always behave in exactly the same manner. This conclusion, which is perfectly correct when suitably interpreted, appears to contradict a former statement; but further examination will show that they may be reconciled. The mistake made by Mr. Preece was in arguing from the particular to the general. If we wish to be accurate, we must go the other way to work, and branch out from the general to the particular. It is true, to answer a possible objection, that the want of omniscience prevents the literal carrying out of this process; we shall never know the most general theory of anything in Nature; but we may at least take the general theory so far as it is known, and work with that, finding out in special cases whether a more limited theory will not be sufficient, and keeping within bounds accordingly. In any case, the boundaries of the general theory are not unlimited themselves, as our knowledge of Nature only extends through a limited part of a much greater possible range.

Now a telegraph circuit, when reduced to its simplest elements, ignoring all interferences, and some corrections due to the diffusion of current in the wires in time, still has no less than four electrical constants, which may be most conveniently reckoned per unit length of circuit—viz., its resistance, inductance, permittance, or electrostatic capacity, and leakage conductance. These connect together the two electric variables, the potential difference and the current, in a certain way, so as to constitute a complete dynamical system, which is, be it remembered, not the real but a simpler one, copying the essential features of the real. The potential difference and the permittance settle the electric field, the current and the inductance settle the magnetic field, the current and resistance settle the dissipation of energy in, and the leakage conductance and

[「ウィリアム・トムソン卿の海底電線の理論は，すばらしいものである…云々」とプリースを批判した The Electrician の 1887 年 6 月 3 日号にあるヘヴィサイドの連載論文「電磁気的誘導とその伝搬」]

とすれば——また，私は，あなたに何が真実であったかを，簡潔に教えていただきたいのです．S.T.E. の下っ端の会員でしかない私としても，この事態をこのまま放置しておくわけにはいきません．

その四日後，明らかに「真実」にこだわっていたトンプソンは，再び次のように書いた．

> 協会の一役員が，その発表が彼の見解の無知ぶりと浅薄さを暴露することを恐れて，恥知らずに，尊大に，また公然と，反対意見を公言している科学的事実の発表をもみ消すために協会内の彼の立場を悪用するなどということは，恐るべきことです．

ヘヴィサイドは，そのことをうまく言えなかったが，そのような激励をもってしても，彼はその数週間後の7月のさらなる打撃によって傷つかずにはいられなかった．フィロソフィカル・マガジン誌は，彼の162ページにも及ぶ連載「電線の自己インダクタンスについて」を掲載した後，この連載を終了する決定をした．この突然の妨害（実際には雑誌側は，当初この連載を4編だけとすることを希望しており，ヘヴィサイドが長大すぎる第8編を編集部に送ったときにとうとう拒絶されてしまった）は，後にヘヴィサイドに次のように書かせた[51]．

> 昨年の，同時に，また立て続けに発生した特殊な事情のため，私は自分の理論の実用的な応用をお知らせできませんでした…．その結果は，プリース氏を批判からさえぎる効果となりました…．

さらに[52]，

> 1887年という年に，私が自分の理論を 実用的に詳しく応用し始めていたちょうどそのとき，しばらく完全に中断せざるを得なくなりました…当時，公式に擁護されていた見解に反するということで．

しかし，同じ7月にフィロソフィカル・マガジン誌に掲載された，中断された連載の最後の一回分（第7編）には，プリースに対する大きな一撃が書かれていた．はじめに彼は，プリースの王立協会の論文[40]における，大地を帰路とする金属の回路の相対静電容量に関する「KR-

シルヴァナス P. トンプソン：
Silvanus P. Thompson (1851-1916)
新しいタイプの，洗練された工学系の教授であったトンプソンは，実用的および理論的な技術者の言葉の両方で語ることができた．彼の著書『やさしい微積分』と『ケルヴィン伝』は，今でも刊行されている！

第8章　プリースとの闘い

法則」と称せられた誤った記述を指摘し，続いて次のように書いた[53].

> これは，プリース氏の他の誤りと比較すれば些細なものである．彼は 長くて動作の遅い海底電線という，全く特殊な場合に成立する理論でさえも，信号の伝送理論をよく理解していない．彼は，彼の理論あるいは彼があるべきものとして描いているものを，可能な限り独断的に普遍的に適用している．

　１８８７年の夏の間，ヘヴィサイドはビッグスに対しプリースの「正体を暴く」許可を与えるように圧力をかけ続けた．ビッグスは，7月20日にはヘヴィサイドの主要な要望に対し，出版して彼の技術論文を読むことに興味をそそられ，仕方なく彼に対して，プリースの足元をすくうために貴重な雑誌の紙数をさかないように頼まざるを得なくなった．

> あなたの記事をできるだけ早く掲載できるようにするため，私はあなたに対し，将来の機会に向けて，熱い論争をおやめになるようにお願いしないわけにはいきません．もしもプリース氏が，あなたが思っておられるようにあなたの見解を最終的に受け入れるならば，《そのときには》あなたは正当な形で彼の変化を指摘できるでしょう….

　ビッグスは，ヘヴィサイドが突き進んでしまったならば，窮地に陥ったであろう．例えば7月のプリースによる誘導に関する論文[38]は，ヘヴィサイドに皮肉たっぷりの返答を書く気持ちを起こさせたが，それは *Electrical Papers* に初めて掲載[54]されるまで，日の目を見ることはなかった．ビッグスがなぜエレクトリシャン誌へのその掲載を拒絶したかという理由は，その冒頭の言葉から容易に理解することができる．

> それ《プリースの論文》には，《誘導》に関するこの科学者の最新の研究の記述がある．それが，その分野で定評のある大家の一人である…人物から発せられたというだけでも，この論文がすべての電気技術者たちの注目を喚起させるには十分であろう．しかし，一層重要であるというさらなる理由が存在する．その結果と推論は，二つのうちの一つが成立せねばならないという点で，驚くべき性質のものである．第一は，既に受け入れられている電磁気学の理論は，もっと劇的に変更されなければならないか，第二は，プリース氏によって示された見解が完全に間違っているか，そのいずれかである．これらのいずれを選んで適用すべきかということは，私にとって最も深刻で，気がかりでさえある問題である．私は，最終的に電磁気理論は正しく，よって，その結果として，プリース氏は，いくつかの細かい点だけに留まらず，一般的に言ってその方法，推論，結果，そして結論などにおいて，根本的に誤っていると結論せざるを得ない．

275

プリースに対するヘヴィサイドの熱い追撃を抑制しようとするビッグスの職業的な関心は，1ヶ月足らずの後に突然終りを迎えることとなった．エレクトリシャン誌の10月14日号の隅に，次のような短い通知が掲げられたのである．

  人事異動：C. H. W. ビッグス氏は1878年の本誌発刊以来の編集長の役職を辞任いたしました．

また，「エレクトリシャン」は，すべての寄稿者に対して儀礼的な手紙を送った．

  拝啓
   皆様方は今週の本誌における発表から，本誌の編集長の人事に異動がありましたことをご存知と思います．皆様は本誌に対する寄稿者でいらっしゃいますので，私は本誌が従来どおりの一般的な方針に従って，業務を継続すること，そして私どもは常に今までどおり皆様からの独創的な論文，お手紙，興味深い事柄に関する記事などを喜んでお受けすることを，皆様方にお知らせしておくことが望ましいと考えております．
   私は，私どもが今までと変わらない皆様のご協力とご支援を頂けますことを信じております．

      敬具   W. H. スネル(Snell)， 編集長代理

なんというショックであろうか！ ビッグスは去ってしまい，若いスネル氏は，その手紙の激励的な調子にもかかわらず，ヘヴィサイドに対しては違った気持ちでかかわりあうことを示していた．

その前年にビッグスの補佐として任命されたウィリアム・ヘンリー・スネル[55](William Henry Snell)は，1890年3月に31歳という若さで死去したため，長い期間編集長を務めたわけではなく，その期間は，単に名目上の編集長にすぎなかった．かなり後になって彼の補佐は次のように回顧している[56]．

  当時の編集長はW. E. スネルであって，彼は眼鏡をかけたやや日本人風の極めて物静かで礼儀正しい紳士であった…．かわいそうなスネルが病に倒れ，長い闘病生活の後に死去したときは，栄光ある事務所員の一人としての仕事に，まったく調子が乗らなかった．編集長が病魔と闘っている間，私は一人で「エレクトリシャン」を預かっていた…．

それでもなお，スネルはヘヴィサイドに打撃を与えるには十分な期間，

276

第8章 プリースとの闘い

編集長の職にあった．1887年の11月30日に，彼はヘヴィサイドの現在の連載を打ち切ることを知らせている．

> …私は，あなたの論文が特別に高い価値を持つことを評価しておりますが，遺憾ながら，それらの連載の継続を読者の大多数の皆様が望んでおられるとは考えられません．この点についてあなたにお知らせすることは特につらいことであり，継続を望む研究者が確実にいそうな部署に問い合わせてみましたが，何も得ずじまいでした[57]…．私の心からの遺憾の意をご理解いただけますよう，お祈りする次第です．

おそらくヘヴィサイドは，最後の一節を除いて快くは感じなかったであろう（1892年に書かれたロッジ宛の手紙[58]において，ヘヴィサイドはスネルを「視野の狭い，生意気な若者」と呼んでいる）が，時はヘヴィサイドを沈黙させるには遅すぎた．ビッグスは十分に長い間，ヘヴィサイドの誘導や通信線路，そして無歪伝送線路についての基本的な論文の出版を続けていたのだった．

しかし，スネルは正しかったのであろうか？　一握りの教授たち以外に，誰かがヘヴィサイドの論文を読んだであろうか？　次の挿話が示しているように，おそらくスネルは正しくもあり，同時に間違ってもいた．中断された連載の最後の論文が1887年12月20日に発表された際，ヘヴィサイドは最後の注釈を付け加えた（スネルの手紙と同じ日付の11月30日）．「筆者は，…打ち切りを要求されて，これらの論文の掲載を続けられないことを，誠に遺憾に思う…」．その後2ヶ月も経たない1888年2月，表面上はタブーである誘導の問題を，電話に関するものとは考えられないような題名の「電磁波について特に加えられた力の渦度[2*]および電磁気系の強制振動」という極めて数学的な論文の中に，こっそりと戻していた．「フィロソフィカル・マガジン」に発表されたこの論文[59]は，エレクトリシャン誌の目にとまり，同誌は次のような社説を発表した[60]．

> 長距離電話について言えば，今月，フィロソフィカル・マガジン誌に一編の論文が発表されたが，誰もその問題には関心がなく，読まれなかったに違いない．不幸にも，ヘヴィサイド氏の難解な電磁気的誘導の原理の説明を理解できるような実務的な仕事に従事している人たちは，極めて少数であるということは事実である．しかし，誰でも，それが電気学の数学的理論における現役の権威によるものであることは，認識することができる…．ヘヴィサイド氏は，「自己誘

277

導は，長距離電話においては有害なものであると考えられているが，その正反対こそが事実である．実はそれはその命であり魂なのである．私はこのことを極めて詳細に証明した．しかし，彼らは私を信用しないだろう」と書いている．ここで引き合いにされている証明は，The Electrician, vol.18, 19 において，詳細に検討されていると思われる．しかし，不幸なことには，それは読みたい人のための体裁をなしていない．それはおそらく，いつかわれわれが<u>普通の技術者が理解できるようにして</u>，それらの論文を一括して出版できるならば，役立つものとなるであろう．《引用者の強調》

この社説を読んだある読者は，雑誌宛に一通の手紙を出した[61]．彼は「エレクトリシャン」を引用して次のように書いた．

> この論文は，この問題についての他の権威者たちや実験事実によって，あまりにも完全に否定されているように思われますので，私は——私自身のような——すべての電話関係者たちは，ヘヴィサイド氏が，彼の論文を完全に理解でき<u>る能力のある一部の人たち</u>と同じように，彼の推論をわれわれにも<u>理解できるように</u>説明してくれることを望んでいるに違いないと察しております．

しかし，スネルはこれとは違う感覚を持っており，ヘヴィサイドからそのような説明を受けることをしなかった．

ほとんどの読者がヘヴィサイドの数学を<u>理解できなかった</u>ということについて，スネルは<u>正しかった</u>．そして，同じ読者たちの中の多数が，ヘヴィサイドが非常に重要な事柄について述べようとしていたことをいくらかは知っており，彼らがヘヴィサイドの方程式の行間を読み取ろうと<u>努めていた</u>という点において，スネルは誤ってもいた．それでも，ヘヴィサイドの理論的分析に答えようと何かが<u>なされた</u>ことはない，という事実は明らかに残る．（「エレクトリシャン」の社説が言っているように）その論文が，「四元数の荒野でさまよっている，と言うべきもの」であったとしても，彼はどのようにして彼の側に人々の関心を向けさせ，その論文を<u>読ませる</u>ことができたであろうか？

1888年秋の出来事は，ヘヴィサイドが人々に確実に注意を向けさせるようにするために必要なことであった．

オリヴァー・ロッジの発振するライデン瓶

誘導に関するヘヴィサイドの論文を文字通りに輝かしいものとさせた

第8章 プリースとの闘い

　他の一連の実験的なイベントは，皮肉なことにヒューズの会長就任演説の約6年前にプリース自身によって始められ，ヒューズとヘヴィサイド間の論争の二年後に，オリヴァー・ロッジとプリース間の途方もない口論において頂点に達した．1878年から1881年にわたる期間，プリースは避雷針の特性を詳細に調査する研究班のメンバーの一人であった．この研究班は，適切な建設や据付のための助言を行っていた．これは，彼が郵政公社の任務の直接的な結果として，この問題に配慮をしていたため，極めて重要なことであった．

　1880年当時，何万本という避雷針が，英国の至る所に電信線や電信装置などの莫大な資産の保護用として設置されていた．プリースはこの研究班において影響力があり，その報告書[62]は，彼の個人的信条——「理想的な避雷針は，抵抗の少ない純粋な銅の導体で，近辺の他のあらゆるものよりも高い位置に取り付けられ，しっかりと接地されるべきものである」——を正確に反映していた．プリースによれば，オームの法則だけが唯一の理論であったが，もしもそうであるなら，帯電した雲が大きく太い銅の棒に近づいたとき，なぜ，そして他のどこへ次の雷撃が行くだろう！　プリースの心の中では，避雷針は雲からあふれ出る電荷を吸い上げる単なる「排水管」にすぎなかった．私はここで，プリースは単に彼の英雄ファラデーと同じ意見であったにすぎないと付け加えておきたい．

　この見解を裏付けるため，プリースは1880年に，いろいろな形状（円柱，円筒，帯状）の銅を用いて（3,240個の電池を直列に接続して！）3,317Vの電圧と42.8マイクロファラッドの静電容量により，いくつかの「雷を再現する」実験を実施した．彼は各種の導体を通して静電容量（コンデンサ）を放電させ，彼が明らかにした観測結果[63]は，「…雷の性質に，非常に近い」であった．彼の報告書は，次のように結論づけている．

> よって，高いポテンシャルの放電は，オームの法則に従い，《導体の》形状の変化に影響を受けないことが証明されたと考えられる．従って，《導体の》表面を広くしても，雷の放電効果には寄与しない．円筒状の棒またはワイヤロープ状以上の効果的な避雷針は製作できない．

　この後，プリースは，帯電した雲と大地の間の静電場にもとづく「…大気中における分裂 (rent) または分岐 (sprit) は，最小の抵抗の経路に沿って発生する——これが分裂的な放電 (disruptive discharge) または雷放電で

ある」という雷放電の静電気的解析を示した注目すべき論文[64]を書いた．これは巧妙な論文であったが，実際の放電自体は静電気的 (static) 以外の何かである，という事実を無視した静電気的なものであった．事実，このことが，雷放電は高い周波数の振動的な過程であって，そこでは抵抗性ではなく誘導性の影響を含むすべてが重要である，と主張したロッジとプリースの間の論争の主な争点であった．これが，第5章において述べた，1888年の英国科学振興協会 (B.A.) 会議における「実用家」と「理論家」の間の相対的利害に関係した結果としての論争という「社会的」事件であった．

プリースの得た結果は，次のようなものであった．

> よって避雷針は，針の長さをその高さとし，針の長さを半径とする円を底面とし，その側面が針の長さを半径とする四分円 (quadrant) であるような円錐形の空間を保護する．[技術ノート3の図8.1参照]

すなわち，プリースは彼の「安全円錐」の中の全ては雷撃を避けることができると断定して，さらに，次のように述べた．

> 私は調べられる限り事故の記録を調査し，建物が適切に保護された場合には，この円錐の内側が損傷を受けた事例は一つも見当たらないことがわかった．

「適切に (properly) 保護された」という言葉は大事である．なぜなら，損傷が「発生した」とすれば，プリースは迷わず，その避雷針は「適切に」接地されていなかった，と結論付けるからである．つまり，これは何が起きてもプリースに逃げ口上を与えるための記述であった！　彼は視覚的な言葉を使って，次のように言った[65]．

> 避雷針は，適切に設置され，正しく維持され，定期的に点検されたとした場合は，絶対的に安全なものである．《引用者の強調》しかし，村の鍛冶屋によって設置され，倹約家の教区委員によって維持され，全く点検されなかったなら，ある日，大音響が聞こえ，美しい教会の尖塔は教会の庭で瓦礫の山と化すであろう．

ロッジは，ライデン瓶が放電する際にしばしば振動的であるという観測結果[66]にもとづいた雷放電についての彼の見解をよりどころとして，これらの全て，特にプリースの「安全円錐」（「技術ノート3」参照）に反対した．ロッジはこの類推を，人々は地球と雲によって形成される「ライデン瓶」と視覚的な方法で表現することを好んだ．

雷放電の振動が，高い周波数（しばしば 1MHz と言われている――「技術ノート3」を参照せよ）であるため，低い抵抗である経路よりも，むしろ低い

第8章　プリースとの闘い

インピーダンスであるような「交流的な」経路が，高周波電流にとっては望ましいものである，とロッジは論じた．ロッジは，これらの考えを，1888年8月の「フィロソフィカル・マガジン」の「避雷針の理論について」(On the theory of lightning-conductors) という論文に発表した.

> 急速に変化する電流が導体の外側に集中することは…つい最近，ヘヴィサイド氏によって，おそらく初めて明確に認識されたことである [67]….

この論文が発表される数ヶ月前の3月，ロッジは雷と避雷針に関して芸術協会 (Society of Arts) の招待による公開実験講演を行った．彼はそこでプリースと避雷針会議報告が誤りである理由を示した．ライデン瓶から発せられた放電は，極めて雷の放電に似て見えたためにロッジは雷撃もまた振動しているものと仮定するという，大きな飛躍をしてしまった．この点において彼は誤ってはいたが，そのことは長い間理解されず，実験に関する彼の議論と聡明さは，口先のうまさだけのように受けとられた．この一件の重要性は，ヘヴィサイドとは違ってロッジがヘヴィサイドの立場を実際に擁護した社会的に信用のある人物であったということにあり，この一件によって，はじめてヘヴィサイドは才能を認められた．実際に，ロッジの賞賛は最大のものであった．あることについて，彼は次のように述べている [68].

> …私はこの機会に，ヘヴィサイド氏の，風変わりでやや人をはねつけるような感じの論文の中に，どれほどこの問題の複雑さに対する非凡な洞察と，最も難しい問題の熟達した理解を見出せるかということを指摘しておきたい．

オリヴァー・J. ロッジ:
Oliver J. Lodge (1851-1940)

ロッジは，その長い生涯にわたって，それ以前の2000年間において起った以上の科学，技術上の革新の活力の中心にいた．知性的で有能で，尊敬を受けた人物であり，また彼の知性は，公平に，また広範にわたって輝いたが，ヘヴィサイドのような，特定分野における強烈な天才的な閃きは持ち合わせてはいなかった．

281

いずれにせよ，ロッジが彼の実験から結論づけたことは，避雷針として望ましいものは，プリースの太くて純粋な銅の棒ではなく，誘導性インピーダンスが低い，表面積が大きなものである，ということであった．また，ロッジによれば，交流電流の表面浸透性を少なくする磁気的な性質にもかかわらず，実際的には安価な鉄の方が，高価な銅よりも優れていた．そのことは，おそらく雷放電の変化が極めて高速であることから，表皮効果のため，避雷針として使用されるべき材質を決定することは重要なことではなく，もちろん避雷針の形状を決定することが重要だった，ということを示唆していた．ヘヴィサイドは，ロッジの仕事についてはよく知っていた．彼は8月に「エレクトリシャン」に「雷放電など」と題した覚書を発表し[69]，ロッジに賛成の立場をとって，導体内の電流の生成（最初の避雷針内部への電流の突入）について，次のように述べている．

> …まず，導電電流は純粋に表面的なものである．よって，導電が開始される波の最先端においては，導体は物質の塊であるかのような性質（導電率，透磁率）を持つように扱うことはできない．なぜなら，分子の薄い層だけが関係しているからである…．よって，鉄は表面的には非磁性体のように振舞うであろう．《引用者の強調》

ヘヴィサイドは，自身の仕事を宣伝する機会を決して見逃さなかった．この論文も例外ではなかった．彼はまず，今では終了してしまった以前の「エレクトリシャン」の連載論文が，電線上の波の伝搬と，ロッジが彼の劇的な実験を行ったその領域をどのように扱ったものであるかについて指摘してから，スネルに対する個人攻撃を行った．

> 私は，誰も私の論文を(実質的に)読んでいなかったことを知らされた．おそらく，ロッジ博士による私の研究のいくつかの実例に関する実験については，僅かな人たちしか読んでいないであろう．

プリースは，彼の見解を覆しているこの否認を知った．このようにして，9月の英国科学振興協会（B. A.）会議期間中の「バース(Bath)の闘い」の舞台が整った．

「経験」対「理論」

ロッジの見解はもちろんプリースを大いに悩ませた．プリースはB. A. 会議のG部門（機械工学部門）の委員長としての開会の挨拶の中に，ロッ

第8章 プリースとの闘い

ジに対する明らかな挑戦[65]を込めていた.

> われわれが大切にしていた諸原理のいくつかが，最近になって王立協会フェローであるオリヴァー・ロッジ教授の口から荒っぽいゆさぶりを受けた．しかし，彼は自身の輝かしい実験を空想的な推測のもとに裏づけ，また，彼の革命的な結論はまったく珍奇な前提に基づくので，とても論理的な推論などとは言えない．

周囲の人たちは，論争の兆しを感じていた．フィッツジェラルド（彼は数学および物理学部門であるA部門の委員長であった）は，開会の挨拶において，次のように述べた[70].

> 交流電流を用いると，われわれは導電性のない媒質中にエネルギーを伝搬させることができる．それは，あたかも将来の電話線がパイプの如き物であるかのようである《導波管のすばらしい予言である》．部屋の隅に張り巡らされた伝声管の中の長い波長の音波と全く同様に，電気的波動もまた，その曲がり方が強度の鋭角でなければ，角をまがる．おそらくロッジ教授は，避雷針によってこのことをわれわれに示唆してくれるであろう．

フィッツジェラルドは，ロッジのライデン瓶の実験の全てについて知っていた．（ロッジ自身の告白によれば）フィッツジェラルドは，彼らの原動力であり続けていたからである．ロッジが説明しているように[71]，雷撃の性質と適切な避雷針の問題は，ライデン瓶による実験に対する彼の本当の動機ではなく，むしろ彼はマクスウェルの理論の*実験的*な証明を追求しつづけていた.

> 私はずっと光を直接発生する方法，すなわち，決められた通りの正確な周波数の発振装置を作る方法に向けて考え続けてきた．

もちろん，光の振動数はロッジの能力をはるかに超えるものであったが，彼は電線上に波動を発生させることに成功し，それこそが彼がはじめに考えていた，1888年のB.A.会議を揺るがすことであった．しかしロッジは，7月にヘルツが既に空間内に波動を発生させたことを知り，ヒューズ同様，19世紀における最大の実験の一つを行うという栄誉を受け損なった．

しかし，この同じ実験がプリースと衝突することとなったため，その意味において，ロッジはやはり「大ヒット」を飛ばしたことになった．その決着は，フィッツジェラルドを議長とするA部門とG部門の合同会議において行われた．プリースは起立し，彼は50万本もの避雷針を彼の個人的指揮の下で建設したと述べ，「それだけの実績が十分でないと

すれば，何が不足であるというのか？」と問うた．プリースは，「ゆっくりとした振動」を容認したが，ロッジの1 MHzという数値をあざ笑おうとした．最も重要なことは，プリースは避雷針内部の自己誘導（と表皮効果）の影響を信じなかっただけでなく，それを，あらゆる未知の現象を説明するために自己誘導を持ち出すという，「アメリカ人が『何らかの菌の一種 (a species of bug)』と呼ぶことと全く同じような最近のやりかた」，とみなしていたことであった．

そのためにプリースは「エレクトリシャン」のまとめ (summary)[72] を引用して，次のように続けた．

> …ロッジ教授は，一つの発見をした――彼は，それが何であるかを知らなかった――しかし，ロッジ教授は熱病にとりつかれ，それを自己誘導によるものである，と述べた．彼の目の前には自己誘導がさえぎり，何も見えていないのだ．彼は，得るものが多いと人が考えているポインティング教授の論文を無視している．もしも彼が，金属内部ではなく，誘電体内部をエネルギーが通過することを示したポインティング教授の論文を読んでいれば，彼はこの原理を彼の行った実験に適用し，さらに，彼の実験による奇妙な結果は，誘電体内部における他の原理，あるいは他の何かによるものであることを同様に納得した上で証明したに違いない．

プリースにとって，あらゆる人物のうちで，ロッジに対してポインティングを推奨したことは，馬鹿げたことだった（第7章において見たように，ロッジはポインティングについては精通していたのに対し，プリース自身は，ポインティングの論文の最初の数式さえも読み進めなかったのであるから，彼が「ええ格好」をしたことは明白である）．この奇怪なユーモアは，後に示すように，ヘヴィサイドの注目から逃れることはできなかった．

ロッジは，彼自身の指導の下で50万本の避雷針を建設した経験はないことを認めた上で反論を開始した．実際に，彼は自分の家にさえもそれを設置していなかった．次に，彼は慎重に，しかしあいまいな言葉を使わずに，プリースは自分の言っていることの意味を分かっていない，と述べた．ロッジは最も礼儀正しいヴィクトリア人の言葉を用いたとしても，実際にプリースを，「馬鹿者 (an ass)」と呼んだのだ！　プリースは，実質的に自身をこのように蔑むために，ロッジのストレートマン (straight man [喜劇役者にせりふのきっかけを与える脇役]) の役割を果たした．プリースは，3月の芸術協会 (Society of Arts) における講演を引用し，ロッジは避雷針会議報告書を賛美するために選出された代りに，英国科学振

興協会(The British Ass)に乗ったバラム³*(Balaam)として振舞い，避雷針会議の仕事にケチをつけた，と述べた．ロッジは，報告書を賛美することになっていたとは考えていない——避雷針に関する講演をすることにはなっていたが——と答えた．次に彼は，バラムとはプリース自身のことだ，と言って，プリースの言葉をそのまま返し（ロッジはそこに行って，言うべきことを言う預言者であったので），バラク(Balak)が芸術協会であり，もしも彼が預言者と対立していないなら，誰が第三者（the ass: ロバ）であるかについては分からない，と述べた（この部分について，「エレクトリシャン」は，ロッジの言わんとしていた趣旨を明らかに理解していた聴衆から「大きな笑い声」が沸いた，と報告している）．

このように1888年の英国科学振興協会会議は，第5章で述べたように，誘導あるいは雷放電，あるいは鉄対銅（の優位性）などの技術的な問題についてではなく，険悪な口論の場になり下ってしまったのであったが，優れているのは実用家か理論家かという論争の場にもなっていた．英国科学振興協会会議直後のこの二人の緊張した関係は，プリースがロッジに宛てた手紙⁷³（1888年10月26日付）において明らかである．

> あなたは，実用家は理論家よりも劣るという意見を受け入れているようです．斯く言う私は，あなたもご存知のように，35年にわたって極めて精力的に実用面の仕事に従事して参りましたが，いかなる純粋な理論から利益を受けた経験は，ひと時たりとも思い当たりません．

プリースはまた，ウィリアム・トムソンは大西洋横断電線敷設事業の間，何らかの利益を得るために理論を用いたことはなく，むしろ，全ての仕事は「あなたの言われるところの理論家からの何らかの『援助』なしに行われた」，と述べた．ロッジはこの奇怪な手紙を友人（ヘヴィサイドを含む）たちに回覧した．トムソンは，この手紙を「実に全く途方もなくあきれた手紙」と呼び，ジョージ・キャリー・フォスター（George Carey Foster: ロンドン大学物理学教授で，抵抗測定用のキャリー・フォスター・ブリッジの発明者）は，プリースを，「完全に腐敗しきった，とてつもないうぬぼれ」以外の何者でもない，という最悪の表現で「老練なほら吹き」と決めつけた．概して言えば，1888年の英国科学振興協会会議における対決は，この会議の時期にロンドンのイーストエンドでもっとも活躍した「切り裂きジャック」の事件と同じくひどいものだった．

しかし，プリースとロッジの対決は，ヘヴィサイドの仕事にスポット

285

ライトを当てたということで，ヘヴィサイドの目的には適うものであった．ヘヴィサイドは，会議終了後の10月には気楽に次のように書いている[51]．

> 自己誘導 (self-induction) は廃れたのだろうか？ 私はそうは思わない．廃れたのは … 英国技術者の自分勝手な推論 (self-induction) であって，それは依然として効力があり，なくなってはいない．しかし，他の自己誘導は，それを阻止しようとする懸命の努力にもかかわらず，作用し続けている．それどころか，それは急速に運動量を蓄積し続け，私が想像するに，再び止まることはあり得ない．それは，W. トムソン卿が指摘したように，…「空気中に」存在する．よって，電磁気的な波が存在する．つい最近までは，それはどこにも存在しなかった．こんにちでは，それはどこにでも，郵政公社の内部にさえも存在する．プリース氏はロッジ教授に対し，エネルギーの移動に関するポインティング教授の論文を読むように助言している．これこそ真の進歩である！ 現在，これらの波動は空気中にも存在し，それは「巨大なばい菌 (great bug)」《プリースが得意とする皮肉》，すなわち効力を維持し続けている自己誘導である．

ヘヴィサイドの雪辱

　ヘヴィサイドにとっての真の躍進は，ちょうど一ヶ月後のウィリアム・トムソン卿のIEE会長就任演説と共に訪れた．トムソンは1889年1月10日の会長就任演説[25]において，ヘヴィサイドを権威者として公に神聖化したが，以後においてそれを疑うものがいなかったということは，トムソンの絶大な影響力によるものだった（プリースでさえ，内心は動揺したに違いない）．トムソンの賞賛は感情が溢れるものであった．

> …それ《電線に沿った波の伝搬の理論》は，ヘヴィサイド氏によって，極めて完璧に解明されてきた．また，ヘヴィサイド氏は，彼の数学的理論のこの結果——すなわち，電磁誘導は有益なものである：それは電流を運ぶ手助けをするということである．これは，質量が物体に対して粘性的な抵抗に抗して推し進めるのと同じ種類の効果である[74]——を指摘し，強調してきた….ヘヴィサイド氏の海底電線の考察法は，物理学的な応用に関する最も高度な数学的研究上の，また判断上の能力が，どれほどその学説の助けになったかというよい例であって，それ（物理学）を実用的な道筋へと導くものである．

　もちろん，ヘヴィサイドはこの賞賛に有頂天となり，1月18日にはト

第8章　プリースとの闘い

ムソンに宛てて次のように書いた[75].

> 私は，あなた様の新年のIEEへの演説を読んだばかりですが，電線に沿った波動に関係した私の仕事についての，あなた様の心からの最大の評価に対して，感謝の気持ちを書かせていただきたく存じます．あなた様の演説の多くの部分がそのことで占められたことを，恥ずかしく思っている次第です．また，それが，重要かつ普遍的な科学上の関心事である，あなた様ご自身のご研究の後押しをするものと思っております．《これは，ヘヴィサイドの生涯の中で最も控えめな表現である!》あなた様の評価は，私が経験した長い間にわたる無関心と，(時折の) 反論の後であるだけに，最も喜ばしいものです．

C.H.W. ビッグスもまた喜んだ．そして新たな *The Electrical Engineer*（ロンドン）の編集長の席から「エレクトリシャン」の明確な自発的論評がなされなかったことについて，彼の不満のいくつかを吐露している[76].

> …われわれは，ヘヴィサイド氏の仕事に対する賞賛に対して，直接注目を向けたい．それは，ヘヴィサイド氏と関連した確かな事実を記録すべき最良の場所ではないかも知れないが，われわれは多くの理由により，敢えてそれを行い，そのうちの少なからぬ部分は，ウィリアム・トムソン卿のような栄光に満ちた権威によってわれわれの見解が確証された，と感じた喜びとなった．「フィロソフィカル・マガジン」に発表されたいくつかの論文を除けば，「エレクトリシャン」に掲載された論文は，前編集者を除く経営者やスタッフたちの激しい反対にもかかわらず発表されたものである．そのためにおそらく，突然の論文の連載の中断という特異性にあまりにも注目が向けられたため，その理由には関心を持たれなかった可能性がある．オリヴァー・ヘヴィサイド氏の仕事の偉大さとその価値に対するウィリアム・トムソン卿による承認の表明に先んじて，プリース氏は，それらのある部分は大いに注目すべき価値があり，そして，同じ方向を目指している後続の研究者たちに先行していることに注目していた．

これは，プリースがビッグスと「エレクトリシャン」に対して圧力をかけたことを，ビッグスが勇気を持って意識的に公的に言明したものであると私には思える．事実，プリースはトムソンの演説をものともせずに闘い続けていた．

　例えば，1889年5月9日のIEEの会議において，彼は避雷針会議において述べた避雷針に関するゆるぎない信念を，「科学とIEEの名誉のために!」ドラマチックに表明した[77]．のみならず，彼は次の雷雨までの間，避雷針を手に持って，「個人的な恐怖心抜きで火薬の詰まった樽

287

の上に座る」ことを申し出た．次の週の5月16日の会議の冒頭において，会議報告の編集者（G. J. シモンズ：Symons）は，「私は，ロッジ博士が《避雷針の実務を批判することについての》恐るべき弊害…に気づいておられないものと思っております」と述べ[78]，次に，プリースが実際に避雷針を持ち，雨の中を火薬の詰まった樽の上に座っていたとしても危険ではなかったであろう，と述べた．しかし，シモンズは急いで，注意深い否認を敢えて付け加えた．「純然たる電気についての私の意見は，何の価値もありません」，と．

　1887年，88年から1889年にかけての環境の変化の兆候に伴い，「エ

「経験」という旗印を付けた避雷針を持ったプリースが，泥の中に倒れている（「実験」という旗印の付いた避雷針を持った）ロッジを打ち負かしたというイラスト．「雷に立ち向かうエイジャックス (Ajax)」と題されたこのイラストは，雑誌 *Electrical Plant* の1888年12月号の表紙を飾ったものである．

288

第8章 プリースとの闘い

レクトリシャン」は，今度はこれらの会議の報告の中でプリースをからかいはじめた（おそらく，スネルが致命的な病気にかかったことによって，編集長補佐のW．G．ボンドが実務を行っていたためであろう）．例えば，「エレクトリシャン」は，社説[79]において，陸軍省が火薬入りの樽の提供に応じ，そして「G．J．シモンズ氏は，プリース氏が避雷針を握っている間は，大地からしっかりと絶縁されていたであろうと考えていた．しかし，この点において，意見が異なるように思われる」と書いた．

もちろん，このような怪しい行為が，主な関係者たちの心を変えることはなかった．プリース自身は（1889年5月7日付の）ロッジ宛の手紙[73]において，次のように述べている．

> あなたとあなたの友人の皆さんは，同じ一つのことを信じています——W.H.P.［プリース］とその旧友たちはそれとは異なり，誰も本人の意思に反して納得させられているようには思えません．

しかし，他の人たちは，今やヘヴィサイドの革新的な通信線路の波動伝搬理論を用いることについて考え始めていた．例えばヘヴィサイドの死後に，初期の著名な電信技術者であったアルフレッド・ロスリング・ベネット (Alfred Rosling Bennet：1850-1928) は，電話回線のインダクタンスを増やす彼の初期の実験を次のように回想している[80]．

> …私は1890年に敷設されたばかりのスターリング (Stirling)－ダンディ (Dundee) 間の銅線による電話幹線に沿った，耐候性収納箱内にコイルを収納することによって，彼《ヘヴィサイド》の理論の一つを試した….しかし，注意深く考察してみると，通常の会話には変化が現れなかった．その理由は，疑いなく距離——約100マイル——が，顕著な違いを示すには短すぎたためであった．私は，ケルヴィン卿，すなわちサー・ウィリアム・トムソンがグラスゴーにおいて，ある午後にヘヴィサイドの論文について語り，彼はその装置が既に試作されていたことを知って驚き，かつ喜んでいたことを思い出した．彼はその詳細を知ることを望んでいた．

ベネットはそれ以前の手紙[81]において，装荷コイルという離散的（集中的）素子によって回線のインダクタンスを増やすという着想は，アメリカの誰かによるものであると一般的に信じられていたことに対して異議を唱え，彼はこのコイルの着想は，ケルヴィンを通じてヘヴィサイドから得られたものであることを示唆した．

そのようなコイルの着想は，ヘヴィサイドの創始によることは間違いない．し

かし，私が他の機会において言ったように，ケルヴィン卿，当時はサー・ウィリアム・トムソンが，1888年に私とともにヘヴィサイドの研究について論じたとき，おそらく実用的な効果は，長い電話線にとびとびに適当なコイルを挿入することにより達成できるだろうと言われた．彼はその着想が，あたかも彼自身のものであるかのように話された．彼はヘヴィサイドと文通を続けていた——彼はヘヴィサイドの仕事については，最高の言葉で語っていた——ので，彼は手紙によって知らされたことを単に繰り返したに過ぎないことを私に理解させたのだ．とはいえ，私が理解できる限りにおいては，その先駆者によるコイルについての公的な言及は，1893年に行われていた….

1893年におけるヘヴィサイドの「集中的な」コイルの装荷の初めての<u>公的</u>表明についてのベネットの指摘は正しかった[82]．なぜなら，そのとき，彼は次のように書いているからである．

> 大きく，一様に拡がったインダクタンスを得ようとする代わりに，大きな平均的インダクタンスを得ることを試みることとしよう….これは，主回線にとびとびの間隔でインダクタンスを挿入することを意味する．

ケルヴィンが集中的な装荷について抱いていた以前の着想は，ほとんど間違いなくヘヴィサイドに<u>由来する</u>ものであった．（1922年7月29日付の）IEE会長宛の手紙は，ヘヴィサイドが<u>6年間もの間</u>，この着想を公表しないままにしていた理由を示している．彼は1887年の秋，彼とアーサーがハンプステッド・ヒース（ヘヴィサイドの生地の近く）のブルアンドブッシュ・ティーガーデンに行き，夕食をとった後，散歩に出かけたときのことを回想して，

> …そこで私は，彼に対して《「集中的に装荷することと通話のための真の条件」》全てを説明した．彼は，私の言ったことに対して非常に感銘を覚えたが，ずる賢い老プリースが行く手を遮った．実験用に郵政公社の電信回線が必要であったため，彼《アーサー》はプリースの許可を得なければならなかったので，彼には全てを話した《明らかに1887年には，ヘヴィサイド兄弟は集中的な装荷コイルの試験を行おうとしていた！》．そこで，私が提唱した集中的な装荷方式をすぐに発表するべきではないことが合意された．それを特許申請するための金がなかったので，私はプリースが不誠実であることを証明するために，自分で彼を試したのだ．

1887年の日々は辛いものだったが，1889年となってヘヴィサイドはついに真剣に受け入れられる人物となった．彼がどれほど生き生きと喜

第8章　プリースとの闘い

びを感じ，またプリースにうち勝ったことがどれほど嬉しかったかということは，彼の研究ノートの一冊に記された詩[83]によって示されている．

  自己誘導は，「大気中」には，
   どこにでも，どこにでも存在する
  波は走り来たり，そして去る
   ここに在り，そして去る
  できるというなら，止めてみよ
   汝ら，大英帝国の技術者よ！
  （できるというなら）想像してみよ
   技術者よ
  論文を削り，妨害し，もみ消すという行為を
   サン・マルタン・ルグラン［GPOのオフィス］
  の上の階で！

われわれはまず，（一般的な科学界に対する）彼の才能の二回目の公的な裏づけとして，オリヴァー・ロッジがネイチャー誌に書いた言葉[84]を読んだ後の彼の喜びを想像することができる．ロッジは読者たちに対し，はじめに「マクスウェルと，誰もが名前を知っている何人かの偉大な理論物理学者たちの天才」について述べた後，次のように報じた．

 …その人物については，まだその名前を誰もが知っているというわけではないが，その電磁波についての優れた研究は，その問題の深層までも理解していた他の誰よりも先を見通していた．そして彼の論文は，間違いなくヘルツの理論的な発想に貢献したと考えられる――その人物こそ，強力な数理物理学者，オリヴァー・ヘヴィサイド氏である．

場面の転換――そして名声

　1889年という年は，ヘヴィサイドの生涯において，もう一つの変化をもたらした――彼と両親はロンドンを去り，再び戻ることはなかった．そのほぼ30年前，彼のもう一人の兄，チャールズは楽器メーカーの見習いとして，音楽事業の訓練を始めていた．その後，サラ・ウェイ（Sarah Way：彼女の妹メアリーは，何年か後にヘヴィサイドの人生に重要な役割を

291

果たすことになる）と結婚した後，彼は英国南西部にある海岸リゾート地トーキー[85](Torquay) にある J. レイノルズ (Reynolds) のミュージック・ストアに仕事を得た．チャールズは成功を収め，1889年には共同経営者になり，実際にペイントン (Paignton) の近くに二番目の店を開店できるところまで，順調にことが進んだ．その秋には，レイチェルとトーマスの老夫妻はともに70歳代となり，健康も思わしくなかったため，ヘヴィサイドと両親は，ペイントンのパレス・アヴェニュー15番地のレイノルズのミュージック・ストアの隣の家に住むようにというチャールズの招きに応じた．引っ越しの何ヶ月か前の39歳の誕生日（1889年5月18日）にヘヴィサイドの研究ノートの一つに書かれた詩[86]"The Vision（光景）"は，ある期間にわたって，将来起りうることについて，少なからず考えなければならなかったことを示している．

> 来たりつつあることは，過去の影を落とし，
> 　そして，視野を暗くする
> だから私は，確かなことは言えない
> 　あなたにいつ会えるかということを
> それでも，宇宙の暗黒に逆らいながら
> 　それを通じて，未来の様子がはっきりと現れる
> 雲は時々切れ，そのとき私には
> 　トーキーの景色が，昇る朝日に照らされているように見える

　しかし，ヘヴィサイドの心配はほとんど根拠のないものだった．ペイントンにおける彼の生活は，幸せな時間であることは明らかであった（にもかかわらず，次章で見るように，彼はいくつかのさらなる技術的な闘いを行うことになる）．彼がサイクリングに熱中し，地元の不気味なベリー・ポメロイ城 (Berry Pomeroy Castle) の遺跡を散策したのも，ここペイントンであった．
　サールが時折ケンブリッジから訪問したとき，彼とヘヴィサイドは自転車で城までピクニックに出かけた．サールは，はるか後になってから，彼の友人の「痛烈な皮肉」の一例として，そのような小旅行の一つを回想[87]している．

> 窓に格子がなかったので土牢ではなかったと考えられたある部屋について，ヘヴィサイドは，「これは非常にじめじめしている．召使の寝室であったに違いない」，と言った．

　ペイントンでは，父母のみでなく兄の5人の子供からなる大勢の家族に

第8章 プリースとの闘い

囲まれ，ヘヴィサイドの社会的な視野はいくらかは拡がった．彼らのうちの一人は，後にサール宛てに，その頃のことについて次のように書いている[88].

> 私の父の音楽用広間の上の大きな倉庫の中で父が行進曲を演奏すると，私たちの中で一番年上のオリヴァーは，(12台くらいか，それ以上あったでしょう) ピアノの間を行進して廻り，私たちは叔父のコートの裾にぶら下がって，列を作って歩いたことを思い出します．

これらの日々は，彼にとって幸せなものだった．そして，技術的な方面もまたそうであった．彼の事情は，さらに明るさを増した．1890年3月にスネルは死去し，「エレクトリシャン」はもう一度新任の編集長を迎えた．ボンドは補佐として留任し，アレクサンダー・ペラム・トロッター (Alexander Pelham Trotter, 1857-1947) が選任された．トロッターは，技術系の人間（彼の専門は照明技術であり，その分野の著書が2冊ある）であって，ケンブリッジにおいてはマクスウェルを師として，自然科学優等試験 (Natural Science Tripos) の優等賞 (Honors degree) を獲得した．彼はヘヴィサイドと同じようにサイクリングを愛し，ケンブリッジにいた間，自転車による「1マイル3分」の壁を破った初めての男となった．1880年の半ばには，彼は初めてプリースと出会い，助手として働き，街路灯の照明の試験を指揮した．

トロッターは編集の任務にあったとき，個人的にはロンドン・コンサルティング・エンジニアと，ロンドン商工会議所の技術幹事という二つの任務をこなしていた．明らかに彼は，実用的な電気業界において認知された，有識の著名な人物であった．さらに，ヘヴィサイドにとって幸運であったことには，ヘヴィサイドについての彼の意見は，スネルとは異なっていた．トロッターは，ヘヴィサイドに対し，常連の寄稿者として戻ってくれることを望んだ．しかしヘヴィサイドは，新しい編集者が彼に交渉を始める前に，彼がいわば昇進して「権威」として承認されるという最新の情報を「エレクトリシャン」のさまざまな関係者から得ていて，その収穫を得ようとした．ヘヴィサイドの絶大なファンであったこの雑誌の発行人ジョージ・タッカー (George Tucker, 1852-1916) は，出版用の写真と経歴の提出を求めた．ヘヴィサイドは，「対等であるために」という子供じみた意味からではなく，一般的な原則にもとづいて，それを拒否した．彼は，写真と自己宣伝に関しては，(彼の技術的な論文を除いて)

293

嫌悪感に近い感覚を持っていた．例えば，ある追悼記事においてその筆者は次のように書いている[89]．

> あるとき，私は IEE に対して彼の肖像写真を入手しようとしたが，果たせなかった．彼は，写真を公にされたくなかったし，「（公開されることの）最悪の結果として，本人が本当に重要な公的人間であると思いこみ，戸外に出た途端に写真に撮られることが生き方の本質となってしまうことである」，と考えていた．

別の著者は，同様に，IEEの会員の集団の写真に対するヘヴィサイドの不敬な反応を記録している[90]．

> 背後から見ると巨人．正面から見ると小人．私はそれに枠とガラス板をはめて，古い台所用のテーブルといっしょに，ニュートン・アボットの家具屋にくれてやりました．

しかし，タッカーは写真の要求を決して諦めなかった．これに対してヘヴィサイドは，諦めることなく断り続けた．しかし彼は，要求されたことに内心は喜んでいたに違いなかった．

トロッターは，未公開の回想録[91]において，次のように書いている．

> シルヴァナス・トンプソンと《ジョン》ペリーは，彼の論文の掲載を再開するように彼に促すべきである，と私に進言した．彼らは，彼の数学は独特なもので，難解かつ不明瞭であることを認めていたが，フィッツジェラルドと何人かは，彼の結果は極めて重要なものであることに気づいていた….私は，彼の《中断された》連載の端のページをめくって見て，ほんの僅かな対象者に対して，そのような難解な内容のものに紙数をさくことは，「エレクトリシャン」の記事に対して程良く知性的なものを期待する権利を持つ読者たちにとって不公平なことであると感じた．それでもなお，そこには，重要な論文となるべき何かを忘却から救済する機会があると感じた．ヘヴィサイドは扱いにくい人物であること《は聞いていた》．

ヘヴィサイドが扱いにくい人物だと悟るのに時間はかからなかった．彼は1890年10月23日，ヘヴィサイド宛に次のように書いている．

> 私が「エレクトリシャン」の編集業務を引き受けて間もなく，光栄にもニューカッスルのあなたの兄上《アーサー》とお会いすることができました．その折，兄上は，あなたがいくつかの最新の未発表論文を，いくらか分り易い形で発表するお考えであると話されておりました．私は，あなたのお仕事の重要性を十分に認識しておりますが，異なった主題に対して「エレクトリシャン」に割り当てることのできる紙数は，それらの主題について関心を持つ読者数を勘案し

第8章 プリースとの闘い

て考慮されねばならないことを，あなたが理解しておられるものと存じます．私は，大多数の技術者は，フレミング[92]が交流変圧器に関する彼の論文において用いている程度以上の高等数学は理解できないものと信じております．もし，あなたが，ご自身の研究結果のいくつかを，私自身もそうであるが，そのような読者のレベルまで落としてお書きいただけるか，それらの一部を選択して，初等的な形式で扱っていただけるならば，喜んであなたの記事を「エレクトリシャン」に再掲載する所存です．

　ヘヴィサイドは，<u>7つの条件</u>が受け入れられる場合に限り，原則として新しい記事を提出することに同意する，と回答した．この驚くほど図々しい（傲慢でさえある）姿勢は，彼が1887年の暗い日々以来，自分の将来がどれほど悲観的になっていたかを示している．しかし彼の信頼に応えて，トロッターの対応は好意的であった．条件のうちのいくつかは，受け入れやすかった．例えば，彼は通常のように記事を受理し，掲載することを了承したが，「それが最新のニュースを圧迫するに違いないので，場合により隔週ごととする場合もありうる」こと，そして再度の掲

1890年初頭のベリー・ポメロイ城におけるヘヴィサイド一族．彼の父親は，真ん中のひげをたくわえたいかめしい顔をした人物で，母親は夫の右手に立っている．ミス・メアリー・ウェイ（チャールズの妻サラの妹）は，母親の右肩越しにこちらを見ている．彼の兄アーサーは一番右の帽子を持った人物で，もう一人の兄チャールズは父トーマスとアーサーの間にかがんでいる．はるか後ろの，城のアーチ道の脇でパイプをくわえて頭だけが見える男が，ヘヴィサイドその人である．

載の中断が必要かどうかの細心の注意が必要であることを指摘した. しかし, トロッターは, 一点については毅然とした態度をとった. それは, ヘヴィサイドのプリースに対する留まることのない妄念であった. (1890年10月29日付の) ヴィサイド宛の返信において, 彼はこの点について極めて明快であったことが示されている.

> 私は, 好戦的な議論には反対です. なぜなら, そのような議論は, この論文にとって不適切な調子にまで堕落する可能性があるからです. 私は, そのような事柄を削除するか, 変更する権利を持つこととといたします. もちろん, そのような訂正をした校正刷りは, あなたに明示いたします.

しかし, トロッターは, ヘヴィサイドの要求を全体として受け入れた. 彼は回想録に, その理由を次のように書いている.

> …私は, 当時の指導的科学者たちから《そのようにすれば》, ヘヴィサイドは喜んで彼の仕事を続けるであろう, と言われた. この雑誌にとってこの記事が信頼に足るかどうかについての判断は, 私に委ねられた.

トロッターは再び (1890年11月18日) ヘヴィサイドに対し, 彼が個人的な議論を嫌っていることを警告しなければならないと感じた.

> 私は, あなたがこの件を新規に始められることを望みます. 私は, 過去の論争については何も知りません. われわれ全員が, W. プリースが間違っていたこと…《そして》匿名の人物に対して他の機会にそれを委ねるべきであることを知っております. 私はこの代案が, はるかにお勧めすべきものであると思います.

トロッターは, このような利害関係を超えてヘヴィサイドが戻ってくることを望んだことは明らかである. おそらく, トロッターもまた, 互いの個性同士をつなぐユーモアという共通の糸によって, ヘヴィサイドに引き付けられていた. トロッターは, あるときには真面目であっても, 時にはそうではないというような[93], バランスがとれた, 自分自身の観点をわきまえた人物であったと考えられる. いずれにしても, ヘヴィサイドを「理解してくれる」編集者に二度までも巡り会えたことは, 幸運なことであった. そして, 1891年1月2日, 電磁気理論に関する新たな連載が, 最終的に本の形で集成されるという了解の上で開始された. この連載が, 前回の連載の最後のものを引き継いだ「連載武勇伝」という性格のものであるため, 彼のそれ以前のすべての論文を再録すべきであるものと考えられた. 再録のために, 誰が誰の許可を得るべきであるかについて若干の手紙のやり取りを行った後, マクミラン出版社 (Macmillan and Company) は，１８９０年末までのすべてのヘヴィサイドの論文を，二巻から成る *Electrical Papers* として1892年に出版した.

売れなかった論文集

大西洋の両側におけるこの論文集の評判は，非常に良いとそれ程でもないとが混じりあっており，あまり一貫したものではなかった：

　…ほとんど全てのページが，精力的，かつ独創的な精神という感動を呼ぶものである[94].

　序文はこの著者独特のものであり，また本文は，著者がそこに彼の個性を閉じ込めているとすれば，さらに威厳付けられるであろう．ヘヴィサイドおよびロッジ両博士《ヘヴィサイドは，博士号を取得していない！》が代表者であり，彼らの科学的著述を場違いの冗談で完全に損なうような特異な新しい英国の学派は，彼らに近い友人たちの輪から遠ざかり，おそらく評価はされないであろう[95].

　電気および電磁理論に関する記述は，マクスウェルの『電気磁気論』に書かれた最高の論述に匹敵するものである[96].

　ヘヴィサイド氏の論文は，しばしば「猫に小判」であり，常に最良の手法で行われたものとは言い難い．われわれはある編集者から，彼がヘヴィサイドの同じ記事を誰もその欺瞞に気づかずに，同じ題名で３回も出版できたと聞いたが，おそらくこれは冗談じみた誇張ではないだろうか．ヘヴィサイド氏は，決して分かりやすくする努力をしようとしていない[97].

　ヘヴィサイド氏の議論は，数理物理学者のみを対象にしており，一般の読者のレベルをはるかに超えている．それらは科学者によって大きな価値を持つものと認識されてきており，科学的な文献に対する価値ある貢献として，その地位を維持している[98].

　この大部の本の体裁をした，ひどく技術的な事項の中に散見されるものは，数学者でない人たちが評価できるような，精力的な記述である[99]….

ほんの僅かな人たち以外はこの論文が分かりやすいとは思わないであろう．そ
れでも，それらは第一印象よりもはるかに難解ではなく，注意深く学ぶに値す
る…．この論文は，あるときには長い数学的推論の結果としての数式が「ばか
ばかしく簡単な」と公言されるほどの笑いを呼び起こすような，著者と読者の
互いのうまい表現による意見によって，しばしば中断される[100]．

　おそらく，最良でもっとも見識のある書評を書いたのは，ダブリンの
トリニティー・カレッジのヘヴィサイドの旧友，ジョージ・フランシス・
フィッツジェラルドであった[101]．

　彼は，マクスウェルの独創的な業績の「残骸を片付けた」のはヘヴィ
サイドであり，誘導の装荷は彼の功績である（「技術ノート4」を見よ）こ
とを指摘する一方で，例えば書き方についてはっきりとした物言いをす
る場合には，批判的にならないように気遣った．

　　多くの人たちは，ブラウニング[詩人]は分かりにくいといっている．ある人は，
　　彼はナンセンスを書いていると言う．彼を賛美する人は，彼を崇拝する．ヘヴィ
　　サイドは，思考を極端に集約したり，また，技術的な用語や読者の混乱を招く
　　表現を創作するという独特の才能など，いくつかの欠点も持っている．したがっ
　　て彼が何人かの著者たちのようなわかりやすく読みやすい論文を書くことは，
　　ほとんど望めないことと思われる．気をつけて初心者に分かりやすく書こうと
　　している場合でも，突然分厚い二重の壁を超えるような短絡的な表現を導入す
　　ることがあり，わかりの遅い凡人はつまずいてしまう．

　フィッツジェラルドはまた，ヘヴィサイドがベクトルを採用して四元
数（第9章で論ずる）を破棄したことに失望し，慣用として受け入れられ
ている単位系を再編することが，いかにヘヴィサイドの無駄な努力[102]
であると感じたかについて，表明している．（「人々がマイル，ファーロング
[furlong:1/8マイル]，ペック [peck:8 クオート；約9リットル]，ブッシェル [Bushel:36
リットル]，バレル [Barrel：一樽]，ファーキン [[firkin:1/4 バレル]，ホグスヘッド
[hogshead: 大樽] などを許容しているというのに，彼らに 4π を追放するなどという
熱狂を呼び起こすことなどできるだろうか？」）しかし，彼の書評には，ヘヴィ
サイドを含めて，それを読むべきであると思っていた誰にとっても（少
なくともプリースは嫌がったが！），訴える何かがあった．

　　ヘヴィサイド氏は，現実に科学の専門家たちの異議のない意見により，また，
　　予言者としての成功により，この分野における権威者と言われている．…彼は
　　電信の改善を望む全ての者がその意見を求めるべき人物である．彼はこの分野

における最高の専門家である．また，わが国における科学の専門家が，大義に対しては前金を支払うが，実用的な目的に対して前金を稀にしか支払わないことは，残念なことである．しかし，電信部門は最先端の科学的なアイデアの応用によって通信手段を進歩させる必要のあることは明らかであり，彼に王立協会のフェローの称号を授与することに，何らかの摩擦があることは考えられない．

これらの書評は全体としては満足の行くものだったが，その売れ行きはそうはいかなかった．マクミラン社は *Electrical Papers* を750部印刷し，当初は30シリングの価格をつけた．5年後の売れ行きは，その半数を僅かに上回る程度であった．ベストセラーどころではない．残りを売り切るため，出版社は徐々に価格を下げた．10シリングから始まって2シリング6ペンス，次に1シリング6ペンス，そしてついには，1901年にヘヴィサイドが次のように書くほどにまでなった[103]．

> それらは安く手に入る．なぜなら，保管室がないため残りの部数は一巻あたり数ペンスで，製本せずに売り払われたからである．そんな具合で，4ペニー用書架の中に保管された．私の労作のこのような扱いには，しばらくの間は苛立たしく思ったが，このことはしばらく後になって，私や周りの人たちに大笑いのネタを提供してくれた．

このような勇ましい言葉にもかかわらず，*Electrical Papers* の売れ行きが思わしくなかったことは，当時，わずかな「苛立ち」以上のものを生じたに違いない．簡単に説明するならば，ヘヴィサイドに長い間耐え続けてきた家族たちが，（ヘヴィサイドにとっての）全ての仕事の年月と一人の無職の親族を支えてきたすべての年月を（残りのヘヴィサイド家の一族のために）ほとんど挽回できるに違いないと思った矢先に，入ってくる金は何もなかったということである．これは，ヘヴィサイドにとっての初めての（だが，最後ではない）経済的な危機であった．

友人たちの支援

1894年のはじめ頃，フィッツジェラルド，ロッジ，そしてジョン・ペリーらは手紙を書き，この状況からの出口を見出そうと努めていた．ここに示すものは，ヘヴィサイドの傷つきやすい感受性とフィッツジェラルドのほとんど聖人に近いほどの気遣いを示す一連の手紙のうちの初

期のものである．ヘヴィサイドの返信は部分的に失われているが，フィッツジェラルドの対応ぶりからその内容は大体推察できる．（初めのものを除き，ヘヴィサイド宛の全ての手紙はフィッツジェラルドの単独署名つきである）．

1894 年 2 月 6 日

親愛なるヘヴィサイド

　私たちは，あなたと同様に科学的研究に深い関心を持つ者として，あなたに次のような提案を受け入れていただきたいのです．

　ファラデーとマクスウェルの業績を前進させたあなたの科学への貢献という認知された価値をさらに承認してもらうため，不十分かもしれませんが，王立協会から謝礼金をさし上げることが提案されております．

　あなたがこの栄誉を受けられることは，この提案をあなたにお知らせできることと同様に，友人として喜びであります．形式上の問題として，万一あなたが 受け取られないということだと困りますので，私たちは，授与が提示された場合には，あなたがそれをお受けする意思を表明して下さることを希望いたします．そのようにしていただくことが，あなたの友人一同にとって最高の満足であり，あなたに対する私たちの変らない責務なのです．

1894 年 2 月 12 日

親愛なるヘヴィサイド

　実のところ，王立協会のどの基金が，どの部門から，あなたの卓越した業績に対して謝礼金の支払いを提示するかについて，私は知りません．私の知っている全ては，あなたに対して何かの贈与を提示するという意向がある，ということですが，前提としての条件は，私が他の者と共謀してあなた宛の手紙をでっち上げたという何らかの理由，おそらく悪い理由によって，あなたが拒絶をなさらないということです．私は，王立協会は誰彼構わず金を投げるのではなく，科学的な業績を考慮してそれに値する人たちにのみ授与することを知っております．ですから，あなたと他の偉大な教授たち，例えばファラデーとの間には，業績についての謝礼金を受け取ることに何の違いもないのです．どちらかといえば，後払いよりも先払いのほうが正当です…，私は四半期支払いとなると思っていますが，そのようにして受領することに，何の問題もないと思います．

　私は，あなたが何の疑いも抱かないだろうと考えて，後であなたをうんざり

第8章　プリースとの闘い

させる事態に陥れることは決して望みません．ですからあなたがお望みならば，私が理解しているような，今すぐ用立てられる謝礼金の資金が王立協会にあるかどうかについての情報を，レイリー卿に手紙で問い合わせようと思っています．しかし，何らかの誤解がある場合に後悔しないために，あなたに質問を系統立ててまとめていただきたく存じます．

　私が確信しているように，この謝礼金をあなたがお受けする道を最終的に選ばれんことを，そして私の知るどんな方々よりもよい日々を過ごされんことを願いつつ…．

　　　　　　　　　　　　　　　　　　　　　　　　　　　1894年2月15日

親愛なるヘヴィサイド

　いろいろな人たちが，あなたが受け取りを拒否なさる場合について，非常に異なった考えを持っていますので，私は，このことについてレイリー卿に対してさらなる情報を頂くために手紙を書きました．私は，この基金がたとえ科学の発展

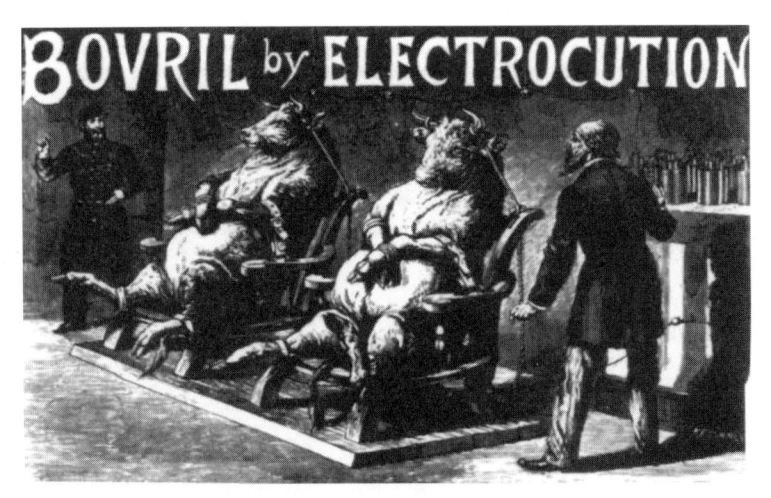

　このぞっとするような広告は，1891年の *The Graphic* 誌のクリスマス号のものであって，ヴィクトリア時代の電気に対する魅惑は，哀れなボジャー（6章で示したように，彼は30年前に雷によって吹き飛ばされた）の時代の意識よりもはるかに先行していたことを示している．ボヴィル (Bovril) とは，牛肉のブイヨン（澄んだスープ）のホットドリンクのことで，他の広告の一つには「二人の権力者」，もう一つには「座れるローマ法王レオ13世」と書かれていた！

　［イラストの上には，「電気椅子死刑によるボヴィル」とある.］

301

に寄与していたとしても，ウェールズの王子あるいはウェストミンスター公爵に対して授与されるのではなく，財産を受け継いでおらず，科学的業績に対して報酬を得られない人たちに対して費やされるべきものと思っています．実のところ私は，基金からの支出を行う場合は，その業績が授与に値するような科学者の困窮度と機会を考慮しているものと推察しています．

　科学界が満場一致であなたの仕事は何百人もの労働者の仕事に値すると言っているにもかかわらず，貧しく，一介の労働者以上の収入を得るに十分な健康にさえ恵まれないことをあなたが惨めに思っておられるなら，私は敢えてあなたの仕事は何百万人もの仕事に匹敵する，と申し上げます．それでもこのことを強調しようとすることで満足し，あなたから受けた恩恵のほんの僅かな分に対して支払うことで事足れりとする考えの科学界をあなたが拒絶されるのではないかと，危惧しております．

　以前にも申し上げましたように，私は何よりも，あなたが後に悲しまれることがないように心から希望いたします．

　追伸：私がこのように考えるに至ったのは，私がトリニティー・カレッジから私の仕事に対してお金を頂く理由は，私が貧しいからである，と思われるのです．

　この最後の手紙に対するヘヴィサイドからの反応はすばやかった．それには，彼の社会的な劣等感が明らかに示されている．

1894年2月16日

親愛なるフィッツジェラルド

　…あなたがトリニティー・カレッジからお金を頂くのは，…「あなたが貧しい」からではなく，あなたが富んでいるにせよ貧しいにせよ，それがあなたの仕事に対する正当な支払いであり，あなたには対等な権利があるからと私は考えます．この点について強調させていただきますと，仮に科学界が，（あなたの言葉を引用しますと）私の仕事が何百人，あるいは何百万人の手伝い人の仕事に匹敵すると言い，また，科学界が特別に私に対して，彼ら自身の評価に基づいて，その仕事に対してお金を支払ってくれることになったとしても，なぜ私がそれを受け取ることを誇りとすべきなのでしょうか．まるで，私はお金の入れ物になってしまいます．

　しかし，先に述べた疑問の特別な側面をあからさまに強調したとしても，実際

第8章　プリースとの闘い

にそれは極めて現実的なものです．極端な例を言いますと，人々はしばしば救貧院へ行くよりも，むしろ餓死する方を選ぶのです．なぜでしょうか？　共同生活 (association)，そして次にプライドがその理由であると私は推察いたします．

　お金の力について言えば，私は大多数の人たち以上にそれを知っております．昨晩そのような例がありました．私は小規模な音楽会に出かけました．私の兄の家族と補助役というよりも指導役の方と一緒でした．ある人物が入ってきて奇妙な変化が起こるまでは，全てがうまく行っておりました．お互いの交流は止まりました．ポーカー (Poker) 氏が太陽となり，すべての人たちは，彼のまわりを回るようになりました．私は，取るに足らない存在となり——紹介もされず——後になって，ただおざなりに紹介されただけでした．そのような状態が，彼がいる間じゅう続きました．（おそらく自然に）彼が去るとき，彼は私を含めだれにも挨拶をしませんでした．彼が去ってしまうと事態は立ち直り，中途半端に謝られました．彼は紳士であり，公的な責任があり，正義の人として重要視されている人物です．調べてみますと，彼は最高の階級社会において活躍しており，アイルランドの不在地主であることを知りました．

　もちろんあなたは，私が（極めて稀に）外出したときに，事実を全く悲観的に受け取って，違ったことを気にするものとお考えでしょうが，一人の紳士の到着によって［私の存在が］完全に消し去られることは不愉快なことです！

1894年2月20日

親愛なるヘヴィサイド

　大学は，私が貧しいからではなく，私が貧しいので，大学のために働くことに対してお金を支払うのである，というあなたのご指摘は正しいと思います．

　いずれにしても，私たちはあらゆる点でわれわれの［科学的な］仕事に対して支払いを受けることは望めません．科学者たちは，科学のためになされた全ての仕事に対してその対価を支払うことができるような財源を持ち合わせてはいませんが，それを行うためのお金は，いくらかは持っております．そして，その一部について，誰の業績がその支払いに値するかを選ぶ際には，いくつかの理にかなった原則にもとづいて行うべきであり，実際に英国と王立協会では，そのような選出は部分的には科学に携わっている人の金銭上の必要性に応じて決められることを期待しております．

　救貧院が悪い名前となっている理由は，そこに救済されている人たちが，雇用された人たちであり，彼らが一般社会において役立っているからではなく，

役立たない人たちであるからです。私は，役人の未亡人が年金を受け取ることなく餓死したということを聞いたことがありません。年金はそれを受け取るに値するならば，与える側も受ける側も賛美されます。ウェリントン公爵は，勲功に対して州から寄付を受けましたが，もしも彼が既にロスチャイルド家の一員であれば，そのような多額の金は与えられなかったと思います[4*]。

われわれ全員が，従来からの慣習，すなわち理不尽さと家系という社会的な悪弊のために，多くの社会的な愚行を我慢しなければならないということに危惧を覚えます。私たちは，他者の不正と同様に愚行の被害を受けており，それでもやはり被害が避けられないのですから，私たちの責任ではありません。

レイリー卿からはまだ連絡を頂いてはおりませんが，基金の性格が分かり次第お知らせできることと思います。

1894年2月21日

親愛なるヘヴィサイド

レイリー卿は，私の問い合わせに対して情報を提供して下さいました。あなたが報償を受け取る可能性がある基金は，科学救済基金 (The Scientific Relief Fund) という名称で，「時折援助を必要とし，その資格のある科学者たちとその家族のために」設立されたとのことです。レイリー卿は，「私は，科学救済基金が恩情金 (compassionate allowance) であるとみなすべき理由を書いた書類は見たことがありません」と言っています。私は，それは「恩情 (compassionate)」という言葉の通常の意味，すなわち過ちを優しく見過ごすことではなく，それにふさわしい業績の人たちにのみ与えられるということであって，慈善的な意味をもつものではないと思っています。

すみませんが，これ以上私が付け加えられることはありません。これまでのような長たらしいことを書くことで，かえってあなたの知性を傷つけているのではない かと懸念しております。私が付け加えられる唯一のことは，私が知っている限りの事実と，それに関する議論について，あなたが確実にお知りになれるようにすることです。私は，あなたがどのような決定をされたとしても十分満足を感じるでしょう。ですが，もしもあなたが拒絶されるならば，私の満足は悔いの残る満足となるでしょう。もしも提示されたときにあなたが褒賞をお受けになるなら，喜ばしい満足となるでしょう。

第 8 章　プリースとの闘い

　ローマ法王は，電気の驚異を売り込むヴィクトリア時代の広告において，本人の許可なく出現する唯一の名士ではなかった．これは，1886 年 4 月 10 日発行の *Illustrated London News* に掲載された英国の気難しい宰相，ウィリアム・E. グラッドストン (William E. Gladstone) で，自ら木を切り倒す（あるいは多分，彼が気にいらない閣僚を打ち首にする——この広告はそれについて詳しくは示していない）際に，Mr. C. B. Harness の「電池を電源とする」電気補助ベルトを着用している姿が見られる．鮮明な文字で，「あなたは，死ぬ余裕がありますか？」，「あなたは，惨めな生活をだらだら続けられますか？」と書かれている．そのようなベルトは，『『若気による過ち』に打ちひしがれた弱い男たち」に，（同時に痔疾，てんかん，けいれん，リューマチ，痛風，気管支炎，および肝臓および腎臓疾患などにも）推奨された．同じ会社はまた，婦人用の電気式コルセットも販売していた（背中を痛めた婦人用に最適な製品）．Mr. Harness はまた，「頭が脂の袋のように禿げた男性」の頭に髪を生やす（と謳った）「スコット博士の電気ヘアブラシ」なるものも販売していた．

305

1894年2月22日

親愛なるフィッツジェラルド

　レイリー卿はお言葉の少ない方です．おそらくあなたは，もらい物のあら捜しをするような私の厚かましさについての卿のご意見を省いてくださったのでしょう．ともかく，私はこれ以上質問することはありません．ですから，どうか私が辞退をする旨をレイリー卿に丁重にお伝えいただけませんでしょうか．

　私があなたの貴重なお時間を浪費している原因であることを恐れております．大変申し訳ありません．

　<u>どのような種類であれ</u>，私が援助をお願いせざるを得ないような時が来るかも知れません．それは，ずっと先のことになりますように！

　フィッツジェラルドは，2月24日には，ヘヴィサイドの最後の言葉が「感傷的である」という返信を書き，ヘヴィサイドがなにがしかの金を得るための他の方法——一般向けの本を書くこと——を示唆している．ヘヴィサイドは2月26日に返信を行い，明らかに「不運に見舞われ，落ちぶれた人たちの」援助のために用意された金を彼が拒絶したことを特徴付けるためには，「自己主張が強い self-assertive」という表現を用いる方が適切であると書いた．もちろんヘヴィサイドは，彼の友人の心遣いを全く感じていなかったわけではなかったので，「…最近の私たちの文通は極めて満足の行くものでした．人の親切というミルクは，一般的にいって貴重な必需品です．ですから，それが見つかったときは大切にしなければなりません．私は，あなたが私に尽くそうとして下さたことにとても感謝しております」と書いた．しかし，フィッツジェラルドの新たな提言についてトラブルを避けるために彼が行った全てのことは，「私は大衆向けには書きません」ということだった．その上，彼は「収入が少なければ，出費も少ないので何とか倹約します」から，そのような必要はないと断言した．これを裏付けるために，ヘヴィサイドは，本が売れない無職の著者にしては妙に元気よく，フィッツジェラルドに対して *Electromagnetic Theory* の第一巻に続く第二巻を，彼が新たに執筆することに同意したことを打ち明けた．第一巻は前年（1893年）にエレクトリシャン出版社から出版され，*Electrical Papers* よりも売れ行きは良いものと信じていた．彼は事態を次のように予測している[104]．

　私には，アメリカの読者層がある．少なくとも EMT の第一巻は 1000 冊，す

なわち数ヶ月中に500冊，他の500冊は1年か2年の間に，その後はゆっくりと安定したペースで売れるものと期待している．

さらなる闘い

ペイントンにおける何年間かは，技術的に活発な期間であり，ヘヴィサイドはその期間に，ベクトル解析が物理科学者たちにとって一般的に重要であることが受け入れられた初期の時代に関係し，また，彼の演算子法を用いた極めて困難な問題への挑戦において（1887年における彼の研究に対する第二次抑圧時代と同様）成功を収め，さらに地球の年齢についてのケルヴィン卿との論争において，重要な脇役を果たした時期であった．これらのエピソードの全ては，後続の三章の中で詳細に述べよう．

この同じ期間においては情緒的な代償も伴った．彼の母親は，1894年10月，ペイントンにおいて75歳で亡くなり，その僅か2年後の1896年11月には，83歳の父親が後を追った．そして，ヘヴィサイドの星が1889年以後に電気の世界に昇ったとき，現実にはプリースの星はまだ沈んではいなかった．ヘヴィサイドは，彼のずる賢い敵が，まだ熱狂的な聴衆に対して公的な権威者の役割を果たし続けていることを傍観することに耐え続けなければならなかった．ロッジが1888年のバースにおいて，またトムソンが1889年のIEEにおいて何を述べたにせよ——ヘヴィサイドは「ペイントンの隠棲者」（「エレクトリシャン」が1896年に彼をこのように呼んだ）——であり，プリースは栄誉ある男であった．

例えば1893年には，プリースはIEEの会長に選出され，彼は1月26日の就任演説[105]において，公衆の面前では愛想良くしていても，過去の論争を忘れていないことを示すいくつかの指摘を行っている．避雷針に関しては，いくつかの長所を挙げて，次のように述べた．

> ロッジ教授は…雷放電の挙動についてのわれわれの見解と保護器 (protector) の形状について変更しようと努めたが，成功しなかった．彼の見解は，一般には受け入れられなかった．なぜなら，それらは事実と実験結果に反していたからである．

「KR-法則」の少ない（非常に少ない）利点に関しては，

> KR-法則の正確さを否定することが大流行している．おそらくこれは，その意味や解釈を無視した結果であろう．ある者はそれが経験的なものであると言い，他の者は，それを虚構であるとあざけり，ある者は成立し得ない法則であると

してあざ笑う….

さらにプリースは，如何に彼の歴史的な見通しがスムーズに行くかを示した．1893年現在において，インダクタンスは「悪」ではなく，むしろ実効的な (effective)KR（これは新しい概念である！）を減少させることができる「負の静電容量」であるから，プリース会長は，良質な電話にとって，なぜ極めて大きい見かけの (apparent)KR の値をもった回路が，実際にはうまく動作するのかということを説明できた．同時に彼はこの巧妙な詭弁によって，誘導はすべて悪ではないものとして認め，KR-法則を維持し，ヘヴィサイドと彼の仕事を無視し続けた．

あざ笑っている者について，プリースが内心どのように思っていたかということについて疑問はほとんどない．ヘヴィサイドはプリースの演説のちょうど3週間前に，「エレクトリシャン」において次のように書いている[106]．

> 自己誘導は，一種のはずみ車のように慣性と安定性を与え，波動の進行を維持する．これは遠距離電話業者にとっては，つい最近まで軽蔑されつつ門前払いを食っていた親友である…．また，仮定された…KR-法則によって引き起こされたカラ騒ぎがあった．この法則に従うと，KR＝かれこれ，あるいはしかじかという数以上の距離には…KR-法則を維持するために繰り返し適用すると，臨界的な数値は限りなく大きくなり，通話ができなくなる，というものである….回線を長くするとその値は相当大きくなってしまう．

ヘヴィサイドは，プリースのIEE会長就任演説に対して，アメリカの雑誌 *The Electrical World* の社説[107]に示されたように KR-法則を「嘲笑した」だけではなかった．この雑誌はこの法則を「プリースのペット」と呼び，プリースにとっては，実際に設置されているケーブル（通話品質が良いことが知られていた）の KR は，彼の言う15,000以下であり，「そのうちに彼は，マイナスの K を与えなければならなくなるだろう」というジョークをそれに続けた．1893年においてさえ，ヘヴィサイドの仕事が評価されてきたという証が，次のように示されている．

> KR は，電話業者にとって手引きにできるような式ではないことは全く明白である．電話伝送の基礎となる原理は，未だに実際に練り上げられた独創的な研究の主題にはなっていない….ここには，発見者たちを待ちわびているすばらしい分野があり，疑いもなくいつかは電話伝送の基本法則が，世界に対して示されるであろう．

プリースと彼の就任演説に戻ろう．彼はその終りの部分で，次のよう

第8章 プリースとの闘い

に理論への全面的な攻撃を開始した．

> すばらしいマクスウェルの光の電磁波仮説が，ほとんど数学者たちだけによって論じられてきたことは，不運なことであった．その考察は狭く，専門的な範囲に限られており…それは遺憾なことというべきである．なぜなら，<u>最終的に理論を受け入れるか拒否するかを決めるのは多数派であって，少数派ではないからである．</u>《引用者の強調——この信じがたい説は，プリースが，事実ではなく議決がマクスウェルの運命を決定すべきものと考えていたことを示している》…私は，実用主義者を軽蔑し，彼の実践をあざ笑い，寝椅子にふんぞり返って世界に指図し，自分の道楽に合うように法則を発明するような純粋数学者にはくみしない．

この言明をしたとき，プリースは間違いなくヘヴィサイドやロッジのような人物を想定していた——それに対する奇妙な反証を試みたEMT1の書評[108]によれば，フィッツジェラルドは，確かにそのように信じていた．フィッツジェラルドはその書評を，それを読んだ誰もが混乱せざるを得ないような言葉で締めくくっている．

> …たとえ電信事業の実務家たち［プリース］が，一時，肉体的に虚弱な人たち［複数形にしているがヘヴィサイド個人を指しているように受け取れる］をあざ笑い，自らの事業の向上のため，いま抱えている諸問題の解決のために彼ら［ヘヴィサイド］の強力な知性を用いようともせず，あらゆる手を尽くして彼ら［ヘヴィサイド］が人類の進歩に貢献することを妨害しているにせよ，鉄線を用いた電話通信《その自己誘導効果により，重要な問題の一つ》は，実務家たち［プリース］に感謝されて当然のものである．

ヘヴィサイドが，<u>彼の著書の書評の一部としてこれを読んだとき</u>，彼は怒り，フィッツジェラルド宛に怒りを込めて，次のように書いた．

1894年5月26日

親愛なるフィッツジェラルド

　…「肉体的に虚弱な」．あなたは私に対して最大の不愉快なショックを与えました．世間の注目の前に肉体的な弱点をさらけるということは，極めて苦痛なことです．私は今までにあなたに対してこのような表明をしたことがあるでしょうか？　私はなかったと思っています．私の身体的な弱点を公表することは，仮に彼らが妨害などを行なったとしてもすべきことではありません．ある人は，私を哀れむかもしれません．それは，私が望まず，嫌うことです．そし

て，私の敵たちは，仮にいるとすれば，ほくそ笑むでしょう．そのようにして，その悪影響はコピーされ，増幅されるでしょう．さらに，それに対して何らかの注目をしたり，否定することにより，事態は悪化するでしょう．私が考えている唯一のことは，それを無視し，できるだけ早くそれを忘れさせることです．しかし私は，あなたがそれによって人を傷つけようとしているのではないことは確信しています．ですが，この町のような小さな町においてさえ，そのような風説の流布は非常に不愉快です．人々はひどく粗野で，普通の人たちを怒らせては喜んでいるのです．私を知っている人たちにとっては，「身体障害者」なる言葉は，笑いごとでしょう．なぜなら，私は虚弱であるどころか，おそらく平均的な人以上に壮健だからです．私は，決して自分の肉体的な弱点を彼らに対して強調しませんし，彼らはそれについて，全く知らないか，知らないに等しいのです．私の主な持病は慢性的消化不良で，時折それがひどくなり，あるときは癲癇症状が最高潮に達するという精神的な混乱を引き起こすこと《彼の母がそうだった》が，あるときは時の経つうちに忘れてしまうかどうかにより，あったりなかったりすることです．しかし，この種のことは家の中でのことで，社会的な催し事などにおいては，問題ありません．

　　　　レーナルト (Lenard) の実験[109]．極めて注目すべきものです．

フィッツジェラルドは，彼のＥＭＴ１の書評の奇妙な終り部分を，次のように説明して返信している．

1894 年 5 月 29 日

親愛なるヘヴィサイド

　私は何度も考え，ソファーにふんぞり返って講義した人たちについてのプリースの意見について，彼を叩くためにその意見を含めることについて，6 回も迷い続けておりました．彼の意見は，いつ考えても私を非常に怒らせるものでしたので，私は誰もそれについて彼を叩かないことは恥である，と考えました．そのため，気遣うべきでないプリースに対して私の不機嫌をぶつけた際に，あなたを傷つけてしまったと思います．本当に申し訳ありませんでした．私は，自分の意見が間違いなく彼の主張を狙ったものであって，あなたの仕事に結びつけた特別な意見のようなものにならないようにプリースを引き合いにすべきでしたが，恐れていたようになってしまいました．私はそれを，特に彼の意見に関係づけるように努めましたが，私の注目はそれに集中し，他の人たちは，

第8章　プリースとの闘い

私が努力したほどには明確に彼の意見を覚えていないため，この両者を比べて考えていないのではないかと思います．私は，以後努力して，私の不機嫌な感情を抑制しなければなりません．私は，譲歩することによっては，何もよいことはないと思っています．私は大変遺憾に思っておりますが，仲違いを修復するために何もできません．今，それについて言うことは，余計な気遣いを増すだけですから．

ヘヴィサイドは，この釈明に対して満足し，彼は5月30日に「私は，あなたがある著名な電気工学者の滑稽な意見について，考え続けておられたことを知りませんでした…．しかし，私は地位を全く気にしておりません．現在，彼はもはや私を検閲し，今までにしたように私を抑圧することはできないのです…」と書いた．

しかし，後に見るように，プリースは死去した後でさえも，ヘヴィサイドの脳裏から去ることはなかった．それは，彼ら二人が共に世を去ったときにだけ終るような闘いであった．

技術ノート1：表皮効果

<u>完全な</u>，すなわち導電率 $\sigma = \infty$ であるような導体においては，入射する電磁波は導体内には<u>全く</u>浸入することは<u>できない</u>．このことは，1893年にヘヴィサイドが，見かけ上は逆説的な言明[110]を書いたときに意味づけたことである．すなわち，「完全な導体は，完全な妨害物である．しかし，それは電磁波のエネルギーを吸収しない」．$\sigma < \infty$ であるような現実の導体においてさえ，σ は十分に大きいので，非常に高い周波数では，その浸透する深さは，波長の何分の1の程度にまで小さくなる．すなわち導体は，その厚さよりも深いところでは，波動の貫通が無視できるような，「表皮」を持っているかのように考えられるということになる．オームの法則に従う導体における場の方程式は，容易に解くことができ，$\sigma = 0$ という，最も簡単な場合（真空の空間）には，その結果は<u>波の伝搬</u>となる．一方，$\sigma > 0$ の場合に限り，波動の振幅は距離とともに減衰する．この減衰は，波動の電場が電流 $\sigma\vec{E}$ を生じ，それが波動の外側にエネルギーを放出する（「抵抗損失」）ときに発生する．波動の振幅は，指数関数的に減衰する．すなわち $\vec{E}$ および $\vec{B}$ を導体内部の電

311

場および磁束密度とするとき，表面からの距離 x においては，

$$|\vec{E}| = |\vec{E}_s| e^{-Kx}$$

$$|\vec{B}| = |\vec{B}_s| e^{-Kx}$$

のような挙動をする．ここに $|\vec{E}_s|$ および $|\vec{B}_s|$ は，表面における場の振幅である．

1888年に，ヘヴィサイドは，

$$K = 2\pi f \left(\frac{\mu\varepsilon}{2}\right)^{1/2} \left[\left\{1 + \left(\frac{\sigma}{2\pi f\varepsilon}\right)^2\right\}^{1/2} - 1\right]^{1/2}$$

であることを示している[111]．ここに，$f =$ 波動の周波数(Hz)である．通常，「良い」導体を導電率 σ が

$$\sigma \gg 2\pi f\varepsilon$$

である程度に大きいようなものであると定義する．そうすると，近似として，

$$K = (\pi\mu\sigma f)^{1/2}$$

と，書くことができる．「表皮の深さ (skin depth)」 d を，波動の振幅が表面における値の $1/e$ となるような距離として定義すると，[$e^{-Kd} = e^{-1}$ から]

$$d = \frac{1}{K} = (\pi\mu\sigma f)^{-1/2}$$

を得る．

この単純な式は，多くの，どちらかと言えば奇妙な観測事実を説明する．例えば，金属に対しては σ は十分に大きいので，電磁波の周波数スペクトルの主な成分についても表皮の深さは 10^{-6} m のオーダーとなり，これは金属が反射的 (reflective) であって，透過的 (transparent) ではないという理由である．きわめて薄いアルミ箔でさえ，電磁波に対してはほとんど窓としての役に立たないのである！ この効果のもう一つの例は，海水を通した潜水艦の無線通信である（ヘヴィサイドは，1897年に海

水内の電気的波動の問題を論じている[112]が,もちろん彼は潜水艦については,何も述べていない).潜水艦の航行する深さまで貫通する放送波は,少なくとも10 mのオーダーである(これは,海面に航跡を露出することを防ぐためには十分な深さである).要求される周波数は,

$$f = 1/(\pi\mu\sigma d^2)$$

であるが,海水に適合する μ と σ の値に対しては,3KHzと算出される.陸上の基地と遠方の潜水状態の潜水艦の間の通信の場合は,この周波数ははるかに低く,数10Hz程度である.

技術ノート2:*KR* - 法則

もともとのプリースによる「*KR*-法則」の導出法は,混乱させられるものであった(少なくとも私は,容易に追跡することはできなかった).なぜならば,彼は途中で記号を変更し,物理量に対して誤解を招くような名称を与えているからである.例えば,彼は「通話の限界距離」を表わすために S を用いているが,実際に彼が導出した S は,通信回線の長さでは<u>ない</u>.以下に示すものは,彼が意味する内容の本質的部分である.

認識可能な人間の会話については,例えば1000Hzまたはそれ以上の最小値以上の周波数ごとにエネルギーを持つスペクトルがなければならない.このことは,伝送回路の時定数は,ある最大の値を超えてはならない,ということを示している.すなわち,回路の *KR* (静電容量と抵抗の積は時間の単位を持つ)のある<u>上限値</u>が存在する,ということである.

x を,ちょうどこの最大の遅延時間に到達する回路の長さであるとし,k および r を,それぞれ単位長さあたりの静電容量と抵抗であるとすれば,$K = kx$, $R = rx$, $KR = krx^2$ となる.プリースが行ったように,この許容可能な全 *KR* を決定的な値に等しくとるならば,次式に到達する.

$$x = \sqrt{\frac{A}{kr}}$$

明らかに,A が大きいほど,会話が伝送可能な回路の長さは長くなる.しかし,A の値はいくらなのか? このことが,プリースの論文の極めて奇妙な側面に,われわれを引き込むのである.彼は A を与えている(柱

上懸架の電線の場合，銅線に対しては $A = 15000$，鉄線に対しては $A = 10000$）．しかし，どの ようにしてこの値に行き着いたのかということは謎であって，事実，これに関わる 定数などは，何も存在しない．すなわち，もしもある回路が，上記の A の値によっ て予測された値よりも長い距離にわたって会話を伝送できることがわかったとした とき，なぜプリースは新しい（より大きい） A の値を宣言するのだろうか！

プリースがこの「法則」をどのように用いたかという一例は，パリとブリュッセ ルを結ぶ電話回線についての彼の検討結果である．抵抗値と静電容量を，それぞれ 1km あたり $2.4\,\Omega$ と $0.012\,\mu\mathrm{F}$ とすると，会話の伝送のための最大距離は，

$$x = 5892\sqrt{A}\ \ \mathrm{km}$$

と与えられる．この値は，実際の回線の長さ 320 km に対しては，（鉄，銅のいずれ の場合も）相当大きい．プリースは，「会話は極めて良質でなければならない」と書 いている．

技術ノート 3：プリースとロッジ間の避雷針に関する論争

プリースは，図 8.1 において垂直線 AB で示されるような，抵抗の低い，接地さ れた導体は，テント型の体積の内部の全ての物を保護する，と主張した[64]．DB の 長さは AB の長さ（BE の長さでもある）に等しく，曲線状の側面は，半径が AB であ る円の1/4の弧である．点線部分（実際の図では実線）は高さ h，幅が w のビルディン グを表わし，ちょうど「保護円錐」の内部に含まれている．オリヴァー・ロッジは 1888年の英国科学振興協会の会議の間に，仮にそのことが真実であったとしても（彼 は信じていなかった），ビルディングを保護するためには「巨大な」棒が必要になるで あろうと指摘してこの主張を嘲笑した．

ロッジはこの主張を何らかの計算によって裏付けることをしなかったが，彼は 正しかった．十分な避雷針の最小の長さが次式で与えられることを示すことは，難 しいことではない．

$$AB = \frac{1}{2}(w + 2h) + \sqrt{wh}$$

いくつかの「妥当」な外観からの数値，例えば，政府のオフィスビルに対する $h =$ 100 フィート，$w = 300$ フィートを選ぶと，その結果は高さ 423 フィートの太い銅

棒となるのである！　言うまでもないことであるが，そのような棒は，かつて設置されたことはなかった．であるから，現実にはプリースの理論によっては，いかなるビルディングも保護されてはいなかったのである．これに対してプリースは回答しなかったが，彼は後に一通の手紙[113]において，ロッジの考えを引用して，インピーダンスではなく，インピューデンス［impudence: 厚かましさ］の存在に起因するとした．もちろん，ロッジの異議は，少くとも部分的には，一本以上の棒を追加することによって退けられた．実際に避雷針会議報告書は，ビルディングの高さを増すごとに一本ずつ，文字通りヤマアラシのように避雷針が密集する形の複数の避雷針を用いることを推奨していた．

　ロッジとプリースは，二人とも雷の性質について重大な誤解をしていた．プリースは，稲妻の長さは500フィートに限定されると考え，一方ロッジは，1マイル程度はありうるものと考えていた（実際には2マイルの長さまでの稲妻が，信頼できる精度で繰り返し観測されている）．ロッジは，1マイルの長さの稲妻の電圧を，空気中の1cmの空隙間に放電を発生するに要する電圧30,000Vから，外挿によって5×10^9Vであると計算した．一方，プリースは，電圧は稲妻の長さに比例するというよりも，はるかに緩やかに増加するものと考えた（彼はそれが長さの1/4乗で増加すると示唆している）．実際の電圧は，10^8Vを超すことは稀であるので，ロッジは大き過ぎる方にはずれ，一方のプリースの示唆によると1マイルの長さの稲妻に対して，1.6×10^6Vとなって小さすぎるがロッ

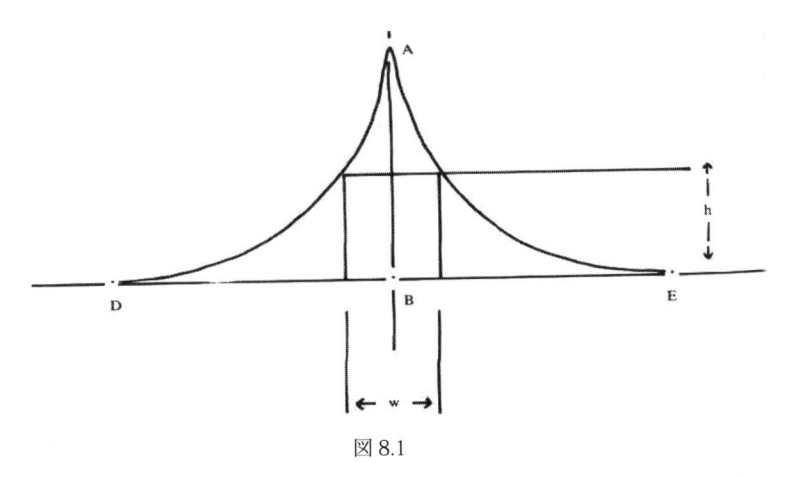

図 8.1

ジの値よりもかなり近い．プリースは，一本の稲妻は，避雷針が適切に設置されているときにはそこには<u>落ちないであろう</u>と考えており，プリースからほとんどあらゆる情報を得ていたはずのロッジでさえ，彼が1888年の英国科学振興協会の会議において<u>それ</u>を聞いたときには，不意打ちを食ったのであった．双方のバランスをとって考えると，ロッジは稲妻の振動的な挙動については間違っていた．ロッジは各種のライデン瓶，例えばガロンの容量の瓶を部屋中にめぐらした電線で放電した結果，1MHzの振動を，また，パイント（1パイント＝0.57リットル）の容量のライデン瓶（火箸を通して放電）の場合には15MHzの振動を得ている．彼が，なぜ1MHzという値を決定したかということは明らかではないが，ロッジが1MHzにおける各種の棒の誘導性インピーダンスを計算したどの場合においても，彼は完全に的をはずしていたのであった．また，ロッジがあれほどまでに嘲笑した「安全円錐」について言えば，この考えは否定されて<u>いない</u>，というのが真実である．避雷に関する最新の著書[114]には，この考えを裏付けるいくつかの興味深い写真と括弧つきの説明，「適切に設置された場合，避雷針は直接的な雷撃からの仮想的な保護となる」，に沿って「保護円錐」の概念が論じられていることを見ることができる．

技術ノート4：ヘヴィサイドとS. P. トンプソンの無歪回路[6*]

1893年8月末，シルヴァナス・P. トンプソンは，シカゴで開催された国際博覧会の国際電気会議 (International Electrical Congress) において，一編の論文，"Ocean Telephony（海底電話通信）"を提出した．彼はこの論文[115]において，1891年に英国で特許を取得した（彼は1893年には米国特許も取得した）「無歪の」ケーブルを論じた．この会議は8月21日に開会したが，それと絶妙のタイミングで，ヘヴィサイドは「エレクトリシャン」の8月25日号，9月15日号，そして10月6日号（EMT 1, pp.403-428に再録）において，6年前の1887年6月に発表した無歪回路の条件を，詳細かつ長々と論じた論文を発表した．ヘヴィサイドの兄アーサーもまた，（プリースに同伴して）この会議に出席していた．ヘヴィサイドが，すべてのプログラムに内々に関与し，トンプソンの論文の内容を事前に知っていたことは確かである．

316

第8章　プリースとの闘い

　フィッツジェラルドは，彼の1893年の *Electrical Papers* の書評[101]において，特にトンプソンのケーブルについて言及し，ヘヴィサイドの優先権を指摘した．ケーブルに対して直列に誘導コイルを追加するというヘヴィサイドの考えとは異なり，トンプソンは誘導コイルを並列に，つまり二本の金属からなる回路を横切って接続する，という考えである．この方法の利点は，ヘヴィサイドの非常に低い抵抗の誘導コイルが必要であるという要請に反して，（ケーブルの短絡を防ぐため）誘導コイルは高抵抗でなければならないということであるが，これを実現することは，明らかに容易なことである．トンプソンの方法の大きな欠点，しかも致命的な欠点は，実用的な技術上の問題として，それが簡単には機能しないということであった（ヘヴィサイドが言うように，「トンプソンは，インダクタンスを間違った位置に置いた」）．

　トンプソンが，彼のケーブルの基本的アイディアをヘヴィサイドから得たということは，新しい窓ガラスの如く明らかであったが，彼はヘヴィサイドと共同で特許を取得しようとはしなかった．ヘヴィサイドはトンプソンによるこの知的盗用については決して公的には抗議しなかった．しかし，彼は内心抗議していたに違いない．フィッツジェラルドは，彼に宛てた手紙(1893年8月16日付)において，「S. P. トンプソンと彼の特許：私は，彼はあなたからインスピレーションをもらったと思います…．彼が，その特許にもとづいて何かを作るとしたら，あなたのアイディアに対して支払い，彼の会社に高額の給料で電気のアドバイザーに指名するように望みます」と書いた．しかしトンプソンは，国際電気会議に提出した論文のどこにもヘヴィサイドの仕事についてはそのヒントさえも述べておらず，従って，彼がヘヴィサイドと何らか（最低限としては金）を分かち合おうとしたということはありえない．

　トンプソンの論文は，かなり人目を引き，しばらくの間注目され続けた．例えば，1897年1月16日のポール・モール・ガゼット(Pall Moll Gazzete)紙は，彼に対する愉快なヴィクトリア時代風のインタビューを掲載した．この新聞は，サー・ヘンリー・マンス(Sir Henry Mance)の最新のIEE会長就任演説が，どれほど絶縁された電線に会話を送る問題の「新規な改良方法へのあてつけ」であったかという報告から始めて，誇らしげに，次のように宣言している．

　　ポール・モール紙の代理人はすばやく，発明者である王立協会会員，S.P.トン

317

プソン氏を探し出し，部屋の隅に彼を引きとめ，彼のシステムの詳細について聞き出した．

このインタビューは，技術的な詳細をかなりにわたって記述した後，トンプソンの次の言葉で締めくくっている（このどこにも，ヘヴィサイドの名前は見当たらなかった）．

私は，長年にわたって，このことを研究してきました．私は，来たるべきものが何であるか《長距離電話の必要性》を知り，すべての基礎的な問題を克服しましたので，私は長距離電話通信が可能であると考えています．はい，もちろん特許は取得しております．他の技術的困難を克服するための方法があるとは思いませんので，しばらく待つこととし，実用上の問題が発生したときに何が起こるかを見るつもりです．

私は，この一件の一部始終が極めて奇妙であると思う．それは，トンプソンがヘヴィサイドを無視しているということと，ヘヴィサイドがトンプソンに対して，はっきりと怒りを示さないという二つの理由からである．私は，ここには歴史家たちにとっての一つの謎があると思っている——少なくとも一人の「エレクトリシャン」の読者は——この件についての私の当惑を分かち合い，次のように問うた[116]．「トンプソン教授によって提案された方法に対して，ヘヴィサイド氏が彼の見解を示すように，と説得できなかったのだろうか？」．この申し立てに対する回答に最も近いものは，上述の「エレクトリシャン」の論文であって，その中において，彼はついでの形で，一回だけトンプソンについて述べている．これらの論文は，全体としてほとんど冗長（数式が少なかったために初歩的であり，プリースでさえも問題なく読むことができた）であったことにおいて，特に興味深いものであった．彼の議論は，回路における信号の減衰と歪の大きさを四つの回路定数によって表わす，二つの基本的な結果にもとづいていた．

$$\sigma = \frac{R}{2L} - \frac{K}{2S} > 0 \quad (歪)$$

$$\rho = \frac{R}{2L} + \frac{K}{2S} \quad (減衰)$$

上式においては，ヘヴィサイドが考察したように，「σおよびρはもちろん，できるだけ小さくなければならない」．R, L, KおよびSは，それぞれ単位長さ当たりに分布する，回路の抵抗，インダクタンス，漏洩コンダクタンス，および静電容量である．ヘヴィサイドのKは，プリー

スのKではないことに注意することは,極めて重要である.当時,プリース(と他のほとんどの人たち)は,静電容量に対してKを用いていた.ヘヴィサイドの論文は,4つのパラメータを変化させることによってσとρの小さな値を得る方法についての,良い指針を与えていた(最も重要なものはLである).

ヘヴィサイドの議論には,彼が間違いなくトンプソンを意識して書いた部分がある.トンプソンの高抵抗の誘導性の分流素子の一つの利点は,それが自動的に回路の中に人工的な漏電個所を持ち込むことである(10マイル毎に1並列素子あたり3000Ωという値が,彼の国際電気会議提出論文に記載されている).さらに,そのような漏電個所はしばしば役立つ(Kを増やすとσが減少し,一方ρを増加させるが,交換条件としては必ずしも悪くはない).トンプソンは,人工的な漏電個所というこのアイディアが,彼の発想であるかのように述べている.すなわち,「良識のある電信技術者たちは,伝送線路上に漏電個所を作るというこのアイディアを,全くの恐怖とみなしている」と述べた後,彼は言う.「著者が提唱したような往路と復路の二本の線の間に漏電個所を作り,分流させることは,彼らの大半にとっては,全くの狂気の沙汰のように思える」.

ヘヴィサイドはもちろん,このような提案を,何年も前に行っており(第4章を参照せよ),読者に対してこのことを明らかにするために,自らの論文[117]を引用している.

注および参考文献

1 "The Telegraph systems of the world," *McClure's Magazine*, vol.5, pp.99-112, July 1895.

2 ケーブルの製造においてほとんど英国が独占していた理由は,ケーブルの絶縁用のガッタ・パーチャ(Gutta-percha: 第3章を参照)の主要産地であるマレーシアが植民地支配下であったからである.

3 G. Herrle,"The submarine cables of the world," *National Geographic,* vol.7, pp.102-107, March 1896.

4 もちろん,そのような速度は,手動による通信では実現不可能であり,耳で聴いて解読することもできなかった.それらは,紙テープにあらかじめ穿孔しておき,次にそれをホイートストンが開発した自動送・受信装置で処理することによって実

現された．主としてこの非常に高速な伝送は，新聞記事のように，解読後の最終的文章の正確さを保証するために，同じ，またはしばしば極めて長い文章を繰り返し送信することが必要な場合に，重要であった．一晩に 100 万語にも及ぶロンドン中央電報局からのニュースの語数は，とてつもない数ではなかった．

5 1885 年には，英国のどの場所へも，（あて先と署名を含む）12 語を 6 ペンスで送信することができた．これを超すと，1 語当たり 1/2 ペニーの追加となった．電話との比較をすれば，1893 年においてパリとロンドン間の 3 分間の通話料は，8 シリング（国内の電信では 192 語分の料金）であった．

6 既存のケーブルの遅い通信速度に打ち勝つためのいくつかの巧妙な，従ってやや不自然な仕掛けは，例えばマサチューセッツ州 リン (Lynn) の発明家，ギボニー (John V. Gibboney) によって行われた．米国特許を取得したその装置は，電話のメッセージをあらかじめ蓄音器に記録し，次に長距離ケーブルにゆっくりと流す（このとき，受信端のもう一つの蓄音器に，メッセージを再記録する）．2 回目の記録を高速で再生するとき，元の周波数が理解可能な会話に復元された，というのである！もちろん，何を妥当性のある会話と呼ぶべきかということは，問題外であった．*The Electrical Engineer* (New York), vol.12, p.576, November 25, 1891 を見よ．

7 *The Electrician,* vol.33, p.461, August 17, 1894.

8 D. G. Tucker, "Beginnings of long-distance telephony, 1882-1887," *Electronics & Power,* vol.20, pp.825-827, October 17, 1974 からの引用．

9 "Electric induction between wire and wire," *The Electrician*, vol.17, pp.410-412, September 24, 1886（プリース，ウィリアム・トムソン，S.P. トンプソン，J.H. ポインティングによる討論を含む）．ヘヴィサイドは，EP 2, pp.185-186, 237-239 において，これらの実験がアーサーによって行われたと述べている．また，アーサーは 1900 年の IEE Newcastle-on-Tyne 支部長の就任演説において，特にこの仕事を彼の功績であるとしている (*The Electrician*, vol.45, pp.247-250, June 8, 1900.)．プリースは，これらの実験の続報を，次回の B.A. マンチェスター会議において報告した．"On induction between wires and wires," *The Electrician*, vol.19, pp.461-464, October 7, 1887（プリースとウィリアム・トムソンの討論を含む）．

10 "Recent Progress in Telephony," *The Electrician*, vol.9, pp.389-393, September 9, 1882.

11 D. G. Tucker, "Francois van Rysselberghe: Pioneer of long-distance telephony," *Telegraph and Culture*, vol.19, pp.650-674, October 1978.

12 プリースは，この用語を 1888 年の英国科学振興協会バース会議におけるオリ

第8章　プリースとの闘い

ヴァー・ロッジとの避雷針に関する論争中に用いた（第5章を思い出していただきたい）．*The Electrician*, vol.21, p.646, September 21, 1888 を見よ．この論争の詳細は，本章の後半において論じている．

13　初期の電信回線は，一本の鉄線によって，大地を帰路とする回路を構成するものであった．誘導効果は，大地帰路をなくし，それをもう一本の電線で置き換え，撚り合わせて電線対とすることにより，著しく軽減することができる．電線として，鉄よりも銅を用いると，さらに向上することがわかった．もう一つの利点は，銅は錆びないということである！　このような，大地帰路のない，すべてが金属から構成される回路は，「金属（メタリック）回路」と呼ばれた．

14　第3章，注5を見よ．

15　"On electrical motions in spherical conductor," *Philosophical Transactions of the Royal Society,* vol.174 (partII), pp.519-549, 1883.　チャールズ・ニーヴン Charles Niven (1845-1923) は，基本的に並行し，ほとんど同時進行していた（ある点ではラムよりも先んじていた）．彼は1867年の数学優等試験の最優等賞受賞者 (Senior Wrangler) であった極めて才能のある応用数学者であり，彼の研究としては，"On the induction of electric currents in infinite plates and spherical shells," *Philosophical Transactions of the Royal Society*, vol.172 (part 2), pp.307-353, 1881 がある．ニーヴンは，ラムが行ったようにマクスウェルの理論に従い，その理論の中心的（かつ革命的）な概念を読者に対して指摘することについては明確であった．「… エネルギーは，周囲の媒質内のいたるところに座している (seat) と考えられる」．

16　ラムが行った興味深い計算は，球内の電流（どのようにして発生したとしても）に対する時定数の決定である．直径1フィートの鉄球の場合，最も遅いモード ($1/e$ で減衰する最長のものにとると) は，ちょうど6秒という時定数を持つ．しかし，地球の大きさの銅と鉄に対しては，ラムは最長のモードに対してそれぞれ 10^7 および 3.3×10^8 年という，とてつもない時定数を計算している！

17　EP 1, pp.439-440.

18　ヒューズのニアミス物語は，20年後にファイー (John Fahie) が，彼の著書 *History of Wireless* (1901) の一部として，1879年の実験に関して彼が聞いた噂をヒューズに問い合わせてから書くまでは，表沙汰にならなかった．ヒューズは，どのようにして何人かの著名人（プリースを含む）を，彼の実験に立ち会ってもらうために招待したか，そしてその全員が「すべての結果は，既知の電磁<u>誘導</u>効果《引用者の強調》によって説明できることを認めた」ので，「大気中の電気的波動という私の見解は，受け入れられなかったであろう」と語った．

321

19　D. W. Jordan, "D. E. Hughes, self induction, and the skin effect," *Centaurus,* vol.26, pp.123-153, 1982.

20　前掲　p.144.

21　R. Appleyard, *The History of the Institution of Electrical Engineers*," London: IEE, 1939, pp.61-62.

22　EP 1, pp.95-112, NB 3A:17 に，この論文がプリースによる，という注がある．

23　EP 1, pp.181-190.

24　NB 2A: 10-11. ヘヴィサイドが引用した「絶対的な0」は，ヒューズが用いた，等級付けされた音の強さの尺度であった．これについて，*The Electrician* (vol.7, p.21, May 31, 1879) は，「音の範囲は，完全な聴覚障害でないすべての人たちに対しては，最大《設定レンジ》──200──で十分である．0またはゼロは計器上の実際的な静寂の点 (a point of positive silence) である…」と報告している．ヒューズは，1894年になっても，まだこのこと ("absolute zero of silence") を語っていた（注7参照）．ヘヴィサイドは EP 2, p.266 に，インダクション・バランスについての論文において，「ヒューズ教授は，ソノメータなる奇妙な名前を付けた」と述べている．

25　*Journal of the Institution of Electrical Engineers,* vol.18, pp.4-35（特に p.9）, 1889. ケルヴィン卿は，極めて速やかに，表皮効果の物理的な重要性を独力で理解し，長い間彼の助手を務めたマクリーン (Magnus Maclean) が，回想記 "Kelvin as a teacher," *Journal of the Institution of Electrical Engineers*, vol.56, pp.169-192, March 1918 において書いているように，即座にそれを学生たちに紹介したのであった．しかし，ケルヴィンが，表皮効果の背後にある理論的基盤（マクスウェルの理論）を理解していたかどうかについては，明らかではない．

26　EP 2, pp.28-32.

27　ヒューズがしばしば理解され難かったことは，よく知られている．ある論評 (*Nature*, vol.29, p.459, March 13, 1884) は，この不幸な特質を次のように述べている．「もしもヒューズ教授が，実験の達人であると同程度に英文の達人であったならば，磁気についての彼の見解は，もっと迅速に受け入れられたであろう．なぜなら，おそらく彼の混乱した文章と，ごちゃごちゃした段落が表わそうとしていることを詳細に検討せずとも，それら（彼の見解）は理解できるであろうからである．彼のような熱心な研究者であり，かつ深く考える人であり，また単純で明快な実験家が，論文において見解を説明することが困難であったということは，極めて注目すべきことである」．

28　EP 2, pp.33-38.

29　*The Electrician*, vol.16, p.495, April 30, 1886.
30　*The Electrician,* vol.16, p.510, May 7, 1886.
31　ヘヴィサイドが現代的用語である表皮効果 (skin effect) を用いたことを私が初めて知った例は，1893 年 11 月 (EMT 1, p.443) であるが，彼は表皮 (skin) という言葉を，1891 年 1 月 (EMT 1, p.14) において，表面の伝導に関連して使っている．
32　EP 2, pp.168-170.
33　EP 1, pp.viii-ix（序文）．
34　しかし，彼はまた，不均一の場合も考察した．例えば，1884 年 (EP 1, pp.399-400)，分布する静電容量と漏洩が一端からの距離とともに直接変化するような，誘導のないケーブルを論じた．これは，解の中にベッセル関数が現れることから，「ベッセル・ケーブル」と呼ばれる．
35　これらの一連の論文は，EP 2, pp.39-323 にある．これらは，最初に *The Electrician* と *Philosophical Magazine* に発表されたものである．
36　D. W. Jordan, "The adoption of self-induction by telephony, 1886-1889," *Annals of Science*, vol.39, pp.433-461, September 1982 からの引用．
37　"The relative merits of iron and cupper wire for telegraph lines," *The Electrician,* vol.15, pp.348-351, September 18, 1885.
38　"On the coefficient of self-induction in telegraph wires," *The Electrician,* vol.19, pp.400-401, September 16, 1887.
39　Jordan（注 36）からの引用．
40　"On the limiting distance of speech by telephone," *Proceedings of the Royal Society*, vol.42, pp.152-158, March 3, 1887.
41　William Edward Ayrton (1847-1908)，1884 年から死去するまで，ケンジントン (Kensington) の Central Technical College の応用物理学および電気工学教授．エアトンは，長年にわたってヘヴィサイドの友人ジョン・ペリーとは親密な技術的共同研究者であった[5*]．
42　Jordan（注 36）からの引用．
43　EP 2, pp.250-251, および EMT 1, pp.433-437 に "Bridge System" に関するいくつかの記述がある．
44　EP 2, pp.323-354.
45　*The Electrician*, vol.19, pp.79-81, June 3, 1887: EP 2, pp.119-124 に採録．鋼線に銅を被覆した電線の利点についてヘヴィサイドが考えていた「実験的確証」は，ファン・レイセルベルガ（注 11）によるものである——EP 2, p.399 を見よ．

323

46 この無歪回路条件の演算子による導出は，歴史的にはもともとの方法ではない．ヘヴィサイドは，アーサーの "Bridge System"（EP 2, p.402 参照）において，受信端から送信端へ反射される波がないような伝送回路を実現する方法を考えたのであった（EP 2, pp.119-124. 参照）．

47 EP 2, p.119.「エレクトリシャン」に初めて発表されたもの (注 45 参照) には，最後の言葉は実用主義者 (practician) は，えせ科学者 (scienticulist) になっていた．

48 これは，19 世紀における「絞殺による殺人」の一般的な俗語であって，解剖学を学ぼうとする医学生に対して，新鮮で損傷の少ない（喉の部分は別として）死体を売った，悪名高いウィリアム・バーク (William Burke) が行ったやり方である．バークはその行為のために，1829 年に絞首刑となった．それに比べると，プリースは幸運であった．

49 何年も後に IEE 会長に宛てた手紙（1922 年 7 月 29 日付）には，ヘヴィサイドは，彼の兄が，"P（プリース）をひどく恐れていた" と書いている．

50 このことは，アーサーがプリースから個人攻撃を受けていたことを示しているように思われる．プリースは行間にコメントが書かれた論文をアーサーに見せたが，それを返却しなかった．

51 EP 2, p.489.

52 EP 1, p.x（序文）．

53 EP 2, p.305.

54 "Mr. W. H. Preece on the self inductance of wires," EP 2, pp.160-165, July 24, 1887.

55 ビッグスとスネルもまた，技術上の共同研究者であった．1887 年の英国科学振興協会の会議に，変圧器と交流電流の分布について，共著の論文を提出している．

56 W. G. Bond, *The Electrician*, vol.87, p.603, November 11, 1921. ボンドはその後編集長 (1895-1897) となり，ヘヴィサイドの才能を賞賛した．

57 この挿話をめぐる物語は，何年かにわたって続いた．スネルが信念を持って「エレクトリシャン」の編集者用のコピーに簡単な書き込みをし，ヘヴィサイドの論文を読む人たちに対し，そのように書き，また言うように依頼した．ヘヴィサイドがこのことを信じていたということを信用するに足る理由が存在する (E. J. Berg, "Oliver Heaviside," *Journal of the Maryland Academy of Sciences*, vol.1, pp.105-114, 1930). しかし，スネルの手紙は，彼が単に頼んで回ったことを示しているにすぎないように思われる．もう一つの説は，そのような軽い挿入部分が見つかっていない理由の説明としては，そのような書き込みが印刷工のミスによって見落とされ，そのためにスネルが（読者からの）返事を得られなかったという理由である，というものである！

第8章 プリースとの闘い

58 Jordan（注記36）からの引用.

59 EP 2, pp.375-396.

60 *The Electrician,* vol.20, p.309, February 3, 1888.

61 *The Electrician,* vol.20, p.452-453, March 2, 1888.

62 G. J. Symons(Ed.), *Lightning Rod Conference Report* , London: E.&F. N. Spon, 1882. この団体は，公的な組織ではなかったにもかかわらず，英国建築学会，物理学会，気象協会，電信技術者協会などの会員，そして電気技術者たちで構成される印象的な存在であった.

63 "On the proper form of lightning conductors ," *The Electrician,* vol.5, pp.199-200, September 11, 1880.

64 "On the space protected by a lightning conductors," *Philosophical Magazine,* 5th Series, vol.10, pp.427-430, Dec. 1880, *Nature,* vol.23, p.386, Feb. 24, 1881 におけるプリースの解析に対する批判的な回答も参照せよ.

65 *The Electrician,* vol.21, p.565, September 7, 1888.

66 ライデン瓶の放電が振動することがよくあることは，ロッジよりも何十年か前に知られていた．例えば，十分に低い周波数に振動を下げることにより，放電の可聴音を聞き取ることができたので，ロッジは好んでそれを公開実験で応用した．それでもなお，C. V. Boys の "Notes on photographs of rapidly moving objects, and on the oscillating electric spark," *Proceedings of the Physical Society,* vol.11, pp.1-15, November 1891 に記述された高速度写真が振動の記録を可能にしたことは，画期的なできごとであった．

67 ロッジは，過去の経過の記述については慎重を期そうとしている．彼は，脚注において次のように述べている．「私が思うには，この定理の最初の発見（疑いなく彼が独力で発見したと思われるが）がヘヴィサイドによる，という確証はできない...」．ロッジは，表皮効果を発見したラムを含む他の研究者たちについて言及したが，そうであるとしても，他の誰のものも「実際の記述が 1885 年のヘヴィサイド氏以上に明快なものはない」と述べた．これは，彼がその 1 ヶ月前に，「エレクトリシャン」宛の レター (vol.21, p.303, July 13, 1888) において，「現在，オリヴァー・ヘヴィサイド氏が，ヒューズ教授の実験結果の発表よりも 1 年前にこの事実《表皮効果》を，彼が独力で数学的に導いてこの現象を示し，発表したと《ヘヴィサイドから》知らされた .... 従って，この優先権はヘヴィサイド氏のものである．現時点ではこの弁明を証明する機会を持てないが，私にはそれを疑う理由は全く見当たらない．であるから，おそらくエレクトリシャンの読者諸氏にとっては，よく知られた事実であ

325

ろう」と書いた時よりも弱い立場となっていた.

68 後にロッジが,この領域における彼の全ての仕事を著書の形 (*Lightning conductors and Lightning Guards*, London: Whittaker, 1892) にまとめたとき,彼は「風変わりな (eccentric)」と,「人をはねつけるような (repellent)」という表現を削除した. pp.46-47 を見よ.

69 EP 2. pp.486-488.

70 *The Electrician,* vol.21, p.570, September 7, 1888.

71 *The Electrician,* vol.21, pp.607-608, September, 14, 1888

72 *The Electrician,* vol.21, p.646, September 21, 1888.

73 B.J. Hunt,"'Practice vs. theory': The British electrical debate, 1888-1891," *Isis,* vol.74, pp.341-355, September 1983 からの引用.

74 これは,1880 年代後半においては,極めて難解な概念であった.ヘヴィサイドは,欄外の注釈 (Chapter 7, Note 14) において,彼が初めて誘導の装荷を著名な物理学者トーマス・ブレイクスリー (Thomas Blakesley) に示唆したとき,「車の速度を上げるために,道路にコブを作るようなものだ」と言った,と書いている.ブレイクスリーは無能ではなかった.彼は,現代的な交流回路の実用的な数学解析などの多くの基礎的な仕事を行った.90 度の位相ずれを,quadrature(象限)と言う言葉で表現したのは,ブレイクスリーである.

75 B.R. Gossick, "Heaviside and Kelvin: A study in contrasts," *Annals of Science,* vol.33, pp.275-287, 1976 からの引用.

76 「社長挨拶」(社説) *The Electrical Engineer* (London), vol.3, pp.52-53, January 18, 1889. この年の暮にビッグスは,電気を犯罪の実行のために使うことについてのプリースの批判的な意見が,大衆紙によって間違って引用されたとき,積極的な弁護を書いた――*The Electrical Engineer* (London), vol.4, pp.250-251, September 27, 1889. ビッグスとプリースの間の正確な関係については,未だに明らかではない.

77 *Journal of the IEE*, vol.18, pp.457-458, 1889.

78 前掲 pp.500-503.

79 *The Electrician,* vol.23, p.23, May 17, 1889 & p.51, May 24, 1889. 私は,IEE 会議の記録された議論の中には,「エレクトリシャン」の意見を支持するものは何も見つけられなかった.

80 *The Electrician,* vol.94, p.276, March 6, 1925.

81 *The Electrician,* vol.73, p.66, April 17, 1914. ケルヴィンは,ベネットとのそのような会話を,IEE 会長演説の中で述べている(注 25 参照).

第8章　プリースとの闘い

82　EMT 1, pp.441-446, "Various ways, good and bad, of increasing the induction of circuits". 私が，「誘電体そのものに細分化された鉄を多量に装荷(load)する」という一様な回路に関連して，装荷(loading)なる用語がヘヴィサイドによって最も早く使われたことを知ったのは，ここにおいてである．

83　NB 7:94. 行間に書かれたイニシャル，"W. H. P." は，疑いもなく「大英帝国の技術者」の自覚を残している．

84　*Nature,* vol.39, p.473, March 14, 1889. 私は多分ロッジの言葉にのめり込みすぎていたが，彼が言い回しを変えたときは，彼が表皮効果そのものを少し遊び心で楽しんでいると思っている．

85　quay（[ki:]波止場）は，英国人以外の読者にとっては key と同じ発音をされる．ヘヴィサイドは，ヘルツ宛の手紙（1889年11月12日付）において，トーキーを「英国のモンペリエ（Montpellier）」と呼んでいる．

86　NB 10:74

87　*The Heaviside Centenary Volume,* London: IEE, 1950, p.93.

88　前掲，p.96.

89　F. Gill, "Oliver Heaviside," *Electrical Communication,* vol.4, pp.3-6, July 1925. フランク・ギル (Frank Gill) は，1923年当時，IEE の会長であった．

90　R. Appleyard, *Pioneers of Electrical Communication*, London: Macmillan, 1930, p.224. そのような写真が，どのようにしてヘヴィサイドが入手できたかということは，ちょっとした謎である．一つの可能性としては，アーサーが彼に与えたというものである．1893年にプリースが IEE 会長就任演説を行う前に，アーサーは IEE から賞金と，ヘヴィサイドが述べているような写真そのものを授与されていた．

91　ロンドンの IEE アーカイブス (Archives) が所有している．

92　トロッターはジョン・アンブローズ・フレミング (John Ambrose Fleming[1849-1945]) のことを指している．彼は1904年に世界初の真空管型ダイオード（彼は，これをバルブ [valve] と呼んだ）を作った．ヘヴィサイドは，1922年5月10日付の IEE 会長宛の手紙の中で，彼がフレミングを尊敬していたことを示している．「彼は，サー・ウィリアム・トムソンがそれらを導入した後，S. T. E. よりも前に私の理論を数学的形式で表わした最初の人です．しかし，もちろんそれを理解した人はいませんでした．フレミングは，後に波動の伝搬を示す極めて巧妙な装置の作成にとりかかりました．私はしばしば，彼がなぜそれ以上のことをしなかったのか，また不連続な装荷というトリックを使ったのか，疑問に思っています」．フレミングの興味深い回想録 *Fifty Years of Electricity: The Memories of an Electrical Engineer,* New York, NY: D. van

327

Nostrand, 1921 を参照せよ.

93 　トロッターは，1895 年に *The Electrician* を辞めた後に国家公務員となった．彼は 20 年間，政府で働いた．その後彼は，「私はもはや役人ではないということを思い起こすために」積極的に好きな趣味に傾倒した！

94 　*Nature,* vol. 47, pp.505-506, March 30, 1893.

95 　*The Electrical World*, vol.21, p.250, April 1, 1893.

96 　*Physical Review*, vol.1, pp.152-156, 1892-93.

97 　*The Electrical Engineer* (New York), vol.18, p.357, October 31, 1894.

98 　*The Popular Science Monthly,* vol.43, p.560, August 1893.

99 　*The Athenaeum*, vol. 102, p.67, July 8, 1893.

100 　*The Nation*, vol. 56, p.199, March 16, 1893.

101 　*The Electrician*, vol.31, pp.389-390, August 11, 1893.

102 　ヘヴィサイドは声高に，また継続的に，物理学上の諸公式の中に極めて頻繁に顔を出す（彼に言わせると「噴出する」）"4π" なる数値をなくすことについて議論した．ヘヴィサイドが見ていた問題は (EMT 1, pp.116-127)，距離 r だけ離れている二つの電荷 q_1 と q_2 の間のクーロン力 $F = kq_1q_2/r^2$ において，定数 k を 1 に選ぶという，不合理な定義であった．4π が至るところに生ずる（「不快な効果」の）原因は，われわれが三次元空間に住んでいるために，すべての現象は半径の 4π 倍の表面積の球面を通って，そのような空間に「拡がる」ためである．ヘヴィサイドの比喩は，この厄介者を「存在する権利を持つべき中心力の式における 4π の不自然な抑圧は，血液の中にそれが増殖し，そして後に電磁気理論の体からすべてが溢れ出すのである」であった．もしも，その代わりにこの定数を $k = 4\pi$ とすれば，4π は，他のもっと一般的に用いられる式の中に「噴出」することはなくなるので，そのような選択はヘヴィサイドが言うように「理に適った」ものになる．しかし，この新しい k の値は電気的な単位の大きさの変更をもたらし，それはアメリカ人にクォートをやめてリッターに，マイルをやめて km に変更させるのと同様な政治的問題を含んでいるのである．これらの値は，「ヘヴィサイドの有理単位」である．ヘヴィサイドは EMT 1 の序文（1893年 12 月 16 日付）において，「水の化学式が H_2O であることを知ったとき，科学者たちはそれまでの化学式 HO をとりやめたではないか」と嘆息した．彼は問いかけた．物理学者たちはなぜ理に適っていないのだろうか，と．明らかに内密にこの問題に関与していたフィッツジェラルドは，12 月 22 日に彼の友人に対してもっと重要な闘争を戦うように説得するための手紙を書いた．「あなたは，H_2O の問題が化学者たちを動かしたようには物理学者たちを動かすことはできないでしょう．HO は，その背

第8章　プリースとの闘い

後には極めて僅かな金を持っているだけであるのに対して，あの不快な 4π は億万長者ですから．あなたはロスチャイルド家の確定権利を打ち破るために，特許を取得することにとりかかるべきです」．

103　EMT 3, p.93.

104　ヘヴィサイドは間違っていた——5 年後（1899 年 5 月），彼はフィッツジェラルド宛に，その時点で EMT 1 は 600 冊足らずしか売れていなかったと書いている．

105　*Journal of the Institution of Electrical Engineers*, vol.22, pp.36-74. 1893.

106　EMT 1, pp.320-321.

107　*The Electrical World*, vol.21, p.117, February 18, 1893. この社説は，ボストンとシカゴ間の電話回線の KR の値は 54,000 で，それはよく機能したとみなしている．一方，プリースは，良質の電話回線の KR の上限値は 15,000 であるとしたので，明らかに何かが正しくない．この雑誌が指摘したように，この問題は，誘導が「英国海峡から出現し，静電容量を破壊しはじめた」という事実によるものなのだ！

108　*The Electrician*, vol.33, pp.105-106, May 25, 1894.

109　ヘヴィサイドは，ほとんど間違いなく，フィッツジェラルドの書評も掲載されている同じ「エレクトリシャン」の同じ号にあった，フィリップ・レーナルト (Philip Lenard) の陰極線の偏向についての報告を引合いにしている．

110　EMT 1, p.328.

111　EP 2, p.422.

112　EMT 2, pp.536-537.

113　*The Electrician*, vol.21, p.712, October 5, 1888.

114　P.E. Viemeister, *The Lightning Book*, Cambridge, MA: MIT Press, 1972, pp.164,194, 202-205.

115　トンプソンの論文は，*The Electrician* (vol.31, pp.439-440, August 25, 1893, および pp.473-475) に再掲載された．抜粋版もまた，*The Electrical Engineer* (New York) (vol.16, pp.196-198, p.207 に討論あり，1893 年 8 月)，および *The Electrical World*(vol.22, p.177-178, September 2, 1893.) 等に掲載された．この 3 誌すべてが，問題点を報告している．「エレクトリシャン」は，ヘヴィサイドの二編の論文を混合し，ロッジを無歪回路の発見者として引用した．一方，*The Electrical World* は，討論において（アーサーではなく）ヘヴィサイドを引用し，「鍵となるアイディアは『多量の銅』を用いることである」と述べている．これこそ，プリースが言っていたことである！ *The Electrical Engineer* は，討論においてアーサーに言及し「英国郵政，電話サービスにおける彼の実験は，トンプソン教授によって予測された結果を確認した．一連の

329

地下電話回線についての実験において，適当な位置に電磁石を挿入すると，有効な結果が得られることが判明した」と書いて，分り易く言い換えている．

116　　The Electrician, vol.31, pp.507-508, September 8, 1893. 何年か後に IEE に提出された学生会員の論文の中に，非常にうまい表現が示された (The working of long submarine cables," The Electrician, vol.39, pp.740-746, October 1, 1897). それは，はじめにヘヴィサイドを「高度な権威者」として引き合いにしている．若い世代は，ヘヴィサイドに注目し始めていた．

117　　EP 1, p.77.

訳注

1*　　インダクション・バランスは，コイルのインダクタンスを計測するための「交流ブリッジ」の一種で，交流やパルス電流によってブリッジの平衡状態を確認する方式をとるものである．マクスウェルをはじめ，ヒューズ，ヘヴィサイドらによって，さまざまな種類が提唱されている．例えば，高木純一著『電気の歴史』，オーム社，1967年，pp.192-206.

2*　　渦度 (vorticity) とは，流体力学において用いられる量で，速度ベクトル v の「回転」によって得られるベクトル $\omega = \mathrm{rot}\, v$ として定義される．

3*　　この一節は，聖書に関連した人名や故事が絡んでおり，理解に戸惑う部分である．イスラエル民族の歴史について書かれた旧約聖書の「民数記」22章によると，バラム(Balaam)はヘブライの預言者，バラク(Balak)は，ヨルダン川周辺の国モアブ(Moab)の国王であるとされる．当時イスラエル人がヨルダン川周辺のアモリ人の国を滅ぼしたことに恐れを抱いたバラクは，預言者バラムに使者を送り，モアブへ来てイスラエル人を呪うお告げを言わせようとしたが，神が現れて，行くことを禁じた．二度目の使者が来たとき，バラムは使者とともにロバに乗ってモアブに向うが，道中で天使に行く手を阻まれた．バラムは，神のお告げであるイスラエルの民の賛美を行うと約束して，モアブに行った．バラムは再三にわたりイスラエルの民を賛美するお告げを述べたため，バラクは怒ってイスラエルの民を呪うように脅迫したが，バラムはめげずに，神のお告げを繰り返した，と記されている．このエピソードでは，はじめにプリースがロッジを，ロバ (ass: British Ass に引っ掛けて) に乗ったバラムである，と言ったことに反論して，ロッジが，避雷針会議のスポンサーである芸術協会を国王バラクになぞらえるとすれば，ロッジは言うべきことを言うバラムであるから，ロバは誰か（プリースであるとは言

第8章　プリースとの闘い

わず）と言い返して，聴衆に大うけしたということになると思われる．

4*　ウェリントン公爵は，英国の軍人で政治家の Arthur Wellesley Wellington (1769-1852) で，1815 年のベルギーのワーテルローの戦いにおいてナポレオン軍を破った将軍として知られている．ロスチャイルド家は，金融業を中心としたユダヤ系の財閥である．

5*　エアトン（日本ではエルトンとも呼ばれている）は，ペリーと同じグラスゴー大学で電気工学を学び，明治維新直後の 1873 年から 1879 年まで，いわゆる「お雇い外国人教師」として，工部大学校で物理学と電信学を教え，日本の初期の物理学に影響を与えた．ほぼ同じ時期に，同窓のペリーも，1875 年から 1879 年まで工部大学校で教えており，その縁で帰国後も共同研究などを行うなど，特に親しかった．『お雇い外国人』，梅渓昇著，講談社学術文庫，2007 年，pp.142-145 参照．

6*　電話線（一般的には通信ケーブル）には，音声の強さ（音圧）の時間的変化が電圧の強弱に変換されて伝達されるが，この電気信号は，通常 300Hz 〜 3400Hz の範囲の正弦波が重ねあわされたものとして表わされる．送信端から送られたそれぞれの周波数成分が，電話線の受信端において (1) すべて同じ程度に減衰する (2) 各周波数成分の「位相差」が，周波数に比例して増加する，という二つの条件を満たすならば，受信端における波形は，もとの波形が減衰しているだけで波形は変化しない，つまり音質は変わらずに明瞭に聞き取ることができる．この条件を「無歪条件」という．現実の電話線（裸線，平衡［ツイストペア型］ケーブルなど）においては，$R/L=K/S$ が満たされた場合にこの条件が満たされることを，ヘヴィサイドが初めて指摘した．この条件は，導体部分の損失と，絶縁部分の損失が等しい場合に満たされるが，通常は $R/L \gg K/S$ であるため，長距離電話の場合には，何も行わなければ波形の変形が著しくなるために音質が変化し，ほとんど会話が聞き取れなくなる．

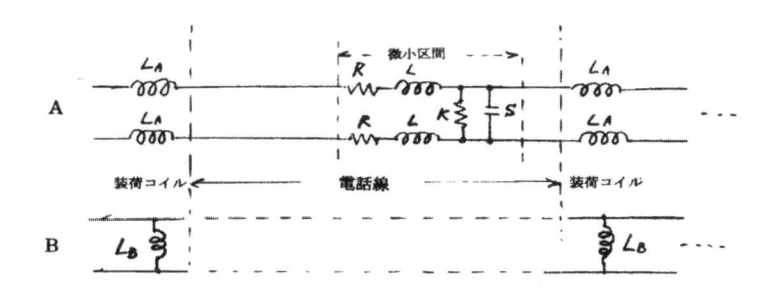

ヘヴィサイド（ピューピン・キャンベル）の装荷方式（A）と、
トンプソンの装荷方式（B）（$LA \ll LB$）

331

そのため，適当な区間ごとにインダクタンス L を電線に直列に挿入することによって，平均的に $R/L=K/S$ という条件を維持しようとする方法が，上図の誘導装荷方式「A」である．トンプソンが提案した方式「B」は，低い周波数では漏洩 K を増やすので，R/L と K/S を近い値にできるが，高い周波数では無歪条件を満たすことができず，実際には役に立たない．この画期的な方式（A）は，その後長距離電話通信における基本技術となった．

第9章　四元数をめぐる大戦争

…いくらか慰めとなりそうな騒ぎが起りそうです．
　　　　　　──楽しみな科学的論争の予感を示す，ピーター・テート
　　　　　　　　からジョン・ティンダルへの1872年の手紙

私はウィラード・ギッブス（Willard Gibbs）に会ったことはありません．会うことができたなら，そばにローレンツがいて欲しいものです．
　　　　　　──アルバート・アインシュタイン，1954年のインタビュー

O．ヘヴィサイド氏が，「エレクトリシャン」および他のいたるところで，その原理と応用を見事に示したことにより，多くの物理学者たちがその新しい代数学に関心を持つようになったため，ベクトル代数の教科書が…大いに必要とされている．
　　　　　　──1892年のネイチャー誌の論評

…いかなる図形もモデルでさえも四元数の方程式以上に表現力に富み，分かりやすいものはない．　　　　　──ピーター・テート，1890年

私は，マクスウェルが物理学者の中に四元数を投げ込んで迷惑をかけたことに，大きな責任があると思う．
　　　　　　──アレキサンダー・マコーリ（Alexander McAulay），1892年

…四元数の発明は，人類の発明の才能の中でも注目すべき最大の偉業の一つとみなされるべきである．四元数ぬきのベクトル解析は，どのような数学者たちによっても発見できた…．だが，四元数を発明するためには，一人の天才を必要とした．
　　　　　　──オリヴァー・ヘヴィサイド，1892年
　　　　　　　　暗に四元数が，ベクトルほど分かりやすいものではないことを示して

ベクトルを四元数と呼ぶことは，人間を四足獣と呼ぶほどに不公平なことである．そして，四元数は，四元数を扱うための唯一かつ自然な手段である．強調部分に注

目されたい.
　　　　——オリヴァー・ヘヴィサイド,1892年.やや直接的なコメント

さらなる論争

　プリースとの大論争は,ヘヴィサイドの生涯において最大の論争であったが,本章(および後続の二章)においては,他の三つを取り上げよう.これらのすべての対決を貫く共通の糸は,ヘヴィサイドが必ずしも正しかったわけではなく(但し,彼はほとんどの場合正しく,もちろんプリースとの闘いにおいては,確かに正しかったと思う),むしろ論争しているときのヘヴィサイドを観察すると,彼の研究上のすぐれた洞察力に引かれる.プリースが相手のときには,ヘヴィサイドはこの政治的には強大だが専門家としては弱くて明らかに間違っていた敵を,うまくいかないこともあったが適当にあしらうことができた.しかし四元数をめぐる言葉の闘いの場合は,ヘヴィサイドは,専門家としては彼自身にも匹敵するほどの才能に恵まれたピーター・テート教授という一人の男に立ち向かわねばならなかった.しかし一方で,彼は,同じように才能に恵まれた盟友,しばしば「アメリカのマクスウェル」と呼ばれた天才,イェール大学教授のJ. ウィラード・ギッブス (J. Willard Gibbs) とともに戦うことができた.

四元数に関する論争を行っていた当時のヘヴィサイド

第9章 四元数をめぐる大戦争

　ギッブスとヘヴィサイドは共に，こんにちあらゆる科学者や技術者たちが当然のように考えている新しい数学的手段——現代的なベクトル解析——を創造し，精力的に普及させた．はじめはこの両者は個々に研究し，大西洋を隔てて互いにその存在に気づかなかった．その後，彼らは物理的には離れていて，決して会うこともなかったが，精神上で協力しあい，互いの貢献に対する敬意によって結びついていた．

　ベクトル的な体系は，この二人よりもはるかに前の1840年代初期にさかのぼることができるが，それらはまだ，正しい物理的な洞察と数学的表現の模索をつづけていた予備的，試行的な試みであって，ギッブスとヘヴィサイドの二人は，物理科学と数学という二つの領域に立脚する人間として，いかなる純粋数学者や実験物理学者たちでも分担不可能な，物理的直感と数学的洞察のぎりぎりの混合物を持ち込んだ．しかしこのことは，彼らが仲間を一晩で納得させられたことを意味してはいない．逆に彼らは，それ以前の体系であるアイルランドの数学者ハミルトンの非可換的な「四元数(しげんすう)」と戦わねばならなかった．この体系は献身的な後継者たちに受け継がれたが，そのうちの何人かは，この問題に極めて熱心であった．例えば，一人のアメリカ人は1857年に次のように書いている[1]．

> 来るべき新世紀において，ハミルトンの四元数が，われわれが19世紀の偉大な発見として際立つことは，確実に予言できる…．さらに，もしも世界が2300年後まで存続するとすれば，ハミルトンの名前は，彼によって初めて明るみに出された永遠の真理との関連で不朽のものとなったピタゴラスの名前のように，不朽のものとなるだろう．

　本章の以降の部分で示すように，ギッブスとヘヴィサイドにとってそのような熱情を克服することは容易なことではなかった．英語を母国語とする科学者の中で最も情熱的に四元数（本章末の「技術ノート1，2」参照）に傾倒したのが，スコットランドの数理物理学者ピーター・テートである．

ピーター・テート——ヴィクトリア時代の科学の戦士

　ピーター・ガスリー・テート (Peter Guthrie Tait, 1831-1901) の友人関係は，恵まれたものであった．エディンバラ・アカデミーにおける十代の頃はマクスウェルと仲良しであったし，ケルヴィン卿に対しては，テートは亡

くなるまで崇拝を続けたほど親密な間柄であった．テートは，ヘヴィサイド同様に，偉大な知的能力に恵まれていた．（彼は1852年の数学優等試験一等賞受賞者［シニア・ラングラー］であった．23歳の若さでベルファストのクイーンズ・カレッジの数学の教授に任命され，学問上の地位を得た．さらに，死去した時点では，350編以上の論文の著者であり，約24冊の著書の執筆者または共同執筆者であった！）．彼はまた，ヘヴィサイド同様に辛辣な弁舌の持ち主で，それはしばしばペンから発せられた．しかし，テートの論争を好む性癖は，単に彼の見解を防御しようとする当然な欲求という限度を超えていた．彼は<u>議論のための議論</u>を好んだ．

テートにとって，出版物の中での論戦は日常茶飯事であった．例えば1884年に，彼はネイチャー誌において，当時ケンブリッジ哲学協会 (Cambridge Philosophical Society) の書記 (secretary) であったR．T．グレーズブルック (Glazebrook)[2] に対し，協会の雑誌に発表の権利をなかなか得させてもらえないことに抗議して，厳しい言葉を浴びせた．

しかし，これはテートがジョン・ティンダル (John Tyndall) と行った熱い論争[3]に比べれば，何でもないことであった．ティンダルは，ジュリアス・ロバート・マイヤー (Jurius Robert Mayer, 1814-1878) のエネルギー保存の着想の創始と熱の仕事当量を決定した業績に対し，はるかによく知られていたジュールとヘルムホルツ[4]と同様の貢献をしたことが認識されるべきだとして，擁護する立場をとった．ジュールを擁護していたウィリア

ピーター・テート：
Peter Tait (1831-1901)
　彼は，その創造的な才能と，強い出身地の誇りを併せ持った人物であった．彼はロンドン王立協会の会員の地位を謝絶し（彼が望むなら，うなづくだけで済んだ），エディンバラ王立協会の会員の地位で十分であると公言していた．彼はスティーヴンソン（Robert Louis Stevenson：「宝島」の作者）の父親の親友であり，数学上の「四色問題」に関する重要な仕事を行い，また飛行するゴルフボールに関する物理学的研究も行っている！

ム・トムソン（テートの姿勢は，トムソンは決して誤りを犯すはずがない，というものであった）は，ただちにティンダルを攻撃し，論争は何年にもわたって，あちこちで爆発した．トムソンは立派な分別の持ち主であったので，彼の立場を印刷物の形で表明した後は，議論を中止した．テートはそうではなかった．彼は一人でティンダルに対して10年以上も激怒し続けた．人格的には，テートは魅力的な人物であった（ティンダル自身は，1867年にテートと面会し，その際握手を交わし，「極めて心のこもった」会話をした，と書き残している[5]）．しかし，彼は印刷物の中では鼻のただれた雄象のごとく，攻撃的でいやらしい存在になることができた．

　テートは，マイヤー論争で傷ついていた間でさえ，異なった方面からティンダルを攻撃した．このときの論争点は，ジェームス・デイヴィッド・フォーブス（James David Forbes: 元エディンバラ大学自然哲学教授）による，氷河がどのように動くかという問題についての説を，ティンダルが支持したことであった．フォーブスの伝記の著者として（また現在はエディンバラ大学に在籍していた[6]），テートは再び攻撃時に吼え，この一件はマイヤーの場合よりもさらに痛烈なものとなった．それがどれほど痛烈なものであったかということは，「ネイチャー」の編集者（ノーマン・ロッキャー Norman Lockyer はこの二人と知り合いであった）によって公表された覚書からうかがい知ることができる．ロッキャーは，テートの意見が個人攻撃的な性質のものであることが不愉快であったが，ティンダル（通常は最も紳士的な人物と思われていた）が，最近になって親切にも回答を寄せた，と書いた[7]．ティンダルは熟慮したあと，急いでロッキャー宛に修正の覚書を送り，あわてて書いたことを弁解しつつ，次のように書いた．

> …私には，二つの文章を取り消したいと考えております．第一の文章は，私自身をテート教授と同様な低いレベルにおとしめるものです．第二の文章では，私は彼の人間性を非難しています．私は，これらを撤回することを望みます．

その結果，翌日にテートからロッキャーに宛てた厳しい私信が返ってきた[8]．

> 編集者としてのあなたの公平性とは，実は私に対して反発することなのではありませんか．あなたは，ティンダルが言った二件の低レベルの事柄を再録するという侮辱を取り下げるという口実のもとに，彼を許しています（もういい．だが彼をつま先で蹴りとばしてやりたいという私の気持ちは変りません）．

337

テートが，極めて粗野に振舞う攻撃的な人物である，ということは，はるか昔の出来事を今頃勝手に推測して，私が評価を下した結果ではない．というのは，1874年のある新聞記事[9]には，次のように記されているからである．

> 教授は，愛らしく，著しく幸運な人というべきである——なぜなら彼は，誰も何も愛していないように思われ，そして誰もが彼を愛しているように，少なくとも彼に対しては腹を立てていないように彼は思っているらしい．彼は…学問の世界のイシマエル［憎まれもの］である．すべての人たちに対して手を挙げているが，誰も彼に対しては手を挙げていないのだ．

そして何年か後，一人の故人を賛美する追悼記事の筆者[10]は，次のように書かざるを得なかった．

> …親しい人に先立たれたという感情は，必要とされる歴史的抽象作用を沈黙させてしまいがちである．また，今が，テートが関与した論争について詳しく述べるときでもない．彼は一撃を加える準備が整ったとき，必ずしも一個人に対してだけ力を集中することはしなかったが，彼の反対者はいつも，彼の粗野な振舞いを楽しむことはなかった…．疑いもなく，反対者の中の何人かは，少なくとも一時的に，彼の人格をひどく誤解することになった．

この筆者は，テートについて次のような言明を続ける．

> 彼と個人的に付き合うならば，そのような誤解は解消するであろう．彼の人格の魔力を心底まで感じるためには，彼の自宅の裏にある小さな部屋に彼を訪ねる必要がある…．その書斎に10分もいれば，最も厳しい敵を友人に変えられるだろう．一度友人になれば，その友情は，相互的で永続的なものとなったであろう．なぜなら，友人となった者にはこれ以上の罪を犯さない，というのがテートの原則であるように思われるからである．

ヘヴィサイドは，一度もテートと会うことはなかった．したがって，テートの人格の「魔力」が，彼らの違いを和らげるに十分であったかどうかは，知ることができない．この二人の間に起こったことは（テートの見解によれば），テートが長い間（ヘヴィサイドが3歳であった時から！）崇敬し，また，彼自身がその賛美の言葉を広める一番弟子になっていた人物の創造物である四元数（マクスウェルは四元数のことを"4nion"と呼んでいた）をヘヴィサイドが軽視したことであった．

ヘヴィサイドは，物理学的な理論における四元数の価値について耳を傾けようともせず，四元数を退けようとさえした．テートはそれに

対して容赦しなかった．反-四元数の異教徒に対する彼の怒りは，ティンダルとの論争における怒りに匹敵するものであった．

ウィリアム・ハミルトンと四元数

ウィリアム・ローワン・ハミルトン (William Rowan Hamilton, 1805-1865) は，優れたアイルランドの数学者[11]であって，彼の語学的な天才は，極めて幼いときから発揮されていた．彼は3歳で読むことができ，4歳でラテン語，ギリシャ語，そしてヘブライ語を始め，10歳でサンスクリット語に精通した．17歳になると，彼の数学的な才能もまた目立つようになった．全体として，ハミルトンは極めて印象的であって，30歳にしてナイトに叙せられた．彼の仕事は想像しうる限りの賞賛と批判を浴びた．ある著者は[12]，彼は「アイザック・ニュートン以来，英語圏における最も偉大な数学者である…」と述べ，またもう一人の著者[13]は，彼が1843年に発見した四元数に彼の残りの人生を浪費したことに対して，彼を「アイルランドの悲劇」と呼んだ．この後の評価は，こんにちでは世界中のすべての物理学者たちが，力学における「ハミルトニアン」形式を知っているのであるから，疑いもなくいささか極端なものである．ハミルトン自身は物理学者の間の名声よりも，彼の四元数についての名声で記憶される方に幸せを感じていたかも知れない．ハミルトンの亡霊は，どちらでもよいであろう．だが皮肉にも，はじめのしばらくの間だけは，ハミルトンは四元数のために有名であったように思われる．

　四元数の概念を同級生のマクスウェルに紹介したのはテートであって[14]，後にマクスウェルは彼の『電気磁気論』においてそれを用いた．（テートの視点から）皮肉をこめて言えば，ヘヴィサイドやギッブスのような四元数の敵がはじめにそれを嫌うことになったきっかけが，この『電気磁気論』であったことは，彼らの言葉から明白である．マクスウェルもまた，四元数について疑念を抱いており，1873年以降は，彼の論文からは四元数は消えている．マクスウェルは，物理量について考えるときの手助けとして四元数を用いることを好んだが，実際の計算で四元数を使うことはあまりしなかった——彼は，次のように述べている[15]．

　さて，四元数，あるいはベクトルという教義は，一つの数学的な方法である．しかし，それは思考の一方法であって，少なくとも現代の世代にとっては，思

考を助けるための方法ではない．それは，いくつかのもっとなじみのある数学的方法のように，数学者たちが彼らのすべての仕事を彼らの著述に移し変えることによって，彼らの心に休らぎを与えられるという希望を鼓舞するものではない．

われわれはまた，同じエッセイの中に，大半の19世紀の数学者たちと物理学者たちの四元数に対する反応について，マクスウェルの悲観的な（しかし，確かに正しい）評価を見ることができる．

> 魔力を持った偉大な巨匠であったハミルトンが，自ら彼の四元数について既に名声を得ている数学者たちに話しかけたとき，賞賛する者が少なく，それを愛する者はさらに少ないことを知った．

それでもマクスウェルは，少なくとも四元数の精神には共感していた．テートのもう一人の偉大なる友人，ウィリアム・トムソン（ケルヴィン卿）は，四元数については全く何もしようとしなかった．テートがベルファストからエディンバラへ移った後に彼はトムソンと会い，その後間もなく両者は，有名な『自然哲学論考』(Treatise on Natural Philosophy) の共同執筆を開始した．1867年にこの本[16]が出版されたとき大きな反響を受けたが，それは，四元数が認められたためではなかった．四元数は，実際にはこの本のどこにも書かれておらず，テートの死後，ケルヴィンは，ネイチャー誌の追悼記事の担当記者にその理由を次のように説明している[10]．

> われわれは38年間にわたって，四元数にかかわる戦争をしておりました．彼は四元数に関するハミルトンの天才的独創性とその異常なまでの美しさに魅了されており，ハミルトンから彼の死後に四元数を引き継ぎ，最も忠実にそれを実行したものと，私は信じています．私は何度となく，いかなる場合においても，四元

ウィリアム・ローワン・ハミルトン：
William Rowan Hamilton
(1805-1865)
偉大な数学者であったが，恋愛に挫折した．彼自身の妻に対する愛情を捧げ続けながらも，他人の妻に対する彼の愛は，彼女の死後も彼が死ぬ日まで続いた[1*]．

数を使用することによって，われわれの仕事に役立てられることを彼が示すことができるならば，『自然哲学論考』への四元数の導入をすることを提案しました．ご存知の通り，はじめから終りまで，それが導入されることはありませんでした．

実際に，物理の方程式を書き表わす際のケルヴィンによるデカルト座標以外の<u>あらゆる</u>座標系の拒絶は,全面的なものであった．彼は１８９２年，ベクトルに関する本の著者に宛てて，次のように書いている．

> 私は思うのですが…あなたは，至るところで「ベクトル」なる言葉を省略することによって失うものは何もないことがお分かりでしょう．二次元であるか三次元であるかにかかわらず，幾何学の明晰さと単純さに対して，それは何も付け加えてはいないのです．ハミルトンによって，彼のすばらしい仕事がなされた後に，四元数がもたらされました．それは美しいまでに独創的なものではありますが，クラーク・マクスウェルを含めて，どのようにであれ，ひとたびそれに触れたものにとっては，純然たる害悪であり続けたのです．

さらに１８８９年には，彼はヘヴィサイド宛に次のように書いた．

> …あなたが言われるように，彼の《『電気磁気論』の》第一巻において示されているような curl という表現を初めて行ったのは，マクスウェルであります．私が反対しているのは，どちらかと言えば言葉そのものよりも，あなた自身とマクスウェルの論文における，それに付随した記号体系《すなわち curl のベクトル的な定式化》です．また，私はデカルト座標系に対する攻撃には同意できません．

この最後の引用は，その一ヶ月前にケルヴィンがヘヴィサイドから受け取った手紙に刺激されて書いた手紙（１８８９年４月２７日付）からのものである．トムソンは，１月１０日夜のＩＥＥ会長演説において，curl なる用語は，数学者ウィリアム・キングダム・クリフォード (William Kingdom Clifford, 1845-1879) によるものである，と述べ，その用語が「オリヴァー・ヘヴィサイド氏によって応用されたことは，実に悲しむべきことです」と言った．ヘヴィサイドはそれを読んだ後，１月１８日にトムソンに宛てて，彼はクリフォードからではなく，マクスウェルから curl を学んだという訂正の手紙を書いた．ヘヴィサイドはその後２月２７日に再び手紙を書き，「数学（物理学）の論文において，良く知られている関数に対してデカルト座標で表わされる式を印刷する場合，耐え難い紙の浪費となります」と書いた．しかし，ヘヴィサイドの意見[17]はトムソンの心を変えることはできなかったが，１８９６年にトムソンはフィッツジェラルド宛に次のように書いた．

…「ベクトル」は，四元数からの無用な遺物，あるいは派生物ですから，いかなる創造物に対しても，いささかの役にも立ちません．ヘルツは賢明にもそれを避けましたが，愚かにも間に合わせとして，ヘヴィサイドの「虚無主義(nihilism)」を適用しました[18]．彼の死後間もなく私があなたに警告したように，彼は動力学に対して虚無主義を適用しようとさえしました《これは，それ以前の，ヘルツによるベクトルの着想の使用のことである》．もしも彼が生きているとしたら，このようなことがなければ，彼は成長できたことでしょう．

　その後の経過を見ると，ベクトルに関してはケルヴィンが間違っていたが，四元数の現代における評価は［ケルヴィンの見解と同様］ほとんど否定的である．しかし，これはあくまでも現代における反応である．1853年にテートが，出版されたばかりのハミルトンによる『四元数講義』(*Lectures on Quaternions*)[19] を初めて学んだときにそれに惚れ込み，ただちにハミルトンを偶像の台座の上に祭り上げてしまった．彼が死の床につくまでの間，彼は事実上，ほとんど文字通り危険なまでに狂信的な行為に近い熱情と信仰をもって，四元数へ改宗した．かつての時代における宗教裁判のように，彼は四元数の教義を軽々しく扱う者に対し，冷酷に振舞うことができた．

1890年以前——嵐の前の静けさ

　ハミルトンとテートは，おびただしい量の文通を行ったが，それはテートが『四元数講義』を興奮しつつ読んだ1858年に，テートから始められた．50通ほどの手紙が交わされたが，そのうちの一通は，96ページ(間違いなく96ページである！)という驚くべき長さに達した．テートは特に，数学者のハミルトンが無視した物理学への応用における四元数の習熟に進歩を示した．事実，彼の進歩は速く，彼は1859年には自身の著書『四元数の基礎論』(*An Elementary Treatise on Quaternions*) を書き始めた．しかし，それはハミルトン自身の二番目の試みであるぎごちない『四元数講義』が出版できるまでテートが快く発表を控えたため，1867年まで出版されなかった．テートは事実上，ハミルトンが死去するまで待たなければならなかった．そして『四元数の基礎論』が最終的に書きあがったのは，その翌年の1866年になってからであった．テートが彼の奇妙な約束[20]から解放されて『基礎論』を印刷に回したのは，その一年後であった．

第9章 四元数をめぐる大戦争

　テートは，師匠の逝去によって，実際に『四元数の基礎論』[21, 1*]の中でハミルトンによって「公式に」認められた地位である，「四元数の君主 (Lord of Quartenions)」の王冠を引き継いだ．

> …テート教授は，この新しい数学の分野を満足に，かつ有益に継続してゆくために最も適した著者であるように思われる：また，この表現が許されるならば，その創始者の後継者の一人にふさわしいと思われる．

テートの『四元数の基礎論』が世に出た瞬間から彼の死去に至るまでの間，彼は四元数を前進させることを，その生涯の主要目的と考えた．はじめは，彼がその評判と応用を拡げることに成功したかのように思われた．彼は『四元数の基礎論』の第二版の序文において，次のように書いている（1873年マクスウェルの『電気磁気論』が四元数の輝かしい応用を行った，その同じ年である）．

> …私は，第二版に対してこれほどの迅速な需要があったことに驚き，また喜んでいる….ついに今や，ハミルトンの大発明が生きた科学の分野において，その道を見出すことができる道理のある希望が立ち現れるように思われる．それはたいへんな利便性をもたらすことは確かであり，骨董商人によって発掘されるまで何世紀も放置されるようなことはないと思われる．

しかし，結局1870年代の初頭の情勢は，テートのそのような楽観的な言葉を苦い思いに変えるような事態へと醸成されつつあった．

ジョシア・ウィラード・ギッブス (Josiah Willard Gibbs) のベクトル解析

　こんにちわれわれは，イェール大学において終生研究生活を送った偉大なアメリカの科学者J．ウィラード・ギッブス (1839-1903) を，主に彼の熱力学の研究成果によって知っているが，実際には彼は，あらゆることに関心を持つ数理物理学者[22]であった．彼の数学に対する「些細な」貢献としては，例えば，不連続点において不連続な周期関数のフーリエ級数展開の振舞いを扱ったギッブスの現象がある．この解析[23]は現在，世界中の科学，数学，および技術系の学部の学生たちによって学ばれている．しかし皮肉にも，彼の最大の数学への貢献である，われわれが現在使っているようなベクトル解析は，大半の数学者たちによって，彼の功績であるとは認められていない（ベクトルからギッブスを連想するような現代の電気工学者や物理学者は，ほとんどいないはずである）．

343

ギブスは，マクスウェルを経由してベクトルにたどり着いた．彼は1888年に，ドイツの数学者ヴィクトール・シュレーゲル (Victor Schlegel)[24] 宛の手紙の中で次のように書いている．

> 私と四元数とのはじめての出会いは，マクスウェルの『電気磁気論』を読んだときでした．そこには四元数の表示がかなり使われておりました．私はこの主題《電気学と磁気学》をマスターするためには，これらの方法をマスターすることから始める必要があると確信しました．同時に私は，この方法は四元数的であると言われているにも拘らず，四元数の考え方は，その主題とは全く異質のものであることに気づきました….そこで私は，はじめから《ベクトルとそのスカラー積，ベクトル積》，微分演算子 $\vec{\nabla}$ の三つの使い方《rot（回転），div（発散），grad（勾配）》を計算することを開始しました．

ギブスは，1879年には彼の研究を十分に成し遂げ，イェール大学の教程に，ベクトルを用いた電磁気学を提示した．1881年，彼は『ベクトル解析の基礎』の第1部の私家版出版を行い，同様にして，その後半部を1884年に出版した[25]．ギブスは，レイリー，キルヒホッフ，フィッツジェラルド，ウィリアムとJ．J．の両トムソンを含む，当時の多くの偉大な科学者たちに，そのコピーを送った（1888年）．その上に彼は，それがどのような騒動を引き起こすことになるかについて全く気づかずに，テートにもまたコピーを送った．

テート，一斉射撃を開始

ヘヴィサイドは，ギブスと並行して，四元数とそれらを物理学の理論へ応用した場合の欠点について多くの同じ思考の進化を経験していた．ギブスと同じように，ヘヴィサイドもマクスウェルを読むことから始めた．ギブスの学生の一人によって書かれたベクトル解析の本の1902年の書評[26]の中で，彼は次のように記している．

> マクスウェルは彼の『電気磁気論』において，彼の主な成果を四元数の形で表現した．私は情報を得るために，また，それがどのように機能するかを学ぶために，テート教授の『四元数の基礎論』を読んだ….電気的な理論の展開に四元数を応用するところまで進んだとき，それが極めて不都合であることがわかった．四元数の表現は，そのベクトル的な観点からは，反物理的かつ不自然であり，一般的なスカラーによる数学とも調和しない．そこで私は，四元数から完全に

344

第9章 四元数をめぐる大戦争

手を引き，1883年以降の論文においては，きわめて簡単なベクトル代数を用いることによって，純粋なベクトルとスカラーを維持した．*Electrical Papers* の第二巻の冒頭の論文は，新規に展開したものの一例である．

ヘヴィサイドが引き合いにしている論文 [27] は，「電気磁気的な波面について」(On the electromagnetic wave-surface) で，これは1885年に「フィロソフィカル・マガジン」に発表したものであるが，彼は実際には1882年以来ベクトル的方法を用いた論文を発表していた．その年の暮，彼はエレクトリシャン誌に，「磁気力と電流の間の諸関係」(The relations between magnetic force and electric current) を書き [28]，その論文の中でハミルトンの四元数について述べ，さらに物理理論への応用における，より直接的なベクトルの着想を彼が選択することを明らかにした．1885年の論文で，彼は自らの立場をより断固たる態度で示している．

> デカルト座標で表わした場合，考察がとてつもなく複雑になるため（私はそれを行い始めたが，仰天してあきらめた），いくつかの短縮された表現法が望ましいものであることが分かった….そこで私は，若干簡略化した上で，本当に唯一の適当な方法であると思われる方法を適用した．

これに従うことは，ベクトル代数と微積分学（死去してから２０年も経ったハミルトン，あるいはテートのどちらもが全く気づかなかったものであった）への，簡略で自己完結的な入門となるものであった．ヘヴィサイドは次に，直ちに現実の物理的な電気磁気的問題に答えるため，彼の「新しい数学」を用いた．それは，<u>離れ業</u> (our de force) 以外のなにものでもなかった．

テートは，ギッブスの私家版出版されたベクトルに関する論文をその著者から直接受け取り，ヘヴィサイドがずっと書き続けてきたこ

J. ウィラード・ギッブス：
J. Willard Gibbs (1839-1903)
偉大な能力に恵まれた彼は，かつて，謙遜して「私が数理物理学において何らかの成功を収めたとすれば，それは，私が数学的な困難を避けることができたからであると思う」と述べている．

345

とについても知ったのである．このことが，1890年に発表された彼の
『四元数の基礎論』の第三版の新たな序文の調子が，第二版のそれと比
べて著しく差のある理由であった．

> 四元数の発展に関して最近の進歩がいかに少なかったかということを知ること
> は，がっかりである．フランスにおいて特に顕著な一つの原因は，この問題の
> 研究者たちは，計算法の応用を拡張することよりも，表記法や基本原理の表現
> 方式を変更することのほうに熱心であることである．ウィラード・ギッブス教
> 授でさえ，ベクトル解析に関する彼の小冊子によって四元数の発展を遅らせて
> いる阻害者の一人と言わねばならない．その冊子は，ハミルトンとグラスマン
> (Grassmann) の表記法の混合物であり，一種の両性具有の怪物である．

テートはその序文の中で，ほとんどの解析学者たちが「《四元数の》方
法の精神を把握できていない」と感じているという，もう一つの愚痴も
表明した．彼は，次のようなことを断言するに至った．

> 四元数的考察を，擬似的デカルト座標的手法に頼ることによって一時的に取り
> 繕おうとすることは，その進展にとっては致命的である．四元数を学ぶものは，
> いわば自らの原理原則を犯して自信を喪失する．

テートにとって，四元数を「厳密に実行する」ことは，聖職に就くこと
と同じレベルの伝統への帰依を必要とした．

このすべては，「それは，まさしくヴィクトリア時代人がものを書くと
きのやり方」であるとして，片付けられてしまうかもしれない．しかし，
ギッブスに関する彼の批判は，静かに，かび臭い図書館の書架に押し込
められて，永遠に忘れ去られてしまうようなものではなかった．実際に，
それはある著者が，「暴力のレベルの争い」と呼んだほど[29]のもので，互
いの力を試そうとした古代の二人の魔法使いさながら，テートとヘヴィ
サイドの両者が，皮肉と悪口の才能の限りを尽くしたものであった．

戦闘開始

ギッブスは，1891年4月のネイチャー誌に宛てた長いレター[30]の中で，
テートに対して丁重に，しかし，力強く自らの考えに対する弁護を行った．

> 四元数の使用から離脱してベクトルを扱うことは，罪悪であると憶測されてい
> るようである．もしもこの憶測が真実であるとすれば，それは重要な真実であ
> るが，もしも真実でないなら，特にそれが地位の高い権威者によって支持され

ている場合には，挑戦されていないままにしておくことは不幸なことであろう．ギッブスは，彼の「概念および表記法」を支持する議論に進み，初めて彼のベクトル解析手法は，容易に「四次元またはそれ以上の次元」に拡張できるのに対し，「四元数の表記法は，そのような空間に適用できないであろう」という興味深い考察を導入した．テートは速やかに回答[31]したが，その中には次のような驚くべき言明があった．

> ギッブス教授の四元数に対する反論の一つが，私が常に…それらの主要な利点を考察していたことと厳密に同じことであることは，奇異なことである——すなわち，それらはユークリッド空間に一意的に適用することができ，それゆえに物理科学の最も重要な分野のいくつかにおいて特に有用である．<u>物理学の学生が，三次元以上の空間を扱う必然性があるのだろうか？</u>[32]《引用者の強調》

さらに，一つはギッブスから，もう一つはテートからの二つのレター[33]でネイチャー誌上の論争が続いたが，両者は微動だにしなかった．その後この論争は勢いがなくなったかに見えた．しかし，ほぼ同じ時期に，ヘヴィサイドの極めて重要な論文「電磁場における力および応力，ならびにエネルギーの流れについて」(On the forces, stresses and fluxes of energy in the Electromagnetic field) が完成していた．これは，翌年の1892年まで印刷された形では現われなかった[34]（その理由は，ヘヴィサイドによると「植字上の問題」であった）．この論文において，消えかかった論争の火種に新鮮な空気が吹き込まれた．王立協会哲学会報に発表された論文の，次のようなヘヴィサイドらしい宣言に対するテートの反応は，容易に想像できる．

> 電気磁気学はベクトルで満ちているから，それを表現するための適切な表現は，ベクトル代数である…．四元数的な論拠は却下されている…．私の意見では，テート教授の，その名の示すとおりの深遠なる四元数の専門書は存在するが，数理物理学における使用に適したベクトル解析の専門書が欠如しているために，それ《電気磁気学》は後れをとり続けているのである…．私はベクトル解析の四元数的な論拠は拒否する．

テートが1892年にそれを読んだとき，テートにとっては何ら驚くべきことはなかったということは，指摘しておかねばならない．ヘヴィサイドは，それよりも前の1891年11月に，「エレクトリシャン」に，後のEMT1のChapter 3となる，本に匹敵するほど長大なベクトル解析に関する連載[35]のはじめの部分を書いていた（彼が「四元数の難解さと，それ

らを無視することによる相対的な簡略さ」と，挑発的につけられた題目の一節において，テートを「この上もなく深い学識を持った形而上学的数学者」と呼んだのは，この論文においてである）．

> 私が思うには，「四元数」は，一人のアメリカの女学生によって「古代の伝説的儀式」と定義されたものであった．しかし，これは完全な誤りであった．古代人たちは——テート教授とは異なり——四元数を知らず，崇拝もしなかった．

1892年のヘヴィサイドの論文に戻るならば，彼はネイチャー誌上のギッブス－テートのレターの引用を続け（彼はそれを「どちらかと言えばそのやりとりは，ややギッブスが有利な一方的な議論」と呼んだ），さらに，ギッブスが「四元数の発展の阻害者」であるというテートの非難を引用して，次のように応酬した．

> これは，まことに正しいと思われる．だが，ギッブス教授は断じてベクトル解析とその物理的応用の阻害者などではない．

ついに彼は，この論文の後の方でテートに対してあざけりの言葉を投げつけた．

> 四元数を用いることによって何らかの利益が得られるということは，ほとんどありえない．このことは，ウィラード・ギッブス教授が最近われわれに語ったことを，私が繰り返しているに過ぎない….

ヘヴィサイドは，この論文のコピーをテートとアレキサンダー・マコーリ（Alexander McAulay: 1886年の数学優等試験で49番目のラングラーであった，オーストラリアのカレッジの数学講師）に送った——彼は，彼自身の論文が掲載されている同じ王立協会哲学会報にあった[36]マコーリの四元数に賛同する論文，「電磁気の数学的理論について」(On the mathematical theory of electromagnetism) の読後の回答として，そのコピーを送ったと考えられる．マコーリの意見のうちの一つ「ついでに私は，テート教授が永続的に，また完全なる正当性を以って，四元数が恩知らずの物理学者たちへの最大の恩恵の一つ，すなわち四元数の<u>完全な自然さ</u>を授与したことを強調していることは，四元数的な方法における実例を示すように私には思われることを指摘したい」は，間違いなくヘヴィサイドの注目から逃れることはできなかった．おそらく彼は，マコーリに対し，自分の論文を送ることによって，彼の方法の誤りを示そうとしたのである！　いずれにせよ，マコーリは，ネイチャー誌において，新たなレター[37]の形で応酬した．

第9章 四元数をめぐる大戦争

ベクトル解析を用いたり，また，他人に対して用いるように主張するような物理学者の仲間は，みじめに思えるほどに少ない．《彼は，ギッブスとヘヴィサイドを，いかがわしい品性のギャングの親玉のように聞こえるように，「そのような仲間の中で，最も有名な二人」と呼んだ！》…ギッブス教授とヘヴィサイド氏は，未だに彼らの計算法の利点について――お互いに，とまでは言わないまでも――この少数派の仲間の残りの者たちを納得させてはいない….

続いて，侮辱的な結論が続く．

…マクスウェル，クリフォード，ギッブス，ヘヴィサイドらは，やわらかい料理を一方的に押し付けている…．ハミルトンとテートは，堅い肉 (strong meat) を出すことを推奨した…．この押し付けがましい連中 (spoon-feeders) には，他の物理学者たちと同じ類の流動食 (spoon meat) を提供させてやろうではないか．

マコーリから見れば，困難であることは明らかに美徳であり，また，人は学生たちのために，物事をあまりに容易なものにすべきではなかった．少なくとも，彼はギッブスとヘヴィサイドをマクスウェルの仲間に入れていた．

ヘヴィサイドの論文に対するテートの反応は，マコーリの記事のちょうど二週間後に，極めて卑劣に（険悪とさえいえる形で），またもネイチャー誌に提出された [38]．

私は，ウィラード・ギッブス教授の長い手紙に対する返信の中で，いくつかのことを言った [39] と思う．それらのすべては，（いわゆる）ベクトル解析のあらゆる体系に付きまとう不体裁と同様，必要な重要事項を示すためには必須のこと（仮に，実際に何かが必須であるならば）である…．O.ヘヴィサイド氏による最新の論文のはじめの4ページを熟読したところ――これが，私のできる精一杯のことである――幻覚が一掃された…．特に，私は電気力学において，何か新しいことをそれから学ぶことを望んでいたので，その論文を読もうとしたのである．ところが5ページ目で，私はまるで集札人［check taker: 劇場や駅でチケットを回収する人］に出会ったかのように感じた――それよりも先に進もうとするなら，その前に代償を支払わねばならないことに気づいた．四元数は改めて学ぶべきものではない（書かれているのはそれに対する嫌悪ばかり）だけでなく，私にとっては長い間慣れ親しんできた表記法に対する新しい，また非礼極まりないパロディを学ぶべきだ，と書かれていることを知った．それゆえ，私はこの試みをやめなければならなかった．そこで私は，安心してこの問題から離れた．ところが，ヘヴィサイド氏はそのとき，四元数に対する手の込んだ攻撃を《エレクトリシャ

349

ン誌に》発表した…. まともな物理学者であれば避けるべき，一つの体系の執拗な擁護を私に押し付け続ける彼の意見に答え[40]，私は彼を（もしも，<u>そのような読者がいたらの話だが</u>，彼の読者たちをも《引用者の強調》），少し前の私が行った短い講演の中で簡単に言及していたであろう….

テートを怒らせたと思われたのは，エレクトリシャン誌における，次のようなヘヴィサイドの無遠慮な言葉であった．

> …テート教授が，物理学者としてその研究に際して用いる四元数の完全な適合性と自然さを誇示するとき，私は彼が全く誤っていると考える．…それでも尚，このめちゃくちゃな体系が，物理学者たちに対して熱烈に，かつ真剣に，彼らが望むとおりに厳密であるとして推奨されている．いささかたりとも，そのようなことはない．物理学者たちは望んでいない．物理学者は沈黙することでそのように言ってきた．事物の適合性についての常識は，ベクトルについての四元数的な学説とは相容れない．これ以上に不自然な学説は存在しえない．

これらは，ヘヴィサイドからの戦闘的な言葉であった．それは，テート自身ではなく，一人の同僚が実際にヘヴィサイドの論文を読んだと語ることによって，テートにレターを書き続けさせる刺激となった．

> ノット博士[41]は，大胆にもギッブスとヘヴィサイドの小冊子を読み，それらの道なきジャングルを通って困難な旅を経た後，以前よりも断固たる四元数の支持者となった．彼は（少なくとも，私から見れば），今まで隠されていたギッブス教授の奇妙な記号の…謎を暴きだした．そして，私の要求に従って，ノット博士がヘヴィサイド氏の論文の手ごわい数式の一つを分かりやすい形に翻訳してくれたとき，二人の年老いた慎み深い友人が，民話の中のブランダボア(Blunderbore)のパントマイムみたいな一人の人間に変装していることを知って驚いた．彼の化身の一人には，括弧の部分を除けば24文字，12個の添字，3つの点，そして5つの符号［ヘヴィサイドが使った式の中の記号を数えたもの］以外のものが含まれていないではないか！ 彼が次に現れたとき，彼はまだ括弧を身にまとい，今度はたったの18文字と44個（または46個）の記号で，すべての話を作り上げていた．というのは，彼は9個の添字，3つの指数，3つの点，5つの符号，そして3対の挿入句を持っていた！

優劣を競う数学的体系を，記号の数を数えて評価するという着想は，敏感な読者にとって奇異に<u>思われる</u>に違いない．この不条理は，後で述べるように，ヘヴィサイドの注目から逃れられなかった．しかし，まずは怒れるテートのレターを締めくくらせて頂こう．

第9章 四元数をめぐる大戦争

> ノット博士の論文は，至るところ興味深く，また，教訓的なものである——それは，（いわゆる）ベクトル解析の仰々しさと欠陥をあますところなく暴露している．その暴露が私に残した印象が，単なるおかしさを伴った失望なのか，驚きと哀れみが混じったもののいずれかであるかについては，私には決められない．

テートもまたプリースと同じように，怒号や侮辱が論理的な議論や事実よりも彼に勝利をもたらすと信じていた．おそらく彼は，はじめの頃のギッブスの揺るがぬ調子の回答に戸惑いを感じたが，ヘヴィサイドによって，予想以上に後退させられてしまった．「ネイチャー」への更なるレターは，実質的にテートを無視した，ギッブスからのマコーリ宛の回答[42]であった．ギッブスのやり方はいつもそうであるように，その回答は感情的な対立が読み取りにくいように書かれていた．

続いて，テート宛のヘヴィサイドの回答[43]が続き，そこでは，引き続き反対の意思が表明されていた！　テートはティンダルやグレーズブルックやギッブスなどのような「紳士」をいじめる（あるいはいじめようとする）ことには慣れていたが，ヘヴィサイドのような「無作法者」からの無遠慮な回答は，テートにとってなかなかの衝撃であった．ヘヴィサイドは，マコーリを比較的穏やかに扱った[44]が，テートに対しては違った方法をとった．ヘヴィサイドの頬への尊大で軽蔑的な平手打ちの反撃としてテートが食ったのは，顎への確実な右クロスであった．

> 私は最近まで，テート教授がその妨害的な態度を変える可能性があるものと考えて，四元数の道楽に対しては非常に優しく，慈悲深い態度をとり続けてきた．しかし，そのような機会はなさそうだ．テート教授の態度が変わるかどうかはともかく，数学の実用的な体系としての四元数がどのようなものであるにせよ，物理学者たちにとっては応用する機会がないことは，実際上確実なことであると私は思う．それが物理的な表記とあまりにも調和しない場合，どうしたらそれが可能になるであろうか…．ベクトルは四元数ではない；それは，過去においても，また将来においても変わらないであろう…．仮定された証明は，芯まで腐っている．<u>師匠《ハミルトン》に対するテート教授の献身とは，過去20年間にわたり，ベクトル解析の普及を妨害してきたことである．</u>《引用者の強調》

一方，テートは，ヘヴィサイドが次のように書き続けたとき，そのノックアウト・ブローによってよろめいたに違いない．

> …テート教授のレターは…極めて重要であるように思われる．四元数の静寂と

351

平和は乱されてしまったのである．四元数の城内には混乱が起こった；警報と襲撃，そして投石と熱湯の雨が襲撃してきた軍勢に降りかかった．彼のレターには，それ以外の意味があるのだろうか？また，結論としての段落に，それ以上の特別な何かがあるのだろうか？彼の偉大なる知性を以ってしても，私あるいはギッブスのベクトルを理解できなかったようであるテート教授は…そこに完全に卑劣な何かが存在する可能性があるかどうかという，かすかなチャンスについて調べる仕事を，ノット教授に委託したようだ…．彼《ノット博士》は，ある式の中の記号の数を数えあげたのであった．賞賛すべき批判ではないか！

四元数は，「簡潔かつ優美」であり，他の表式は「人為的かつ不体裁である」という彼の主張を支持するためにテートによって提示された「記号計数」判定基準 ("symbol-count"criterion) は，翌年夏に直接，アーサー・ケイリー (Arthur Cayley) 教授によって取り上げられ，彼の論文「座標系対四元数」(Coodinates versus quaternions)[45] において論駁された．ケイリーは，かつてテートに示したことがある実証的で詩的な二つの反証に結びつけた[46]が，二番目のもの[47]はより核心に迫るものであった．

> 彼に示したもう一つの例として，私は四元数の公式を，ポケット用の地図に例えた——主要な意味は，それはポケットにしまえるが，使うときにはそれを開かなければならない：その公式は，理解されるためには座標に翻訳されなければならない，ということである[48]．

ヘヴィサイドの論文が発表されて間もなく，ノットの論文「ベクトル理論における最近の革新」(Recent innovations in vector theory) の抜粋が，ネイチャー誌に発表された[49]．ノットの語気は非常に戦闘的かつ皮肉たっぷりであって，ギッブスを，ベクトル解析論者たちの「地位の高い聖職者」，「ベクトル至上主義者 (vector purists) の王子様」と呼んだ．ノットはまた，ギッブスの三次元以上の空間についての主張を引用して，テートがそれを認めないことに対して，彼もまた同意することを示した．

> 「事物の本質」[50]を四次元に訴えることによって説明しようとすること——軍神マースの社会生活を論ずることによってアイルランド人の疑問を解明すること——これは壮大なる着想であって，取るに足らない，人為的な，三次元の四元数を軽蔑する者たちにふさわしい問題だ．

ヘヴィサイドもまた，「どう見ても，テートの方法の批評家を自任する者は，絶対に実際にはテートの『四元数』を読んではいない《ことを示している》エレクトリシャンの中のヘヴィサイドの大言壮語」について

第9章　四元数をめぐる大戦争

書くことで，ノットと皮肉を交し合った．ノットが打ち負かされた「大言壮語」とは，「テート教授のすばらしい『四元数の基礎論』の読者たちは，おそらく3ケ所にためらいを覚えるだろう…」，1ケ所は「難解な数学…，ベルソル (versor：本章の「技術ノート3」を見よ)，四元数と形而上学との結合」，というヘヴィサイドの指摘であった[51]．

これ以後，ノットとギッブス，その他[29]からネイチャー誌には引き続きレターが寄せられたが，1893年の末まで，ヘヴィサイドとテートは沈黙を保っていた．そのとき，テートはマコーリの著書『物理学における四元数の有用性』(Utility of Quaternions in Physics) の書評を発表した[52]．この書評は，一般的に好意的なものであったが，テートはギッブスとヘヴィサイドへの更なる爆弾のためにこの本に対する彼の賞賛を覆い隠さざるをえなかった．

> ウィラード・ギッブス教授とオリヴァー・ヘヴィサイド博士，およびその他の同類の連中の著作の中で，豊かな牧草地であるとしてわれわれに示された不毛の荒野をさまよった後に，このような本にざっと目を通すことは実に爽快なことである．

テートが，彼自身が以前に一度も使ったこともなく，ヘヴィサイドも10回以上名誉博士号を受けようとしなかったにもかかわらず，ヘヴィサイドに対して博士の称号をつけたということは，奇妙なことである．最も考えられることは，ヘヴィサイドが公式的な信用証明書を持たないということに注目を引き付けることによって，ヘヴィサイドを妨害しようとすることであったが，このことは，まさしく，テートがヘヴィサイドのような人物を理解できなかったことを示すものである．いずれにしても，ヘヴィサイドはやりすごした（だが，彼は，「ネイチャー」の行間に，「また悪口を書いている (Mud throwing again)」と書いていた）．

テートは彼の書評の中で四元数の適切な効用を，次のように譬えている．

> 彼は，直感的にその威力を認識すると，ハミルトンがすべての人に対して提供したすばらしい武器を引ったくり，すぐさま大きなゲームを求めてジャングルの中に猛進するのだ．

これを読めば，テートが「英国物理学のラジャード・キップリング (Rudyard Kippling)[2*]」と呼ばれてきたこと[53]は，いささかも不思議ではないことがわかるのだ！　テートは（ギッブスやヘヴィサイドのように），生意

気にも，ハミルトンのもともとの着想をいじくり回すその他の連中に対しては，彼の暗喩の「大砲」を連射し，彼らの労力について，

> …当惑した市民を納得させるためには…スコットランド高地人のマスケット銃のように，それ（四元数）が使用上安全であるとみなしうる前に，彼ら自身が考案した物の真新しい台尻，銃身とロックの取扱い方法を必要とするのである．

と書き，次にテートは，ハミルトンをいじくり回す，すべての者に対する彼の強硬路線を軟化させ，次のように書いた．

> マコーリ氏自身，一つあるいは二つの驚くべき革新を行った．しかし，彼は独りよがりのつぎはぎ屋とは違い…精巧に設計されたハミルトンの機械のすべてを維持している…．

これは，ヘヴィサイドが見過ごすにはあまりにも挑発的であったため，彼は論争の最後のレター[54]の中に，最後の言葉を書き入れた．ヘヴィサイドは，このレターの中においてはテートに対して最初の回答と同じように不屈で戦闘的であった．テートはおそらく，彼自身が可能な限り言葉の戦いで反対者であり続けることに関心を失いつつあった．ヘヴィサイドが次のように書いたときでさえ，彼は回答を書かなかった．

> テート教授が，ベクトルをベクトルとして扱い，また四元数を四元数として扱う人たちに対して公平であることはできないであろうということは…自ずと予測可能なことである．ウィラード・ギッブスやその他の人宛のすべての反論において十分に明らかなように，彼は，それらの人たちの考え方や仕事の仕方のいずれについても知らない．しかし，四元数論においてテート教授がしばしば表明した保守主義の視点から見ると，マコーリ氏が導入したようなあらゆる革新を許容したことは，いささか奇異である．後者はおそらくこの事実を，前者が賞賛せざるをえないほどの彼の解析能力に対する賛辞であり，彼の四元数からの離別の容認であると受け取ったのであろう．

さらにヘヴィサイドは，彼の読者についてのテートの皮肉に応えて「そのようなことがあるとすれば」と述べ，彼の仕事について；

> （いまやおびただしい数の）読者の利益のために私は私の通常の表記法を採用する。彼らは，あいまいな四元数の手続き《本章末の「技術ノート3」参照》にはついていけないだろうが，より簡単なベクトル代数は理解できよう．

と書き，そして，最終的に，次のように書いた．

> 私は，テート教授が推測しているよりもはるかに多くのものが，マコーリ氏の

数学の中にあることを知っている…私はこの覚書において，テート教授が自ら知らないことに，すなわち四元数は別としてベクトル代数に関して思い込んでいた誤解については書くつもりはない．

論争の余波

このようにして，四元数とベクトルをめぐる公開論争は終結した．どちらの側も他の側を「教育」することはできなかったが，「ネイチャー」の読者たちは，彼らのために「上演」されたはらはらするような見世物を，しっかりと見ることができた．おそらく，レイリーのコメント[55]「これらのベクトル主義者が，どれほど相思相愛であったかを御覧なさい」は，傍観者として見ていた人たちの代表的な結論を要約したものであろう．ギッブスとヘヴィサイドは，彼らのベクトルを用いてまっすぐに進み，一方のテートとノットは，彼らの四元数を最後まで推し続けた．実際にテートは1895年に，ケイリーが四元数をポケット地図に例えたことに対して，再度ラジャード・キップリングの如く聞こえるように，ケイリー宛に次のように書いている[56]．

> 私には，座標幾何学…を蒸気ハンマーに例えることが，はるかに自然で適切な比較であるように思われます．蒸気ハンマーは，熟練工が一般的な種類のあらゆる建設的あるいは破壊的作業，例えば卵の殻を割ったり，碇の溶接などの作業を行うために使うことができます．しかし，その作業を行うためには，熟練工を雇わなければなりません．なぜなら，彼がいなければ，それは不要だからです．彼は，息苦しいエンジンルームの中で，熱や煙，すす，油，そして絶え間ない騒音の中で，骨を折って働かねばなりません．仕事はハンマーに頼らねばなりません．なぜなら，それ（蒸気ハンマー）は，通常，その作業にはなじまないからです．一般的に転換可能ではないのです．それぞれの熟練工は，自分の武器についての詳しい作業だけを知っています．一方，四元数は，象の鼻のように，パンくず，あるいは猟銃を拾い上げたり，虎を絞め殺したり，木を根こそぎにしたりするために，いつでも，何に対してでも準備できています．それは極めて緻密なもので，道のないジャングルの中や，バラック地域の中のようなどんな場所にも適用可能です——それは，特別な技能もなく，訓練も受けていない原住民，あるいは，何のためらいもなく一頭の象から他の象に乗り移ることができる者によって指図されるものです．その仕事に対してそれ自身

が適合しているものが，紛れもなく，より優れた道具なのではないでしょうか！　しかし，それ《四元数，象の鼻》は自然なものであり，他方《蒸気ハンマー，座標，すなわちベクトル》は，人工的なものです．

そして，何年か後にはノットがウィルソンの著書[25]の書評[57]の中で，ほとんど同じことを述べている．「…われわれは，ギッブス教授ほどの偉大な能力を持つ人物が四元数の道から逸脱するという，その満足できる理由が見出せない…」．

1895年の暮近い頃，「四元数の研究と類似した数学的な体系の研究を奨励するための国際的協会」の設立を呼びかける，奇妙なレター[58]がネイチャー誌上に現れた．このレターの共同執筆者は，ギッブスと同じイェール大学に在籍していた木村駿吉[3*, 59]であったが，彼は「四元数に偏見を抱いている多数の人たち」に対する回答として，「四元数主義者は，もしも反対論者たちが四元数の計算を適切な配慮と忍耐をもって行うならば，彼らがデカルト座標の領域にいたときの貧しい表記法よりも，はるかに強力な研究手段を扱うことに喜びを覚えるであろう」ことを示唆した．テートは（彼は断ったのであるが），初代の協会会長に選出され，その会報は1900年から1913年まで刊行された．ギッブス自身も1899年に入会を勧められたが，（驚くべきことではないが）彼は，その申し出に応えないことにしたようである．

実際に何年かが経過したとき，ノットの「四元数への道」に進んだものは誰一人いなかった．ギッブス－ヘヴィサイドのベクトル代数が現代的な技術者や科学者たちすべての日常的な研究手段となってゆく一方で，四元数は消え去って行った．しかし，これは一夜にして起こったのではなく，フィッツジェラルドでさえ，この論争点については，ヘヴィサイドがはるか遠くまで行きすぎてしまったと感じていた．1892年7月26日に，彼はヘヴィサイドに宛てて次のように書いている．

> 私は，一般の数理物理学者たちがベクトルでものを考えることに成功されんことを希望いたしますが，私は，あなたの表記法が進歩であるとは考えておりません．あなたは，私がテートについて「反抗的」(riz) であることや，あなたの「S の省略」について非常に混乱させられていた《S は，四元数のスカラー部分を表わすハミルトンの記号である》ことはご存知でしょう．人は，毎回悩んでいると自然にそのわずらわしさを嫌うものです．

もっと同情的であったのは，ヘヴィサイドのベクトル解析の連載シ

第9章 四元数をめぐる大戦争

リーズの第一回目の論文に次のようなコメント[60]を寄せたエレクトリシャン誌であった.

> この号におけるヘヴィサイド氏の記事は,やや難解であるが,極めて重要な主題——解析におけるベクトルの応用——に向けられている.著者はいつもの活発かつ戦闘的なやり方で,通常のデカルト座標的,あるいは四元数手法をしのぐ,ベクトル手法の大きな利点を論じている.主としてそれらを扱っている初歩的な教科書がないために,比較的少数の人たちだけしかベクトルの性質について慣れていない….われわれは,それらに関する主要な結果を要約したものが,きわめて価値あるものであると確信している.電気技術者たちは,ヘヴィサイド氏がその複雑さゆえに四元数の使用を非難したという事実に気づかずに,絶えずベクトル量を使っている.ベクトルの使用が困難だというのは,単にそれがなじみのないものであるからにすぎないと思われる.

現代の技術者や科学者には認識しがたいであろうが,上記引用文は,ほんの一世代前には世界中の最も優れた物理学者たちでさえも,ベクトルと縁がなかったことを示している.ヴィクトリア時代の最も偉大な物理学者の一人であるジョセフ・ラーマーが,さほど昔でもない1893年10月12日付のヘヴィサイド宛の手紙において,次のように書いている.

> 私は,実際にベクトル解析への改宗者でありますので,時間があれば,直ちにそのしくみを学ぶつもりです.《引用者の強調》

何という事態の変わりようであろうか！ しかし,これは四元数が現在では全く死滅してしまったことを意味してはいない.未だにそれは時々浮上し[61],ハミルトンが1859年にテート宛に四元数について以下のように書いたとき[62]には,ハミルトンはまだ正しかったことが証明可能であった.

> すべてのことを,より簡単に,あるいはより満足なものにできるでしょうか？
> あなたは,われわれが正しい軌道の上にいて,将来感謝されるであろうかということについては,考えても,感じてもおられないでしょうか？ それがいつになるかは,ご心配には及びません.

一方,ヘヴィサイドがベクトルの研究で記憶されるという運命が導かれたなら,仮に四元数が最終的に役立つようになったとしても,ハミルトンとテートが感謝されるには長い間待ち続けることになるだろう.歴史的な混乱がおさまるまでに長い時間はかからなかった.1901年の暮れ,アメリカ数学会は,ニューヨークにおいて年一回の定例総会を開催

した.「ネイチャー」はこの会議を次のように報告している[63].

> ギッブス教授の『ベクトル解析の基礎(1881-4)』は,彼の学生用の小冊子(83ページ)であったにもかかわらず,広範な注目を浴びた. O. ヘヴィサイド氏は,これに僅かな変更と十分な説明を加えて,彼の Electromagnetic Theory (1893) に適用した.《引用者の強調》

ヘヴィサイドは,このような単なるギッブスの模倣の役への「降格」に対して,その雑誌の論文の欄外に,短い覚書を書くにとどめた:

> 私のベクトルに関する仕事は,1888年にギッブスの小冊子を受け取る前になされたものである.そのときに私は,Elecrical Papers 二巻の中ですべての仕事をなし終えているのだ.

このことは,ギッブスの重要性がヘヴィサイドと同等ではないというものではない.ヘヴィサイドは電気力学において実際にベクトルを応用することにおいてギッブスに先んじてはいたが,そこではギッブスもまた貢献していた.電気技術者にとって特に興味深いこの重要な例は,レントゲンが新たに発見した放射線(X線)は,「光のエーテル内の圧縮性波動(すなわち縦波)である」,というケルヴィンの主張に対するギッブスの応答であった.レントゲン自身は当初,このことが正しいのではないかと推測していたので,早くも1884年にケルヴィンの甥J. T. ボトムリー (Bottomley) は,その存在について議論を行い,この問題においてケルヴィンが優先権を有することを人々に気づかせるために,「ネイチャー」に投稿した[64].さらにその後,ケルヴィンは「それらの波の伝搬は,通常の(横波の)光波よりも,かなり速いであろう」という,彼の信念を表明していた.ボトムリーの投稿後間もなく,ケルヴィン自身が,超光速の波動を発生するという彼の着想を如何にして実験的に確認するかについての示唆とあわせて,入念な論文を書いた[65].彼は次のように述べた:

> この疑問に対して実験的にどのように答えられるかということを知ることは,容易ではない;しかし,それ《波動の伝搬》に関する疑問に答える方法を見つける上で,ヘルツによって示されたすばらしい工夫を思い起こすならば,多分われわれは実験によってそれに答えることについて絶望する必要はないであろう.

二ヵ月後,ギッブスは,ケルヴィンが提示した実験について,特に詳細な電磁場の方程式を解くことによってこの挑戦に応え[66],いかにして光の速度を持つ横波のみが結論づけられるかを示した.このようにして,

第9章 四元数をめぐる大戦争

彼はケルヴィンの好む着想を否定しただけでなく、そこにベクトル解析を用いた（嫌われ者の rot は、ギッブスの解析すべてにおいて使用された）。ベクトルの拒絶者であり、またマクスウェルの理論に納得しないままであった[67]ために、1896年4月のネイチャー誌を読んだケルヴィンは、二重に不満であったに違いない。

再び、闘いの終結へ

ヘヴィサイドは、ウィルソンの著書の書評[26]の中で、ヘヴィサイド自身はほとんど自明なものと考えていた主張（「ウィルソン氏は、それはかなり明らかであると言い、次におそらくは、ユーモアのない人たちの利益のために、証明することへ進むのである」）のウイルソンによる証明を示した。ヘヴィサイドはこの証明が不適切なものであると主張し、「ちょっと点検するだけで (by inspection)［論理によらず］」自分なら証明できる、と述べた（ヘヴィサイドは何かが混乱してもつれたとき、フィッツジェラルドが好きであった言葉、「混乱 (hugger-magger)」を使った）。ヘヴィサイドは、次なる章（であり、四元数戦争の戦場付近で未だに硝煙が渦巻いていたときにやって来た次なる戦争）の序文となる一節を以って、次のように続けた。

> 私が戯れに言う事例は、おそらくシニア・ラングラーを目指す若者たちやカレッジの学生のために本を書く難問考案者によってなされた多くの仕事の典型である。できるなら、数学を人間的なものにしようではないか。最良の証明は、事実を真実として見えてくるように、事実を描写的に記述する証明である。

この詳細な数学的証明に対する不愉快な姿勢は、（好意的でない）数学者たちの注目を確実に引き付けることになった。しばしば表明されたこの意見は、爆発物製造工場の頂点に避雷針を立てることに似て、彼が驚いたように、かなりの数の雷撃を引き付けた。この厳しい顛末を例えるならば、彼の数学的証明に対する無頓着な取り上げ方は、結果として彼の数学工場を火の海と化したのである！

技術ノート1：数とベクトル──実数、複素数、四元数 [4*]

数学は、無限長の実数の数直線という拘束を解き放ったとき、非常に豊かな数の体系、いわゆる複素数（この用語は、ドイツの偉大な数学者、C. F.

359

ガウスに由来する）を無限大の平面に対応付けることが可能となり，おびただしい知的段階を経過してきた．事実上，この段階の重要性を誇張しすぎてもしすぎることはない．現代の電気技術者や物理学者たちは，最愛の－1の平方根（$i = \sqrt{-1}$）が複素数から取り去られたとすれば何もできなくなってしまうだろうし，その他の多くの科学者たちも，ほとんど同じように悲惨な状態に陥るであろう．

　幾何学的に考えてみよう．数を水平方向の直線（実軸）に対応付けるものとし，この直線は両方向に，無限大まで延びているとするとき，われわれが原点と呼ぶことに同意できるような，その「中点」を想定し，一つのベクトルを，その原点から一つの点に向う線分として定義するものとする．われわれは，そのような任意のベクトルを適当な数を乗ずることによって，別のベクトルに変換することができる．すなわち，＋2は，－1を乗ずることによって－2に変換されるのである．正の数を乗じられることは，単に短縮（あるいは伸長）であるものと考えることができる．しかし，負の数を乗じられることは，回転という風変わりな解釈に導かれるのである．＋2に対して－1を乗じたとき，われわれは＋2のベクトルを180度回転して，負の実軸の－2の位置に置くのである．この回転という着想は，われわれにとって評価不能の$\sqrt{-1}$の幾何学的な解釈を与えるという理由により，革命的な概念なのである．

　$i^2 = -1$（よって，$i = \sqrt{-1}$）とする．われわれは既にi^2を乗ずることは，幾何学的には180度の回転と同等であることを知っている．さらに$i^2 = i \cdot i$，すなわちiを二回続けて適用することであり，それぞれのiは同じ効果を持つのであるから，iは90度の回転の要因でなければならない！　このようにして，水平の実軸から90度の垂直な直線を引くことにより，つまり複素平面という座標系を定義することにより，この一組の軸という着想が生まれた．

　この垂直な軸は，しばしば虚軸 (imaginary axis) と呼ばれるが，実際にそれについては，なんら虚しい（想像上だけのもの）ということは，まったくない（それを図9.1に図示してある）．この考えは1600年代の末に起源を持つにもかかわらず，ノルウェーのカスパー・ヴェッセル (Casper Wessel) が，特にこの軸のことを「想像上の軸」と呼んだのは，1799年になってからであった．Imaginaryなる言葉は，数学者たちがある種の代数方程式の解において，初めて－1の平方根というものに遭遇した昔

第9章　四元数をめぐる大戦争

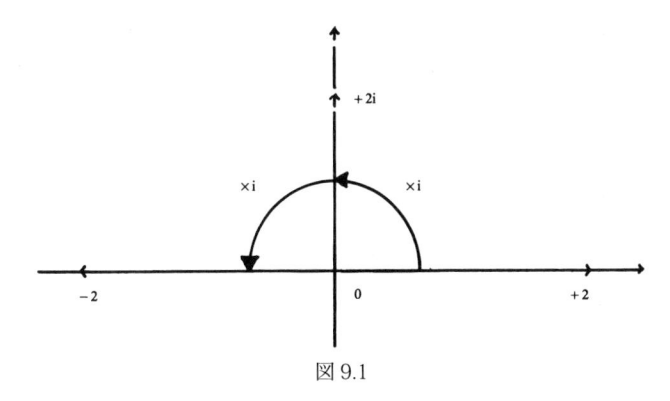

図 9.1

日からの残留物である．彼らは，そのような解に対する幾何学的な解釈を持たないまま，それらを Imaginary（虚）と呼び，敷物の下に押しやった．しかし，回転の概念をもってしても，比較的最近に至るまで，i は楽な道のりを歩んだわけではなかった．1881年のシニア・ラングラーは回想して，「当時は，三角関数の公式においてさえ，ケンブリッジにおいては $\sqrt{-1}$ を使うことに疑問をもっていた…．虚数 i は，まるで信頼できない侵入者かのようにみなされていた」，と語っている[68]．

複素平面における各点に対して，原点から引かれた二次元のベクトルを対応づけることができる．図 9.2 を参照されたい．そのようなベクトルは，実数部 A および虚数部 B を持ち，$A + iB$ と表わされ，幾何学的には実軸と角度 θ を作る．われわれはそこに，正の実軸に沿った単位ベクトルと正の虚軸方向に沿ったもう一つの単位ベクトル（すなわち，虚数 i）を考えることができ，そうすると，任意のベクトルはこれらの基本的な単位ベクトルの何倍かされたものの和として表わすことができる．

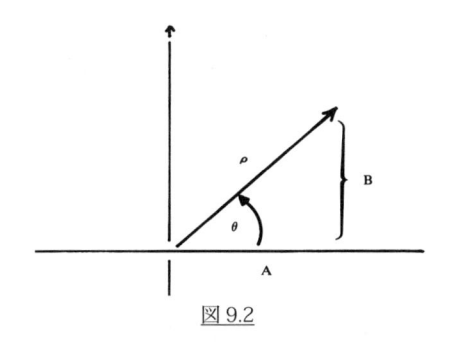

図 9.2

ベクトルの長さは，ピタゴラスの定理から，$\rho = (A^2 + B^2)^{1/2}$ であるから，$A = \rho \cos\theta$，かつ $B = \rho \sin\theta$ となり，ベクトルそのものは，

$$A + iB = \rho(\cos\theta + i\sin\theta)$$

と表わされる．括弧内の式は，オイラーの恒等式によって，$e^{i\theta}$ に等しいことが知られている．従って，任意の二次元複素ベクトルは，簡潔な式

$$\rho e^{i\theta}$$

によって表わすことができる．ここに，ρ はベクトルの長さ，θ はベクトルと実軸が作る，ラジアンで表わされた角度である．このような複素数の解釈は，言葉を超えた実りあるものであり続けた．例えば，この式から直ちに，

$$-1 = e^{i\pi}$$

が得られ，さらにこれから，次々に次式を得る．

$$\sqrt{-1} = i = (-1)^{1/2} = (e^{i\pi})^{1/2} = e^{i\pi/2}$$

これらの二つの結果から，次のような驚くべき結果を計算できる．

$$\ln(-1) = i\pi$$

この式は，まさに，われわれが負の対数を計算できることを示すものである（これを電卓で計算しようとすると電卓の表示が点滅するであろうが，その理由は，電卓の設計者がブラックボックス内の回路と計算手順に，可能なすべてのことを取り入れなかったためである）．

　さらにもっと仰天すべきとさえ言える結論についてはどうかといえば，

$$(\sqrt{-1})^{\sqrt{-1}} = (e^{i\pi/2})^i = e^{-\pi/2} = 0.2078796$$

となることである．そのようなすばらしい知見が，回転という「簡単な」着想から生ずることができることを誰がはじめに想像できたであろうか！

　回転によって，空間からより高次元の空間へ脱出するという考えは，科学フィクション作家たちや彼らの読者たちが，前世紀以来，熱烈に愛し続けたことであった．このすばらしく想像力に富んだ考えは，H. G. ウェルズ（彼は時間は4番目の次元であると論じた）の1895年の名作『タイムマシー

ン』のタイムトラベラーが，彼を信用しない友人に対して，小型のタイムマシーンを実演するという一節の中で，ドラマチックに使われている．

われわれ全員はレバーが倒されるのを見た．私は，間違いなく何のごまかしもないことを確かめた．一陣の風が吹き，ランプの枠が飛び上がった．暖炉のマンテル（横額）の上のローソクの一本が燃え尽き，小さなマシーンが突然ぐるっと回り，ぼんやりとなり，1秒間ほど幽霊のように見え，そして去った…．そのとき，フィルビーは，「そんな馬鹿な！」と言った．

　J．B．プリーストリー (Pliestly) は，彼の非常に愉快な本 *Man and Time* (Doubleday, 1964, pp.122-123) の中で，この実演を，回転さえも忠実に「見せるために」一連の写真を掲げている．しかしもちろん，ウェルズの文章も，プリーストリーの写真も，実際には正しくない．なぜなら，彼らは実行した回転を三次元そのものにおいて記述し，また示したからである．実際の回転は四次元的である．貸金庫にぎっしりお金を入れ，そのお金を消してもらおうとしたところで，四次元的な回転を実行することはできず，したがって本書の読者も私もその秘密を知ることに成功しないだろう．

　直線という一次元の空間においては，一つの数を乗ずることによって一つのベクトルを他のベクトルに変換できるということを思い出していただきたい．いまや二次元空間においては，一つのベクトルを，二つの数を乗ずることによって，他のベクトルに変換できることは明らかである．すなわち，一つのベクトルを角度 θ だけ回転し，かつ，その長さを ρ 倍するためには，その複素数表示に複素数 $\rho e^{i\theta}$ を乗ずるのである．さらに，われわれには驚異であるが，(ハミルトンに従って) 一度直線を解放し，平面を自由にすることは，三次元の中に再び回転を持ち込むことを妨げるであろうか？　そして，ハミルトンが推測した一つのベクトルに3つの数を乗ずることが，他のベクトルの変換に必要なことであろうか？後に明らかになるように，それには <u>4つ</u> の数が必要である．

技術ノート2：ブルーム (Brougham) 橋におけるハミルトンの閃き [4*]

ハミルトンは，1858年10月15日付のテート宛の手紙 [69] の中で，次のように書いている．

　…私は，その場で思考の電気回路が <u>閉じる</u> のを感じました．そこから感じた火

花は, *i, j, k* の間の基本的な関係式でした. あの瞬間, 一つの問題が解けた, と感じたのです——一つの知的欲求から開放されたのです——それは, 少なくとも 15 年も前から私に付きまとっていたものでした.

ハミルトンがここに引き合いにしていることは, 彼が1843年10月16日の月曜日にアイルランド王立学術協会 (Royal Irish Academy) の会議に出席するために, ダブリンに向うロイヤル運河に沿って妻と歩いていたとき, ある解法が, 霊感の閃きとともに彼に訪れたことである. そのときに彼が気づいたこととは, 一つのベクトルから他のベクトルへの三次元的な変換を実現するためには, （3つではなく）4つの数を必要とする, ということであった. あの瞬間, ハミルトンは一つの数が長さを調節するために, もう一つの数が回転の量を規定するために, そして, さらに二つが, 回転が行われる平面を規定するために必要であることを看破した. この物理的な洞察は, ハミルトンを, 四つの成分を持つ次の形の超複素数 (hypercomplex) （あるいは四元数[70]）の研究へと導いた.

$$q = w + ix + jy + kz$$

ここに, *w, x, y*, および *z* は通常の実数であり, *i, j, k* は, それぞれ互いに空間の直角方向を向くベクトルで,「通常の」二次元空間の複素数の単なる拡張である. 虚数は, その基本的な性質, $i^2 = j^2 = k^2 = -1$ を除けば,

	1	i	j	k
1	1	i	j	k
i	i	−1	k	−j
j	j	−k	−1	i
k	k	j	−i	−1

図 9.3

第9章 四元数をめぐる大戦争

(定数1を含めて) 図9.3に示す乗算表に従って関係づけられるように定義される．この関係は，数学において第一番目に前提とされる，$ij = k$ であるが $ji = -k$ である，という乗算の非可換律である．マトリックス代数はこの性質を持っているが，それはハミルトンの四元数よりも後になってから明らかになったことである．

この種の数学的な挙動 (今日においてさえ，交換律が成立しないような数学体系に初めて遭遇したときに，学生たちが奇異に感じる) は，(「技術ノート3」において示す) 三次元空間における回転という問題に対する特別な要請として，ハミルトンの心に刺激を与えたのであったが，彼はその他の可能な解釈については気づかなかった．彼は1845年に次のように書いている[71]．

> この基本式，$ij = k$ および $ji = -k$ と反対向きの電気の流れが，反対向きの回転に対応する，という事実の間に類似性がないだろうか？《私は，ここでハミルトンは，電流の周りの円形の磁場の方向という感覚 (sense) を考えていた，と推測している》

その後の1854年の手紙[72]においては，次のように書いている．

> …ファラデーは多分，積 ijk と電流の法則との類似性についての1845年のケンブリッジにおける私との雑談を覚えていると思います．私は，アンペールの法則を四元数の計算法による表式に翻訳してから，私の古い《「電磁気的四元数」を進展させる》予想を今実現しようと努めました．

ハミルトンは，彼の息子の一人に宛てた手紙 (1865年8月5日付)[73] において，このすべてを見た時の閃きの魔力の瞬間について，次のように書いている．

> 私は——理性的ではなかったかもしれないが——ブルーム橋を通ったとき，ナイフで橋の石に，記号 i, j, k による基本式，すなわち，
> $$i^2 = j^2 = k^2 = ijk = -1$$
> を刻もうとする衝動を抑えることができなかったよ．これには問題の解が含まれているのだが，もちろん碑文としては，その後時間が経ってから朽ち果ててしまったけれどもね．

ハミルトンの四元数は，彼自身のものとその後新たに発案された項を用いると，スカラー (w) とベクトル ($ix+jy+kz$) の和として表わされる．ハミルトンはこれを，
$$q = Sq + Vq$$

と表わした．彼は，極めて迅速に，まさにその四元数を発見した日に，三次元ベクトルに一つのスカラーを加えるということの可能な一つの解釈を与えた[74]．

　四元数 (v, x, y, z) において，x, y, z《ベクトル》は方向とその強さを決定することができる．一方，v《スカラー》は，電荷のようなある要因の量を決定することができる．x, y, z は，電気的に極性があり，v は電気的な極性を持たない….

　四元数の計算とは，極性の計算であることがわかる．

ヘヴィサイドは，ウィルソンのベクトルの著書の書評[26]の中で，ベクトルにスカラーを加えるという問題を表現する，ユーモラスな方法を示している．

　あらゆる種類の異なったものを加え合わせることは，実に合理的なことである！誰もがそれを行っている．私の家政婦は洗濯のときに，いつもそれを行っている．彼女は，あらゆる種類のものを加えたり差し引いたり，それらに対して，さまざまな作用を実行し（線形な作用を含む），そして週末には，この貧しい無学な女性は，週のはじめにおけるカゴの中の異なったものの数の合計を，週末において彼女がカゴに入れた数に等しくするような，多様な代数的な等式を作るのである．彼女は時々その操作において間違うことがある．数学者たちとて同じである．

技術ノート3：四元数は複素数である！

　二つの四元数を互いに乗ずる（四元数の積を求めること）とすれば，非可換的な乗算表を用いることにより，以下の結果を得る．

$$q = w + ix + jy + kz = w + \vec{q}$$
$$q' = w' + ix' + jy' + kz' = w' + \vec{q}'$$
$$qq' = q'' = w'' + ix'' + jy'' + kz'' = w'' + \vec{q}''$$

ここに，

$$w'' = ww' - xx' - yy' - zz'$$
$$x'' = wx' + xw' + yz' - zy'$$
$$y'' = wy' + yw' + zx' - xz'$$
$$z'' = wz' + zw' + xy' - yx'$$

である．四元数 q および q' が共に 0 のスカラー部を持つとすれば，すな

わち，$w = w' = 0$ であれば，二つの四元数はベクトルのみとなり，その積は，

$$\vec{q}\vec{q}' = -(xx' + yy' + zz') + i(yz' - zy') + j(zx' - xz') + k(xy' - yx')$$

となることに注目されたい．よって，ハミルトンにとっては，二つのベクトルの積は再び一つのスカラー部と一つのベクトル部を持つ，完全な四元数となるのである．この最後の式は，歴史的に重要な結果を含んでいる．第一は，ハミルトンにとっては四元数の積というものが存在するということである．しかし，現代的なギップス－ヘヴィサイドの体系によれば，スカラー積とベクトル積（クロスプロダクト）という，二つの性質が異なるベクトルの積が存在する．この二種類の積を書き出して，二つのベクトルの四元数的な積と比較すると，その結果は，二種類のベクトルの積の差となる．すなわち，

$$\vec{q}\vec{q}' = \vec{q} \times \vec{q}' - \vec{q} \cdot \vec{q}'$$

である．現代的なベクトル解析は，二種類のベクトルの積を独立に定義し，ハミルトンの場合のようなそれらの混合表示となることを避けているのである．

第二は，$\vec{q} = \vec{q}'$ であるならば，ベクトル自身の四元数的な積は負となるということである．一つのベクトル自身のスカラー積は正数であり，任意のベクトル自身のベクトル積は 0 である．よって，

$$\vec{q}\vec{q}' = -\vec{q} \cdot \vec{q}' = a = 負の数$$

となる．ヘヴィサイドは，この結果について，ベクトルの長さが虚数になること，そして運動する質量に対する運動エネルギーが負になる，という物理的に奇異な結論に導かれるために容認できなかった．彼は，これを「四元数におけるベクトルの二乗の不可解な負の量」と呼んだ[43]．ヘヴィサイドにとっては，これは四元数における「邪悪の根源」であった．

同様の困難は，ハミルトンによって初めて定義された，あらゆる場合において重要な微分演算子 $\vec{\nabla}$ についても生ずる．テートは，その起源について，ハミルトンが蛤 (clam) の中にそれを見つけたかのような書き方をしている[75]．

> 疑いもなくそれは，もともと，次のような動かしがたく，かつ不自然な形で定義されている．

367

$$i\frac{d}{dx}+j\frac{d}{dy}+k\frac{d}{dz}$$

しかし，これはその創始者が，未だにしつこくまとわりついている，デカルト座標の殻(shell)をその式から完全に取り除くことに成功する以前の新しい計算法の初期のものである．

$\vec{\nabla}$自身の四元数的な積を作ると，

$$\nabla^2 = -\left(\frac{d^2}{dx^2} + \frac{d^2}{dy^2} + \frac{d^2}{dz^2}\right)$$

が導かれ，これは，こんにちわれわれが用いている（一世紀以上も前にヘヴィサイドが用いた）∇^2の負となっている．そして，驚いたことには，（テートが共著者になっている）『自然哲学論考』においては，プラスの符号によって書かれているのである！　このことは，かつてエディンバラにおけるテートの学生であり，四元数の支持者であった，アレキサンダー・マクファーレン(Alexander Mcfarlene, 1851-1913. 彼はアメリカに移住し，テキサス大学オースチン校の物理学教授となった)に，ネイチャー誌上の論争に対し$\vec{\nabla}$の四元数的な説明は「非現実的である」とするレター[76]を投稿させた．彼は，マイナス符号の物理的な意味を明らかにする苦痛は「マイナス人間たち(minus men)のせいである」と言い放った．マクファーレンが知っていたように，マイナス符号は，虚数i, j, kが四元数の表示において二重の役割を果たしているという事実から生ずるのである．一方ではそれは単位空間ベクトルであり，他方では，その二乗が-1である，という性質を持っている．同じ記号がベクトルとベルソル(versor：回転子を表わすハミルトンの造語)の両方に使われており，マクファーレンは，二番目のレター[77]の中で，これについて，「私は，四元数の基本的原理のいくつか，特にベクトルをベルソルと同一視することは，改められるべきであると言ってきた」と書いている．

　四元数をスカラーとベクトルの和として表わす代わりとして，ハミルトンはまた，積の形，すなわち，

$$q = TqUq$$

として表わした．ここに，乗数Uq（qのベルソル）は回転を実行し，乗数Tq（qのテンソル）は，ベクトルの変換時に長さを調整する．そうすると，われわれはついにハミルトンの当初の動機——三次元空間においてどのようにベクトルを回転させるか——にたどり着く．この形式を「四元数

の基礎」に示されている形となるように(しかし,かなり込み入った「技術ノート」の終わりまでしがみついてこられた読者の皆さんの好奇心を満たすために),最終結果を示すことにしよう.

$\vec{a}$ を回転を受けるベクトルとし,q をこの作用を実現する四元数とする.すなわち,

$$q = w + ix + jy + kz = w + \vec{q}$$

q の逆数を q^{-1}(すなわち $qq^{-1} = 1$)と定義すると直接計算することによって,

$$q^{-1} = \frac{w - ix - jy - kz}{w^2 + x^2 + y^2 + z^2}$$

を得る.これもまた直接計算すると,$q^{-1}\vec{a}q$ もベクトルであり,これを $\vec{b}$ とする.すると,$\vec{b}$ は $\vec{a}$ を q に垂直な平面内で,角度 θ だけ回転したものであることを示すことができる.ここに,

$$\cos\left(\frac{1}{2}\theta\right) = \frac{w}{(w^2 + x^2 + y^2 + z^2)^{1/2}}$$

である.これは読者には,少しばかり複雑であるように思われないであろうか.そう,ヘヴィサイドはこれについてはどうでもよいとして気にかけなかった! 彼は,曖昧な言葉を使わずに,次のように書いている[43].

> 四元数主義者たちは,どちらかと言えば,一つの四元数によって回転を表現できるというその威力を誇りにしていると私は信じている….四元数 q,ベクトル $\vec{a}$,もう一つの q^{-1} を続けて乗じた結果は,ある軸の周りに,ある角度だけ $\vec{a}$ を回転させた一つのベクトル $\vec{b}$ を生ずる.そのような結果になることは,印象的なことである.しかし,その間にあるベクトルを回転させるために,一つは押し,一つは引くための二つの四元数を使わなければならないということは,<u>回転を表わす方法としては,極めてぎこちないのではあるまいか?《引用者の強調》</u>

これを読めば,ヘヴィサイドによるウィルソンの著書の書評[26]に書かれた,ハミルトンの何冊かの著書の内容を把握した風変わりな若者が,「四元数は何ができたのか?」と自問した話の中の次のような言葉に対して驚くことはないであろう.

> 彼は,それらの本を家に持ち帰り,謎を解こうとした.いくつかの問題を克服した後に謎解きに成功したが,ベクトルの性質のいくつかを理解できないことに気がついた.一つのベクトルの二乗が,なぜ負になるのだろうか? そして,

ハミルトンは，それについてはかなり自信過剰(positive)だった《ヘヴィサイドの駄洒落か？》．さらに深く学習した後，その若者は諦め，その本を返却した．その後，彼は死に，再び省みられることはなかった．彼は，四元数をあまりに早く学びすぎたのだった．

その他の人たちもこのような見方を受け入れ，ヘヴィサイドが賞賛した四元数の支持者のアレキサンダー・マコーリでさえもが，（四元数が如何に良いものであるかについて書いたエッセイ[78]の中で！）事態は全く希望のないものであることを認めざるを得なかった．

> 歴史家が19世紀の数学史を書く場合，説明が困難な現象に直面する場合があるであろう…．何らかの理由が，《四元数の》発展が阻害されるという異常な場合に該当しうるだろうか？ 圧倒的多数の物理学者たちが与えるであろう答えは，…《四元数は》旧式，かつ人為的な方法によって得られた諸結果を表すためには見事なものである，というものである…．しかし，国家が秩序と階級を廃止した《後に限り》，文明は疲弊した賃金労働者《のために》，享楽としての四元数を導入すべきである．四元数に対する物理学者たちの無関心が，説明になるだろうか…？ …理由は，このほとんど犯罪的な無頓着にあるものとすることができる…．物理学における進展の多くは，四元数の恩恵によるものではない．

マコーリがこのように書いて以後過ぎ去ったこの一世紀において，彼の言葉を否定できるようなことは何も起こらなかった．ヘヴィサイドが（1894年2月26日付の）フィッツジェラルド宛の手紙の中で，「四元数で考えることは不可能です．そのようなふりをすることだけができるのです」と述べている．また，はるか後に，1905年のシニア・ラングラーが，数学優等試験にどれだけの時間を費やしたかについて，次のように書いている[79]．「私は，役に立たない四元数の問題についてのテートの本を読むために長い時間を費やしたものだ」．

注および参考文献

1　*North American Review*, vol.85. pp.223-237, July 1857.
2　グレーズブルックは1884年に（現職であったレイリー卿の支援を得られなかったので）J.J.トムソンのためにキャヴェンディッシュ研究所の教授職を譲った．後に（レイリー卿の支援を受けて）新設された国立物理学研究所の所長となった．彼はまた，ヘヴィサイドを王立協会の会員に推薦する際に署名を行った一人である．彼の

第9章 四元数をめぐる大戦争

理性的なテートへの最終的な回答は, *Nature,* vol.29, p.335, February 7, 1884 にある.

3　Tyndall(1820-1893) は, 偉大なファラデーが 1867 年に死去した後の王立研究所における後継者であった. ティンダル自身の死は実に悲劇的で, 病気療養中に献身的な彼の妻が, 睡眠薬（クローラル）の量を誤って投与しすぎたことによるものだった.

4　ヘルムホルツは, マイヤーよりも明確に, しかしやや制限された条件の下でエネルギー保存則を定義した. マイヤーは, いかなる制限も付与しなかった. そして, さらにこの法則を, 生命のある有機体を含む宇宙の全ての局面に拡張した. これは, 生命の過程は自然法則が適用できないとされていた 19 世紀半ばにおいては大胆な行為であった. マイヤーはまた, 太陽（とその熱）は, 衝突した隕石が連続的に融合されたものである, という考えを提唱した. もうひとつの考え方は, 他人（第 11 章において述べるように, ケルヴィン卿）によって「占有」されてしまった. マイヤーは, 正しいものも間違ったものも, 彼の着想全てを他人に「奪われる」運命にあったように思われる.

5　A.S. Eve and C.H. Creasey, *Life and Work of John Tyndall*, London, Macmillan, 1945, p.124.

6　テートは, 1860 年にエディンバラ大学における自然哲学の教授としてフォーブス (Forbes) の後継者となり（彼は, マクスウェルを通り越して選任された）, 死去するまでその地位にあった.

7　*Nature,* vol.8, p.431, September 25, 1873.

8　A. J. Meadows, *Science and Controversy,* MA: MIT Press, 1972, p.35. メドゥはまた, ヘルムホルツが（彼が賞賛していた）ティンダルのいくつかの論文の批評を *Nature* に書くことをどのように辞退したかについても語っているが, おおよそのところ, 彼はテートの怒りのペン（に加えて, おそらくは［蹴飛ばす］つま先）の新たな標的となることを望まなかったことが理由である.

9　Eve and Creasy（注 5）, p.178.

10　*Nature,* vol.64, pp.305-307, July 25, 1901.

11　ハミルトンの決定的な伝記としては, T. L. Hankins, *Sir William Rowan Hamilton*, Baltimore, MD: The Johns Hopkins University Press, 1980 がある. しかし, 未だに極めて印象的なものとしては, R. P. Graves による大著（三巻から成り, 2000 ページを超える！）, *Life of Sir William Rowan Hamilton,* New York, NY: Arno Press, 1975（初刊は 1882 － 1889 年）がある.

12　E. T. Whittaker, *Lives in Science,* New York, NY: Simon and Schuster, 1957, p.61.

13　E. T. Bell, *Men of Mathematics,* New York, NY: Simon and Schuster, 1937, p.340. ベ

ルもまた，記録に忠実を期し，ハミルトンを「あらゆる意味において，アイルランドが生んだ最も偉大な科学者」と呼んだ.

14 テートは，1867年12月13日にマクスウェルに宛てて「... 私は君が，四元数は研究に値すると気づいたと思う．四元数は《物理科学》の中に，電光石火の如く入り込んでいるのだ」．M. J. Crowe, *A History of Vector Analysis*, Notre Dame, IN: University of Notre Dame Press, 1967, p.132.

15 この引用文は，*Nature*, vol.9, pp.137-138, December 25, 1873 所収の，(テートと，彼の師であるフィリップ・ケランド Phillip Kelland の共著) *Introduction to Quaternions* の，無署名の書評からのものである．この書評は無署名であり，またマクスウェルの *Scientific Papers* にも収められてはいないが，歴史家たちは，おそらくマクスウェルが著者であることは間違いないと考えている――理由については，Crewe (注14) p.148. を見よ.

16 この著書は，「T and T′」として広く知られていた．T′ は，テートが若い方の (微分の意味もある) 共著者であることを意味している．テートのこの個人的なしゃれは，ティンダルを T″ (さらに下位の科学者) として引き合いに出している．テートは，公的にはティンダルと握手できたが，個人的には，自分を拒んだ人物を許さなかった．ティンダルもまた *Nature* のテートの追悼記事の最後の一節「彼は人をとても愛したので人にとても愛された」に同意しなかったであろう.

17 この引用は，B.R. Gossick,"Heaviside and Kelvin: A Study in contrasts ," *Annals of Science*, vol.33, pp.275-287, 1976 からのものである.

18 ケルヴィンは，確立された権威に対するヘヴィサイドの名高い反発と，極端な「わが道を行く」やり方のことを言っているのである．このトムソンの意見は，S.P. Thompson, *Life of William Thomson*, London, Macmillan, 1910 にある．トンプソンが敬意を表してヘヴィサイドに送ったコピーの中の，彼の「ニヒリズム (虚無主義)」を読んだとき，その返事として，「私がニヒリストであるとみなされていることを知りました．初耳です．が，全くの間違いではありません．私は時折爆弾を投げたこともありますし，その爆弾が破裂して老大家の見解に，幾らかのダメージを与えたこともありますから ... ベクトルは，誰にとっても使いものにならない！ 何というひどい作り話でしょうか！」と書いている.

19 これは，悪名高いほどに難しく，解りにくく書かれた本であって，われわれはテートがこれを理解できたという事実から，テートの能力がどれほどであったかをうかがい知ることができる．自身がシニア・ラングラーであった天文学者のジョン・ハーシェル (John Harshel) は，1853年にハミルトンに宛てて，この本は「人がこれを

第9章　四元数をめぐる大戦争

読むために1年を要し，消化するためにはほとんど一生かかるだろう」と思う，と書いている——Crowe（注14), p.36 からの引用．

20　科学史家たちは，一般的に，ハミルトンがそのような約束をテートから引き出したことは，ヴィクトリア時代人の規範から必ずしもはずれたものではない，としている．それでも尚（私にとっては），そのような要求は，当時にあってさえも，少なくとも少し異常というべきものと思われる．それは，呪文のような何かによって，ハミルトンがテートを縛ったことを示している．現代の科学者たちに対する同じような要求は，ほとんど間違いなく鼻持ちならぬ反応を呼び起こすであろう．ヘヴィサイドは，1891年にオリヴァー・ロッジ宛の手紙の中で，テートの著書を「例外なく，私がかつて見たもののうちで最も難解な書物」であると断言している——B. J. Hunt, *The Maxwellians*（Ph.D. 論文), Baltimore, MD: The Johns Hopkins University, 1984, pp.104-105.

21　Crowe（注14), p.41.

22　標準的な伝記としては，L. P. Wheeler, *Josiah Williard Gibbs*, New Harven, CT: Yale University Press, 1951 がある．

23　ギッブスの解析は，二編の短いレターの形で，*Nature,* vol.59（December 29, 1898, p.200 および April 27, 1899, p.606) にある．これらは，*The Collected Works of J. Willard Gibbs,* vol.2, New York, NY: Longmans, Green, 1931, pp.258-260 (part2) において再録されている．

24　Crowe（注14), pp.152-153 所収のギッブスの手紙からの引用．シュレーゲルは，ドイツの学校教師ヘルマン・グンター・グラスマン (Hermann Gunter Grassmann, 1809-1877) の初期のベクトルの着想の支持者であった．ギッブスは，彼の論文が，実際にはハミルトンの論文よりも先に発表されたものと信じていた（しかし，ハミルトンが先に発表していた）．グラスマンは，彼の論文 *Lineare Ausdehnungslehre* [5*] を 1844年に発表した．しかし，後にギッブスは，「しかし私は，グラスマンの論文が私の V-A《ベクトル解析》に特別な影響を及ぼしたとは意識していない」と書いている．

25　この資料は，公式には出版されることはなかったが，*The Collected Works of J. Williard Gibbs*（注23) pp.17-90 (part 2) に再録された．これと，*Commentary on the Scientific Writings of J. Williard Gibbs,* vol.2 , New Haven, CT: Yale University Press, 1936, pp.127-160 所収のギッブスの学生 Edwin B. Wilson による小論文を併読されるとよい．ウィルソンは，ベクトル解析に関する自身の著書，*Vector Analysis,* New Haven, CT: Yale University Press, 1901 を, ギッブスが死去する少し前に刊行した．ヘヴィサイドは，この本に対する好意的な書評を書いている——注26と35を見よ．

26 *The Electrician,* vol.48, pp.861-863, March 21, 1902. EMT 3, pp.135-143 に再録.

27 EP 2, pp.1-23.

28 EP 1, pp.195-231.

29 A. M. Bork, "Vectors versus quaternions—The letters in *Nature,*" *American Journal of Physics,* vol.34, pp.202-211, March 1966.

30 *Nature,* vol.43, pp.511-513, April 2, 1891.

31 *Nature,* vol.43, p.608, April 30, 1891.

32 もちろん、こんにちでは、物理学者たちや電気工学者たちが高次元の空間、ある場合は無限次元さえも避けて通ることは、実際には不可能である．測度（metric: 二点間の距離の定義）がピタゴラスの定理であるような n- 次空間はユークリッド空間と呼ばれ、n が無限大である場合は、ヒルベルト空間と呼ばれる．ヘヴィサイドによって解析された連続かつ分布定数的な伝送路は、伝送路に沿った各点に於ける電圧を異なった次元の軸に沿うベクトルとして考察することによって、ヒルベルト空間における現代数学的な扱いを行うことができる．従って、有限長の伝送路の場合でさえ、その数学的記述のためには、無限次元の空間が必要になるのである．

33 *Nature,* vol.44, pp.79-82, May 28, 1891（ギッブスからのレター）および p.105, June 4, 1891（テートからのレター）.

34 *Philosophical Transactions of the Royal Society,* vol. 183, pp.423-475, 1892（EP 2, pp.521-574 に再録）.

35 EMT 1, pp.132-305. ヘヴィサイドは、chapter 3 を、「系統的なベクトル解析についての教科書が、物理学者向けに書かれるまでの間に合わせ」であると言っている．例えば、発散定理（ベクトル場 $\vec{F}$ の発散の体積積分を、体積の表面にわたる $\vec{F}$ の積分に関係付けるもの）のベクトル形式が初めて明確に記述されているのは、ここである——C. H. Stoltze, "A history of the divergence theorem," *Historia Mathematica,* vol.5, pp.437-442, November, 1978 を見よ．ここには、ヘヴィサイドが chapter 3 を本の形にする必要性を認識していたが、それを果たせなかったことを知ることができる．10 年後にギッブスの学生であった E. B. ウィルソン（注 25 および 26）がついにこれを実現したとき、彼の本は非常に好評で、1960 年頃までペーパーバック版として版を重ねた．ウィルソンは、この本の序文において、「… の使用はオリヴァー・ヘヴィサイド氏の *Electromagnetic Theory* におけるベクトル解析に関する章において行われている …」と書き、もっと賢明なヘヴィサイドの使用を、彼自身が行ったのであろう．

36 注 34, pp.685-779.

37 *Nature,* vol.47, p.151, December 15, 1892.

第9章　四元数をめぐる大戦争

38　*Nature*, vol.47, p.225, January 5, 1893.

39　テートはついには，相対的に「声高な」彼のレターが，ギッブスの長く，詳細でかつ冷静な反論と好対照となっていることに，敏感に気づいていたと思われる．

40　テートは，*The Electrician*, vol.30, pp.149-151, December 9, 1892 (EMT 1, pp.297-305. に再録) のヘヴィサイドの論文を引き合いにしている．

41　Cargil Gilston Knott (1856-1922): テートの元助手であり，テートがこのレターを書いた時点では，応用数学の講師という，テートの同僚であった．ヘヴィサイドは，「エディンバラの物笑い学派 (Edinburgh School of Scorners)」と呼んで，テートとノットを一くくりにした．テートの死後，ノットは *Life and Scientific Works of Peter Guthrie Tait*, Cambridge, Cambridge University Press, 1911 という，非常に読み応えのある友人の伝記を書いた．この本は，四元数論争の勃発よりもかなり前から，テートはヘヴィサイドに対して悪意を抱いていたという興味深い可能性を示している，と私は信じている．彼自身が読んでいないかもしれないが，テートはケルヴィンの知己として，ヘヴィサイドの一般的な宗教についての不敬な態度，特に大司教の一件（第7章を参照せよ）について知っており，この件がテートを苦しめたことは確かである．ノットは（上記の伝記 pp.36-37 において）「テートは聖典の真に敬虔な学徒であった．新約聖書は，いつでも手に取れるように，彼の研究用テーブルの上に置かれていた....そして福音書からの軽薄な引用ほど彼を苦しめたものはなかった．私は，彼が，『今，あってはならないタブーがやって来る』と言って，一人の罪人のために言葉を失ったということを聞いたことがある」．もちろん，ヘヴィサイドにとっては，タブーなどというものはあったとしても僅かなものだった．

42　*Nature*, vol.47, pp.463-464, March 16, 1893.

43　*Nature*, vol.47, pp.533-534, April 6, 1893.

44　実際にヘヴィサイドは，マコーリに対しては「望みがある」と感じており，「私は彼の王立協会の論文[36]には大いに関心がある．彼は，それ自身が正しくないことを心得ているから，私が，彼の数学的能力の中に，将来の価値の高い手ごわい仕事への『将来性と潜在能力』が見えるように思われる，と言ったとしても，彼は驚かないだろう．だから，彼がベクトル解析の四元数体系のような偏ったことにその才能を浪費せねばならないことは，実に残念なことだと私は思う」と書いている．また，ギッブス宛の手紙（1894年4月6日付）においては，「彼は非常に賢明な男であって，そのことを知っており，また時折，そのことをやや知りすぎていることを示しています」と書いている——N. Reingold, *Science in Nineteenth-Century America*, New York, NY: Hill and Wang, 1964, pp.321-322 からの引用．

375

45   *Proceedings of the Royal Society of Edinbough*, vol.20, pp.271-275, 1894.

46   ケイリー (1821-1895) は, 19 世紀の数学者の中で, 真に偉大な人物の一人であった. 彼の経歴は, 1842 年のシニア・ラングラーとして順調にスタートし, 年とともに向上して行った. 彼の貢献の一つは, 二番目の非可換的な代数であるマトリクス代数の創始であって, これはハミルトンの四元数に比べると, 物理学者や電気工学者とは, はるかによい関係にあった. ケイリーの名声と評判はきわめて高く, 彼の葬儀に際しては, ケルヴィン卿がストークスと J. J. トムソンと共に棺側の葬送者を務めた.

47   ケイリーが示した第一の例えは,「... 私は, 満月がどんな月の景色よりも美しいと思うのであるが, 四元数の表現は, そのいかなる応用よりも美しいと思っている」というものであった.

48   高度に簡潔な表現の魅力は, 人目を引くものである. コンピュータ科学における現代的な例としては, 1970 年代の APL("A Programming Language") の一時的な流行がある. この言語においては, プログラマーは, 極端に細密なコードを書くことができる. 不幸なことに, その結果は, 数行の中に多量の情報を詰め込むため, その結果はしばしば見通しが悪いものになった（これを提供された APL のユーザーたちの「最終ゴール」は, 一行に全てを書くことであった！）. そのため, それは精神的に密度の高いものとなった. これらのプログラムは, 脳にとっては, 胃にとっての砂糖菓子のようなものであった. 隙がなく書かれたプログラムは, 作者以外の誰も, その動作を解読できないようなものになった——そして, 一日または二日も経てば, 作者でさえ頭をかきむしるのを目撃されるのである！ この種のことは, クロスワードパズルにとっては喜びであるが, 現実の問題を解決しようとする現役の技術者にとっては, そうはいかない. 私は, R. N. ブレイスウェル (Bracewell) 教授の著書 *The Hartley Transform* (Oxford：Oxford University Press, 1986) の中で選択された言語は, 古い BASIC 以上のものではない, という重要なことを知ったのだ！

49   *Nature,* vol.47, pp.590-593, April 20, 1893. やや攻撃的ではないバージョンが, *The quaternion and its depreciators* というタイトルで発表された. *Proceedings of the Edinburgh Mathematical Society,* vol.11, pp.62-80, 1893.

50   ギッブスは, この言い回しをテート宛の彼のもともとの返信（注 30）において使っている.

51   EMT 1, p.289.

52   *Nature,* vol.49, pp.193-194, December 28, 1893. マコーリの著書の序文は, 極端に誇張された言葉（例えば, 四元数の「目もくらむような喜び」）で書かれていたため,

第9章　四元数をめぐる大戦争

テートでさえも疑問を抱いた．テートは書評で，「マコーリ氏は自分の著書で著書自身に語らせなかったことは惜しまれる．彼の序文は，熱狂者の信仰告白であり，…いくつかの行は，協会，慣習，威厳などに泥をかけている．…そこは無視して本書の主要な内容へ入って行くのが好ましい」と書いている．

53　Crowe（注14），p.214.

54　*Nature*, vol.49, p.246, January 11, 1894.

55　Crowe（注14），p.182.

56　"On the intrinsic nature of the quaternion method, *Proceedings of the Royal Society of Edinburgh*, vol.20, pp.276-284, 1895.

57　*Philosophical Magazine,* series 6, vol.4, pp.614-622, November, 1902.

58　*Nature*, vol.52, pp.545-546, October 3, 1895.

59　二年後，*Nature*(vol.57, p.7, November 4, 1897) は *Lectures on Quaternions,* Part i の書評として，当時日本の仙台にいた S. Kimura[3*] の本を取り上げている．おそらくこれは同じ［イェール大学の］木村であると思われる．書評自体はかなり否定的なものであって，「本書は，日本語で書かれているため，われわれはこの本を読むことができない」で始まり，「Part ii が出版された際に，そして著者が四元数を紹介したとき，彼の祖国（日本）の道徳を守る旧世代の学者たちが，何について書かれているかを理解できないことについて，彼は喜んだであろう」で結ばれている．この書評は J. P. というイニシャルのみが記されていて，*Nature* のスタッフが私に知らせてくれたところでは，彼が誰であるかを特定できる記録は存在しないとのことであった．しかし，この評者は，日本文化に極めて詳しい人物であることを示しており，そのことから私は，彼はヘヴィサイドの友人，ジョン・ペリーであるものと信じている．彼は日本に住み，日本の帝国工部大学校において数年間(1875-1879) 教鞭をとっていた経歴を持っている[6*]．

60　*The Electrician*, vol.28, p.23, November 13, 1891.

61　J. D. Edmonds Jr. ,"Quaternion quantum theory : New physics or number mysticism?," *American Journal of Physics*, vol.42, pp.220-223, March 1974. エドモンズは，ベクトル‐四元数論争を，「火のように激しいが，最終的ではない（未決着の）死闘」であると書いたが，彼は「四元数は再び浮上するであろう」ことを期待する，と付け加えている．彼の論文は，物理学者たちからの好意を失わなければ，「如何にして四元数が，相対論や相対論的量子力学の進歩を大きく加速できるか」という場合を示している．彼の後の論文，"Maxwell's eight equations as one quaternion equation," *American Journal of Physics,* vol.46, pp.430-431, April, 1978 も見よ．

62　テートの四元数の *Treatise* (3 rd Ed. Cambridge, Cambridge University Press, 1890) の序文からの，テートによる引用．

63　*Nature*, vol.65, p.546, April 10, 1902.

64　*Nature*, vol.53, pp.268-269, January 23, 1896．レントゲンの推測については，彼の論文の英訳，"On a new form of radiation ," *The Electrician*, vol.36, pp.415-417, January 24, 1896；Alembic Club Reprint No. 22, Edinburgh: E.&S. Livingstone, 1958, pp.28-40 に再録．ボルツマンとロッジの両教授は，ケルヴィンと共に，この"新たな放射"は，縦波であるという希望を分かち合っていた．その理由は，それがエーテルの概念を，より受け入れやすいということにあった．（いつものように）これに反して，彼自身が「エーテル主義者 (Etherman)」だったにもかかわらず，縦波はマクスウェルの理論においては存在しない（居場所がない）と主張したのは，ヘヴィサイドであった．

65　*Nature*, vol.53, p.316, February 6, 1896.

66　*Nature*, vol.53, p.509, April 2, 1896.

67　ケルヴィンの *Nature* に宛てたレターのすぐ後に，フィッツジェラルドは，ヘヴィサイド宛に（1896 年 6 月 11 日付），「彼《ケルヴィン》は，未だにマクスウェルの磁気力に伴う変位電流の概念に，納得も理解もしていないと私は考えます．彼自身の交流電流の導体への浸透の考察《表皮効果》は，単に光の伝搬の粘性運動との類推であり，彼は，石の塊を見たときの馬のように，それ《変位電流》を見て後ずさりしているのだ，と私は受け取っています…」と書いた．

68　A. R. Forsyth, "Old Tripos days at Cambridge," *The Mathematical Gazette*, vol.19, pp.162-179, 1935.

69　Graves（注 11），vol.2, pp.435-436 からの引用．

70　ホイッテカー（Whittaker: 注 12）は，ハミルトンの言葉の中のこの名称の起源は，「例えば，聖ペテロが四人の四元数の戦士を護るため，ユダヤの王ヘロデ (Herod) によって遣わされたという聖書の脚色から生まれた．…また，最も軽く，より現代的な例を，ガイ・マナリング (Guy Mannering) のページから取るならば，スコットは，ヘーゼルウッド (Hazelwood) 一族のサー・ロバート・ヘーゼルウッドが，その長い文章に『三人組と四元数を積み込むようなこと』であると表現している」と書いている．

71　Graves（注 11），vol.2, p.489. からの引用．

72　Graves（注 11），vol.3, p.482. からの引用．

73　Graves（注 11），vol.2, pp.434-435. からの引用．

74　Graves（注 11），vol.2, pp.439-440. からの引用．

75　"On the importance of quaternions in physics," *Philosophical Magazine*, series 5,

第9章 四元数をめぐる大戦争

vol.29, pp.84-97, January, 1890.

76　*Nature*, vol. 48, pp.75-76, May 25, 1893.

77　*Nature,* vol. 48, pp.540-541, October 5, 1893. 現代のベクトル解析においては，この問題は次のようにして避けている．単位ベクトルを $\vec{i}, \vec{j}, \vec{k}$ とするとき，各々のスカラー積は，自分自身とのそれの場合は 1，（他とのそれは 0）とするのである．すなわち，$\vec{i} \cdot \vec{i} = 1$, $\vec{i} \cdot \vec{j} = \vec{i} \cdot \vec{k} = 0$. このスカラー積は，はじめにハミルトンが定義した通りのものである．

78　"Quaternions as a practical instrument of Physical Research," *Philosophical Magazine,* series 5, vol.33, pp.477-495, June 1892.

79　J. E. Littlewood, *Littlewood's Miscellary*, Cambridge, Cambridge University Press, 1986, p.82.

訳注

1*　ハミルトンの生涯については，藤原正彦著『天才の栄光と挫折』，新潮社，2002 年，pp.103-125 に，ドラマチックに述べられている．四元数に関するハミルトンの著書としては，生前に出版された『四元数講義』と没後に出版された『四元数の基礎』(*Elements of Quaternion*) があるが，後者の書名がテートのものと類似していてまぎらわしいので，本訳書では，テートのものを「基礎論」，ハミルトンのものを「基礎」として区別した．

2*　Rudyard Kipling (1865-1936) は，英国の詩人，作家．『ジャングル・ブック』の著者でもある．大英帝国の栄華を賛美する作風が特徴とされる．ここに引き合いにされているのは，「ジャングル」というキーワードである．

3*　木村駿吉（1866-1938）は，勝海舟らとともに咸臨丸で米国に渡った幕末の軍艦奉行「木村攝津守（芥舟：かいしゅう，1830-1901）」の四男である．1888 年東京帝国大学物理科卒業後，旧制一高教授を勤め，1893 年より渡米し，ハーヴァード大学，その後イェール大学に留学し，ギッブスの講義も受けた．帰国後仙台の旧制二高教授，海軍大学教授，海軍技師を歴任，1903 年に 150km の通達距離を実現した「36 式無線電信機」を完成し，それらは日露戦争の折に日本海海戦において使用された．公田蔵「日本の数学教育とベクトル：この 125 年」，数理解析研究所講究録，1317, pp.190-204，2003 年によると，ここに引用されている四元数に関する著書は，仙台の旧制二高教授であったときに書かれた著書『四元法講義　第一巻　緒論』木村駿吉述，波木井九十郎編輯，内田老鶴圃，1897（明治 30）年であるが，第二巻は出版される

ことはなかった．

4*　四元数は，最近になって，コンピュータ・グラフィックなどにおいて，その応用が注目されている．四元数とその応用に関しては，例えば，堀源一郎著『ハミルトンと四元数──人・数の体系・応用』，海鳴社，2007年，等を参照されたい．この本のp.8と，訳注1*のp.125にはブルーム橋の写真がある．

5*　グラスマンについては，第7章の注47（訳注4），『クライン:19世紀の数学』の第IV章3節，「n次元空間と一般複素数」においてハミルトンとともに述べられており，「Ausdehnungslehre」は「延長論」と訳されている．四元数に対するクラインの評価は，やや否定的である．

6*　ジョン・ペリーは，工部大学においては，電気および機械学を担当した（湯浅光朝著『日本の科学技術100年史（下）』，中央公論自然選書，1984，p.291による）．

第10章　奇妙な数学

彼は，物理的な問題に，新規で革新的な数学的攻略法を導入した．それは，極めて強力であったが，同時に明らかに穴だらけであった．
　　　——ヴァネヴァー・ブッシュ，ヘヴィサイドの演算子法について，1929年

ヘヴィサイドの方法は，一種の数学的冒涜であり，権威に対する故意の罪業であるように思われる．それでもヘヴィサイドの結果は常に正しかった！木は，良い果実を実らせる限り，腐ってはいないということなのだろうか？
　　　——H. T. H. ピアッジオ (Piaggio) 教授，
　　　彼の立場をネイチャー誌において熱烈に表明する中で．1943年

ガゼット誌の多くの読者は，力学や数理物理学上の方程式を解くための演算子的方法をご存知であるに違いない．ヘヴィサイド自身の論文からそれを学ぼうとしても，所詮無理なことである．私には，彼の数学的論文からは，不明瞭さ以上のものを知ることはできない．
　　　——H. S. カールスロー (Carlslaw) 教授，
　　　Mathematical Gazzete 誌に，若干違った意見を述べた際に．1928年

私は，いかなる競合相手に対しても，必要であると考えられる場合には，問題をより詳細に追究できるように，十分な情報を与えてきたと思っている．うわべばかりが厳密な数学者たちの方法は，悲しいことに，わかりやすさと例証性が欠如していることは，明白である．
　　　——オリヴァー・ヘヴィサイド
　　　王立協会が彼の数学論文の一つを拒絶したとき，辛辣にののしって

かつて，ある著名な権威が，数学の論文には数多くのごまかしが存在する，と述べたことがある．彼は，彼自身が，何回かそれを行っていたことを知っていた．　　　——オリヴァー・ヘヴィサイド，EMT3，1900年

「厳密な数学は狭く，物理的な数学は奔放で広い」

　Electromagnetic Theory 第二巻［EMT2］の冒頭部にあるこの言葉は，ヘヴィサイドの数学的解析に対する哲学と研究方法を要約している．これは，彼が成し遂げたことを評価するのに純粋性という硬い鋳型から出ようとしない数学者たちの手によって，無視されるような扱いを受けた結果について，辛辣に書かれたものである．彼はこのことについて，その事実から30年ほども経過した1922年に書かれた手紙[1]の中で，王立協会の数学者たちを「こちこち頭」と呼び，決して忘れたり，許したりすることはなかった．

　ヘヴィサイドがこのように辛辣に書いたのは，彼の仕事の主要な部分である演算子法に関する論文が王立協会会報 (*Proceedings of the Royal Society*) で発表をさしとめられたからであった．そのことがどれほど彼を傷つけ，痛めつけたかは，すぐに明らかになるだろうが，これに対する皮肉な結果が直ちに表面化した．彼を王立協会のフェローに推薦することが，ケルヴィン卿の公式な認可を得て，ついに実現したのである．彼が「認可された権威者」の一員の中に組み込まれることによって，著名人による拒絶行為や放逐行為の日々は，洗い流されてしまわないまでも，少なくとも薄められた（おそらくは，快いものになった）．彼は，最終的にそれを受け入れるためにやや厳しい振舞いをし，また，彼らは最も新しい仲間としてヘヴィサイドの常軌を逸した性質を受け入れることによって，それに応えた．彼らは，ヘヴィサイドのはにかみ屋という性格を受け入れたし，彼もそれを好ましく思った．

　その後，彼らは元に戻り，ヘヴィサイドのもたらす新しいメッセージに対して，再び耳を塞いだ．プリースがインダクタンスの重要性を否定したとき，ヘヴィサイドは少なくとも，公衆の前では（慎重であればよかったのだが）プリースに対して，馬鹿者という烙印を押すことができた．今では，彼の仕事を検閲することは，秘密裡の手順（彼の心の中では不公平な裁判所 (Star Chamber)）であった．その後は何も変わらず，ヘヴィサイドが激怒しようにも何もできなかった．演算子法をめぐる出来事は，彼が死ぬ日まで，彼の喉の中で燃えていた．

第10章 奇妙な数学

演算子の概念

　数学における演算子の使用は，永く色鮮やかな歴史を持っている．ヘヴィサイドの電気理論に対する偉大な貢献の一つは，通信の問題への演算子の応用であったが，彼は，数学者たちに何か新しいものを確実に教えたのでは<u>なかった</u>．この点は，強調しておかねばならない．というのは，新しい何かを理解するためには思考があまりにも硬直化し，凝り固まっていた愚かな数学者たちによって，ヘヴィサイドがどういうわけか「悪いことをした」という伝説が（特に電気技術者の間に）く行き渡っているからである．

　ヘヴィサイドが<u>行った</u>こと，そしてそれによって彼が真に尊敬に値したこととは，それまでは記号的な抽象であった解析的技巧を，<u>技術的に重要な現実の物理的諸問題に対して適用する方法</u>を示したことであった．

　ヘヴィサイドによって用いられた演算子は，物理系の<u>微分</u>方程式をそれと等価な<u>代数</u>方程式に変換できる．もちろん，これは現代の技術者にとってのラプラス変換と同じ機能であって，実際に，ヘヴィサイドの演算子法はまさしく，変装したラプラス変換である．ラプラス変換は，十分に研究された，数学的に厳密な基盤をもっている．しかし，ヘヴィサイドの著述は，証明されていない，矛盾してさえいるような記述で満ち満ちていた．そのような不当な行為が，数学者たちをして怒髪天を衝く状態にさせ，彼らの多くがヘヴィサイドを，心得違いの記号の操作人として軽く片付ける態度をとらせたことは，驚くにあたらない．しかし，数学者たちの反応を反発的なものにしていたヘヴィサイドの論文，それに対する拒絶の一つの側面は，単純なものであった――仮にヘヴィサイドが，彼らが考えるような詐欺師であったとすれば，<u>なぜ彼の結果は，正しいことが確認できる</u>ような答に，しばしばたどり<u>着けた</u>かということを，彼らは自らに対して問わねばならなかったからである．

　初期のヘヴィサイドの演算子法について，二名の著者は次のように書いている．一人は，

> ヘヴィサイドは，偉大な数学者であるばかりでなく，偉大な物理学者である．そして，彼を多くの場合に適切な数学的処理の展開へと導いたのは，<u>問題に対する物理学的な知識である</u>《引用者の強調》．彼は形式的な証明や厳格な論証

には無関心であった[2].

と書き，そしてもう一人は，

> 彼は厳しい実験的結果によって立証できたときに限り，その結果を確認し，形式的な証明を待たずに通り過ぎた．彼は荒野の漂泊者であって，鉄路の果てのはるかな領域を愛した[3].

と書いた.

ヘヴィサイド自身の以下の言葉[4]は，証明に対する姿勢に関する限り，上のような評価の正しさを示している.

> 厳密な論証を定式化するために立ち止まらなければならないなら，大半の物理‐数学的要請にストップがかけられるであろう．もちろん，特に踏みならされた道から外れたときには，厳密な論証の中に含まれる微妙な部分は，尽きることがない．その上，ほとんどの厳密な論証にも，後に欠陥が見つかる可能性があり，そのため，例外や制限を加えなければならない.

そして,

> 一方，物理的な問題を解く場合には，まず第一に，厳密な定式化という口実があってはならない．物理学は，物理学者たちを物理学的，幾何学的，解析学的な着想の一定の結合体によって有用かつ重要な諸結果に導くであろう．問題を純粋な数学的練習問題に矮小化することによって物理学を消去しようとする習慣は，可能な限り避けるべきである．物理学は問題に生命と現実性を与え，物理学が数学に対して大きな援助を与えられるように真直ぐに進められるべきである.

これらの文章のいずれも，王立協会が演算子に関するヘヴィサイドの論文を続けて掲載することを拒否した直後の何ヶ月か後の，1894年11月に書かれている．しかし，ヘヴィサイドは何年にもわたって，彼の電気的な解析上,演算子を使い続けてきた[5]．実際には,数学者たちは,二世紀にもわたって演算子を使い続けていた！ 事実，ある著者[6]は，演算子的手法の起源を，1695年のジョン・ベルヌーイ(John Bernoulli)にさかのぼるとしている．フーリエもまた，ラグランジュ,ラプラス,コーシー，ブール[7]のようなスーパースターと同様，自由に演算子を利用している．ここでわれわれは，興味深い疑問を抱く——なぜ世間には長い間よく知られていたこのような主題について，ヘヴィサイドが論争にまきこまれるような破目におちいったのだろうか.

第10章　奇妙な数学

ヘヴィサイドの演算子

　ヘヴィサイドが系統的に演算子を用いたのは，1887年に発表された論文[8]からであった．この論文の中で，形式的に<u>抵抗演算子</u> (resistance operator) の概念が導入されているが，実際には，彼ははるか前にそれを用いている[9]．ある回路の抵抗演算子とは，現代の電気技術者が一般化されたインピーダンスと呼んでいるものであって，ヘヴィサイドは，実際には現在使われているように，それを記号Zを導入して表わしている．1887年の論文の中で，彼は次のように述べている．

> 抵抗演算子Zは，コンビネーション《回路の素子》の電気的定数，および以降において簡単にpで示される時間微分演算子d/dtの関数である．

次に，典型的なヘヴィサイドの独り言が続く（彼が王立協会と問題を起こす何年か前の日付から，それは明らかに数学者たちに対してではなく，電気工学者への当てこすりであることは明らかである）．

> …抵抗演算子は，あたかもそれが単なる抵抗であるかのように結合する．実用家たちにとって特にそれが重要であるのは，この事実であり，将来において彼らによって頻繁に用いられるであろう《実際にそうなった》．私は，実用家のことを《プリースのように》反理論的あるいは超理論的という非常に極端な意味で引き合いに出しているのではなく，抵抗演算子とそれらの微分演算子による方法の簡略化と系統化，および，より複雑な考えを簡単なものと置き換えることにより，理論を実用的に使用可能とすることを望む理論家たちのことを指している．

　ここで，抵抗演算子がヘヴィサイドによってどのように用いられたかという簡単な一例を示そう．直列に接続された抵抗とインダクタ（それぞれRおよびLという値を持つ）のような集中定数的素子からなる回路（図10.1）に対して，外部から電圧vを加え，本章末の「技術ノート1」に

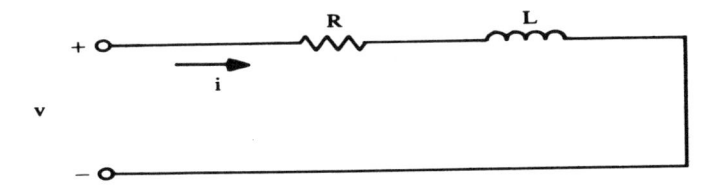

図 10.1

示すような解析を行うものとするとき，彼は回路に流れる電流を，

$$i = v/Z(p), \quad Z(p) = R + Lp$$

と表わした．

ヘヴィサイドはこの論文では，$t = 0$ において突然一定電圧を加えた場合，すなわち $t < 0$ では $v = 0$ であり，かつ $t > 0$ では $v = 1$ であるような場合について扱っている．これはもちろん，ヘヴィサイドの有名な<u>ステップ関数</u>（<u>彼はこのように呼んだことはなかったが</u>）である．ヘヴィサイドはこれを **1** と書き，そして彼の後継者たちは彼に因んで $H(t)$ を用いた．ヘヴィサイドは，この演算子方程式を「解いて」i を求めるために，右辺をベキ級数によって展開した．すなわち，<u>演算子 p を大きさを持つ代数的な量であるかのように扱って</u>，彼は次のように表わした[10]．

$$i = \frac{1}{R+Lp}\mathbf{1} = \frac{1}{Lp(1+R/Lp)}\mathbf{1} = \frac{1}{R}\left[\frac{R}{L}\cdot\frac{1}{p} - \left(\frac{R}{L}\right)^2\cdot\frac{1}{p^2} + \left(\frac{R}{L}\right)^3\cdot\frac{1}{p^3} - \cdots\right]\mathbf{1}$$

彼はこの手順を問題を「代数化する (algebrize)」[11] と言った．次に彼は，i の時間的な挙動を明確にするために，級数における各項を個々に翻訳した．そのためには，正の整数に対する $(1/p^n)\mathbf{1}$ の解読を必要とした．ヘヴィサイドは極めて強引なやり方でこれを行ったが，不幸なことに，その方法は一般的には正しくなかった！　この欠陥（本章末の「技術ノート2」において論ずる）は，多くの数学者たちと彼の間のトラブルの根源にあった．彼の行ったことは，p は微分操作を意味し，$p\cdot(1/p) = \mathbf{1}$（これは，「何もしない」ことを意味する）であるから，$1/p$ は<u>逆の演算子</u>，すなわち積分演算子でなければならない，と論ずることであった．そこでヘヴィサイドは，

$$\frac{1}{p} = \int_0^t du.$$

と書き，特に，

$$\frac{1}{p}\cdot\mathbf{1} = \int_0^t \mathbf{1}\,du = t, \qquad t \geq 0$$
$$\qquad\qquad\qquad\quad = 0, \qquad t \leq 0$$

とした．さらに，$1/p^2$ は二重積分，$1/p^n$ は n 重積分を意味し，一般に，

第10章 奇妙な数学

$$\frac{1}{p^n} \cdot \mathbf{1} = \frac{t^n}{n!} \qquad t \geq 0$$
$$= 0 \qquad t \leq 0$$

と書いた．

この結果から，ヘヴィサイドは，i に対するベキ級数展開式を次式の形に翻訳した．

$$i = \frac{1}{R}\left[\frac{R}{L}t - \left(\frac{R}{L}\right)^2\frac{t^2}{2!} + \left(\frac{R}{L}\right)^3\frac{t^3}{3!} - \cdots\right]$$

彼は直ちに，上式がある指数関数のベキ級数であることに気づいた．すなわち

$$i = \frac{1}{R}\left[1 - e^{-(R/L)t}\right] \qquad t \geq 0$$

である．実際に，これは正しい結果である．

この例のような集中定数素子の系に適用した場合には，演算子の展開式は，常に $1/p$ の整数次のベキ級数となる．しかし，ある種の連続的な系（無限長の電信回路のような分布定数系）[12] に適用したときに，ヘヴィサイドは p の<u>有理数次</u>（分数次），例えば $p^{1/2}$ にぶつかった（例えば，本章末の「技術ノート3」を参照せよ）．

さて，この中途半端な演算子，$p^{1/2} = (d/dt)^{1/2}$ は，ヘヴィサイドの大胆不敵さを抜きにしては，完全に困惑させられるものであった．懐疑論者たちの反動に関して，彼らを非難することはできない．なぜなら，そのような奇妙なものが何を<u>意味しうる</u>かということについては，実際には明らかではないからである！ ヘヴィサイド自身は，$p^{1/2}$ は「通常の微分の概念によっては理解できない[13]」と言っている．しかし，それに対して有効な解釈を加えるために，オイラーによる階乗関数の一般化（ガンマ関数）を用いることができ，本章末の「技術ノート3」に示すように，

$$p^{1/2} \cdot \mathbf{1} = 1/\sqrt{\pi t}$$

を得ることができる．この奇妙な式は，ヘヴィサイドよりもはるか前の1819年に，数学者たちには実際に知られていたものであるが，彼が独自にそれを発見した[14]ことは，疑う余地がないことと思われる．

展開定理

　ヘヴィサイドが，その他の連続的な系に関する問題（有限長の電信ケーブルのような）に挑戦したとき，数学を「代数化」するために，単純な級数展開を超えた，さらに一般的で複雑な技巧を用いた．それは，彼の有名な展開定理(expansion theorem)であって，これは，簡単に言うと，$Z(p)$ の部分分数展開[15]を計算する，というものである．ヘヴィサイドはこの展開定理を重視し，彼の手にかかれば，まるでそれは，とてつもなく複雑な問題が封印された扉を開くことができる魔法の杖のようであった．しかし彼の時代においては，それは疑わしいものであった．ヘヴィサイドの強力な物理的直観は，彼には解析的な深い穴を回避させたが，能力が劣ったものにとっては，穴を掘り返すことのように思われた．彼らがその穴に落ち込んだとき，自身よりもスコップのせいにし，そのために何十年にもわたって広まった伝説が動き出した．

　この物語は，実際にはそれよりも込み入ったものである．彼は1892年末，何年間かをかけて彼の演算子の実験的な確認を行ったあと，行ったすべてのことをかなりの長さにわたって述べた論文の執筆を完了した．それはおそらく，彼が一つの題目について，初めから終わりまで，総合的な一貫した原稿を書いた初めてのものと言えるものだった．彼は，それを1893年の初めに世界に対して示し，そして，読者がこれから読もうとすることの奇妙な特質について，彼らに警告した彼自身の言葉は，次のようなものであった[16]．

> それは（たとえいくらか不確実であるとしても），強力な種類の数学的な道具である《ことを証明している》．私は…この問題は数学者たちによって徹底的に研究され，精巧に作り上げられたものであり，この方法は通常の方法にとって代わるものではなく，それらに追加されるものである；つまり，それが役立つことが明らかな場合に使われるべきものである．主題である理論は異常なまでに興味深いものであり，その興味はそのある部分を包み込んでいる神秘性によって高められる．

王立協会による論文掲載の拒絶

　ヘヴィサイドは，彼の論文の第I部を彼の演算子の展開についての若

第10章 奇妙な数学

干個人的な歴史を述べることからはじめている.

> 私の蔵書に含まれる，一般化された微分という問題についての全ての情報は，トムソンとテートの『自然哲学論考』の第二部，p.197 の記述にある…．私が，トムソンとテートの，どちらかと言えば広い分野の肥沃な土地を通って耕している途中で初めてそれを読んだとき，少し衝撃を受けたが，その問題については，言及はされていたものの何も示されていなかったので，私の念頭から消えてしまった．他の数学の文献や，一般の数理物理学に関する論文の中にも，この問題について参考になるものがなかったため，私の記憶に頼ったのである．この問題は，《彼の級数展開に現れたような $p^{1/2}$ なる形における》上述のような方法の中でのみ，私の関心を引き起こしたので，大家たち《リィユヴィユ (Liouville)，グレゴリー (Gregory)，ケランド (Kelland) などの数学者》を参考にすることなく，私は敢えて独力で研究することにした．私の結果に一般的に類似したものがあり得るとしても，全く同じであるとは言えない．しかし，それは単なる微分法に関連した問題であるというだけでなく，一般的に数学理論，さらにその基礎にまでも光を当てているということにより，極めて興味深く，また積分法に貢献した問題であると言えるのである．

そして次に，ヘヴィサイドがどのようにして演算子の問題に「踏み込んだ」かということについての，この序文における驚くべき結論が続く.

> そして，以下の小論に関しては，完全を期しているとはいえないまでも，少なくともそれは，受け売りのえらぶった知識が引き起こす偏見に汚されていない精神の中では理解されつづけてきた推奨できる内容を持っている．

これを読んだあと，王立協会会報の読者の多くは，歯ぎしりをしたに違いない．次に第 I 部 (Part I) において，階乗とガンマ関数を経由した，ヘヴィサイドの分数次の微分の攻略方法が示される．これには，数学者たちを身悶えさせるような側面があったのであるが，ヘヴィサイドが (Part II [17] の出現とともに) ついにはるかに遠くまで行ってしまったのは，4ヶ月後であった．彼はそこでは，独自の解釈と発散級数展開式を導入したのである（本章末の「技術ノート4」を参照せよ）．このような扱い方は，数学的な注意と，数学者たちの感性に対する理解が全く欠けたものであった．あることについて，彼は次のように宣言している．

> 数学は経験科学であり，定義がはじめに来るのではなく，後から来るものである．問題の本質自体が明らかになったとき，定義は自ずと明らかになるのである．事前に法則を主張することは，不条理なことである．

ウィリアム・バーンサイド：
William Burnside (1852-1927)

傑出した数学者（1875年の数学優等試験のセカンド・ラングラー）であった．演算子の論文を拒絶した王立協会の査読担当（レフェリー）を務めたのは，バーンサイドであった．王立協会会報 (*Proceedings*) に掲載された彼の追悼記事には，「彼は，寛大であったとはいえない人物であった」という（ヘヴィサイドも確実に同意したであろう）コメントがあった．

Part II は数学者たちにとっては我慢の限界の一歩手前であり，Part III は考えられないものであった．ヘヴィサイドはそれを王立協会に提出したが，レフェリー（査読担当者）によって潰されてしまった．慣習に従って Part I と Part II は査読を受けなかったが，Part III 以後の何年か後においても，会員たちが提出した論文は査読を受けてはおらず，従って，Part III に対して査読が行われたことは，極めて異例な措置がとられたと言わねばならない． J. L. B. クーパー (Cooper) は，ロンドン数学会 (London Mathematical Society) の講演において，はじめて Part III の背後のいきさつを語っている[18]． E. T. ホイッタカーの話[19]（彼は，その件に関わった一人から人づてに聞いていたからであるが）は，次のようであった．

> 王立協会の会員は，王立協会会報 (Proceedings of the Royal Society) には，査読委員に煩わされることなく，書きたいことはほとんど何でも発表できるというのが，一種の慣例として存在していた．しかし，ヘヴィサイドが彼の記号的方法に関する二編の論文を発表したとき，われわれはどこかに一線が引かれねばならないと感じたため，それを差し止めたのである．

ヘヴィサイド自身は，明らかにこの処置を，彼の以前の四元数への攻撃に対する懲罰であると考えていたが，クーパーは，実際には（彼は査読委員の報告を調査することを許されていた）その拒絶は，ひとえに，発散級数の無頓着な使い方に原因があったことを知っていた．査読結果を引用すると，著者（ヘヴィサイド）は「…線形微分方程式の現代の進歩について無知であって…」，かつ「厳密な推論によって既に確立された結果に

第10章　奇妙な数学

対して王道を」見出そうとしている，というのである．査読委員[20]は，「このような方法によって得られた結果を詳細に批判することは，問題外であると思われる．それらの結果は，正しいとも，正しくないとも言えるが，それらの結果に至るまでの方法は，絶対的に価値がないものである」と，結論づけた．

　その時点で王立協会の会長であったレイリー卿は，ヘヴィサイドに対してこの悪いニュースを知らせるという，不幸な役割を果たした．彼は1894年7月26日付で，次のように書いた（実際には，論文のタイトルと日付が書き込まれているが，単なる掲載拒否の形式であった）．

> 私は，貴殿の論文「物理数学における演算子について，Part III」に対し，王立協会の感謝の意を表明するとともに，論文委員会が，現時点においてそれを発表することについては得策ではないと考え，協会の保存文書に預けることを指示したことをご報告いたします．

これを読んだときにヘヴィサイドが受けたに違いない感情を理解するためには，彼が Part III の執筆中にフィッツジェラルドに宛てた手紙（1894年2月26日付）の中で用いた言葉が，参考になるであろう．そのとき彼は，「Part III と IV を執筆する仕事」は，「無視された任務という悪夢」[1*]と呼んでいる．なんと事態の変化の速いことであろうか！　2月において急務と思われていたことは，7月には価値のないものと断定されたのである．ヘヴィサイドは8月5日フィッツジェラルドに宛てて，次のように嘆いている．

> 私の論文については，取りやめにすべきだと考えています．私が歓迎されていないような雑誌には書くつもりはありません．王立協会のやり方は，あまりにも異常です．彼らは，出版のための経費を十分に持ち合わせているにもかかわらず，出版の機会を利用することを，計画的に拒否しているのです．実に融通の利かない団体です．

　二週間後（8月20日），フィッツジェラルドは，いくつかの適切なアドバイスを含む，次のような返信を書いた．

> 私は，査読委員が自分自身の論文との価値の違いを理由にして何らかの極端な処置をとることは，威厳のある賢明なこととは思いません．最良の態度は，連中がそのように盲目的であることを憐れみ，遺憾の意を示すことです．

ヘヴィサイドは，降参すべき時を知った．彼は Part III を撤回し，王立協会は，11月5日に原稿を返却した．Part III は 5 年ほど後に（ヘヴィサイ

391

ド自身の言葉によれば),「煮詰められた」形で, *Electromagnetic Theory* の第二巻[21]の中で公表された.

拒絶の余波

もちろん,ヘヴィサイドはひどく失望した.彼は,理性的なレベルでは,Part III が拒絶された主な理由が厳密性の欠如であることを理解していた.1894年11月に,彼は次のように書いている[22].

> 数理物理学に関わる全ての研究者は,数学が物理学のためにどれほど役立つように思えるか,そして物理学が数学にどれほどの示唆を与えるかについて注目してきた,と私は想像している.抵抗演算子の場合が,まさしくこれに該当する.それらを用いるならば,しばしば著しい簡略化と,込み入った定積分の評価を避ける,という効果があることは事実である.しかし,その場合,問題の厳密な論理は,単純なものではない! それはそうであるとして,それが何だというのか? <u>消化の機構を全て理解していないからといって,食事を拒絶するだろうか?</u>《引用者の強調》否,である.結果に満足していれば,私はそのようなことはしない.

しかし,彼の論文が全く完全さを欠いていたことを彼が理解していたために,彼の批判に対する批判は止まることはなかった.彼は,次のように反撃した[23].

> もちろん私は,厳密主義者たちは数学的知識を干し草の山ほど持っているとしても,(彼らの注目は,非常に嬉しいものであるが)彼らのために書いているのではなく,むしろ一本の麦わら程しか数学的知識がない,もっと広範な偏見のない読者たちのために書いているのである.荷車一杯分の数学的知識を頭の中に納めることはできても,物理学上の微分方程式の演算子による解法については何も知ることはできないということはありうることだ.

さらに[24],

> 演算子を操作する実用的な方法の発見は,物理的解析の将来にとって重要なことである.<u>消極的な無関心が積極的な妨害に置き換えられないかぎり</u>《引用者の強調》,厳密性の要求に根ざした反論は,狭量で,重要ではない.そのような反論は,厳密主義者が無知であることを示している.もしも望むのであれば,彼らにとっては,問題を拡張し,厳密性の要求を取り去るようにする方がより有益であろう.

ヘヴィサイドは彼自身の無念を,自身の出版物によって表明することができた.王立協会から Part III の返却を受けた1ヵ月後,彼は次のよ

第10章　奇妙な数学

うに書いている[25].

> この場合も他の件と同様，いいことも悪いことも一緒に受け取らねばならない….やや普通ではない人間《例えばヘヴィサイド！》に同情したいという彼らの欲求について言えば，それは特別に望まれるような欲求ではない——おそらくそれは，期待するほどには全く理性的ではないものであろう．しかし，人が期待すべき権利を有することとは…不要な妨害へとつながらないような，公平な活躍の場である．なぜならば，<u>ケンブリッジの数学者でない者さえも，公平に扱われなければならないからである．私は，それについては，通常そうではなかったのではと恐れている．とくに，服従と謙虚さを要求され，長い間軽視されてきた人々にとっては</u>．《引用者の強調》

　ヘヴィサイドは，彼の人生の残りの期間に王立協会に対する悪感情を心に抱き続けたと思われる．この十年後，彼はそれについて未だに十分な怒りを込めて，ネイチャー誌に寄稿した．ヘヴィサイドは，フランス科学アカデミーが，以前に（ヘヴィサイドの）啓蒙活動を賞賛したことに対する回答の中で次のように書いた[26].

> J. Y. ブキャナン (Buchanan) 氏がフランス科学アカデミーについて語ったことは，私にとってはラジウムの発見よりもすばらしいことである．認められた，地位のある科学者が，創造的な研究において喜びを感じ，そして，その仕事に対してある評価を受け，何人かの会員資格を持った者の意見によって拒絶されることな<u>く</u>，権利としてその論文を発表できるような幸せな国が近くに存在しそうに思われる！　これはありえないようである．それは，独創的な研究を鼓舞するものである．おそらく，伝統と古い形式を愛するこの旧弊の国においては，そのような自由を期待しても望み得ないであろう．私は，「傲慢」であろうとするようなあらゆる欲求を抜きにして，わが王立協会は，多くの点において私に貴族院 (House of Lords) を思い起こさせるものである，と言いたい．

　こんにちにおいては，19世紀の王立協会において起きた最も有名な二件の英国物理科学の不祥事の一つである王立協会との間のヘヴィサイドの悲しい事件は，不気味な特異性を楽しませてくれるものである（彼はこの出来事から，これっぽっちも持ち前のつむじ曲がりの快感を感じることはなかったと私は信じている）．第一の事件とは，気体の力学的理論に関する（1845年の！）J. J. ウォーターストン (Waterston) の論文の拒絶事件である．査読委員の一人[27]が，その論文を「ナンセンス以外の何物でもない．査読の値打ちもない」と決め付けた．これ以後，ウォーターストン

393

はヘヴィサイドと同様に，王立協会に対して何を言っても，何も得るものがなかった．彼をよく知る甥の言葉[28]には，「王立協会は，ここで繰り返して言う気にもなれないほど非常に強烈な言葉で特徴づけられたことを，私ははっきりと覚えている」とある．この出来事を特に皮肉なものとしていることは，ヘヴィサイドの同じ経験とのつながりがあるからだ．結局，ウォーターストンの埃にまみれた原稿は，40年後にレイリー卿——彼は，ちょうどその数年後に，ヘヴィサイドの王立協会への論文の掲載の公的な幕引き役を務めたのであるが！——の尽力によって，記録保存所から掘り出された．

ヘヴィサイドが，ジェームス・スウィンバーン（James Swinburne: 有名なコンサルティング・エンジニアであり，法廷における職業的証人を務め，また，1902年にはIEEの会長であった）と同意見であったことは，Part IIIが拒絶される直前に受け取った次の手紙（1894年6月21日付）に表明されていることから，ほとんど疑いない．

> なぜあなたは，王立協会宛の重要な論文を秘匿しているのですか？　あなたは以前，よい発表の場が見つからないとほのめかしておられました．王立協会は出口 (outlet) ではありません．それは，入り口 (inlet)，または吸い込み口です．もしもあなたが物理学会 (Physical Society) にあなたの論文を送ったなら，情報の湧き出し口 (divergence) となるでしょう．

スウィンバーンは，彼自身が王立協会の会員であったのだから，これは興味深い言葉ではないだろうか．

ヘヴィサイドはその生涯のこの時点において，論争を公然と深追いするべきではないことを知っていたという点で，十分に賢明であった．エレクトリシャン誌の社説が，ヘヴィサイドの論文の新連載（これは，最終的にEMT2として単行本の形となった）を開始する，と発表したとき，編集者は，騒動が収まる時をうまく利用すべきであると感じたのであった．「数学と数学者」と題した社説は，次のように述べた[29]．

> ヘヴィサイド氏は，マクスウェルの後継者の中で最も学識があり，最も巧みな数学的手法の使い手であるだけでなく，奇妙なことには，彼は実務的な電気工学者たちに問題を知ってもらうために，最大限の努力を行ってきたほとんど唯一の人物である．学識ある王立協会の会報 (Transaction) を一目見たとき，いかにこの問題《電磁気理論》が，数学者たちよりも僅かにましな人たちによって扱われたかが，わかるように思われる．さらに言うならば，この問題について

第10章　奇妙な数学

のほんの僅かな知識でさえも，<u>純粋数学者たちを進歩させるに違いないし</u>《引用者の強調》，非常に僅かな知識が，ケンブリッジの純粋数学者と数理物理学者を区別するには十分であるということである．われわれは，一人の数理物理学者によるこの問題についての労作に目を向けようではないか．ところで，われわれの中のどれほどの者が，どれほどこの論文を理解できるであろうか？　現時点では，全世界中で，実用的な考えの持ち主であって，かつ完全にそのような論文を理解できる者は，3名か4名(確実なところ5名以下)の人たちであろう．

　次に，そのような論文の著者たちが，いかに実用的なことに関心を持たず，彼らの論文が「数学的表現で充満している」(あたかもヘヴィサイドがそうではないかの如く)かについて不満を述べた後，社説は，ヘヴィサイドの新たな論文に絡む事件の悲しむべき状況を対比させ，次のように述べた．

> われわれは，ヘヴィサイド氏を，非常に賢明で人柄がよい兄のような存在と見ている仲間であり《これを読んだプリースの反応を見ることは，興味深いことであったであろう！》，彼は，あらゆる種類の実験的な仕事に対してわれわれと全く同じ好みがあり，われわれが理解できる言葉で，われわれに深遠な物事を説明しようとしているのだ．

このような感傷的な言葉は，疑いなくこの連載の一番目の論文[30]にあるヘヴィサイドの次のようなコメントに刺激されたものであった．

> 私が思うには，より厳密な方法を習慣とする人たちの一部には，開拓者たちの論文の手段や方法の完璧性の欠如に不満を述べているが，それらの中には著しく馬鹿げた要素をはらんでいることは明らかである．その意図において悪意がないとしても，その異なった研究方法，思考法，および経験を有する査読者によって，誠実な仕事が疑いなく誤った評価を受けて拒絶されることがしばしば起こるように（これに関しては，最近ある例が，私の関心を引いた），それらは実際に，不公平をもたらしている．このような結果が生じたとき，その結果はある学究的組織［王立協会］を，既成方向での研究を奨励するだけではなく，伝統的ではない，独創的な研究への意欲を失わせる働きをも<u>もたらす</u>不運な学会にするという結果を生む．

　しかし，この社説を読むことによって，ヘヴィサイドの心には，おそらく事態が制しきれなくなりつつあるのではないかという懸念が生じた．なぜなら，彼はその次の論文において，次のような有名な言葉で応答した[31]からである．

> 何にもまして公平であろうとしてみよう．ケンブリッジの数学者でさえ公正に値

395

する．私は，彼らに対するいかなる一般的攻撃にもくみしない．この国において行われたほとんどの数学的，物理学的研究は，ケンブリッジの数学者たちの恩恵をこうむっている．ほとんどの数理物理学者たちは，ケンブリッジの出身だったではないか．トムソンとテート，マクスウェルやレイリーは，ケンブリッジの数学者だったではないか…？

これを述べた後に，（次章における話題である，当時最も精力的に討論された争点の一つであった，地球の年齢の解析から始めて）電気的な問題における演算子の有効性についての念入りで広範囲にわたる議論が，新たな一連の論文として開始された．一段落すると，演算子法の進展は一時的に休止し，ほぼ20年間は再び関心の火花は散ることはなかった．1905年になってからでさえ，ケーブルに沿った波動の伝搬についての問題についてのヘヴィサイドの数学的な研究方法を，彼は次のように説明せねばならなかった[32]．

> 整数次，あるいは分数次の微分方程式の解法における演算子の扱いを説明するため…この問題は，電気磁気学においてだけではなく，すべての力学的応用において大きな未来があり，研究熱心な数学者たちが長生きすれば，早晩解決してくれるであろう．

その後，1906年には，彼は表面的には全ての仕事から手を引いた．

> 現在のところ定積分の演算子的な扱いについてはこれで十分である．これは永遠にそのままであろう．これまで述べたことは，それを使おうとしている人たちにとって役立つであろう．しかし，おそらく聖人から教えを受けた魚のごとく彼らは大いに教化されるであろうが，旧式なやり方を好むであろう．大いに結構，彼らはそこに留まればよいのだ．

そして1916年には，演算子における新たな関心が，最も驚くべき場所からやってきた．

ケンブリッジでの新たな友人

トーマス・ジョン・アンソン・ブロムウィッチ (Thomas John I'Anson Bromwich 1875-1929) は，ヘヴィサイドと彼の数学に対して，支援と活発で熱烈な慰めを与えたが，おそらくそれには最も似つかわしくない人物であった．彼は1892年にケンブリッジ大学に入学し，1895年にシニア・ラングラーとなった．王立協会の会員に推薦された翌年の1907年にはセント・ジョンズ・

第10章 奇妙な数学

カレッジの終身講師の称号を受け，1919年から1920年まで王立協会の副会長であった．

しかし，ブロムウィッチの関心事を詳しく見ると，ヘヴィサイドの世界と共通の繋がりがあることがわかる．例えば，彼はサールの友人の一人であり，早くも1909年から，ヘヴィサイド宛のサールの手紙の中には，ブロムイッチが引き合いに出されているのである．そして，1908年にブロムウィッチは，今日でも引用されている無限級数に関する有名な著書を書いた．本章末の「技術ノート4」には，ブロムウィッチの関心がどれほどヘヴィサイドのそれと交叉していたかを示している．

ブロムウィッチは，<u>単なる</u>数学者ではなく，物理学の応用にも関わった人物であった．ヘヴィサイド宛のサールの手紙（1913年8月21日付）の一節には，この人物の人柄が，僅かながら述べられている．「ブロムウィッチは，現在かなり多くの光学器械を入手し，数学専攻の学生に対する彼の講義の中で，組み合わせレンズに関するかなり優れた計測法を実演しています」．サールのような実験に関する完全主義者からすれば，これは実に高いレベルのほめ言葉であった．

サールは，ケンブリッジにおいて，ブロムウィッチのこのような側面を見ていた唯一の人間ではなかった．彼の同僚であった超純粋数学者G．H．ハーディ（Hardy：こんにちでは，インドの特異な天才，ラマヌジャン Ramanujan との交友が，最も有名である）は，ブロムウィッチの追悼記事[33]の中で，彼は，「ケンブリッジの応用数学者たちの中で，最高の純粋数学者であり，純粋数学者の中で最高の応用数学者であった…」と洞察している．

1914年のある時，サールはヘヴィサイドに宛てて次のように書いている[34]．

> ブロムウィッチは，あなたのE.M.T.に次第に興味を持ったようで，近頃はそれを懸命に学習しています．私はあなたに彼を知っていただきたいの

トーマス・ジョン・アンソン・ブロムウィッチ：
Thomas John I'Anson Bromwich (1875-1929)

397

> です．彼は本当にすばらしい人物です．彼の奥さんは，ケンブリッジで最も朗らかで幸せな女性です．彼は数学優等試験では受験した私の仲間の一人です．ケンブリッジには非常にいかめしい人たちが居りますが，彼はそのような類の人間ではありません．

これは，この二人がまだ関わりあっていなかったことを示していると思われるが，サールはまさに，ヘヴィサイドを隠棲生活から外へ誘い出そうとしていたのであった．事実，ブロムウィッチとヘヴィサイドは，1913年以後には文通をしていた[35]．ブロムウィッチは，その年の1月の手紙において，発散級数の最新の状況について書いており，その調子から，それ以前のヘヴィサイドからの問い合わせに回答をしているように思われる．

1915年4月17日，ブロムウィッチは，演算子法の歴史的な発展過程について，いくつかの質問をしている[36]．ブロムウィッチは特に，「徐々にヘヴィサイドの演算子法の問題の扱いとは異なっているが，同等な方法を『確立しつつある』」と書き，そして，

> …私の方法は，あなたの記号的公式，例えば，
>
> $$\sqrt{\frac{\partial}{\partial t}} \cdot \mathbf{1} = 1/\sqrt{\pi t}$$
>
> を解釈するための独立した方法に行き着きそうです．

と書いている．ブロムウィッチはヘヴィサイドを喜ばすに違いないような言葉で締めくくった．

> 私は，まもなくこれ《彼の新しい方法》が詳しく書かれるだろうと思っています．それによってあなたは，人に異端の方法を理解させるためにベストを尽くすような，正統的な（あるいは保守的な）タイプの少なくとも一人の数学者を知ることでしょう．ですが，私には論文を書くための時間がほとんどありません．私は論文の一部をまとめる若い学生一人を養成することに成功しました．彼は非常に熱心です．しかし，年寄りよりも若者を教育することの方が容易ではないかと思うのです．

ブロムウィッチは，彼の方法について「提示する」と書いたとき，疑いなく，彼が既にロンドン数学会 (London Mathematical Society) に提出した論文[37]のことを指していたのであるが，それは，1916年まで公表されなかった．ヘヴィサイドの怪しげな，また，見かけ上しばしば独断的な記号的方法を複素平面上の周回積分によって置き換えるという第一歩が踏み出されたのは，この論文においてであった．ブロムウィッチの

第10章 奇妙な数学

1916年の論文は，著しい影響をもたらし，彼の着想は，現在のラプラス変換の普及として実を結んだ[38]．奇妙なことに，ブロムウィッチ自身は，彼の仕事がヘヴィサイドの仕事に対する死刑宣告を暗示していることに，気づいてはいなかったようである．

> 私の方法は，複素積分から始まります．手に負えないと感じられるかも知れませんが，実際にはそれは全く簡単なものです…．物理学関係の人たちは，私の方法を理解しないのではないかと，私は懸念していますが，彼らが諸公式を得るための独立な方法があることを知るならば，あなたの方法を使う確信をさらに与えられるであろうことを期待しています．

後の1919年4月5日，海軍本部での軍役を終えてケンブリッジに戻ってから，彼は1915年4月25日付の手紙の中で（やや抑えぎみに）次のように記している．

> 二年半の軍役の後，これらの問題に戻ったところ，私自身が演算子を複素積分よりもたやすく扱うことができることがわかりました．私が平均的な「フィロソフィカル・マガジン」の読者よりも，多分これらの複素積分の知識を持っていることに気づき，私は演算子法を優先的に行うべきであると，ただちに知りましたので，それに応じて複素積分は，脚注の方に追いやられるはめになりました．私は未だに，複素積分は，純粋数学者の中の最も純粋な数学者に，p-手法が確固たる基盤の上にあることを確信させるためには，有効な方法であるとみなしております．しかし，私は，p-手法はこれらのことを行うための研究手段であると確信いたします…．私が，あなた自身の視点の方向に，どれほど大きく動いたかということについて，若干お知らせいたします；あるとき，（一定温度からその表面温度を0℃に保つことによって冷却される，球の平均温度を表わすために）私はフーリエ級数の一つを求めるという機会がありました．私は，p-手法を<u>暗算</u>で使う方法を，独自に見出しました：しかし，鉛筆と紙（あるいは本でその結果を調べること）なしでフーリエ級数によってそれを行うことは，夢想だにしませんでした．

このような慇懃な言葉（ブロムウィッチは，彼が非常に尊敬する老人に対し寛大であろうとして，彼の実際の見解を極端に誇張したのかもしれない）は，現存するブロムウィッチ宛の唯一の記録と思われる手紙[39]をヘヴィサイドに書かせた．それは，ヘヴィサイドが最も偏屈な時期にあったことを示すものである．

> あなたは，5：4：19（1919年4月5日付の手紙），シーザーとポンペイ，特にポンペイ[40]．それには，どれほど時間を費やしたことでしょう！　私は，あな

399

たが私の方法の簡略さと利点をお分かりになったことを知って嬉しく思います…．今こそ，愚鈍な厳密主義者たちを絞首刑にし，微分演算子に対して忠実になり，厳密な脚注を無視しようではありませんか．あなたが悩むことをおやめになれば，そんなことは簡単です．私もレイリー卿も繰り返し言っているように[41]，論理は一番後回しです．私は，<u>あなたの複素積分法は，断じて受け入れられません．</u>《引用者の強調》

　ブロムウィッチの創案に関するこの少し過酷で決定的な評価について，この二人の人物は互いに言い残すことがなくなり，文通は途絶えた．しかし，ケンブリッジにおいて，ヘヴィサイドの数学に対するブロムウィッチの関心をとりあげたその他の人物は，注目すべきことに，数理物理学者ハロルド・ジェフリース (Harold Jeffreys) であった．ジェフリースは，ヘヴィサイドの死去の二年後，演算子法についての本を書いた[42]が，ケンブリッジ大学出版局以外のどこも，それを出版しようとしなかった——それは，間違いなくヘヴィサイドを，涙まじりの笑いに誘ったに相違ない．明らかにジェフリースは，この中に彼自身の皮肉の意味を込めたのである．というのは，ヘヴィサイド自身の言葉「ケンブリッジの数学者でさえ公正に値する」がその本の扉に印刷されていたからである．

　この後，間もなくして，ジェフリースは次のように書いた[43]．

　　彼の方法は，いい加減に見えるかもしれないが，彼の予防措置は実際には常に正しい答えを与える，ということにある…．彼は，数学者たちになぜその答えが正しいのかを説明する問題を残し，それはブロムウィッチによって，ちょうどよい時期に適切に解決され，そしてヘヴィサイドの解の多くは，数式の扱いに熟練していない研究者でも，複素変数の理論により容易に求めることができるのである．

本書のこの後において，われわれは，ブロムウィッチとジェフリースが1920年代の末に残し，現代へと繋がれている演算子法の糸を拾い上げるが，ブロムウィッチはそれ以上の役割を果たさなかった．ヘヴィサイドの非凡な才能に触発されたこの人物は，ヘヴィサイドとはまるっきり違った人間で[44]，ヘヴィサイドの死後間もなく時間を使い果たした．ハーディは，彼について次のように書いている[33]．

　　彼ほど正気に見える人はいないだろう．彼は精神的な不安定さから最も遠い人物であった．後に彼の精神的な不安定さが嵩じた時，それは友人達にとって大きな驚きであり大きな衝撃であった．

　さらに大きな衝撃と言うべきことは，ブロムウィッチが1929年8月

第10章 奇妙な数学

24日に妻や息子や仕事から永遠に背を向け，自らの命を絶ったことだ．

ブロムウィッチがヘヴィサイドに宛てた手紙や彼の他の著作全てを通じて，ヘヴィサイドの演算子法の中に閃いた彼の独創的な関心が言及されている．ヘヴィサイドの演算子法が一つの役割を果たしたのは，1895年の地球の年齢についての論争であり，その論争は次章で示すように世界中の優れた数学者たちが挑戦するにふさわしい十分に豊富な内容を持っていた．

技術ノート1：ヘヴィサイドの抵抗演算子

ヘヴィサイドは，1887年の論文[8]の冒頭の節において，抵抗演算子のそっけない定義を与えている：「当面，オームの法則を，単に数学的な見地から考えるならば，$V = RC$《Cは，19世紀における電流の表示記号であった》なる式において，電流が定常的であるとき，抵抗を表わすRなる量は，電流Cを電圧Vに変換する演算子である．従って，電流が変化する場合には，Rに代わる演算子を抵抗演算子と名づけることが適切であると考えられる」．

ここでヘヴィサイドが行ったことを以下に示そう．三種類の基本的な，集中定数的（離散的），受動的電気素子（抵抗，静電容量およびインダクタ）に対し，電流を現代的記号（静電容量はC）を用いるとそれぞれ次式を得る．

$$v = iR \qquad \text{抵抗値 } R \text{ の抵抗に対して}$$

$$i = C\frac{dv}{dt} \qquad \text{容量 } C \text{ の静電容量に対して}$$

$$v = L\frac{di}{dt} \qquad \text{インダクタンス } L \text{ のインダクタに対して}$$

または，ヘヴィサイドの演算子$p = d/dt$を用いると，

$$v = iR$$
$$i = Cpv$$
$$v = Lpi$$

v/iなる比を，「抵抗」と定義すると，

$$Z = R \qquad \text{抵抗値 } R \text{ の抵抗に対して}$$

401

$$Z = \frac{1}{Cp} \qquad \text{静電容量に対して}$$

$$Z = Lp \qquad \text{インダクタに対して}$$

となる．特に，教科書にあるような抵抗とインダクタの直列回路に対する抵抗演算子は，$Z = R + Lp$ である．このような方法の一つの大きな利点は，インダクタと静電容量を全く抵抗と同様に扱えることである．この印象的な一例は，1887年の論文においてヘヴィサイド自身によって示された．そこでは，彼は連続的に定数 R, L, K および S，すなわち単位長さ当たりの抵抗，インダクタンス，漏洩コンダクタンス（漏洩抵抗の逆数），およびシャント・パミッタンス（シャント容量の逆数）が分布している無限長の電信回路を解析したのである．図10.2 を参照されたい．

そのような回路に対する $Z(p)$ を求めることは，信じられないほど困難なことのように思われる．実際にそれができるのは，1887年においては世界中に一掴みの人間に過ぎなかった．しかしヘヴィサイドが書いているように，その結果は，

> …抵抗演算子の構造に関しては，きわめて教訓的な方法で直接求めることができる．回路は無限長であるから，Z は任意の長さだけ切ったり繋いだりしても変わらない．

であった．この巧妙な考察は，回路は既に無限長であるから，それに僅かな長さを付加しても，何の変化もないということを言っているのである！ この賢明な技巧は，現在では電気工学や物理学の学生たちに対して，伝送路や導波管の解析を行う上で，日常的に教えられていることである．いずれにしても，ヘヴィサイドの行ったことは——回路の始まるところから僅かに離れたところに着目することであった．

挿入する部分が，非常に短い長さ l であるとすれば，Fig.10.3 の形の回路が，よい近似となる．さて，直列の Rl, Ll, Z と Kl, Sl が並列であ

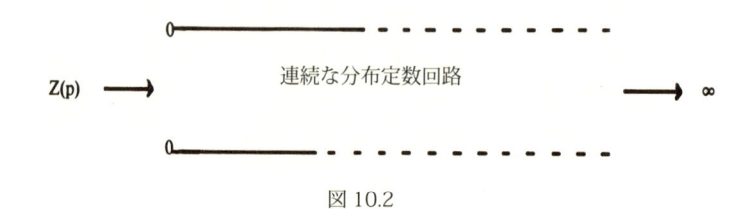

$Z(p) \longrightarrow$ 連続な分布定数回路 $\longrightarrow \infty$

図 10.2

第10章 奇妙な数学

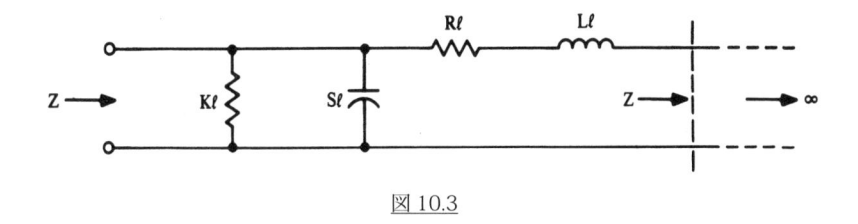

図 10.3

るから，それぞれのアドミッタンス（インピーダンスの逆数）は，互いに加えられる．よって，ヘヴィサイドが示したように，

$$\frac{1}{Z} = Kl + Slp + \frac{1}{Rl + Llp + Z}$$

を得る．変形を行うことによって，容易に次式が求まる．

$$Z^2 + Z(Rl + Llp) = \frac{R + Lp}{K + Sp}$$

ヘヴィサイドは次に，「われわれは，今，何も挿入していないということを仮定しよう！」と，効果的に言う．そして，$l = 0$ とすると，近似は厳密なものとなり，直ちにヘヴィサイドの結果，

$$Z(p) = \sqrt{\frac{R + Lp}{K + Sp}}$$

を得る．ここで $L/R = S/K$ であると仮定すると $Z(p) = \sqrt{R/K}$ となり，これは p には関係しない．すなわち，$Z(p)$ は，定数という時間に無関係な演算子であって，すべての正弦波的信号を周波数に関わらず同等に「扱う」のである．これは，実際にヘヴィサイドの無歪伝送条件である．この美しい解析は，それ自体が一編の論文に値するものであるが，1887年の論文にたったの二段落で簡潔に記された．ヘヴィサイドの導出法は，その重要な結果をほとんど労力なしで求め，始めた途端に終わってしまう．このことが，その重要性が高く評価され損なった原因であろう．

技術ノート2：p および $1/p$ 演算子の問題

ヘヴィサイドは，簡単な微分方程式 $dx/dt = f(t)$ が与ええられたとき，

$px(t) = f(t)$ と書き，$x(t)$ を，次のように求めた．

$$x(t) = \frac{1}{p}f(t) = \int_0^t f(u)\,du$$

すなわち，彼は $1/p$ という演算子を 0 から t までの定積分に関係付けたのである．しかし，上式は，$x(0) = 0$ という条件を暗示しているが，これは常に満たされている．これが成立しない場合には，p と $1/p$ という演算子は，逆演算子ではない．この場合に得られる結果は，しばしば不注意による誤ったものとなる．本質的に同じ問題は，ここで用いたような見え透いた例に比べるとはるかに微妙な形で起こりうる．ヘヴィサイドは，誤りを避けるために彼の直感と物理的な洞察力を用いた．彼は，電磁気的問題に演算子を用いることについて，次のように書いている[45]．

> …誤りを避けるために，関係している物理的問題の諸条件によって導かれることが望ましい．それが，純然たる数学的からくりの曖昧さを中和するために役立つであろう．

実用的で便利であるとはいえ，このちょっとした知恵こそが，まちがいなくヘヴィサイドを数学者の中の数少ない改宗者にさせたのである．ヘヴィサイドの演算子の非交換性は，ハロルド・ジェフリースとD. P. ダルゼル (Dalzell) によって詳細に論じられた．彼らの論文[46]には，ケンブリッジの物理学者の少なくとも一人が，ヘヴィサイドの数学をどのように見ていたかを示す（ジェフリースによる）記述がある．

> …実際の応用上，ヘヴィサイドは正しい答えを得ている….困難は…純粋数学に拡張した場合に限って発生し，彼の目的は率直に言ってどんな方法が正しい答えを与えるかということを，実際的に試みることによって見出そうとする，実験的なものである．個人的には，私は彼の観点に大いに共感している．厳密な証明がなされる前に全く何の結果も発表されていないとすれば，数学の歴史は極めて違ったものになっていたであろう．そして，今に至るも論争 (Gegenbeispiel) は重要な数学的方法である．

ジョージ・ミンチン (George Minchin) 教授は，彼のEMT2の書評において次のように書いている[47]．

> 読者は，さまざまな微分方程式を解くための演算子的方法の能力と簡明さ，そしてヘヴィサイド氏の処理の完璧な熟練度に感心させられるであろう．しかし，普通の物理学の学生が，この方法の論理を把握し，その有効性について納得す

第10章 奇妙な数学

るためには，相当な時間を要するであろう．

そして，少し後の方に，

> ヘヴィサイド氏は…，常にこの方法に習熟しているが，初心者は，それらの手順の過程に気を使わねばならない．

実際に，ミンチンは演算子法に非常に感銘を受け，彼は，その知見は「ラガドの学院 (Academy of Lagado) にある機械と比較しても遜色はないであろう」と考えた．これは，ジョナサン・スウィフトが「最も無知な人間」が，「哲学，詩，政治，法律，数学，さらに神学についての本を天才の助力なしで書けるようになる」と書いた『ガリヴァー旅行記』の中の仕掛けを彼は引き合いに出しているのである．

この著書 (EMT 2) は，有名なドイツの物理学者グスタフ・ミー (Gustav Mie) によっても論評[48]された．彼ははじめにそれを「…新しい着想と重要な諸結果を含んだ並外れて豊富な内容」と表現し，次のように続けた．

> ヘヴィサイドは，数学を実験科学のような高度に独創的なやり方で扱っている．彼は，「厳密主義者」のように，彼の方法を一般的な公理と定義とから演繹する，ということはしない．むしろ彼は，一種の仮説のような類推によってそれ（結論）に達した後，その正当性の範囲内で同様に示すことができる簡単な例について，帰納的にその正しいことを示すのである．非常に生き生きとして独創的で，機知に富む意見が添えられているこの提示方法は，この著名な数学者の精神的な仕事場に対する極めて魅惑的な洞察を与えてくれるものであるが，また一方では，それは数学の実験的な扱いに慣れていない者にとっては，しばしば理解することが著しく困難である．時には，説明が不十分なまま数式や完全な方程式が導入される．それらは後の説明ではじめて理解できるのである．概要を知り，全ての個別的方法を習得するために普遍的な観点を模索し，それらの方法をヘヴィサイド以外の研究者たちに使用できるようにしようとしている者にとって，それは極めて困難である．皮相的に考えると，人は帰納的に導かれた異なる定義は互いに矛盾や食い違いを生ずるという印象をもつ．しかし，さらに詳しく調べると，この不調和は解消し，数理物理学の方法に関心を持つ純粋数学者は，豊かで実りある研究分野を発見することであろう．

ヘヴィサイドが仮定した無謬性に関する異なった見方については，無限長伝送路のステップ応答に対するヘヴィサイドの演算子法による解[50]は正しくない，と主張したＦ．Ｗ．カーター (Carter) の論文[49]を参照された

405

い．後に，N．W．マクラクラン (McLachlan) は，ヘヴィサイドのケンブリッジにおける数学上の友人，ブロムウィッチによって展開された周回積分の方法を用いて，この問題の更なる解析[51]を発表している．マクラクランはまた，ヘヴィサイドの解は間違っていると「思われる」と言っている．

私は，これらの三人（ヘヴィサイド，カーター，マクラクラン）のうちの誰が正しいか，あるいは間違っているかについて語ることはできない．これらの三つの解は，がっくりするほど複雑であるため，読者諸氏に対し，これらを全て検算し，最終的な結論を私宛にお知らせ下されんことをお願いする！

技術ノート3：ヘヴィサイドの分数次演算子の意味，そしてインパルス

$p^{1/2} \cdot 1$ の意味するところを理解するために，EMT 2 (pp.287-288) においてヘヴィサイドが作った道を忠実にたどることができるであろう．ヘヴィサイドは，そこでは<u>実験的に</u>結果を求めている（これは純粋数学者にとっては相容れない技巧である）．これは，演算子法による解の中で $p^{1/2}$ を有するような問題の解を（フーリエの方法によって得られた）その問題の<u>既知の解</u>と比較したことを意味している．この方法を賞賛しなかった読者に対して，彼はぶっきらぼうに，「もっと形式的で論理的にまとめる方法をよしとする人は，どこにでもそれを探すことができるし，可能ならば見つかるであろうし，そうでなければ，自分でそれを求めればよい」と書いた．

幸いにして，$p^{1/2}$ の意味にたどり着くための他の方法は数多く存在し，ヘヴィサイドが実験的方法を示した後に言ったように，「上述のものは1000あるうちの一つの方法にすぎない」．ここに示す導出法は，ヘヴィサイドが王立協会に提出した彼の論文の Part I（および EMT 2, pp.288-290）において用いたもので，極めて直接的なものである．

<u>ガンマ関数</u> $\Gamma(n)$ は，漸化式，
$$\Gamma(n) = (n-1)\Gamma(n-1)$$
を満たす．この式は，ガンマ関数と階乗の操作は n が正の整数の場合には密接な関係，すなわち，

第10章 奇妙な数学

$$\Gamma(n) = (n-1)!, \quad n = 1, 2, 3, \cdots$$
$$0! = 1$$

にあることを示している．整数でないか，負であるような n に対して階乗の操作が何を意味するか（意味があるとすれば）ということは，明白ではない．しかし，オイラーはすべての実数 n を含む階乗関数を彼のガンマ関数積分[52]

$$\Gamma(n) = \int_0^\infty e^{-u} u^{n-1} du$$

によって，一般化した．この積分は，$\Gamma(1/2) = (\pi)^{1/2}$ であることがわかる．$\Gamma(n) = (n-1)!$ において $n = 1/2$ とすれば，$(-1/2)! = (\pi)^{1/2}$ という奇妙な結果に到達する．これが $p^{1/2}$ とどのように関係付けられるかを見るために，負でない整数 n および m ($m < n$) に対して，次の基本的関係があることを思い起こそう．

$$\frac{d^m}{dt^m} t^n = \frac{n!}{(n-m)!} t^{n-m}$$

ここで，m が整数でない場合：例えば，$m = 1/2$（すなわち分数次の演算子 $p^{1/2}$ があるとするとき）の場合は，

$$p^{1/2} \cdot t^n = \frac{n!}{\left(n - \frac{1}{2}\right)!} t^{n-1/2}$$

と表わされる．さらに $n = 0$ とすれば，$t^n = 1$ であるから，

$$p^{1/2} \cdot \mathbf{1} = \frac{0!}{\left(-\frac{1}{2}\right)!} t^{-1/2} = 1/\sqrt{\pi t}$$

となる．さらに p の高次のベキは，微分の操作によって容易に求めることができる．

$$p^{3/2} \cdot \mathbf{1} = p(p^{1/2} \cdot \mathbf{1}) = \frac{d}{dt} (\pi t)^{-1/2} = -\frac{t^{-3/2}}{2\sqrt{\pi}}$$

負の半整数の p は，同様の方法で容易に計算することができる．例えば $m = -1/2$ とすれば，

$$p^{-1/2} \cdot t^n = \frac{n!}{\left(n + \frac{1}{2}\right)!} t^{n+1/2}$$

となるから，$n=0$ とすれば，
$$p^{-1/2} \cdot \mathbf{1} = \frac{1}{\left(\frac{1}{2}\right)!} t^{1/2}$$
さらに，$p^{-3/2}$ については，単にこれを積分することにより，
$$p^{-3/2} \cdot \mathbf{1} = \frac{1}{p} \cdot p^{-1/2} \cdot \mathbf{1}$$
となり，これは $t^{3/2}$ のように変化する結果を与える．

　ヘヴィサイドが言うように[53]，「複素数の微分と積分の間に横たわる数学の宇宙が存在する」．また，ルドウィック・シルバーステイン (Ludwick Silberstein) 宛の手紙[54] において「通常，われわれは積分のみにかかわり合いがあっても，一般に分数次の微分演算子とは関係ないことを，あなたはご理解いただけるでしょう．にもかかわらず，分数次のものは，他のものと同じくらい，現実的に自らを前面に押し出してくるのです」と書いている．

　ヘヴィサイドはまた，整数次のベキの p を 1 に作用させたときの効果を考察した．彼は，「… $p \cdot \mathbf{1}$ は，$t=0$ なる瞬間に大きさの総量が 1 に集中しているような一つの t の関数を意味している．それは，インパルス的な関数である[56]．$p^{1/2} \cdot \mathbf{1}$ とは異なり，関数 $p \cdot \mathbf{1}$ …は，通常の微分と積分をその極限に置く，という考えを含んでいる」と書いている[55]．p のさらに高次のベキもまた考察された．(EMT 2, p.65)：「$p^2 \cdot 1$ は《$p \cdot \mathbf{1}$ の》時間に対する変化率であるから，はじめが正で，続いて負となるようなダブルインパルス《現代的な用語ではこれをダブレット (doublet) と呼ぶ》となる…」．しかし，ヘヴィサイドは，$p \cdot \mathbf{1} = 0$ と置くことによって (EMT 2, p.289 において，警告の注釈：「t が正であると仮定したとき，$p \cdot \mathbf{1} = 0$ である．これはまさしく，$t=0$ なる瞬間における一つのインパルスである」)，何回か混乱を引き起こした．しかし，いつ，どれを使うべきかを知ろうとするためには，ヘヴィサイドの天才に頼らねばならない．AT&T 社における大のヘヴィサイドのファンであったジョン・カーソンは，この類のごまかしに対しては，強い否定的な反応を示した．彼は「この点に関する手順は，全く不満足なものであって，特に，説明なしに全ての級数を捨ててしまうということは，知的な不快感を覚える」と書いている[57]．しかし，ヘヴィサイドは，この問題について明確ではなかった．例えば，ある問題を，

1に対してpの整数次数のベキ（それぞれは，$t>0$に対して多分0に等しいとすることができるとして）による無限級数を作用させる形で求めた後，彼は，その答えが誤りであることを知った．彼は次のような言葉を提示した[58]（私の意見としては，あまり参考にならないものであるが）：「われわれは，定数項にゼロ級数を加えたものを求めた．今，それはゼロとゼロになった．絶対的なゼロは，幾何学における点のようなもので，中学生が言うように，拡大鏡を使っても見ることはできない．しかし，いくつかのゼロは拡大可能であって，それらを無限個集めたものは，有限なものにできるであろう」．

技術ノート4：ヘヴィサイドと発散級数

　ヘヴィサイドの失墜が立証されたのは，"Operators in physical mathematics"のPart IIIにおいて発散級数を用いたことである．クーパー(Cooper)[18]によると，査読委員の反対理由は，全面的に（不適切な）発散級数の使用に向けられた，ということだった．1826年に，ある数学者（アーベル）は「発散級数は悪魔の発明であり，いかなる論証といえども，それらに基づいたものは恥である」と書いている[59]．ヘヴィサイドの論文は，彼がこの意見には同意していないことを示している．

　EMT2のすべてにわたって散見されるものは，ヘヴィサイドがどのようにして発散級数に到達し，そしてどのように処理したかを示す多くの例である．そのような例のほとんどには，その中に数学者の指の爪の下に銀を叩き込むことにも似た数学者が生理的に嫌う何かがあった．一つの典型的なものは，pp.487-488に見ることができる．そこでは，彼は，無限長のインダクタンスと漏洩のない電信線に，抵抗R_0を通してステップ入力を加えると仮定している（すなわち本章の「技術ノート1」において，$L=K=0$とし，$Z=\sqrt{R/Sp}$となる場合である）：図10.4を見よ．ヘヴィサイドは，次に回路の入力における電圧を，次式のように表わした．

$$v = \frac{e}{1+R_0/Z}$$

次に，彼は$e=1$および$a=R_0\sqrt{S/R}$と書き，演算子的な解

図 10.4

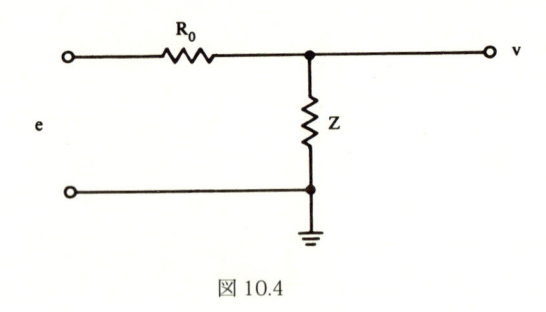

$$v = \frac{1}{1+ap^{1/2}} \cdot \mathbf{1}$$

に到達した．簡単な代数的変形を行なうと，もう一つの形,

$$v = \frac{a^{-1}p^{-1/2}}{1+a^{-1}p^{-1/2}} \cdot \mathbf{1}$$

を得る．次に，「通常の」数学から，彼のお気に入りの級数展開式,

$$\frac{1}{1+x} = 1 - x + x^2 - x^3 + \cdots$$

を用いて，第一の式に $x = ap^{1/2}$ を，第二の式に $x = a^{-1}p^{-1/2}$ を代入すれば,

$$v = [1 - ap^{1/2} + a^2 p - a^3 p^{3/2} + a^4 p^2 - \cdots] \cdot \mathbf{1}$$

および,

$$v = \{[a^{-1}p^{-1/2} + a^{-3}p^{-3/2} + \cdots] - [a^{-2}p^{-1} + a^{-4}p^{-2} + \cdots]\} \cdot \mathbf{1}$$

を得る．本章の「技術ノート3」における正と負の $p^{1/2}$ についてのヘヴィサイドの解釈の結果から，第一の級数式は，分母に t を持つ項を含むことがわかる（これは $t=0$ において各項が無限大に膨張するため，ヘヴィサイドが「それ《級数》が，初期において意味することが明らかでない」と言って捨てた，数値的な爆弾である）．また，二番目の級数は，それぞれ t を分子に持つ項を含む（それらは，個々に $t=\infty$ において無限大に膨張するため，ヘヴィサイドが軽

く,「それはvが,最終的にどうなるのか,直ちにはわからない[60]」として追い払った,もう一つの数値的な混乱であった).これらの懸念のどれも,ヘヴィサイドを止めることはできなかった.そして彼は,そのような級数を数値的な結果を求めるために使ったのである.

もちろん,数学者たちは,この種の成り行きを偏見を持った目で見ていた.数学者たちが何を考えていようとも,ヘヴィサイドは,彼の考えが完全なものであると確信していた.1906年に彼は次のように書いている[61].

> 一般に,数学者たちは過度に保守的で偏見を持っていることを,私はわかっている.それにもかかわらず,私は発散級数の実用的な応用についての大いなる未来を,それらを収束級数へと結びつける一般的な解析の未来と同様に確信している.なぜなら,これらの二つの問題は,物理学上の微分方程式の演算子的な扱いに関係しているからである.

しかし,それよりも半世紀前には,ケンブリッジの数学者たちは,ヘヴィサイド流の無頓着な発散級数の使い方に全く関心を持っていなかったようである.例えば1812年から死去するまでの間,トリニティー・カレッジに在籍したウィリアム・ヒューエル (William Whewell 1794-1866) は,数学優等試験のプログラム(これは,むつかしい数学優等試験の全盛期であった)の主要な立役者であったが,彼は,彼の要求に適うようにその級数をひねくり回すことについては,同程度に熟練していた.彼もまた,「極限に至るまで正しいことは,極限においても正しい[62]」という主張を信じていた.ヘヴィサイドもまた,フーリエ級数の議論における限定的な操作の間に,いくらか詩的な(だが,さほど確信を持ってはいない)言葉を使って,「完成にまで達しているのに,間違いが生ずるという理由がわからない」と書いた[63]ときでさえも,この,直感的に訴える(しかし,誤っている)主張に精通していることが正しいと感じていた.これらの問題における彼の無頓着なやり方の典型的な一例は,オイラーの定数が次式で与えられるという,彼の記述である.これは,そのままでは無意味なものである.

$$\gamma = 1 + \frac{1}{2} + \frac{1}{3} + \cdots + \frac{1}{\infty} - \log \infty$$

γを表わすための適切な方法(正しくそれを行う方が,誤って行うよりも手間はかからない)は,

$$\gamma = \lim_{n \to \infty} \left[\sum_{k=1}^{n} \frac{1}{K} - \log n \right] = 0.5772$$

である.

このような無頓着なやり方は，ある著者を，おそらくは本心以上に厳しい言い方で，次のように言わせたのである[39].「有名なヘヴィサイドが，どのようにそれを成し遂げたかということは忘れて，何をしたかを思い出すときが来たのだ」．もう一人の著者[3]は，彼の言うヘヴィサイドの仕事の中には粗略な仕事や「急かされた兆候がある」という理由に対してちょっとヘヴィサイドにひいきめの説明をしている.

> ほとんどの人たちは，ヘヴィサイドの *Electromagnetic Theory* の出版事情については気づいていない．それは，永遠に価値のある独創的な仕事の著書としては，最も異例なものである．その内容は，毎週，毎年，エレクトリシャン誌に発表されたものである．かつて，いつ，何を，どのようにでも好きなように書くという，これほど多くの自由を認められた数学的な著者はいない．そしてこの自由は，技術系の新聞によって認められたものであった；しかし，はじめに発表されて以来，一行たりとも変更されることはできなかった《引用者の強調》．なぜなら，その活版は本の該当する部分が印刷されるまで，そのまま保存されていたからである…．ヘヴィサイドは，大きな時間的制約のもとに《あったのである》．

注および参考文献

1 1922年3月，ヘヴィサイドは，ジョン・S.ハイフィールド（John S. Highfield：当時の IEE の会長）と文通を行い，彼の人生について回想している．これらの手紙は，数々の怒り，苦しみ，迫害の感情をさらけだしており，王立協会の数学者で名指しされた者（ヘヴィサイドとその仕事を公的に賞賛してきた何人かを含めて）は，一人だけに留まらない．

2 L. Cohen, *Heaviside's Electrical Circuit Theory*, New York, NY: McGraw-Hill, 1928, p.v.

3 W. E. Sumpner, "Heaviside's fractional differentiator," *Proceedings of the Physical Society of London*, vol.41, pp. 404-425, June 15, 1929.

4 EMT 2, pp.4-5. 後の p.122 において，彼はこのテーマを，次のように続けている．「人は，厳しい制約の下で論理的な数学の細かな点に悩んでいたとすれば，何もでき

第10章 奇妙な数学

ないだろう．たとえば，あなたが門の中に閉じ込められているが，塀を飛び越えてゆけばただちにゴールへたどり着けるのに，決してそれをしようとしないようなものだ」．全てではないにせよ，この規則が，少なくとも何よりも優先する純粋数学者にとっては，これらの言葉は危険な異端者のもののように思われるに違いない（そして今でも疑いなくそうであろう）．

5 　EP. 1, p.415.

6 　E. Koppelman, "The calculus of operations and the rise of abstract algebra," *Archive for History of Exact Sciences,* vol.8, pp. 155-232, 1971/72.

7 　ジョージ・ブールが演算子を用いたことは，1859年の彼の微分方程式に関する著書に示されている．この本は，ヘヴィサイドが所有していた．従って，彼は演算子的方法の前史や，彼が許容した条件について全く無知ではなかった．

8 　EP 2, pp.355-374.

9 　EP 1, p.125, 1881 と記されている．

10 　$1/(1+x) = 1 - x + x^2 - x^3 + \cdots, |x|<1$ を，思い出していただきたい．ヘヴィサイドは，教科書に書かれていた級数を，R/Lp を x とすることによって求めた一方で，こうすることが何を意味するかという疑問，すなわち p が量ではなく，演算子であるとき $|R/Lp|<1$ の意味は何かという疑問を無視した．この向こう見ずな演算子法の研究法は，ヘヴィサイドのやり方の特徴であった．あるライターは，ヘヴィサイドは，「… 常に代数方程式の中の p を，あたかも p が数値的な量であるかの如く用いた．彼は，あらゆる種類の解析方法によって都合のよい形に変形した後に，そのような式を現実の演算子として使用できるものと仮定したのである．この仮定はあまりにも不自然なため，誰もそれを用いることによって目覚しい成功に繋がるとは言えないであろう」——W. E. Sumpner, "Index Operators," *Philosophical Magazine*, Series 7, vol.12, pp.201-224, August 1931 を見よ．

11 　ヘヴィサイドは，新造語を考案する達人として，どんな時に少し短縮したかについて語ることができた．彼は，やや優雅さに欠ける言葉について，はにかんで，次のように書いている（EMT 2, p.41）；「多分，（いつものように），ある人たちは "algebrize（代数化する）" のような言葉は好きではない，というであろう：それは，英語的ではないと．人はいつも何か文句をつけるものだ」．彼の造語の利点を説明することは，説得力に乏しいことであるが，彼は読者に対して，対数を求めることを，"logalize" と言うことについて納得させようとした（逆対数を求めることを，"delogalize" と言うのだそうである！）．

12 　ヘヴィサイドの死後間もなくして，またも彼の演算子技巧を論証することを

413

試みた何冊かの本が出版された．そのうちの二冊は，彼の手法に特に忠実で，批判することなく額面どおりにその手法を受け継いでいる．しかしながら，それらは非常に読みやすい本であって，師匠の手法を連続的な系に対して再構築している——これは，多様な境界（端末）条件を持つほとんどの伝送線路である．Cohen (注2)，および E. J. Berg, *Heaviside's Operational Calculus*, New York, NY: McGraw-Hill, 1929 を見よ．

13 　　EMT 2, p.286.

14 　　B. Ross, "The development of fractional calculus, 1695-1900," *Historia Mathematica*, vol.4, pp.75-89, February 1977. この特殊な場合の結果は，次章で論ずるヘヴィサイドの 1894 年の地球の年齢の解析において，重要な役割を演ずる．

15 　　ヘヴィサイドは「展開定理」を，EP 2, pp.371-374 に記述し，証明している．彼の証明はやや不明瞭であるように思われるので，明晰に説明されたこの定理の詳細について知りたい読者には，J. Lützen の優れた入門的資料，"Heaviside's operational calculus and attempts to rigorise it," *Archive for History of Exact Sciences*, vol.21, pp.161-200, 1979 を読まれることをお奨めする．

16 　　"On operators in physical mathematics, Part I," *Proceedings of the Royal Society*, vol.52, pp.504-529, February 1893.

17 　　"On operators in physical mathematics, Part II," *Proceedings of the Royal Society*, vol.54, pp.105-143, June 1893.

18 　　J. L. B. Cooper, "Heaviside and the operational calculus," *Mathematical Gazzette*, vol. 36, pp.5-19, 1952.

19 　　E. T. Whittaker, "Oliver Heaviside," *The Bulletin of the Calcutta Mathematical Society*, 1928 は D.H. Moore の著書 *Heaviside Operational Calculus*, New York, NY: American-Elsevier, 1971, p.216 に再録あり．

20 　　クーパーは，査読委員の名前を明らかにしていないが，それは，グリニッジの王立海軍大学 (Royal Naval College) のウィリアム・バーンサイド (William Burnside 1852-1927) であった．私は，この情報を頂いたことに対して，テキサス大学（オースチン）のブルース・J. ハント教授に感謝する．バーンサイドはケンブリッジでセカンド・ラングラーとスミス賞の一等受賞者であり，彼はヘヴィサイドの数学に対する粗雑な研究方法に対しては，共感することはなかった．一般の数学上の査読制度についての極めて興味深い議論と，ヘヴィサイドの運命を現代数学者の手にゆだねることについてのいくつかの考察は，D.V. Lindley, "Refereeing," *The Mathematical Intelligencer*, vol.6, no.2, pp.56-60, 1984 に見ることができる．

第10章 奇妙な数学

21　EMT 2, pp.457-492.
22　EMT 2, p.9.
23　EMT 2, p.33.
24　EMT 2, pp.220-221.
25　EMT 2, p.11.
26　*Nature*, vol.69, p.317, February 4, 1904.
27　M. Jammer, *The Conceptual Development of Quantum Mechanics*, New York, NY: McGraw-Hill, 1966, pp.12-13.
28　レイリー卿に宛てたジョージ・ウォーターストンの手紙からの引用．これには，J. J. ウォーターストンの謎の失踪（とその死）について述べられている．R. J. Strutt, *R. John William Strutt, Third Baron Rayleigh*, London: Longmans, Green and Co., 1924, pp.170-171 に再録あり．
29　*The Electrician*, vol.34, pp.100-101, November 23, 1894.
30　前掲, P.91. (EMT 2, pp.3-4.)
31　EMT 2, pp.10-11. ロンドンの IEE は，*The Electrician* の編集長 A. P. トロッターによって書かれた手紙（ロロ・アップルヤード宛）を所有している（1928年1月13日付）．そこには，彼と雑誌の編集長補佐（W. G. ボンド：トロッターの引退後，編集長に昇格した）が社説を書くことが許されていたと書かれている．トロッターは，「ヘヴィサイドはかなり過敏でしたが，どうしてそれに対して腹を立てたのかは，私は知りません」と書いている．
32　このはじめの引用が初めて印刷されたのは，EMT 3 の p.207 においてである（ヘヴィサイドは，著書の穴埋め用に，雑誌に発表された論文以外に，その他の記事が必要であった）．二番目の引用は，p.291 からのものである．引用されている聖人は，明らかにパドヴァのアントニオ (Antony of Padua: 1195-1231) であって，彼はその説教を，「汝ら海や川の魚たちよ，不信心な異端者を軽蔑する神の言葉を聞きなさい」という言葉で始めたという．
33　*The Journal of the London Mathematical Society*, vol.5, pp.209-220, July 1930. ハーディは，奇抜な小著 *A Mathematician's Apology* で有名であるが，彼はその中で，実用的でない数学は純粋で美しくなければならない，と断言している．彼の断言において，自尊心を込めて，「あらゆることを実用的にすべきではない」と言ったハーディは，ヘヴィサイドのような人物は，全く眼中になかったと考えられる．それでもなお，彼が死去する直前の最後の著書 (*Divergent Series*, Oxford,: Oxford University Press, 1949) の中で (p.36)，彼は，「彼の数学者としての功罪は何であれ，彼は多大なる才能

415

と独創性の人であり，彼の言うことは（しばしば数学者を怒らせたかもしれないが）常に興味深いものである」と書いている．

34　この手紙には日付がないが，最上部にサールによって1914年に書かれた，という書き付けがある．この書き付けそのものは，1950年1月11日付で，IEEのヘヴィサイド生誕100周年記念号の直前のものである．サールは明らかに，その記念号の準備のために，古い手紙を読み返していた．

35　おそらくサールは，彼の手紙の日付を付け違えたのであろう（上の注参照）．35年も後のことであるから，これは驚くべきことではないであろう．

36　唯一の例外（注39参照）を除いて，ブロムウィッチに宛てたヘヴィサイドの手紙は失われたようである．ブロムウィッチからの一通の手紙（4月25日付）には，ヘヴィサイドが速やかに返信を行ったことを示しており，彼は既に，「私の質問に，極めて明快に答えてくれた非常に長い手紙を受け取り」，彼に感謝の意を示している．この特別なヘヴィサイドの手紙を読むことが，どれほど興味深いことであろう！

37　"Normal coordinates in dynamical systems," *Proceedings of the London Mathematical Society*, vol.15, pp.401-448, 1916.

38　こんにち，大学の学部2年課程において普通に教えられているラプラス変換は，「単に」線形システムの微分方程式を代数方程式に変換するための，正しい性質を持った，巧妙な一つの積分変換として扱われている．変換変数（通常は s と書かれるが，時にはヘヴィサイド流の p と書かれることもある）は，微分演算子としての着想に関係付けられてはいない．通常，学生たちは前年の1年時の課程で学習した，他の積分のどれとも異なったこの積分を扱う理由を知らされることはない．もちろん，その後彼らは，変換変数が複素数であること，その積分は，実際には複素平面上の周回積分であることを学習し，学部課程の数学を履修し，コーシーの留数定理のからくり（これは不幸にも，ブロムウィッチがヘヴィサイドに教えようとしたものであった！）を学ぶのである．しかし，これらの全てとは異なった観点については，C. L. Bohn と R. W. Flynn による論文，"Real variable inversion of Laplace Transforms: An application in plasma physics," *American Journal of Physics*, vol.46, pp.1250-1254, December 1978 を見よ．彼らは，「一般に，逆《ラプラス》変換は，ブロムウィッチ積分によって求められる，と教えられているが，これは，物理学者（および，多くの数学者）によって広範に誤解されてきた，この逆変換が必然的に複素変数を含む，という誤解につながっている．これはそうではないのである」と書いている．彼らは，エミール・L. ポスト（Emile L. Post：こんにちでは，電気技術者とコンピュータ科学者たちには，オートマタ理論におけるアラン・チューリング (Alan Turing) の並列マ

第10章 奇妙な数学

シンの着想で知られている）の，後に D. V. ウィダー (Widder) によって，実数変換に改良された1930年の論文を説明することへと語り継がれていく．

39　1919年4月7日付．この手紙は，N. W. McLachlan, "Historical note on Heaviside's operational method," *Mathematical Gazette*, vol. 22, pp.255-260, June 1938 からの引用である．

40　私は，ヘヴィサイドがほのめかそうとしていることは，おそらくシェークスピアの「アントニーとクレオパトラ」（第Ⅱ幕）におけるポンペイの言葉，「偉大なる神々が公正であるならば，神々はもっと公正な人々を助け給うであろう」を念頭においていたのではないか，と推測することしかできない．

41　H. S. カールスローの論文 ("Operational methods in mathematical physics," *Mathematical Gazette*, vol.14, pp.216-228. 1928-29) に付け加えられた注釈の中で，ブロムウィッチはレイリーからの手紙について，次のように述べている．「レイリー卿は，このヘヴィサイドの方法の応用《演算子法による積分の評価》に対して大きな関心を示していた．そして彼は，（彼の意見として）それらの方法が適切な認知を得ていない，と言った．彼はまた，演算子法が純粋数学者の側から厳しく批判されたことを考慮して，自身がヘヴィサイドの主張をもっと支持できなかったことを残念に思っていた」．

42　*Operational Methods in Mathematical Physics*, Tract No. 23, Cambridge: Cambridge University Press, 1927.

43　カールスローの論文（注41）に付け加えられた注釈において．

44　ハーディ（注33）は，次のように書いている．「ブロムウィッチは，非常に人気があった．彼は自分の仕事以外に多くの興味を持ち，活発なローンテニスのプレーヤであり，音楽を好み，洗練されたダンサーでもあった．彼は分別があり，親切で，常に友人や学生のために労力を惜しまなかった．また，彼が何を行う場合も，考えられる限り，最もてきぱきとしたものであった」．ブロムウィッチの人柄，特徴を知るには，彼の専門的でなおかつ愉快なエッセイ，"Easy mathematics and lawn tennis" を見よ．これは，J. R. Newman 編：*The World of Mathematics*, vol.4, New York, NY: Simon and Schuster, 1956, pp.2450-2454 に再録された．ヘヴィサイドは，心情的に，このようなエッセイを決して書くことはできなかった（彼のユーモアは，彼を不愉快にさせる誰かに対して向けられたときに最高潮に達し，彼自身を明るくさせるためのものではなかった）．

45　EMT 3, p.86.

46　"On the Heaviside operational calculus," *Proceedings of the Cambridge Philosophical Society*, vol.36, pp.267-282, July 1940.

47　*Philosophical Magazine*, Series 5, vol.48, pp.309-312, September 1899.

48　*Beiblätter zu den Annalen der Physik*, vol.25, pp.823-846, 1901.

49　" Notes on surges of voltage and current in transmission lines," *Proceedings of the Royal Society*, Series A, vol.156, pp.1-5, August 1936.

50　EMT 2, pp.312-315.

51　"Submarine cable problems solved by contour integration," *Mathematical Gazzete,* vol.22, pp.37-41, February 1938.

52　ヘヴィサイドは，この積分に魅力を感じていた．彼は（EMT 3, p.237 において）次のように書いている．「あらゆる定積分の中で，私はこれが最も好きである．なぜならば，他の多くの単なる普通の積分のみならず，フーリエやベッセルの諸定理，そして楕円関数やあらゆる種類のものを容易にしてくれるからである」．

53　EMT 2, p.459.

54　1909 年 10 月 5 日付．ロチェスター大学のラッシュ・リー (Rush Rhee) 図書館にある稀少本と特別収集品部門に対し，この手紙からの引用の許可を頂いたことに対し感謝する．

55　EMT 2, p.55.

56　ヘヴィサイドの数学の，この側面に関する興味深い議論は，W. E. Sumpner, "Impulse functions," *Philosophical Magazine*, Series 7, vol.11, pp.345-368. February 1931 にある．

57　*Electric Circuit Theory and Operational Calculus*, New York, NY: McGraw Hill, 1926, p.59.

58　EMT 2, p.296.

59　M. Kline, *Mathematics: The Loss of Certainty*, Oxford, Oxford University Press, 1980, p.170 における，やや長い抜粋からの引用．

60　マクラクラン（注 39）は，$1/(1 + ap^{1/2})$ について，まったく異なった書き方をしている．「周回積分の方法によって，$1 - e^{t/a^2}(1 - \mathrm{erf}\sqrt{t/a^2})$ を得る．しかし，この式の級数表示は，容易には確かめ難い」．「技術ノート 4」は，この記述が正しいことを示すものと，私は信じている．ヘヴィサイドが無限長の電信線を研究することによって，この演算子に行き着いたのに対し，マクラクランは同じ数学的演算子を「粉-生パンの粘性」の説明の中で見出したということに注目すると，奇異な感じがする．

61　EMT 3, p.287.

62　H. B. Becker, "William Whewell and Cambridge Mathematics," *Historical Studies in the Physical Sciences*, vol.11, part 1, pp.1-48, 1980. この小論文は，数学優等試験 (Mathematical Tripos) の性格と，19世紀を通じたその進展を論じている．

63　　EMT 2, p.119.

64　　EP 2, p.445.　ヘヴィサイドが，ベキ級数をどのように使用し（そして，誤用し）たかについては，S. S. ペトロワ (Petrova) による極めてすばらしい論文, "Heaviside and the development of the symbolic calculus ," *Archive for History of Exact Sciences,* vol.37 (Part 1), pp.1-23, 1987 を見よ．

訳注

1*　　Basil Mahon, *Oliver Heaviside,* (IET, 2009) の Chapter 3, p.30 によると，彼の信条は，ティンダルと同様の，「真の悟りの道は，生命のあるものもないものも含めて自然の科学的理解を通じて開かれる」という一種の「科学的汎神論 (scientific pantheism)」であって，自身は「福音の伝道者」であり，彼は「私の知識を他者に分け与えて，彼らを援助することが私の任務である」という強い信念を持っていた．王立協会による彼の論文の掲載の拒否は，彼にとってのこの重要な「任務」が否定されたという，「悪夢」であったと考えられる．

第11章　地球の年齢をめぐる論争

W．トムソン卿は世界の存続期間が短いと主張しているが，これは大変悩ましいことである．私の理論では，カンブリア期の形成の<u>前</u>に極めて長い期間が必要である．
　　　　　　　　　　　　　　　——チャールズ・ダーウィン，1869年

684フィートもの高さの津波という荘厳な光景に一瞬でも目を留め，何がこの地質学上の現象を起こしているかを想像しなさい！
　　　　　——ロバート・ボール (Robert Ball)，アイルランドの王立天文学者
　　　　　　　　　　雑誌「ネイチャー」への寄稿の中で，1881年

単位時間あたりの熱輻射が過去も現在も同じだと仮定すれば…，太陽の年齢は，1800万年以下である．もちろん地球の年齢はそれよりも短い．
　　　　　　　　　　——サイモン・ニューカム (Simon Newcomb)，
　　　　　　　　　ジョンズ・ホプキンス大学の数学教授．1887年

ヘルムホルツとケルヴィンの計算した太陽の年齢は，地質学者たちが立ち直れないほどの衝撃を与えた．
　　　　　　　　　　　　——クラレンス・キング (Clarence King)，
　　　　　　　　　　　　Amreican Journal of Science，1893年

王立神学協会と地質学協会は，神へ考えのない言行をするようになった．神への冒瀆とまではいえないにしても．
　　　　　　　　　　　　　　——「エレクトリシャン」，1896年

生命に適した居住地としての地球の年齢は，一般に，人類の関心を呼ぶ問題である．それは，地質学にとっては——大英帝国史にとってのヘイスティングス（初代インド総督）の戦闘の日付と同程度に——極めて重要で基本的な問題である．
　　　　　——ケルヴィン卿，1897年の Victoria Institute への挨拶の中で．

第11章 地球の年齢をめぐる論争

論争の歴史的背景

　この宇宙はどこから来たのか？　昔は，その答えは全く明確であった．神があらゆるものを創造し給うたのである．それは，完全には理解できていないものの根本的な意味で正しいだろうということである．私はこの問題に挑むほどには，大胆でも無遠慮でもまた愚かであるつもりはない．疑いもなくこれから後の1世紀の間に，学問的に取り組む神学者がいるに違いないからである．

　しかし，やや荘厳さには欠けるが，神にかかわり合いがある地球の年齢についての争点を考察することは意義があるだろう．この疑問は地質学的に非常に重要であり，裏切りとか熱情とかいった要素とまったくかかわりないはずなのに，思いがけない人間的なドラマの含まれる問題である．そのことは歴史が証明している．この疑問についての人類の好奇心は，何世紀にもわたって燃え続けている．確かに，例えば最初の生命は，大地の形成というあの不思議な出来事まで，場面に登場しない．奇妙なことには，この争点（当時は，特に熱い話題であった）にかかわる19世紀の論争への貢献者の一人が，ヘヴィサイドであった．ここでは，この論争の舞台と，そこにおけるヘヴィサイドの役割について述べよう．

　初期のキリスト教神学者たちは，聖書を寓話の形で道徳的な教訓を教えるための文学作品とみなすことに反対し，正真正銘の事実として解釈されるべき歴史的文書として読み，彼らの地球の年齢の決定の精度を向上させていった．マルティン・ルターは，（全ての物の）創造のだいたいの時期を，紀元前4000年であると論じた．ヨハネス・ケプラーは，キリストの誕生が4年早かったことを発見したと述べて，これを紀元前4004年に調整した．1650年と1654年にアーマ (Armagh)［北アイルランドの州］と全アイルランド英国国教会 (Primate) の大司教，ジェームス・アッシャー (James Ussher) は，何年にもわたるヘブライ，ギリシャ，シリア，エチオピアおよびアラム語で記された聖書の途方もない研究の後，「…この世界の最初の日を告げる夕方から，キリスト紀元の最初の日の深夜まで，4003年と70日と6時間かかった」と宣言[1]し，それはさらに微調整された．彼はさらに人類はその6日後の10月28日の金曜日に創造された，と断言した．

大司教の日付決定の精度がこのように印象的であったことにもかかわらず，天地創造の日付については，なんら意見が一致しなかった．例えば，それより前の1642年，セント・カテリーンズ・カレッジ (St. Catherine's College) の学長であり，ケンブリッジ大学の副総長であったジョン・ライトフット (John Lightfoot) 博士は，実に，その創造の瞬間までの時間を狭め[2]，「…人類は，三位一体にもとづき，天地創造の3時間後，紀元前4004年10月23日の朝9時に，神ご自身によって創造された」と主張した．

　聖書の分析の激増が困った問題になったため，早くも1646年には，作家で物理学者であったサー・トーマス・ブラウン (Sir Thomas Browne) は，公的に断念を表明し，天地創造の日付の計算は，「いかなる計算方法をも超越しており，神のみが知るもの」であると宣言した[3]．しかし，19世紀の初頭までに，そのような分析は120件以上にものぼり，それらは，紀元前3616年から6984年までという，気が滅入るほどの広い範囲にばらついていた．それでも彼らが大筋で一致していたのは，地球は本質的に，当時の人々が理解している通り，僅か数千年昔に創造されたということである[4]．

　十分賢明でやり方さえ発見できれば，天地創造の日付が聖書関係の原典から計算可能であるという信念は，明らかに強力であり，数人以上の著名な学者たちの想像力を刺激するに十分なほど魅惑的であった．こんにちのわれわれは，そのような知的才能のエネルギーの浪費を，面白半分に笑い飛ばすだろう[5]が，これらの人たちは道化者などではなかった．彼らは知識を求め続け，それによって，こんにちのようなすばらしいゴールにたどり着いたのである．例えば，大司教アッシャーは，ノックス (Knox)[6] が指摘したように，「歴史を展望する偉大な感覚の持ち主であった…」のであり，「彼は，信頼に足る年代的構造を知ることが必要である；これはユダヤ人とキリスト教の歴史上の出来事の順序を知ることだけでなく，他民族や文化との関係を把握するために必要欠くべからざるものである…と信じていた」．それ故に，彼は長い時間をかけた天地創造の日付を追究した．モーゼの手によって(しかし，神ご自身に導かれて)神のお告げが示された文書である「創世記 (Genesis)」もまた，聖書の本質的な真実を否定するような愚かな者たちに対するさまざまな不愉快な地上での懲罰を(神に)約束する法の維持，という役割を持っていた．

化石の問題

　バーチフィールド (Burchfield)[7] がその好著の中で指摘しているように，これらの聖書にもとづいた考察は，キリスト教の誕生とともに西欧で始まり，ほとんど19世紀の後半まで続いた．実際に，紀元1世紀ちょっと過ぎに，アンティオキア（トルコ南部）のテオフィルス (Teophilus) が，紀元前5529年であると定めたとされているが，われわれが知っているように，その後何世紀にもわたって，その値は変更されていない．しかし，その約2000年後，絶滅した動物の化石と，地球は数千年以上のとてつもない年月をその歴史として必要としなければならない，というそれらの無言の証拠を無視することがますます困難になってきた．ダーウィンが1859年に出版された著書『種の起源』において説明を行ったとき，彼の発想は何億年かを必要とすると考えられた．これは聖書学者たちを呆然とさせるほど途方もない尺度の変更である．ダーウィン自身は，そのような長い時間の間隔に恐れを抱き，『種の起源』の刊行後，一時的に動揺して，「私は，はじめに百万という数の意味を知って書き始めたのだが，何百万年ということを口走ってしまったことを，思慮を欠いていたと恥じている」と述べた[8]．もちろん，ダーウィンの主張に対して，聖書学者たちは，『創世記』は誤っているにちがいないことを明らかに示唆していることに対して，また，アッシャー達の計算を無意味だとみなしていることに対して憤慨した．

　化石によって刺激を受けた好奇心は，長い歴史を持ち，コロフォンのジノファネス (Xenophanes of Colophon) にまでさかのぼることができる．紀元前5世紀に，神人同形説 (anthropomorphism) を否定したクセノファネスは，「神は，御自身に似せて人間を作り給うた」，を否定した（このように彼が『創世記』に反した罪は二重であった）．中世に至るまではこれらの奇妙な「工芸品［化石］」の動物や植物との類似は，単なる表面上のことであり，それらは，もっと神秘的な超自然的力によって創り出されたものと一般に信じられていた．ある者はからかい気味に，それらを「自然の悪ふざけ」として軽視した．想像力を駆使した考察は，まだ前例がなかった．それでも，恐竜のような巨大な地上の動物の骨を説明するために，『創世記』に書かれた短い歴史を維持するとすれば，それは，ハン

ニバル(Hannibal)の象の遺骨であろうという考えが，しばしば提唱された．それらの「工芸品」が，しばしば海の生物であると思われるにもかかわらず，山頂や砂漠の中に発見されたということは，初めの頃は無視されたか，あるいは，ノアの洪水のような世界的な規模の地殻の大変動によって引き起こされた崩壊によるものとして，言い抜けられた．

しかし，この奴隷のごとき『創世記』への信仰は，18世紀末までには，急速に崩れつつあった．キャノン(Cannon)は次のように書いている[9]：「チャールズ・ライエル(Charles Lyell)は，1830－1833年の著書『地質学の原理』(Principle of Geology)の中で，ジェームス・ハットン[1*]《スコットランドのジェントルマン農業主・医師で，1795年刊行の彼の著書『地球の理論』(Theory of Earth)は，永年にわたる 彼の実地踏査研究に基づいたもので，大陸の隆起，地下の熱などの現代的な着想と，世界的な大洪水のような出来事の否定，さらに，神秘的な力に反対して，地質学の諸法則の存在を提唱した》の地質学上のアイディアを修正し，拡張したとき，彼はほとんど即座に英国の地理学者たちを，『斉一説論者(uniformitalian)』と『天変地異説論者(catastrophist)』に二分した．」

ライエルは，地質学上の力（雨，川，風等々）の性質が，地球上の全ての歴史にわたって，その種類のみならず頻度においても均質であるとする彼の信念を主張した．ダーウィンは，その理論によれば，地殻の変動は自身の生物学上の進化論が要請する膨大な時間を必要とすることにより，ライエルの「斉一説」から多大の恩恵を受けた．そして，キャノンが指摘するように，未だに斉一説そのものは，地質学の反進化的理論であった．なぜなら，それは，長時間にわたる累積による［突然の］変動を抜きにした大陸の隆起や侵食の絶え間のない繰り返しを前提としているからである．

一方の天変地異説論者たちは，地球は比較的静穏な期間の合間の，とてつもなく暴力的な出来事の連鎖を経て進化してきた，と信じていた．彼らは，緩やかな時間のノミ（たがね）が刻み続けたこと以上の何かが作用したことを証明していると主張していた．アンデスやアルプスの否定できない若くてゴツゴツした荘厳さに，斉一論者たちが戸惑うのを喜んだ．彼らは，超絶したすさまじい過去という彼らの信念を維持するため，化石の存在を利用しようとした．そして，不均一な力がこの惑星を形成したという証拠として，地層間の不連続な移動を熱心に強調した．

初期の天変地異説論者たちは，聖書によって指定された6,000余年

を複雑な地球の地形的変化を詰め込むために，途方もない痙攣（例えば，全大陸を襲うような大津波）を必要としたが，1850年代には，地質学は，ついにモーゼからは自由になったと言われることができた．デイヴィス (Davies) によれば [10]，1851年にサー・ヘンリー・デ・ラ・ベシェ（Sir Henry De La Beche: 大英帝国の地質調査所長官）は，ノアの洪水を「あのおかしな物語」と片付けたという．

　不可解なまでに古い地球に対する証拠（化石や堆積岩の厚い層）が，あまりにも圧倒的であったため，ライエルの「斉一説」が受け入れ可能な地質学の理論として浮上した．ウィリアム・トムソン［ケルヴィン］教授がヴィクトリア時代の地質学者たちの面前にパイを投げつけたのは，地球の歴史の科学的な基本理論の発展上，表向きは平穏な時期においてであった．トムソンは「斉一説は，地球が一つの永久機関であると信じること以外の何物でもない（大きな誤りを犯していることは全く確かである――現時点における英国の通俗的地質学は，自然哲学の原理に真っ向から反している）」と主張し [11]，恐ろしい数学的な攻撃に乗り出した．

ケルヴィンの理論

　1862年にトムソンは，有名な論文，「地球の永続的な冷却について」 (On the secular cooling of the Earth) を書いた [12]．彼はこの遠大な解析の中で，地球は創成時において，例えば溶岩のような 7,000°F (3,900℃) の温度を保つ一様に熱せられた球体であるものと想定した．次に彼は，岩，庭の砂，エディンバラの採石場から取り寄せた砂岩などの実験的研究結果にもとづいた一定の熱伝導率を仮定し，この燃えさかる球体が，数学的には熱流に対するフーリエの有名な微分方程式に従う熱力学の物理的法則に従って冷却してゆくものとした [13]．これからトムソンは，冷却が始まった瞬間から，現在地球の表面において観測される温度勾配 (1°F / 50 フィート) に至るまでにかかった時間を，難なく求めることができた．この 9,800 万年という値は，地球の表皮の年齢の最上限であり，間接的には，生命が出現可能な瞬間までの時間を示している．表面の固体化が現れる実際の日付があいまいであったことは，常にトムソンをじれったい思いにさせた．彼は，何十年か後の 1894 年に，かつて助手であったジョン・ペリーに宛てた手紙に，「私は，むしろノルマン人によるイン

425

グランド征服よりも「確固たる状態 (Consistentior Status)」《一世紀半前に, ゴットフリート・ライプニッツ (Gottfried Leibnitz) が使いはじめた用語》の日付を知りたいのです」と書いている.

約1億年という時間は, 確かに長い時間であるが, ダーウィンにとっては十分な値ではない. しかし, トムソンの解析にはあまりにも欠点がなかったのでダーウィンは絶望し, トムソンを「憎き悪霊」と呼び[14], エイズリー (Eiseley) が書いたように[15], 彼は当然トムソンの数学を「悪魔的」であると言わざるを得なかった.

早くも同じ年に,「太陽熱の年齢について」(On the age of sun's heat) という論文[16]を発表したとき, トムソンの論文は, 斉一論者に対する連続パンチの二発目となった. トムソンは, その論文において, 太陽のエネルギーの源を推測した. 彼は, 太陽は膨大な数の流星が衝突によって重力的に融合してできたという前提 (従って, これは強烈に熱い, 溶けた物質となる) の下に, 太陽エネルギーの供給量を計算した. 次に, 現在のエネルギーの損失率を知ることにより, また, 太陽が冷却しつつあると仮定して, 太陽の年齢を決定することができた. その結果は, おそらく1億年で, 間違いなく5億年以下となり, 地球上の生命の古さの上限値を与えた. この時間の範囲もまた, 斉一論者やダーウィンによる要請とは食い違っていた. 観念的に将来を心配する人たちにとってもまた混乱させられることは, 重力による収縮をエネルギー源とする冷却しつつある太陽は, これ以後, 数百万年程度しか光り続けることができない, という結論であった. トムソンの結論が, このように憂鬱なものであったため, ヘンリー・アダムス (Henry Adams) は,「この若者は…このように宇宙を灰の塊の中に投げ入れた」と書いた[17].

もちろん, この二編の論文は, 間違った前提にもとづいていた[18]. こんにち, われわれは, 地球内部の放射性崩壊が, この惑星の熱的な変化率を絶え間なく冷却しつづけることなく維持していること[19], さらに, 太陽の核の深部における熱核反応[20]について知っている. しかし, これらの全ては, 何十年も先のことであり, 表向きは勝てそうもないトムソンの数学 (当時の第一級の科学思想家としての, 彼の恐るべき名声同様) は, 論争を冷ます効果を持っていた. それには論争の余地はないかのように思われ, 地質学はもはや単に (異を唱えるだけの) 修正主義者であり, ダーウィンの理論は, 全く馬鹿げたものであると思われた[21].

第11章　地球の年齢をめぐる論争

　トムソンが，単に彼が厳格な聖書的人類史を支持していたという理由によって，当時有力であった地質学の理論（と，ダーウィンの理論）を攻撃したのではない，ということを認識しておくことは，極めて重要なことである．ケルヴィンは実際に信心深い人物であって，進化論は「永続的に知性を導き，かつ統御すること」を認識していない，と固く信じていた[22]．しかし，彼の立場の真の原点はシャーリン (Sharlin)[23] が指摘したように，

> 彼ははじめに，この理論（進化論）には，それが宇宙の連続性[24]と矛盾するという理由から，不満を示していた．しかし，彼の自然選択による進化に反対する（主な趣旨）は，この議論が十分な根拠に基づいた物理学の理論と矛盾する，ということであった．

ケルヴィンの理論に対するペリーの反論

　トムソンの数学と，地質学者たちが自身の目で見ることができた混乱した状態は，その33年後に注目すべき論文[25]がネイチャー誌に発表されるまで生き続けた．かつてグラスゴー大学においてケルヴィンの助手であり，いまやフィンスバリー技術大学の機械工学の教授であったジョン・ペリーによって書かれたその論文は，ケルヴィンの冷却し続ける地球の1862年の解析に対する慎重な，また力のこもった再検討であった．ペリーは，その冒頭部において，次のように書いた．

> 私は<u>いつも</u>《引用者の強調》ケルヴィン卿が，計算の誤りを犯すことはありえない，と言ってきた．

その後，何行かに続いて，

> しかし，地質学や，旧人類学 (palaeontology) の最高権威者たちは，ケルヴィン卿が示した1億年よりもはるかに長い年月を，彼らの科学における証拠として確信している．彼らが正しいとすれば，ケルヴィン卿の<u>諸条件</u>に，何らかの誤りがなければならないことになる．《引用者の強調》

　ペリーが，批判的な意見を向ける舞台を，ケルヴィンの冷却しつづける地球のフーリエのモデルに対してではなく，そのモデルにおけるパラメータだけに設定したことに注目することは重要である．ペリーは，ケルヴィンの斉一説の拒絶には賛成さえしており，「ケルヴィン卿は，完全に斉一論者の地質学者を打ち破り，いまや一人たりとも残っていない．

427

それは,すばらしいことであった.彼らはドードー鳥や大海雀のように絶滅した」《引用者の強調》と書いている.それにもかかわらず,また,ケルヴィン自身でさえも,地球の内部構造の知識がひいき目に見ても乏しいことは認めていたにもかかわらず,ペリーはすぐに,ケルヴィンの親しい同僚の教授であったピーター・ガスリー・テートからの反撃を受けた.

　実際,テートは,ケルヴィンの地球の年齢の解析に対して疑いを抱くすべての者どもを論破する権威者の一人であった.テートは,自らがケルヴィンの知的ボディー・ガードのような存在であることを自覚しており,ケルヴィンとの関係は,おそらく植物学者T. H. ハクスリー (Huxley) によって書かれた1871年の手紙[26]の中に,最もよく表現されている.

　　テートは,一匹の大きな犬のような忠誠をもって,ケルヴィンを崇拝していますが——犬の高貴さとはいささか異なる趣があります.

ハクスリー自身は,進化論のエネルギッシュな擁護によって,「ダーウィンのブルドッグ」として最も有名になっていたため,これはハクスリーが用いた特に辛辣な暗喩であった! ハクスリーには,テートにぶつけるジャブに理由があった.それは,1869年にハクスリーがロンドン地質学会 (Geological Society of London) の記念講演で述べた,ケルヴィン(当時はウィリアム・トムソン)の理論についての批判的意見[28]に,テートが直接嚙み付いた[27]からであった.テートの評論は非常に強力で,ダー

ペリーは,自分の本心を語ることについて,全く躊躇することはなく,また,可能性のあることについては軽視しなかった.例えば彼は1902年に,燃料の枯渇の可能性を警告し,初の資源保護を訴えた,「石炭の誤った使用法」について,ネイチャー誌宛のレターを寄稿している.彼はこれを,蒸気機関の熱効率の悪さによるものとした.彼はその解決策として,石炭から電気への直接的な変換法の開発研究を提唱した.ペリーは,このレターを,ケルヴィンに対する敬愛の情が,「地球の年齢」論争によって変ることはないことを,ケルヴィンに示すために用いた.彼はそのような発明を確実に達成するため,「年間100万ポンドの費用の支出を2–3年間ケルヴィンに委託する」ことを提案した!それに対する反応は,ペリーに対する無視か,エレクトリシヤン誌が行ったような,彼を「狼少年」としてあざ笑うことであった.

ジョン・ペリー:John Perry (1850-1920)

ウィンでさえもそれを,「見事な出来だ」と書いた[29]ほどであった.

前章において示したテートとヘヴィサイドとの闘争を思い起こすならば,ペリーが1895年の論文を次のように書き出したときに,テートが良い印象を持ったとは考えられない.

> ヘヴィサイド氏が厳密解を与えているので,私の近似計算方法の妥当性を証明するための…長い数学的な覚書は省略されている.また,実際に,私の近似解と厳密な数値解との間に差がないことも確認された.ヘヴィサイド氏が11日間にわたって書かれた私宛の手紙の中で,一見したところ,すべてが最高の数学的解析の域を超える非常に多くの問題を解くことができたことは,間違いなく彼の新しい研究方法《演算子法》の勝利である.

これはヘヴィサイドに対する実に大きな賞賛であるが,このすべてが,テートに紙上の戦闘のさらなる激化を開始させた.

ケルヴィンの問題に対するヘヴィサイドの解析

このように,ついにわれわれは,ヘヴィサイドが行ったことが何であったかというところまでたどり着いた.ケルヴィンのもともとの問題は,地球を[表面を$x=0$として]$x \geq 0$である空間がすべて無限大の質量であるものと想定し,創成期の瞬間において一様な温度V_0にあり,その後,温度0と仮定された$x < 0$という半無限大の空間(外部の冷たい真空の空間)との接触によって冷却され始める,というものである.ケルヴィンは,$x = 0$における温度勾配が,実測された値と一致するまでにどれほどの冷却期間を必要とするかを計算した(もちろん,これは,地球の年齢に対する彼の値,あるいは,もっと厳密に言うならば,「より確固たる状態 State of greater Consistensy」,例えば,地球の外皮の形成以後の時間である).

ヘヴィサイドは,彼の解析をケルヴィンの計算をやり直すことによって始めたが,その逆の問題を解くという巧妙な方法によって,また(もちろん),因習に従わない彼の数学を用いることによって,それを行った.彼は,半無限大の地球を,そのはじめにおいて温度が0度であるものと想定し,次にその表面温度が突然V_0まで上昇するものとした.表面における温度勾配は,はじめは無限大であるが,地球の温度が上昇するにつれて,この勾配は0に近づく.

ヘヴィサイドは,表面の温度勾配が観測された値になるまでの時間間

隔を求めた（もちろんその符号は逆になる）．彼は次に，地球が逆に最終的な状態から0に冷却される（彼の言葉では，「沈む subside」）とすれば（ケルヴィンの問題），観測された温度勾配に到達するまでに，同じ時間を要するだろうと論じたのである．彼は，これを一次元の熱伝導方程式から始めることによって示した．これは，興味深いものであって，ケルヴィンが40年前の1855年に，完全に絶縁された無誘導性の非常に長い海底ケーブルの電気的挙動について研究したものと全く同じ方程式である．

$$\frac{\partial V}{\partial t} = D \frac{\partial^2 V}{\partial x^2}$$

$V(x,t)$ は，時刻 $t \geq 0$ における地球内部の距離 x における温度，D は地球の拡散定数であって，惑星全体にわたって一定であるものと仮定されている．ヘヴィサイドは次に，彼の有名な時間微分演算子 p を導入し，次のように表わした．

$$\frac{\partial^2 V}{\partial x^2} = \frac{c}{k} pV$$

ここに，c は地球の熱容量，k は熱伝導率である[30]．

ケルヴィンは，これを出発点としたが，本章の「技術ノート1」においては，ヘヴィサイドの表記法によって，この解析の詳細が示されている．表面における温度勾配の実測値を g とする．そうすると地球の年齢 T は，

$$T = \frac{V_0^2 c}{\pi k g^2}$$

で与えられる．ケルヴィンが使った熱学的定数を CGS 単位で用いると，(V_0 = 3900℃, g =1°F / $50ft$ = 1℃ / 2743cm, $D = k/c$ =0.01178cm^2/s)，$T = 98 \times 10^6$（9800万）年を得る．

ペリーの不連続な拡散係数の理論

ここでペリーが行ったように，拡散係数が一定であるというケルヴィンの最も簡略化された条件を取り去り，地球が二種類の拡散係数，すなわち，一つは地球内部の大部分の拡散係数，そしてもう一つは（それよ

第11章 地球の年齢をめぐる論争

りは小さい）表面における表皮の部分のそれを持つものとしよう．ペリーはこれをはじめの無限大の地球モデルに対して行い，そして次にヘヴィサイドが，より現実的な，有限で球形の地球に対して適用する方法をペリーに示した．ヘヴィサイドは，「幸いにしてこの場合には，私の演算子法が，簡単な手順によって，解へと直接導くことがわかった」と書いている[31]．しかし，球形という条件と，異なる拡散係数という，これらの困難な条件に対する彼の解を示す直前に，ヘヴィサイドは（いつもの痛烈なやり方で），しばしば彼の演算子法を軽蔑の目で見ている数学者たちをからかった．

> しかしこれらはあまりにも込み入っている…ので，臆病な読者たち，多分さらに何人かのケンブリッジの数学者たち[32]をも同様に驚かすであろう．同時に，解はフーリエの方法によるよりもはるかに少ない労力によって，フーリエ級数の形の演算子によって求めることができるということを，私は指摘することができる．

不幸にも，この最後の言葉は，厳密に言えば正しくなかった——それらは，少なくとも球座標において熱伝導方程式を解く場合以外はそうではなかった．

ヘヴィサイドは，彼のやり方として，広大で荒涼とした中間の計算過程をホップ，ステップ，ジャンプで跳び越えて，正しい答にたどり着いた．私の意見であるが，それは非常に不愉快な進め方である．幸いにしてわれわれは，たとえケルヴィンの簡単な無限大の地球モデルに表皮を貼り付けたとしても，「薄い表皮効果」の結果として，ケルヴィンの地球の年齢の値をどのように増やすことができるかを，示すことができる．本章の「技術ノート2」は，ヘヴィサイドの演算子法が，どのようにこれを行うかを示している．最終結果は，Tを地球の年齢とし，表皮の熱的な定数をcおよびk_1（それぞれ，熱容量と熱伝導率），そして地球内部のそれらをcおよびkとするとき，

$$T = \frac{V_0^2 ck}{\pi g^2 k_1^2}$$

となる．

ケルヴィン卿は，「ネイチャー」に発表されたペリーへの回答[33]の中で，いろいろな岩石の熱的なデータを示した．表 11.1 は，CGS 単位で示された，いくつかの例を示している（熱容量の値はケルヴィンの比熱と密度の値

431

から私が求めたものである）．熱容量は大理石と水晶とではほぼ等しいが，水晶の熱伝導率は2.92倍ほど大きい．そこで地球の表皮が大理石（$k_1 = 0.0054$）で，中心部が水晶（$k = 0.01576$），さらに至る所 $c = 0.506$（熱容量の平均値）であるものと仮定する．そうすると地球の年齢は，$T = 315 \times 10^6$（3億1,500万）年となり，ケルヴィンの計算から求められた年齢の3倍以上になる．さらに，熱的な定数として全く妥当な他の値を用いると，Tとして，何億年という値が得られる．

表 11.1

	大理石	水晶
熱伝導率（Conductivity）	0.0054	0.01576
比熱（Specific heat）	0.20279	0.1754
密度（Density）	2.7036	2.638
熱容量（Capacity）	0.548	0.463

ケルヴィンの弁明とペリーの回答

ケルヴィンは，彼のノートにおいて，ペリーが仮定した熱的な値の詳細を論破しようとした．さらに興味深いことは，ケルヴィンが，彼の立場にとって有利な言葉を引用したことである．その言葉とは，アメリカの地質学者クラレンス・キング（Clarence King）の論文[34]からとられたものであった．ここに，ケルヴィン卿が「権威者」を引き合いに出すことによって，自身を弁護しようとしたという，異常な場合を見るのである．ペリーは，何の感動も示さず（彼は，キングの論文を「やや決定的ではない」として，却下した）次のように回答した[35]．

> 私は，表面よりも内部における熱伝導率が大きいものと仮定すれば，地球の年齢の上限値が増加することを示した．私は，数学的に研究できるいくつかの例をとり上げた．私は，これらのうちのどれも，地球の実際の状態を表わすことを意図していない．それらは，単に物理学者たちが認めてきた年数よりも著しく大きくなるような内部的な条件が存在しうることを証明したにすぎない．いくつかの結果のうち，あるものは他に比べてより可能性が高いと思われたにせよ，ある結果が他のものよりも正しいとは考えていない．正しい評価値を得ることが，私の目的ではない．私は，実際に物理学者にとって，そのような評価値を求めることは不可能であることを示そうとしたのである．なぜならば，あらゆる種類の可能

第11章　地球の年齢をめぐる論争

な仮定が存在し，それらは多数の異なった答を与えるからである．

論争の終結

　ペリーが，地球の年齢に関するケルヴィンの結論を補正する理論闘争に同意を示していた権威者として，ヘヴィサイドを引き出せたことを喜んでいたことは事実である．われわれが見たように，ペリーが行ったことは，もしもケルヴィンの冷却し続ける地球モデルを維持するとして，一定の拡散係数という仮定を，温度（深さ）とともに増加するものに置き換えるとすれば，ケルヴィンの値よりもはるかに大きな地球の年齢が簡単に求まる，ということを示すことであった．事実，ペリーは大胆にも，約29億年（！）という値を示したのであるが，すぐに落ち着いて，次のように述べている．「他の方法で，地球内部の熱伝導率として高い値をとったとき，問題とする答を示すこと以外には，この推測がどれほどの価値があるかについては，私にはわからない」．

　ペリーの思考の独立という行為は，大胆なものであった．彼はそれを実行する際に不安を感じ，ヘヴィサイドの数学上の支援がなければ，それを遂行することは，はるかに気が滅入ることになったであろう．実際にテートが，ペリーの論理や数学を反証するのではなく，ペリーがケルヴィンの一定の拡散係数という仮定を変更するいかなる権利を持つのか，という攻撃に直面したとき，ペリーは，次のような驚くべき言葉を使って回答[35]せざるを得ない，と感じていた：

　　　私の何人かの友人たちは，もっと早く…発表しなかったことに対して，厳しく私を責めた．私は，ケルヴィン卿の教え子であり，今でも親愛の情を抱く一人の生徒である．彼はいつも私に対して親切であり，この困難に彼が気づくべき機会が何度もあったのである．一つだけ起きていないことがある：それは，私が30枚の銀を未だに受け取っていないことである［ユダがキリストを裏切って銀を受け取った］．

　明らかにペリーは，テートが彼のことを恩師に対する反逆者であると見ていると感じており，そのことで彼は悩んでいた．

　ケルヴィンは，味方としてのテートには自分について最も多くのことを語らせ，論争の全てをくだらない細かな数学的こじつけに見せかけようとした．ペリーはこのために，ケルヴィンがペリーを真面目に受け入

れていないと感じつつ，常に裏をかかれていた．ペリーは間違いなく，ケルヴィンとのもっと活発なやり取りを歓迎し，「あなたの論文の目的が理解し切れませんでした」とか，「…あなたの論点を完全に見失ってしまったようです」などというテートの不平[25]を受け入れたくはなかった．そのために，ペリーはいらだち，無愛想に答えた[35]：「私を悩ませていることは，あなた方の言う理由が，さっぱりわからないということです…」．

テートが論点を見失ったとしても（どちらかといえば，私は信じられないが），その論争をネイチャー誌上で読んだその他の人たちは，そうではなかった．ペリーの論文は疑問の種を播き，地質学と進化論の首に33年間もの間のどに引っかかっていたケルヴィンの解析が緩められたのである．間もなくして，その論争は地質学とダーウィンの仕事のいずれにとっても，もはや不適切なものとして退けられ[36]，その技巧的な美しさを賞賛するためだけの純粋数学者たちに返された．

このエピソードにおける主な出演者たちは，間もなく他の関心事に移っていき，ヘヴィサイドは，地球の年齢に関するペリーのための彼の解析を，*Electromagnetic Theory* の第二巻の冒頭部の内容として編入し，問題を終了とした．フーリエ積分，ケーブルに沿った波動の伝搬，超光速での旅行について書かれた本の中で，地球の年齢についての議論は奇異に思われるであろうし，実際それは多くの読者たちにそのような印象を与えた．ある評者は，次のように書いている[37]．

> ヘヴィサイド氏は以前のように，彼らが…と題したものに関して彼の理論と発見を扱わない人たちに対しては，多量のスパイスを用いている．その本は，「数学と地球の年齢」から始められる．このタイトルは，この本の主題とは厳密には関係がないように思われる．しかし，その序文は，球からの熱の放射の問題は，電気理論における類似した問題の解法に繋がるので，その基盤の上で正当化している…．全体としてこの著書を見ると，もっとも適切な題名は，「私が数学について知っていること，そして私が数学的純粋主義者 (mathematical purist) について思うこと…」ではないだろうか．

同じ書評における他の記述は，当時のヘヴィサイドのイメージを伝えている．「…われわれは，彼の発見の輝きは決して失われることはないと思う．彼が小言を言う技が控えめになれば，の話だが」．

第11章　地球の年齢をめぐる論争

論争の評価

　ヘヴィサイド自身は，地球の年齢に関する争点に対して，著しく複雑な問題を解くために，彼の演算子法の効力を示すための媒介者としての役割以外に，何も付け加えなかったと私は信じている．他の人物，特にケルヴィン卿のような「著名人」が，この争点に関心を持ったこと，それゆえに彼の計算法に対して大衆の目を引き付けた，ということが，彼の関わりの全てであったのである．事実，ヘヴィサイドが，身も心も彼の計算の結果にさえ引き付けられていなかったと私は信じている．彼自身はこの問題に適用されたときの演算子の意味について，次のように書いている[38]．

　　…最近，ペリー教授によって拡張されたケルヴィン卿の地球の年齢の理論の例を取れば，極めて不確かな空想上のデータが含まれていたため，この理論の重要性が実のところどうかということは…，未解決のまま残されている．

注意深く慎重な科学者ならだれでもこういう書き方をしたであろう．学術的な内容の原稿での公的な発言だからである．しかし，ヘヴィサイドの個人的な考えは何であったか——彼が実際に何を信じていたのか．私は，彼の手紙の一つから，彼が進化論（したがって，地球が極めて古いということ）を受け入れていたことは明らかだと信じている．彼の意見はユーモラスで，ほとんど目立たないものであるが，それは，彼の本当の感情を反映している可能性を強調している．その手紙（1897年7月12日付）は，アイルランドのダブリンのトリニティー・カレッジの彼の親友，ジョージ・フランシス・フィッツジェラルド教授に宛てたものである．（47歳であった）ヘヴィサイドは，当時，数ヶ月間ニュートン・アボット(Newton Abott)に住んでおり，それは，彼が成人となってから初めて一人住いをしたときであった．決して社交的ではなかった彼は，今ではほとんど隠棲者となり，一般の人たちと正常な関係を持つことが極めて困難になっていた．だが，動物たちは別であった．

　　一羽の小鳥が，私と友達になりました．それは，雀でも駒鳥でもありませんでしたが，駒鳥に似ていました．彼は，私の後についてきて，部屋の中に入って動き回りました．特に食事の時には，窓から入って，何が行われているか興味深そうに観察し，金持ちのテーブルからこぼれ落ちたパンくずを拾って食べる

のです．しかし，彼は１ヤード以内には私に近づこうとはしません．彼は，人間がどれほど恐ろしい生き物であるかを知っているのです．彼がもう少し規則的で，ある行動についてはもう少し頻度が少ないことを望みます．彼は，自分の縄張りの印を作るのです．われわれの先祖たちも同じようにしていたのかと思うと，ぞっとします．進化論は，そのはじめの段階ではたいへんな衝撃です．事物の働きはなんてすばらしいことでしょう！　もしもそれが真実でないのなら，誰もそのことを信じられないでしょう….

　ヘヴィサイドの地球の年齢問題についての関心をうかがい知ることができる，やや重要な証拠の断片が存在する．もちろん１８９９年にEMT 2に発表される前に，彼の解析は「エレクトリシャン」に発表された．明らかに反聖書的な含みを持った数学的結果は，雑誌の側に若干の懸念を生じさせた．編集長（A. P. トロッター）は，１８９４年１２月４日にヘヴィサイド宛に次のように書いている．

　　あなたの証明の出版が少し遅れておりますのは，その論文が宗教問題と生命の起源，および「エレクトリシャン」の関連分野以外の問題とかかわりがあるということを，あなたのMS［原稿］を受理して印刷所にまわす役割の私の助手から聞いたためであります．私はあなたの証明を大きな関心を持って読ませてもらいました．それが重大なものであるにもかかわらず，私はエレクトリシャン誌上において，他の寄稿者の方々にそれらの問題を討論していただくことはできませんでしたが，あなたの場合には，一つの例外を設けるつもりです．「宗教 (religion)」という言葉を，「道徳の体系 (system of ethics)」に変更することについて，ご了解いただけないでしょうか．私は，宗教の大半が道徳の体系であるとは考えていませんし，これらの概念が同じであるということを示唆しているわけでもありません．しかし，あなたの論文の目的に対しては，「道徳の体系」の意味でお許しいただけるものと考えていますし，彼らが宗教と言っていることについての不信心を許さない人たちや，道徳の体系の何たるかさえ知らない大半の人たちの気分を害することは避けられるでしょう．

トロッターはこれに加えて，次のように書かれたヘヴィサイドの最後の段落を保留することを真剣に依頼した．

　　この惑星上の生命の起源に関しては，唯一根拠があると思われるものはトプシー (Topsy) の理論[39]であると私には思われる．彼女は真の哲学者であって，「彼女は疑い，成長した (she spekt she growed)」．他のすべての理論は，宇宙が象や亀の上に乗っているという話みたいなもので，逃げ口上の類であり，何の

第11章　地球の年齢をめぐる論争

説明にもなっていない…．私は無生物が自然の影響下で生物になることを…（大筋で）しっかりと信じている．

　トロッターの関心事は，ヘヴィサイドのそれとは違っていたので，彼は「書こうとする」ことのすべてについて何らかの変更を加えるつもりはなかった．トプシーと「宗教」は残され，「道徳の体系」はなくなった．その翌日，ヘヴィサイドはやや外交的ではない調子で返信した．

私は，地球の年齢についてのあらゆる敬虔な理論を配慮して<u>へりくだる</u>つもりはありません…．私は，あなたがそのような人たちを恐れておられることに，少し驚いています．彼らは，「エレクトリシャン」を読むことはありません．

　トロッターは，現実的な結論を説明しようと努めた．「あるとき，宗教的な事柄が非常に遠まわしにある覚え書きの中でほのめかされ，それが6箱から7箱ほどの，多くの投稿を引き出す羽目になったことがありました．あなたは…牧師の反応を…公表することを拒否することが，私にとってどれほど困難なことであるか，お分かりいただけないでしょう」．もちろん，ヘヴィサイドは，意に介さなかった．

　サールは，EMT2の書評の中で，<u>彼の強い宗教上の見解を示すこと</u>はできなかった．彼は次のように書いた[40]．

《ヘヴィサイドの》数学解析によって，有限の時間内で純粋に力学的理論が答を与えることができないようなある作用が存在しているという否定できない結果が，われわれにもたらされるのだ．

次に彼は，最近のケルヴィンの論文[41]から引用して，

地球が生命にとっては適しているが，生命がなかったものと考え，その上に生命が生まれるものと想定しようとすると，数学や力学ではうまく行かない．これは，間違いなく，いかなる力の影響下における化学，電気学，分子の結晶集合体の作用やあらゆる可能な種類の原子の偶発的な合流によっても，起こらなかったことである．われわれは，生命を持つ創造物（生命体）の生成の神秘と奇跡と差し向かいで，思案しなければならないのだ．

と書いた．

　私は，これはヘヴィサイドの立場の重大な誤解であると信じている．なぜなら，彼自身の言葉（1912年に書かれた）[42]を引用すると，

おそらく，また，かなりの可能性として，生きているものと死んでいるものとの間の根本的な違いはないのではあるまいか．

と，書かれているからである．

437

結び

ヘヴィサイドは，やや後になってから，トロッター宛の手紙の中で，次のように書いている．

> あなた宛にこの論文を送ったことについて申し上げますと，それは，現在の状況から生じたものであります．まだ発表されていない《しかし，一ヶ月後に発表された》ペリーの論文と，私の論文ですが，これは（少なくとも王立協会によっては）発表できませんでした．ペリーは，私の演算子法[43]をただちに習得しましたので，これらは共にうまい方法です．私は実際の値を使った場合を示そうとしました．これらは，決して消し去られてしまうようなものではありません．

明らかに，ペリーが演算子法の扱いにおける達人であったことは，秘密事項ではなかった．ヘヴィサイドによってエレクトリシャン誌に示されて初めて演算子法を紹介された多くの人たちは，非常に困惑し，彼らは個人的にペリーに助けを求めた！ エレクトリシャン誌におけるヘヴィサイドの方法は，$p^{1/2}$ の実験的な展開方法であったが，1893年の王立協会の論文を読んでいた一方のペリーは，その論文においてヘヴィサイドが用いていたガンマ関数の方法を好んだ．結局ペリーは，エレクトリシャン誌宛にこのアイディアを説明するレター[44]を書くことを思いついたが，彼はヘヴィサイドの潜在的なとげだらけの反応には，十分気づいていた．「ヘヴィサイド氏の演算子」というタイトルのレターは，慎重な記述で始められていた．

> 私が邪魔をしたことで，おそらくヘヴィサイド氏が若干いらだっておられるであろうと，私は思っている．しかし，私は，自分が個人的に何回か行なったことと，私が必要であると信じていることを公に示そうとしているにすぎない．ともかく，私は個人的に奉仕できることを非常に感謝している．

彼は，次に手短かに，そして明確にガンマ関数の方法を示した後，次のように続けた．

> もちろん，この演算子の問題については，王立協会以前に読まれたヘヴィサイド氏の論文において言及されていない，（私にとって）多くのあいまいな問題が存在する．そのようなすべての事項は，数学者たちの研究用に残すこととした．このような簡単な種類のヘヴィサイドの演算子を使うことは全く容易なので，私は満足しており，また，私は常に，自分の答が正しいか否かを試すことができる．

第11章 地球の年齢をめぐる論争

さらに続けて,彼は次のように結んだ.

> もちろん,ヘヴィサイド氏は,これが誤りでない場合には,彼の王立協会の論文,あるいは以前の「エレクトリシャン」の論文のいずれかを読んだ人たちにとっては,これらすべてが不必要であると言うであろう.一方,私は一つの事実として,かなり優れた数学者である何人かは,上述の説明を喜んで受け入れて下さったことを知っている.もしも彼が,このレターを書いたことについて怒られるのであれば,私は大変遺憾であるが,このレターは,公表されるべきものであると考えている.

ペリーが恐れていたことには,十分な根拠があった.その次の週に,ヘヴィサイドのつっけんどんな「ペリー教授とその他の皆様へ」と題したレターが公表された[45].

> 私は,しばらくペリー教授に忍耐をお願いしなければなりません.私には,ペリー教授ほどには演算子についての多くの経験を持たない他の読者がおられるものと信ずる理由があります.それらの人たちのためには,はじめの段階で,ガンマ関数や一般化された微分のような高等な数学的概念を導入することによって,問題を複雑にすることは望ましいとは思いません.

「エレクトリシャン」におけるヘヴィサイドの論文のすべてが,高度な数学的レベルのものであることを考えると,もちろんこれはおかしな異議である.しかしペリーは回答しなかったので,この件は落着となった.

ケルヴィン–ペリー論争に関する一つの最終的な見解として,ハロルド・ジェフリース(ヘヴィサイドの演算子法について,しばしば好意的に書いた,ケンブリッジの数理物理学者)は,何年も後に,地球の年齢についての当時の最

(左から)ファラデー,ハクスリー,ホイートストン,ブリュースター(Brewster),ティンダルの肖像写真.この写真は実際のものではなく,巧妙な合成写真であるという疑いもある.(E. C. Watson, *American Journal of Physics,* vol.23, p.157, March 1955 による)

439

新の考えをまとめた，非常に優れた著書[46]を著した．そこには，一つの皮肉っぽい例外を除いて，どこにもヘヴィサイドの名前は現われない．ジェフリースは，ウラニウムの放射性崩壊の数学的モデル化を論ずる際に膨大とも言うべき数の微分方程式に行き着いた．その脚注において，彼は読者たちに語りかけた．「解とその近似は，ヘヴィサイドの方法によって，最も容易に求めることができる」．

彼の「地球の年齢」に関わる仕事を無視しているこの書物の中の通りがかりのようなこのコメントは，明らかにヘヴィサイドを喜ばせたであろうし，また，しばしば世をすねた人生観を持ったこの男は，これによって少なくとも彼自身にとってはいま一度正当化されたのだった．

技術ノート１：ケルヴィンのはじめの一次元問題に関する，ヘヴィサイドの演算子による解法

拡散方程式から始めよう．

$$\frac{\partial V}{\partial t} = D \frac{\partial^2 V}{\partial x^2} \qquad D = \frac{k}{c}$$

ヘヴィサイドは，時間微分演算子 p を導入し，

$$\frac{\partial^2 V}{\partial x^2} = \frac{c}{k} pV$$

と書いた．$V(x,t)$ は，地球内部の距離 x，時刻 t における温度であることを思い出していただきたい（$x=0$ は，地球の表面である）．ヘヴィサイドは次に，一般解を，直ちに次式のように表わした．これは，直接代入することによって確かめることができる．

$$V = F e^{(cp/k)^{1/2}x} + G e^{-(cp/k)^{1/2}x}$$

ここに，F, G は境界条件によって決定される定数である．V は，$x \geq 0$ で有限値でなければならないから，（表面における境界条件を用いると）$F=0$，$G=V_0$ となる．よって，

$$V = V_0 e^{-(cp/k)^{1/2}x}$$

となる．表面における温度勾配は，ちょうど

$$\left(-\frac{dV}{dx}\right)_{x=0} = V_0\left(\frac{cp}{k}\right)^{1/2} = V_0 p^{1/2}\left(\frac{c}{k}\right)^{1/2}$$

となる．前章で示した，ヘヴィサイドの分数次の演算子 $p^{1/2}$ に対する結果を用いると，これは

$$\left(-\frac{dV}{dx}\right)_{x=0} = V_0\left(\frac{\pi k t}{c}\right)^{-1/2}$$

となる．これを観測された表面における温度勾配 (g) に等しいと置き，$t = T$ (地球の年齢) とすると，本文で示した結果，

$$T = \frac{V_0^2 c}{\pi k g^2}$$

を得る．

技術ノート2：拡散係数が不連続であるペリーの問題に関する，ヘヴィサイドの演算子的解法

ヘヴィサイドは，ペリーの先導に従って，地球の表面を形成する厚さ l の薄い表皮 (地殻) についての考察を開始した．彼は，表皮の熱的な定数を c および k_1 (それぞれ，熱容量と熱伝導率) と表わし，地球内部におけるそれらの値を，c および k と表わした．熱容量は至るところ同じであるが，表皮と内部においては熱伝導率が異なるため，不連続な拡散係数となることに注目していただきたい．ヘヴィサイドは表皮の外側の温度を V_0，内側の温度を V_1 とした．はじめに地球は温度 0 にあり，突然，表皮の温度が V_0 へ上昇したと想定することにより，地球内部に向って外側の面を通過する熱流と内側の面を通過するそれが等しいものとした．

$$k_1 = \frac{V_0 - V_1}{l} = -k\frac{dV_1}{dx} = kqV_1$$

ここに，$q = -d/dx$，すなわち，q はマイナスの空間の微分演算子である．ヘヴィサイドは，基本となる熱方程式を次式の形で書くことにより，

p を用いて q を表わした．

$$q^2 V = \frac{c}{k} pV$$

これから，

$$q = \left(\frac{c}{k}\right)^{1/2} p^{1/2}$$

が導き出される．

次にヘヴィサイドは，$R = l/k_1$ と定義した（彼はそれを表皮の「抵抗率」と呼んだ）．これを q 演算子に対する最終的な表現に従って熱流の式に代入すると，次式に至る．

$$V_1 = \frac{V_0}{1 + R\,(ck)^{1/2} p^{1/2}}$$

ヘヴィサイド以外のほとんどの人間にとって，疑いなく $p^{1/2}$ ほど，惑わされるものはないであろう．彼は，上式の右辺を，

$$\frac{1}{1+x} = 1 - x + x^2 - x^3 + \cdots, \quad |x| < 1$$

という展開式を用いて展開した．これを行うために，彼は $p^{1/2}$ を数として扱わねばならなかったが，それは既に長い間罪であると言われてきたことであった．そうすると，

$$V_1 = [\,1 - R\,(ck)^{1/2} p^{1/2} + R^2\,(ck)p - R^3\,(ck)^{3/2} p^{3/2} + \cdots\,] V_0$$

を得る．

$$p^{3/2} \cdot \mathbf{1} = p \cdot p^{1/2} \cdot \mathbf{1} = d/dt\,[\,(\pi t)^{-1/2}\,] = -(1/2)(\pi)^{-1/2} t^{-3/2}$$

であるから，

$$V_1 = [\,1 - R\,(ck)^{1/2}(\pi t)^{-1/2} + 2R^3 (ck)^{3/2}(\pi t)^{-3/2} - \cdots\,] V_0$$

または，

$$V_1 - V_0 = \left[-\frac{l}{k_1}\left(\frac{ck}{\pi t}\right)^{1/2} + 2\left(\frac{l}{k_1}\right)^3 \left(\frac{ck}{\pi t}\right)^{3/2} - \cdots \right] V_0$$

第11章 地球の年齢をめぐる論争

を得る．表面の温度勾配は，表皮間の温度下降 ($V_0 - V_1$) を表皮の厚さで割った値であるから，次式を得る（$l \approx 0$ なる「薄い表皮」という仮定と，われわれの関心が $t \gg 0$ であるということから，第一項のみが重要である）：

$$g = \frac{V_0}{k_1}\left(\frac{ck}{\pi t}\right)^{1/2}$$

g を観測値とすると，T，すなわち地球の年齢を次式のように求めることができる．

$$T = \frac{V_0^2 ck}{\pi g^2 k_1^2}$$

ヘヴィサイドがこれに関連した問題を，絶対的な数学的精度で解く前でさえ，ペリーは自力で近似解を求めていた．ヘヴィサイドは，ペリーが実際に厳密な結果に極めて近い値を巧妙に求めていたことを知っていた．これについて驚くべきことには，ヘヴィサイドが彼の研究ノートの一つに，「彼は魔女(witch)か？ でなければ，これは古今の歴史上，驚くべき一致というべきではないか？」と書いている[47]．

注および参考文献

1　G. Daniel, *A Short History of Archaeology*, New York, NY: Thames and Hudson, 1983, p.34.

2　前掲, p.34. W. R. Brice, "Bishop Ussher, John Lightfoot and age of creation," *Journal of Geological Education*, vol. 30, pp. 18-24, January 1982 も読まれたい．

3　G. L. Davies, *The Earth in Decay: A History in British Geomorphology*, New York, NY: American-Elsevier, 1969, p.13. また，D. R. Dean, The age of the Earth controversy: Beginnings to Hutton," *Annals of Science*, vol.38, pp. 435-456, July 1981 も見よ．

4　数千年という年月は，台頭しつつあった地質学や進化論の理論にとっては，バケツの中のほんの一滴ほどの長さであることが間もなく証明されたが，哲学者たちにとっては，既にあまりにも長すぎるものであった．このため，ブリエール (La Bruyere) は，次のように嘆いている．「すべてが語られているが，われわれは遅く来すぎた．考えてみれば，7000 年以上もの間，人間は生きてきたのだ」．

5　こんにち，これと同等の「聖書的年代学妄念」は，キリストの死の正確な日付を決定する問題である．

443

6   R. B. Knox, *James Ussher, Archbishop of Armagh*, Cardiff: University of Wales Press, 1967, p.105.

7   J. D. Burchfield, *Lord Kelvin and the Age of the Earth,* New York, NY: Science History, 1975, p. ix.

8   *More Letters of Charles Darwin,* vol.2, New York, NY: D. Appleton and Co., 1903, p.211 に再録されている 1868 年の手紙の中にある.

9   W. F. Cannon, "The uniformitarian-catastrophist debate," *Isis*, vol.51, pp.38-55, March 1960.

10   Davies (注 3), p.208. すばらしくロマンティックで, 数学的ではないこの大津波の可能性についてのヴィクトリア時代の記述は, Robert Ball 教授 (当時, アイルランドの天文学者) による小論文, "A glimpse through corridors of time," *Nature,* vol.25, pp.79-82, November 24, 1881, および pp.103-107, December 1, 1881 にある. 彼は熱烈に次のように書いている:「数学者たちは, 新しい, 巨大な潮汐による粉砕機を発見した. この強力な力によって, 地質学者たちは根拠のある時間の範囲内で, 彼らの仕事をやり遂げることができ, 地質学者と数学者は和解したように思われる」.

11   *Popular Lectures and Addresses*, vol.2, London: Macmillan, 1894, pp.10-72 所収の, "On geological time" および, 特に p.44 を見よ.

12   *Mathematical and Physical Papers* ; vol.3, Cambridge ; Cambridge University Press, 1890, pp.295-311.

13   しかし, トムソンは高温の状態から冷却し続けるという地球を想定した創始者ではなかった. 一世紀前, フランスのナチュラリストで, 一本の直線上に針を投げて, π の値を実験的に決定するという, 有名な方法を実演したことで学生たちに知られているビュッフォン (Georges Louis Lelerc, Comte de Buffon) は, 鉄球を, 白熱された状態から冷却する実験を行った. ビュッフォンは, 自分の手を熱を計測するための「温度計」として使い, 直径僅か数インチの球から地球の直径の大きさへ, 大胆にも推定を行い, 75,000 年という年齢を求めた.

14   L. Eiseley, *Darwin's Century*, Garden City, NY: Anchor, 1961, p.235. 家にいるときでさえ, ダーウィンはトムソンの数学の憂鬱から逃れることはできなかった. 彼の息子のジョージは, 本人の能力で傑出した科学者になった (彼は, 注 10 の Ball の小論文に示されている潮汐の理論の創始者である) が, トムソン教授の見解の長所についての納得を得ようとした. J. D. フッカー (Hooker) が 1870 年に書いたダーウィン宛の手紙「あなたを数学でいじめないように, ジョージに言いなさい.... なぜなら, $x+y$ というこけおどしは, あなたに打撲傷 (boo-boo) を与えるからです. ハクスリー

第11章　地球の年齢をめぐる論争

のG.S.(地質学会)の演説28の語尾から二番目の音節のもう一つのdoseを取り，ジョージをカレッジに帰しなさい」——More Letters of Charles Darwin（チャールズ・ダーウィンの書簡），注8, vol.2, pp.6-7.からの引用——から判断すると，明らかにカレッジに帰ったことでジョージの心を変えることはなかった．何年か後，彼はトムソンの理論を用いた造山運動の説明を発表した——"The formulation of mountains and secular cooling of the Earth," *Nature,* vol.19, p.313, February 6, 1879 を見よ.

15　L. Eiseley, *Darwin and the Mysterious Mr. X*, San Diego, CA: Harcourt, Brace, Jovanovich, 1979, p.215.

16　*Mathematical and Physical Papers*, vol.5, Cambridge, Cambridge University Press, 1911, pp.141-144.

17　収縮理論は，ドイツ人，ヘルマン・フォン・ヘルムホルツによって提唱され，彼はそれを1842年に発表した．ヘルムホルツの論文は英訳され，"On The interaction of natural forces," *Philosophical Magazine,* Series 4, vol.11, pp. 489-518, 1856 として発表された．アダムスの見解は，小論文 The Degradation of the Democratic Dogma, London, Macmillan, 1919, p.142 にある.

18　ある著者は，「フーリエの応用は美しいが，その結果は悲惨なものである…」と書いている. B. A. Behrend, "The work of Oliver Heaviside," *The Electric Journal,* vol.28, pp.26-31 (January)，および pp.71-77 (February), 1928 からの引用；E. J. Berg, *Heaviside's Operational Calculus*, New York, NY: McGraw-Hill, 1936, p.203 に再録された.

19　ケルヴィンの問題の優れた総括と，放射能の役割は，E. ラザフォードの "Radium——The cause of the Earth's heat," *Harper's Monthly Magazine,* vol.110, pp.390-396, February 1905 に見ることができる．ケルヴィンは，放射性崩壊を決して信じようとはせず，例えばガンマ線を単なる蒸気（！）とみなしていた.

20　星のエネルギー源の問題が，どれほど天文学者たちを苦しめたかについて知るには，S. Newcomb,"The new problem of the universe," *Harper's Monthly Magazine,* vol.107, pp.872-876, Nov. 1903 を見よ. 1878年のベストセラー，*Popular Astronomy* の著者であったニューカムは，当時におけるカール・セーガンであった．この事態の混迷した様子は，ストークスによって1900年に書かれた手紙の中によくまとめられている. *Memoir and Scientific Correspondence by the Late Sir George Gabriel Stokes*, vol.1, Cambridge, Cambridge University Press, 1907, p.81：「太陽は，連続的に莫大な量のエネルギーを放出している．それは，蒸気機関から放出されるエネルギーのように測定可能である．しかし，その源はどこにあるのだろうか？」

21　地球の年齢の長/短，賛/否両論についての優れた総括は，J. Prewich, "The

445

Position of geology," *The Nineteenth Century*, vol.34, pp.551-559, October, 1893 にある．彼の書き出しの言葉は，憂鬱なものである．「地質学の立場は，変則的なもので，おそらく前例がないものであろう．その進歩の片側は，斉一説によって閉ざされ，もう一方は，物理学者の教義によって閉ざされている」．

22　D. B. Wilson, "Kelvin's Scientific realism: The theological context,"*Philosophical Journal*, vol.11, pp.41-60, 1974. この興味深い論文は，ケルヴィンが，神が人類の運命を支配していることをどれほど強く信じていたかを示している．例えば，ケルヴィンは，神は熱力学の第二法則によって予言されている宇宙の「熱的な死」から，人類を免除するであろうと断言している（宇宙のエントロピーは，全体として，容赦なく増大し続ける）．ヘヴィサイドは，この特殊な論点についての，より現実的で，独断的で，間違いなくはるかに悲観的な見解を表明している．彼は，1885 年に (EP 1, p.488)，次のように書いている．「宇宙の中の有効なエネルギーが，絶え間なく衰え続けることは，解明されるべき問題である．それが常に進行し続け，何もさえぎるものがなければ，最終的な結果として暗黒に至るということは，信じがたいことだ．ゆえに，すべての熱力学者の使命は，それを逃れるための方法を模索することである」．

23　H. I. Sharlin, "On being scientific: A critique of evolutionary geology and biology in the nineteenth century ," *Annals of Science,* vol. 29, pp.271-285, 1972.

24　シャーリンは，ケルヴィンが，（進化論が教えるように）生命にとって創成期 (beginning) があるということは，（非生命体から生命体への）飛躍的な変化を意味し，それは，宇宙における連続性の侵害である，と信じていたと主張した．もちろん，この議論は，ケルヴィンをして，生命がどのようにして地球上に定着したかについての反論的な解釈を提出させた．なぜならば，彼は，地球は永遠に続くものではない（また，非常に古いものでもない）と，論じ続けてきたからである．ケルヴィンの応答は，宇宙（および生命）は，「太古の時代から存在し続け（言い換えるならば，始まりがない），生命体は，流星によって，何らかの外の世界から地球にやって来た」というものであった．この点において，彼は，1870 年に (*"Biogenesis and Abiogenesis "*)「地質学的に刻まれた時間の混沌とした状況の先を見越すことを私に求められたなら ... 私は，非生命体からの生きた原形質の進化の証拠が存在することを期待している」と書いた T. H. ハクスリーと衝突した．――I. S. Shklovskii and C. Sagan, *Intelligent Life in the Uiverse*, New York, NY: Holden-Day, 1966, p.214 からの引用．

25　"On the age of the Earth ," *Nature*, vol.51, pp.224-227, January 3, 1895. この資料は，草稿の段階で，1894 年の 10 月から 11 月にかけて，（フィッツジェラルドやヘヴィ

第11章 地球の年齢をめぐる論争

サイドを含む）ペリーの何人かの友人の間で個人的に回覧された．ヘヴィサイドはNB 10:273 において，「ペリー教授は，ケルヴィン卿の地球の年齢の評価値が低めである理由をうまく示した（個人的に印刷された）論文を，私に送ってきた．彼《ペリー》の方法は少し不明瞭であるので，私はいくつかの厳密解を求めた」，と書いている．

26　L. Huxley, *Life and Letters of Sir Joseph Dalton Hooker*, vol.2, London: Murray, 1918, pp.165-166.

27　*The North British Review*, vol.50, pp.215-233, July 1869. この小論文は，無署名であるが，書き方やその調子から，テートが著者であったことは，ほぼ間違いないと思われる．

28　*The Quarterly Journal of the Geological Society of London*, vol.25, pp.xxxviii-liii, 1869.

29　*More Letters of Charles Darwin*（注 8）vol.1, p.313 所収の J. D. Hooker 宛ての手紙（1869 年 7 月 24 日付）にある．

30　拡散係数 D は，熱伝導率 k を比熱（1 g の物質を 1℃上昇させるために必要なエネルギー）と密度の積で割った値である．この積は，cgs 単位ではカロリー／cm$^3\cdot$℃であって，熱容量 c と呼ばれる．したがって，拡散係数は k/c となり，cgs 単位では cm^2/s で表わされる．

31　EMT 2, p.25.

32　このヘヴィサイドからの「挑戦」には，面白い後日談がある．約 10 年後，冷却し続ける球に関する問題が，ケンブリッジの数学優等試験に出題された．不幸なことに，受験者たちは誤った答を出した！　かなり後になってから，ブロムウィッチと H. S. カールスローが，それぞれ正しい答を発表した．*Transactions of the Cambridge Philosophical Society*, vol.20, 1921 所収の彼らの論文（カールスローの論文は，"The cooling of solid sphere with concentric core of a different material ,"pp.399-410, ブロムウィッチの論文は，"Symbolical methods in the theory of conduction of heat," pp.411-427 である）を見よ．

33　"The age of the Earth," *Nature*, vol.51, pp.438-440, March 7, 1895.

34　"The age of the Earth," *The American Journal of Science*, vol.45, pp.1-20, January 1893.

35　"The age of the Earth,"*Nature,* vol.51, pp.582-585, April 18, 1895.

36　その上にまだ，13 年後になっても，アメリカ地質調査所 (U. S. Geological Survey) の G.F. Becker は，フーリエの方法を用いて，地球の年齢を 6,500 万年以上に

447

はできないと結論付け，この闘争をあきらめることを拒否した．彼は，あからさまに放射性崩壊の重要性を否定し，その上，ペリーとヘヴィサイドのどちらについても一言も述べていない！　これらのすべては，少なくとも5年間は，放射能の役割についての真摯な考察が文献上に現れないことになるので，さらに奇妙である．

37　*Electrical World and Engineer*, vol. 34, p. 427, September 16, 1899.

38　EMT 2, p. 28.

39　トプシー (Topsy) は，ハリエット・ビーチャー・ストウ (Harriet Beecher Stowe) の『アンクルトムの小屋』の登場人物である．ヘヴィサイドは，自分が書いたことについては変更することはなかったので，これらの言葉は，*The Electrician*, vol.34, p.185, December 14, 1894 (EMT 2, p.20) にそのまま掲載された．

40　*The Electrician*, vol.43, pp.668-669, September 1, 1899.

41　"The age of the Earth as an abode fitted for life," *Philosophical Magazine*, Series 5, vol. 47, pp.60-90, January 1899. これは，Science, vol.9, pp.665-674, May 12, 1899 および pp.704-711. に再録された．

42　EMT 3, p. 519.

43　例えば，ペリーの著書 *The Calculus for Engineers,* London: Edward Arnold, 1897, pp.230-242 を見よ．この本は，分数次の微分を含む演算子技法を論じている．しかし，ペリーは，演算子技法が，ケルヴィンと彼の間のやりとりについていこうとしている大半の読者にとっては自明のものではないことに気づいていた．例えば，ケルヴィンの値が 1/121 だけ小さすぎる理由を示した Nature 宛のレター (vol.51, pp.341-342, February 7, 1895) の中で，次のように書きはじめている．「3 週間前に，私は熱伝導率 k，熱容量 c が，温度 v の関数であるが，それらが互いに比例するような，冷却し続ける球体の問題の解法を，《ケルヴィンに》送った．ヘヴィサイド氏は，私宛の手紙の中に書いてあるところによれば，ある条件の下ではこの微分方程式は線形となり，また，私は彼の演算子を駆使した結果，この研究の信憑性に対して異論を挟む余地はないものと考えている．ここで私は，敢えて皆様に対して，より一般的な場合を示そうと思う」．次にペリーは，彼の解析を演算子法を使わずに，「伝統的な」微分方程式のみを用いて進めている．

44　*The Electrician,* vol. 34, pp. 375-376, January 25, 1895.

45　*The Electrician,* vol. 34, p. 407, February 1, 1895.

46　H. Jeffreys, *The Earth: Its Origin, History and Physical Constitution*, New York, NY: Macmillan, 1929, p.67.

47　NB 10:318.

第11章　地球の年齢をめぐる論争

訳注

1*　斉一説を初めて唱えた英国の地質学者ハットン (1726-1797) の名前は James Hutton であるが，原著には William Hutton と誤って記載されていたので、James に訂正した。

第12章　隠棲者の晩年

　ラザフォード教授は，エレクトリシャン誌とヘヴィサイド氏の論文をかつてよく読んだ日々の回想をした．当時彼はその手法を完全には理解できなかったが，その必要性には気づいていた．その後彼は，ヘヴィサイドの仕事がその後のすべての実用的な仕事の基盤だという結論に達した．
　　　　──IEEマンチェスター支部でのアーネスト・ラザフォード教授の演説の
　　　　　　　　　　　　　　　　　　　エレクトリシャン誌における報告

年老いた風変わりな奴でしたが，ヘヴィサイド氏はとても魅力がありました．
　　　　──G. F. C. サール，ヘヴィサイドの死後間もなく，IEE会長宛の手紙

数値についてはずいぶん無茶をしているので，確かに思えることは何もない．
　　　　　　　　　　　　　&
ふくろうのように愚かになってしまった．
　　　　　　　　　　　　　&
私自身の仕事が記憶されないということは，なんと恐ろしいことだろう．
　　　　　　　　　　　　　&
最終的には正しい．多くの間違いがあったが，最後は完璧にうまくゆく．仕事の進み具合は，ひどく遅い．だが，私は，自分の遂行能力を回復すべく，がんばらねばならない．
　　　　　　　　　　　　　&
にっちもさっちもいかないので，脳の中に塊ができたのじゃないかと思う．
　　　　　　──60歳過ぎのヘヴィサイドの研究ノートの抜粋

オリヴァー・ヘヴィサイド，W. O. R. M.，通信伝送路の Devilization とバランシング (Balancing) の発明者 [1*]
　　　　　──1922年にIEE会長に宛てた手紙の中のヘヴィサイドの署名

私は霊魂を信じますし，みんなも霊魂を信じます．ただ私の「霊魂」とあなた

第12章　隠棲者の晩年

の「霊魂」は違います．——ヘヴィサイドからユニオン・カレッジの
エルンスト・バーグ教授に宛てた1924年の手紙

年金生活の「紳士」

　ヘヴィサイドの技術者人生において重大になりそうな変化が生じたのは，A. P. トロッターが1895年にエレクトリシャン誌の編集長を辞任したときである．同誌は3月30日にコンサルタント業に専念したいという要望を理由とした，トロッターの辞任の発表を行った．しかし，本当の理由は，ビッグスのときの事情に近かった（今度の場合はヘヴィサイドは無関係のようだったが）．

　トロッターはヘヴィサイドに宛てた手紙の中で次のように吐露している．

1895年3月27日

親愛なるヘヴィサイド様；

　この度，役員と出版社による編集業務への深刻な妨害のため，「エレクトリシャン」からの退職を余儀なくされたことをお知らせすることとなり，誠に残念に思っております．経営者たちは，私の事情などに目もくれず，あまりにも急いで自分たちの主張を貫きました；彼らは私の意見に対して全く耳を貸さないため，私としては断念するしかありません．

　「エレクトリシャン」と関係した私の人生を消し去ること，そして，私がほぼ5年間，理想とする雑誌の実現に向って努力したその目標を失ったことは，大変つらいことです．この間，私は大変多くのことを書きましたが，編集はあまりしませんでした．私とエレクトリシャン社との関係は，論文の投稿について考えるためには，あまりにも緊張が大きく，多分かなり前から不愉快なことを忘れようとしていたのでしょう[1]．

　私の後任には，W. H. スネルの補佐をしていた，W. G. ボンドがあたります．われわれは，すべてのことについて了承済です….

　このように，ヘヴィサイドはもう一人の編集長を失った．しかし，幸いにして，新しい編集長は，ビッグスやトロッターと同じ程度にヘヴィサイドの支持者であった．しかし，これ以後の年月は彼の人生には大きな

変化が起こった.

　1896年暮れの彼の父親の死去に伴って，ヘヴィサイドは，彼の生涯で初めて一人で生活をするようになった．金銭上はほとんど底をついていたが，1896年の春，彼のために年間120ポンドの下賜年金 (Civil List pension)[2] の獲得に奔走したフィッツジェラルドとペリーの仲介のおかげで，いくらか助けられた．今回は，王立協会の救済基金の一件に関係したときよりもヘヴィサイドの慈善事業恐怖症を克服することに成功し，ヘヴィサイドはかなり喜んでこの年金を受け入れた．ヘヴィサイドの孤立しつつある生活が，「ペイントンの隠棲者」という肩書きに初めて反映したのは，「エレクトリシャン」における年金受給の公表[3] によるものである．その週における社説[4] は年金について書かれ，それは，施しに対するヘヴィサイドの恐怖心を明らかに示していた．

　　伝えられるところによると，数人の非常に傑出した熱心な科学者が，デヴォンシャーの隠れ家の学者［ヘヴィサイド］を訪問すると脅かし，——というより，彼の隠れ家の周りを何週間も行進するぞと脅かし，提示されたとおりの年金を受け取ると言わざるを得なくしたということである．この栄誉はウェリントン公爵がヨーロッパの救世主だと称賛されるようなものであり，もし彼が少しでもこのために両手が縛られ，ペンが鈍らされ，独自性が侵されると考えたとすれば，数学を物理に応用する能力が優れていても世間的な常識は不足だというものだろう．

編集長はまた，ヘヴィサイドの演算子を嘲笑することを好んだ純粋数学者たちをちくりと刺さないわけにはいかなかった.

　　ヘヴィサイド氏は，純粋数学者自身でさえも理解しなかったことについて，敢えて書いた…．彼が新しい数学的武器を何も発明しなかった——彼の武器のどれも以前に発明されたものだ——と言うことは容易なことである．そのことは事実として，それらのうちのどれほどが使われ，そして，使われただけでなく，それ以前に攻略されたことのなかった問題を攻略するべく鍛え上げられた能力によって使われたであろうか？

　今やヘヴィサイドは，政府公認の権威であり，「エレクトリシャン」は，あらゆる電気に関する意見の相違について，躊躇することなく彼の意見を求めた．しかし，ヘヴィサイドは，時折「諮問された専門家」として，まだ彼の奇妙なレッテルつきのユーモアを発揮できなかった（しようとしなかった）し，おそらく，物事を真面目に受け取らなかったこと

452

第12章　隠棲者の晩年

によって，少し傷ついたのであろう．例えば，1896年を通じてアーク放電の電流-電圧特性が負の抵抗を示したという発見，即ち電極の間隙の電圧を増加したときにある電圧以上で電流が<u>減少する</u>という現象の発見を嘲笑した，極めて熱い論争（エレクトリシャン誌が「大々的に剣を研ぎ，槍先を磨く」と，うまい表現をした）があった．この驚くべき観測結果について，彼の意見を求められたとき，ヘヴィサイドは十分適切な回答を行った[5]が，軽率な結びの言葉をもって投げ出してしまった．

> 私は，負の抵抗について，意見を求められた…．R（および他の量）が負であることによって生ずる影響については，いろいろな論文の中で注目しており，興味深く，また教訓的なものである．しかし，私は一般的な不安定性のために生ずる負性抵抗が，物体とともに永続的に存在できるとは信じられない．同時に，ある物質が一時的にある適当な条件下において，負性抵抗性を示すことを否定もできない…．アークがこの事実を都合よく説明できるかどうかは，私には言えない．私には，アークについての十分な知識がない．私は個人的にはガスの方を好んで使っている．

ヘヴィサイドは，フィッツジェラルドからの年金についての祝福の手紙に対する返信の中で，彼の家族やその土地の隣人との関係がうまくいっていないと感じていることや，彼が受けて当然と感じている敬意のこと，そして事態の変化による嬉しい予感のことなどをさらけ出している．

1896年3月3日

> 親愛なるヘヴィサイド；
>
> 　今朝，あなたとペリーからの手紙によって，あなたが国からのサービスを受け入れられたと知り，とても喜んでおります．ただ，あなたの《正当な》功績からすれば，その10倍の年間1,200《ポンド》でも多すぎなかったでしょう．それだけの金額を大臣が自由に使えるとして，それにふさわしい候補は誰もいないと思います．あなたがこうして認められたのならば，個人的には大きな救いです．あなたのご親戚が，科学界におけるあなたの高い地位を認めておられないことを私が知る前でしたが，私はあなたが我慢せねばならなかったことを推測できました．おそらく，皆があなたをさげすんだが，それは科学界そのものに高い地位などないと思っていたためでしょう．
>
> 　ペリーがすべての労をとってくれました．われわれのうちの他の何人かが，彼がうまく行かないと意気消沈しているときには激励してくれました．他の者

が再びそれを引きついだときは，やり易くなりました．レイリー卿は，大変激励して下さり，ケルヴィン卿も関心を寄せて下さいました．しかし，ペリーこそが本当に頑張り，そのために働きました．そしてこの国があなたのたいへん高い価値のある奉仕に対してある認知をすべきだと，大臣たちを説得するのに彼が成功したことを，私は大変喜んでいます．私は，あなたが過去の不愉快なことを将来は避けることができ，あなたがこの国が評価した真の人物であることをあなたの隣人に示すことができることを，心底から信じています．

1896年3月4日

親愛なるフィッツジェラルド；

　召使いの女の子が女主人のボンネット帽子をかぶり，まるで彼女自身の帽子であるかのように満足気に鏡の前で作り笑いをしていました．私もあなたの大変お世辞っぽい言葉を読んだとき，この女性と同じようになりました．私は，ありがたいお国が…何に感謝すべきかについて，知りたがらないことをただ希望いたします！　ペリーは，自分でそのようなそぶりはしていなかったのですが，私は，彼の尽力と忍耐力のおかげであると思っています．皆様がこんなに親切で優しいということは，大変感激です．

　私の根気について申し上げますと，あなた方が，どちらかといえば私の体調が良くないと思っておられるに違いないと懸念しております．ですが，仮に私が睡眠時間を減らされたならば，（私は通常は4〜5時間で十分であるといわねばなりませんが，不十分であると言うべきでしょう）私の中には多くのマーク・タプリー (Mark Tapley)[6] がおり，水から出てしまった魚のような，具合の悪い，滑稽な面を見ることができるのです．ここで，1，2の滑稽な出来事があります――私が自分の部屋の中に座って，不朽の論文（仮にということで）を書いているとします．そこに，ワイシャツ姿で，手桶を持った一人の男が入ってきます．彼はドアをノックしません．彼はドアを開けたまま，無言で窓まで行き，それを開けます．私は言います．「君は何をしているんだ？」，「窓を拭こうとしているんです」．彼はすべて一言で答えます．「その必要はない」と私は言います．「ここから入ってはいけない」，「ミス・エヴィサイド (Miss Eviside)[7] は，窓を拭くようにと言っていますよ」，「君は，私が言ったことを聞いたはずだ．部屋から出て行きなさい」，まだ「ミス・エヴィサイドが…云々」を繰り返しつつ，私は自分の命令を繰り返し，ついに彼を追い出します….

　もう一つの出来事があります．私が，修理のためにある店に物を持って行き

第12章　隠棲者の晩年

ます．30分そこそこの短い時間内でできる仕事のはずです．私が問い合わせると，間違いなく明日まではできるとのこと．問い合わせると，まだできていない．もう一度問い合わせ．だめ．また謝る．また確認する．週末にまた問い合わせてみると，その機械は隅のほうに放ってありました．そこで私は絶望的になり，思い切って彼の最後の約束を思い出させます（彼がそれ以前に言ったことにはふれずに）．「え！　そんなこと言いましたっけ？」と彼は言い，さらに「ええ，私は言ったのだと思います」．そこで私は現物を示し，修理しなかったのは，何か<u>特別な理由</u>があったのか，と尋ねます．（それには少し皮肉を込めたのですが，彼は気づきません）．彼はしばらく考えて，それから物憂げに言うのです．「はいはい，今思い出しました．あなたが出て行ってからしばらくして，一人の紳士が来られまして，すぐやって欲しいことがあると言ったんです．もちろん私は，それをしなければ，と…」．<u>これが</u>，私に迷惑をかけたあげくに言う，気の利いたあてこすりのつもりなんでしょうか？　ちっともそんなもんじゃありません．単なる阿呆です．私は彼に，パンチ誌に載せるべき話だと言ってやりました．彼は無視しました．まるで漫才です．

　3ヵ月後，ヘヴィサイドは，自分がついに資産家となり，金を得ることによって望みの信用を得たと思うという手紙を書いた.

1896年6月6日

親愛なるフィッツジェラルド；

　　私宛の「90ポンド，3/4年分支給」という文書を受け取りました．このことは全くの「タナボタ (windfall)」であり，私を立ち直らせてくれるものです．あなたは，ご自身の努力で引き出すことができたこの感謝すべき国の寛大さを知って，喜ばれるものと思います．私が確かに感じるであろう私の富者への変身は，私の親戚に，また親戚<u>とともに</u>私にも非常に有益な影響をもたらします．実際には，既にそのようになっています．ヤシ油は，日常生活の車輪にとって最高の潤滑油です．それ以外のものは，お使いにならないように．

　フィッツジェラルドは明らかに安堵して，6月8日に「偉大なる人物に対する国の支給額が，あなたの懸念を和らげられ，あなたの生活の車輪を潤滑できたことを，本当に嬉しく思います」と返信した．

　両親の死去を挟んだこの期間，厳密に言えば，ヘヴィサイドは決して仕事に対して消極的ではなかった．彼は，「エレクトリシャン」のボンドとかなりの量の文通を行っている．例えば，1896年の2月には，ボン

ドは新しいX線が，エーテルの縦方向の振動[8]である，というヤウマン(Jaumann)の主張についての「予測性，非予測性，不可能性についての分かりやすい数学的説明」を書くことを要請していた．ヘヴィサイドの回答については不明であるが，彼が次に書くべき話題であったので，最終的にその要請を受け入れたに違いない．二日後，ボンドは再び手紙を書き，ヘヴィサイドの言葉を引用して，ヘヴィサイドの寄稿は，（もしも書かれたとすれば）ヤウマンを「叩き，粉砕し，破壊する」ものになるだろうと書いたが，その後ボンドは，ボンドの言い方によると，それはヤウマンについての「短い評価」というレターの形による意見であったので，ボンドは不満であった．ボンドは，いつものヘヴィサイド流の数式だらけの書き方ではなく，むしろ，（3月31日付の手紙の中で）彼の言うところの「印象的な概説」を望んでいたことは明らかである．ボンドはヘヴィサイドに対して,「流行に従っても，罪にはならない」ことを納得させようとした．しかし，最後には，ボンドはさらに我慢せざるを得なかった．

　ヘヴィサイドの父が死去する直前の1896年の秋に，プリースに関わる厄介な問題が起きた．リヴァプールで開催されたその年の英国科学振興協会の定例会議において，プリースは新しい形式の大西洋横断長距離ケーブルを発表した[9]．このケーブルは（アースされてない）金属的な回路であって，半円形の断面積の導体が対になっており，それらの平坦な部分は，できるだけ近づけるために，薄い紙だけで分離されていた．プリースは，この論文において，このようなケーブルにおいては「静電誘導（彼は電気容量をこう呼ぶ）」が問題であり,「電磁誘導《インダクタンスのこと》は，電話の動作上，非常に有利な影響を持つ」と述べた！　これはプリースにとって非常に大きな転向であったが，彼が以前に「誘導は『悪魔』であり，『化け物』である」と公言したことについては，何の言及もなかった．しかし，もちろん，彼のケーブルの設計は，静電容量を増やし，誘導を減らすという，ちょうど逆の効果をもたらすものであった．

　ヘヴィサイドはこれらについて，7月28日付のフィッツジェラルドの次のような手紙で知らされた．

　《英国科学振興協会の定例会議の最終日の前日に》，プリースは，イタリアの山師(adventurer)《マルコーニ：彼については，後にふれる》が，ロッジ達がやったにすぎない長距離間のヘルツ振動の検出を行ったということを取り上げ，われわれの多くは，この一人のイタリア人の所業のために英国の業績を見落とし

第12章　隠棲者の晩年

ていたことを，大変憤慨しています．われわれは「ドイツ製の」科学は信用できますが，「イタリア製の」無名の会社の科学はあてにできません．このことは，先週の「エレクトリシャン」に掲載された異常な論文によって，最終日に頂点に達しました．わが国の電信事業の幹部が，半径が異なる同心円筒の静電容量が，その半径とは無関係である《実際には，それはそれらの比の対数に逆比例して変化する》という，異常な声明を発表し，それを実験的に確認するために公金を浪費するだろうことを静観するのは恐ろしいことです．ヨーロッパの科学界の物笑いの的です….ケルヴィン卿は最後に現れ，穏やかにこれに対する不同意を表明されました．

ボンドはヘヴィサイドに，プリースの提案についての意見を求め[10]，彼はレターの形で，雑誌に回答を行った．

…アメリカまでは長い距離なので，そこでは誰も信号を受信できない可能性がある．しかし，同時にそれは正しい方向に向いている．私の理論に通じている人たちは，《プリースによって》とられている方向は，私がしばしば主張していることの逆であることにお気づきであろう….

ボンドは「権威間の闘争」と題した社説[11]を書き，これは，実際にプリースを苦しい立場に置くものであった．プリースが新ケーブルについての活発な議論を望んでいるという，英国科学振興協会会議における彼の言葉を引用し，ボンドは，「…ケルヴィン卿は，この種のことでは比類なき権威であるが，彼の提案に繋がるように提示された理論では，望むような効果が得られないであろうと公言されている」という指摘まで突き進んだ．そしてさらに，次のように書いて，コブラの中にマングースを投げ入れた．

…また，この国にも，世界中にも，海底電信および電話の理論に関する意見の表明に関しては比肩できる者がいないほどのヘヴィサイド氏は，彼のレターの中で《プリースは誤っているということについて》次のように述べている[10]．「…彼の言わんとするところを理解できる限りにおいては，プリース氏は静電容量を減らし，インダクタンスを増やすことに熱心であって，それは「無歪回路」理論への改宗になるかと思われる．だが，…プリース氏は，インダクタンスを最小限まで減らし，静電容量をほとんど最大限まで増やしたのだ」

これがきっかけとなって，ついにプリースは論争に参入した．はじめに参加したのは，プリース本人であって，彼は自分の設計が静電容量を増加させるということをきっぱりと否定することによって，ボンド

457

の社説に答えた [12] (この言明は明らかに誤りであって，ヴィクトリア時代のどんな物理の学生でも誤りであることを示せるようなものであった)．さらに，彼は３００フィートの試験用ケーブルを作成し，その静電容量を測定したと述べた．彼は正しいと主張したがそれは間違いだった．

ロロ・アップルヤードは，プリースはケーブルの静電容量を測定したかもしれないが，どのようにそれを行ったかについて述べなかったことを指摘 [13] した．さらに，フィッツジェラルドはアップルヤードのコメントを支持し，強調した [14]．

> プリース氏が本当にこの問題を論じたいのであれば，彼はその新型ケーブルの寸法，配置…等と，彼の試験の実施方法を，十分に説明すべきである．

プリースとフィッツジェラルドの間の愛情はほとんどなくなっていた．例えば，フィッツジェラルドは，11月23日にヘヴィサイドに宛てて，プリースの無知ぶりを暴露してわなに落とし入れる案を書いている．彼の言葉は，ヘヴィサイドが兄のアーサーから得た内部情報をフィッツジェラルドに提供し続けていたことを示している（アーサーが気づいていなかったのは確実である！）．

> しかし，このこと《フィッツジェラルドが考えていることは，彼のケーブルの静電容量を計測する方法についてのプリースの思い違い》は，彼がまさに悪賢いことを意味するものだということを私は彼に言いたいのです．私は，あとでごまかされないように注意深く彼の発言を確認しておかねばなりません．私は，それについてご教示いただけることを非常に喜んでいます．あなたは，あなたの兄上にしっぺ返しが及ばないように，私があなたを権威者として引き合いに出さない方が良いとお考えでしょうか？　私はあなたがよろしいと思われるようにいたします．私は，この偉大なる人物が，疑われていると知ってかっとなったと聞いて喜んでいますが，彼がこそこそ動き回ることなく，逃れられないようにできることを望んでいます．

プリースを陥れようとするこの策略は，明らかに何ももたらさなかった，と言うよりも，少なくとも私は，この一通の手紙から，細い糸を辿って行くことは不可能であった．

しかし，二週間後，ボンドは極めて風刺的な覚書 [15] を発表した（これは，その後１年以内に彼が仕事を失う原因となったように思われる）．

> 一方，郵政公社と教授連は，回線の一部を構成する導線の静電容量の計測法について論争中である．疑いもなく，教授連は，絶望的なほどに間違っているが，

第12章　隠棲者の晩年

郵政公社の技術者たちが…静電容量…について語るときに何を意味しているか，また，彼らがそれをどのように計測したかを正確に知るまでは，われわれはこれらの無礼な教授連を非難することをためらうのである．科学的論争は，批判を受ける側がデータを公表しなければ，満足の行くように進めることはできない．

その反動は，アメリカにおいては，はるかに厳しかった．エレクトリカル・ワールド誌の「官製科学 (official science)」という題の社説は，実際にボンドよりも先にプリースを引き裂いた．社説は，はじめに，読者に「*KR*-法則」とその誤りのすべてを思い出させてから，次のように続けた．

「プリース氏は…特にそのような科学が彼から始まった場合には，官製科学の勇猛なる戦士である…」．ヘヴィサイド氏は，《誘導を増やさなければならないという》理論と実践の両方に従って，最新の官製科学の理論について，そっけなくこのように意見を述べている．プリース氏は，「エレクトリシャン」のいくつかの批判に対する回答の中で，ヘヴィサイド——おそらく，この問題に関しては，世界で最も偉大な権威——が掲げた争点に直接答えることは避け，単に《静電容量を増加させるということを》否定することだけに留めていた．最近における官製科学上のこの騒動は，大西洋のこちら側では，政府のおえら方でもそのために特権的に科学上の権威を持つことはない，という喜ばしい事実をわれわれに教えてくれる．

1897年の初めの時点では，プリースは幸せな男ではありえなかったが，ヘヴィサイドは46歳という熟年にさしかかっており，暇な自由人になろうとしていた（あるいは，彼がそのように思っていた）．

田舎における生活

年額120ポンドという年金の額は，アーサーのGPOにおける年俸のちょうど1/5であり，またプリースのそれのたったの1/10ちょっとという額であったが，ヘヴィサイドにとっては自身を「資産家」と思わせるには十分であり，ミュージックストアの上の一部屋の生活よりは，はるかにましであった．そこで彼は，1897年に，ペイントンから数マイルの距離にあるニュートン・アボットに住宅（年増の家政婦つき）を入手し，ブラッドリー・ビュー (Bradley View)[17]と名づけたその家（英国のジェントリーたちは，彼らの家に名前をつけるのを好んだ）に移り住んだ．移住後，初めてフィッツジェラルドに宛てた手紙には，幸せで少し興奮気味なヘヴィサ

459

イドの様子が示されていたが，次第に，不慣れな自分自身と家の世話と隣人との間の強まりつつある緊張にさいなまれるようになった．それに加えて，おそらく日常的な問題からの気晴らしとして彼は，庭の奇妙なうるさい生き物 (old croaker[18]) に興味を覚え，自分が狂ったかと思って悩んだ．彼はまた近所の人々にとっては少し偏見を持った俗物となった．

1897年5月23日

親愛なるフィッツジェラルド；

…うんざりするほど探し回ったあげく，35ポンドの，良さそうな場所を見つけました．この変りようを見てください！ミュージックショップの屋根裏部屋に住む，ペイントンの「オリー (Ollie)」という男が，ニュートン・アボット（この町は，十分に宛先として通用します）に長い間空き家となっていた，住み心地の悪い家，ブラッドリー・ビューを所有する紳士，ヘヴィサイド氏に変身したのです．この家は，（小さな）ジェントルマン用の家として建てられたのですが，長い間一人の農夫によって占有され，その結果ぼろぼろになっていました．内装に30ポンドほどかかりましたが，現在はさほど悪くはありません．それはかなりの変化です．非常にきれいな場所です．原っぱには，見事にキンポウゲが生い茂り，多くの木々によって適当に仕切られて庭に続き（それは，スコットランドの農夫を驚かせるでしょう），そして，林やその後ろの丘は絵の様な光景を作るのです．小鳥たちは，狂ったようにさえずります．外には道路，遠くには高い丘，その上には家と木々．それらの木々の一本は，右側に倒れたなら，私のちっぽけな家を潰してしまうのではないかと恐れていますが，それはまだ古い木ではないので…．気候は，トーキーとは全く違って，それと比べると全く清々しいものです．

　私は，皮膚が薄くてやせた男なので，寒さに敏感なため，自らを気候に順応させなければなりません．日中と夜間の温度差は，ペイントンよりもはるかに大きく，冬と夏の差も同様なので，私が冬に耐えられるかどうかは自信がありません．そのときは，また移住しなければなりません．現在このすばらしい季節の中では，ミュージックショップからの移住は最高に快適です．料金のポスターの代わりにキンポウゲを眺め，救世軍や店の中のつち音の代わりに，小鳥のコーラスを聴くのです！　災いがまいりませんように．

1897年6月3日

親愛なるフィッツジェラルド；

第12章　隠棲者の晩年

　私の科学的ではない手紙をもう一度差し上げますが，お読みになるかどうかはどうぞご自由に．

　真ん中に樫の木があるキンポウゲの原っぱ（スコッチマンがその木を，6ペニーの価値しかない草を得るために即座に切り倒すでしょう）の中に，一匹の不思議な動物がいます．彼は日暮れから何かを始めて，何時間にもわたって——おそらく一晩中——それを続けます．不信心なことに，日曜日の朝もそれを行いますが，それを行う理由があるに違いありません．私が思うに，それははじめはカーペットを非常に規則的に二拍子で，パン–パン，パン–パンと叩いているのではないかと…それは，全く，羊のメーという鳴き声とカラスの鳴き声の混ざったような音です．その場所は，150ヤードほど離れた木のあたりです．周りの人たちは，それは鳥で，多分キツツキだといいますが，私はこの目で確かめるまでは，それを信じられません．それから，一人の気味の悪い浮浪者が敷地の中に入ってきて，何か食えるものはないかと物色しながらうろうろしたりするのです．彼のしぐさを見るために部屋から移動すると，恐ろしい大きな猫が侵入してきて，私のカナリアを殺してしまいました！　すると，その浮浪者は女の子に見つかると，すぐにパンをねだりましたが，もらえませんでした．いかなる物乞いといえども，私の敷地内でパンやその他のものをねだることは，原則的に私は許せません．パンとは何事か！　彼らにはもっと必要なものがあると思うのですが…．

　私の温室には，形のよい葡萄の木がありますが，まだ葡萄の実を見ることはできません．多分接木をしなければだめでしょう…．そこは，どちらかというと寒い場所です．私は初めて，強い満足を感じるに十分なだけ長い間，そこに居続けました．（私はすぐにくつろぎを感じました：ペイントンでは決してそんなことはありませんでした）．この満足は，長い間続いていた苦痛が除去された後に続く静かな喜びと同じもので，大きな歓喜というような積極的な意味の喜びではありません．ですが全体としては快適で，しばらくの間それが続くでしょう…．私の予想通り，気候の変化を感じています．実際に，私は悪寒を感じ…いつものように胃腸の調子を悪くし，さらには頭まで調子が悪くなり，何度も何度もその症状が起こるのです．壊れたり治ったりを繰り返すのに脳が耐えるのはすばらしいことです．私はときどき自分が精神病院にいないのが不思議に思えます．救いようのないほど愚かになりました．脳がめちゃくちゃになってこんがらがっています．

この不愉快な結び以降，ヘヴィサイドの手紙は次第に暗くなっていった．

1897 年 6 月 19 日

親愛なるフィッツジェラルド；

　隣の庭に，幼い，ひどく騒々しい声がします．「オトウチャン (Dada)!，オトウチャン，あの人が，また，あそこにいるよ！　あの人が，まただよ！　オトウチャン，あの人が，温室の中に入ってゆくよ，オトウチャンたら！」などなど．そこで私は，塀越しに見て，その騒音を止められないかどうかを確認してから，そのオトウチャンと天候のことや彼の庭が見事であることなどなどについて，一言交わすのです．彼はひどい難聴であることを知りました．会話は，ほとんど大声でどなることによってしかできないのです．それが，幼児の声が異常に大きかった理由です．彼は引退した食料雑貨商人で，家にある売れ残りのチーズを 1 ポンドあたり 7-1/2 ペンスで売っています．もっと柔らかいものには，もう 1 ポンド分必要です．おそらくあなたは，経験上僅かな総額の金を賢く配分すれば，何人かの人たちを和やかにする効果があることをご存知でしょう．例えば，英国の労働者．彼の道徳的性格は，特に，彼がそれを稼いだのではないとすれば，6《ペンス》で，直ち

おそらく 1890 年代はじめの頃のヘヴィサイドと彼の自転車．1899 年 9 月，サールは彼を訪問する前に，「私は，一緒に乗り回れるように，自分の自転車を持ってゆきたいと思っています．私はまだ経験が浅いので，あなたは，あまり速く走ってはいけません」と書いた．ヴィクトリア時代の自転車による疾走の定義は，「サイクリストの理性に打ち勝ち，人の前を動くすべての物体を追い抜くように，その人に強要するインパルス」であり，その最終結果は「歩行者の殺害に至る」ものである，と表現されている．サールは，1950 年に彼の友人が最も愛したものについて回想している．「私たちは，足を前輪の足掛けに乗せ，自転車で丘を駆け下りたものでした．ヘヴィサイドは足を上げ，腕を組み，私をはるか後ろに置き去りにして，でこぼこで急な細道を，成り行き任せに下りました」．

462

第12章 隠棲者の晩年

フィッツジェラルドはヘヴィサイド同様，大の自転車のファンであった．彼はかつてヘヴィサイド宛に「私は，自転車に乗ることは，健康のためによいと考えています」と書いている．1896年7月14日付のこの手紙には，彼の最新のアイディアを一番上に図示している——その下には，「新しい形です．ですが，これは舵取りができないので，うまく機能しそうもありません．体を車輪よりも高くしなければならないところが，気がかりです」と読める．一番下から始まって，左側の空欄に続いている追伸には，「エアクッションは，ばねとしては最良のものです．望ましいのは，腕が振動しないような，ばねつきのハンドルです．同じように，私は平らで滑らかな道では最大の抵抗である風圧を減らすためには，完全に横になる形が，最も有利だと思います」と書かれている．

に変えることができます．しかし，この食料雑貨商人と彼の妻（彼女も，かなりの難聴です）について言えば，その結果は，迷惑にも彼らを友好的にしたのです….彼女は帽子をかぶらずに街を歩くような人のうちの一人ですから，もちろん私はどこかに一線を画さねばなりません．私は原則的に，断固とした民主主義者でありますが，実際上は，それはいつも愉快なことではありません….樫の木にまだ居座っている奇妙な動物は，ますます元気になって，そこに居続けています．彼の鳴き声の間隔は短くなり，ほとんど間隔はなくなりました．日中は，時折鳴き声がする程度です．私は，それが彼が眠っているときで，通常は薄暮の時刻にだけ働き始めるからであると思います．夜，人々は「なんてうるさいんだ」と言いながらそばを通り，その騒音のまねをします．しかし，それは多分何か動物ではない，夜行性の現象では….

　今，私の居間に，一匹のコウモリが飛び回っています．それは，二階の部屋から入ってきて，それから下りてきたに違いありません．奴を捕まえてみようか；住んでいる場所の近くで，そんなことを試したことはありません．奴はあちこち飛び回り，何かを壊すかもしれません．鳥を追い払う塩もないので，ただ出て行かせるしかできませんでした．入り口のドアを開けておいたら間もなく出て行きました．しかし，コウモリにしてはいかにもまっすぐでした．コウモリじゃなくて，休暇のために出てきた「オールド・クローカー (old croaker)」[18]だったのかもしれません….

　追伸：　私は，あなたが大西洋を渡られる際，溺れないことを望みます[19]．

　ヘヴィサイドは，7月12日の手紙において，最初の頃のようなガーデニングへの興味を急速に失いつつあったことを示している．

　…《前の持ち主の》野生化した馬が，いつも草を食べ尽くします．そのために「芝生」はどこも穴だらけ，深い穴だらけです．そこは，掘るか，そうでなければ埋めなければなりません．鋏で草を刈ることは，何といやな仕事でしょうか．例えば，90フィートを12フィートずつ．背中が非常にきついです．芝刈り機は不調です．鋏もまた，刈ろうとして草を持ち上げようとするとうまく働きません．

　ヘヴィサイドと隣人たちとの関係もまた，下り坂を転がりつつあった．フィッツジェラルドは1898年に，ブラッドリー・ビューにヘヴィサイドを訪問し，ダブリンに戻った直後，接待役の主人を煩わせたことに対して感謝の覚書を書いた．ヘヴィサイドの返信は［隣人への］憎悪と被害妄想の感情を示している．

第12章　隠棲者の晩年

1898年9月24日

親愛なるフィッツジェラルド；

　煩わしさについては，おっしゃらないでください．私は，時間のある限りあなたをおもてなしし，手を煩わすことを喜びとすべきでしたが，それは贅沢というような状態には程遠く，ともかくも空腹を満たす程度のものでしたでしょう．例えば，私は1インチの肉と8インチの骨付きの肉片と呼ばれるものよりもましなものをあなたにふるまうことができたでしょう！　しかしあなたは，疑いなくホテルの方が快適だと知るでしょう．

　あなたがひそかにこの町に来て，また出ていったにも拘わらず，あなたが朝，鉄道橋に到着したことと夕方に丘の上を出発したことのいずれも，近隣の注目から逃れることはできませんでした．「誰がいっしょに出て行った？　あれが彼の父親か？　外に置いてあるのは，あの年寄りの自転車か？」　私が，かつてその近くに住むという不運に巡り会ったことがないような，間違いなく無礼で，粗暴極まりない詮索好きの連中なのです．彼らは下品な言葉で話し，そのことを誇りにしています．もし，彼らが私をなぶりものにしているやり方を詳しく説明したなら，びっくりすることでしょう．しかし私は，少なくとも，その背後にいかがわしいものがあることを疑っています．

「エレクトリシャン」におけるもう一つの変化

　ボンドは，雑誌でのその短い在任期間中に，ヘヴィサイドとの間に，技術的なことに限らず，時には仲間内の噂話に近い打ち解けた文通を続けていた．例えば，1896年8月17日には，ヘヴィサイドに対してトロッターの近況を知らせている（ボンドとトロッターは，何十年もの間，両人が「エレクトリシャン」を退いてからも長い間連絡を取っていた）．

　　あなたは，トロッター氏がケープタウン[20]に落ち着き先を見出したと聞けば，安心されたと思います．彼は，熱心にケープタウンの政治家になろうとしており，愚かなケープタウンの植民地の住民に対するひどい《電気標準》課税に全力で反対して闘っています．

　また，1897年4月28日にはテスラに関するヘヴィサイドの意見への反応と思われる記述がある．

ニコラ・テスラ：
Nikola Tesla (1856-1943)
この絵は，1894年7月22日のニューヨークの Sunday World に掲載されたものである．「電気で自らを充電させたあと，無数の電気の炎で光り輝く栄光の中の発明者」．1890年代の大西洋の両側における電気技術者のスターであったテスラのコメントの多くは，こんにちでは狂気に聞こえるものである（ひいき目に見ても，彼はひどく人騒がせな人物であった）．しかし，彼の時代においては，それらは極めて厳粛に受け取られた．しかし，「エレクトリシャン」の編集長，W. G. ボンドのような人は，当時でさえ疑いを持っていた．テスラをめぐる伝説は，テスラが1912年度のノーベル物理学賞を受賞するところだったが，彼がそれを知らされたときに断るであろうから発表されなかったのだ，というところまで膨らんだ．しかし，実際には彼は候補者の中にはいなかった．ヘヴィサイドは，1912年度に一度だけ，候補者の中にいた！

　普段はいかがわしい賭け事にふける気持ちはありませんが，テスラの「発見」がやがて間違いだと証明されることについては1ペニー対100万シリングのような不利なレートでも賭けたいと思います．《この手紙には，テスラの「発見」が何であったかについては，記されていない》．彼の人柄は謙虚で魅力的ですが，彼は，人格的には科学的な修練を全く積んでおらず，その欠陥を補うための並みはずれた直観力を持ちあわせてもいません．またも彼は，彼の口調に合わせ，彼のすることのすべてを無制限に褒めちぎるような，多くの「技術雑誌」の中で言及されています．そんな有害な環境の中では，純粋に科学的で堅実で確かな仕事が望めないと憂慮しております．

　しかし，このちょうど6ヵ月後の1897年10月，ボンドは編集長を解任された．彼はヘヴィサイドに対して11月10日に辞任を表明した．ビッグスとトロッターが，経営者と深刻な人間関係上の問題を抱えていたのと全く同様に彼もそうであり，「誠実な業務とは業務をこなすことだけでは十分ではなく，私ができなかった（オーナーに）おべっかやお世辞をいうことで心をつなぎとめることだった．だからトロッター氏の場合のように，私の追放は時間の問題であった…」ということを彼は知った．

第12章　隠棲者の晩年

　ボンドの後任は，1893年からこの雑誌に参加し，ボンドの就任の初めから編集長補佐を務めてきたカーター (Edward Tremlett Carter) であった．カーターは，トロッターのように専門的な素養を持ち[21]，若い（31歳）編集長であったが，早逝した（1903年4月，まだ37歳のときであった）．しかし，彼は，ヘヴィサイドに対しては，重大なインパクトをもつ編集上の決断を行なう時間的な余裕を持てなかった．

　Electromagnetic Theory の第二巻がまだ計画されていないにもかかわらず，ヘヴィサイドがその第三巻目の出版を提案したのは，カーターがやっと編集長の仕事に慣れた時であった．カーターは，この熱いポテトを発行人のタッカー (George Tucker) に丸投げ[22]した．タッカーは，ヘヴィサイドに宛てて（1898年3月14日付），出版業界の実情（と，ヘヴィサイドが第三巻の心配をする前に，第二巻を出すことの方が責務であるということ）を気づかせるために，次のように書いた．

> …現時点で，私が特に気がかりなこととは，二番目《第二巻》を完成させて，それを市場に出すことです．私は，できるだけ早い時期に本を市場に送り，…《そして》…著者のハードワークの成果を，一冊あたりできるだけ高い値段で，思いやりのない大衆に提供することを望んでいる単なる残忍な編集者に過ぎません．

　彼らが第二巻を執筆させるために，ヘヴィサイドの足元に火をつけようとしていたとき（雑誌は毎週，発行人欄に，「この重要な仕事の第二巻は，執筆が進行中で，近日に完了する予定です」と付記していた），編集スタッフは，新技術の発展を評価する技術コンサルタントとして彼を使っていた．例えば，5月23日には，カーターはアメリカにおいて発表されたばかりの，カーターの言葉によれば，「通常の光の電磁気的理論への《著者の》優れた寄与である，光の理論を示している」論文のコピー[23]をヘヴィサイドに送った．この論文についての意見を，社説および記事として求められたことは，ヘヴィサイドが「エレクトリシャン」を楽しんでいた，という明るいイメージの典型であった．

　この効果的で前向きなヘヴィサイドと雑誌の間の関係の中に，むしろ馬鹿げたことに関してカーターと不和になる危険を冒すような，ヘヴィサイドの過敏な性格が曝け出されつつあった．1898年10月，ヘヴィサイドが自分へのあてつけと考え，非常に不快に感じた社説の覚書[24]を「エレクトリシャン」は掲載した．

> 一般には知られてはいないが，この「自由投稿者」は，長い間新聞筋には知ら

れており，電気業界紙へ入り込む方法を知っている人物である．思慮のない人たちは，彼の自由な思考や行為をねたみ，彼の行動を厳しい目で見ている…．例えば，電信事業や電話事業から締め出された人物が，その才能と経験のためにやむを得ず偏った代弁者の立場に置かれている誰よりも意見が重視されるべきだ，と一般的に，また全く非論理的に受け取られている．どちらの意見を選択するかということは，実際には，価値ある奉仕を続けている知識のある人物と，誰からも必要とされていない無駄な助力しかできない知識のない人物との間にある…．

　ヘヴィサイドは，すぐにカーターに宛てて，この覚書の真意が何であるかを問う葉書を書いた[25]．カーターは（10月17日），速やかに「親展」と記された返信を書き，その内容がヘヴィサイドを引き合いとしたものではないこと，そして，そのようなことは，私にも，また，決して「エレクトリシャン」に関係する誰の念頭にもない，と述べた．雑誌側が，特に意見を求めていた常連の寄稿者を攻撃したとヘヴィサイドが信じるに至ったことは，ヘヴィサイドのプリースに対する妄念（逆にヘヴィサイドは自分が迫害されているという形を策略の一つとしていた）が，19世紀の終わりまで生き続けていたというふしぎな事実である．

　同じように，プリースも変っていなかった．彼は未だに古い策略をたくらんでいた．「自由投稿者」事件のちょうど二週間後の11月1日，彼は土木技術協会（Institution of Civil Engineering：プリースは，申し分のないほどの人気者であって，彼は選挙によって決定されるいかなる専門的公職でも狙えば勝ち取ることができたのである）の会長という公職を引き継いだ．彼の就任演説[26]はまたも，理論や<u>教授たち</u>への攻撃を含むものだった——彼は，ほとんど間違いなく，ロッジとフィッツジェラルドを念頭に置いていた．

> われわれは，有能な教師が不足しているという問題を抱えています．実用の世界で訓練を受けなかった教師は，無用というより有害です．なぜならば，彼は自分の中の意識，あるいは彼自身の教授の抽象的な誤った教育法から引き出された考えを伝授するからです．それは，害をもたらすものです．<u>私の経験では，この原因による，極めてひどい迷惑を被ったことがあります</u>《引用者の強調》．純粋に抽象的な科学の理想の教授は，非常に魅力的な人物なのですが，彼は極めて尊大で，独断的な人物であり，彼自身の研究室や講義室の中では，彼に献身する者に囲まれた小さな君主のような存在であり，彼の言葉は法律であり，彼はこの世界を自由に眺め，特に，実用的な世界を，彼の領域外の注目する価値のないものと

みなしているのです．彼は一般的に，時代に遅れてしまっているのです．

　プリースの場合は，新しい理論的な進歩をますます理解できなくなっていたため，彼なりにヘヴィサイドと同じように傷つきやすくなっていた．彼の言葉は，強力な攻撃が最大の防御であると信じていたことを示している．しかし，「エレクトリシャン」の巻頭の社説[27]は，彼のコメントを，何の注意も払わずに見過ごしている．

　　　われわれが考えるには，《プリースの》理想には及ばないが，実用面を理論で支える彼らの知識のお陰で，実用的な技術に多くの価値のある貢献をしてきた多くの教授たちが存在する．そのような人たちは，こんにちではロッジやヘヴィサイドであり，昨日においては，かのファラデーである．

これから，1898年の時点では，ヘヴィサイドはヴィクトリア時代の電気科学の「偉人」の一人になっていたことがわかる．事実，ヘヴィサイドは，今や大西洋の両側において，著名で，信頼される人物であった．例えばアメリカにおいては，彼の，導体とそれを囲む誘電体によるエネルギーの伝達の真の性質を明らかにした仕事は，所定の手続きを経て権威のある裁きによって評価されていた[28]．1895年8月，ニューヨーク市のエレクトリカル・ワールド誌の発行人は，ヘヴィサイドの選択による電気的な話題についての記事を（有料で）彼に書いてもらう依頼をすることによって，ヘヴィサイドと「エレクトリシャン」との好ましい関係と同じ関係を築く試みについて書いている．1899年に，彼は米国芸術・科学アカデミー (American Academy of Arts and Sciences) の外国人名誉会員に選出された．そして，彼の母国においては，彼の伝送理論は，郵政公社によってではないとしても，著名な科学者たちによって，詳細な実験的研究の価値があるものと考えられていた[29]．プリースの生涯のヒーローであったファラデーと比較されることは，ヘヴィサイドにとっては甘美な（そしてプリースにとっては極めて苦々しい）ことであったに違いない．

新世紀へ──そして，友人や宿敵との別離

　1899年の初頭に *Electromagnetic Theory* の第二巻が出版された．トロッターは，ケープタウンからの日付のない手紙の中で，ヘヴィサイドへの祝福と批評の両方を書いた．彼はその手紙を次のように書き出した．

「私が，あなたの *Electromagnetic Theory* の19/20を理解できないという事実が，*Electromagnetic Theory* の第二巻の完結について，あなたを祝福できなくしているのではないでしょうか」．それに続けて，講釈が続く．トロッターは，数学を，「それを学んだことのない連中にとっては，わかりにくい『速記法』であり，ほとんどの『速記の究極の目的は，普通の教育を受けた者が理解できる言葉に転写することにある』」と信じていた．

この講釈[30]が，かつてトロッターがヘヴィサイドの担当編集者であったときに出した手紙に比べて，決して快いものではなかったと想像すべきであろう．

フィッツジェラルドもまた，5月7日に，この本を送ってもらったことについてヘヴィサイドに感謝し，同時に「W. P. 氏（プリース）に関するあなたの注記が，辛辣さをやわらげるようにはなっていないことを懸念しています——しかし，永遠に記録された真実を知るためには十分であると思います」と書いた．彼が言及したことは，永遠にくすぶり続けるヘヴィサイドとプリースの火であった．この本の序文は，この火が未だにヘヴィサイドの魂の中で，微妙に，熱く燃え続けていることを示している．

> 私は，前任の幹部[31]によって表明された英国の官製科学について，ほとんど感想を述べることができなかったことを，遺憾に思っている．かくも不要な，かつ正当とは認めがたい電信上の制限を与える「*KR-* 法則」は，現在では耳にしなくなったことは事実である．最新の経験によれば，それは馬鹿馬鹿しいほど（すなわち 1,000%！）間違っていることが明白となったため，どんなに数値をいじくりまわしても，表面を取り繕うことは不可能であった．しかし，危険で不安な官僚による誤りが，公的な資金を伴う実験の領域にまで押し出されてきている．大西洋間の電話通信を目的として，対となる導体を互いにできる限り近づけることによる容量を増加させるというプリース氏の提案に着目しよう．プリース氏は，電線の片側を平面的にし，平面部分をできる限り近づけるという巧妙な方式によれば，容量が著しく増加するという．これは紛れもない事実であるが，増加するのは静電容量であって伝送速度にかかわる動作容量 (working capacity) ではない！ファラデーは，このことを良くご存知であった．
>
> したがって，これは大失敗でまったく役に立たない．ファラデーの弟子を自認し，その結果電気関係の指導的権威にまで上りつめた人物（Answers によれ

第12章　隠棲者の晩年

ば[32]）の尊厳に値しない．他に方法はなかったのか．なぜ，他の人に相談しないのだろうか？　主治医がいなくても，技術大学出の若い紳士がまわりに居て，コンデンサの容量についての情報を与えてくれる筈である．

　先日の英国電信庁 (British Telegraph Department) の重要な人事異動が，官製科学の質を大いに向上させるであろうことを希望し，また，期待できるであろう．上述の二つの例は，多くの改善がどれほど必要であるかを示している．その他のことは受け入れることができる．この巻が役立つであろう．

　翌日，自分用の第二巻を読み始めた後，ヘヴィサイドはフィッツジェラルドに宛てて，サイクリング，健康，ダイエットなどについてのアドバイスとともに彼の評価を問う手紙を書いた．それは，概して言えば，かなり憂鬱な手紙であった．

1899年5月8日

親愛なるフィッツジェラルド；
…私の E. M. T. 第二巻については…ところで，私は，この土曜日と日曜日に本をもらいに出かけ，ひどい頭痛に襲われてしまいました．それは，あなたがすべてを読むことができたとしても，恐ろしいほどさえない本です．私はそれを，誰か，あるいは一人以上の誰かがそれを進展させてくれるに違いないと思い，やむにやまれず書いたのです．私は，長い目で見れば，これが物理数学の実際面において，多大なる影響をもたらすものと心底から思っております．しかし，未だに，それについて心を煩わすほど多くの関心を持つ人が現れません．私は，この本は売れないと確信します．第一巻は約 600 冊売れました．第二巻はせいぜい 300 冊程度でしょうか．編集者が第三巻を企画するとしたら，それは内容が全く変更された，異なった形式のものになるでしょう．はじめの章は，対流電流 (convection current[2*]) とその関連したことであるとか….

　私は，自転車というものは，座りがちの仕事をする人たちにとっては，すばらしいものであると心底思います．もちろん，それは競技用の器具にもなります．望めばそれによって<u>汗を流す</u>こともできますが，それは必要ではありません．若い人たちを喜ばすような激しい運動を行うことが，本当に必要な場合があります．それは，際限なく続けられるようなものではありません．歩くことは，単調で疲れることですから，何も得ることはありません．そのために，ほとんどの人たちは全く運動をせずに安静にし，そのために退化してしまい，中年になって大抵——心臓，肝臓，腎臓などが——衰えてしまうのです．私にとっては，

471

自転車は人が老年になるまで体力的に活気あるものにし続けてくれる，まさしく健全なものであるように思われます．私は，75歳になっても自転車に乗り続けていた年配の紳士を見て，喜びを感じました…．馬鹿な連中は，私のことを自転車狂[33]だと思っています．私は，毎日乗り回していますから…．

はしかについて言えば《フィッツジェラルドは手紙の中で，彼の8人の子供のうち，4人が最近はしかにかかったと述べたことがあった》，ここでは，はしかの流行はありませんが，私はまた個人的な問題を抱えています…．適当な家政婦が見つからないのです．そんなわけで，私は自分の家事をほとんど自分でやっている有様です．家事はめちゃくちゃ簡単になりました．ジャガイモは，毎日たくさん食べることができる唯一の食物であることを知りました．調理するのが簡単だということも．ですから，私が1時に家に着いたときには，まずはじめに直ちにジャガイモを獲得します．次に，一品目——コップ一杯のミルクと一切れのケーキ．新聞を読む．次に30分《以内に》二品目——ジャガイモとバター．バターは必需品です．朝食用の一個の卵とベーコンの薄切りは，一日分の窒素含有食物となります．時々は，私もご馳走をいただきます．一個のカリフラワーなどです．たいていのことは気にかかりませんが，家事は最悪です．あるアイルランド人が（もちろん，アイルランド人です）どのくらい頻繁にミサに行くかと質問されて，「行かなくてはならないときだけ行きます」と言ったそうですが，私も家事はやらなくてはならないときだけやります．適当な家政婦が求められないなら，せめて昼間に来て，お茶の時間以後に帰ってよいという条件で来てもらえるような信頼できる女性が居ないか，照会してもらっています．

私は，下品な連中，粉引き職人やレンガ職人の女房どもなどには我慢なりません．この周りには，そんな下劣なごろつきたちが，うようよいます．そのこともお話できますが，ご心配なく…．

実際に，フィッツジェラルドには，誰からも話を聞く時間は残されていなかった．それでも彼はまだ，少なくとももう一度，彼の友人の心の中に好奇心の種を植え付けようと企てていた．5月7日付の彼の手紙には，次のような一節[34]がある．

あなたは，球体のまわりの波動の伝搬について研究されたことがおありですか？ ある場合は，アメリカ向けの電磁波の自由な伝搬による電信の可能性に関して，理論家たちを悩ませている問題です．それは，明らかに回折の問題《フィッツジェラルドはこの点では間違っている》であって，私は，これは解

第12章　隠棲者の晩年

けなければならぬと思っています．円筒の周りの伝搬の問題は，おそらくもっと簡単でしょうから，それはレイリー卿によって，いくつかの論文において，波長に比べて対象物が小さい場合に限り研究されているに違いないと思います．

さらに，5月20日付で，再び次のように書いた．

私は，一つの球の周りの波の伝搬は，やや複雑な数学の問題であることを懸念していますが，私にとっては何としてでもそれは研究すべきもののように思えてなりません．

Electromagnetic Theory の第三巻に関する問題は，現在まで何ヶ月にもわたって引き延ばされていた．そして1899年11月12日，ヘヴィサイドはカーターに宛ててそのことについて手紙を書いた．11月17日，カーターの補佐であったラファエル (F. Charles Raphael) は，発刊については未定である，と回答した．そのとき，カーターの健康は悪化の一途にあり，彼は回復の望みを託した地中海の巡航の途上にあった．カーターがヘヴィサイドに連絡できるようになったのは，1900年の元旦であって，その内容は，新たな著書の「概要」を問うものであった．彼はまた，ヘヴィサイドに対し，「エレクトリシャン」の標準的な読者は「より実用的な方向に，気持ちが向いている」ことを自覚させるとともに，企画中の第三巻に対してヘヴィサイドが念頭においている理論的な扱いもまた，実用的な直接の関心事のいくつかの応用を含むのかどうかも問うものであった．これらの表向きは妥当な編集者からの質問は，次のような回答[34]を受け取った．

1900年1月3日

親愛なるカーター様；

　概要の件でしょうか？　それは書けません．主 (The Lord) が用意されるでしょう．主はいつもそうされています．それは別として，私は第三巻も第四巻も同じように書くことができます．私には，第三巻は大雑把に言うと，電気的波動の一般論に関連したものであること以上に概略的に言うことはできません…．

　あなたはご親切にも，いくつかの理論的な予測について言及されました《カーターは，ヘヴィサイドの<u>理論的な</u>論文が，実用化の実現の進歩にどれほど寄与したかについて述べていた》．私は，自分の，電線に沿った表面の誘導についての初めての説明《表皮効果》が，ヒューズの実験によって裏付けられたこと，電線に沿ったほとんど歪のない波の伝搬についての説明が，ロッジとヒューズ

473

の実験によって裏付けられたことは承知しています．あなたは無線電信について述べておられますが，その理論については，いかなる部分的な予測も強力なものではなかったことを私は保証いたします．第三巻に記述する予定の，表面的には実用には結びつかないような内容が，近い将来，あるいはいつか直接実用に結びつくであろうか否かについては，何も言えません．先見性のある理論と実用上の問題を差別しすぎることや，個人の研究を制限することは誤りであると私が考えていることを，付け加えておきたいと思います．私の論文をちょっと読むために「エレクトリシャン」を購読している実用家や，それ以上の読者は少数であることは，私も誰もが気づいております．それは，僅かな例外を除けば事実でしたし，これからも常にそうでありましょう．あなたが上述のことが非常に不満足なものであるとお思いになることを，懸念しております…．これまで，「エレクトリシャン」の編集者の皆様が私に機会をお与え下さり，多大のご苦労をおかけいたしましたことを，申し訳なく思っておりますが，私には何もすることができません．私ができる最良のことは，あなたが私に白紙委任していただくことです《！》．そうすれば，私はその権利を最大限行使するように努めるつもりです．

　1月8日，カーターは，これを受理できる旨の返信を行った．われわれは，ヘヴィサイドが，一編集者としてのもう一人の聖人に出会えた幸運に感謝したことを望む他は，何もできない．1900年の新年は，ヘヴィサイドが，新しい著書と，結局2月23日号とともに発表が始められた新しい論文を書くことから始まった．新連載についてのカーターの編集部告示は，ヘヴィサイドの議論の影響を示している．

　《読者諸氏は》今，電磁気理論の迷宮のはるか奥深くまで彼について行き，そして，そのうちの何人かは，偶然に，新たに応用された理論の道筋に沿って，彼ら自身の研究をするため，彼の精神力と独創性によって鼓舞されることであろう．一方では，理論は常に実践の先導に従わねばならないということは事実ではないから，実用上の研究に関する新しい分野が，新たに展開された理論の光によって，しばしば明るみに出るのである．

　二週間後，ヘヴィサイドはカーターからの前進許可を受け，そして，デイヴィッド・ヒューズが1月22日に死去し，彼の発明的才能の証明としての50万ポンドにも及ぶ莫大な富が残されるという，区切りとなる出来事が立て続けに起きた．フィッツジェラルド自身は，余命が僅か1年とちょっとであった．

第12章　隠棲者の晩年

　ヘヴィサイドとフィッツジェラルドの間で交わされた多くの興味深い手紙がさらに存在する．それらは，適当な家政婦が居ないまま生活せねばならないことについてのヘヴィサイドの愚痴，二人とも一度ならず二度も自転車でニワトリを轢いてしまったこと，そして，二人のどちらもが，他の誰にも話せないような個人的な問題について，われわれに知らせてくれる．フィッツジェラルドによる，運動する物体の収縮という場当たり的な示唆（ローレンツ・フィッツジェラルド収縮：これは，間もなくアインシュタインによって，彼の特殊相対性理論から演繹される）や万有引力が有限の速度で伝搬する効果である可能性などの技術的な議論もまた，あちこちに散在する．そして，やがて世紀の変り目の時が到来すると，それに伴って，ヒューズの死去のちょうど1年後1901年の初めの月にヴィクトリア女王の永きに渡った治世が，ついに終りを告げた．女王の死去という国家的な悲劇の後，ヘヴィサイドにとって身近な悲劇が，ちょうど1ヵ月後に続いた——1901年2月22日，フィッツジェラルドが外科医に対して，彼の慢性的胃病の原因究明を訴えた直後に急死したのである．彼はまだ50歳になっていなかった．

　オリヴァー・ロッジは，その感動的な追悼記事[35]の中で，「彼を兄弟のように愛した」と書いた．ヘヴィサイドは，悲痛とともに大きな損失を受けた．翌月の論文の脚注に[36]，彼は次のように書いている．

> ジョージ・フランシス・フィッツジェラルドが死去した．非常に独創的な天才であり，広い思いやりの持ち主であった一人の人物の早逝は，彼と彼の業績を知る者にとっては，国家的な不運であると考えられる．もちろん，「国家」はそれについて何も知らせず，なぜそうでなければならないかについても知らない．

彼の友人の死去は，その後も続いた．7月4日には，ピーター・テートが，南アフリカにおけるボーア(Boer)戦争で愛する息子をなくした後，失意のなかで死去した．テートは友人ではなかったが，共通の試練を経た旅の仲間であり，少なくとも，ヘヴィサイドが尊敬する人物であった．

　新たな世紀は，ヘヴィサイドの世界に，新たな変化をもたらした．その変化を示す幾つかは，ヴィクトリア女王よりも先に死滅した，ヴィクトリア時代そのものであった．他の人たちもまた，そのことを感じていた．例えば，11月には，芸術協会(Society of Arts)において，ウィリアム・プリースは，「自動車は，当節における人気者である．この流行は，間もなく英国に到着するであろうが，現在はエンジンがいたるところで騒

475

音を発し，臭いを放っている」と述べた[37]．さらに，ケンブリッジのサールからの二通の手紙もまた，どれほど科学が，絶えず奇妙なものになりつつあるかを示している．1901年，彼は，電子(electron)という粒々の電荷のアイディアについて書いている.

> 1, 2, 2.00034, 2.0000000……と測れる，マクスウェルの連続的な流体としての電気の考え方を，1, 2, 3, 4, …のように個数としてしか数えられないような考え方に置き換えられるべきだということであろう．ミルクは量で測るが卵は個数で数えて買うようなことである．私は，電子というアイデアをもっとよく知りたいと望んでいる．

さらに2年後の1903年9月26日，彼は次のように書いている：

> 私は，最近のある夕方，借用した20ポンド《金額であって，重さではない！》のラジウムを入手しました．現在，私は化学についての本を書く気はありません．ラジウムについて，何を言えるというのでしょうか？

世界は，街の中の馬たちとちらつく黄色のガス灯がある1887年の世界から急速に変りつつあった．

しかし，ヘヴィサイドは，そうではなかった．

世界はヘヴィサイドに追いつき——そして追い越す

S.P.トンプソンを除く他の人たちは，電話の伝送の改善に関するヘヴィサイドのアイディアを応用する方法について考え続けていた．例えば，フィールド (Stephen Dudley Field) は，銅線の中に軟鉄の撚線を仕込むことによって，ケーブル内に連続的に装荷を行うことで，米国特許を取得[38]した．フィールドは，彼の仕事が完全に実験され，やや回りくどい法律的文章によって申請された理由によって優れた効果が得られると記述した[39]が，私としては，それは了解できないと認めざるを得ないものである——のみならず，われわれは装荷ケーブルの歴史上，フィールド氏の名前を聞いたことがない．

しかし，トンプソン以前にさえもヘヴィサイドを読み，かつ理解した男が少なくとも一人存在した——それは，アメリカ人で1890年にジョンズ・ホプキンス大学を卒業してすぐにボストンのアメリカン・ベル社に就職したジョン・ストーン・ストーン (John Stone Stone, 1869-1943) である．ストーンは，間もなくヘヴィサイドと（1891年末以前に）文通[40]を行い，

長距離電話回線に関する彼のベル社における仕事について助言を求めた．現在，ストーン宛のヘヴィサイドの手紙の存在は確認されていないが，その後のストーンからの手紙からヘヴィサイドは回答するだけでなく，求められた援助も行ったと思われる[41]．

　ストーンの主な貢献は，アメリカの一電話会社内でヘヴィサイドのアイデアを強く代弁したことであった．それは，未だにプリースの *KR*-法則（またはその変形）を受け入れていた技術者たちだらけの荒野の中での孤独な叫びであった．彼の代弁行為は，ジョージ・アシュリー・キャンベル (George Ashley Campbell, 1870-1954) がストーンの助手に採用された１８９７年以後力強くなった．ストーンとキャンベルは，ヘヴィサイドの電線に沿ったエネルギーの伝搬の理論を，高抵抗の柱上懸架のケーブルと低抵抗の地中のケーブルの接続部における波の反射の問題に応用することを試みた．そのような「整合されていない」結合状態は，入ってくるエネルギーのうちのかなりの部分を入力方向に反射し，通話の質を著しく低下させるのである．ストーンは実に独立心が強く，必ずしも彼の上司が指示しないことであっても，自分が興味のある問題について時間を費やそうとした．それは最終的には，彼が職を失う原因となった[42]．ストーンは，１８９９年にアメリカン・ベル社を辞め，ハーヴァードとＭＩＴで学んだキャンベルが，この高度に技術的な仕事を引き継いだ．その結果は，実用的な分散型 (lumped) 装荷コイルの発明へとつながった．

　少なくとも，装荷コイルの技術的な進歩に関して興味深いことは，この最終的なキャンベルと同じ装荷方式の発明を申請したコロンビア大学教授マイケル・ピューピン (Michel Idvolsky Pupin, 1858-1935) との間の法的な争いであった．ヘヴィサイドがピューピンを知ったのは，「エレクトリシャン」のラファエルが，１９００年７月7日に，その教授の論文[43]のコピーをヘヴィサイドに送ったからであった．ヘヴィサイドは，そのときには，フィッツジェラルド宛に，すべての装荷についての権利の申請というピューピンの最終目的については何もほのめかすことはせず，少なくともアメリカ人が彼を真面目に受け入れているという事実を，好意的に書いていた．事実，ピューピンは彼の論文の中で，次のように書いている．

　　英国のオリヴァー・ヘヴィサイド氏：現在の電気的波動の伝搬理論の大半は，

477

> 彼の深遠な研究に負うものであるが，彼は高インダクタンスの波動伝送路の最も熱心な提案者である．彼の助言は，その価値が大きいにもかかわらず，間違いなく彼の母国においては普及していないように思われる．

フィッツジェラルドは8月12日にヘヴィサイド宛の返信の中で，次のように書いた．

> 私は，ピューピンの論文を読んで大変喜んでおります．私は，彼が正しい結論に達することを望みます．いずれにせよ，彼は信念を持っており，半ば成功したも同然です．

フィッツジェラルドは，この教授について気遣う必要は無かった——彼は，誰もが想像できる以上の策略家であることが明らかになるであろう．ピューピンと装荷コイルの物語は魅惑的なものであり，ブリッテン(Brittain)教授[40]によって詳しく語られているが，ヘヴィサイドがほんの間接的な役割しか果たしていないという理由により，その詳細は，ここでは直接的な関心事ではない．しかし，キャンベルとピューピンは，彼らのはじめの特許申請を，ヘヴィサイドがそれ以前に公表しているという理由によって拒絶された．にもかかわらず，最終的にはピューピンが特許取得において勝利を勝ち取ったのである．こんにちでは，知的な成功はヘヴィサイドのものであり，技術的な才能はキャンベルのものであること（装荷された電話回線は，ピューピンが1900年の論文を発表する<u>前に</u>[44]，キャンベルはコイルを用いて実用化していた）は，明らかである．

キャンベルは，アメリカン・ベル社の特許担当弁護士の不十分な法律上の支援と，自己宣伝においてはるかに能力にたけた，したたかなピューピンという二者の犠牲者であった．ピューピンは，何年か後に，赤貧から大金持ちになった自伝（それは1924年度のピューリッツァ賞を受賞した）を書いたが，その中にはいくつかの記憶が消し去られている．彼の物語には，キャンベルについては何の記述もない（あるいは，装荷コイルについての法的な論争が存在したということさえもである）．ヘヴィサイドについての唯一の記述は，彼の知的な業績においてさえ，他人に先んじられていたという断言である（その人物とは，皮肉なことに，エーム・ヴァッシー(Aime Vaschy)という<u>フランス</u>郵政省の役人であった）．どの場合も明々白々たる事実[45]であるというのに！実際に，ヴァッシーはヘヴィサイドと多くの同じ道を独自に歩んだが，優先権はヘヴィサイドにあった．ピューピンは，1900年の彼の論文におけるヘヴィサイドへの慇懃な言葉を，その

第12章　隠棲者の晩年

前年に発表した論文[46]の同様な賞賛の言葉とともに書き忘れていた.

> この問題《電線上の波動の伝播》を扱うための数学的な考察の大部分は, 純粋に記号的である. オリヴァー・ヘヴィサイド氏は, 数学的解析の記号の言葉の位置に物理学上の生きた言葉を導入するために, 多大の貢献をした.

アメリカン・ベル社はおそらく, 法廷においてピューピンと闘い, すべての特許申請を無効にして装荷技術の独占の可能性を破壊する煩わしさよりもピューピンの特許を認める道を選んだ（従って, 社員であるキャンベルを愚弄したことになる）. このことは, （S. P. トンプソンによって取得された, 本質的に価値のない特許と同様に）ピューピンを世に知らしめる結果となった. 最終的にこの教授は, 総額で445,000ドルを受け取った（当時は, 所得税が全く課税されなかったことを思い起こしていただきたい！）. キャンベルはピューピンが合法的に自身の報酬を受け取ったことに納得して, 墓に入った. ヘヴィサイドもまた全く何も受け取ることはなく, 後に見るように, 死ぬ日までピューピンに対する彼の苦い感情がつきまとった.

ピューピンの死後, ヴァネヴァー・ブッシュは, 公平な評価をすることを試み, 「洞察力はヘヴィサイドのものであった. 設計公式はキャンベルのものであった」と書いた[47]. もちろん彼は, 「だが, 栄光と金は, ピューピンのものであった」と付け加えたかったのかもしれない.

キャンベルの装荷コイルの途方もない成功（これは常にピューピンの栄誉となった）は, 数年以内にはプリースにさえも, その立場を変えさせた. 1907年のレスター (Leicester) における英国科学振興協会の定例会議において, 彼は過去に行ったすべてのことを, 歴史を書き換えることで飛び越してしまうような論文[48]を発表した. 今やプリースは（ついに）誘導装荷に関する専門家であり, 他の誰に対してもそれを説明することを必要とされるような人物であった. 彼の初期の仕事についての概観を述べた後（彼の記述のどこにも, ヘヴィサイドは現れていなかった）, 彼はかつてのあの神聖なる「KR-法則」について, 次のように述べた.

> そして, 《その初期の仕事においては》計算は, KR-法則に基づいたものであった. この法則が全然正しくないことは全く確かである. なぜなら, それは, 自己誘導を無視しているからである…. 私が1896年に指摘したように, この電磁誘導の効果は, ある意味においては有益なものである….

1887年のヘヴィサイドによる無歪回路については, 一言もないどころか, さらにひどかった. プリースはさらに次のように続けた.

479

長距離間の通話の問題に伴う要素は，かなり多く，また多様なため，極めて一般的な基盤に基づくものを除いて，数学によってそれらを解明しようとする試みは，近似的にのみ正しく，無益なものであることが証明されている．成功を収めることができたものは，実際の実験によるものだけである．この問題の数学的考察における欠陥は，主要で原理的な要素であるエネルギーを無視することであると考えられ，そして，負のエネルギーに類似した何かが自然の中に存在する，という仮定である．エネルギーは，物質と同様に常に正であり，負の符号をつけることによって消滅させることはできない．しかし，数学的な推論は，疑いもなくピューピン教授が行ったところまで彼を導いた．

プリースがこの奇怪な表明[49]を行った後，オリヴァー・ロッジは大声を上げた．彼は，そこに居合わせた人たちに，自己誘導の有益性を予言したのはオリヴァー・ヘヴィサイドであったということを思い起こさせた．S. P. トンプソンは，ヘヴィサイドの著作にのみ触発されて「海底電話」電線の特許申請を行ったことを認め，彼の声をロッジの声に付け加えた．これらに対してプリースは，ただ，「私は，ヘヴィサイドが電信の科学に貢献したことを認めなかった」と，弱々しく答えただけであった．ロッジはこれに対して，「トンプソンはヘヴィサイドの著作で何が明らかにされたかを述べたのであって，電信技術者たちがヘヴィサイドの著作から何を学んだかについて述べたのではない[50]」という結びの言葉によって言い返した．

ヘヴィサイド，大気の中に名を残す

ピューピンとキャンベルが装荷コイルについて争っていたほとんど同じ頃，ヘヴィサイドは，無線通信の理論への貢献を認められるようになった新たな論文を書いた．彼のカーターへのコメントは，無線に関しては経験がない，というものであったにもかかわらず，彼は関心を持ってその理論を展開した．この仕事は二重に皮肉な性格をもつもので，彼はそのことでしばしば思い出されるものの，彼の行ったすべての仕事の中で，それは最も重要性の低いものに位置づけられるものであった（彼は，それを行った初めての人物でさえなかったのだ！）．

世紀が変わる前までは，無線電波の「放射」は，直線的に進行し，地球の表面が下方へ曲がっているため，結局，放射は宇宙空間へ消えてゆ

第12章　隠棲者の晩年

くものと考えられていた．言い方を変えるならば，早くも当然の報いがもたらされたということになるのである．例えば，S. P. トンプソンは，「エレクトリシャン」への人騒がせな寄稿者によって，「彼は，英国とアメリカの間に介在する空間を隔てて，通信が可能であると確信していた」と言われていた．トンプソンの批判者[51]は，そのような言明は，「結論の飛躍であって，われわれが平らな地球ではなく，球体の上にいるということを考慮に入れていない」と主張した．批判者はさらに続けて，「英国のセント・ジョーンズからニューファウンドランドまでの短距離通信の場合でさえ，それ《無線電波のエネルギー》は，その放射が遭遇するべき困難の確実な予測とそれを回避するための模索が《行われない限り》，二点を結ぶ弦の長さが少なくとも 1000 マイルの距離の水中を通過せねばならないであろう…．そして，それを避けようとすることは…水中を突き抜けてゆく代わりに，曲った水の表面上の軌跡を飛ぶということである」と書いた．

トンプソンの批判者にとっては，これは馬鹿げたものであった．「エレクトリシャン」は，この意見に同意し，その 1 年後の社説[52]は，「非常に長い距離間の無線通信は，われわれには不可能であるように思われる．地球の曲面に沿って進むようなエーテル波は，何人かの研究者たちが示唆しているように本質的に不合理なものである」と述べた．

これらの言葉は，その数日前に行われたプリースによる講演[53]に対する応答として書かれたという理由により，二重に興味深いものである．プリースは，この講演の中で，無線電波は地球の曲がった表面に沿って進むであろう，と主張したが，私は，この場合には彼はほとんどの同時代の人たちに先んじていたことを認めざるを得ない．もちろん，この論争における謎は（ありうるとすれば），どのようにして波動がこの惑星の曲面とともに曲がりうるのか，ということから来るものであった．

当初，唯一の可能性は，回折によるものと考えられた（フィッツジェラルドからヘヴィサイド宛の手紙を思い出していただきたい）が，その後の詳細な計算結果により，球の周りの 1/4 の距離にさえも波が到達できないことが示された．この謎は，マルコーニが 1902 年に次のように報告したとき[54]には，さらに深まっていた．

> …私は，《1902 年 2 月に》私の経験上初めて，昼間の発振（電気振動）を受信できる距離が《夜の場合に比較して》著しく差があることに注目する機会を得た．

481

レイリー卿は，次のように書いた[55]．

> 大西洋を越えた送信におけるマルコーニの偉大な成功は，今まで観測された以上に凸型の地球の周りの波動の曲がりや回折が顕著なものであることを示唆しており，このことは，理論的課題に対して大きな関心事を分け与えてくれた．

マルコーニ自身は，これは「暗い時よりも《アンテナ内の》電気的振動の振幅を減少させる」，彼のいう日光の「反帯電現象；diselectrification」による結果であろう，と推測していた．

ヘヴィサイドは，もう一つの可能性を提起した．

実際の書簡は現存していないが，エックルス (Eccles)[57] による記述[56]が残されている．

> 1902年の春，私は何度かエレクトリシャン誌に，無線電信について寄稿していた．ある日，他のことを論じている一方で，編集者のトレムレット・カーター氏が，オリヴァー・ヘヴィサイド氏からの手紙を私に見せてくれた．そこには，最近のマルコーニ氏によるコーンウェルとニューファウンドランド間の通信の成功は，上空の大気中の永続的な導電性の層の存在によるのではないだろうかということを問いかけたものであった．私は，この手紙は編集者仲間に見せられていたと信じているが，発表はされていなかったように思う《実際に，発表されてはいなかった》．

この手紙の公表が拒絶された理由が何であれ（私は現存するヘヴィサイドと「エレクトリシャン」の編集部間の書簡[58]の中には，これに言及されたものは見つけることはできなかった），それは単に，ヘヴィサイドが他に発表先を求めたことにあった．彼は，この発表先を「電信の理論」と題された，エンサイクロペディア・ブリタニカの新版用に（第10版用に）依頼された寄稿[59]という形式で見出した．それは実際には，その要求範囲よりも若干広範囲であった．実際に，この記事には，電信の波動伝搬理論と無歪回路と離散的な装荷の問題まで記述されている．ヘヴィサイドはこの記事を，彼の示唆に従って仕事を行った単なる<u>追随者</u>としてピューピンを追放するための媒体として利用しようとさえしたのであった．

> 筆者《引用者の強調》は，一様な形式以外の《誘導を増やす》原理を実現するための一方法を発明し，さらに，<u>その試験の実施を推奨した</u>《引用者の強調》；すなわち，主回路に対して等間隔にインダクタンスを挿入することによって．アメリカにおいては，一実験法を示したピューピン博士によって，いくらかの進展がなされている….

これは，われわれが既に知っているように，[ヘヴィサイドが優先権を主張するには] あまりにもかすかで，あまりにも遅すぎた．

しかし，この後にこの記事における有名な個所がある．ヘヴィサイドは，彼の記事の範囲を，気ままに導体から飛躍して「無線電波」を含むところまで拡張した．彼は，極めて自由な幾何学的形状（同軸で頂点を共有する［上に開いた］円錐形の二つの導体，それは水平方向に対して垂直に立っている）から始め，円錐の間にある空間における放射場を検討した．円錐の半角に適当な値を指定することにより，彼は形状をいくつかの興味深い特殊な場合にまとめた．例えば，内側と外側の半角がそれぞれ0°と90°である場合には，半無限長の導線（内側の円錐）とそれに垂直な無限大の平面状導体（外側の円錐）となる．これは，そのときにヘヴィサイドが，簡単な「無線電信」の説明のために用いた幾何学的な形状である．

ヘヴィサイドは，信号はこの特殊な幾何学的形状の円錐からその頂点を中心とする半球状の波として発せられ，「それら（信号）は，導線と海の表面を表わす平面によって伝わって行くであろう」と書いた．

ヘヴィサイドは，次に導線による波動の「導波現象 (guiding)」について検討を行い，海水は，「十分な導電率を持ち，ヘルツ波の導体として機能する．地球そのものについても不完全ながら同様にヘルツ波の導体として機能する．確かに地球の表面の不規則性によって違いはあるだろうが，波の主要な部分は地球の表面に引き付けられ，表面から外れることはない」と指摘した．

その後に，この記事で最も有名な部分がある．「もう一つの考え方がある．それは，上空に十分な導電性のある層が存在する可能性がある，ということである．仮にそうであるならば，波はいわばわずかながらもその層につかまるであろう．電波は，一方は海，一方は上層を境界とする面の中を導かれるであろう」．

実際には，ヘヴィサイドはこのような示唆を行った初めての人物ではなかった．彼の記事は，1902年6月の日付であった（そしてそれは，12月に出版された）．しかし，アメリカのアーサー・ケネリー (Arthur Kennelly) は3月にある論文において同じ示唆を発表していた[60]．しかし，ヘヴィサイドとケネリーの二人とも，その上空に導電性の大気層があるという推測をバルフォア・スチュアート (Balfour Stewart, 1882) その他の人たちによって先行されていた．彼らは，地磁気において日常的に観測される揺らぎを説

483

明するために，その原因となる機構を探究していたのだった[61]．

しかし，このようにして推測された層に付けられたのは，ヘヴィサイドとケネリーの名前であった（それはケネリー・ヘヴィサイド層，または単にヘヴィサイド層と呼ばれた）．初めてこの層を電気的に導電性のある領域，言い換えれば，イオンのプラズマとして量的にモデル化する試みを論文に書いた[62]のは，エックルスであった．そのような上空の層が妥当な結論であるとは，誰も考えなかった．例えば，エックルスは，1913年のバーミンガムにおける英国科学振興協会の定例会議に一編の論文を提出したが，それが「エレクトリシャン」に発表された[63]とき，これが雑誌に宛てられた多数の投書を刺激し，それは1915年まで続けられた．実際に，投書は非常に定期的に寄せられたので，ついにはリー・ド・フォレスト (Lee de Forest) は，自分の手紙に次のように書かざるを得なかった[64]．

> 無線伝送に詳しいわれわれアメリカ在住人の多くは…「ヘヴィサイド層」というタイトルの貴誌のコラムに何度となく寄せられる一連の手紙を驚きと楽しみを以って読んでおります．その内容についてすべてを理解することは，どちらかと言えば困難です．その最初の発見以来，この反射層の存在の証明が積み重ねられてきましたが，われわれはまだ，…多くの無線の研究者たちが，全くそれらの事実に気づいていないことを示す手紙を…読んでいるのです．

ド・フォレストが——他の人たちがどれほど別の解釈を探し続けていたのかということを——確信していたかどうかということは，重要なことではない．例えば1914年に，J．A．フレミングは，大気の屈折率の変化をモデル化した，極めて興味深い屈折に基づく解析[65]を発表した（一様な温度の一種類の気体を取ったとき，屈折率は気体の圧力とともに，すなわち，高度とともに減少するのである）．彼はさらに，気体の物理定数と地球の大きさが，「円形の屈折」，すなわち，地球の表面と同じ曲率半径を持つ，接線方向の放射の曲がりを与えるような関係を求めた．この巧妙な着想から，フレミングは純粋なクリプトンの大気はこの条件を満たすという結論に達した．もちろん彼は，これは確実に知られ，かつ明白な事実に一致しないことを認め，その解析を次のような興味深い所見によって締めくくった：「惑星の大気に存在する大きな変動を考察してみると，われらが地球は，他の多くの惑星と比較して，この点において極めて独特のものであって，その表面上で長距離無線電信が可能な唯一の

第12章　隠棲者の晩年

惑星であるという可能性が大である」．

フォレストの手紙の後4年を経ても，屈折はまだ，長距離通信の可能なメカニズムとして死に絶えてはいなかった．それは，「ヘヴィサイド層」の受け入れを避けようとする希望[66]の中で，研究が続けられていた．そのような解析の一つを行った著者[67]は，屈折を今までのように結論づけずに，反射のアイデアを受け入れて計算をやり直し，そして，憂鬱に結論づけた[68]．「したがって，本論文における諸結果は，反射層の存在を認める方向に向かうものである．そのために，将来，火星や金星との間に通信の必要があった場合には，その通信経路の間に大きな障害物があることになる」．

このように，1910年代においては，ヘヴィサイド層の有無によって，惑星間の無線通信に対する見通しは悲観的に感じられたという，ちょっと興味深い見方ができるのである．この問題の意味が，実際に1920年代半ばに了解されたのは，（イオンを，低密度の電子気体と置き換えた）ジョセフ・ラーマーによるエックルスの理論の変形[69]と，それに続くエドワード・アップルトン(Edward Appleton)の地磁気の影響を含めた理論（彼とバーネット：M. A. Barnettとの共同による，高度90kmにおける反射層の直接的な検出実験と併せた）が発表されたときであった．

時の経過とともに，ヘヴィサイドとケネリーの名前は次第に使われなくなっていった．1932年に刊行されたフレデリック・ターマン(Frederick Terman)の古典，*Radio Engineering*の記述の中には，「ケネリー・ヘヴィサイド層」は何十回も出現していた．しかし，1950年代のその第四版の時には，それらの名前は完全に消えていた．

そして，こんにち，われわれはすべての歴史[70]を忘れ，単にそれを「電離層(ionosphere)」と呼んでいる．

上空における導電層の存在の示唆というヘヴィサイドの「無線」に対する唯一の貢献は，技術的な意味においては，新しいアイディアを提出した程度のものであって，非常に重大なものではない．しかしヘヴィサイドには，他の無線の理論への貢献ができたもう一つのチャンスがあった（おそらく，彼の示唆による成果を，彼自身がその目で見ることができたであろう）．1904年10月4日，アメリカの無線実験家レジナルド・フェッセンデンは，ワシントンD. C. においてジョン・ペリーと会った後，ヘヴィサイド宛に手紙を書いた．ペリーは，その手紙を英国に持ち帰ってから，

485

ヘヴィサイド宛に投函した．それは，無線に関連した「難しい技術的な問題」についての技術コンサルタントとして採用したいという申し出以外の何物でもなかったが，前払いの予約金として，100ポンドが同封されていた！　フェッセンデンはまた，彼が必要であれば，何らかの実験用装置を提供することを申し入れていた．ヘヴィサイドにとっての一般的なゴールは，大気中の擾乱とその他の信号の妨害を軽減し，信号の伝達を向上させることであった．

ヘヴィサイドは，ペリーを仲介者として，それを断る旨の回答を行った．

簡単にあきらめるような人物ではなかったフェッセンデンは，次に1905年1月16日，ヘヴィサイド宛に直接手紙を書き，申し入れ内容を改め，アメリカ海軍省がヘヴィサイドの研究に関心を示したこと，そして，「われわれは，大西洋横断無線通信局を建設中です…」と，大規模な開発が進行中であることを示そうとした．この手紙の後は，何も起こらなかった．その3年後，フェッセンデンは，まだ彼が継続的に挑み続けていた解析的な無線上の諸問題に挑戦するための数学的な能力（および，技術的な関心を併せ持った人材）を誘い入れる努力を続けていた[71]ことに注目すると，興味深いものがある．

ヘヴィサイドが無線通信の理論に対する功績を主張したり，継続的な発展に関わってもらおうとする要請に対して気が進まなかったのに対し，プリースはそのように消極的ではなかった．事実，英国におけるマルコーニの成功に決定的な連携の役割を果たしたのはプリースであり，フィッツジェラルドからヘヴィサイドに宛てた手紙にも示されているように，この支援は多くの人たちにとっては大変な驚きと衝撃であった．マルコーニは，実質的に電気力学のすべてについて何の正式な理論的訓練も受けたこともない無名の若者として，1896年の春にプリースのもとにやって来た．そして，それでもなおプリースは，すぐにマルコーニを前面に出し，彼自身（とGPO）を背後に置いた．プリースはなぜ，それよりも前にマルコーニと同じ程度の仕事をしていたロッジを，この間に無視し続けたのであろうか？　エイトケン (Aitken) 教授は，人間性と無関係な面白い理由があることを，彼の優れた著書 (*Syntony and Spark: The Origins of Radio*[72]) の中に記述している．しかし私は，彼はやはり明らかで重要な点を見落としていると信じる——それは1888年にあれほどまでに劇的に彼を攻撃し，また「非常にひどい迷惑を与えた」その張本人［ロッ

第12章　隠棲者の晩年

ジ] をプリースが支援しようとはしなかったということである．

後にマルコーニが賢明なことに，彼の無線通信の実用化をGPOと英国政府の支配から逃れて運用することによって，プリースの策略の裏をかいた（このいきさつはエイトケンによって見事に語られている）後，プリースはマルコーニに対するやや熱烈さに欠けた言葉を表明している．彼らの交流が始まってから1年後の1897年においてさえ，彼に対するインタビュー[73]に見られるように，プリースは自分の役割は決して見落とされることはない，と確信していた．

> 従って，マルコーニが英国において十分な承認を受け，英国政府内の四つの異なった部署からの技術者たちが今，彼の仕事を監督，指揮しているのは，プリース氏のおかげであることが理解できるであろう．

エイトケン教授は，プリースがマルコーニを支援した理由は，「1895年－1896年におけるウィリアム・プリースは技術的には死んでいることを知っており，彼の知性について言えば，彼はその事実を認識していたと言われている」からである，と述べている[74]．しかし，われわれは，1900年のブラッドフォードにおける英国科学振興協会の会議において，プリースが次のように宣言していた[75]ことを知る．

> マルコーニによるヘルツ波の応用によってもたらされた1897年の大きなできごとは，より実用的で，簡単で，それより古い方法《プリースの<u>誘導場</u>システム (induction-field system)》からの注目をそらした．

1906年のロンドンのザ・タイムズ紙へのレター（10月12日発行）[75]においては，彼はもっと断定的でさえあった．

> 郵政公社は，10年前に無線電信の開発を精力的に行っていた．1884年以降がそうであった．1892年には，私の実験について騒ぎ立てられ，今日ではマルコーニ氏について騒ぎ立てられている．それらは忘れ去られるもののように思われる．

そして，最後に1907年，無線電信委員会 (Radio-Telegraph Committee) に対する証言の中でプリースは次のように述べたと報告されている[76]．

> …私は，マルコーニ氏が英国に来る前に，12年間にわたって無線電信についての問題に従事していた——マルコーニ氏がここに来たとき，彼の方法は新しかったがやったことは私と同じだった…．彼は無線電信の特許を取得することはできない．

487

生活上のトラブルの増加

「エレクトリシャン」のカーターは，1903年4月に死去した．彼の健康があまりに急激に悪化したため，前年の10月にラファエルが共同編集長に任命され，1903年の10月には単独の編集長となった．後年におけるラファエルのヘヴィサイドへの甘美な追憶[34]にもかかわらず，彼が本当に強力なヘヴィサイドの後援者であったようには思われない．カーターが死去する前から，後の *Electromagnetic Theory* 第三巻用とされていたヘヴィサイドの論文の掲載の中断が決定されていた．その後の数年にわたって，発行人のジョージ・タッカーは，第三巻をどうするのか，いつ原稿が出来上がるのかを問い，ヘヴィサイドはまだ時間がかかるといつも答える，という内容の両者の間の大量の書簡のやりとりがあった．この問題の一部には，ヘヴィサイドがあまりにも広範囲に用いた難しい数式を版に組む植字活版工の難儀が増えるという言い分から，校正依頼のためにヘヴィサイドに原稿を戻したことによる遅れであることをタッカーは認めていた——これについては，タッカーの手紙に，ヘヴィサイドは「たわごと」，「大うそ」，「頭がおかしいのでは」，となぐり書きしたのだった．

このように，何年もの時を経て，ヘヴィサイドと「エレクトリシャン」は，ほとんど分かれ道を進みつつあった．1906年にラファエルが編集長を交代してしばらくの後，新たな編集長クーパー (W. R. Cooper) が，和解の手紙を書いて，様子を見ようとした．しかしヘヴィサイドは，それに対して何も応じなかった．

1907年4月19日

拝啓
　私は，「エレクトリシャン」が貴殿からの寄稿を掲載するようになってから，かなりの時間が経っていることを改めて感じております．貴殿が過去になされたように，適宜，特定の問題についての記事を寄稿していただける方法がございましたら，お知らせいただけますと，大変ありがたく存じます．また，純粋に理論的な記事に，多くの紙数を割くことはできませんし，また，誠に申し訳ありませんが，そのような記事が掲載できない場合もありますことをお断りしておかねばなりません．

敬　具
W. R. クーパー（編集長）

第12章　隠棲者の晩年

1907年4月20日

拝啓

申し訳ありませんが，貴方のご要求には応じることができません．貴方のお手紙には，明らかにこれまでの事実が無視されておりますことを指摘させていただきます．

(1) 私にとっては，なんであれ，「適宜」寄稿するやり方は全く例がありません．

(2) 私は，単行本の形で出版するために，連載の形で書いてきました．EMTの第一巻は，3年がかりでした．第二巻は，少し多めの4年がかりでした．第三巻は，同様にしてエレクトリシャン誌に掲載させていただくことを意味しています．しかし，前任の編集長の元では，それが不可能であることがわかりました．それには12年はかかったでしょう．そんなわけで，私は諦めました．

(3) 現在，出版社は，その本を印刷に回しています．しかし，それはあまりにもゆっくりなので，いつそれが完了するかを推測することは危険でしょう．

敬 具

オリヴァー・ヘヴィサイド

　彼の生活における唯一の社会的な部分からの撤退は，同じように，彼の私的な生活においても反映された．ビッグスとプリースでさえ，最終的には和解した[77]が，ヘヴィサイドは，それが事実であれ，想像上のものであれ，<u>決して侮辱を受けたことを忘れることはなかった</u>．例えば，1904年11月3日，ジョセフ・ラーマーは，王立協会会長として，ヘヴィサイドに対して協会のヒューズ・メダルを「電気学の数学的理論への貴殿の貢献」に対して授与されることが決った旨を知らせる手紙を書いた．そこには，11月30日の授賞式への出席を希望する，と書かれていた．ヒューズに対する悪感情によるものか，過去10年ほどにわたった演算子数学の論文の拒絶についての長引く屈辱感によるものか，その理由は明らかではないが，彼はこの大きな栄誉を拒絶した！

　ほとんど絶望的であったが，ラーマーは，必ずしもヘヴィサイド自身が列席する必要はないと保証し，再度「私が，個人的にお諫めの手紙を書きます理由は，電気に関する賞であるこの賞の受賞者の名簿にあなたの名前がないということは，極めて遺憾なことであるからです」という手紙を書いた．ヘヴィサイドは再びノーと答え，この出来事は表沙汰にはならなかった．　この賞は，他の誰かに授与され，彼に対して

再び提示されることはなかった.

このような，増長しつつあった粗野で因業な振舞いについては，二つの理由があった．サールとの間の手紙には，彼の健康状態がひどく悪化しつつあり，「内出血を伴う」マラリア，黄疸，胆石の症状を訴えていることが伺える．彼の健康は，彼の適切な食事の軽視により，どうしようもなかった．１９００年か１９０１年のいずれかの年に，彼がサール宛の手紙の中で述べているところによれば[78],「あるとき，子供らが盗まなかったリンゴと食べきれなかったブラックベリーをジャムにしました．ところが，私は料理人失格です；そのままにして忘れていました．そのあと，そのすべては，何時間か後に炭と化して発見されたのです．また，私が卵を茹でるとすれば，大きな音によって飛び上がります．鍋に水を入れないか，全部蒸発してしまうかのどちらかなのです」という具合であった．

健康と食事の問題に加え，彼の目立った，常軌を逸した振舞いは，田舎であるニュートン・アボットの非行少年たちの注目を引き，彼の手紙やノートのいずれにも，彼らの嫌がらせの被害が示されている．1905年の「ネイチャー」のうちの一つの片隅に，次のような書きつけがある．

> 悪童どもが，原っぱで《みだらなことを》しきりに叫んでいる….警察へ注意書きを送った．来なかった．警察官に話した．来なかった．

1906年のノートには，「横柄で粗野で低能な」あざけりの言葉と，ブラッドリー・ビューの周りの窓，ドア，壁などに投げつけられた物の記録がたくさん書き込まれている．ある７月の夕刻，彼は「銃声」と思えるほどの大きな音を聞き，まもなく大きな窓が打ち砕かれたようになっていることを知った（その後，それは何者かが，近くの街灯から大きな金属の塊を「完全に」剥ぎ取り，それを窓に投げつけたことがわかった）．他によくやられたいたずらは，外の排水口を塞がれることで，地元の新聞が注目するほどの悪臭騒ぎになることもあった．あまりにも支援が乏しいため，彼は地方警察の巡査部長に150ポンドのリンゴを提供し，巡査にブラッドリー・ビューの監視を頼んだほどであった．

不良少年たちのリーダーが地元の宛名判読人(blindman)であり，また彼らは，注意深くヘヴィサイドしかいないときだけ面倒を起こした，とヘヴィサイドが主張したために，彼の訴えは他人にとって真面目に受け取られなかった．彼と兄チャールズとの関係は，これらの悲しい出来

第12章 隠棲者の晩年

事の中でもつれはじめ，ついには，彼の苦痛の大半の原因をチャールズのせいにするようになった．

ヘヴィサイドは，彼の日常的な格闘を彼のノートのうちの一つに書いている[79]．

> もちろん，これらの全ての細かいことはどうでもよい．迷惑なのは，愚かな連中によってそれが広まる，そのやり方だ．馬鹿なC．《兄チャールズ》の責任が重大だ．連中には，私がN.A.《ニュートン・アボット》を通り抜けることを「怖がって」いると話している．第一に，それは彼の作り話だ．その上，私に相談もせずにそれを言う権利は，彼には全くない．それから，それが繰り返されてあちこちに広まり，私は今まで以上に，ますます侮辱されるのだ….私は彼に，受賞《ヒューズ・メダル》を断った，と言ったことがあった．何も理由は言わなかった．彼は軽蔑したように，私が大馬鹿者であると思う，と言ったのだ．その後，彼は家に帰って，間違いなく侮辱をこめて誇張してしゃべるのだ．その後，彼の女房が出かけて行って，男《おそらく，その土地の商人》にしゃべる．そのやせてとがった顔の男は，私に対して，あつかましい態度をとるのだ．「ひっ，ひっ，ひっ…，ひっ，ひっ，ひっ…，あんた，賞を貰おうとしなかったんだって？ ひ，ひ，ひ！」そこで私はC．《チャールズ》に対して苦情を言おうとするのだが，彼は，私がその男に何か言おうとするのを遮るように，手を挙げるのだ．あちらこちらで悪口を言われ，中傷されることと，実の兄が実際にそれを助長しているということは，みじめなものだ．「ほう，そいつは実に面白いじゃないか」というのが，私が外の不良たちのひどい仕打ちのいくつかを話したときの，彼のすばらしい意見だった．そして彼は間違いなく，家でそのことをからかうのだ．それから抜け出す方法は，金以外にはない．それこそが，私がそれをやめさせられる，永遠の真理なのだ．

「金」に対する願望と金こそが彼を救うことができる，と彼が信じたことが，おそらく彼が一つの賞を拒否し，それでも他の賞を切望したという決断の説明となるであろう．たとえば，ヒューズ・メダルは，まさしく単なるメダルであった．しかしサールが1906年12月1日に，J．J．トムソンが新たなノーベル賞受賞者として発表されたことを手紙の途中に書いたときのヘヴィサイドの返信には，明らかに彼もまた，いつかはこの賞を受賞できるかもしれないという希望を表明していた（もちろん，この賞は，かなりの額の金が副賞として含まれていた）．サールからの手紙（12月17日付）は，その他の用件とは別の一節において，ヘヴィサイドの希

望に対する，次のような応答が見られる：「私は，あなたがノーベル賞を受賞できるならば，非常に喜ばしく思いますし，近いうちに受賞されることを期待しています」．ヘヴィサイドは，実際に1912年度の物理学賞の最終候補者[80]の一人であった．しかし，最終候補者リストに載っていた，アインシュタイン，マッハ，ローレンツ，そしてプランクのようなそうそうたる人物に加えられてはいたが，これらの人たちは全員，ニルス・グスタフ・ダーレン（Nils Gustaf Dalen：彼は灯台やブイ用のランプに供給される気体燃料供給のための自動安定化装置の開発に対して授与された！）に敗れた．

ブラッドリー・ビューにおけるヘヴィサイドの状態は，ますます悪くなってゆき，1907年のクリスマス——ケルヴィン卿の死の直後——にサールと彼の妻が彼を訪問したとき，彼らは，彼が「悲惨な状態」にあることを知った．サールは，次のように回想している[78]．

> 彼の顔色は，黄疸か他の何かの症状のために黄色く，始終震えていた．彼は二階に座り，少年たちが石を投げて，他の窓を破らないか，監視し続けていた．彼は，このような仕打ちをずっと受けていたのだった．少年たちは，彼をからかい，門にいたずら書きをしようとしていた．

事態があまりにも悪化したため，チャールズは1908年に，弟のために新たな手配を行った．ヘヴィサイドはブラッドリー・ビューを去り，チャールズの妻の未婚の妹メアリー・ウェイ（Mary Way）の家に住所を移すことに同意した．彼女は，自宅（トーキーの美しい湾を見下ろす高い丘の上に建てられ，ホームフィールド（Homefield）と呼ばれていた[81]）の一階に住み，彼は二階に住むことになった．そして，彼の残された人生の17年間を，ここで過ごした．

ホームフィールドでの生活 [3*]

ホームフィールドにおける生活は，メアリー・ウェイよりもヘヴィサイドにとってより快適なものであった．サールの記憶によれば，ヘヴィサイドが彼女のもとに来た時には，彼女は60代半ばの親切で温厚な女性で，辛辣な物言いをする偏屈な同居人に対して，並外れた忍耐と寛容さを示していたという．彼女は，ニュートン・アボットにおいてはなかった手づくりの料理と温かな雰囲気をつくった．彼の状態は，1910年の

第12章　隠棲者の晩年

　ある時のサール宛の手紙に，あと25年は生きられそうだと予測するほどまでに回復していた．ヘヴィサイドは，彼女が彼のためにしてくれることについては，ほぼ満足していたが，常にわがままな態度であった．サール宛の手紙には，彼女を——最高の女性という悪い意味のラテン語である——"mulier bestissima"と書いていたが，彼はまた，彼女が外出する場合は，彼の許可を得た場合に限るように要求し，彼女の友達が訪問したときには（彼女の自宅だというのに！）ひどく不機嫌な態度を示した．暑さを好んだ彼は，他人もまた暖かくすべきであると思っており，「ミス・ウェイ」が薄着のため，風邪を引いて死んでしまうのではないか——そうなったら，彼はどうすればいいのだろう——と，常に心配していた．彼は一度，サールの妻に「ミス・ウェイの」下着をチェックしてくれないかと頼んだことがあった！

　何かにつけ，ひっきりなしに要求ばかりするこのような男と毎日生活を続ける中で，この可哀想な女性にはひどい心身の疲労が襲った．サールは，第一次大戦前の数年間定期的にヘヴィサイドを訪問していたため，ヘヴィサイドが彼女にどのように接していたかを知ることができた．サールは，1913年9月3日に，次のように書いている．

　　　…このことは，しっかりと覚えていてください．すべての人間が，あなたのように並外れた頑強な体質ではありませんので，長い間の精神的な疲労で衰弱してしまうということを．メアリー・ウェイさんが過労のために健康を害したら，あなたはどうなさるのですか？　実際に，この種の過労からの回復は非常に緩やかですから，彼女が回復するまでには長い時間がかかるでしょう[82]．彼女は，あなたがニュートン・アボットで途方に暮れていたとき，あなたを受け入れてくださったのです．間違いなく彼女は，未だに"善良なるメアリー・ウェイ"なのです．

そのちょうど数ヶ月前の4月3日，サールは，彼女がヘヴィサイドに対してどれほど耐え忍ばねばならなかった聖人であるかについて，「彼女の名前は偉人のリストに金文字で記されるべきものです」と書いた．このようなサールからの諫めの言葉は，ヘヴィサイドには，「たわごとだ」，「ひねくれた考えだ」，「ナンセンスな男だ」などとその手紙になぐり書きされているように，愚痴としてしか受け取られなかった．

　大戦前のホームフィールドにおける何年かは，彼の創造的な時代が過ぎており，健康も思わしくなかったにもかかわらず，外の世界からまだ全く孤立していたものではなかった（これは，彼の最晩年を特徴づけるもので

493

あった).彼は「古き時代」からの多くの文通仲間と文通を行い,その手紙は,科学から健康上の話,さらには大昔にあった不平の種について文句を付けることなどのあらゆる話題で満ち満ちていた.例えば,1910年2月のS. P. トンプソン宛の手紙からは,彼が関節炎を患って歩行困難であったこと,英国政府は誘導装荷の発明に対して,彼に25,000ポンドの借りがあると信じていた,という二つのことを知ることができる.

　同じ時に,彼はW. H. ブラッグ(1915年に息子とともにノーベル物理学賞を受賞した)宛にX線と熱放射(radiation burns)の性質について書いている.そして,長い間引き延ばされていた Electromagnetic Theory の第三巻が1912年の暮れについに刊行され,一冊あたり23シリングで発売されたときから,少なくともしばらくの間は幸せな時間であった.それは,死去してから久しいアイルランドの友人に対して,次のような献詞を付けて捧げられた[83].

　　　　王立協会フェロー,ジョージ・フランシス・フィッツジェラルド
　　　　　　　　　を記念して
　　　　われわれは彼を知るとき,「最高に愛さねばならぬ」
　　　　　["We needs must love the highest when we" know him.]

この著書は,(驚くべきことではないが)「エレクトリシャン」の書評[84]において好評を得た.その書評の冒頭部は,次のようであった.

　　　ヘヴィサイドによるこの新しい巻は,数理的電気工学者たちや物理学者の蔵書の中に歓迎されることは確実であろう.われわれのうちの多くは,彼とともに天空を翔ることはできないが,過去の経験から,彼の著述は,学習すれば報われるものであることを証明している.彼が——実用的電話技術者にとっては,紛れもなく金鉱であることが証明されている理論である——電話伝送の現代的理論の基礎を築いた物理学者であったことは,歴史上の真実である.

　その他の唯一の書評[85]はやや遅れて発表された.その評者は次のように述べている.

　　　第三巻の刊行の知らせは,4年以上も遅れた.しかし慰めは,この著者は——実際にヘヴィサイドのあらゆる仕事は——決して古くなりすぎることはない,ということである.それには新鮮さと独創性があり,内容,形式ともに,言葉では言い表せないほど刺激的である.非常に短い序文《僅かに短い二つの段落

から成り，それでも尚，IEE にファラデーの半身像の下にプリースのそれを掲げる，という彼の希望が含まれている》の中で，著者は，「第三巻の一部を取りやめて，第四巻の一部分を含めた」と述べている．この告白は，第四巻の出版予定は，少なくともしばらくは中止となっていることがほのめかされているようであり，残念である．

実際に，第四巻は世に出ることはなかった．彼がどのようにそれを企図したにせよ，今や他に何人も同じ仕事についての刊行を始めようとしており，時すでに遅すぎたのであった．また，新たに書かれた第四巻のある部分を第三巻に移した後でさえ，なおヘヴィサイドは，第三巻にいくつかの技術的ではない哲学的なエッセイで「埋める」必要性を感じたことは明らかである．それらのエッセイがどれほど興味深いものであったにしても，ヘヴィサイドが<u>立体数学</u> (solid mathematics) のようなものを書き残したならば，彼らはページの紙数を割こうとはしなかったであろう．「第四巻の謎」は，何年もの間ちょっとした伝説になった．ヘヴィサイドの死後，その伝説はどうなったか，本書の 13 章でとりあげる．しかし，ヘヴィサイドの存命中にさえ，第四巻は関心を呼んだ．例えば，アメリカの科学者ルドウィック・シルバーステイン (Ludwik Silberstein) は，1917年1月に手紙を書き，一週間または二週間の間ホームフィールドに滞在して，出版のための原稿を準備する手助けをしたいと申し入れた．ヘヴィサイドは3月に，シルバーステインの意気込みは「40歳と67歳の間」の差であるとして，断りの返信をした[86]．実際，ヘヴィサイドは，原稿をどうするかについて，何も考えておらず，むしろそれを「ごみだめ」とみなしていた――「それは未整理の資料なので，<u>誰にも私の手助けはできないのです</u>」．

死は過去を連れ去ってゆく――そして，現在までも

1913年11月6日，ウィリアム・プリースは79歳で没した．彼の書庫にあった二巻の *Electrical Papers* は，彼の相続人に残されたが，彼もまた決してそれを読むことはなかった．絶大な知名人としての彼の葬儀には，ナイトや王立協会の会員が列席し，政府高官（と，一人の子爵）からの弔辞を受け，さらに，アメリカ電気技術者協会（AIEE）の幹部たちも，最後の敬意表明のため，大西洋を越えてやってきた．しかし，ヘヴィサ

イドは,「賞賛」することにおいて寛大ではなかった.

彼は,「デイリー・テレグラフ」のプリースの追悼記事を切り抜いて, 行間に彼のコメントを書き込み, オクスフォードにいる友人の物理学者, バートン (Charles Vandeleur Burton)[88] に送った. (彼の返信には, このコメントは「実に面白い」と書かれていた). バートンに送られた切り抜きは残されていないが, 次のような一節に続けてヘヴィサイドが何を書いたかを, 容易に想像することができる.「ハンフリー・デーヴィー卿の最大の発見は, マイケル・ファラデーであり, そしてファラデーはウィリアム・ヘンリー・プリースを発見した」,「彼は, 官界と彼の同僚の間でモットーとなった,『プリースは常に正しい』という確信を吹き込んだ」, そして,「サー・ウィリアム・プリースは,『無線電信の父』の称号で呼ばれてきた」などなど. しかし, われわれは, S. P. トンプソンによるプリースへの追悼記事[89]が掲載された「ネイチャー」のコピーに, ヘヴィサイドが何を書いたかについて知ることができる. [以下のS.P.T.はトンプソン, O.H. はヘヴィサイドである]

S.P.T.: サー・ウィリアム・プリースは, おそらく, 彼が何年もの間, 電線のない電信の問題に従事してきたその先駆的な業績によって, 今後も記憶されるであろう.

O. H.: これは, 全く無線電信などではない. 無線電信が考え出されたわけでもない. それらの導電性や誘導性の実験は, 何も行われていない. 彼が発表を許可しなかったために, 1886 年までは実験に関する言及は行われなかった. 彼は, それらが自分の行った実験であり, それらを根拠に, 自分が無線電信の父である, と主張したかったのだ.

S.P.T.: …論敵との最も厳しい論争においても, 彼は敵意を持つことはなかった.

O. H.: 敵意を抱いたじゃないか!

S.P.T.: いくつかの技術的な改善を示唆した功績ある部下にとって, 彼は理解ある聞き手であった.

O. H.: (彼ができたとすれば, アイディアを盗むことだったのだ)

S.P.T.: 彼は, オリヴァー・ヘヴィサイドの仕事を評価する能力が全く欠如していた.

O. H.: まさにその通り: O. H. は, プリースの盗みをじゃましたのだ!

この追悼記事のページの最上部に,「無線の父」についての彼なりの評価をまとめている.「彼は, 策略[wiles : wireless に引っ掛けた皮肉]の父…

第12章　隠棲者の晩年

であり，がつがつとした，貪欲な男であった」．ヘヴィサイドの心の中には，許そうとする気持ちは，永遠に存在しなかった．

　プリースの死は，ヘヴィサイドの人生において重要な役割を果たした人たちとの別れの本当の始まりであった．1914年に英国にとって「戦争を終結するための戦争［第1次世界大戦］」が勃発し，すべての人々にとって，恐怖の時代となった．ヘヴィサイドの友人の何人かは，戦争の結末を見ることはなかった．ポインティングはジョージ・ミンチンが死去したころ，戦争の始まる前の1914年3月に、糖尿病で亡くなった．「エレクトリシャン」のジョージ・タッカー[90]は，1916年1月，「仕事中に，静かに」死んだ．そして，S. P. トンプソンも，その後間もない1916年6月，完全な健康状態にあるように見えた数日後に，タッカーの後を追うようにこの世を去った．

　大戦直前のヘヴィサイドの健康もまた，思わしくなかった．サールから彼に宛てた1913年の手紙には，ヘヴィサイドは，痛風，内出血，心臓疾患などを患っており，松葉杖なしでは歩けなかったことが示されている．状況があまりにも悪化したため，チャールズはヘヴィサイドを看護していたミス・ウェイを助けるために一人の看護師を雇った．ヘヴィサイド自身は，この危機の時期について，サール宛の手紙に，「日陰の中に落ち込んで行く」かのようだった，と言っている——彼はいまにも死にそうだった．

　戦争は，食物と燃料が配給制となったことと併せて，ヘヴィサイドにとって困難な時期であった．戦争の始まる直前の1914年3月24日に，若干の救いが

ホームフィールド (Homefield)
［ヘヴィサイドが1908年から死去する1925年まで住んだ家］

497

差しのべられた．彼の下賜年金が年額120ポンドから220ポンドに増額された．それは「高速電信と長距離電話の理論における研究への褒賞として」という名目であった．その他の援助は，世界中のファンから送られた金が（サールを通じて）送られてきた．中には，フランスの電気技術者ベセノー (Joseph Bethenod) からの数百ポンドという，気前のよい支援が含まれていた．ヘヴィサイドがこれを知ったとき，ベセノーに対する感謝と，サールに対する怒りの気持ちを（IEE会長宛の1922年1月4日付の手紙において）次のように書いている．「パリのベセノー氏は別として，1914年以降は私が落ちぶれ果てたと言わんばかりです」．のみならず，それはすべて「全く私の意志に反して送られた」サールの「物乞いの手紙」の結果であった．信頼を失い，非難ばかり浴びて板ばさみにあった哀れなサールはどうしようもなかった．

　1916年のある日，メアリー・ウェイは十分な金額を受け取った——彼女は，ホームフィールドを去り，ヘヴィサイド（彼は実際に1911年に法律上の所有者となった）は再び一人きりとなった——ミス・ウェイは，チャールズの家族の家に移り，そこで1927年3月に亡くなるまで暮らした．ヘヴィサイドは，何人かの文通相手に対して，彼女が精神を患って隔離されなければならなかったと書いていたが，サールによれば，これは全く事実ではなく，それはむしろミス・ウェイの精神状態よりもヘヴィサイドのそれについて物語っていることを，われわれに示している．彼が本当の隠棲者として生活し始めたのはこの頃からで，彼はホームフィールドに代る適切な名称——「汲みつくせぬ空洞」(Inexhaustible Cavity)——を選んだ．ロロ・アップルヤードは，この名称は困窮した人たちが収容されたアダラム (Adullam) の洞窟[91]（すなわち，技術的な質問を持つ人たちがヘヴィサイドに質問することができる場所）を引用したのではないか，と推測しているが，私の考えでは，カール・ウィリー・ワーグナー (Karl Willy Wagner) が本当の説明をしてくれている[92]と思われる．

　　ヘヴィサイドの *Electromagnetic Theory* 第三巻におけるある議論において，私はそれを「汲みつくせぬ刺激の源 (inexhaustible fund of stimulation)」と呼んだ．なぜなら，その表現は彼を楽しませ，彼の手紙のあちこちで，繰り返し，彼の隠棲基地を「汲みつくせぬ空洞」と呼んでいたからである．

　戦争は，ヘヴィサイドに疲れを知らずに手紙を書きまくるという老人の隠棲生活を続けさせてはくれなかった．彼はブロムウィッチと（第

第12章　隠棲者の晩年

10章で述べたように）演算子数学について，また，C. V. バートン (C. V. Burton) とこの戦争の哲学的な側面について文通を行った．現存するバートンからの手紙は，ヘヴィサイドが，これらすべてについて冷笑的な見解を持っていたことを示している．もし広く知られたら近所の人たちのひんしゅくを買ったことであろう．次に示す二通のバートンの返信の抜粋は，ヘヴィサイド流のこの意見表明がいかに極端なものであったかを示している．

> 1915年1月2日付：戦争が元気付け，緊張させる効果があるとか，いささかでも利点があるとかいうことについて，私は同意しません….
>
> 日付なし：この戦争は災難以外の何かであるということを私は納得してはおりません．

ボストンのB. A. ベーレント (Behrend) 宛の手紙（1918年4月5日）の終りの部分には，手紙の検閲をした可能性のある戦時中の検閲官の目を気にして次のように書いている．「検閲官用の情報．カイザー・ビル《Willhelm II世，ドイツ皇帝》は，われわれがかつて会った最良の友人の一人です．なぜなら，彼はわれわれの目を覚まさせてくれたからです」．

実際に，ヘヴィサイドが1818年の春，ちょうど5番目のAIEEの外国人名誉会員となったのは，ベーレントの尽力によるものであった（ロンドンのIEEは，既に10年前にそれ以前の明らかな彼の会費未払いを許し，名誉会員の一人にしていた）．これらの栄誉は，若干遅きに失したものの，彼の誘導装荷のアイデアの承認であった．もちろん，ヘヴィサイドに対しては何の褒賞もなかったので，ベーレントは，彼が「褒賞を受ける」ための方法と理由について，ヘヴィサイドと交渉をせざるを得なかった．ヘヴィサイドからベーレントに宛てた手紙の一つからの抜粋（1918年2月10日付）は，このアメリカ人の目的地までのダンスが，どれほど大変なステップを踏まなければならなかったかを示している．

> 私は，褒賞はやりすぎだと思います．これ以上の褒賞は価値が減ります．それは金の無駄遣いに過ぎません….私が行った仕事の価値は，何年も前にレイリーに始まって，フィッツジェラルド，ケルヴィン，ロッジ，その他の偉大な人たちによって認められております．プリースは最終的に，ヘヴィサイドがそれ（装荷）についてしたことについては何も知らん，というほど煽動的になりました．そして，その手下のケンペ[93]は，それはまったく違うものであって，ヘヴィサイドの方法は間違ったものであることが証明済みである，と宣言したので

す．装荷コイルシステムが私の発明であることを，ピューピンが特許を売る前は誰も疑わなかったにもかかわらず（彼ら自身を実用人［practical men］である，と誤って呼んでいる実用主義者 (practicians) によって笑われたにもかかわらず），その後も尚，大きな変化が急に発生し，私は極めてはっきりと拒絶されたのです．一方，ドルとの関係に疎く，おそらく経験も十分でなかったので，この変化の理由は商業上の配慮からであろうという疑惑は，私の誤解でしょう．明確な形の優先的な公表が認められるとすれば，本来の方向のドルの流れと衝突する可能性があります….現実的な救済策とは何でしょうか．私の考えは，時代遅れのむき出しの正義を実行することです．もし，あなた方の偉大な協会が，会長あるいはあなたの友人を通じて，私が装荷コイルシステムの発明者であることを表明していただけるのであれば…私は，ピューピンの前や後ろのどちらにくっつけられても，気にはしません．ピューピンはドルを稼ぎましたが，実用上において比較的重要さに欠ける「改善」を除けば，彼がさらにどのような称号を貰ったか，私は知りません．私は，暗示だけではなく，明確な承認が頂きたいのです….何らかの委員会が《命名法の問題を》解決してくれるかもしれません．錘 (heavy)，あるいは装荷 (loading) が一番近い感じのように思います．それは前もって決めておりました．《次にヘヴィサイドは，波の伝搬を助けるためにロープに重い錘をつける，という類推の考えを述べた》．重み付け (heavify) と錘付け (heavification) が，私には一番適当ではないかと思います《当時最も一般的であった，*Pupinize* という用語に代って》．ピューピンの名声は，12年ほど前に住んでいたニュートン・アボットにも届いておりました．［少年院上がりは］プープ・プープ・プーピン（馬鹿）とわめき，泥や石ころを投げつけました．それほど有名なのです….

　もちろん，ベーレントは，ヘヴィサイドが無視されていたという感覚にいくらか共感を抱き，その旨を伝えた結果，ヘヴィサイドから，次のような面白い話が返ってきた（1918年4月5日付の手紙）．

あなたは，私は忘れ去られてきた，と書かれました．断じてそのようなことはありません….現在，ファーンボロー（Fahnborough）[94] の飛行機工場で働いている友人は，彼が何年か前に合衆国を訪問したときの面白い話を語ってくれました．彼がこの驚くべき情報を得て私に語ったことには：「ヘヴィサイド？　まだ彼は生きているのかい？　彼は，古典の一つかと思っていたよ！」これこそ，現在の，真の名声ではありませんか？　また，私は，英国の風土病である，リューマチや不快な風邪にかからなければ，あと20年は生きられるでしょう

第12章　隠棲者の晩年

し，また，そのような意見を聞く喜びを味わえるでしょう….

結局，ヘヴィサイドが得たものは，ＡＩＥＥの名誉会員権[95]であり，もちろんピューピンに対する社会的な不面目は何もなかった．これ以上のことを要求しなかったのは，ヘヴィサイドの愚直さによるものであった．ヘヴィサイドの金欠状態が続いていることを知っていたベーレントは，ヘヴィサイドに本の執筆を促した．その返信（1918年6月24日付）は，ヘヴィサイドがまだ *Electromagnetic Theory* の第四巻を検討しているが，同時にそのことで妨害を受け，それでもなお<u>前金</u>が支払われるべきだ，と思っていたことが示されている．

> …あなたからの本についてのご提案ですが，私は実際にそれはできません．私には，時間も意欲もありません．気持ちがその方向に向かないのです．私はE. M. T.の第四巻を続行することを望んでおり，また，少しずつ続けられると思います．問題は，健康と妨害やつまらぬ心配事やあまりにも多い雑用などから自由になることです．その上，今は家事上の不幸な出来事があります（9年半同居しておりました老婦人《ミス・ウェイ》が，精神を患って出て行ってしまいまして…），放置されている家を整理して私の使いやすいように配置換えをしたり，彼女を通じた私の多額の金銭的損失を財産(stock)の一部をうまく売却して補てんするなどの仕事に加え，多くの仕事が残されています．そのため，第四巻は中断中で，すべての場合において，この老人にとっては遅々たる仕事です．ところで，もしあなたがご提案の本の代わりに第四巻の出版の承諾をいただけるのであれば，たいへんありがたいのですが….しかし，今の私の状況は，あなたのご希望に沿うにはあまりにも金詰り状態ですので，依頼金のような前払金[96]を頂くことと原稿は私の都合に合わせてお送りすることなどなど…をお願いいたしたく….

この手紙以降，何も先に進むことはなかったが，少なくとも，ついに第一次大戦は終りを告げたのであった．翌年の1919年6月30日，レイリーは心臓病のため，自宅のベッドで亡くなった．

隠棲者の最後

大戦が終り1919年のクリスマスには，サールと彼の妻が，この4年間で初めてヘヴィサイドを訪問した．サールは，そのときに，ほとんどの陶器類は壊れたまま入れ替えられておらず（サールは紅茶を茶こぼし（slop

basin) に入れて飲まねばならなかった),「ザ・タイムズ」の新聞紙がテーブルクロス代わりに敷かれ,火の点いたロウソクをガスの出ている口元へヘヴィサイドは奇妙な身のこなしで近づけていた,と回想している[97].
ヘヴィサイドは,マッチやロウソクなどではガスに点火させることが全くうまくできず,いつも,その昔にホームフィールドでパイプに火をつけたやり方よりもうまい方法を試していた.あるとき彼は,ガスメータ近くの配管をはずして点火したところ,炎が大きく燃え上がった.当然ながら,これによって発生したすさまじい炎に驚いた彼は,濡れた布で消そうとして,顔と手にやけどを負った.その後まもなくして,サール夫妻が再び訪問したとき,頭の周りに毛布の包帯を巻き,それを押さえるためのロープを首周りに結びつけ,真っ黒な顔をしたヘヴィサイドが,包帯の隙間から片目を覗かせて彼らを迎えたのだった.

ジョン・ペリーは,1920年8月4日に死去した.

聴力と視力の低下を伴った晩年の5年間は,大きな空白と謎の期間であった.それは食費,衣料費,タバコ代,さらに彼の望みである外部との遮断,時に (1000 ポンドを優に超す) 家の抵当,それらを前にして年額 220 ポンドとありがたい「贈物」でもってどうまかなうか,かっとうしていたのである.彼はどうしていたのであろうか? 唯一の手がかりは,当時IEEの会長であったハイフィールド (John S. Highfield) 宛の1922年の彼の手紙とヘヴィサイドの死の1年以前に幸運にもホームフィールドを訪問した,ユニオン・カレッジの電気工学の教授E.J.バーグ (Berg) による回想[98]だけである.

これらの期間,ヘヴィサイドは昔の機知を今まで以上に鋭く発揮し,明晰に考える能力を維持していたにもかかわらず,彼の精神状態がいくらか奇妙な様子を示し始める不穏な兆候もまた存在した.例えば,ちょうど大戦の終る頃,彼は自らに W. O. R. M. という称号を授与し,それは彼の手紙の署名に付け加えられた.サールは,この事実から,多くの空白の時期に光を当てることを試み,ヘヴィサイドの「主たる動機は,茶目っ気たっぷりのおふざけである」,と言った[99].しかし彼は,どう見てもそのような動機を理解できないような人たちへの全く真面目な手紙においても,この称号を書いている.私は,サールの見解には同意しかねるが,これとその他の行動パターンは,彼の晩年において「彼の頭脳が,痛ましくも異常であったことを示している」という評価[100]の方に

第12章 隠棲者の晩年

くみしたいと思っている．

1922年のヘヴィサイドとハイフィールドとの文通は，IEEの最新の（そして最高の）賞であるファラデー・メダルのヘヴィサイドに対する授与の決定結果の通知で始まっている．もちろんヘヴィサイドは，ほとんどすべての事柄について過敏であることが予想されたため，その交渉は，神経を使うものであった．彼は賞の<u>名称</u>に対してさえもあら捜しを行ったのである．曰く，「ファラデー・メダルが貴協会の最高の賞であるとすれば，当然ニュートン・メダルがあって然るべきだ」．そして，いつものように<u>ヘヴィサイドは</u>，<u>どうすれば彼が賞を受け入れられるか</u>という条件を提示した．「私は，私が集中・離散的装荷システムの発明者であることが<u>明確に述</u>べられ，かつ承認されることを望みます．私は世界にそう提案します」．彼はこの要求を4月の奇妙な駄目押しの手紙の中で繰り返した．

> …これにより，私は，メダルが金であろうとブロンズであろうと，それが意味があろうがなかろうが，誰によって授けられようが，身につけ<u>ない</u>と宣言いたします…．私はメダルを<u>受け取り</u>，それを眺め，それからその権威を示すためにそれを釘に吊すでしょう．《IEEの委員会は》名簿の先頭に私の名前を置くことで，それが伝わると信じています．但し，私が離散的装荷システムの発明者であるという明確な（暗黙的ではなく）認識について，われわれが合意に達することができると<u>仮定</u>した場合ですが….

5月には，ヘヴィサイドはハイフィールド宛に体調が良くないと書いた．彼の言葉は，虚勢を張った悲しいものであった．

> 私の目はひどく悪い状態です．それは，今に始まったことではありません．それは，猩紅熱にかかったことと関わりがあるのです．この病気は一番深い部分，脳に近い背骨に影響を及ぼすのです．これは確かめようがありません．しかし暖かいのはいつもいいことです．その結果の一つは，眼球とそれに繋がる筋肉の炎症とひっきりなしの目やにです．特別なめがねを持っていますが，大きなゴーグルが，もっともふさわしいと思います…．今，ちょうど両足の状態が最悪です．リューマチ性の膿，背骨の変形，足の腫れ．ロッジが言うようにもはや私は人生の「夕暮れ時」に差しかかってしまった，とは思いません．それは，1963年，あるいはその頃になって，私を見て顔をしかめる生意気な小僧が押す乳母車に乗って動き回った後のことでしょう．それが，現在の私の状況です．

この同じ手紙において，彼はファラデー・メダルを「駄目メダル

(dammedal)」と称し，この判定についての彼の感想を大雑把に次のように述べた．

> メダルとか，その類のものに対する私の悪感情は，私の人生を通じて全く根深いもので，最近のいわゆる「表彰制度」の著しい乱発は，栄誉の尊厳を完全に抜き去ってしまいました．今や表彰制度は廃止すべきものです…．尊厳を守るにはあまりにも遅すぎたと，私は懸念しております．私のW.O.R.M.の称号こそが私が欲する唯一のものです．それは全く孤高の栄誉なのです．

7月末，ハイフィールドがメダルを個人的に授与するためにホームフィールドを訪問することが了承された．ハイフィールドは，当初数人の随行者を引き連れてゆく予定を立てたが，このことがヘヴィサイドをひどく狼狽させた．

> あなたが代表団を率いられる，という意味が正しく理解できません．彼らは何者なのですか？ 私は一度に一人としか話せませんし，それも容易ではありません．それはほとんどが目と脳の仕事です…．それに私は部屋や石炭ガラの掃除ができそうにありません．そのとき，あなた方はホールまたはロビーに座っていただかねばなりません．あなた方は座るべきです．人を見下ろすことは大変失礼に当たります．それが私に対する「敬意の表明」でしょうか？ 動物園で私をじろじろ見るようなものです．どうか，一回あたりお一人だけ，4日続けてお越しくださるようにしていただけないでしょうか．

ヘヴィサイドの健康は，5月のときよりもっと悪かった．眼の病気はいまやたいへん悪く，苦労しないと読めないのだった．さらに痛風，はれた扁桃腺，「私の大きな《すなわち肥大した》心臓の激しい鼓動」があった．ヘヴィサイドは医者に見せるのを拒み，自分で処置した．「敷物で自分を包む」，つまり何枚かのタオルで胸から頭まですっぽりと包むのだった．

ハイフィールドが，代表団の一人にこの手紙を見せたところ，その人は次のように応じた．

> それ《ヘヴィサイドの手紙》は，痛ましいというよりも面白いのですが，いずれにしても彼は，複数の健康で正気な人たちが礼服 (polar head dress) を身につけ，心身共に病んでいる状態の彼に賞を授与するということには耐え難いだろう，と言われるあなたのご意見に全く同感です．ですから，あなたが代表としてお一人で賞の授与に行かれることで，お任せいたします．

彼の家が訪問者であふれないことを知らされたとき，ヘヴィサイドは明らかに機嫌よく，7月29日に次のように返信した．

第12章　隠棲者の晩年

…大変結構です…お一人であるいは有名な私の暴力的行為からあなたを守るためにご婦人をお一人同伴されるのは，…通常，私は，荒々しい男，しわがれ声とは全く違った，透き通ったソプラノの声のご婦人方とは相性がよろしいのです．そして彼女たちも，私が媚びへつらわないのに，過ぎるといっていいほどに私をお好きではないかと思います．ですが，彼女たちはもっとユーモアのセンスをお持ちになるべきです．代表団はお断り．警護のためのご婦人同伴のみです．

そして，ついにハイフィールドは，高い丘にあるホームフィールドの下の美しい湾に自分のヨットを走らせてトーキーに赴いた．ハイフィールドは，そのときのことを詳しく回想している[101]．

メダルを授与することは，会長としての私の責務であり，その責務は興味深く，かつ悲しいものであった．ヘヴィサイドは，トーキーの快適な家に全くの一人住まいであった——家は長い間放置されていたために荒れていた．私は最初に，約束した時間どおりに訪問すると，彼は雑草に覆われた入り口の通路に古いガウンを着て，箒を持ち，所在なげに落ち葉を掃こうとしているように見えた．彼は怪しげな恥じらいの様子で私を見て，埃だらけの家具が積み重なったホールを通って，自室に私を案内した．彼は部屋の壁を印刷物や多くの出版物で作った再生品で，張り紙をしていた．そして私に，IEEの過去と最近の会長の名前を全て示し，彼ら全員について私に質問した．その壁は，彼の人生における関心事を絵入りで記録したものであった．彼はあらゆる点で有能であり，茶目っ気たっぷりの批判能力をまだ維持していた．彼はしばしば痛烈なやり方で面白がった．彼は，…私たちの時代の有名人の一人と認められたことを心から喜んだ．彼の生活の仕方は，彼の精神的活動に惨めな背景をもたらしているが，私は，彼がそれを悲惨なものであるとは思っていないと確信している．彼は自由気ままに最近のすべての研究や進展について語ったが，彼の話はほとんどが家事についての些細な愚痴によって中断された．私は彼と何回か会い，彼の家事や特に食物摂取を改善しようとしたのであるが，うまく行かず，ほとんど成果がなかった．彼は古い世界の隠棲者として生きることに満足しており，従って，その通りに生きていたのである．

私は，1922年8月に再び彼と会い，さらに9月初旬に正式にファラデー・メダルを授与したときに，もう一度会った．彼は健康をかなり回復したように見え，協会内の彼の友人である研究者たちが示した関心は，彼を喜ばせたに違いなかった．実際に，彼は実に幸せそうであった．メダルの授与は興味深いも

のであった．彼は，メダルに付与された子羊の革表紙の賞状を金の浪費であると厳しく批判したが，メダルが金ではなく，ブロンズであったことに慰められた．彼は賞状とメダルに書かれた文字をすべて読み，最古の会長の署名である，アレクサンダー・シーメンスの名前を見て喜んだ．彼は，電話や無線について，また，日常生活に関わる彼の隣人の多くの欠点についての不満などを撒き散らしつつ，たくさんのことをしゃべった．彼は町内で起こっている，全ての事を知っているようだった．誰もが切望することをこれほどまでに軽蔑する人物の評価は不可能であるが，私が彼のもとを去るとき，彼は満足しており，協会を信頼しており，受賞はその有名人の一人を幸せにしたと私は感じた．

暖かさに対するヘヴィサイドの希望は強烈だったが，それが達成できていなかったことをハイフィールドが知ったのは，この訪問時であった．ヘヴィサイドは，ガス代の支払いを巡って，地域のガス会社と常時不和であった．彼はガス会社を「ガスの野蛮人 (Gas Barbarians)」と呼び，驚いたことには，ある時には年間80万立米という，とてつもない量のガス（ほとんど，彼の一年間の年金支給額に相当する料金である！）を消費したというのであった．ハイフィールドは，協会の主席書記であったR．H．ツリー (Tree) を仲裁役として，ＩＥＥにヘヴィサイドのガス料金の支払いをするよう手配した．

ツリーは明らかにヘヴィサイドの共感を呼び，この二人は親密になった．例えば1922年の10月10日，ヘヴィサイドはハイフィールド宛に，次のように書いている．

>ツリー氏がよく太ったシタビラメを持ってきてくれました．私は土曜日にそれをリプトンの薄い包み箱の特別な火で料理しました．それが冷めるのを防ぐために，私は火にかけられたフライパンから直接とって食べました．味覚がよくなったので，おいしく頂きました．

ツリーは，翌日書かれたハイフィールド宛の手紙の中で，この出来事のすべてに触れ，ヘヴィサイドが魚を大いに喜び，彼の画廊から一枚の絵をツリーに選ばせたことを付け加えた．ツリーは一枚を選び，その裏にヘヴィサイドは次のように書いた．

1922年10月6日
W. O. R. M. からR. ツリー様へ

トーキー

彼のすべての手紙にあるW. O. R. M. という署名は，彼の精神状態の異常な側面についての唯一のヒントではなかった．あるとき，ヘヴィ

第12章　隠棲者の晩年

サイドは，ハイフィールドとの文通の初めの部分で，しばしば "Oliver Heaviside" を下記のようにアルファベットの順序を並び替えることで，彼の名前の文字そのものに魅せられていた．1922年9月23日付の彼の手紙において，次のように署名している．

敬具　　　　アナグラム（文字の並び替え）では，
O! He is a very Devil（おお，彼こそは悪魔なり）　　W. O. R. M.

彼は，"Heavification"（ヘヴィサイド化：おそらく "Pupinize：ピューピン化" よりはましである！）が装荷技術を正しく表わすものでないとすれば，おそらく "Devilization（悪魔化）" するだろうと考えた．［次頁の手紙参照］

ハイフィールドとヘヴィサイドの間の文通は，結局1922年の大晦日をもって途絶えた．ヘヴィサイドは，ロンドンでヨットを楽しむ文通相手に対し，以前に爆発によって痛んだトーキーの彼の粗末な寝室のストーブが，ついに「永久に壊れた」ことを知らせるための手紙を書いた．

彼の兄アーサーは1923年9月22日に死去し，さらにちょうどその3ヵ月後，彼の旧知の「エレクトリシャン」の誠実な元編集長，C. H. W. ビッグスも世を去った．

最後の様子

ホームフィールドにおけるヘヴィサイドの最後の様子は，バーグ教授がヘヴィサイドの死去の数日前に訪問したときの回想[98]から知ることができる．長い間ヘヴィサイドの仕事のファンであったバーグは，そのときユニオン・カレッジにおいて電気工学の学生たちに演算子数学の課程を教えていた[102]．1923年，彼がニューヨーク州ロチェスターにおいて演算子法に関する論文を発表した際，ルドウィック・シルバーステインと会い，その際に彼からヘヴィサイドへの紹介の手紙を受け取った（シルバーステインは，彼の生涯の大半をコダック社の仕事に従事した）．彼は1924年6月7日にトーキーに到着し，翌日，彼に面会できるかどうかの書付をつけて手紙を出した．バーグは6月8日の朝にホームフィールドに着き，そのドアには，赤鉛筆で「領収済」と書かれた古い請求書と一緒に「呼び出してください」と書かれた小さな封筒が（石膏で）貼り付けられていた．

507

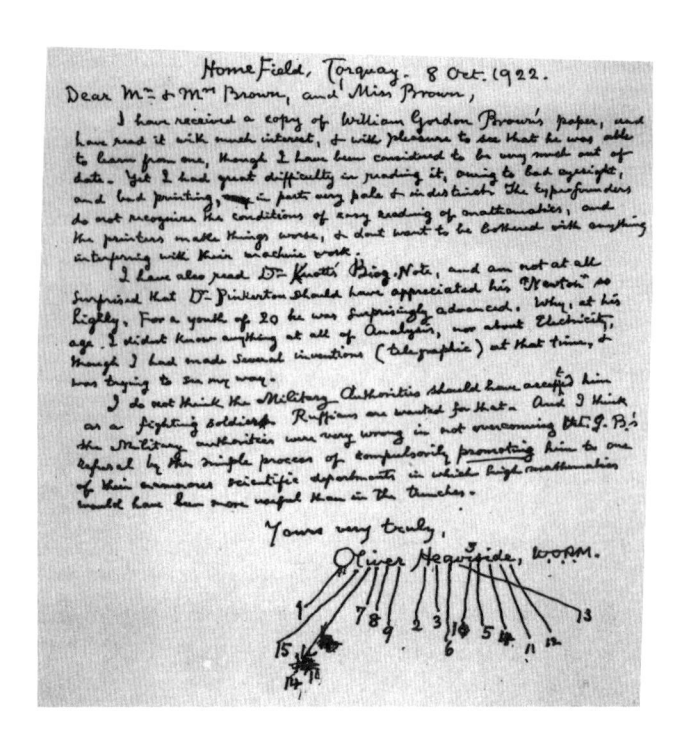

> Home Field, Torquay. 8 Oct. 1922.
>
> Dear Mr & Mrs Brown, and Miss Brown,
>
> I have received a copy of William Gordon Brown's paper, and have read it with much interest, & with pleasure to see that he was able to learn from one, though I have been considered to be very much out of date. Yet I had great difficulty in reading it, owing to bad eyesight, and bad printing, in parts very pale & indistinct. The typefounders do not recognise the conditions of easy reading of mathematics, and the printers make things worse, & don't want to be bothered with anything interfering with their machine work.
>
> I have also read Dr Knott's Biog. Note, and am not at all surprised that Dr Pinkerton should have appreciated his Newton so rightly. For a youth of 20 he was surprisingly advanced. Why, at his age, I didn't know anything at all of Analysis, nor about Electricity, though I had made several inventions (Telegraphic) at that time, & was trying to see my way.
>
> I do not think the Military Authorities should have accepted him as a fighting soldier. Ruffians are wanted for that. And I think the Military authorities were very wrong in not overcoming that G.B.'s refusal by the simple process of compulsorily promoting him to one of their armoured scientific departments in which high mathematics would have been more useful than in the trenches.
>
> Yours very truly,
> Oliver Heaviside, W.O.R.M.

ヘヴィサイドからウィリアム・ゴードン・ブラウン（2章参照）の両親に宛てて，第一次世界大戦で戦死した彼らの息子を悼んで送られた手紙．彼らがこの署名を読んだ時，何を考えたであろうか？ このW. O. R. M. という悲しい称号は，世界が彼をどのように見ていたかということについての，彼の印象であった．

［署名に付けられた番号をたどると，"O He is a very Devil" となる］

E. J. バーグ教授

　耳が聞こえず，また，二階に住んでおりますため，あなたが来られたときに聞こえない場合のために，これを書き置きます．私の住所は，Mr. Oliver Heaviside, Homefield, Torquay で，手紙は郵便受けに届けられます．私は昨年の冬は体の具合が大変悪く，夏には回復のために，晴れて乾いた天候を待ち望んでおりました．ここではものごとがすっかり変わってしまい，あなたには何もおもてなしができません．もしも空腹をお感じでしたら，ご自分用の食べ物をご持参ください．

敬具
O. ヘヴィサイド

第12章　隠棲者の晩年

（ヘヴィサイドは，はじめはいやいや戸口を上りつつも，パイプ煙草を「ねだったり」しながら）いくつかの愉快な冒険談の後，この二人は友情を結んだ．しかし，この訪問時におけるルールは全く明快なものであった．「彼は彼の著作を決して論じなかった．彼はそれらのすべてを忘れてしまったのだった」．

バーグがアメリカに戻った後，文通が続けられた．１９２４年９月２２日，バーグはユニオン・カレッジからヘヴィサイドに宛てて，「私はあなたの数学について講義しておりますが，学生たちの一部に，非常に大きな意気込みを感じました」と，語りかけた．彼はまた，D. ファン・ノストランド出版社 (D. Van Nostrand Co.) は，アメリカでEMTシリーズを１セット３５ドルで販売していることを報告した．ヘヴィサイドの１０月３日の返信には，数学者たちに対する彼の冷笑的な評価が，「ケンブリッジ学派」との闘い以来３０年以上も変わっていなかったことを示している．

> 「大きな意気込み (great enthusiasm)」．しかし，それには危険をはらんでいます．彼らは第一に数学者であるに違いありません．そうでなければ役に立ちません．あるいは，彼らが数学者であるとすれば，私の数学のまっとうな評価を行うためには必要ないろいろな事を知っています．旧式な方法によって極めて困難な仕事を私が容易にこなしたのを見て最初は喜ぶでしょうが，厳密に裏付けようと思ったらきわめて難しいのでがっかりし，投げ出すことでしょう．

さらにEMTについては，その追伸において，次のように付け加えた．「私の *Electrical Papers* が，実質的に私の最大の仕事であり…それから私のＥＭＴが成立した，ということをお忘れにならないことを祈ります」．

１１月９日付のバーグ宛の別の手紙は，ヘヴィサイドが，少なくともいくつかの技術的な文献をまだ読み続けていたことを示している．「あなたは，私が学術的な数学について述べたことについて覚えておられると思います．その注目すべき一例が，A.I.E.E. の９月号か１０月号にほとんど初学者の若い助手によって書かれています [103]．しかし，それはヘヴィサイドの微分演算子による方法ではありません」．

１９２４年１１月１６日，バーグは，ヘヴィサイドからの最後と思われる，彼に贈られた靴に対する礼を述べた手紙を受け取った．当時，彼の足はまったくひどい状況だった．

509

1924 年 11 月 16 日

E. J. バーグ教授

　私は，確かに「5 ドル」と付けられたブーツを受け取りました．私は整形外科手術をしない限り，これらを履くことができそうもありません．ボビー[104]の手紙に書かれていなければ受け取ったかどうかわかりません．彼は，いつも同じように大声を張り上げ，私の馬鹿さかげん等々を説明し，まるで私にけんかを売っているかのような態度です．私は辛抱強く，おとなしく，もちろん謙虚にしています．体の調子がたいへんよくないのですから．冬になってから，ガス会社とのいざこざがまた持ち上がりました．ガスと，ナフタリンか何かの詰め物による古い配管の傷みが，かつてなくひどくなっています．

　それよりも困ったことは，窓や屋根のスレートや側溝などを風や雨を防ぐために修理しなければならないことです．私が頼んだ職人は，大変気持ちよくやってはくれますが，あまりにも自信過剰で彼が言うほどには仕事がうまくありません．私は彼らを寛大に扱い，彼らが<u>できる仕事</u>を与えることで，彼らの仕事の手助けができればよいと思っています．しかし彼は，屋根の構造を理解できていません（彼の親方は，ほとんど小さい労働者用の家の修理ばかりを行っています）．そのため，私は外に出ていろいろなことについて直接指示しなければならず，そのために事故にあってしまいました．はしごを降りる際に私のコートが何かに引っかかり，私は 11 フィートほどの高さを背中から落ちてしまったのです．職人は私を起こし，怪我をしていないかと私の足を持ち上げようといつものように間抜けなことをしたのです．私は背中の痛みが消えるまで寝かせたままにしてくれと言いました．約 5 分後に痛みがなくなったので，私は引き起こされ，どうにか，よろよろと室内を歩くことができました．痛みは体の中を抜けて前の方へ，胸の上部から下の筋肉と骨の方へ移りました．ともかく，暖めて寝ていれば，数日中には治るでしょう．しかし，暖房と十分な食料の確保ができず，窓の修繕も続けなければなりません．家の中が寒いうえに，例の職人の面倒も見なくてはなりません．その結果は，精神錯乱の激しい発作でした…．

　私はもう一つの闘いを続けています．私は保存料が入っていないミルクメイド (Milkmaid) というブランドの純クリームを頼みました．リプトンは，彼らの言う「Milks」という砂糖がどっさり入った品質の悪い缶詰を送ってきました．私はそれを拒絶しました．彼らは私にそれを受け取らせようとしました．私はスイスに宛てて手紙を書きました．彼らは私の手紙をロンドンに送りました．このロンドンの商社は，私に大変好意を示してくれました．彼らは，リプトン

第12章　隠棲者の晩年

が「ミルクメイド」ブランドの純クリームの在庫を持ち合わせていないことを知って驚き，私のために最善を尽くすと言いました．リプトンは私のためにロンドンの商社から24個の「ミルクメイド」を仕入れました．角砂糖を加えて試食してみたところ，それらはすばらしかったので，ここで48個と角砂糖6ポンドを追加注文しました．角砂糖は送ってきましたが，ミルクメイドはきませんでした．依然として私は注意し続けなければなりません．私は167個の「Milks」を持っていますので，これらを全部返却して「ミルクメイド」に交換するように彼らに要求しています．私は差額を精算しない限り，代金を支払うつもりはありません．仕事が休みになるクリスマスが近づいておりますので，この清算を早く済ませたいのです．私は世界最大の食料品商社であるリプトンに対して，純粋で品質の良い商品を常時在庫するように言いつけました．こちらに届くのに時間がかかりすぎますので，あなたが御親切にも何かをお送りにならないようにお願いします．

敬具
オリヴァー・ヘヴィサイド

"The End"
ヘヴィサイドの墓碑銘．一番上が母レイチェル，真ん中が父トーマス・ヘヴィサイド，わがオリヴァー・ヘヴィサイドは，一番下に「上記の者の息子」と，かすかに記されている．

プリースやテートとの闘いとは，似ても似つかなかったが，少なくともヘヴィサイドが出かけた時は闘いのためだった．サール夫妻が1925年の元旦（チャールズはちょうどその四日前に死去した）に彼を訪問した時には，彼は黄疸のために黄色かった．翌日，サールが戻ってきたとき，サールはヘヴィサイドにドアを開けてもらえなかった．そして，その二日後の1月4日の朝，彼は友人の警察官「ボビー」によって，ヘヴィサイドが意識不明の状態で発見されたことを知った．親戚の通報で二名の医師が呼ばれ，夕方サールはヘヴィサイドとともに救急車に乗って病院に駆けつけた．新しい世紀が四分の一だけ

過ぎたこの時が，彼が初めて自動車というものに乗った時であった．

　しばらくの間，親切な看護と良好な食事のおかげで，彼は回復したかに見えた．しかし，何十年にもわたる規格はずれの生活条件と最低限以下とさえ言える健康管理の全体的欠如は，代償を払うはめとなったのである．ヘヴィサイドの生来の頑健な体質も，1913年当時のように困難を切り抜けるには十分ではなかった．彼は1925年2月3日の火曜日に死去した．彼の正式な死亡診断書には，さまざまな慢性疾患が記載されているが，11フィートの高さのはしごから落ち，背中を地面に強打したことが，より可能性の高い死因である．もしも彼があれほどまではしごをかけ上がったり，下りたりしようとしなかったならば，彼は乳母車の中にいながらでも，1963年まで生きながらえたであろう．

　葬儀は，2月6日の金曜日に執り行われた．親族一同に加え，かつてヘヴィサイドの夕食用に「太ったひらめ」を持ってきたR．H．ツリーが，IEEの主席書記として列席した．いくつか捧げられた弔辞のうち，一つだけが残されている．しかし，「エレクトリシャン」が発表した死亡通知[105]をそのまま信ずるならば（私にはヘヴィサイドが，そんなに大層なものか！　と文句をつけるのが想像できる），AT&Tとウェスタン・エレクトリック社もまた，彼らが監視していたその男がまだ現世にいる間に，あの世に行くのを確認するために代表を送ったというのである．

　彼は，コーリー・エンド (Colley End) とエイルスクーム・ロード (Ailescombe Road) の交差点近くのペイントン共同墓地No．346の彼の父母の墓に埋葬された．しかし，もしもあなたがそれを探しに行くとすれば，しっかりと目を見開いていなければならない．その最後の墓石の墓碑銘の一番下にもしも草が刈り取られていなければ，"OLIVER HEAVISIDE, F. R. S.（オリヴァー・ヘヴィサイド，王立協会フェロー）"という文字が，視界からさえぎられてしまうのである．私はこのことは彼にとってはさほど驚くほどのことではないと思っている．かくの如く，世界の栄光は過ぎ去りぬ．[4*]

　　追記：10年後の1935年4月25日，電話による最初の世界一周の通話が実現した[106]．全長 23,300 マイル［37,000 km］（内 19,500 マイル [31,000km] は無線による）を超えて，各方向に 2000dB のゲインを得るために 980 個の真空管を使って，ニューヨーク市

第12章　隠棲者の晩年

の二人の男が，楽しいおしゃべりを楽しんだ（経路は，サンフランシスコ，ジャワ，アムステルダム，ロンドンであった）．故・王立協会フェロー・オリヴァー・ヘヴィサイド博士は，感銘を受けたことであろう．

注および参考文献

1　トロッターは，忘れていなかった．1899年5月に，南アフリカのケープタウンからヘヴィサイド宛に，次のような手紙を書いている（注20を見よ）．「遺憾ながら，私は『エレクトリシャン』から私を追い払った厄介者，ペンダーを許しておりません」．トロッターとサー・ジョン・ペンダー本人（第7章参照）との間にもめごとがあったということはあり得ない．1896年のペンダーの死去に際して，ボンド（トロッターの友人であり，補佐であった）は，前任の経営者が雑誌の実務を編集者の「自由裁量」にゆだねたことを賞賛する覚書を残している．

2　"Civil List" は，1689年に始まった，英国議会が配分する国王に対する年間経費のリストのことである．ヴィクトリア女王の時代から，このリストには，州知事の推薦に基づき，芸術，文学，科学において卓越した業績を成し遂げた人たちの名簿が含められるようになった．

3　The Electrician, vol.37, p.331, July 10, 1896. この年金は，公式には1896年3月5日から支給された．

4　前掲 pp. 346-347.

5　The Electrician, vol.37, p.452, July 31, 1896. 負の抵抗の概念の進展は，魅惑的な話題である．私の信じているものの一つは，科学史家によって扱われているものではない．もちろん，こんにちでは負性抵抗の概念なくして，電子技術は存在し得ないが，ちょうど90年前においては，それは現実とかけ離れた概念であった．

6　マーク・タプリー (Mark Tapley) は，チャールズ・ディッケンズの小説『マーチン・チャズルウィット』の中の，人の好い，活気あふれる若者である．

7　ミス・エヴィサイド (Miss Eviside) は，ペイントンにおいて祖父母およびヘヴィサイドと同居したことがあり，ヘヴィサイドの話し相手や，雑用の手伝いもしてくれたチャールズ・ヘヴィサイドの長女，エリザベス (Miss Rachel Elizabeth Way Heaviside) であることは，ほとんど確実であると思われる．

8　第6章の注9，および43，第7章の注52を参照のこと．

9　W. H. Preece, "Electrical disturbances in submarine cables," The Electrician, vol.37, pp.689-691, September 25, 1896.

10 *The Electrician*, vol.37, p.741, October 2, 1896.

11 *The Electrician*, vol.37, pp.796-797, October 16, 1896.

12 *The Electrician*, vol.38, p.24, October 30, 1896.

13 *The Electrician*, vol.38, p.94, November 13, 1896.

14 *The Electrician*, vol.38, p.128, November 20, 1896. フィッツジェラルドは，何年もの間，プリースのケーブルの静電容量についての誤りを追究し続けた．例えば，科学は技術よりも下位にある，というもう一つのプリースの主張 (*The Eletrician*, vol.43, pp.233-234, June 9, 1899) に答えて，フィッツジェラルドはプリースを，「ひょうきんな御仁 (bit of a wag)」と呼び (*The Eletrician*, vol.43, p.346, June 30, 1899)，プリースの読者に対しては，自ら設計したものに対する，これほどまでに恐ろしい誤解ができるような人物を，あまり信用しないように忠告した．あるいはおそらく，フィッツジェラルドは，プリースの言葉を単なる冗談と決めつけたのである．

15 *The Electrician*, vol.38, p.172, December 4, 1896.

16 *Electrical World*, vol.28, pp.617-618, November 21, 1896.

17 このように名づけられたのは，そこからブラッドリーの荘園の森が「眺望」できたからである．

18 「オールド・クローカー (old croaker)」は結局，目撃されることなく，どこかに消え去った．ヘヴィサイドはフィッツジェラルドに宛てて，そのかなりの喪失感を書き残している（7月6日付）：「オールド・クローカーは，どこかにいってしまいました．寂しい限りです．彼は，ピアノが奏でられていた真っ暗闇の，ある夜に飛び立ったのです．音も立てずに」．

19 これは，近づきつつあった，その年のトロントにおける英国科学振興協会定例会議に出席するフィッツジェラルドの旅行の無事を願う，ヘヴィサイド流の言い方である．

20 トロッターが「エレクトリシャン」をやめた後の個人的な仕事は長続きしなかった．1896年1月から1899年の半ばまで，彼は南アフリカのケープタウンで，政府付の電気技師と監察官を務めた．彼は，ホワイトホール・クラブ[ロンドンの官庁街]での大歓送会で金時計を贈られたあと，わくわくしてケープタウンに赴いた．しかし，1899年5月のヘヴィサイド宛の手紙によれば，その仕事は，「憂鬱な科学的思考からの遮断，べとつくような気候の中で徐々に消えゆく科学業務への熱情」であった．トロッターは，その二ヵ月後のボーア戦争開始の直前に，ロンドンに戻り，定住した．

21 カーターは，ブリストルのユニヴァーシティ・カレッジのS. P. トンプソンの

第12章　隠棲者の晩年

もとで学び，ロンドンのハノーヴァースクウェア海底電信・電気技術学校の講師となった．彼は，エレクトリシャン出版・印刷会社から出版された電気機械のギアに関する本の著者でもあった．

22　このタイプされた手紙の上部に，秘書のタッカーによる「蓄音機に口述済み」という興味深い注意書きがある——事務処理技術は，「エレクトリシャン」の将来に向けて，大きな一歩を進めていた．

23　問題の論文は，ブラウン大学のカール・バラス (Carl Barus) の "A curious inversion in the wave mechanism of electromagnetic theory of light," *American Journal of Science*, vol.5, (4th series), pp.343-348, May 1898である．この論文は，場の方程式は「波動を後ろ向きに進行させる」かのように解釈される，というバラスの見解を扱っている．バラスの論文に対する応答はしなかったが，生意気にもマクスウェルに対して疑いを向ける者に対しては，ヘヴィサイドは普通いささかも容赦しなかった．彼にとって，この問題については，相手が誰であれ，たとえレイリーといえども，大きすぎる相手ではなかった．レイリーが1898年6月の「フィロソフィカル・マガジン」に，この心配事についての論文を発表したとき，ヘヴィサイドは直ちに，この大家の誤りを指摘した．(Note on an alleged "Apparent failure of the usual electromagnetic equations," *The Electrician*, vol.41, p.255, June 17, 1898.) ヘヴィサイドとレイリーは，以前からマクスウェルを巡って，意見の不一致があった．1888年にまでさかのぼるレイリー卿の誤解のために傷ついたヘヴィサイドの感情は，J. Z. Buchwald, "Oliver Heaviside, Maxwell's apostle and Maxwellian apostate," *Centaurus*, vol.28, pp.288-330, 1985に報告されている．

24　*The Electrician*, vol.41, p.802, October 14, 1898.

25　カーターから同じ応答を受けたフィッツジェラルドも，同じことを行った．フィッツジェラルドは，その後［10月26日］，ヘヴィサイドに宛てて，そのような回答がない場合，「エレクトリシャン」の購読をやめる用意がある，と書いた．

26　*The Electrician*, vol.42, p.49, November 4, 1898.

27　"Electricity in civil engineering," *The Electrician*, vol.42, pp.44-45, November 4, 1898.

28　E. J. Houston, Jr. and A. E. Kennelly, "The insulating medium surrounding a conductor, the real path of its current," *Proceedings of the American Philosophical Society*, vol.36, pp.140-170, May 1897.

29　E. H. Barton, " Attenuation of electric waves along a line of negligible leakages," *Philosophical Magazine*, vol.46 (5th series), pp.296-305, September, 1898, and W. B. Morton,

"On the propagation of damped electrical oscillations along parallel wires," *Philosophical Magazine*, vol.47 (5th series),pp.296-302, March, 1899. バートンが 1898 年 6 月 10 日の物理学会の大会で報告したとき，彼の実験結果とヘヴィサイドの理論的な予測値との間に若干の食い違いがあった．ヘヴィサイドは，覚書を送り（彼はもちろん，人前に姿を現わさ<u>なかった</u>！），いくつかの食い違いの原因の可能性を挙げたあと（*The Electrician*, vol.41, p.286, June 24, 1898），その覚書の最後に，常に<u>自分</u>の数値を正しいとしてしまうプリースの能力を皮肉って，ヘヴィサイドは次のように述べた──「更なる修正が望まれるならば，*KR*-法則を試してみたまえ！」．

30　トロッターは，彼の「速記術」のアナロジーを，4 年後に書いた論文（"Useful mathematics from the engineer's point of view," *Engineering*, vol.76, pp.358-360, September 11, 1903）の中で膨らませた．この論文は，実用主義者トロッターが何者であるか，そして，ヘヴィサイドのあまりに数学的な論文を受け入れるべきであるとしてきた，いかに心の広い編集者であったかということを示している．（「500 人のうちの一人の技術者が…《対数とは何であるかを》学ぶことに関心を持つであろうか？」）

31　プリースは，1899 年 2 月の 65 歳の誕生日に，法令により GPO からの引退を余儀なくされた．しかし，その後の 5 年間，年俸 400 ポンドの顧問料の支払いを受けて，影響力を保ち続けた．

32　［雑誌 *Answers*］：ロンドンで 1888 年に発刊されたこの刊行物は，副題として，「教育，文学，興味ある事実，愉快な小噺，ジョークなどの週刊誌」と，銘打たれていた．

33　自転車に乗ることは，1890 年代，1900 年代において，大西洋の両側で文字通り何百万人もがそうであったように，ヘヴィサイドが<u>熱中した</u>ことであった．この時代におけるほとんど熱狂的とも言えるスポーツの感覚を伝えてくれる優れた論文としては，J. C. Whorton,"The hygiene of the wheel: An episode in Victorian sanitary science," *Bulletine of the History of Medicine*, vol. 52, pp.61-88, 1978 がある．

34　ヘヴィサイドの言葉は，彼が準備した下書きからのものであり，彼が投函した実際の手紙からのものではない．かなり後になって，ラファエルは少し違った内容のこのエピソードを，葉書に「主がご用意されるでしょう (Lord will provide)」と<u>彼が書いたものを受け取った</u>，と述べている．しかし，<u>全権委任</u> (carte blanche) の条件をヘヴィサイドに回答したのは，カーターであった．したがって，私はラファエルの記憶は間違いであったと思っている──彼の "'The Electrician', 1897 to 1906," *The Electrician*, vol. 87, p.618, November 11, 1921 を見よ．

35　*The Electrician*, vol.46, pp.701-702, March 1, 1901.

36　EMT 3, p.89. ヘヴィサイドにとって，フィッツジェラルドの死は，経済的にも

第12章　隠棲者の晩年

大痛手であった．彼は，ボストンの文通相手（B. A. ベーレント）宛ての 1918 年 4 月 5 日付の手紙の中で，どちらかと言えば冷静な調子で書いている．「不幸にも，彼は私が一番必要としていたときに亡くなりました．彼は，重要な金銭上の援助をすることができ，また，してくれたでしょう」．フィッツジェラルドの死の科学上の重大性については，B. J. Hunt," The Maxwellians," Ph.D. 論文, The Johns Hopkins University, Baltimore MD. 1984, pp.337-340 を見よ．

37　*Journal of the Society of Arts*, vol.50, p.21, November 22, 1901. プリースはそのとき，この協会の会長であった！

38　商業的に初めて成功した装荷ケーブルは，実際には連続的に装荷されたものであったが，それは陸上のケーブルではなかった．このケーブルは，デンマークの技術者，C. E. Karup によって設計され，1902 － 1903 年にわたり，軟鉄が銅の中心導体に巻きつけられた 4 本の海底ケーブルが，バルト海を横断して敷設された．

39　*The Electrical World*, vol.32, p.675, December 24, 1898.

40　J. Brittain, "The introduction of the loading coil: George A. Campbell and Michael I. Pupin," *Technology and Culture*, vol.11, pp.36-57, January 1970. （さまざまな投書に対する回答から追加された情報を含むものは，1970 年 10 月の続号の pp.596-603 である．）

N. H. Wasserman, *From Invention to Innovation: Long-Distance Telephone Transmission at the Turn of the Century*, Baltimore, MD: The Johns Hopkins University Press, 1985 も見よ．

41　ヘヴィサイドは，ストーンからも少し学んでいる．例えば，送信用マイクロフォンとケーブルの入力端に，電話ケーブルの周波数依存性振幅応答の逆特性を持つ特殊な回路を挿入して特性を平坦化する，「プリ・エンファシス (pre-emphasis) 回路」を発明したのは，ストーンであった．彼はこれを，「歪補償回路 (counterdistortion circuit) と呼んだ．

42　A. M. McMahon, *The Making of Profession: A Century of Electrical Engineering in America*, New York, NY: IEEE Press, 1984, p.54.　ストーンは，アメリカン・ベル社を去った後，新たな「無線」の不思議を理解するようになったが，ヘヴィサイドを忘れることはなかった．例えば 1904 年のセントルイス国際電気会議に提出した彼の論文（「無線電信の理論」）は，ヘヴィサイドの EMT 2 の演算子法を参照している――*The Electrician*, vol.54, pp.134-139, November 11, 1904 を見よ．

43　M. I. Pupin, "Wave propagation over non-uniform cables and long distance air lines," *Transactions of the American Institute of Electrical Engineers*, vol.17, pp.445-507（pp.508-512 に討論あり），May 19, 1900.

44　任意に与えられた回路の中のどこに，定められた定数のコイルを挿入すべき

517

かということを，厳密な数学によって導き出したのはキャンベルであって，このことは，ヘヴィサイドでさえも行っていなかった（そして，ピューピンは，それよりも後の日付の論文において，粗雑で近似的な方法でしか行えなかった）．かつて商業的にのみ作られたコイルは，すべてキャンベルの仕事に基づいたものである．

45　M. I. Pupin, *From Immigrant to Inventor*, New York, NY: Charles Scribner's, 1923, pp.332-336. ピューピンの自己弁護的な記述は，何十年かにわたり，ブリッテン教授の論文（注40）が記録を直接あからさまにするまで，そのまま歴史家たちに信用された．

46　M. I. Pupin, "Propagation of long electrical waves," *Transaction of the American Institute of Electrical Engineers,* vol.16, pp.93-94, March 22, 1899.

47　*The Collected Papers of George Ashley Campbell*, New York, NY: AT&T, 1937 の序文から．

48　W. H. Preece, "On the Pupin mode of trunk telephone lines," *The Electrical Engineer* (London), vol.40, pp.237-238, August 16, 1907 およびロッジ，S. P. トンプソン，プリースによる討論を含む pp.260-263, August 23, 1907.

49　プリースは，リアクティブなエネルギーの符号（誘導性の場合には正，容量性の場合は負）には，明らかに混乱させられており，この符号がこの二種類のリアクタンスにおける電流と電圧間の位相差に関係していることに気づかなかった．エネルギーがケーブルのインダクタンスの磁場の中に蓄積されるとき，ケーブルの静電容量の電場からエネルギーが供給される．この符号は，エネルギーの流れの方向に関係し，エネルギーそのものには関係しない．プリースの誤りは，ビルがボブに対して10ポンド与えたときに（この10ポンドを正の金額だとしたときに），そこでのボブがビルに与えた１０ポンドは負の金といったものを意味しているのと同等である．

50　私が思うには，ここには心理的な混乱がある．プリースにとっては，1907年にそのような言明をすることは，非常に卑劣で，過去の長きにわたって間違っていたことを絶対に認めることはない誇り高き人間であるか，あるいは，ほとんど信じがたいほど技術的に無能な人間でなければならないかのいずれかであることになる．前者が事実であるとすれば，プリースのような誇り高き男が，直接あるいはトンプソンの公開による批判，そしてロッジからの厳しいあざけりなどによって，自身を社会的な馬鹿者としてさらけ続けたことは，驚くべきことである．

51　*The Electrician*, vol.40, p.832, April 15, 1898. トンプソンの弁明は，彼の批判者が接線方向の無線電波を信じている点で誤っていたということではなく，批判者がト

第12章　隠棲者の晩年

ンプソンの論文を誤って引用したというものであった．トンプソン自身は長距離無線通信を信じていなかったと言うのである——*The Electrician,* vol.40, p.866, April 22, 1898 の彼の返信を見よ．

52　*The Electrician,* vol.43, pp.35-36, May 5, 1899.

53　William Preece, "Aetheric Telegraphy," *Journal of Society of Arts*, vol. 47, pp.519-525（討論を含む）May, 5, 1899. この議論において，波動が地球の周りを曲って伝搬する，というこの問題に，実際にプリースに圧力をかけたのは，カーターであった．カーターの社説（注52）は，彼の検討結果のプリースに対する返信であった．

54　G. Marconi," A note on the effect of daylight upon the propagation of electromagnetic impulses over long distances," *Proceedings of the Royal Society,* vol.70, pp.344-347, June 10, 1902.

55　Lord Rayleigh, On the bending of waves round a spherical obstacle, *Proceedings of the Royal Society,* vol.72, pp.40-41, May 1, 1903.

56　W. H. Eccles," Wireless communication and terrestrial magnetism," *Nature,* vol.119, p.157, January 29, 1927.

57　サー・ウィリアム・ヘンリー・エックルス：Sir William Henry Eccles (1875-1966) は，こんにち多くの電気技術者（少なくとも著者のような「年配の」人）たちにとって，通常，計数回路に広く使われている「バイステーブル（双安定）マルチバイブレータ」，または「フリップ・フロップ回路」として知られている「エックルス‐ジョルダン回路」の共同発明者として，最もよく知られている．

58　出版者としてのジョージ・タッカーの1902年2月21日付の手紙が残っている．その中で彼は，「マルコーニ氏の無線電信の利点と欠点を質問したとき，返答があまりにも人によって異なっていたので困惑しました」と書いている．その後，彼はヘヴィサイドの意見を求めた．ヘヴィサイドは応じたものの，多くをはっきりと語らなかった（それは，葉書による返信であった）．2月28日付のタッカーの2通目の手紙によってもヘヴィサイドの意見は「未だに闇の中だ」となっている．タッカーはまた，マルコーニの仕事が，どれほど「英国の株の投資家《おそらく，長距離ケーブル製造会社》に，投資の減額を余儀なくさせているか」について懸念していた．

59　EMT 3, pp.331-346 に再録された．ヘヴィサイドは，この記事に対して15ポンド16シリングの原稿料の支払を受け，また，『エンサイクロペディア』の出版社であるタイムズ社へのすべての寄稿者たちの栄誉に対して与えられる，ロンドンの優雅なホテル，セシル（Cecil）における大食事会（great dinner bash: 500ポンド！）への招待を受けた．予想通り，彼はこの食事会を無視した．

519

60　A. E. Kennelly, "On the elevation of the electrically-conducting strata of the Earth's atmosphere," *Electrical World and Engineering*, vol.39, p.473, March 15, 1902.

61　C. S. Gillmor," Wilhelm Altar, Edward Appleton, and the magneto-ionic theory," *Proceedings of the American Philosophical Society*, vol.126, pp.395-440, 1982.

62　W. H. Eccles, "On the diurnal variations of the electric waves occurring in the nature, and on the propagation of electric waves round the bend of the Earth," *Proceedings of the Royal Society,* vol.87, pp.79-99, August 1912.

63　W. H. Eccles,"Atmospheric refraction in wireless telegraphy," *The Electrician*, vol.71, pp.969-970, September 19, 1913.

64　*The Electrician,* vol.75, p.169, May 7, 1915.

65　J. A. Fleming,"On atmospheric refraction and its bearing on the transmission of electromagnetic waves round the Earth's surface." この論文は，Physical Society of London に提出され，*The Electrician*, vol.74, pp.152-154, November 6, 1914 に抄録がある．

66　反射層の仮説を回避しようとする意図の中には，個人的なものは存在しなかった．つまり，ヘヴィサイドの名前を理由にしてそれを回避するというような意図はなかった．世紀の変わり目において（あるいは，実際に無線技術がはるかに進歩するまで）は，そのような層は直接的な方法によって単純に「観測不能」であったため，その存在を信ずるしかなかった．このことは，すべての良識的科学者たちが科学者としての体面を保っているときには，一般的に避けようとした行為であった．

67　G. N. Watson, "The diffraction of electric waves by the Earth," *Proceedings of the Royal Society*, vol. 95, pp.83-99, October 1918.

68　G. N. Watson, "The transmission of electric waves round the Earth," *Proceedings of the Royal Society*, vol. 95, pp.546-563, July 1919.

69　J. Larmor, "Why wireless electric rays can bend round the earth," *Philosophical Magazine*, vol.48 (6th series), pp.1025-1036, December 1924.

70　C. S. Gillmor, "The history of the term 'ionosphere'," *Nature*, vol.262, pp.347-348, July 29, 1976.

71　R. A. Fessenden, "The predetermination of the radiation resistance of antennae," *The Electrician,* vol.61, pp.650-651, August 7, 1908.

72　H. G. J. Aitken, *Syntony and Spark : The Origins of Radio*, Princeton, NJ: Princeton University Press, 1985. 特に，マルコーニについて書かれた章の全部を読まれたい．

73　"Telegraphing without wires," *McClure's Magazine*, vol.8, pp.383-392, March 1897.

74　Aitken（注 72）p.211.

第12章　隠棲者の晩年

75　"Wireless Telephony," *The Electrician*, vol.45, p.773, September 14, 1900.

76　*The Electrician,* vol.59, p.140, May 10, 1907. そのとき，無線・電信委員会は，マルコーニ社が，船舶対陸上，船舶対船舶通信について長期にわたり独占権を享受していた，海上における無線通信の国際的協定の批准を検討中であった．この引用は，1907年になってからもプリースは，彼の誘導場のシステム (induction -field system) と，マルコーニの電磁場のシステム (radiation-field system) の違いを認識していなかったことを示している．

77　ビッグスは，1905年に，出席者全員（ヘヴィサイドの兄アーサーも含まれていた）の署名をホテルのディナーカードの裏にコピーし，招待客に記念品として配布した．ここで私は，ビッグスとプリースの署名の位置から推察して，まだ緊張感を保っていたとすればありえないことであろうが，この二人が隣り合わせの席に座っていたのかもしれない，と推測する．*The Electrical Engineer (London)*, vol. 36, p.654, November 10, 1905 を見よ．

78　"Oliver Heaviside: A personal sketch," *The Heaviside Cenetary Volume*, London : IEE, 1950, p.94.

79　NB 18:316.

80　A. Pais, "How Einstein got the Nobel prize," *American Scientist,* vol.70, pp.358-365, July-August 1982. 1912年の賞金は140,000スウェーデン・クローネで，当時の「良い」大学の上級教授の20年間分の給与に相当した！

81　ヘヴィサイドの死の何年か後，ホームフィールドは，一企業であるキレスター (Killester) ホテルに買い取られた．

82　サールは，彼が語ろうとしたことが何であるかを知っていた．彼は，自身が1910年7月に非常に深刻な神経衰弱にかかり，1911年10月までケンブリッジを休職せざるを得なくなった．この出来事による精神的な傷は，1922年4月の彼の著書 *Experimental Harmonic Motion* の序文の最後において，「私は何よりも，本書の執筆ができるまでに健康の回復をお与え下された神に感謝せねばならない」と書いたことに示されている．かつて彼は，ヘヴィサイド宛の手紙に，彼が神経衰弱に関する「サールの法則」と呼ぶものを，「回復に要する時間＝ μ (疲労)^2」と表わしている．ヘヴィサイドは，サールの問題は，「騒がしい生活」によるものであると考えていた．

83　これは，"Idylls of the King " からのものである．例えば，*The Poems of Tennyson*, London: Longman, 1969, p.1941 を見よ．この言葉は，アーサー王が，彼女とランシェロー (Lancelot) との間のできごとについて知った後グィネヴィア (Guinevere: アーサー王の妃) が語ったもの（655行目）である．文字通りの田舎者である私は，

521

なぜヘヴィサイドがこれを用いたのか，いささかも判らないのである．おそらく，読者が私に教えてくださるであろう．

84　*The Electrician,* vol.70, pp.767-768, January 24, 1913.

85　*The Philosophical Magazine*, vol.32 (6th series), pp.600-602, December 1916.

86　ヘヴィサイドのコメントは，B. R. Gossik, "Where is manuscript for volume 4 of his Electromagnetic Theory?," *Annals of Science*, vol.34, pp.601-606, 1977 からの引用である．

87　"The romance of electricity―Death of a pioneer," *The Daily Telegraph*, pp.11-12, November 7, 1913.

88　戦争が勃発すると，バートンはオクスフォードの職を辞し，ファーンボローの王立航空機施設 (Royal Aircraft Establishment) で働いた．彼はそこで事故に逢い，1917 年 2 月 3 日に死亡した．

89　*Nature,* vol.92, pp.322-324, November 13, 1913.

90　「エレクトリシャン」は，1 ページ丸ごと黒枠で囲まれた写真の，その「愛された上司」（彼は 1906 年当時，すべての指揮権を独占した）の追悼記事を掲載した．(vol.76, p.554, January 21, 1916) 記事の筆者は，ヘヴィサイドの仕事に対するタッカーの支援の重要性を考え，関連する面白い小噺を述べている．「あるとき，タッカーは活字を壊すぞと脅して，ヘヴィサイドに原稿の残り《これは EMT 3 のことであることは，間違いない》を提出するように迫った．しかしヘヴィサイドの返事は,『タッカー氏は，そんな馬鹿なことはしないでしょう』だった」．

91　R. Appleyard, *Pioneers of Electrical Communication*, London: Macmillan, 1930, pp.240-241. Adullam の引用は，旧約聖書の I Samuel 22:1, II Samuel 23:13, および I Chronicles 11:15 からのものである．アップルヤードの本に示されている聖書の引用は，誤りである．

92　K. W. Wagner, "Oliver Heaviside," *Elektrische Nachrichten-Technik,* vol.2, pp.345-350, November 1925.

93　ケンペ (Harry Robert Kempe, 1852-1935) は，長い間プリースの補佐役であった．彼自身は技師長 (Principal Technical Officer) と，GPO の電気技師となった．今となっては，推測にすぎないが，ケンペとヘヴィサイドの間には，アーサーを経由した，あるつながりがあったに違いない．オックスフォードにおける 1894 年の B.A. 会議での論文 ("Signaling through space," *The Electrician*, vol. 33, pp. 460-463, August 17, 1899) では，プリースは，角型のコイルと，それに平行して一方向に延びた電線間の相互インダクタンスに対する公式を用いた．この公式は，プリースの論文の付録に，

第12章　隠棲者の晩年

出典がケンペであるとして示された．しかし，その導出方法と最終結果は，ヘヴィサイドの研究ノートの一つにあるものと著しく類似している (NB 17:72)．このページの日付は，1890年5月であり，ヘヴィサイドは，アーサーの依頼によってそれを計算した，と注記している．あるとき，アーサーがその解析を持ち出し，ケンペにそれを見せたのであろう．

94　この「友人」は，サールに違いない．彼は，ヘヴィサイドが書いた1年以上前にバートンが死去したとき，1917年から1919年までファーンボローにいた（注88を見よ）．

95　AIEEに先を越されまいと，1923年4月17日，IREの書記，A. N. ゴールドスミス (Goldsmith) は，《IREの》理事会が，IEE会長フランク・ギル (Frank Gill) 宛に，「フランスの著名な技術者《ベセノー (Bethenod)》を通じて，ヘヴィサイド博士が現在生活している不幸な環境に注目しております」と報告した．実際にIREの理事会は，彼に対して賞金を用意したが，そのような行為に対する彼の有名な敵意に満ちた険悪な態度を理由に，IEEへの相談を一度も行わずに，それを実施することをためらった．そのために皮肉な言い方だが，こんな結末を招いたのは，ヘヴィサイド自身の厄介な人間性であった．

96　<u>なぜ</u>ヘヴィサイドが，第四巻が「大変うまく行くでしょう」と考えたのかということは，一つの謎である——はじめの三巻は，確かにそうではなかった．そこで彼は，<u>1000ポンド</u>の前金を要求した！

97　サール（注78），p.95.

98　E. J. Berg, "Oliver Heaviside: A sketch of his work and some reminiscences of his later years," *Journal of the Maryland Academy of Sciences*, vol.1, pp.105-114, 1930.

99　サール（注78），p.8.

100　Sir George Lee, *Oliver Heaviside and the Mathematical Theory of Communications*, London: Longman, Green and Co., 1947, p.17.

101　前掲, pp.29-30.

102　バーグは，1913年にユニオン・カレッジの電気工学部長をスタインメッツと交代したが，彼は少なくとも1917年以来，ヘヴィサイドの方法を教え続けていた．彼が1818年1月に昔の学生の一人に宛てて書いているところによれば，「それは，ほとんどあらゆる回路における過渡現象を，極めて簡単に計算できる，すばらしく美しい方法である」と述べている——R. R. Kline の未刊行 Ph.D 論文, "Charles P. Steinmetz and the development of electrical engineering science", University of Wisconsin-Madison, August 1983, pp.394-395 を見よ．

103　ヘヴィサイドは，ほとんど間違いなく J. R. Carson の論文，"The guided and radiated energy in wire transmission," *Journal of the AIEE*, vol.43, pp.908-913, 1924 を引き合いにしていると考えられる．もちろん，これにはいくらか皮肉なことがある．というのは，ヘヴィサイドの死後，カーソンはヘヴィサイドの絶大なファンとなるからである．

104　「ボビー」とは，ブロック巡査 (Henry Brock) のことで，彼は日常の業務の合間に，食料の持ち込みなどによってヘヴィサイドを援助するために，頻繁に寄り道をした．彼の娘も，時折ホームフィールドまでまっすぐに上って援助を行った．ヘヴィサイドは，ブロック巡査の家族に多くの手紙を書いたが，そのどれも現存していないようである．ブロックは 1947 年に死去した．

105　*The Electrician*, vol.94, p.186, February 13, 1925.

106　"Around the world by telephone," *Bell System Technical Journal*, vol.14, pp.542-543, July 1935.

訳注

1*　この謎めいた用語は，1922 年頃のヘヴィサイドの手紙の署名にある，自分の名前の文字の並び替え "O! He is a very Devil"（本章「隠棲者の最後」の節参照）から，彼の発案である誘導装荷方式を Heavification→Devilization と名づけ，また無歪条件 $R/L=K/S$ を，通信線の電気的定数の「バランシング」と名づけたものと思われる．また，謎めいた称号 W.O.R.M.（続けると worm: 毛虫）は，世間が彼のことを毛虫の如く嫌っているという自虐的な意味にもとれるが，その真意は不明である．

2*　対流電流 (convection current) は，運動する電荷と等価な電流のことで，ヘヴィサイドはこれについて，「運動する電荷は，電流素片 (current-element) と等価であることは疑う余地がなく，それを S. P. トンプソン教授のように，対流電流と呼ぶのは妥当であると思われる」(EP 2, p.492) と書いている．

3*　ヘヴィサイドは，メアリーと同居したこの時期を，彼の「トーキーの結婚生活 (Torquay marriage)」と呼んだが，ロマンスは全くなかった (B. Mahon, *Oliver Heaviside*, IET, 2009, p.125. 参照)．

4*　*Sic transit gloria mundi.* このラテン語の成句は，権力者がその地位を去るときの言葉として使ったり，作家などが作品の最後の言葉として使うことが多いようである．

第13章 終　章

死の手は彼をうちのめした…．彼の天才，事物や本質に対する洞察力と見識はアルキメデス，ニュートン，ケルヴィン，ファラデーといった最も偉大な哲学者と並び称される．ヘヴィサイドについて多くを語る必要はない…，電気工学者としてのヘヴィサイドは天才以上の何者かであり…，一つの伝説である．謎に包まれているが，ヘヴィサイドの名前が，科学の英雄の殿堂の中で，永遠に生き続けるであろうということだけは確かである．

——熱烈ではあるが少し大げさな，ヘヴィサイドの逝去についての
「エレクトリシャン」社説の予報

老年期のヘヴィサイドが知的な全盛期からは明らかに衰えていたことは，頻繁で衝動的な精神的緊張の記録から明らかである．しかし，老年期のヘヴィサイドが例外的なほどに創造的であったという描像もある．どちらの描像が信用に足るであろうか？

——B. R. ゴシック教授，1977年

伝説の成長

　ヘヴィサイド逝去の二年後，彼の個人的な蔵書，研究ノート，大量の手紙類は，遺族に対する120ポンドの支払いによりIEEの所有となった．その他の書籍や手紙は，IEEが遺族以外の持ち主から1936年に入手した．彼は既に，電気と数学の偏執的な手品師として，伝説上の人物になっていた．ロロ・アップルヤード (1867-1943) は，IEEの文書類を調査し，「エレクトリシャン」のトロッターと知り合い，ケンブリッジのサールからの何回かにわたる聞き取りを行って，ヘヴィサイドの死後間もない時期に，新たなエピソードの発掘に貢献した．しかしこれらのわずかなエピソードは，ほとんど彼の人間性や彼の闘争に関するものであったため，彼が生前は無慈悲にも認められずに終った天才であった，という伝説だけが膨み，彼が正確に何をした人であるかということは次第に忘れられていった．

ヘヴィサイド自身も，IEEの会長であったハイフィールドへの手紙を通じて，この伝説に貢献している．
　ヘヴィサイドの仕事の技術上の関連性もまた，技術の発展に伴って消えていった．唯一，彼の無歪回路の理論はこんにちにおいても生き残り，関心を引き，いつまでも彼の貢献と認められているベクトルとベクトル解析による彼のマクスウェル理論の定式化は，一度は奇妙で難解すぎるとみなされたが，今では「常識の一部」となり，成功しすぎるとかえって歴史の中に名前が残らないという興味深い例の一つとなっている．
　一方，彼の演算子法はしばらく生きながらえ，少し数学的な訓練を受けた技術者や物理学者の教育の一部となった．但し，その使用に関する謎めいた感覚は続いた．この状況は，ノーバート・ウィーナーによって，次のように述べられている[1]．

　　　このヘヴィサイドの計算法は，まだ完全に厳密な正当化がなされていなかったが，ヘヴィサイドと，その計算法を正しく使うために彼の精神を吸収した後継者たちの役に立った．

および[2]，

　　　私が《1920年に，フランスから》戻ってきたとき，電気技術者たちは，ヘヴィサイドの新しい強力な通信技術に付随した極めて深刻な論理上の疑惑の解決を私に求め始めていた．

　ウィーナーと共同研究を行った相手の一人は，MITの電気技術者の，ヴァネヴァー・ブッシュであった．彼は，ヘヴィサイドの演算子法についての電子技術者向けの本[3]を書いていた．この他の電気技術者向けのヘヴィサイド関係の本は，ジョン・カーソン[4]（AT&T），ルイス・コーエン[5]（ジョージ・ワシントン大学），およびエルンスト・バーグ[6]（ユニオン・カレッジ）があった．これらの著書すべては，文字通り一時的なものであって，1937年のドイツの数学者グスタフ・デッチュによる一冊の著書[7]の出版に伴って廃れてしまい，本の収集家か歴史家だけが関心を持つ存在になってしまった．デッチュは，この本において，ラプラス変換を用いることにより，しばしばヘヴィサイドの演算子法が発揮できないような威力を，系統的，かつ単純な操作によって，いかに置き換えうるかを示した．事実，ラプラス変換は，いまや現代の電気技術者たちにとって必要な道具の一つである[1*]．ヘヴィサイドの数学に対するデッチュの態度は謙虚であり，疑いなくヘヴィサイド伝説を助長するものであった．

第13章 終 章

デッチュは，次のように書いている[8].

> 部分分数展開に関係した公式は，記号体系上は「ヘヴィサイドの展開定理」として知られており，これは通常，神秘的な輝きに包まれている．ヘヴィサイドは…独学者であり，数学における実験的方法の熱烈な提唱者であった．彼を通じて，微分演算子の記号的方法（それは，彼よりもはるかに前から，実際には存在していたが）が，技術的文献において普及するようになった．ヘヴィサイドがどのようにして「展開定理」に行き着いたかは，全く不明である．おそらくは物理的な考察を通じてであろう．もちろん，その公式そのものは，純粋数学においては，長い間既知であった．

自分の手を汚すような連中を理解できない無垢な純粋主義者の冷笑を浮かべつつ，ヘヴィサイドの仕事の実験的精神を広げようという試みについて，デッチュはまた次のように書いた[9].

> ヘヴィサイドの仕事には，数学的には至るところ極めて不完全な大量の論文が付随していた.

それゆえに，ラプラス変換の台頭とともに，ヘヴィサイドから現代の技術者への直接のつながりは絶たれた．1930年代が終りを告げたとき，この象徴的な断絶は，彼の論文がロンドンから移されたときに現実となった．第二次世界大戦の到来とともに，IEEはヘヴィサイド関係のコレクションを含めて，そのはかり知れない価値の歴史的文書の破損を恐れ[10]，それらを保護する方法を模索していた．幸いなことに，W. E. イートン氏が，ノース・ウェールズのセント・アサフの自宅の地下室にその場所を持っていた．しかし，彼の地下室はかなり湿度が高かったため，それらの文書が1945年にロンドンに戻ったときには，少なからぬ水とカビによる損傷を被っていた．このことは，数年後に深刻なことが明らかになった．ヘヴィサイドの名前は，大西洋の両側において，戦後一度だけ浮上した．アメリカにおいては，彼の機知に富んだ，気取りのない文体と，彼の人間性についての小論文[11]が捧げられた．英国においては，サー・ジョージ・リーが，彼の生涯と業績についての，はるかに長く，より技術的な専門的論文[12]を書いた．これ以後，ヘヴィサイドの名前は出ても気にとめられないようになり，ついには本当に全く忘れ去られた．

その後，彼の生誕100周年にあたる1950年がやってきた．IEEは，彼の栄誉のための記念行事の主催を決定した．これは，サールにとって

527

は幸運な決定であった．彼はまだケンブリッジにいて，亡くなる4年前だった．彼は亡くなって久しい彼の友人について，もう一度思い出話を公式に語ることができたのだから．彼によれば，彼は英国でヘヴィサイドに会ったことのある最後の科学者（そして，間違いなくヘヴィサイド，ヘルツ，そしてマクスウェルと会ったことのある最後の地球上の人物）であった．しかし，さらに衝撃的だったのは，郵政公社に所属する数理物理学者で，電気回路上の問題を解くためにヘヴィサイドの数学を用いていた本の著者[13]でもあったヘンリー・J．ジョセフス氏の参入であった．ジョセフスは1928年に初めてヘヴィサイドの論文を見たのだが，実際には手をこまねくことなく，大戦後，資料がロンドンに戻ってくるまでの間，慎重に研究していた．彼は，その知見を1950年の記念行事において発表したが，彼が述べたことは，大きな興奮の渦を呼び起こした．

ヘヴィサイド，タイム誌に登場

生誕100周年記念行事の結果，いくつかの直接的，歴史的な報告に限られたヘヴィサイドの思い出が記された短い小論文[14]が，大衆的な科学新聞に発表された．しかし，ジョセフスの論文[15]は，ヘヴィサイドが死去する時まで実際に創造的な思想家であり，あちこちに散在する彼の未発表の論文は驚くほどすばらしく，新しい数学的定理と物理的洞察を含むものであった，と主張した．彼はウェールズの地下室から戻った部分的に腐れ，判読困難な論文に従うと，ヘヴィサイドは重力と電気力の統一場の理論，自然の量子統計的な説明にまで，力強く新しい一歩を踏み出していた，と主張した！　ジョセフスは，ヘヴィサイドの「闘いの疲れからくる誤り」を避けるための能力の低下に対する明らかな嘆きも，彼の手紙の研究から同様に明白な精神状態の悪化についても，何も述べていなかった．これらの同じ手紙には，これらの革命的なアイデアのいずれかを，文通相手と論じた兆候さえなかった．以前ならいつもそうしていたのに．そしてまたわれわれは，バーグ教授のヘヴィサイドについての直接的な言明「彼は，それらについてはすべて忘れていた」ということ，そして彼が晩年において関心があったことは，統計的量子論ではなく，「保存が利かないミルクメイド・ピュアクリーム」であったことを知っている．

第13章 終　章

　ジョセフスが発見した，と主張していることは，長い間失われていた *Electromagnetic Theory* の第四巻（または，少なくともその一部）以外の何物でもないのだ！ ヘヴィサイドが実際にその仕事を完成したと考えている人もいるが，彼の家は，彼の死去がラジオ放送で発表されて間もなく強盗に襲われてしまった．この話は，サー・ジョージ・リーによって，記念行事の間に行われた演説[16]の中で明らかにされ，その後1976年にBBCのラジオ番組の中で繰り返された．しかし，B. R. ゴシック教授は，地方新聞のファイルと警察の記録の研究から，説得力のある証拠（これが欠けている場合についても）を報告[17]している．いずれにせよ，ジョセフスによって引用された論文の出所[18]が何であれ，ヘヴィサイドの「統一場の理論」の表明は，多くの人たちの想像力を捉えた．ジョセフスによると，ヘヴィサイドは，次のように考えていた；

　　…すべての空間は，ニュートンの第一法則に従って，すべての方向に光速度で直線的に運動するエネルギーの管で満たされている，とイメージしていた．空間内の一つの惑星は，すべての方向からこれらの巨大なエネルギーの管の雨を受け，そのために静止を保っているのであろう．しかし，空間内の二つの惑星は，巨大な銀河のエネルギー放射のうち，特定の方向から来るものを遮断するであろう．その結果，二つの惑星の間の空間におけるエネルギーの密度は減少し，互いの方向に引き寄せられるであろう．

　ジョセフスの記念論文には，同じような主旨のこの種の事柄が，数多く存在する．ヘヴィサイドがこのようなことを信じていたということが，本当にあり得るであろうか？　この考え方そのものは，重力について疑問を抱き，かつ思考するほど十分に聡明な若い人の考えの類であり，見かけ上は，その簡略さにおいて魅惑的ではあるが，それが誤りでなければならないことを示すことは，極めて容易である．例えば，リチャード・ファインマンは，この理論の一形式について簡略に論じ[19]，その致命的な欠陥を直ちに示した．仮に，ヘヴィサイドが，ジョセフスが主張するような初老の天才であったとするならば，ヘヴィサイドが明白な誤りを犯したということは，全く信じがたいことである．

　しかし，ウェールズの湿って暗い大地の中でかびていた論文が，何十年にも渡って偉大なるアインシュタインの目を逃れて一つの秘密を隠し続けていた，という示唆は，もちろんすばらしくロマンチックで，反発し難いものであった．大衆的な新聞はこれを好んだ．はじめに注目した

529

のは，英国の月刊誌「ディスカヴァリー」(Discovery)[20] で，彼らはジョセフスを取材し，その際に彼は次のように語っている．

> アインシュタインの解析は，ヘヴィサイドのそれと同様に，原子的な現象を含まない統一場の理論の展開には，曲がった空間という考えは不要であることを明らかにしています．統一場の理論が，質量の性質の原子的構造を含む場合まで拡張しなければならないとすれば，明らかにこれは正しくありません．アインシュタインは，完全な統一場の問題を論じたとは思えません．しかし，ヘヴィサイドの未発表のノートは，彼が数年間を費やしてこの問題を研究し，実際に一つの解答に到達していたことを示しています．この解答こそ，ヘヴィサイドの最も偉大な知的業績であると考えられます．

1922年にIEE会長に宛てたヘヴィサイドの言葉，「実際上，ほとんどすべての私の独創的な研究は，1887年以前に行われたもので，それらは私の *Electrical Papers* に収録されています」を無視したこの奇怪な言明は，アインシュタイン（もしも彼がこれを聞いていれば，疑いなく笑い飛ばしたに違いない）と（他人のしたことではなく，自らがしたことに対して信頼できる）ヘヴィサイドの両者に対する，重大な，ひどい仕打ちであった．それがあまりにも荒唐無稽であったため，タイム誌は速やかにこれを取り上げ，この欄を，「科学は，宇宙の虹の果てに，どのような金の壺を発見することを望むのか？」という見出しで書き出していた[21]．この雑誌は，「金」が「真鍮」であろうと考えたに違いない．なぜなら，その欄は，ジョセフス自身の言葉をもじったコメントで締めくくったからである．

> 光速度で宇宙のあらゆる方向に放射するという自分のお気に入りの理論をもつ科学者たちが，ヘヴィサイドの《もっと正確にはジョセフスの，と言うべきだと私は信ずる》言う，統一場の理論によって，たちどころに統一されることはあり得ない．

ジョセフスは，さらにもう一編の論文[22]を発表し，それには，ヘヴィサイドのさらにセンセーショナルな発見が書き続けられていた．その後，この話題はしばらく途絶えた．ところが，さほどの時間を経ずして，1957年に，ヘヴィサイドは突然再登場した．このときは，半世紀以上も前における彼の風変わりな習性の直接的な結果によるものであった．

第13章 終 章

床下の数式

　1957年11月9日，サー・エドワード・アップルトン卿は，「私の家の倉庫に，袋詰めのオリヴァー・ヘヴィサイドの論文があります…」で始まる，一通の手紙を受け取った．

　ジョセフスによる新たな論文[23]は，ペイントンに友人を訪ねた時のハロルド・ソーンダーズ氏による驚くべき発見を述べつつ，このように書き始められていた．彼の友人のハロルド氏は，たまたまバークレイズ銀行のペイントン支店の新支店長となり，これもたまたま，ヘヴィサイドが1889年から1897年の間に住んでいた家を購入した．ハロルド氏がソーンダーズ氏に語ったところによると，屋根裏部屋の床板の下に，手紙（オリヴァー・ロッジからのいくつかの葉書を含む）とともに，膨大な数の計算式で覆いつくされた紙があった．これらの紙は，三つの郵便用の袋に入れられていたが，屋根裏部屋から取り除かれ，IEEへ送られた．ソーンダーズ氏はまた，最初にこれらの紙を見つけた労働者の話についても報告しているが，彼はソーンダーズ氏から，そこに保存しておくようにと言われる前に，「捨てた紙くずの山を記憶している」と話したという．どのように，また，なぜそれらが発見したところにあったのかは謎であるが，可能性としては，ヘヴィサイドが早くから隙間風を防ぐため，屋根裏の現代的な断熱対策として，彼自身でそれらの紙によって詰め物をした，ということである！

　この1957年の発見は，ヘヴィサイドについてのジョセフスの関心を再び呼び起こし，彼はまた技術的な論文[24]を発表した．彼はその中で，またもヘヴィサイドの統一場の理論について主張した．その後もなお，これらの主張を続ける，もう一つの（そして最後の）論文が発表された[25]が，ゴシック教授は，それらの主張が極めて疑わしいとする，私は説得力があると考える議論[26]を提示した．

結び

　ヘヴィサイドは，確かに重力に関して彼独自の考えを持っていたが，知りうる全ての情報からみて，それらはマクスウェルを含む他の相対論

531

以前の物理学者たち以上のものを持っていた，ということはなさそうである．1893年7月，ヘヴィサイドは，重力と電磁気との類推[27]を，場の中にエネルギーが局在することをそのつながりの鍵として描くことによって試みた．しかし，そこには決定的な違いがあった．同じ電荷を互いにある距離に保とうとすれば，エネルギーは反発力を克服することが要求され，それは「場の中へ」向う（空間に正のエネルギー密度を与える）エネルギーである．一方，二つの質量は互いに引き付け合うので，それは質量を引き離すためのエネルギーを奪うこととなり，負の場のエネルギー密度という（奇妙な）結果に導く．この結果は，空間にエネルギーがないという状態よりもさらに低い状態の存在を暗示することになり，大いにマクスウェルを悩ませ，彼は，重力は19世紀の物理学を超えるものであるとして，諦めた[28]．ヘヴィサイドもまた，同じ結論に到達した：「…《負のエネルギー密度》は，理解しがたく，謎めいたものであるということを認めざるを得ない」．

　ヘヴィサイドは，彼の類推をエーテルに基づいて行い（「ニュートンの時代においては，重力の影響が媒質なしで拡がることができるということは，信じ難いことだ…」），重力の影響は非常に速く，おそらく光速度よりもはるかに速く伝搬するだろう，という結論に達した．これらのことは，すべて相対論に反するが，ヘヴィサイドはアインシュタインの相対性理論が発表される12年も前に書いているのであるから，ヘヴィサイドの誤りを責めることはできない．これが，ヘヴィサイドが重力に関して発表したすべてであり，それは，何の影響ももたらさなかった．オリヴァー・ロッジはこれを好んだが，自身が旧式の「エーテル主義者」であったので，彼の場合には，ヘヴィサイドは聖歌隊に説教しているようなものであった．

　ヘヴィサイドが，自分の感情に基づいて最後まで闘った争点は，装荷コイルの論争における彼の正当性であった．もしも，彼が語るべき新しい何かがあると感じていたとすれば，彼はそれを発表したであろうし，あるいは，少なくともそれについて，彼の大勢の文通仲間と手紙を交わしたことであろう．彼はどちらも行っていない．

　1959年に，一冊の奇妙な本が出版された．それは，「サイバネティックスの父」ノーバート・ウィーナーが書いた，あらゆることについての小説[29]であった．実名はすべて変えられていたが，それは，実際にはキャンベル–ピューピンの装荷コイル騒動の顛末（これは，「盗まれた」フィード

第13章　終　章

バック制御の発明に変えられていた）を通じて語られた，ヘヴィサイドが成人となってからの人生を小説化したものであった．この本は小説としては全くひどいものであるが，（対話部分のいくつかは，パーティーにおいて大声で読まれたなら，滑稽極まりないものである）ウィーナーは，物語の中に技術的な細かい事柄をたくさん取り入れているので，技術に関わる人たちの大半は，おそらく楽しく読めるであろう．ヘヴィサイドは，ウィーナーによってベタ褒めされていた（ピューピンはそうではなかった）ので，おそらくこの本は，彼の今は亡き英雄のための正当化の企みであったのであろう．おそらく，この本について言える最良のことは，ウィーナーはいい人であったということである．しかし，次の一節[30]は心に響くものである，と私は考えている．

> 私はしばしば《ヘヴィサイドが》彼の科学的研究において行ったその精神について，熟考したものである．すべての創造的な科学者のように，根本的に彼はそのようにせざるを得なかったから，そうした．彼の中には，閉じ込められたアイディアがあり，それは，何が何でも表現されることを要求した．彼は科学的なアイディアを，詩人が詩を書くように，あるいは小鳥が歌を歌うがごとく，実に自然に展開した．

ヘヴィサイドは，彼のベクトル，場の理論の解析，輝かしい無歪回路の発見，先駆的な応用数学，そして，機知とユーモアによって記憶されるべきである．この極めて才能に恵まれた人物が成し遂げたことの記憶は，他人たちの心得違いの仕事の盗用によって傷つけられるだけだ．技術的な問題における先取権の問題にかかわったとき，人間的に高潔な人物であったヘヴィサイドは，これまでのことがたどるべき唯一の適切な経路であり，他のすべてのものは単純に誤りであることを強調したかったのであろう．名誉，栄光，物質的な富を得るためにはもがき苦しまねばならない現代においては，ヘヴィサイドのような高潔な人物は奇異で子供じみた人間と見なされるだろう．しかし，サールは，生誕100周年記念行事の間に，彼を追憶して，優しく，次のように述べている[31]．

トーキー市は，この風変わりな市民を記憶している．

もちろん，彼は第一級の奇人でした——それでこそ，ヘヴィサイドです．

ヘヴィサイドの死後，オリヴァー・ロッジ[32]は，「ヘヴィサイドは，孤立した，内に籠った生活をした．そして，疑いなく彼の自然に対する洞察は…彼に真の喜びの時間を与えたに違いない」と述べた．そして今，オリヴァー・ヘヴィサイドは，プリース，ケンブリッジのすべての「純粋」数学者たち，ギッブス，ビッグス，ケルヴィン，フィッツジェラルド，テート，スネル，トンプソン，ロッジ，ヒューズ，ペリー，ポインティング，ブロムウィッチ，トロッター，サール，そして共に，あるいは論争相手として闘ったその他の人たちとともに，あの世に行ってしまった．おそらく彼は，ついに彼がこの地球上でできなかったことを見つけていることであろう．あの世においては，すべての人は平等なのであるから．

注および参考文献

1　N. Wiener, *I am a Mathematician: The Later Life of a Prodigy*, Cambridge, MA: MIT Press, 1970, p.78. [『サイバネティクスはいかにして生まれたか』，鎮目恭夫訳，みすず書房，1956年]

2　N. Wiener, *Ex-prodigy: My Childhood and Youth*, Cambridge, MA: MIT Press, 1972, p.281. [『神童から俗人へ』，鎮目恭夫訳，2002年，みすず書房]

3　V. Bush, *Operational Circuit Analysis*, New York, NY: McGraw-Hill, 1929.

4　J. Carson, *Electric Circuit Theory and Operational Calculus,* New York, NY: McGraw-Hill, 1926.

5　L. Cohen, *Heaviside's Electrical Circuit Theory*, New York, NY: McGraw-Hill, 1928.

6　E. Berg, *Heaviside's Operational Calculus: As Applied to Engineering and Physics,* New York, NY: McGraw-Hill, 1929.

7　G. Doetsch, *Theorie und Anwendung der Laplace-Transformation*, New York, NY: Dover, 1943（初版は，Springer-Verlag, Berlin, 1937）．同じ年（1937年）に，電気技術的な問題への明確な現代的応用が発表された．L. A. Pipes, "Laplacian Transform circuit analysis," *Philosophical Magazine,* Seventh Series, vol.24, pp.502-511, September 1937 を見よ．Pipes の論文は，ステップ入力（「ヘヴィサイドのステップ関数」と呼ばれる有名な関数）によって駆動された，任意の初期条件の下での，定数係数を持つ線形微分方程式の，ラプラス変換を用いた一般的解法を示した初期のものである．——B. van der Pol, "A simple proof and an extension of Heaviside's operational calculus for invariable systems,"

第13章　終　章

Philosophical Magazine, Seventh Series, vol.7, pp.1153-1162, June 1929 を見よ.

8　　前掲，p.337.

9　　前掲，p.421.

10　　サヴォイ・プレイス (Savoy Place) のヴィクトリア堤防にあった IEE のビルは，爆撃を受けたが，直撃はまぬがれた．窓ガラスは，近くへの被弾の影響により一度ならず割れた．

11　　C. M. Hebbert,"Oliver Heaviside—Humorist," *Journal of the Franklin Institute,* vol.241, pp.435-440, June 1946.

12　　Sir George Lee, *Oliver Heaviside and the Mathematical Theory of Electrical Communications,* London: Longsmans, Green and Co., 1947.

13　　H. J. Josephs, *Heaviside's Electric Circuit Theory,* New York, NY: Methuen, 1950. この本は，もともとのヘヴィサイドの演算子法の極めてうまい扱いをしている，珍しい本である．しかし，それは 1920 年代のブッシュ，カーソン，コーエンおよびバーグらによる本の特質への逆行である．その結果，1946 年の初版の 9 年後のデッチュのラプラス変換の著書以後は，ジョセフスの本は絶望的なほど時代遅れとなった．

14　　W. Jackson, "Life and work of Oliver Heaviside," *Nature,* vol.165, pp.991-993, June 24, 1950; P.E. Halstead, "Oliver Heaviside and his influence on modern radio research," *American Scientist,* vol.38, pp.610-611, October 1950; Sir Robert Watson-Watt, "Oliver Heaviside：1850-1925,"*The Scientific Monthly,* pp.353-358, December 1950.

15　　H. J. Josephs, "Some unpublished notes of Oliver Heaviside," in *The Heaviside Centenary Volume,* London: IEE, 1950, pp.18-52.

16　　Sir George Lee, "Oliver Heaviside—The man" *The Heaviside Centenary Volume,* London:IEE, 1950, pp.10-17.

17　　B. R. Gossick, "Where is Heaviside's manuscript for volume 4 of his *Electromagnetic Theory*？," *Annals of Science,* vol.34, pp.601-606, 1977.

18　　ゴシック教授は，その小論文の終りの部分において，それを明らかにしていると私は思う．彼が信じているそれらの出所については，私も同意見である．

19　　R. Feynman, *The Character of Physical Law,* Cambridge, MA: MIT Press, 1965, pp.37-39.

20　　A. K. Astbury, "Heaviside's lost manuscript," *Discovery,* vol.118, pp.267-268, August 1950.

21　　"Discovery in a celler," *Time,* vol.56, pp.64, 66, August 14, 1950.

22　　H. J. Josephs, "Unpublished work of Heaviside," *Electrical Review,* vol.155, pp.9-12,

535

1954.「強奪された家」の話は，この論文においても繰り返されているが，この論文では，1886年のヒューズとの論争は，ジョセフスの言う「相互効果と干渉」(それは第8章において論じた表皮効果であった) および，ヘヴィサイドが考えた，「素粒子 (sub-atomic particles) と，宇宙のエネルギー管の収縮と凝縮」の主張をさらに進めたものである．これらの記述を証拠づけるための資料は，示されることはなかった．

23　H. J. Josephs,"History under the floorboards," *Journal of the IEE*, vol.5, pp.26-30, January 1959.

24　H. J. Josephs, "The Heaviside papers found at Paignton in 1957 ," *Proceedings of the IEE*, vol.106, part C, pp.70-76, January 1959.

25　H. J. Josephs, "Postscript to the work of Heaviside," *Journal of the IEE*, vol.9, pp.511-512, September 1963.

26　B. R. Gossick, "Heaviside's 'Posthumous Papers'," *Procedings of the IEE,* vol.121, pp.1444-1446, November 1974.

27　EMT 1, pp.455-466. 社説 "Gravity and the ether," *The Electrician*, vol.31, pp.340-341, July 28, 1893 も見よ．

28　P. C. Peters, "Where is the energy stored in a gravitational Field?," *American Journal of Physics*, vol.49, pp.564-569, June 1981. 二つの異なった電荷を互いに近づけた状況に対して，同じ欠陥が浮上すると思われる人もおられるだろう．なぜなら，それらは互いに引き合うからである．しかし，これらの異なった電荷を得るためには，他の二つの電荷からもそれを分離しなければならない（宇宙は，電気的には中性であるが，すべての質量は正である――あるいは，こんにち我々は，そう信じている）．そして，すべての電荷の相互作用を考慮するときには，負の電磁気的な場のエネルギー密度は，決して生じない．ヘヴィサイドは，これらのことがどれほど彼を悩ませたかについて，1893年7月に書いている (EMT 1, p.455).「重力エネルギーのすべての流れについての概念を形成する場合，われわれはまず，エネルギーの局所化を考えなければならない．この点で，それは，料理本の中の伝説的な野うさぎに似ている．この概念が有用なものか否かは，これ以後の発見の問題である．また，これについては，有名な料理法の類推がある」．

29　N. Wiener, *The Tempter*, New York, NY: Random House, 1959.

30　前掲，p.115.

31　G.F.C. Searle, Oriver Heaviside: A personal sketch," *The Heaviside Centenary Volume*, London: IEE, 1950, pp.93-96.

32　*The Electrician*, vol.94, pp.174-175, February 13, 1925.

第13章 終 章

訳注

1*　ラプラス変換にもとづく演算子法の理論は，複素関数論の知識を必要とすること，また，その適用範囲については，特有の数学上の制限を伴うなどの問題もあり，技術者の立場からすると，ヘヴィサイドの演算子法のような「ルーチン」的な簡便さに欠けるきらいがあった。一方，本書では全く触れられていないが，1950年代に，ポーランドのミクシンスキ (Jan Mikusiński: 1913-1987) が，ラプラス変換に基づかない演算子法を提唱している（J. Mikusiński, Operational Calculus, Pergamon Press, 1959. 邦訳:『ミクシンスキ 演算子法』，上，下，松浦，松村，笠原 共訳，裳華房，1985年）．これによって，厄介な複素関数論を扱うことなく演算子を扱うことが可能となり，ヘヴィサイドの演算子法の本来の精神が甦ったと考える見方もある．

訳者あとがき

　ベクトル形式で表わされた簡潔で美しい四つの式からなる，かの有名な「マクスウェルの方程式」は，既に100年以上にわたって物理学者や技術者たちによって応用され，物理学と技術上の発展に多大の貢献をしてきた，すばらしい宝物の一つである．しかし，現在そのように呼ばれているこの有名な方程式は，天才マクスウェルその人が現在知られている形式で導いたものではなく，無職で独身，独学の「奇人」，オリヴァー・ヘヴィサイドが初めて示したものであるという事実は，殆ど知られていないようである．19世紀後半から20世紀，そして21世紀初頭のこんにちに至る電気技術，通信技術の目覚しい進歩は，この方程式抜きには考えられないであろう．にもかかわらず，その恩人の一人であるヘヴィサイドがこんにちでは全く忘れ去られていることを残念と感じている人たちは多いのではないだろうか．

　これまで私が抱いていたヘヴィサイドについてのイメージは，「奇人」，「難聴」，「独学」，「孤独」，「電離層の予言」，そして「演算子法」などであり，特に，演算子法の提唱に対して「ケンブリッジ学派」から厳しく批判され，「排斥」され，失意の晩年を過ごした「悲劇の人」という，かなり暗いもので，彼がいわゆる「マクスウェルの方程式」の再定式を行ったということは，全く思いもよらぬことであった．私は，以前からこの悲劇的なイメージと神秘的なキャラクターに惹かれ，ヘヴィサイドの生涯に関心を持っていたが，日本語で書かれた彼の伝記が見当たらないことを常々残念に感じていた．本書の存在を知ったのは，私自身が還暦を過ぎて間もない2004年に，インターネットで科学史関連の記事を検索していたときであった．原著が，1988年にIEEE Pressから，"Sage in solitude（孤独な賢人）"という印象的な副題で出版された後，2002年にJohns Hopkins大学出版局から再刊行されていることを知り，すぐに入手し，難解な部分が多かったが興味深く読むことができた．

　本書において著者のナーイン教授は，19世紀後半の世相，当時の電信・電話技術やファラデー，マクスウェル，ケルヴィン，レイリーなどの電

539

気科学のパイオニアたちをめぐる多彩で極めて「人間くさい」エピソード，そして多くの図版，文献を駆使して，ヘヴィサイドの生涯と業績をわかりやすく詳細に語っていて，その内容は実に興味深いものである．

　本書を読んで，いままでの私の，どちらかと言えば暗いヘヴィサイド観は大きく変化した．第一に，ヘヴィサイドは決して孤独な生活に追い込まれたのではなく，また孤立してもいなかった．彼は極めて精力的で，活発に著名な研究者たちと文通を行い，エレクトリシャン誌をはじめとするいくつかの雑誌に多くの論文を発表し，文書による論争を行なった．彼は自己中心的で，自分の家族や，気遣ってくれる友人たちに迷惑をかけ続けつつ，自分の研究スタイルを頑固に守り続けた．第二に，彼は存命中に評価されなかったのではなく，ケルヴィン，レイリーのような最高レベルの物理学者や，雑誌エレクトリシャンのビッグス，そしてフィッツジェラルド，ロッジ，ペリーら，同世代の研究仲間からも評価され，献身的とも言える支援を受けていた．一方で，電信，電話事業の急速な発展の中で発言権を強めていたプリースを頂点とする技術者集団は，仲間であるはずのヘヴィサイドを理解できず，彼の排斥行為を行なった．第三に，彼に対する批判の多くは，彼自身がかたくなに貫き通した独自の研究スタイルに起因するものであって，必ずしも差別的なものではなかった．第四に，彼は類まれな才能と高い志の持ち主であり，科学に対する情熱と批判精神を持って，たゆまぬ努力を続けた．特に，誰にも先駆けて彼とアメリカのギッブスが導入したベクトルは，四元数信奉者テートらによる強力な批判を受けたが，彼はいささかもひるむことなく堂々と跳ね返した．第五に，彼は病的なほどシャイでありながら，文書の中では饒舌で，権威者に対しても痛烈な皮肉とユーモアをとばす，茶目っ気に富んだ魅力的な人物であった．これらのことは，人間は誰しも矛盾に満ちており，一面的には理解できない奥深さを秘めていることを，改めてわれわれに教えている．

　ヘヴィサイドは，マクスウェルの理論そのものを変更したのではなく，それを深く理解し，美しい数学的形式として表現し，また，磁場と電場の数学的な対称性を強調した．この仕事こそが，その後の物理学，電気工学，電気通信工学の発展に対して決定的な影響を与えたと考えられる．のみならず，無歪伝送の理論は，その後の電気通信工学の基礎となり，

彼の創始した交流理論における「インピーダンス」の概念は，普遍的なものとなった．さらに，「演算子法」は，数学者に対して衝撃を与えた一方で厳しい批判を浴びたが，結果として，現在では線形システム解析の必需品であるラプラス変換を生むきっかけとなった．これほどまでの成果をなしとげた人物が，「無職」（いわばアマチュア）で「独学」の男であったということは，大きな驚きであるとともに，感動的でさえある．

　私がヘヴィサイドに惹かれる理由の一つは，職につくことをせず，社会的なしがらみを大胆に遮断し，断固として自らの志を貫いたという，常人には真似のできない（真似をしたら，たちまち破綻するであろう）彼の大胆な生き方にある．英国には，キャヴェンディッシュやダーウィンに代表される，科学を生活の糧とすることなく偉大な成果をあげた科学者が数多くいる．しかし，彼らの多くは莫大な財産を所有し，基本的に生活の心配がなく，また当時の最高レベルの教育を受けたエリートであった．これに対して，わがヘヴィサイドは，身体的なハンディがあり，また16歳で学校教育から離れた，徒手空拳の，やせこけた貧しい男にすぎない．このような男が，難解極まりない物理学と工学の理論面で当時の最高レベルの仕事をなしとげ，英国電信・電話部門の技術上の権力者プリースや，知的エリートのテートに一歩も譲ることなく堂々と論争を行なったということは，それだけで胸がおどる，興味深い物語ではないだろうか．

　私は，つたないこの訳書が，一人でも多くの方々にヘヴィサイドという，稀有な生き方を貫いた謎と魅力にあふれた人物の存在を知っていただくきっかけとなることを希望している．

　本書の主人公ヘヴィサイドと非常に似たキャラクターとして，同時代のわが国の博物学者・南方熊楠（1867-1941）を思い浮かべる方も多いと思う．彼は１８９５年から１９００年までロンドンの大英博物館で働いていたが，ヘヴィサイドは１８８９年にトーキーに移住していたので，二人が共にロンドンにいることはなかった．しかし，南方の遺品の中にヘヴィサイドに関する記事のある当時の新聞があったということから，南方はヘヴィサイドの名前を知っており，その生きざまに共感していたに違いない．また，ヘヴィサイドの熱心な支援者であったJ．ペリー，W．E．エアトン，J．A．ユーイングらは，明治のはじめに「お雇い外国人教師」として，工部大学校で日本の若者たちを指導した人たちであっ

541

たという事実は，わずかながらもヘヴィサイドとわれわれの間の絆を感じさせる．

　尚，電気に関する用語のうち，「filed」に対する訳語として，理系では「場」，工学系では「界」が一般的に用いられている．しかし，本訳書の場合は電気技術が確立される前の時代の記述であることを考慮して「場」を採用した．

　原著に盛り込まれた話題がきわめて広範囲であるだけでなく，100年以上前の書簡，論争の引用も数多く，訳者の能力不足による誤訳の多いことをおそれているが，訳注を含め，その責任の全てが私にあることは言うまでもない．

　最後に，ナーイン教授をはじめとする多くのヘヴィサイドの研究者の方々に対し，心から敬意を表するとともに，私の稚拙な訳文を粘り強くご検討いただき，数多くの修正とご助言をいただいた岡村浩工学院大学名誉教授，出版に際して多大のご協力をいただいた海鳴社のみなさんに対し，厚く御礼申し上げる．

2012年1月

高野　善永

索　引

あ行
アーベル　Abel, Niels Hendrick　409
IEE　59, 82, 99, 120, 123, 127f., 143, 150-152, 155, 157, 215, 248f., 253, 261, 263, 287, 294, 307f., 317, 320-323, 326f., 330, 341, 415f., 450, 502f., 505f., 512, 523, 525-527, 530f., 535f.
アインシュタイン　Einstein, Albert　46f., 56, 81, 160, 169, 189, 210, 212, 225, 227, 230, 248, 250, 492, 529-532
アッシャー　Ussher, James　421-423, 443f.
『悪魔』(著書名) Tempter (Wiener)　536
アダムス　Adams, Henry　426, 445
アップルトン　Appleton, Edward　485, 530
アップルヤード　Appleyard, Rollo　78, 83, 106, 120, 156f., 243f., 322, 458, 522
アメリカ電気技術者協会　499, 501, 509, 524 → AIEE
アメリカン・ベル社　American Bell Company　476-479, 517
アルガー　Alger, Horatio　136
アルキメデス　Archimedes　525
アンダーソン　Anderson, James　270
アンテナ　antenna　47, 193, 482
アンペール　Ampere, Andre Marie　161-163, 173, 185
　　──の法則　Ampere's law　170, 172, 177, 187, 365
安全円錐　cone of safety　280, 316

イートン　Eaton, W. E.　527
位相歪　phase distortion　94, 97, 107
English Mechanic (雑誌)　72
ETC(Electric Telegraph Company)　136f.
インダクション・バランス　induction balance　155, 261, 266, 322, 330
インダクタンス　inductance　71, 92, 100, 108, 121, 142, 201, 255, 266f., 269f., 289f., 308, 318, 332, 382, 402, 409, 457, 478
　　自己──　self──　108, 267, 274
　　相互──　mutual──　522
インパルス関数　impulse function　90, 101, 418
インピーダンス　impedance　121, 158, 267, 281f., 315f., 385, 403

ヴァッシー　Vaschy, Aime　479
ヴィクトリア女王　Victoria, Queen of England　49, 51, 475, 513
ウィーナー　Wiener, Norbert　255, 526, 532f., 536
ウィザース　Withers, J. M.　232
ウィルソン　Wilson, Edwin B.　356, 359, 366, 369, 374

543

ウェイ　Way, Mary　291, 295, 492f., 498, 524
ウェスタン・エレクトリック社 Western Electric Co.　512
ヴェッセル　Wessel, Casper　360
ウェッブ　Webb, F. H.　263
ウェーバー　Weber, Wilhelm　174, 213
ウェルズ　Wells, Herbert George　362f.
ウォーターストン　Waterston, J. J.　393f., 415
ヴォルタ　Volta, Alessandro　161
ウォルトン　Walton, William　72

AIEE　→　アメリカ電気技術者協会
エアトン　Ayrton, William Edward　128, 159, 268, 323, 331
エアリー　Airy, George Biddel　73, 85, 129, 132, 151
エイズリー　Eiseley, L.　426
エイトケン　Aitken, Hugh G. J.　486f., 520
英国科学振興協会 British Association for Advancement of Science　79, 91, 99, 132, 134, 143, 224, 258, 267, 280 282-285, 314, 301, 316, 321, 324, 456, 479, 487, 514
エーテル aether, ether　164-166, 173, 183f., 186, 220, 224, 236f., 358, 378, 455, 481, 532
　　光の―― the luminiferous ether　164f., 358
エールステッド Oersted, Hans C.　161, 185
エクストラ電流 extra current　107f., 121, 126
えせ科学者 scienticulist　127, 140, 159, 174, 271, 324
えせ科学者度 scienticulometer　143
X線　X ray　81, 182f., 189, 214, 494
エックルス　Eccles, William Henry　250, 484f., 519f.
エディソン　Edison, Thomas A.　82, 131, 138, 149, 155f., 183
エネルギー　Energy　47, 49, 56, 121, 123, 131, 147f., 158, 169, 179, 181, 193, 204, 216, 219, 221, 229, 231, 236-242, 260f., 265, 283f., 313, 321, 426, 445-447, 477, 480, 518, 529, 532, 536
　　――の移動　motion of energy　219, 221, 249, 286
　　――の局在　localization of energy　219, 236
　　――の伝搬　propagation of energy　242, 477
　　――の流れ　flux of energy　218f., 220, 222, 237, 239-241, 347, 518
　　――の保存　conservation of energy　179, 217-219, 248
　　――の連続性 continuity of energy　217f.
エリオットソン Elliotson, John　124
Electrical Engineer（雑誌 ;London）　287, 326, 518
　　――（雑誌 ;New York）　156, 191, 320, 328-330
Electrical Papers（著書名 ;Heaviside）60, 110, 140, 184, 200, 202f., 207f., 244f., 250, 269, 297, 299, 306, 317, 345, 495, 509, 529f.
Electromagnetic Theory（著書名 ;Heaviside）80, 109-111, 120, 123, 161, 209, 244, 306, 358, 374, 382, 412, 434, 467, 469, 473, 488, 494, 498, 501, 522, 529, 535
エレクトリカル・レビュー（雑誌）Electrical Review　243, 272, 535

索引

エレクトリカル・ワールド（雑誌）*Electrical World*　101, 244, 308, 328f., 459, 514
エレクトリシャン（雑誌）*The Electrician*　77, 81, 85, 91, 96, 100, 123f., 133, 136, 140, 142, 150, 158, 162f., 182-184, 189, 191, 195f., 198-200, 202, 205, 219f., 224, 232, 237, 239, 243, 245-249, 264, 266, 270, 272, 275-278, 282, 284, 287, 293-295, 306-308, 316, 318, 320f., 323, 325-330, 345, 349, 350, 412, 428, 436-439, 448, 450-453, 455, 459, 466f., 469, 474, 484, 488f., 507, 512, 514-516, 518-521, 524f., 536
遠隔作用 action at a distance　100, 163-166, 209, 213, 247, 254
エンサイクロペディア・ブリタニカ Encyclopedia Britannica　482
演算子 operator
　　逆—— inverse operator　386, 404
　　　空間の微分—— space differential operator　178, 441
　　　時間の微分—— time differential operator　178, 385
　　　抵抗—— resistance operator　385, 392, 401f.
　　　積分—— integral operator　386
　　　微分—— differential operator　185, 344, 367, 400, 416, 509, 527
　　　分数次の—— fractional operator　387, 406-408, 412
　　　——方程式 operational equation　386
演算子法 operational calculus　101, 125, 381-383, 396, 398-401, 405, 413, 417f., 431, 435, 438, 448, 517, 526, 535, 537
Engineer（雑誌）　134
エントロピー Entropy　215f., 247f.

オイラー Euler, Leonhard　134, 387, 407
　　——の恒等式 Euler's identity　103, 362
　　——の定数 Euler's constant　411
オーバーシュート overshoot　89
オームの法則 Ohm's law　77, 87, 130, 136, 139, 203f., 241, 311, 401
オライリー O'Rahilly, Alfred　100
王立協会 the Royal Society　66, 69, 79, 129f., 167, 192, 218f., 232f., 261, 300f., 348, 375, 381f., 384f., 388-391, 393f., 452, 489
王立協会会員（フェロー）Fellow of the Royal Society (F. R. S.)　128, 167, 202, 232, 234, 253, 283, 299, 318, 336, 370, 390, 394, 396, 494f.
王立研究所 Royal Institution　371
温度勾配（地表の）temperature gradient　425, 430, 441, 443

か行

カーソン　Carson, John R.　116, 408, 524, 526
カーター　Carter, Edward Tremlett　405, 467f., 474, 482, 488, 514-516
カールスロー Carlslaw, H. S.　381, 417, 447
階乗関数 factorial function　387, 407 →ガンマ関数
海底ケーブル submarine cable　70f. 76, 85, 102, 517
回転 curl (rot)　177, 187, 341, 359
ガウス Gauss, Karl Friedrich　168, 174
　　——の定理 Gauss's theorem　178, 253
　　——の法則 Gauss's law　170

科学救済基金 the Scientific Relief Fund　304
鏡付きガルバノメータ mirror galvanometer　97
確固たる状態　Consistent Status　426, 429
拡散 diffusion　71, 95, 102
　　　——係数 diffusion coefficient　430, 433, 441, 447
　　　——速度 diffusion speed　95, 99, 102
　　　——方程式 diffusion equation　100, 107, 440
下賜年金　Civil List Pension　154, 452, 498
ガッタ・パーチャ Gutta-Purcha　87, 94, 319
カムデン街　Camden town　55, 62f., 105
カラペトフ　Karapetoff, Vladimir　122
カリー　Curry, Charles Emerson　213f.
カルノー Carnot, Sadi　58
カロライン（ケーブル敷設船）Caroline　71
官製科学 official science　459, 471
ガンマ関数 Gamma function　406f.
ガンマ線 Gamma rays　445

キップリング　Kipling, Radyard　353, 355, 379
起電力　electromotive force (EMF)　72, 112, 149, 203
ギッブス Gibbs, J. Willard　334f., 339, 343-356, 358, 373f.
木村駿吉　356, 377, 379
キャヴェンディッシュ Cavendish　161
　　　——研究所 Cavendish Laboratory　96, 168, 224f., 227, 370
キャンベル　Campbell, George Ashley　477f., 518
救貧院　workhouse　54, 303
共振現象 phenomenon of resonance　121
虚軸　imaginary axis　360f.
鏡像法　method of image　168, 190
キュリー　Curie, Marie　231
ギル　Gill, Frank　327, 523
キルヒホッフ　Kirchhoff, Gustav Robert　100, 160, 213, 259, 344
キング　King, Clarence　420, 432
ギントル Gintl, Wilhelm　155

クーパー Cooper, J. L. B.　390, 414
クーパー Cooper, W. R.　488
クーロン Coulomb, Charles　162
クック Cooke, William Fothergill　79
汲みつくせぬ空洞 "Inexhaustible Cavity"　498
クラーク Clark
　　——, Josiah Latimer　129, 151, 196f.
　　——, Edwin　129,
クライン Klein, Felix　246, 253, 380
グラスゴー大学 University of Glasgow　85, 88, 156, 168, 331

グラッドストン Gladstone. E. William 305
グラスマン Grassmann, Herman Gunter 373, 380
クララップ Krarap, C. E. 517
グリーン Green, George 168, 185
クリスティ Christie, Samuel Hunter 69
グレーズブルック Glazeblook, Richard Tetley 336, 370
グレート・イースタン号（ケーブル敷設船；Great Eastern) 94, 270
グレート・ノーザン電信会社　Great Northern Telegraph Company 71, 256
グレゴリー Gregory, Dunkan 72, 389
クレロー Clairaut, Alexis Claude 134, 153
芸術協会 Society of Arts 148, 284f., 330, 475
ケイリー Cayley, Arthur 352, 355, 376
KR-法則 KR-law 129, 266-268, 308, 313, 470, 479, 516
ケーブル cable 70f., 79, 86, 87-98, 176, 316, 319f., 323, 396, 458, 476, 514, 517f.
　　──の損傷, cable faults 76
ゲッチンゲン大学 University of Göttingen 234, 253
ケネディ Kennedy, A. B. W. 83
ケネリー Kennelly, Arthur 483-485
　　──・ヘヴィサイド層 Kennelly-Heaviside Layer 484f.
ケプラー Kepler, Johannes 134, 421
ケランド Kelland, Phillip 372, 389
ケルヴィン Kelvin → トムソン（ウィリアム）
原子 atom 47f., 171, 175, 195, 224, 228, 230, 252, 473, 530
ケンブリッジ Cambridge 61, 74f., 83, 87f., 96, 107, 161, 168, 225, 227, 248, 260, 292f., 393, 395, 400, 404, 411, 414, 418, 422, 431, 439, 476, 521, 528
ケンペ Kempe, Harry Robert 499, 522f.

光子 photon 228
光速（度）velocity of light → 光の速度
勾配 gradient 344
交流 alternating current 128, 193, 259f., 281-283, 295, 326, 330, 378
ゴシック Gossick, Ben Roger 60, 80, 326, 372, 525, 535f.
コンプトン散乱 Compton scattering 48

さ行
サール Searle, George Frederick Charles 122f., 161, 225-229, 232, 250-252, 292f., 397f., 416, 462, 490-493, 497f., 501f., 511, 521, 523, 527, 533f., 536
　　──の法則 Searle's law 521
サンプナー Sampner, W. E. 105, 192, 412f., 418
サン・マルタン・ルグラン（地名；St. Martin's-le-Grand) 130, 137, 291

シーメンス Siemens, Alexander 506
GPO → 郵政公社
ジェフリース Jeffreys, Harold 400, 404, 439f., 448
ジェンキン Jenkin, Fleming 86, 100, 197

紫外の危機 ultraviolet catastrophe　57
紫外の死（宇宙の）violet death of (universe)　48, 57
磁荷 magnetic charge　170, 180, 186f., 235　→ モノポール
磁気 magnetism　161, 167, 171, 173, 175, 185, 209, 214, 237, 267, 308
磁気学 magnetics　170
磁気的粒子 magnetic particle　208
磁気力 magnetic force　161, 209, 220, 223, 345, 378
自己誘導 self induction　102f., 123, 142, 157, 243, 255, 277, 284, 286. 291, 308
四元数 quarternion　56, 206, 237, 278, 298, 333-335, 338-357, 359, 364-370, 372, 375-379
　――講義（著書名）*Lectures on Quarternions* (Hamilton)　342f., 377
　――の基礎（著書名）*Elements of Quarternions* (Hamilton), 343f., 368f.
　――の基礎論（著書名）*An Elementary Treatise of Quarternions* (Tait)　342-344, 346, 353
　――の君主 load of quarternions　343
　――の積 quarternion products　366
　――量子論 Quarternion quantum theory　377

自然哲学論考（著書名）*Treatise on Natural Philosophy* (Thomson and Tait)　340, 368, 389
指数関数 exponential function　95, 98, 103, 117, 157, 312, 387
時定数 time constant　118, 121, 157, 313, 321
実用人 practical men　91, 129, 132f., 140, 200, 500
磁場 magnetic field　115, 170, 177, 180, 187, 214, 222f., 240, 249, 259, 365, 518
シモンズ Symons, G. J.　288f.
シャーリン Sharlin, H. I.　427, 446
ジャクソン Jackson, Willis　45
周回積分 contour integral, 398, 416, 418
修正主義者 revisionist　426
集中定数回路 lumped parameter circuit　108
種の起原（著書名）*Origin of Species* (Darwin)　423
ジュール Joule, James P.　242, 336
シュスター Schuster, Arthur　88
シュレーゲル Schlegel, Victor　344, 373
シュレーディンガー Schrödinger, Erwin　48
シルバーステイン Silberstein, Ludwick　408, 495
蒸気機関 steam engine　52, 58
ジョセフス Josephs, Henry J.　528-530, 535f.
ジョーダン Jordan, D. W.　45, 102, 123
磁流 magnetic current　238f.
進化論 theory of evolution　428, 435f., 446
信号の速さ signal rate　70

スウィンバーン Swinburne, James　209, 215, 248, 394

索引

数 numbers 359, 361
　複素── complex number 359f., 363, 366, 380, 408, 416
　超複素数── hypercomplex number 364 → 四元数
　虚── imaginary number 361, 364, 368
数学優等試験 Mathematical Tripos 218, 226, 248, 321, 336, 390, 398, 411, 447
スカラー scalar 136, 344f., 356, 366-368
　──積 scalar product 187, 344, 367, 379
　──ポテンシャル scalar potential 168, 185, 190, 245
スキリング Skilling, H. H. 241
スタインメッツ Steinmetz, Charles 122, 523,
ステップ応答 step response 405
　──関数 step function, 88-90, 386, 534
　──入力 step input 90, 96, 409, 534
スチュアート Stewart, Balfour 483
ストークス Stokes, George Gabriel 85, 87f., 90, 94, 99, 129, 165, 172, 183, 188, 210, 260, 376, 445
ストーン Stone, John Stone 476f., 517
ストラット Strutt, John William 102 → レイリー
スネル Snell, William Henry 198, 276f., 282, 293, 324, 451, 534
スプラーグ Sprague, John Toby 136, 142, 154, 219, 221
スポッティスウッド Spottiswoode, William 66

斉一説 uniformitarianism, 424f., 427, 449
静電容量 (electrostatical) capacity 71, 87, 99, 108, 112, 117, 121, 126, 129, 190, 257, 266, 274, 279, 308, 319, 323, 329, 401, 457-459, 514, 518
正弦波 sinusoidal wave 95-98, 261f., 331, 403
絶縁 insulation 86f., 92, 100, 173, 258f., 270, 289, 317, 319, 430
絶縁体 insulator 86, 270

装荷 loading 78, 202, 290, 298, 326f., 331f., 476-479, 500, 503, 507, 517, 524
　──コイル loading coil 289f., 478-480, 500, 517, 532
創世記 Genesis 422-424
相対性原理 principle of relativity 225
　──理論 (special) theory of relativity 46f., 227, 475, 532
相反定理 reciprocity theorem 111, 123
ソーンダーズ Saunders, Harold 531
測度 metric 374
ソノメータ sonometer 263, 322

た行

ターマン Terman, Frederik 485
ダーウィン Darwin, Charles 58, 167, 420, 423f., 426, 428, 444f.
ダーレン Dalen, Niles Gustaf 492
大西洋横断ケーブル Atlantic cable 71, 85, 91f., 101
大西洋電信会社 Atlantic Telegraph Company 83, 91f.

549

ダイナミカブルズ Dynamicables   197
タイム誌 *Time Magazine*   528
タイムズ紙 *The Times*   487, 501
太陽の年齢 age of sun   420, 426
対流電流 convection current   471, 524
タキオン tachyons   231
タッカー Tucker, George   293f., 488, 497, 519
縦波 longitudinal waves   165, 183, 189, 214, 358, 378
タム Tamm, Igor E.   231, 252

ダルゼル Dalzell, D. P.   404
単位インパルス関数 unit impulse function   90

着流曲線   arrival curve   89, 96
チェシャイア Cheshire, F. R.   66
チェレンコフ Cherenkov, Pavel A.   231, 252
　──放射 Cherenkov radiation   231, 252
地球の年齢 age of Earth   89, 110, 167, 307, 401, 420f., 429, 440f., 446-448
超光速 hyperlight, faster than light   103, 227, 231f., 253, 358
チューリング Turing, Alan   416

ツリー Tree, R. H.   506, 512

抵抗 resistance   107f., 112, 115, 118, 121, 126, 136, 147, 149, 193, 201, 203, 224, 268f.,
    279f., 314, 317f., 401, 409, 453, 513
ディスカヴァリー（雑誌；*Discovery*）   530
ディズレーリ Disraeri, Benjamin   50
定積分 definite integral   116
ディラック Dirac, Paul A. M.   48, 187
ティンダル Tyndall, John   333, 336, 351, 371f.
デーヴィー Davy, Hunphrey   53, 496
テート Tait, Peter Guthrie   179, 181, 190, 335-340, 342-354, 357, 370-374,
    377f., 396, 428f., 433f., 447, 475
テーヌ Taine, Hyppolyte   51, 58
デカルト座標 cartesian coordinate   56, 206, 341, 346, 357, 368
テスラ Tesla, Nicola   466
デッチュ Doetsch, Gustav   526f., 535
デ・ラ・ベシェ De la Beche, Henri   425
電圧 voltage   76, 87, 89f., 92, 98, 103, 107f., 125, 147, 315, 374, 385f., 401, 409,
    453
電荷 charge   47, 71, 134, 150, 168, 170, 172, 178, 186, 222f., 225, 227-230, 235, 250,
    252, 279, 476, 536
　　運動する── moving charge   222f., 227f., 230, 524
　　──の保存 conservation of charge   170, 177
展開定理 expansion theorem   388, 414, 527

550

索引

電気 electricity 75, 91f., 97, 99, 106, 117, 127, 131, 150f., 157f., 163, 172, 175-177, 185-187, 193, 203, 211, 214, 219, 222, 234, 249, 256, 297, 326, 347
　　——の速度 velocity of electricity 92f.
電気学 electricity, 72, 91, 130, 136f., 160, 162, 168, 170, 189, 198, 277, 437
電気磁気論（著書名）*Treatise on Electricity and Magnetism* (Maxwell) 72, 75, 81, 142, 160, 182, 190f., 206, 208, 223, 236, 341, 344
電（気）磁気学 electromagnetism 170, 209, 230, 236, 344, 347, 394
電気通信 electrical communication 106, 120, 156, 243, 522
電気的緊張状態 electrotonic state 179f.
電気力学 electrodynamics 162f., 166, 168, 174, 191f., 206, 212, 214-216, 225, 233, 247, 261, 349, 358, 486
　　——的運動量 electrodynamical momentum 181
電気力 electric force 209, 237, 242, 528
電子 electron 47f., 57, 122f., 127, 150, 186f., 194, 222, 224, 226, 228, 234, 249, 251, 476
電磁気的質量 electromagnetic mass 227, 250f.
電磁衝撃波 electromagnetic pulse (EMP) 49
電磁場の方程式 electromagnetic field equations 56, 358 → 二重方程式, マクスウェルの方程式
電磁波 electromagnetic waves 47, 102, 161, 181, 187, 193, 206f., 213, 233, 246f., 255, 265, 277, 291, 309, 311f., 472, 520
電磁誘導 electromagnetic induction 167, 185, 266, 283, 286, 321, 456, 479
電信 telegraph 71, 76, 95, 103, 105-107, 114, 123, 128, 137, 139, 143, 145, 151, 256-258, 261, 267, 299, 321, 472, 481, 483, 496, 521
　　——技術者協会 Society of Telegraph Engineers 73, 82, 114, 128, 157, 265, 327 → S. T. E.
　　——方程式 telegrapher's equation 105, 108, 121, 125
伝送線路 transmission line 266, 277, 319, 414
伝送速度 transmission rate 111, 113, 118
テンソル tensor 368
電場 electric field 127, 170, 174, 177, 214, 224, 241f., 249f., 253, 311f., 518
天変地異説 catastrophism 424
電流 current 76f., 89, 93, 103, 107-109, 112, 115, 118, 121, 123, 125f., 149, 157, 162f., 170, 172f., 178, 187, 203, 219f., 223, 238f., 241, 258-263, 265, 321, 324, 365, 386, 401, 453
電離層 ionosphere 485, 520
電話 telephone 46, 115, 120, 144f., 244, 257-259, 268f., 277, 289f., 308f., 329, 331, 457, 506, 512, 517

同軸ケーブル coaxial cable 86
導電電流 conduction current 172, 220, 235, 282
導電率 electric conductivity 86, 201, 220, 241, 282, 312
導磁率 magnetic conductivity 235
導体 conductor 86, 99, 150, 173, 175, 192, 200, 202, 220, 222, 259f., 262f., 265, 270, 279, 281, 311f., 314, 378, 456, 469f., 483, 515, 517

551

トドハンター Todhunter, Issac 72, 75
ド・フォレスト De Forest 484f.
トプシー Topsy 436f.
トムソン Thomson
　ジェームス—— James 58
　J. J.—— Joseph John 184, 221, 223-225, 227, 249, 344, 376, 491
　ウィリアム—— William 59, 71, 85-103, 105, 107, 110, 121, 125, 129f., 132f., 151, 154, 156, 159, 167, 176, 192, 197, 203, 205, 210, 233, 245, 250, 263f., 271, 273, 285-287, 320, 335, 337, 341f., 344, 358, 371f., 376, 378, 396, 420, 425-435, 437, 439-441, 444-448, 457, 534 → ケルヴィン
トリニティー・カレッジ（ケンブリッジ）Trinity College (Cambridge) 51, 411
トリニティー・カレッジ（ダブリン）Trinity College (Dublin) 192, 298, 302
トロッター Trotter, Alexander Pelham 199, 243, 293, 295f., 327f., 415, 436-438, 451, 466, 469f., 513f., 516, 525, 534
トンプソン Tompson, Silvanus P. 114, 136, 157, 183, 195, 211, 219, 268, 272, 274, 294, 316-320, 331f., 372, 479-481, 494, 496f., 498, 518, 534

な行
ナブラ（∇）nabla 185

ニーヴン Niven, Charles 321
二重形式 duplex form 208
二重方程式 duplex equations 213, 234f., 238, 266
二重電信 duplex telegraph 138, 155
二乗の法則 law of squares 89, 91, 129
ニューカム Newcomb, Simon 420, 445
ニュートン Newton, Issac 47, 119, 125, 134, 162, 164f., 169, 174, 181, 245, 339, 525, 532
ニュートン・アボット（地名）Newton-abbot 234, 294, 435, 460, 490f., 493, 500

ネイチャー（雑誌）Nature 45f., 49, 58, 80, 135, 139, 172, 195, 220, 232, 251, 291, 333, 336f., 340, 346-349, 351, 353, 355, 358, 371f., 374-379, 393, 420, 428, 434, 490, 496
熱核反応 thermonuclear reactions 426
熱伝導方程式 heat equation 168, 430f.
熱の解析的理論（著書名；Theorie Analytique de la Chaleur (Fourier)）87, 168
熱力学 thermodynamics 168, 215f., 247, 343, 425, 446

ノアの洪水 Noah's flood 425
ノーベル賞 Nobel prize 227, 231, 466, 492, 521
ノックス Knox, B. B. 422, 444
ノット Knott, Cargill Gilston 352f., 356

は行
バーグ Berg, Ernst 188, 253, 451, 507-510, 523, 526, 534f.

索引

バーク　Burk, William　324
ハーシェル　Hershel, John　372
バーチフィールド　Burchfield　423, 444
バートン　Burton, Charles Vandeleur　496, 499, 516, 523
ハーディ　Godfrey Hardy　397
バーネット　Barnett, M. A. F.　485
バーンサイド　Burnside, William　390, 414
ハイゼンベルク　Heisenberg, Werner　48
ハイフィールド　Highfield, John S.　122, 244, 412, 503-507, 526
ハクスリー　Huxley, Thomas H.　167, 428, 439, 446
発散　divergence　170, 177, 187, 207, 238-240, 253, 374
　　──級数　divergent series　389f., 398, 409, 411, 415
　　──定理　divergence theorem　374
ハットン　Hutton, James　424, 449
バックワルド　Buchwald, J. Z.　515
波動方程式　wave equation　100, 173
場の概念　conception of field　161
ハミルトン　Hamilton, William Rowan　99, 335, 339-343, 351, 357, 363-365, 367-370, 372f., 378f.
ハミルトニアン　Hamiltonian　339
バラス　Barus, Carl　515
バワース　Bowers, B.　79
ハント　Hunt, Bruce J.　153f., 190, 245, 254, 326, 373, 517
万有引力　Gravity　164, 175, 185, 475

ピアース　Pierce, John Robinson　160
ピアッジオ　Piaggio, H. T. H.　381
B. A.　79, 155, 184　→　英国科学振興協会
光のエーテル　luminiferous ether　164f., 183, 358
光（の）速度　velocity of light　102f., 165, 173, 225, 228, 231, 235, 358
光の電磁気的理論　electromagnetic theory of light　188, 467
歪補償回路　counterdistortion circuit　517
ビッグス　Biggs, Charles Henry Walker　197-201, 205f., 270f., 275-277, 287, 326, 451, 534
避雷針　lightning rod　279, 281-285, 287f., 314f., 321, 326
避雷針会議　Lightning Rod Conference　281, 287, 289, 315
ヒルベルト空間　Hilbert space　374
広重　徹　251
ヒューズ　Hughes, David Edward　138, 155, 196f., 210, 261-266, 278f., 321f., 325, 330, 473, 475, 489, 534f.
　　──メダル　Hughes Medal　489, 491
ピューピン　Pupin, Michael, I.　122, 331, 477-479, 482, 500, 507, 518
ビュッフォン　Buffon, George Louis Lelerc Comte de　444
表皮効果　Skin effect　202, 259-262, 264, 267, 282, 284, 311, 322f., 325, 327, 378, 431, 473, 535

表皮の深さ　skin depth　269, 312

ファイー　Fahie, John　321
ファインマン　Feynman, Richard，56f., 160, 190, 240, 529
ファラデー　Faraday, Michael　51, 53, 125, 129, 132, 151, 153, 161, 166f., 169, 179f., 185, 187, 189, 209, 223, 254, 300, 365, 371, 469f., 495f.
　　──の誘導法則　Faraday's law of induction　170
　　──メダル　Faraday Medal　249, 503, 505
ファン・ライセルベルガ　van Rysselberghe　258f., 323f.
フィールド　Field, Stephen Dudley　476
フィッツジェラルド　FitzGerald, Desmond　196
　　──, George Francis　78, 110, 192-196, 208, 210, 220, 233, 236, 242, 246, 249, 254, 283, 299, 300, 302, 306, 309, 310, 317, 329, 344, 359, 391, 435, 452-456, 458-460, 462-465, 468, 470-472, 475, 494, 516f., 534
フィディングトン　Whiddington, Richard　45
フィロソフィカル・マガジン（雑誌；*Philosophical Magazine*）　72, 99f., 105, 107, 111, 113, 138, 195, 202, 225, 265, 277, 281, 287, 345, 399, 515
ブース　Booth, Charles　62, 78
フーリエ　Fourier, Jean Baptiste Joseph　87, 100, 168, 384, 406, 418, 425, 427, 431, 445, 448
　　──級数　Fourier series　95, 105, 108, 125, 343, 399, 411, 431
　　──積分　Fourier integral　95, 434
ブール　Boole, George　72, 384, 413
フェッセンデン　Fessenden, Reginald　175, 485f.
フェップル　Föppl, August　212f., 247
フューウェル　Whewell, William　51, 411, 418
フォーサイス　Forsyth, A. R.　378
フォーブス　Forbes, James David　337, 371
フォーレ　Faure, Camille　217
フォスター　Foster, George Carey　285
フォレスト　Forest, Lee de　484f.
符号間干渉　intersymbol interference　95
ブキャナン　Buchanan, J. Y.　393
複素積分　complex integral　399f.
負性抵抗　negative resistance　453, 513
フッカー　Hooker　444, 447
ブッシュ　Bush, Vannevar　381, 479, 526, 534
ブラウン
　　Braun, Ferdinand　122
　　Brown, William Gordon　72, 81, 508
　　Browne, Thomas　422
ブラヴィエ　Blavier, Edouard Ernest　77
ブラック　Black, Harold　265
ブラッグ　Blagg, William Henry　494
ブラッドリー・ビュー　Bradley View　125, 459, 464, 490, 492

554

索引

フランク　Frank, I. M.　231, 252
フランクリン　Franklin, Benjamin　161
プリース　Preece, William Henry　127-141, 143, 145-152, 154-158, 175, 187, 192, 196, 199, 234, 255-259, 266-269, 271-275, 279f., 282-291, 296, 307-311, 313-316, 322, 324, 326f., 329, 334, 382, 395, 456-459, 468, 470, 475, 479-481, 486f., 489, 495f., 514, 518, 522, 534
プリーストリー　Priestly, J. B.　363
　──, Joseph　161
ブリッテン　Brittain, J.　478, 517
ブリュースター　Brewster, David　439
ブルーム橋　Brougham bridge　365, 380
ブレイクスリー　Blakesley, Thomas　326
フレッチャー　Fletcher, Harvey　265
フレネル　Fresnel, Augustin　165
フレミング　Fleming, John Ambrose　145, 197, 295, 327f., 484, 520
ブロック　Brock, Henry　524
ブロムウィッチ　Bromwich, Thomas John I'anson　396-400, 406, 416f., 447
　──積分　Bromwich integral　416
分数次の（演算子）　fractional (operator)　387, 389, 396, 406-408, 412, 441, 448
分布定数回路　distributed parameter circuit　108
並列接続（電灯の）　subdivision　131, 147, 149
ペイリー　Paley, William　203, 244
ペイントンの隠棲者　Hermit of Paignton　307, 452
ヘーゼルウッド　Hazelwood, Robert　378
ベーレント　Behrend, Bernard Arthur　253, 499-501, 517
ベキ級数　power series　116, 386f., 419
ベクトル　vector　47, 57, 169f., 180f., 185-190, 206f., 237-239, 241, 245, 247, 298, 333, 344-347, 351f., 354-363, 365-369, 377, 379
　──解析　vector analysis　60, 207, 247, 307, 335, 343f., 346-349, 351f., 356-359, 367, 372-375, 379, 526
　──解析の基礎（著書名；*Elements of Vector Analysis* (Gibbs)）　344, 358
　──積　vector product　187, 344, 367
　──の回転　vector rotation　363, 369
　──微分演算子　vector differential operator　185
ベクトルポテンシャル　vector potential　136, 180, 189f., 206f., 209, 236
ベセノー　Bethenod, Joseph　84, 498, 523
ベッセル関数　Bessel function　116, 323
ベッセル・ケーブル　Bessel cable　323
ベネット　Bennet, Alfred Rosling　289f., 327
ヘヴィサイド　Heaviside
　アーサー　── Arthur　69f., 82, 121, 138, 146, 150, 154, 202, 255, 258, 268, 290, 294f., 316, 320, 324, 327, 330, 458f., 507, 521-523
　エリザベス　── Erizabeth　513
　サラ　── Sarah　291, 295
　ジョン　── John　78

555

チャールズ —— Charles　69, 78, 291f., 295, 491f., 497f., 511, 513
トーマス —— Thomas　64f., 78, 292, 295, 511
ハーバート —— Herbert　64, 69, 78, 84
レイチェル —— Rachel　66, 292, 511
——のステップ（階段）関数　Heaviside step function　88
——の楕円体　Heaviside's ellipsoid　227
——層　Heaviside layer　485
ヘヴィサイディオン　Heavisideon　122
ペリー　Perry, John　110, 124, 159, 196, 212, 215, 233, 248, 294, 299, 323, 331, 380, 427f., 430-435, 439, 441, 443, 447f., 453f., 486, 534
ヘルツ　Hertz, Heinrich　47, 57, 161, 172, 174, 179, 181, 187, 191, 193, 201, 206f., 209-214, 231, 236, 246f., 254, 261, 283, 291, 327, 342, 358, 456, 483, 487, 528
ヘルムホルツ　Helmholtz, Herman von　188, 213f., 247, 336, 371, 420, 445
ベルソル　versor　353, 368
ベル　Bell, Alexander Graham　137, 155, 157-159
ベル電話会社　Bell Telephone Company　137, 159
ベルヌーイ　Bernoulli, John　384
ベネット　Bennet, Alfred Rosling　289f.
ペンダー　Pender, John　196, 199, 513
変位電流　displacement current　172f., 177f., 188, 192, 220, 378
偏極（光の）　polarization (of light)　165
偏微分方程式　partial differential equation　73, 87, 102, 105, 179

ポアッソン　Poisson, Simon, D.　161
ポアンカレ　Poincaré, Henri　175, 215, 242
ボイス　Boys, Charles Vernon　230, 233, 252
ホイートストン　Wheatstone, Charles　68-71, 79, 83f., 146, 255, 320, 439
　エンマ —— Emma　68, 79
　——ブリッジ　Wheatstone bridge　68, 72f.
ホイッタカー　Whittaker, Edmund　77, 246, 371, 373, 390, 414
ポインティング　Poynting, John Henry　181, 216, 218-221, 239, 241, 254, 284, 320, 534
　——の定理　Poynting's theorem　239
　—— ベクトル　Poynting vector　218, 221, 240f., 253
ホイットマン　Whitman, Walt　209, 254
ボーア　Bohr, Niels　48
ボーク　Bork, A. M.　73, 189, 245, 374
放射　radiation　48, 57, 193, 261, 378, 434, 480f., 484, 520f.
　—— 性崩壊　radioactive decay　426, 440, 445, 448
ホームフィールド　Homefield　492f., 495, 497, 502, 505, 507, 521, 524
ホール　Hall, Edwin　222
ボール　Ball, Robert　420
ポール・モール・ガゼット（雑誌；*Pall Moll Gazette*）　317f.
保護円錐　cone of protection　314, 316
ポスト　Post, Emile, L.　416

索引

ポテンシャル　potential　168, 206-210, 214, 236, 243, 279
　――関数　potential function　168, 208
　――論　potential theory　168
ボトムリー　Bottomley, James Thomson　156, 358
ボルツマン　Boltzmann　172, 213f., 247, 378
ホワイトハウス　Whitehouse, Edward Orange Wildman　91f., 96, 102
ボンド　Bond, W. G.　198, 289, 293, 324, 415, 451, 455-459, 465-467, 513

ま行

マイヤー　Mayer, Jurius Robert　336f., 371
マクスウェリアン　Maxwellian　191, 193-195, 213, 228, 236, 245, 254, 373, 517
マクスウェル　Maxwell, James Clerk　47, 56f., 72f., 75f., 81, 115, 119, 125, 147, 160-163, 165, 167-175, 177-182, 185-193, 195, 206-214, 223, 226-228, 236f., 242, 245f., 254, 259-261, 266f., 291, 293, 297f., 334f., 339-341, 344, 349, 371, 394, 396, 476, 515, 531
　――の方程式　Maxwell's equations　47, 119, 160f., 169, 177, 180, 183, 186, 206, 209, 210, 214, 246
　――（の）理論　Maxwell's theory　57, 115, 161, 193f., 208, 210-212, 214, 233, 247, 260, 283, 322, 359, 378
　――（の）理論の再定式化　reformulating of Maxwell's theory　206, 209
マクファーレン　Macfarlane, Alexander　368
マグネトン　magnetons　187　→　モノポール，磁荷
マクラクラン　MacLachlan, N. W.　406, 418
マクリーン　Maclean, Magnus　322
マコーリ　McAulay, Alexander　333, 348f., 351, 353f., 370, 375f.
マッハ　Mach, Ernst　492
マトリクス代数　matrix algebra　365
マナリング　Mannering, Guy　378
マルコーニ　Marconi, Guglielmo　122, 258, 456, 481f., 486f., 520f.
マンス　Mance, Henry　317
マンスフィールド　Mansfield, Charles　56, 59
ミー　Mie, Gustav　405
ミンチン　Minchin, George　204, 208, 404

無線　wireless（radio）　151, 156, 258, 480f., 483-487, 496, 506, 512, 517, 521
無線工学（著書名）　*Radio Engineering*（Terman）　485
無歪回路　distortionless circuit　272, 277, 316, 324, 329, 457, 479, 526, 533
無歪伝送条件　condition for distortionless transmission　403
無線通信　radio communication　99, 313, 481, 486f., 521
無限級数　infinite series　115, 397, 409
無限長伝送路　infinitely long transmission line　405

メイ　May, Mary　295, 492f., 497f., 501

モーズリー　Moseley, Henry Gwyn-Jeffreys　81
モートン　Morton, William Blair　250

モノポール monopoles 186f. → マグネトン, 磁荷
モンテズ Montez, Lola 45, 60

や行
ヤウマン Jaumann, Gustav 183, 455f.
ヤング Young, Thomas 165

ユークリッド幾何 Euclidean Geometry 67, 79
郵政公社 General Post Office (GPO) 70, 127f., 130, 137, 141, 143, 145, 258, 291, 459, 486, 528
誘電体 dielectric 115, 172, 220, 224f., 227, 260, 284, 327, 469
誘電率 electric permittivity 86, 170, 220
誘導 induction 92, 102, 107, 112, 128, 170, 219, 259, 266-268, 280, 282, 323, 329, 456, 482
――装荷 inductive loading 78, 202, 331, 479, 494, 499, 524
有理単位 rational unit 328
ユニオン・カレッジ Union College 253, 451, 502, 507, 509, 523, 526, 534
横波 transversal waves 165, 183f., 214, 358
四重通信 quadruplex telegraph 139, 156

ら行
ラーマー Larmor, Joseph 57, 183, 186, 188, 194, 234, 357, 485, 489, 520
ライエル Lyell, Charles 424
ライデン瓶 Lyden jar 193, 205, 280, 283, 316, 325
ライトフット Lightfoot, John 422
ライプニッツ Leibnitz, Gottfried 426
ラグランジュ Lagrange, Joseph, L. 384
ラザフォード Ratherford, Ernest 445
ラファエル Raphael, F. Charles 473, 477, 488, 516
ラプラス Laplace, Pierre Simon 81, 384
ラプラシアン Laplacian 186
ラプラス変換 Laplace transform 383, 399, 416, 526f., 537
―― 逆変換 inverse of Laplace transform 101, 416
ラマヌジャン Ramanujan, Slinivasa 397
ラム Lamb, Horace 260f., 321
ラムフォード・メダル Ramford Medal 210

リアクタンス reactance 201, 518
リー Lee, George 78, 527, 529
力線 lines of force 166, 225, 240, 242
リトルウッド Littlewood, J. E. 379
リユヴィユ Liouville, Joseph 389
量子電気力学 quantum electrodynamics 190
量子力学 quantum mechanics 48, 57, 150, 170, 187, 415

索引

ルター Luther, Martin 421

レイリー Rayleigh, Lord 96, 102f., 122, 132f., 153, 210, 304, 306, 355, 370, 391, 394, 396, 400, 415, 453, 473, 482, 501, 515
レイヴラット Raverat, Gwen 51, 58
レーザー Laser 173
レーナルト Lenard, Philip 310, 329
レンツの法則 Lentz's law 204
レントゲン Röntgen, Willhelm K. 182

漏洩 leakage (conductance) 76, 92, 100, 105, 112, 114, 126, 267, 323, 409
ローランド Rowland, Henry A. 222
ローレンツ Lorentz, Hendrik A. 192, 195, 249, 333, 492
　　──の力 Lorentz force 223, 249
　　──・フィッツジェラルド収縮 Lorentz-FitzGerald contraction 475
漏話 crosstalk 257f.
ロッキャー Lockyer, Norman 157, 337
ロッジ Lodge, Oliver 81, 127f., 134f., 137, 142, 150f., 153f., 175, 183f., 190, 196, 205, 210, 212, 215, 218, 233, 239f., 243, 251, 254, 278-285, 288, 291, 299, 307. 314-316, 321, 325, 373, 378, 475, 480, 486, 499, 518, 533f.
ロンドン London, Tom 196

わ行

ワーグナー Wagner, Karl Willy 498, 522
ワイルド Wilde, Oscar 45, 60

著者：ポール・J. ナーイン（Paul J. Nahin）

1940年，カリフォルニア生まれ，ニューハンプシャー大学教授．専門は数学，科学．科学哲学の歴史及び非因果的システムの数学，物理．主な著作：*An Imaginary Tale*, Princeton University Press, 1988（邦訳『虚数の話』，久保儀明訳，好田順次監訳，青土社），*Mrs. Perkins's Electric Quilt*, in press with Princeton University Press. *Digital Dice*, Princeton University Press, 2008. *Chases and Escapes: The Mathematics of Pursuit and Evasion*, Princeton University Press, 2007. *Doctor Euler's Fabulous Formula*, Princeton University Press, 2006（邦訳『オイラー博士の素敵な数式』，小山信也訳，日本評論社）．*When Least is Best*, Princeton University Press, 2004. *The Science of Radio*, 2nd edition Springer-Verlag, 2001. *Duelling Idiots and Other Probability Puzzles*, Princeton University Press, 2000. *An Imaginary Tale*, Princeton University Press, 1998.

訳者：高野　善永（たかの　よしなが）

1943年長野県生まれ．1965年東北大学工学部通信工学科卒業．日本電信電話公社（現NTT）武蔵野電気通信研究所を経て，振動試験機メーカー(株)振研に2006年まで勤務．退職後は19世紀後半の電気理論の歴史などに関心を持ち，特にヘヴィサイド関連の資料の調査を行っている．

オリヴァー・ヘヴィサイド
　——ヴィクトリア朝における電気の天才　その時代と業績と生涯——
2012年4月10日　第1刷発行

発行所：(株)海鳴社　http://www.kaimeisha.com/
〒101-0065　東京都千代田区西神田2－4－6
Eメール：kaimei@d8.dion.ne.jp
TEL：03-3262-1967　FAX：03-3234-3643

発　行　人：辻　　信　行
組　　　版：海　鳴　社
印刷・製本：シナノ印刷

JPCA
本書は日本出版著作権協会（JPCA）が委託管理する著作物です．本書の無断複写などは著作権法上での例外を除き禁じられています．複写（コピー）・複製，その他著作物の利用については事前に日本出版著作権協会（電話03-3812-9424，e-mail:info@e-jpca.com）の許諾を得てください．

出版社コード：1097
ISBN 978-4-87525-288-7

© 2012 in Japan by Kaimeisha
落丁・乱丁本はお買い上げの書店でお取替えください

《復刻版》和算ノ研究　方程式論
加藤平左エ門著　佐々木力解説／和算の近代西欧数学的解説者・加藤平左エ門による和算史入門書。点竄術成立の詳細、関孝和の方程式論の卓越性の解明など簡明に記述。A5判502頁、7,000円

解読　関　孝和　天才の思考過程
杉本敏夫／天才とはいえその思考過程が理解できないはずはないという信念から研究はスタート。関独特の漢文で書かれた数学と格闘し推理を巡らせた長年の成果。A5判816頁、16,000円

評伝　岡潔　星の章
高瀬正仁／日本の草花の匂う伝説の数学者・岡潔。その「情緒の世界」の形成から「日本人の数学」の誕生までの経緯を綿密に追った評伝文学の傑作。46判550頁、4,000円

評伝　岡潔　花の章
高瀬正仁／日本の草花の匂う伝説の数学者・岡潔。その「情緒の世界」の形成から「日本人の数学」の誕生までの経緯を綿密に追った評伝文学の傑作。46判550頁、4,000円

オイラーの無限解析
L. オイラー著・高瀬正仁訳／「オイラーを読め，オイラーこそ我らすべての師だ」とラプラス。鑑賞に耐え得る芸術的と評されるラテン語の原書第1巻の待望の翻訳。B5判356頁、5,000円

オイラーの解析幾何
L. オイラー著・高瀬正仁訳／本書でもって有名なオイラーの『無限解析序説』の完訳！　図版149枚を援用しつつ、曲線と関数の内的関連を論理的に明らかにする。B5判510頁、10,000円

ハミルトンと四元数　人・数の体系・応用
堀源一郎／幾何学や三体問題，剛体の力学、幾何光学、ローレンツ変換などに四元数を適用・展開……ここに具体的に例示し、四元数の入門書として、読者に供する。A5判360頁、3,000円

――《本体価格》